Breviario de historia de España

Para Ángel Martínez Álamo,
nuestro abuelo y profesor de Historia de España.

Para Pilar Castellanos Mayordomo,
nuestra abuela y traductora de la existencia.

María Lara
Laura Lara

BREVIARIO DE HISTORIA DE ESPAÑA

Desde Atapuerca hasta la era de la globalización

edaf

www.edaf.net

MADRID - MÉXICO - BUENOS AIRES - SANTIAGO
2018

EDITORIAL EDAF, S. L. U.
Jorge Juan, 68. 28009 Madrid, España
Tel. (34) 91 435 82 60
Fax (34) 91 431 52 81
http://www.edaf.net
edaf@edaf.net

ALGABA EDICIONES, S.A. de C.V.
Calle 21, Poniente 3323,
Colonia Belisario Domínguez
(entre la 33 Sur y la 35 Sur)
Puebla, 72180, México
Telf.: 52 22 22 11 13 87
jaime.breton@edaf.com.mx

EDAF DEL PLATA, S. A.
Chile, 2222
1227 Buenos Aires, Argentina
Tel/Fax (54) 11 43 08 52 22
edaf4@speedy.com.ar

EDAF CHILE, S. A.
Coyancura, 2270 Oficina, 914
Providencia, Santiago de Chile
Chile
Tel (56) 2/335 75 11 - (56) 2/334 84 17
Fax (56) 2/ 231 13 97
comercialedafchile@edafchile.cl

Tercera edición: diciembre 2018

ISBN: 978-84-414-3874-3
Depósito legal: M-15087-2018

IMPRESO EN ESPAÑA — PRINTED IN SPAIN

Impreso por Ulzama

Índice

Todo está perdido cuando los malos
sirven de ejemplo y los buenos, de burla.

Demócrito

Todo tiene su estación y todo propósito un momento bajo el cielo:
un tiempo para nacer y un tiempo para morir; un tiempo para sembrar y un tiempo
para recoger lo que se ha plantado.

Eclesiastés

Los hispanos tienen preparado el cuerpo para la abstinencia y la fatiga, y el ánimo
para la muerte: dura y austera sobriedad en todo.

Pompeyo Trogo

El despacho de la Historia

Si nos pidieran resumir en dos actividades la compleja jornada del oficio del historiador o de la historiadora, destacaríamos: la investigación, a modo de detective, que realiza sobre las fuentes de la memoria, y la crónica que, como espectador, ofrece de las edades transcurridas. Todo ello manejando compás, telescopio, lupa y pluma desde el sillón del tiempo.

En tales procesos discursivos no resulta extraño que, de repente, surja en el escritor la empatía con ciertos personajes, aunque la distancia entre el sujeto que narra y aquel del que habla viene marcada, generalmente, por la alteridad de los contextos, o por el crecimiento de la historiografía, aportando nuevos enfoques económicos, sociales o culturales a unos fenómenos anteriormente solo cifrados como políticos.

Lo más llamativo es que, en tanto en cuanto cualquier materia —académica o profana— tiene un pasado por contar, en su día a día el historiador se mimetiza con un sinfín de profesiones: entre la comisaría de policía y el telón del teatro, pero también la Historia tiene mucho de salón de plenos, de laboratorio, de cuartel, de hospital, de gimnasio...

En ese despacho maravilloso, imaginario pero real, en el que trabaja el historiador —hombre o mujer—, se agolpan sobre mesas, sillas y alféizares los códices antiguos, también los legajos escaneados, las fotografías de los vestigios arqueológicos, las grabaciones de las canciones y los testimonios literarios. Al fondo, en sintonía con el palpitar, una ventana abierta a la naturaleza. Y, cerca del ordenador, la gramola para escuchar los sonidos enlatados.

Sin ocupar metros cuadrados de superficie habitable, en las paredes dialogan los entes que, por voluntad propia o del artista, coparon el centro de las pupilas y fueron retratados. El pintor anónimo de los bisontes desconocía que su creación iba a ser estudiada, sin embargo, sin pretenderlo, prolongó su estirpe cazadora a partir de un pigmento extendido con donaire sobre el abrigo cántabro. Otros, como Velázquez y Goya, pudieron intuir que no morirían del todo, que alguien se acordaría de ellos; fueron artistas de cámara, aunque la pugna por la cruz de Santiago o la desesperación sorda ante la etiqueta de afrancesado consumieran parte de sus estímulos.

Breviario de historia de España se convierte en una ópera donde cada cual ocupa su sitio: desde el patio de butacas, con antifaz o a cara descubierta, el sujeto asciende peldaños en función del mérito que nunca le reconocieron, o desciende escalas hacia el foso de las tramoyas si el análisis de los acontecimientos desvela que una cosa fue la realidad y otra cómo nos la presentaron.

Porque, aunque este «despacho» de la Historia no tiene que ver en absoluto con el «despecho» —pese a la casi total identidad gráfica entre los dos vocablos—, hemos de recalcar que 2+2 no son siempre 4 en la aritmética histórica que brota de la misma existencia. La vida es un eterno peregrinar a ciegas, pero sabido es que, en todo país y edad, el egoísmo resta, la envidia cercena, la salud iguala, la simpatía multiplica y el reconocimiento une.

Componen el reparto de este libro los pícaros que comen fruta de estío y la soberana que posa con manto a caballo, la linda maestra condenada por bruja y el maestro depurado por instruir en libertad. Ahí están: Argantonio de Tartessos y sus cuentas —de collar y financieras— con los griegos; Viriato y las emboscadas contra los romanos; Teodosio y los estertores del Imperio; los visigodos ante los mahometanos en el año 711; el Cid en su trato diplomático con las taifas; Boabdil y la reina Isabel mirando Granada entre suspiros de moro y joyas legendarias...

El elenco de personajes continúa en el friso cronológico: Las Casas denunciando la explotación de los indios; Hernán Cortés en Tenochtihlan; Cervantes, «el manco de Lepanto», celoso por el vendaval suscitado por Lope de Vega; Carlos II entre exorcismos y el déspota ilustrado Carlos III bajo la luz de la razón…

Y, por cierto umbral neoclásico, a ellos se acoplan como agentes, el Empecinado, defendiendo el honor ante los franceses con el desagradecimiento de Fernando VII; los liberales, trazando caricaturas o preparando maletas; el ejército, resistiendo en Cuba con el traje de rayadillo; los carlistas, pugnando por «Dios, la Patria y el Rey», el falangista mirando al sol cara a cara, los republicanos del Cuartel de la Montaña o nuevamente los niños, en este punto de 1936, en un año sin melón en Madrid, sin bicicletas y casi sin verano.

Dejando atrás el temor al inquisidor que controlaba todas las preguntas y formulaba a menudo la inmensidad de las respuestas, con estos buenos confidentes dejamos abierta la puerta a la sorpresa. Porque contradiciendo a Marx, quien sostenía que «la tradición de todas las generaciones muertas oprime como una pesadilla el cerebro de los vivos», nosotras creemos a pies juntillas que la Historia es un apasionante relato capaz de estimular, con el recuerdo de los difuntos, la mente de los vivos.

Ahora que, en la segunda década del tercer milenio, moramos en una España plural, de opinión repartida, donde los pactos son precisos para formar Gobierno, se nos antoja comparar esta sociedad con la estructura segmentaria de los árabes y beréberes que entraron en la Península Ibérica y se afincaron hasta 1492, con ocho siglos de batallas y mestizaje de por medio.

Dar tiempo al Tiempo constituye una sabía lección: contar hasta 10 o hasta 1000, crear metafóricos bisiestos que sumen ecuanimidad al rastreo de los hechos. Lo que está constatado en la historia de España es que rara es la vez en que la unión no haga la fuerza: estaba cantado que sucumbieran los godos con una monarquía electiva; en contraste también podía predecirse, pese a la incertidumbre del riesgo vital, que la coalición de reyes cristianos triunfaría en Las Navas en 1212 frente a los almohades. Por poner dos ejemplos.

Vencedores y vencidos, todos los pueblos atraviesan estos dos roles. Hubo llanto en Numancia ante las legiones. Sin embargo, la romanización siguió su curso y, aunque celtas, celtíberos, iberos, etc., tocaron a su fin, en lo sucesivo los españoles rememoramos a aquellos locos y sabios romanos como los introductores de Iberia en la Historia de Occidente. Porque hasta entonces éramos Protohistoria, una etapa ágrafa en la que, como hasta el siglo XX, la carta a la novia durante la mili la tenía que escribir o leer, en vez del enamorado, el alférez, el terrateniente, el bachiller o el cartero.

Por supuesto que no puede justificarse el drama del aplastamiento de las civilizaciones autóctonas, pero como solemos decir a nuestros alumnos, 1492 no supuso un descubrimiento, sino un maravilloso encuentro mutuo del que hoy queda la lengua común, «alma y compañera del Imperio», en palabras del gramático Nebrija.

Aunque la objetividad en la Historia no es alcanzable al 100 %, pues la lógica selección de fuentes y la pérdida de documentos o de enclaves de interés para la arqueología obstaculizan el conocer todos los matices, es nuestro propósito narrar la singladura de España combinando el rigor con el estilo ágil. Solemos reiterarlo en las aulas: no hay que estudiar la Historia de memoria, como si de un poema se tratara, si no comprender los sucesos, sopesando causas y consecuencias. El escolar que sigue el buen camino, con los años, tal vez no se acuerde de las fechas, sin embargo, será capaz de explicar los fenómenos de forma llana en una conversación entre amigos, en la mesa de un bar, en una sala de espera o en el trayecto en avión.

¿Por qué 14 capítulos? Según la Cábala, el número 14 conforma el valor de las transmutaciones, las metamorfosis, los cambios; en tanto que se trata de un doble septenario (7+7) se dice que es una cifra doblemente afortunada. Los primeros médicos griegos sostenían que el día decimocuarto era decisivo en las fiebres, pues o remitían o se agravaban de modo irrefrenable. En los arcanos mayores del Tarot representa el genio humano. Y a los cristianos recuerda que Jesucristo fue crucificado el 14 del mes de Nisán; 14 son también las estaciones del Vía Crucis,

En este libro expresaremos los rasgos generales de cada etapa a fin de que el estudiante saque provecho para preparar sus exámenes y el lector se divierta partiendo de un punto cero que lo llevará a adentrarse en las cortes de los antiguos, a otear el campo de batalla, a degustar historias encantadas del Siglo de Oro, a reflexionar sobre la tragedia de una guerra civil o a revivir las últimas décadas como testigo de esa España actual que construimos entre todos.

He aquí una Historia compuesta con aire de sinfonía entre el toque instrumental de la realidad materializada y los coros de aquellas aspiraciones que hicieron sonreír a los ancestros. Un volumen para que españoles y foráneos disfruten recordando las fecundas raíces de nuestra nación.

Porque, para amar, el requisito previo es conocer, desde Altamira a la sociedad digital, esta *Historia de España* a modo de Breviario.

Pensando en las Españas

El ser humano —y el que habitaba la Península Ibérica no podía constituir una excepción—, tan pronto fue consciente de su existencia, desarrolló la curiosidad innata por los acontecimientos pretéritos, esmerándose en crear un sistema que guardara registro de los hechos. Así nació la escritura hacia el año 3500 a.C., en el seno de las civilizaciones mesopotámica y egipcia, un hito que marcó el gran salto a la Historia.

En la sábana del tiempo, los poderosos quisieron dejar dibujado su retrato a través de las guerras que provocaban o de las versiones endulzadas de sus proezas. El pueblo llano apenas interesó durante siglos en la historiografía. Mucho menos se dio cabida en las crónicas a los rendidos, que, más allá de una abultada cifra, resultaron arrinconados del relato oficial.

Pero, ¿desde cuándo podríamos hablar de España? Compleja cuestión que hilvana las taifas con el Estado de las autonomías en una multiplicación de instancias oficiales. Según afirmaba el geógrafo griego entre los siglos II y I a.C., «desde los Pirineos hasta las cercanías de Gadeira (islas situadas en la bahía de Cádiz) y la tierra de la miel, todo el país se denomina igualmente Iberia e Hispania».

Con la caída del reino visigodo, hubo que esperar más de un milenio para atisbar una articulación comparable a la que tuvo la Hispania romana, antes llamada Ophioússa, «tierra de serpientes», por los primeros exploradores griegos, también Iberia por las generaciones helénicas ulteriores, e *I-spn-ya* por los fenicios, debido a la abundancia de conejos, de ahí que a los pies de la matrona en las monedas aparezca, con frecuencia, uno de estos mamíferos, junto a la corona de laurel y la rama de olivo.

En sentido estricto, los cinco reinos medievales adquirieron una identidad dual con Isabel y Fernando, para crecer en extensión como monarquía hispánica con los Habsburgo y en unidad con los Borbones mediante los Decretos de Nueva Planta. Antes de que políticamente quedara registrado el término, en el siglo XVI el poeta lusitano Camões aconsejaba: «hablad de castellanos y de portugueses, porque Españoles somos todos», pero serían ya las Cortes de Cádiz las que describirían a España como «la reunión de todos los españoles de ambos hemisferios».

No obstante, desde finales del XIX, con la desintegración del imperio en el que nunca se ponía el sol, la conciencia española ha sufrido un «tira y afloja», del auge interno de los nacionalismos a la «España una, grande y libre» popularizada en el franquismo.

Y es que las matemáticas han jugado un papel más decisivo en la Historia de nuestro país de lo que podría presuponerse. Estas dos Españas llevaban circulando desde la época de Carlos III. Conservadurismo y progresismo, derecha e izquierda colisionaron en la lucha fratricida y, a esta pareja imposible, se sumó una tercera España, la del amplio contingente demográfico que no se posicionaba ideológicamente ni con unos ni con otros, la de los jóvenes que fueron alistados a la fuerza, la de los ciudadanos que solo ansiaban pan y paz.

En 1978 la Constitución definió España como «un Estado social y democrático de Derecho, que propugna como valores superiores de su ordenamiento jurídico la libertad, la justicia, la igualdad y el pluralismo político». No obstante, los estertores de la desmembración han amenazado en el siglo XXI la unidad de España. Como en vísperas de la Primera Guerra Mundial, se habla del derecho de autodeterminación. Pero con la diferencia de que hay sectores que tienen el convencimiento absurdo de que la independencia de las regiones llevará consigo el ingreso inmediato como Estado libre en los organismos internacionales donde está presente la nación, eso sí, completa.

Tal vez, siguiendo a Ortega, sea cierto que España está invertebrada, esto es, afectada por un «proceso de desintegración que avanza en riguroso orden, desde la periferia al centro, de forma que el desprendimiento de las últimas posesiones ultramarinas parece ser la señal para el comienzo de una dispersión interpeninsular».

Al menos, corrobora esta carencia de articulación el extendido complejo a la hora de exhibir la bandera. Por fortuna, en el Ejército la enseña nacional recibe la merecida reverencia. No obstante, en la vida común solo el deporte parece congregar los ánimos en torno al grito de «¡España!», pues es en el fragor de los mundiales de fútbol cuando sale la afición a la calle con la cara roja y gualda; ¿acaso no se es español el resto del año?

En octubre de 2017, justo 100 años después de aquel octubre ruso del asalto al palacio de los zares, Cataluña y la Hispanidad se sintieron más cerca que nunca, gracias a la reacción sensata de la ciudadanía ante el desafío separatista de Puigdemont y sus simpatizantes. Los balcones se llenaron de banderas y, por primera vez en mucho tiempo, jóvenes y mayores, todos los que nos sentimos españoles formamos parte de la misma generación, no importaban los años, únicamente el deseo de superar esa conciencia trágica.

«Marca España», sí, pero cuajada de Historia y de historias, mucho más poderosas que las firmas comerciales o los sellos patrocinadores. Pues, como el legatario de una sustanciosa herencia, la resonancia de nuestro país es deudora de las pinturas rupestres, de los pueblos iberos, celtas y celtíberos, de la presencia griega, de las colonizaciones fenicia y romana, de la resistencia numantina, del esplendor visigodo y de la Reconquista.

Ciertamente no existía entonces la idea de España, pero posiblemente alguno de los magos ya pudiera vislumbrar el destino de un territorio con piel de toro nacido bajo el signo de Sagitario, con racionalidad de hombre, corazón de estrella y fuerza de caballo.

Capítulo I
Atapuerca y la hominización

Bisonte dibujado en la cueva de Altamira. Santillana del Mar, Cantabria.

Si el cielo de Castilla es alto es porque lo han levantado los campesinos de tanto mirarlo.

Miguel Delibes

INICIAMOS ESTA ANDADURA. Que el lector tome consigo todo aquello que pueda necesitar en el periplo: gafas de sol, pañuelo, sombrero y crema hidratante. Habrá de adentrarse en los complejos arqueológicos en los que la labor está marcada por la cuadrícula, el diario de notas, la pala y el pico. Que deje parado el reloj porque nos toca introducirnos en la fase previa a la Historia, y que hinche su espíritu de ilusión, pues la Historia se escribe, y por tanto también se lee, desde el optimismo.

Siempre resulta incierto ahondar en cronologías profundas. ¿Hubo explosión cósmica como asegura la teoría del Big Bang? Si fue así, esa descarga de energía debió de acontecer hace 15 000 crones o millones de años. Aún no existía la Tierra, cuya antigüedad asciende a 4500.

La biología, la geología y la antropología, entre otras disciplinas, cooperan a fin de proporcionar una aproximación al origen del hombre. Si tenemos en cuenta que la parte correspondiente a la Historia en el pasado de la humanidad supone un reciente ayer, percibimos la relevancia del estudio del nacimiento de la especie humana.

Máxime cuando en nuestros lares encontramos al *Antecessor*, un ser anónimo que, desde las feraces tierras de Burgos, hoy nos da la pista de una evolución en cadena con cada vez menos eslabones perdidos.

1. Creacionismo *versus* evolucionismo

Casi desde que la nada fue desbancada por el universo, el acercamiento al origen del hombre ha estado marcado por un planteamiento creacionista. Partiendo de un tronco común —la estirpe de Abraham—, las tres religiones del Libro así lo muestran. El mito de Adán y Eva da origen en Próximo Oriente a la gran familia humana. Hubo que decir adiós al Paraíso y la población quedó disgregada a causa del pecado original.

Basándose en el Antiguo Testamento, los creacionistas plantean que, con anterioridad al diluvio universal, todos los seres humanos hablaban la misma lengua. Después de este acontecimiento, cada grupo comenzó a parlar idiomas específicos e incomprensibles para el resto de grupos. Esta falta de entendimiento condujo al desplazamiento y toma de posesión de diferentes partes del planeta.

Pasado el tiempo, desde el Renacimiento, cuando la Antigüedad era examinada como dechado de virtudes, los estudiosos contribuyeron a afianzar desde un punto de vista laico la tesis difusionista. El sol nacía

La evolución del hombre. *Dibujo del biólogo y naturalista alemán Ernst Haeckel publicado en 1876. Haeckel, que promovió y popularizó el trabajo de Charles Darwin en Alemania, descubrió, describió y dio nombre a miles de nuevas especies para probar la teoría de la evolución.*

por Levante y, por ende, la vida. En el siglo XVIII, para buena parte de los ilustrados la máxima *ex Oriente lux* condensaba la explicación de los albores de la civilización.

Actualmente, todavía sigue habiendo seguidores de este planteamiento. Las pruebas aportadas por el ADN mitocondrial apoyan la teoría del origen único, si bien es cierto que otros datos desmienten esta postura. Los creacionistas contemporáneos mantienen que la Edad de Piedra no duró los 2 millones de años, o más, que dicen los arqueólogos, sino tan solo 3000 años, desde la dispersión ocasionada por la torre de Babel hasta el surgimiento de culturas fuera de Oriente Medio. Y, ¿qué sucede con América? Resulta una evidencia que las sociedades estatales precolombinas se desenvolvieron sin entrar en contacto con el Viejo Mundo.

En el ámbito del evolucionismo, en el tránsito al XIX, Lamarck postuló una primera teoría que trataba de explicar la adaptación de las especies al medio. Es conocido el ejemplo de la jirafa, animal que a juicio del naturalista francés había visto prolongado su cuello por la necesidad biológica de estirarse hasta las copas de los árboles para alimentarse con sus hojas. Este caballero fue, además, quien acuñó el término «biología» para designar la ciencia de los seres vivos.

En 1859 la publicación de *El origen de las especies* del británico Charles Darwin marcaría un antes y un después en la historia. Los viajes a bordo del *Beagle* y sus observaciones del medio natural lo llevaron a postular la lucha por la supervivencia y la selección natural. A su juicio, todas las especies habían evolucionado a partir de un antepasado común, pero solo los individuos más fuertes eran capaces de sobrevivir y de perpetuar sus genes.

En la sociedad que empezaba a despertar al realismo desde el letargo romántico, el impacto del evolucionismo supondría un choque con la Iglesia y con los sectores conservadores, que veían a Darwin como una amenaza. Es digna de mención la anécdota protagonizada por Thomas Huxley, conocido como «el Bulldog de Darwin», y el obispo Wilberforce en 1860. En aquella ocasión el prelado atacó al biólogo preguntándole sarcásticamente: «¿Fue a través de su abuelo o de su abuela la reivindicada descendencia de un mono?».

A lo que Huxley respondió: «Preferiría tener a un miserable mono por abuelo que a un hombre altamente dotado por la naturaleza y dueño de grandes medios e influencias y que emplea esas facultades e influencias para el mero placer de introducir el ridículo en una discusión científica; ante esto, afirmo definitivamente mi preferencia por el mono».

Pero no siempre los corolarios de las ciencias experimentales han de trasvasarse a la organización de los recursos humanos. El darwinismo social tendría un nocivo impacto por la discriminación y segregación que conlleva al insistir en la carrera (étnica, nacional, de clase, etc.) por puestos jerárquicos. En general, defiende la eugenesia como argumento para aplicar métodos de «depuración» o «mejora» de la especie humana, conllevando un conjunto de reformas en el plano de lucha entre individuos, concebida esta oposición como una forma de progreso social y biológico.

Los estertores de esta polémica se prolongan hasta el presente. En 2014 se prohibió en Reino Unido que las escuelas públicas y universidades enseñaran el creacionismo; en contraste, el modelo evolucionista se imparte a los alumnos desde los 5 años. Una batalla judicial que enfrenta a Darwin con la asignatura del Diseño Inteligente en varios lugares de Estados Unidos, como Pensilvania.

Las tesis difusionistas primaron en el panorama arqueológico hasta entrado el siglo XX. África ha sido un enclave privilegiado en lo que a cronologías antiguas se refiere, basándose las explicaciones en la teoría de las migraciones del *Homo erectus* y del *sapiens*. Sería en los años 30 cuando Weidenreicht, examinando hallazgos como el hombre de Pekín, propondría abiertamente tesis poligenistas, que exponen que el origen de la vida humana no se produjo en un único enclave, sino en focos paralelos. Actualmente, ambas tendencias siguen marcando las lecciones sobre el inicio de la humanidad, aun cuando la actitud poligenista ha ganado terreno.

2. El origen de la especie humana

El ser humano pertenece al orden de los primates, al suborden de los antropoides y al género *Homo*. Los primates aparecieron hace 12 millones de años. De su estudio se encarga una rama de la Antropología Física denominada Primatología.

Como rasgos específicos de los primates, en comparación con otros órdenes dentro de los mamíferos, cabe señalar: extremidades especializadas, manos prensiles, reducido número de crías por parto, prolongados períodos de gestación e infancia, agudeza visual y escasa dependencia del sentido del olfato. De ellos, el ser humano heredaría el cerebro de gran tamaño y la conducta social compleja.

Los cambios climáticos acaecidos hace entre 7 y 5 millones de años propiciaron la bipedestación (para alcanzar visualmente el horizonte de la sabana) y la separación de los primeros antropoides de sus parientes, los primates. De este modo nacerían los *australopithecus*, cuya existencia está documentada en un amplio período comprendido entre los 4,5 y los 1,5 millones de años. África es el marco en el que se documentan estos vestigios, pudiéndose diferenciar tres clases: el *Australopithecus africanus*, el *afarensis* y el *robustus*.

En 1974 el paleoantropólogo estadounidense Donald Johanson encontró en Etiopía los restos de una joven *australopithecus afarensis* a la que los arqueólogos denominaron Lucy, en recuerdo de la canción de los Beatles *Lucy in the sky with diamonds*. La arqueología conoce el sabor nostálgico y es que esta música resultó ser la escuchada por los miembros del equipo la noche posterior al descubrimiento. Lucy fue una joven de unos 20 años de edad, con 1 metro de estatura y 27 kilogramos de peso. Sorprendente, pero debió de tener hijos. Se ha conservado el 40 % de su esqueleto. El *afarensis* vivió entre los 3,7 y 2,9 crones. Asimismo, en 1976-1977 la arqueóloga británica Mary Leakey descubrió en Tanzania las famosas huellas de

Laetoli, conservadas en ceniza volcánica y pertenecientes a individuos con una estatura cercana a 1,10 o 1,40 metros.

En definitiva, los australopithecus presentaban rasgos que preconizaban a los humanos, aunque la bipedestación no era completa y la capacidad cerebral resultaba muy inferior a la actual, pues se situaba en torno a los 450 centímetros cúbicos.

El siguiente peldaño en la escalera de la especie es el del *Homo habilis*, que apareció hace 2,5 millones de años. En los 60, Louis y Mary Leakey hallaron los primeros restos en Tanzania. Se trataba de un individuo omnívoro, con una capacidad craneana algo superior a la de los australopithecus, entre los 650 y 800 centímetros cúbicos, y una estatura todavía pequeña, en torno a 1,40 metros. Tecnológicamente, aún estaban poco capacitados y únicamente podían trabajar cantos rodados que dan lugar a la cultura de *Pebble tools*, con los *chopper* y *chopping tools* (piedras talladas de forma rudimentaria por una cara o por dos, respectivamente).

El *Homo erectus* se encuentra documentado en África hace 1,8 millones de años. Como sus antecesores, se dedicó especialmente a la actividad cinegética, desarrollando la caza sistemática cooperativa. Los hombres de Pekín y de Java están asociados a esta categoría.

La producción lítica del *erectus* se corresponde con el Achelense y tuvo una prolongada vigencia. Bifaces, raederas, raspadores, puntas de flecha, etc., usados con pocos cambios durante 1,5 millones de años. Este individuo poseía una elevada estatura, de hasta 1,8 metros. Se ha repetido que fue el primer individuo capaz de realizar un uso controlado y selectivo del fuego. No obstante, esta última hipótesis ha sido desmentida en otros informes, ya que, teniendo en cuenta que la fecha más antigua a la que puede remontarse la existencia de un horno en Europa es de 0,2 crones, pudo ser el *Homo sapiens* arcaico el primer sujeto capaz de controlar el fuego.

El *erectus* tendría su prolongación en el *Homo heidelbergensis* y este en el *Antecessor*, registrado con fechas de 800 000 años en Atapuerca (Burgos). Las primeras exploraciones sistemáticas del relieve kárstico de Cueva Mayor se remontan a mediados del siglo XIX, aunque la caverna ya era conocida en el lugar desde mucho antes. A finales del siglo XIX diversas obras de excavación para construir una línea ferroviaria desde la sierra de la Demanda hasta Burgos sacarían a la luz numerosas cuevas colmatadas con sedimentos pleistocenos.

Posteriormente, en 1964, el profesor Francisco Jordá Cerdá inició las primeras campañas. También desde los años 60 trabajó en el yacimiento el grupo espeleológico Edelweiss, que descubrió la Galería del Sílex, la cual presenta restos de rituales funerarios y de pinturas de la Edad del Bronce. En 1973 el profesor Apellániz comenzó las campañas de excavaciones en el Portalón de Cueva Mayor y, en los años 80, destacarían los proyectos coordinados por el ingeniero de minas Trinidad Torres y el antropólogo Emiliano Aguirre.

Desde 1990, el equipo de Juan Luis Arsuaga, José María Bermúdez de Castro y Eudald Carbonell ha dado fama mundial al yacimiento con el hallazgo en 1997 del *Antecessor*, el homínido más antiguo de Europa. También se ha confirmado en Atapuerca la práctica de un canibalismo ritual; de hecho, constituye la referencia pretérita de esta práctica en el continente.

Entre las áreas que presenta el yacimiento sobresalen la Sima de los Huesos, la Gran Dolina y la Galería del Sílex. Junto a otros restos, destaca el cráneo número 5, localizado en 1992 en la Sima de los Huesos y apodado Miguelón, en recuerdo del ciclista Miguel Induráin, ganador por aquellos años de *tours* de Francia. En este caso, se trata del cráneo mejor conservado del registro fósil de los homínidos. Perteneció a un *Homo heidelbergensis*. Tenía entonces unos 35 años de edad y hoy más de 300 000 años. El 30 de noviembre de 2000 la UNESCO declaró Patrimonio de la Humanidad los yacimientos de la sierra de Atapuerca. Estos restos corresponden, por un lado, a individuos emparentados con el *Homo habilis* africano y, por otro, con el *Antecessor*, que en definitiva era un preneanderthal.

En la Prehistoria los meses no existen, menos los días. Desde hace 230 000 años hasta 28 000 años atrás, habitó Europa y Asia occidental el neanderthal, una especie extinta del género *Homo*. Sus horizontes fueron el Pleistoceno Medio y Superior. Se han encontrado evidencias en Cova Negra (Játiva), Bañolas (Gerona), El Sidrón (Asturias), Gibraltar, etc.

Culturalmente se corresponde con el Paleolítico Medio. Su técnica lítica era el Musteriense, designado así a partir del conjunto de artefactos hallados en un refugio rocoso en Le Moustier, en la región del suroeste francés de la Dordoña. El Musteriense se caracteriza por hojas modificadas o «retocadas» al ser golpeadas las pequeñas lascas en sus bordes.

A partir de los huesos descubiertos, las características definitorias son: esqueleto robusto, pelvis ancha, extremidades cortas, arcos supraorbitarios resaltados, frente baja e inclinada, mandíbulas sin mentón y gran capacidad craneal, superior incluso a la del hombre moderno. Vivían en grupos organizados de alrededor de 30 miembros y, según se ha probado en diferentes yacimientos, como Moula-Guercy (Francia) o Vindija (Croacia), desarrollaban el canibalismo ritual y no antropofágico, ya que retiraban la carne de los huesos para enterrarla, no para ingerirla.

Entre las prácticas del neanderthal despuntan el culto al cráneo (en memoria de los antepasados) y el culto al oso de las cavernas. Esta última teoría, popularizada por la novela de la estadounidense Jan Auel, *El clan del oso cavernario* (1980), se fundamenta en el hallazgo de un alto número de cuevas con útiles neanderthales y miles de huesos de oso. No han faltado las críticas a la misma, argumentando que los hombres de neanderthal no mataban a los osos para participar en un ritual, sino que únicamente visitaban las cavernas en las que hibernaban.

Recientemente se descubrió que el neanderthal pudo ser el primer joyero de la historia. Esta hipótesis desbanca la tradicional idea de que fue el *sapiens* quien empezó a mostrar preocupación por los adornos. En Croacia utilizó garras de águila para crear las joyas con más solera. Ocurrió hace 130 000 años.

El desdichado neanderthal moró en los territorios europeos con el *sapiens*, pero acabó sucumbiendo. 5000 años de convivencia desgastan... Su desaparición sigue siendo un enigma: inferioridad genética, endogamia, cambios ambientales, etc.

El *Homo sapiens* es el hombre actual. La cronología más antigua del mismo es la presentada por los restos hallados en África, con una cifra superior a los 100 000 años. Se ha explicado la aparición del *sapiens* en el resto de continentes a partir de las migraciones propiciadas por cambios atmosféricos ocurridos hace 90 000 años en África. Estas alteraciones harían llegar en esas fechas al *sapiens* al sur de Eurasia, a Australia y Nueva Guinea hace 70 000 años (tardaron 20 000 años en sobrepasar la línea Wallace) y a Europa y a América hace 40 000.

Igualmente, hace unos 40 000 años el *sapiens* recaló en la Península Ibérica, por lo que cohabitó con el neanderthal hasta que este se extinguió. Lo mismo ocurriría en los archipiélagos balear y canario.

3. El Paleolítico

El Paleolítico, o edad de la piedra tallada, es la etapa más larga y antigua del devenir de la humanidad. Se extiende desde la aparición de los homínidos hasta el IX milenio a.C. Corresponde a la época cuaternaria o glaciar, denominada así por la sucesión de cuatro períodos fríos.

Nos situamos en el Pleistoceno: los grupos humanos eran nómadas, es decir, se desplazaban de unos lugares a otros en busca de alimento. Residían en las cuevas y empleaban el fuego para preparar la comida, calentarse y ahuyentar a las fieras. El *modus vivendi* estaba basado en la caza y en la recolección de frutos silvestres, fabricándose los primeros utensilios de piedra.

Al ser un ciclo tan extenso, hay que subrayar diferencias y, por ello, la comunidad académica divide el Paleolítico en tres fases:

— El Paleolítico Inferior, desarrollado hasta el 120 000 a.C.

— El Paleolítico Medio o Musteriense, que finaliza hacia el año 40 000 a.C.

— El Paleolítico Superior, que se prolonga hasta el 8000 a.C.

Durante el Paleolítico Inferior se realizaban útiles tallando guijarros para darles una forma cortante, así como empezaron a elaborarse bifaces o hachas de mano (talladas por ambas caras).

En el Medio proliferaron las hachas de mano pequeñas y un elenco de útiles de menor tamaño, tales como raspadores, raederas, cuchillos, punzones, buriles, perforadores, hojas cortantes, etc., relacionados con el trabajo de la piel, la madera y el hueso.

En el Paleolítico Superior los grupos debían de haber adquirido alguna forma de organización tribal que denotaba mayor complejidad y el utillaje lítico presenta una clara evolución. Se observa una tendencia hacia la reducción del tamaño de las piezas (microlitismo) y hacia la eficacia de los filos.

Se han realizado diversas clasificaciones de los subperíodos del Paleolítico Superior, destacando las culturas Auriñaciense (con hojas muy delicadas de piedra, punzones y puntas de hueso), Solutrense (con hojas de flecha con forma de laurel) y Magdaleniense (con útiles de hueso, desde puntas y punzones, hasta bastones de mando y arpones, pasando por agujas y azagayas).

Además, por primera vez, el hombre del Paleolítico Superior da pruebas de ser artista. Se trata de un arte cuya principal finalidad no es estética, sino que parece estar relacionado con creencias y rituales para propiciar la caza. En la cornisa cantábrica, hace 25 000 años, los habitantes desarrollaron importantísimas manifestaciones artísticas. Se trata de pinturas rupestres; con máximos exponentes en El Castillo, Tito Bustillo o

Altamira, denominada «capilla sixtina del arte cuaternario», donde los bisontes parecen cobrar vida. Son escenas de animales policromadas dotadas de enorme naturalismo.

El arte del Paleolítico Superior despertó el interés de estudiosos extranjeros, especialmente franceses, como los arqueólogos Breuil (1877-1961) y Leroi-Gourhan (1911-1986), que trataron de explicar estas manifestaciones como expresiones mágicas, en función de los tonos y de las escenas. Breuil estimó que la necesidad de cazar llevó al hombre paleolítico a idear rituales de atracción. Se creía que el hecho de representar pictóricamente un animal propiciaba su caza.

Tras someter varios yacimientos a un exhaustivo método de recopilación y catalogación de formas, Leroi-Gourhan llegó a la conclusión de que los animales más representados eran los bisontes y los caballos, y que ciertos signos, más o menos abstractos hallados junto a las figuras, constituían señas sexuales que los definían. Esto lo llevó a conformar parejas: el caballo, por ejemplo, era identificado con lo masculino y el bisonte, con lo femenino.

El arte mueble (piezas sueltas que se pueden transportar) también alcanzó desarrollo. Las representaciones más conocidas son una serie de figuras femeninas desnudas de formas exageradamente abultadas, conocidas con el nombre de Venus, que se han interpretado como ídolos relacionados con la fecundidad. La Venus de Willendorf posee alrededor de 30 000 años de antigüedad. En España no se ha localizado ninguna.

4. El Neolítico

Tras una transición desde el Paleolítico, conocido como Mesolítico, se inicia el período de la piedra nueva o piedra pulimentada, frente a la piedra tallada que caracterizaba el horizonte anterior.

El término Neolítico (al igual que el de Paleolítico) fue acuñado en 1865 por John Lubbock en su obra *Prehistoric Times*. Sin emabrgo, el autor que más ha contribuido al conocimiento de esta etapa, iniciada hace 10 000 años, fue Gordon Childe, quien empleó la denominación de «revolución neolítica», comparable a la Revolución Industrial del siglo XIX, aunque hoy se prefiere hablar de proceso de neolitización, indicando que no hubo una ruptura brusca, sino un cambio gradual en los modos de vida.

El Neolítico supuso la aparición de la agricultura y de la ganadería. Algunos autores plantean que, para considerar una cultura pro-

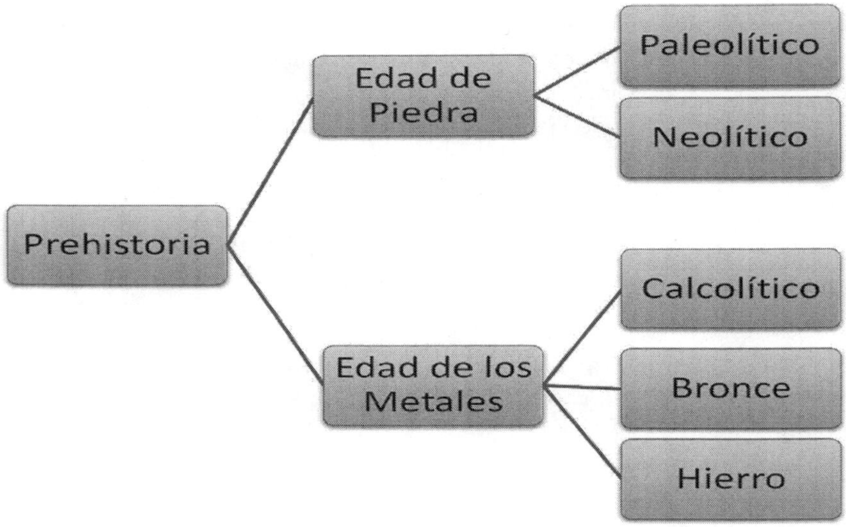

Clasificación de la Prehistoria. Elaboración propia.

piamente neolítica, ambas manifestaciones deben estar presentes, otros sostienen que la agricultura precedió a la ganadería.

Como hemos indicado, el modo de vida del hombre paleolítico era nómada; se dedicaba a la recolección y a la caza. Progresivamente, el conocimiento del medio natural le permitió experimentar el cultivo de especies, así como la caza selectiva, la custodia animal y la crianza de ganado. El poblamiento pasó así a ser sedentario.

Entre los factores que explican el origen del Neolítico destacan tres: climático, demográfico y cultural. El arqueólogo Gordon Childe sostuvo que el cambio climático (fin de las glaciaciones hace unos 12 000 años y mejora de las temperaturas) propició su aparición en Próximo Oriente. Binford y Flannery indicaron que la clave fue la presión demográfica, que hizo necesaria una organización social, y Braidwood expuso que el Neolítico debe ser entendido como un cambio cultural registrado a finales del IX milenio a.C. en Oriente.

En relación con el surgimiento del Neolítico en un foco o en varios, se desarrollaron dos teorías, la difusionista y la evolucionista. La primera suponía la existencia de un núcleo del que partirían las innovaciones. El detonante del inicio del Neolítico sería el cambio climático del 10 000 a.C. Los ríos Tigris y Éufrates configuraron el ecosistema adecuado para la aclimatación de las especies vegetales y animales, difundiéndose a partir de Mesopotamia las nuevas prácticas.

La teoría evolucionista criticaba los planteamientos difusionistas por considerarlos simplistas, argumentando que un solo hecho no podía desencadenar un cambio tan relevante. Braidwood estimó que el clima no fue la única ni la más importante de las causas. Durante el Paleolítico ya se habían producido cambios interglaciares y, si este hubiera sido el detonante, la agricultura habría aparecido en el primer período interglaciar del Paleolítico. A su vez, los autores evolucionistas sostienen que Mesopotamia no fue el centro inventor del Neolítico, pues de ser así los yacimientos más antiguos de este horizonte se registrarían en dicha área, cuando en realidad se localizan más al norte, en la península de Anatolia.

Lo que resulta innegable es que la revolución agrícola implicó modificaciones fundamentales en las pautas de asentamiento, en la organización social y en los sistemas religiosos. Paralelamente, se experimentó un crecimiento demográfico notable.

Entre los fósiles directores o guía del Neolítico, que ayudan al arqueólogo a identificar los estratos de los yacimientos que pertenecen a este horizonte cultural, cabe citar: la piedra pulimentada (en contraste con la piedra tallada del Paleolítico) y la cerámica.

Respecto a esta última, hay que señalar que se trató de un invento de gran importancia, pues permitió la construcción de recipientes para líquidos y grano, facilitando así el almacenamiento. La alfarería sustituyó a las calabazas vacías, las cuales podían contener agua, pero no resistían el fuego, y a los cestos de mimbre, que no eran capaces de almacenarla.

Una vez aparecida la cerámica, el ser humano intentó decorarla. Primero de una manera sencilla, con la impresión de cuerdas, y posteriormente mediante acanaladuras, cordones y asas de diversos tipos.

En la clasificación del Neolítico, que se extendería entre el 10 000 y el 4000 a.C., podemos diferenciar un Neolítico Antiguo o Precerámico (como su propio nombre indica en esta etapa no se conocía la cerámica) y un Neolítico Pleno (con dominio de la técnica cerámica).

Las cronologías más antiguas del Neolítico se hallan documentadas en Próximo Oriente, en territorios como Mesopotamia, Anatolia, Siria, Líbano y Palestina. Hacia finales del Paleolítico se desarrolló la cultura natufiense, entre el 12 500 y el 10 300 a.C., con vestigios desde el sur de Turquía hasta el Sinaí. Su nombre deriva del wadi (cauce de agua que está seco, salvo en los períodos de lluvias) en-Natuf, situado en Israel. Fue en esta época cuando la población empezó a asentarse en aldeas.

En la Península Ibérica la población empezó a beneficiarse de la revolución neolítica hacia el 5000 a.C., apareciendo la domesticación de animales, la agricultura y la fabricación de cerámica y tejidos. De este modo fueron surgiendo la propiedad privada de los excedentes, la división del trabajo y las jefaturas políticas.

En una fase incipiente (5000-3500 a.C.), los asentamientos se realizaron en cuevas y se desarrollaron en la costa mediterránea, con vestigios en Font Major (Cataluña), L'Or y Sarsa (Comunidad Valenciana), Nerja (Andalucía) y Sima de la Serreta (Murcia). Se desarrolló la cerámica cardial, con decoración impresa mediante conchas de berberecho.

En una segunda etapa (3500-2500) fueron articulados auténticos poblados en zonas llanas, aptas para el cultivo. El Neolítico se propagó por las dos mesetas, en el valle del Ebro y en el País Vasco, registrándose la cultura de los sepulcros de fosa en Cataluña, caracterizada por las tumbas individuales con ajuar. Más al sur, en torno al 3700 a.C., aparece el megalitismo y una tendencia paulatina hacia los enterramientos colectivos, con presencia desde lo que sería hoy la zona de Almería, haciendo un semicírculo en el sentido de las agujas del reloj, hasta el norte de la Península.

El control de los medios de subsistencia y el atesoramiento de riqueza condujeron a la aparición de una sociedad de jefaturas. La asamblea de guerreros parece que ejercía un poder decisorio. En el Neolítico se difundieron los sistemas de preparación de la harina con molinos de piedra. Posteriormente, se descubrió el sistema de fermentación y su cocción empezó a realizarse en hornos cada vez más complejos, proceso que dio lugar al pan.

El único alimento dulce conocido era la miel. De los panales se obtenía también cera, usada en rituales mágicos y funerarios. De la miel se obtuvo hidromiel, solución acuosa que, tras la fermentación, adquiría un sabor parecido al del alcohol, si bien hay que tener en cuenta que los individuos del Neolítico no conocían ni el vino ni el aceite.

También la pintura levantina es característica del comienzo del Neolítico hispano. Está localizada en abrigos rocosos de las sierras interiores, normalmente al descubierto, y representa escenas de grupos, con figuras humanas estilizadas y mucho dinamismo. Se ubica en la vertiente mediterránea desde Cataluña hasta Murcia (Valltorta, en Castellón; Cogull, en Lérida; Bicorp, en Valencia...).

Posiblemente cada comunidad disponía de un hechicero, ataviado con una cabeza de toro salvaje hueca y una piel. Entre otras mani-

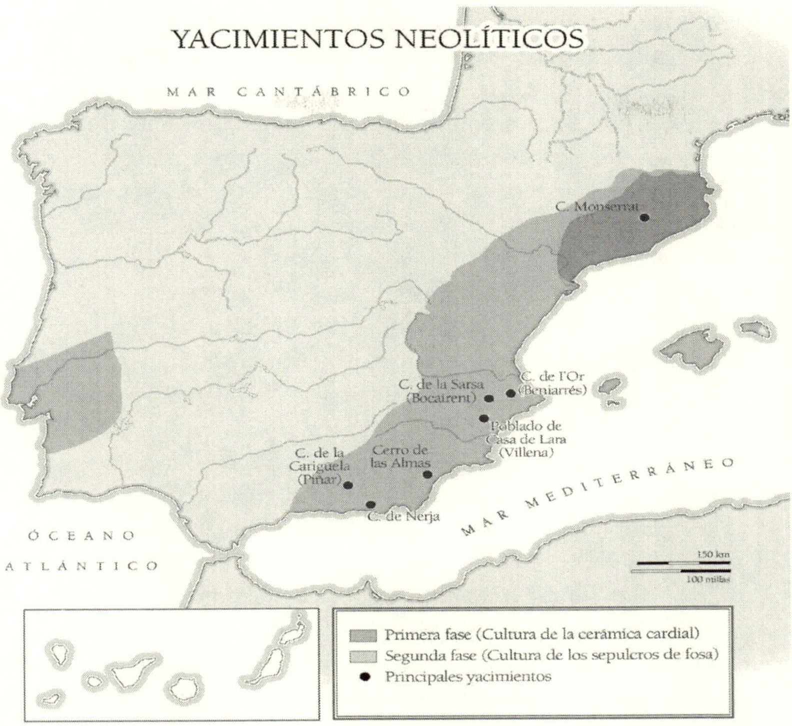

Mapa de la Península Ibérica con las principales zonas en las que se han encontrado yacimientos procedentes del Neolítico.

festaciones del arte levantino, destacan las existentes en Valltorta. Los animales más representados son ciervos, cabras monteses y jabalíes. Las figuras masculinas van armadas, tensan los arcos o disparan flechas. Las siluetas femeninas son menos abundantes. Recatadas vemos a las damas con largas faldas.

5. La Edad de los Metales

El experimento con la metalurgia tuvo lugar antes del v milenio a.C., si bien este horizonte culminó en el I milenio a.C. A raíz de la invención de la escritura se inauguraba la Historia. El tránsito, en el reloj de la humanidad, de una vida analfabeta a otra letrada a nivel global se denomina Protohistoria. Esta categoría tiene su propia datación en cada territorio, pues se corresponde con los testimonios escritos sobre la cultura en cuestión aportados por foráneos.

El primero de los metales empleados fue el cobre, a esta época se la llama Calcolítico. El objeto más antiguo conocido hasta el momento es un colgante procedente de Shanidar (Irán), datado en el 9500 a.C., aunque estas piezas no serían habituales hasta 3000 años después, como constatan los hallazgos de los Montes Zagros y de Çatal Hüyük.

Posteriormente, se descubrió que el cobre podía ser extraído de diferentes minerales, como la malaquita y la calcopirita, mediante la fusión en hornos especiales en los que se superaban los 1000 °C. Proliferaron los crisoles y moldes, necesarios en el trabajo metalúrgico.

La técnica del cobre se difundió por Próximo Oriente, coincidiendo con el nacimiento y desarrollo de las primeras civilizaciones históricas, tales como la sumeria y la egipcia. La metalurgia en España aparecería desde el año 3000 a.C. Han aparecido puñales, agujas y puntas de flecha. Las culturas más importantes fueron la de Los Millares (Almería) y la del vaso campaniforme, caracterizado por recipientes cerámicos acampanados, hallados generalmente en contextos funerarios. Destacan los yacimientos de Ciempozuelos (en torno a Madrid), Palmela (en el estuario del Tajo), Carmona (en el Bajo Guadalquivir) y Salamó (en Cataluña).

El Calcolítico sería seguido por el Bronce, metal que resulta de la aleación de cobre y estaño. Este horizonte surgió en Próximo Oriente hace unos 6000 años y vendría a coincidir con el auge de las civilizaciones mesopotámica y egipcia. En la Península Ibérica puede datarse desde el año 1700 a.C., con culturas como El Argar (Almería), los campos de urnas (en el valle del Ebro, Cataluña y la Comunidad Valenciana) y el megalitismo de las Baleares (con talayots, navetas y taulas, de los que hablaremos más adelante). Los avances en la agricultura y la generación de excedentes facilitaron la creación de núcleos de carácter preurbano, y que se emplearan ortostatos (grandes losas) para señalar los enterramientos colectivos.

Los poblados fortificados de esta cultura y la enorme presencia de armas en los ajuares funerarios reflejan una sociedad desigual y una ideología guerrera. La metalurgia de El Argar se singulariza por la frecuencia de puñales, espadas y alabardas en los yacimientos, así como por la creciente presencia de adornos de plata y de oro en las sepulturas de mayor prestigio. El perfeccionamiento de la metalurgia del bronce coincidió con innovaciones culturales, representadas por el arado tirado por animales y los poblados estables.

Otras manifestaciones locales del Bronce en la Península Ibérica son la cultura de las Motillas (Bronce manchego) y la de Cogotas (Bronce

Final en la Meseta). Mientras, en Europa Central se desarrollaba la cultura de los campos de urnas, llamada así al haber sido sustituido el enterramiento en túmulos por la incineración de los cadáveres, cuyos restos eran depositados en estos recipientes. En la Península destaca el Can Missert de Tarrasa (Barcelona), un amplio cementerio con vasos de cerámica que contenían las cenizas de los difuntos.

En el III milenio a.C. se inició en Oriente la metalurgia con materiales ferrosos, como puede constatarse en las ruinas de Alaça Hüyük, en Anatolia. Por tablillas cuneiformes se sabe que los primeros herreros fueron los hititas. El trabajo del hierro resultaba muy diferente al del cobre y al del bronce, pues precisaba de hornos con alta capacidad calórica. No obstante, una vez dominada la tecnología, el hierro era más abundante que el cobre y más barato que el bronce.

Hacia el primer milenio a.C., la Edad de Hierro marcaría el camino de la Prehistoria a la Historia. En Europa se desarrollaron pueblos como los celtas, los etruscos, los iberos y los celtíberos. Además, en este período comenzó a difundirse la escritura, alcanzando su cima en el Mediterráneo la civilización griega.

6. El arte megalítico

Coincidiendo con la Edad de los Metales, entre los milenios V y II a.C., se desarrolló en Europa el fenómeno del megalitismo. El término deriva de dos vocablos griegos, *mega* (μεγας), grande, y *lithos* (λιθος), piedra, logrando esta cultura notable representación en las Islas Británicas, Francia y la Península Ibérica. Fue obra de individuos que aún no conocían la escritura ni las técnicas arquitectónicas avanzadas, como las que se empezaban a poner en práctica en Mesopotamia y Egipto, pero cabe recordar que bastantes monolitos son posteriores a la construcción de los zigurats y de las pirámides.

Tradicionalmente se ofreció una interpretación difusionista del megalitismo. Así, a principios del siglo XX, se atribuía el proceso a la influencia de los comerciantes del Mediterráneo Oriental. Sin embargo, al comprobarse que ciertos megalitos occidentales eran más antiguos, se buscó la explicación en el desarrollo local mediante el análisis de las funciones socioeconómicas.

Estas construcciones no eran concebidas como viviendas sino relacionadas con usos religiosos, por ejemplo, el culto al sol o a los muertos, de ahí que revelen una sociedad jerarquizada. Para poder erigir estos monumentos fue necesario contar con potentes recursos humanos y con una complejidad técnica que permitiera mover toneladas pétreas. Por ello, se recurrió a los rodillos y a las rampas de tierra apisonada que facilitaban la elevación de los dinteles y la fijación de las cubiertas.

La tipología megalítica más simple es el menhir, integrado por una piedra vertical clavada en el suelo. Algunos superaron los 20 metros de altura. El cromlech era el resultado de colocar menhires en línea o en círculo. El caso más célebre es el de Stonehenge (Salisbury, Reino Unido), que está en pie desde el período 1800-1700 a.C. y que, según precisas estimaciones, en su fase final exigió 30 millones de horas de trabajo.

Se ha especulado sobre la conexión astronómica de muchos megalitos, especialmente de Stonehenge, que se dice pudo ser un observatorio. Prácticamente todos los dólmenes tienen el corredor alineado hacia el solsticio de invierno, y los petroglifos circulares galaico-portugueses señalan este u otros acontecimientos anuales mediante la sombra que proyectaría un gnomon que se situara en su centro. No obstante, los críticos de la arqueoastronomía consideran que estas hipótesis carecen de fundamento.

Desde finales del v milenio a.C. y durante todo el iv milenio a.C., en Córcega se habilitaron hipogeos colectivos con antecámara y varias estancias decoradas con imágenes relacionadas con el culto al toro.

Aunque inicialmente se pensaba que los monumentos sencillos eran necesariamente más antiguos, en la actualidad no se puede establecer una relación cronológica de complejidad en función del número de ortostatos.

El dolmen está formado por dos piedras verticales y una horizontal a modo de cubierta. Dicen que fue ideado para evitar la venganza del difunto a la par que se contribuía a su descanso. En España destacan los de Dombate (La Coruña), Sakulo (Navarra), Laguardia y Eguilaz (Álava), Tella (Huesca), Navalcán (Toledo), Santiago y Valencia de Alcántara (Cáceres) y Antequera (Málaga). En esta última ubicación, el de Menga representa el conjunto de dólmenes más grande de Europa superando al de Stonehenge. Mide 25 metros de largo, 5 de ancho y 4 de alto. Pudo ser construido en la Edad del Cobre, alrededor del 2500 a.C.

Asociados a dólmenes se han documentado sepulturas colectivas con ajuar. Están registradas en Pedra Gentil (Barcelona) y en Aizcomendi (Álava). No en vano la fase más extensa de construcciones megalíticas se localiza en el suroeste ibérico, donde abarcan desde el año 4800 a.C. hasta el 1300 a.C., comprendiendo los ciclos transcurridos entre el Neolítico y la Edad del Bronce.

Alzado —arriba— y planta de un talayot, *un tipo de arquitectura megalítica de torres en forma de tronco de pirámide con bóveda falsa.*

En nuestra Península se ha definido otra categoría megalítica constituida por las cuevas, las cuales no son oquedades de tipo natural, sino construcciones cubiertas. El montículo era colocado para fijar los terraplenes auxiliares. En el exterior tenían cubierta adintelada, a modo de dolmen, y hacia el interior poseían un corredor que llevaba a las cámaras sepulcrales. Las cuevas de Menga y El Romeral (Antequera) y de Los Millares (Almería) responden a este modelo. La taula es un enterramiento con forma de mesa. De funcionalidad poco clara y cronología tardía son las navetas y los *talayots*, hallados en Menorca.

Los megalitos revelan un avance en la estructuración de la humanidad: el sujeto errante había sentado la cabeza y anhelaba familia, techo y trabajo. No solo el proceso de hominización seguía su curso ,sino que, además, se generaban excedentes susceptibles de ser almacenados (cerámica, cestería, etc.) y el control de los medios de producción llevó al liderazgo.

Las estelas del suroeste, con el jinete, el carro y el espejo, nos hablan del ansia de inmortalidad en la Protohistoria mediante el misterioso lenguaje del arte esquemático.

Han transcurrrido tantos milenios que casi resultan incontables, pero nadie puede resolver esta duda: ¿los dibujos sobre piedra fueron el sueño de los hombres de las cavernas o son la ensoñación de los prehistoriadores?

Durmió el guerrero y los garabatos tornaron en letras, cesó la cantinela oral y se descargó en la arcilla, luego papiro, pergamino, pliego o soporte informático la responsabilidad del recuerdo.

Capítulo II
Pueblos antiguos de la Península Ibérica

Dama oferente del cerro de los Santos. Museo Arqueológico Nacional. Madrid.

Se llama Iberia a la parte que cae sobre nuestro mar, el Mediterráneo, a partir de las columnas Heracleas. Mas la parte que cae hacia el mar exterior, el Atlántico, no tiene nombre común a toda ella, a causa de haber sido reconocida recientemente.

Polibio

HACE CASI TRES MILENIOS, LOS BUQUES DE TIRO Y SIDÓN rozaban el estrecho de Gibraltar para iniciar la singladura por las aguas del Atlántico. Entre olas espumosas, como retirando de la cara la melena o desplazando los visillos en la ventana, se asomaba Gadir, la perla de Occidente. Su puerto ofrecía un excepcional cobijo a las naves de Oriente y a sus propios bajeles: los «caballitos». Señora del océano, Cádiz era el puente entre la tierra del incienso y el horizonte de las maravillas.

Los fenicios quisieron llevar a cabo la conquista militar, fundaron colonias e intercambiaron productos suntuarios con los griegos, cuyo afán era aparentemente solo económico. Iberia parecía un enorme centro comercial, donde lo mismo adquirías un espejo, un escarabeo o un collar de pasta de vidrio que un pebetero, una cerámica rodia, un vaso de alabastro o una vajilla de bronce.

Eso sí, todos estos productos eran fabricados con los mejores materiales, ya fueran peninsulares o traídos desde el otro extremo del mar que, todavía, no era *Nostrum*.

1. Tartessos

La historia antigua de España comenzó a finales del II milenio a.C. Se trataría propiamente de Protohistoria, pues la información escrita que se posee de esas culturas autóctonas no fue producida en nuestro solar.

Durante el I milenio a.C., se intensificó el contacto con los grupos colonizadores procedentes del Mediterráneo. Los fenicios arribaron con el afán de establecer colonias permanentes, desde el punto de vista militar y económico. Los sucederían los cartagineses. Centrados en el objetivo comercial, desembarcaron entre ambos ciclos los griegos. La arqueología constata que los productos griegos y púnicos llegaron directa o indirectamente durante muchos siglos a los confines de Europa, por tanto es factible que el supuesto reparto de áreas de influencia fuera más teórico que real.

Antes de reconocer sus valiosas aportaciones, es preciso explicar cómo se desarrolló el primer reino español: Tartessos. Cada tres años, los buques israelitas volvían cargados de oro de un lejano lugar llamado Tarsis: «El rey Salomón tenía en el mar naves de Tarsis con las de Hiram (rey de Tiro), y cada tres años llegaban las naves de Tarsis, trayendo oro, plata, marfil, monos y pavones». La cita procede del *Libro de los Reyes*, escrito en el siglo vii a.C., pero nos remite tres siglos atrás, cuando la opulencia mineral del sur peninsular atraía hasta el otro extremo del Mediterráneo a los primeros navegantes semitas.

Desde esta primera mención, la nebulosa en torno a Tartessos no se ha desvanecido. Viajeros, filólogos y arqueólogos han buscado los restos de una civilización que floreció entre los años 1000 y 500 a.C., para caer luego en un olvido silencioso rodeado de conjeturas. Ubicado en las provincias actuales de Huelva, el oeste de Sevilla, la mitad sur de Badajoz y todo el Algarve portugués, el dominio ha quedado envuelto por un aura enigmática. Y es que esta sociedad rica en minerales tan pronto ha sido identificada con la Tarsis bíblica —similitud fonética que parece llevar al error, pues el lugar se hallaría en las inmediaciones del mar Negro—, como con el Jardín de las Hespérides —un lugar poético donde las ninfas organizaban, a decir de los griegos, apacibles fiestas vespertinas entre las manzanas de la inmortalidad—.

Desde el siglo vi al iv a.C., diversos historiadores helenos dejaron constancia de lo que se sabía sobre aquella civilización. Tal fue el caso de Hecateo de Mileto, de Heródoto y, sobre todo, de Avieno, que en su *Ora marítima* hablaba del río de dicho nombre. Éforo se refería a «un mercado muy próspero, la llamada Tartessos, ciudad ilustre, regada por un río que lleva gran cantidad de estaño, oro y cobre de Céltica». Entre los españoles, el primer autor que intentó localizar con exactitud Tartessos fue Antonio de Nebrija, responsable, en 1492, de la primera gramática castellana. Identificó Tartessos con el Betis (Guadalquivir) y con el paisaje de brazos marinos que formaba en su desembocadura.

Todavía más improbable se estima la identificación española con la Atlántida, descrita por Platón en el Timeo: «una gran isla, más allá de las columnas de Heracles, rica en recursos mineros y fauna animal». En 2001, el geólogo francés Jacques Collina-Girard la ubicó en Espartel (cerca de Tánger).

En busca de Tartessos se adentró en Andalucía George Bonsor (1855-1930), un pintor anglofrancés que trocó el lienzo por la pala. Hoy, por la correspondencia inédita que se conserva en la Hispanic Society of America, sabemos que en 1918 Bonsor presentó al presidente de dicha institución, Archer M. Huntington, el proyecto de hallar la antigua ciudad. Su plan consistía en trazar los límites del lago Ligustino y, para ello, no solo solicitó fondos, sino que propuso la creación de una

Tartessos y su zonas de infuencia. Tartessos fue el nombre por el que los griegos conocieron a una antigua civilización de Occidente situada en el suroeste de la Península Ibérica.

institución arqueológica en España semejante a la Escuela Francesa de Arqueología de Atenas: la Anglo-American School of Archaeology in Spain, con sede en Sevilla.

Con el afán de emular a su compatriota Schliemann, que había desenterrado Troya, siguió removiendo arenas sureñas el alemán Adolf Schulten (1870-1960), impulsor de la investigación en torno a Numancia. La *Ora marítima* de Avieno sería para Schulten lo que *La Ilíada* había sido para Schliemann, y el Coto de Doñana ejercería de vigía al modo de la colina turca de Hissarlik. Schulten dirigió la ambiciosa empresa de dar con Tartessos, pero, de entrada, lo único que encontró fueron unas ruinas romanas en el Cerro del Trigo.

El panorama de la investigación recibió un rayo de esperanza cuando, el 30 de septiembre de 1958, la cuadrilla que trabajaba en Camas (Sevilla) halló un recipiente de barro que contenía 16 placas, 2 brazaletes, 2 pectorales y 1 collar. Todas las piezas eran de oro macizo y pesaban casi 3 kilos. Después de analizarlas, el arqueólogo Juan de Mata Carriazo concluyó que se trataba de «un tesoro digno de Argantonio».

El conjunto fue denominado de El Carambolo, debido al monte que lo albergaba. Cronológicamente el ajuar se sitúa entre los siglos VII y V a.C. Desde el punto de vista iconográfico aparece enlazado con los talleres fenicio-chipriotas, mediante emblemas como el sol y la luna, y a nivel técnico las joyas fueron diseñadas a partir de la combinación de la cera perdida, el laminado, el troquelado y la soldadura. Algunas incluso tuvieron incrustaciones de turquesas, piedras semipreciosas o cuentas vítreas.

De este modo, en la segunda mitad del XX, los investigadores pudieron definir un mapa que se extendía por la mitad meridional: en la provincia de Huelva, con los yacimientos de La Joya y el Cabezo de San Pedro; en la de Sevilla, El Gandul y Carmona; en Córdoba, La Colina de los Quemados; en Bajadoz, Medellín y Cancho Roano, e incluso en Portugal se considera tartesio el yacimiento de Alcácer do Sal.

Tartessos no fue una fabulación historiográfica, se trató de una civilización con su auge y su caída. Sin embargo, no deja de sumergirnos en la perplejidad que el monarca Argantonio fuera sumamente longevo en una etapa en que la enfermedad y la guerra acortaban la esperanza de vida. Anacreonte y Heródoto le atribuyen una existencia de 120 años y un reinado de 80.

Los historiadores sitúan su mandato en 630-550 a.C., por lo que se considera el año 670 a.C. como fecha aproximada de su nacimiento. Junto con el significado de su patronímico, «hombre de plata», habría que describir la incontable sabiduría y generosidad de este varón. Fue aliado de los foceos, a quienes financió la construcción de su muralla y regaló un caldero valorado en un talento. Escritores romanos como Plinio el Viejo y Cicerón abordarían su semblanza.

2. Los turdetanos

Tartessos había recibido un potente influjo griego. Supuestamente, esta inclinación condujo a la desaparición de su monarquía a manos de los fenicios. Sucedió como venganza por su apoyo a los focenses tras la batalla de Alalia en el siglo VI a.C. Se han aportado numerosas teorías, incluso la del cambio climático, para explicar la extinción del reino. Más allá de estas disquisiciones, lo evidente es que surgió una nueva cultura adaptada a las nuevas condiciones geopolíticas.

La Turdetania se vio inmersa en la órbita cartaginesa, aunque tuvo una evolución propia, de forma que la población se sabía descendiente de los antiguos tartesios y, a la llegada de los romanos, aún mantenía sus señas de identidad. De ahí que Estrabón señale en sus crónicas que los turdetanos son «considerados los más cultos de los iberos, ya que conocen la escritura y, según sus tradiciones ancestrales, incluso tienen crónicas históricas, poemas y leyes en verso que ellos dicen de seis mil años de antigüedad».

Al parecer de Varrón, a ejemplo de Cartago, los turdetanos conocían el arado y el trillo antes de la llegada de Roma. Cultivaban cereales, olivo y vid, y tenían bueyes y caballos. Se intuye la cría de ovejas por la industria textil asociada. Así lo demuestran las fusayolas y pesas de telar encontradas en algunas tumbas.

Las esculturas ligadas a ritos funerarios poseen cronología antigua, del siglo V a.C., y se cree que pueden representar a gentes de las clases altas. También se han encontrado diversas estelas con animales mitológicos en Osuna, de datación más reciente, del I a.C.

3. Los iberos

Este conjunto de pueblos independientes portó la cultura más avanzada de la Edad del Hierro en nuestro país. Los iberos ocuparon el sur, levante y noreste de la Península y parte del sureste de Francia. Se desarrollaron a partir del siglo VII a.C., pero alcanzaron su culmen en los siglos V y IV a.C. Fueron permeables a los colectivos indígenas de las zonas sur y levantina y a los comerciantes fenicios, griegos y cartagineses. Por tanto, esta cultura incluía el área turdetana, ya citada.

La primera noticia que se tiene de ellos es a través de los historiadores y geógrafos griegos. Curiosamente, también se llamaba «ibero» a un pueblo de la actual Georgia, conocido como Iberia caucásica. Las descripciones más antiguas de la costa ibera mediterránea provienen de Avieno, en su *Ora maritima*. Aquí se refiere el viaje de un marino de Massalia acontecido casi un milenio antes (530 a.C.):

> La mayor parte de los autores refieren que los iberos se llaman así justo por ese río, pero no por aquel río que baña a los revoltosos vascones. Pues a toda la zona de este pueblo que se encuentra junto a tal río, en dirección occidente, se la denomina Iberia. Sin embargo, el área oriental abarca a tartesios y cilbicenos.

La organización social de los iberos era piramidal. En la cúspide figuraba la élite, que regía los diversos estados locales. Los varones de la aristocracia tenían el estatus guerrero y sus tumbas poseían carácter monumental. Los sacerdotes y sacerdotisas, pues también las había, no formaban una casta estructurada. Los artesanos no gozaban de ningún privilegio social y la mayoría de la población se dedicaba a la agricultura y a la ganadería.

Los poblados fortificados (*oppidum*) se asentaban en lugares altos, fácilmente defendibles y se dotaban de murallas. La estructura urbanística se adaptaba a las características orográficas. En los alrededores solía haber caseríos aislados, mientras que las atalayas servían para vigilar el territorio. La técnica constructiva más usual consistía en levantar un zócalo de piedra. Un ejemplo representativo es Puig Castellar, en Santa Coloma de Gramenet (Barcelona), con hábitat en plataforma y cercado. En Zalamea de la Serena (Badajoz) estuvo el palacio-santuario de Cancho Roano. Su cuerpo principal se halla rodeado por un foso con agua y, en su interior, hay multitud de altares con ánforas de cereales, molinos de piedra, muebles de marfil, alhajas de plata y accesorios de caballería.

Las viviendas poseían planta pequeña (35-45 m^2). En un espacio rectangular se desarrollaban todas las funciones de la cotidianidad. Las paredes eran de adobe, el techo de madera y el suelo de tierra apisonada. A veces poseían un piso superior. En medio de la habitación se situaba el fuego, que servía para cocinar y calentar la estancia. Las camas eran de madera o de piel y, al menos en invierno, no debían de estar lejos de la hoguera.

La cerámica y demás utensilios de uso culinario se guardaban en estanterías o en un banco adosado a la pared. El mobiliario se completaba con arcones, cestos, taburetes, mesa... Una de las actividades domésticas más relevantes era la molienda, practicada con el molino de mano, con el que se trituraba el grano para transformarlo en harina. Al edificar la cabaña, se sacrificaban animales a modo de ofrenda y sus restos se depositaban bajo los cimientos. También los niños eran sepultados allí.

Los restos de madera, de carbones, semillas o polen hallados en los yacimientos revelan información sobre las prácticas agrarias y los modos de subsistencia. Alternaban cereales y leguminosas, con lo que se favorecía la regeneración de la tierra. Generalmente era una agricultura de secano, aunque contaban con frutales como el manzano, el granado y la higuera. El arado, dotado de una reja metálica, permitía trabajar en superficies duras con la fuerza de los bueyes como animales de tiro. El pastoreo representaba un sector mayor a la cría en establos. Sin duda, resultaba relevante el acarreo de animales. Los años juegan a las cartas con el tiempo y, hoy, una de las principales marcas de España ante el mundo es precisamente la gastronomía de los ibéricos.

En el cambio de era, el geógrafo Estrabón expresa la riqueza minera de la Península: «hasta ahora ni el oro, ni la plata, ni el cobre, ni el hierro nativos se han encontrado en la tierra tan abundantes y excelentes». Como hemos apuntado, los iberos se desarrollaron en la Edad del Hierro. El trabajo con este metal, cuya tecnología aportaron los fenicios, es un rasgo diferenciador con respecto a tiempos pretéritos. Con hierro fabricaban herramientas agrícolas, llaves, paletas de albañilería, armas... De bronce eran las fíbulas para sujetar prendas, las campanillas, los brazaletes y las estatuillas, frecuentemente de jinetes. Con oro y plata se fabricaban vajillas ceremoniales y ornamentos destinados al culto.

El comercio estaba controlado por las altas jerarquías, que se encargaban de almacenar y distribuir los productos para la exportación, ya fueran metales o cereales y fibras (lino, lana, esparto). También monopolizaban las prendas de importación (joyas, tejidos de púrpura, cerámicas griegas, etc.).

El uso de la moneda indica las nuevas necesidades generadas por el incremento de los intercambios. También sirvió como pago a los soldados iberos. Muchos fueron reclutados como mercenarios por los griegos, pues quedaron fascinados por su comportamiento: se lanzaban al combate sin miedo alguno y resistían peleando sin retirarse aun a sabiendas de que se trataba de una batalla perdida. En lo pecuniario, primero los iberos emplearon monedas de los extranjeros, luego acuñaron las suyas propias hasta que se impusieron las romanas en el siglo I a.C.

Estrabón, en tanto que agudo corresponsal de salón del mundo ibérico —nunca pisó Hispania—, ofreció detalles del sobresalto con el que moraban: «llevaban una vida de continuas alarmas y asaltos, arriesgándose en acciones de guerrilla, pero no en grandes empresas». Y se fijó en cómo se adornaban: «los hombres van vestidos de negro, la mayoría llevan el sargos, con el que duermen. Las mujeres llevan vestidos con adornos florales» y «antes se importaban muchos tejidos, incluso hoy día sus lanas son muy solicitadas y no hay nada que las supere en belleza». Cuando el frío apretaba, se cubrían los hombros con el *sagum*, una capa de lana y, para entrar en combate, se recogían el pelo con una tela a modo de diadema.

Todo guerrero se distinguía por siete elementos, restringidos básicamente a la aristocracia: el caballo, la lanza, el escudo, el casco, el disco-coraza (pectoral de bronce), las grebas (espinilleras hasta el tobillo) y el puñal. Apreciamos varios de ellos en el jinete en pie frente a su rival vencido, del Cerrillo Blanco, en Porcuna (Jaén), el cual nos retrotrae al siglo v a.C.

El mismo autor avisó de que los iberos contaban con algún tipo de escritura: «los turdetanos poseen una *grammatiké* y tienen escritos antiguos, poemas y leyes en verso». Debieron de conocerla a través de los contactos con los colonizadores, generando dos tipos de alfabeto: el turdetano y el levantino. La lengua ibera está documentada por escrito en inscripciones que datan desde finales del siglo v a.C. hasta el i d.C., cuando los romanos impulsaron la latinización.

Realizaban los trazos sobre soportes variados, láminas de plomo, esculturas, vasijas, muros, monedas, etc. Algunas muestras son la estela de Sinarcas, del siglo i a.C., conservada en el Museo de Prehistoria de Valencia, o el cuenco de plata con inscripción ibérica, del Louvre. La falta de parientes idiomáticos cercanos impide la traducción plena de los textos.

Las mujeres eran fértiles entre los 14 y los 45 años. Diversos estudios señalan que se trataba de una población joven, con una elevada mortalidad infantil (incluso superior al 50 % de los nacidos) y matrimonios formados a los 15 años. Sin saberlo, todas las chicas representaban la estela de Penélope, pues debían de hilar constantemente. En el poblado de la Ferradura, en el Montsià (Tarragona), se han localizado dos telares en un barrio de siete casas.

El proceso conquistador duró cerca de 200 años y se ejecutó en varias etapas: los Escipiones (218-197 a.C.) ocuparon la franja mediterránea, el valle del Ebro y el del Guadalquivir, aunque no sin dificultades. Después conquistaron la Meseta y Lusitania. Los guerreros preferían la muerte a la entrega de las armas ya que, como sostenía Adolf Schulten, en su revisión del colectivo: «los iberos, amantes de la libertad, que no aceptaban un jefe, sino a lo sumo en caso de guerra y por corto tiempo…».

La religión que los animaba también es bastante desconocida. La arqueología vuelve a darnos la pista: seres fabulosos y bestias divinizadas protegían las sepulturas nobiliarias. Del siglo iv a.C. datan algunas imágenes de divinidades importadas (Astarté, Melkart, Artemisa y Deméter).

La bicha de Balazote (Albacete, hoy en el Museo Arqueológico Nacional de Madrid, MAN) es una escultura del tránsito del siglo v al iv a.C. que representa a un toro androcéfalo en actitud hierática, tipología con claros paralelos en Próximo Oriente. Varios animales engrosaban la dimensión sobrenatural del grupo: el toro, representando virilidad y fuerza, el lince, enlazado al mundo de los difuntos, o el buitre, que portaba el alma del guerrero muerto al escenario de las deidades.

El ritual funerario incluía la cremación y posterior ubicación de las cenizas en tumbas. Después de ser velado en la vivienda, el cadáver era transportado con algunas de sus pertenencias a la pira de leña. Los objetos no quemados se sometían a un lavado y, envueltos en una sábana, se depositaban en una urna. Durante el banquete, se sacrificaban animales y se colocaban en la urna los alimentos. Las necrópolis estaban fuera de los poblados y, en los albores de la época ibérica, se levantaron pilares-estelas, como el de Pozo Moro, en Chinchilla, Albacete, hoy en el MAN.

Desde el punto de vista artístico, proliferan las damas, esculturas interpretadas como diosas-madre o señoras de la fecundidad (versión peninsular de Tanit) que, supuestamente, acogerían al noble difunto en su seno, aproximándolo a la esfera supraterrenal. Las sacerdotisas gozaban de enorme prestigio, representaban el vínculo de la vida y la muerte. También ciertos hombres tenían una vertiente mística, por ejemplo, los sacerdotes lusitanos, capaces de leer el futuro en el intestino de los enemigos.

Encontrada casualmente en 1897, la dama de Elche ha recibido múltiples interpretaciones. Se ha visto en ella tanto a una simple mortal como a una sacerdotisa o a una divinidad. No se sabe si fue solo un busto o, por el contrario, una efigie erguida o sedente. Tampoco si fue concebida como urna cineraria (por la cavidad de la parte posterior) o como una imagen de culto.

La mujer representada viste una túnica y una mantilla sostenida por una peineta (que puede parecer una tiara). Está tallada en caliza fina de color naranja y la cara tiene el color original de la piedra, pero estuvo policromada. La dama lleva adornos característicos de los iberos: unas ruedas que cubren las orejas, collares y coronas con pequeñas cadenas y filigranas. Son reproducciones de joyas que tuvieron su origen en Jonia en el siglo viii a.C. y que después pasaron a Etruria. En los últimos análisis se descubrió un pequeño fragmento de pan de oro en uno de los pliegues de la espalda. Esto induce a suponer que las filigranas del busto estaban recubiertas por dicho material.

Artemidoro de Éfeso, hombre de Estado que viajó por las costas de Iberia alrededor del año 100 a.C., describe a la hembra ibera con un atuendo que puede percibirse en la dama de Elche:

> Algunas mujeres ibéricas llevaban collares de hierro y grandes armazones en la cabeza, sobre la que se ponían el velo a manera de sombrilla, que les cubría el semblante. Pero otras mujeres se colocaban un pequeño tympanon alrededor del cuello que cerraban fuertemente en la nuca y la cabeza hasta las orejas y se doblaba hacia arriba, al lado y detrás.

En contraste con la indumentaria plenamente autóctona, los rasgos faciales revelan el vigoroso impacto de la escultura griega. Este icono de la cultura española data de los siglos v y iv a.C. y, tras su retorno del Louvre, con entusiastas visitas a su lugar natal, puede contemplarse en el MAN.

En el Cerro del Santuario se halló la dama de Baza (MAN), estatua de una mujer sentada en una butaca con alas. Porta una paloma en la mano y, a través de un agujero, se introdujeron las cenizas. A pesar de que las armas llevaron a pensar que se trataba de un guerrero, análisis posteriores apuntaron que, posiblemente, con tal monumento se quiso prolongar el recuerdo de una joven de entre 20 y 25 años que ejerció el liderazgo en el siglo iv a.C.

Los exvotos presentados en los centros de peregrinación eran realizados sobre roca, terracota o bronce. En el elenco aparecen pequeñas figuras de hombres y mujeres, cabezas, caballos y estatuas completas, como la hallada en Collado de los Jardines (Jaén), custodiada en el MAN. La pintura era practicada por los iberos desde el siglo vi a.C., como puede inferirse por comparación con las piezas egeas.

La dama del Cerro de los Santos (también exhibida en el MAN) fue localizada en el santuario de Montealegre del Castillo (Albacete). Sus grandes ojos adoptan gesto atento mientras porta el vaso de ofrendas. Una fíbula o pasador en forma de T sujeta el cuello de la túnica, adorno que es acompañado de tres collares y un lujoso tocado con largas trenzas y rodetes. La ocasión lo merece: llegó el día esperado de ser presentada ante la divinidad y los hombres. Con su metro y 30 centímetros, desde el siglo iii a.C. la piedra conserva vivo el instante.

4. Los celtíberos

Tradicionalmente, en las enciclopedias se tendía a explicar que los celtas habitaban el noroeste, los iberos al este y, de la fusión, surgían los celtíberos. No se trata de culpar a este género de libro del error, antes bien reconocer cómo era capaz de transmitir a los escolares una variedad de conocimientos de manera eficaz. Pero, aunque ya los romanos hablaron en dichos términos, se trata de una interpretación simplista, que agiliza el entendimiento, mas no se corresponde plenamente con la verdad, si acaso podemos entreverla o acercarnos a ella.

Con la palabra «celtíbero» se hace referencia de forma genérica a los pueblos prerromanos celtizados que poblaban la Península desde finales de la Edad del Bronce, en el siglo XIII a.C., hasta la romanización de Hispania. Fueron descritos por historiadores como Ptolomeo, Estrabón, Marcial o Tito Livio.

Durante los siglos VII-VI a.C., se manifestaron notables transformaciones en el patrón de asentamiento en el área nuclear de la Celtiberia, esto es, la circunscrita entre el Tajuña y el Henares. Las relaciones se fundamentaban en el parentesco, con descendientes de un sujeto común. El grupo más amplio era la *gens* y el menor, el de las *gentilates*. La vida gentilicia se plasmaba en las comidas en común y en que todos los familiares dormían juntos, como atestiguan las casas de Numancia y Tiermes, con estancias organizadas en torno a un hogar central (hoguera) y bancos corridos adosados a la pared.

Los asentamientos eran diversos, desde la *polis* o urbe, del tipo de la ciudad-estado antigua, a la *civitas*, como organización política indígena y autónoma que podía tener o no una configuración urbana, y los *vici* y *castella*, más pequeños. El urbanismo está registrado en las comarcas más ricas, como la Carpetania y los valles del Jalón y del Ebro.

La tecnología evidencia la evolución hacia una sociedad de fuerte componente guerrero. En los cementerios se plasma la desigualdad, con la panoplia de armamento como signo de prestigio. Pero también había hermanamiento entre los pueblos. El *hospitium* (hospicio), o pacto de hospitalidad, permitía adquirir los derechos de un grupo gentilicio a otros individuos. No se trataba de una adopción, sino de un acuerdo de igualdad por el que los contrayentes se convertían en huéspedes mutuos. El documento en el que quedaban corroborados tales hechos se denomina «tésera de hospitalidad», una lámina de metal con dos manos entrelazadas o cierto animal simbólico. El más famoso de estos vestigios es el Bronce de Luzaga, que sella la comunicación entre las ciudades de Arecoratas y Lutia.

La clientela suponía una forma de protofeudalismo. Era una comitiva constituida en torno al individuo más significativo de la comunidad, el cual estaba obligado a dar alimentación y vestido a sus seguidores, mientras que estos debían corresponderle con su apoyo incondicional. Con una vuelta de tuerca más se llegaba a la *devotio*, en la cual al elemento contractual de la clientela se le añadía el factor religioso: si el jefe moría en la batalla, sus ayudantes estaban obligados a no sobrevivirle.

Los celtíberos suministraban para la lucha no solo excelentes jinetes, también infantes, que destacaban por su capacidad de sufrimiento. Iban vestidos con ásperas capas negras, cuya lana recuerda el fieltro, portando escudos ligeros, como los de los celtas, o redondos, al estilo griego, cascos broncíneos con rojas cimeras y bandas de pelo para proteger las piernas. Empleaban una peculiar técnica de fabricación de armas: enterraban piezas de hierro y las dejaban oxidar para aprovechar luego el centro, con el que obtenían, mediante una nueva forja, magníficas espadas.

Según narra Diodoro de Sicilia en el siglo I a.C., «son extremadamente crueles con los criminales y enemigos, aunque con los forasteros son compasivos y honrados, rivalizando entre ellos para prodigarles su hospitalidad». En cuanto a la alimentación, se servían de toda clase de carnes, refrescando los labios con una suculenta combinación de vino y miel.

Se puede dividir el panteón indígena en tres categorías de divinidades, las cuales no resultaban excluyentes: de carácter astral (sobre todo el sol y la luna, sustrato de los cultos indoeuropeos), dioses celtas (semejantes a los de la Galia y Britania) y deidades menores (de origen animista o totémico y aceptación local).

El celtíbero se hablaba desde el siglo IV a.C., cuando Heródoto mencionaba que los *keltoi* vivían al otro lado de las Columnas de Hércules. Pero, hasta su sometimiento por los romanos en el año 49 a.C., proliferó una multitud de pueblos englobados bajo esta categoría, aunque eran diferentes entre sí.

En Soria, los arévacos cifraban su gloria en perecer en los combates y consideraban como una bajeza fenecer de enfermedad. Adoraban a Lug, divinidad de origen celta, al cual festejaban en las noches de plenilunio, bailando en familia en la puerta de las casas y, si era preciso, las mujeres iban a la guerra. Arévacos fueron los numantinos. La cuenca del Duero era habitada por los vacceos. Su sistema colectivista agrario, a juicio de Diodoro de Sicilia, era el más avanzado de entre los celtíberos, pues «cada año distribuían la tierra arable a los labradores y, poniendo en común sus frutos, entregaban a cada uno su parte, y a los labradores que se apropiaban de alguna parte para ellos mismos les daban muerte como castigo». En la contienda se mostraban «no solo buenos jinetes, sino también infantes excelentes por su empuje y resistencia».

En Cuenca estaban los olcades, de quienes conocemos los *oppida* que luego, en época romana, fueron centros de importancia, como Valeria, Segóbriga y Ercávica. En 221 a.C., su capital, Altia, fue tomada por Aníbal. Los carpetanos estaban instalados junto al río Tajo, por Toledo, Madrid y Guadalajara. El gobierno corría a cargo de una asamblea y de un grupo de magistrados. Tito Livio parece referir este tipo de gobierno al relatar la conquista de la imprecisa ciudad Cértima:

> Se encontraba ya aproximando sus máquinas contra las murallas cuando llegó una delegación de la ciudad. Sus palabras mostraban la sencillez de los antiguos, pues no trataron de ocultar su intención de seguir la lucha si disponían de los medios. Pidieron permiso para visitar el campamento celtíbero y pedir ayuda; si se les rehusaba, decidirían por sí mismos.

5. Los vetones

A comienzos de la era cristiana, Plinio el Viejo nos da noticia de que, entre los lusitanos, se criaba una raza de caballos tan veloces que pronto se gestó la leyenda de que las yeguas eran fecundadas por el viento Céfiro. Estos equinos debieron de competir en reputación con los de los vetones, pues, en las sociedades del entorno de Guisando, el caballo jugó un papel preponderante tal como sugiere Apiano, a propósito de la célebre «ala».

La estructura social de este pueblo prerromano era piramidal: en la cúspide se situaba la élite militar, que se distinguía por el uso del caballo y de las armas de lujo; tras ellos se encontraba la base guerrera, con una panoplia más sencilla, y en la base, una masa de gente humilde dedicada a la artesanía, el comercio, la agricultura y la ganadería. Esta última era una de las actividades económicas de mayor relevancia, con sus variantes de bovino, porcino, ovino y caprino.

Los verracos graníticos se hallan diseminados por toda la Vetonia. Los toros y los cerdos, e incluso los jabalíes, pudieron ser hitos conmemorativos de victorias y también es posible que estén impregnados de un profundo significado de magia simpática con fines propiciatorios que enlazaría su funcionalidad estético-religiosa con la de los bisontes prehistóricos de Altamira. Del mismo modo, se ha apuntado su vinculación con los usos funerarios de las élites vetonas —acostumbradas a practicar la cremación de los cadáveres—, ya que en Martiherrero (Ávila) vemos estas esculturas asociadas a losas, a modo de tapa de la tumba.

El primer contacto con los romanos debió de tener lugar hacia el año 193 a.C., en la campaña del general Marco Fulvio Nobilior. Cerca de Toletum (Toledo), el pretor hizo huir en desbandada a un ejército formado por carpetanos, vacceos y vetones. Los romanos reconstruyeron la antigua cabeza de la Carpetania e, incorporada a la provincia Cartaginense, aparecería en las fuentes clásicas, definida, por ejemplo, por Tito Livio como «ciudad pequeña pero en lugar fortificado».

En estos años, llegaron a los castros vetones objetos romanos como vajillas para el consumo del vino y del aceite, piezas que nos hablan del tráfico comercial a larga distancia y del auge experimentado por las producciones de hierro y las fundiciones de bronce autóctonas. En el año 61 a.C., Julio César fue nombrado gobernador de la Hispania Ulterior y, con el pretexto de erradicar las rapiñas de vetones y lusitanos, las acciones militares entre el Duero y el Tajo obligarían a los habitantes a dejar los recintos amurallados y bajars al llano.

Esta decisión modificó notablemente la organización del territorio, si bien, en el abandono de los poblados no se registraron incidentes belicosos. Algunos siguieron funcionando y otros buscaron mejores lugares de asentamiento de acuerdo con los intereses romanos, valorando los recursos agrícolas, ganaderos y mineros.

La fundación en el año 43 a.C. de Norba Caesarina, actual Cáceres, se relaciona con el intento de conseguir una buena posición estratégica con respecto a la Vía de la Plata. El silencio de las fuentes parece corroborar que los vetones fueron uno de los grupos más pacíficos con los que se encontró Roma.

6. Celtas, cántabros y vascones

Procedente de Centroeuropa, el colectivo celta arribó a la Península a principios del I milenio a.C. y se asentó en la meseta norte y en el noroeste, en concreto, en Galicia, Asturias y Portugal septentrional. Llegaron desde Escocia hasta la lejana Galacia, en la actual Turquía. Aparecen citados por primera vez por los griegos Hecateo y Heródoto. En contacto con los tartesios e iberos afianzaron su personalidad, diferenciándose de los celtas de allende los Pirineos, con quienes mantenían contacto. De esta manera, Hispania ofrece el mejor conjunto epigráfico céltico anterior a las tradiciones literarias irlandesas medievales.

Los celtas aportaron numerosos avances técnicos, como el manejo de la metalurgia, y sus principales asentamientos reciben el nombre de castros. Su sociedad estaba articulada en tribus, hablaban lenguas indoeuropeas y no conocían la escritura. La escasez de fuentes dificulta el conocimiento de sus costumbres, pero los romanos los presentan con formas de vida primitivas. Su principal dedicación era la ganadería y poseían creencias ancestrales, como ofrendar armas a las aguas. Hay altares rupestres en Ulaca (Álava) y en Peñalba de Villastar (Teruel).

Los cántabros poblaban la práctica totalidad de la comunidad actual de Cantabria, el norte de Burgos y Palencia, el este de Asturias y la parte occidental de Vizcaya. La principal ciudad era Amaya, la cual gozaba de una posición privilegiada como vigía y puerta de acceso para cualquiera que quisiera internarse en la cordillera Cantábrica.

La primera cita histórica documentada sobre este pueblo la proporciona Catón el Viejo en su obra *Orígenes*, de la que se conservan varios fragmentos. Uno de ellos habla de la campaña que él mismo realizó por la Península cuando era cónsul en el año 195 a.C.: «el río Ebro: nace en tierra de cántabros, grande y hermoso, abundante en peces». Hablaban un idioma ignoto cuyos restos se conservan en ciertas inscripciones ya romanizadas.

Precisamente, desde el curso alto de este cauce hasta la vertiente peninsular de los Pirineos se extendía el territorio de los vascones. En época de Augusto, Estrabón situaba su principal polis en la ciudad de Pompaelo (Pamplona). El contacto con los romanos data del siglo II a.C., una vez expulsados los cartagineses tras la segunda guerra púnica. Los vascones pronto comprendieron que podían tener en Roma un aliado con el cual desprenderse de la vecindad céltica. En los primeros años se produjeron actuaciones bélicas en los valles del Ebro y del Aragón.

7. La colonización fenicia

Poblada desde principios del III milenio a.C., la Fenicia histórica se extendía sobre una estrecha franja costera de 40 kilómetros, desde el Monte Carmelo hasta Ugarit. Su suelo montañoso y poco apto para la agricultura orientó a sus habitantes hacia las aguas. Con mayor razón el mar se impuso a este pueblo como vía de prosperidad, al quedar dividido en pequeñas ciudades-estado separadas por espolones rocosos.

Los cananeos bíblicos fueron llamados por los griegos *phoínikes* (rojos, púrpuras) debido a los costosos tintes que intercambiaban. La cerámica que componían fue muy cotizada, así como los objetos de vidrio coloreados. Actualmente, tildar a alguien de fenicio implica quererle adjudicar perspicacia en los negocios y, si cabe, avaricia. Y es que los grandes mercaderes de la Antigüedad consiguieron establecer una talasocracia, o gobierno de los mares, que les permitía controlar el Mediterráneo.

Los fenicios procedían del actual Líbano, de ciudades-estado como Biblos, Tiro o Sidón. Fundaron numerosas factorías en el litoral. La tradición sitúa la creación de Gadir, el más antiguo de estos enclaves, en 1104 a.C., «ochenta años después de la caída de Troya», de acuerdo al historiador romano Veleyo Patérculo. Sin embargo, este dato trasluce la voluntad de agradar a unos insignes gaditanos de origen fenicio, los Cornelio Balbo, que formaron parte del núcleo de poder en torno a Julio César y a su hijo adoptivo, Octavio Augusto. No obstante, han aparecido estructuras urbanas que se remontan al siglo IX a.C.

Gadir mantenía el viejo patrón de los asentamientos fenicios, para los que se buscaban lugares que reunieran unas condiciones de defensa relativamente fáciles: islas cercanas a la costa, promontorios rodeados de entorno acuático o proximidad a ríos navegables. Con el Guadalete o el Iro, el futuro Cádiz seguía este modelo. Poco sabemos del aspecto de la población, aparte de su espléndido fondeadero y de la presencia de templos dedicados a Astarté (diosa de la fecundidad) o a Melkart (dios agrícola y del comercio con ritos de muerte y resurrección). Los exvotos de este último santuario, en forma de figurillas de bronce, nos hablan de la religiosidad de los marinos y de su agradecimiento al dios por permitirles surcar el Extremo Occidente.

Con el transcurso de los años, el fenicio Melkart se fundió con el griego Heracles (el Hércules romano) y continuó reinando con dicho nombre entre las columnas de Gibraltar. El geógrafo romano Pomponio Mela, nacido cerca de Cádiz, exponía en el siglo I d.C. que el templo de Melkart «era célebre por sus fundadores, por su veneración, por su antigüedad y por sus riquezas», añadiendo que «su santidad estriba en que guarda las cenizas de Hércules».

Allí Aníbal juró odio eterno a los romanos antes de partir hacia Sagunto e iniciar la segunda guerra púnica. El santuario contaba con un oráculo que fue visitado por Julio César, a quien predijo su grandeza. La relevancia del templo trascendía lo religioso, pues el patrono de los comerciantes garantizaba la calidad de las mercancías, la corrección de los pesos y medidas, y el valor de los tratos cerrados en su recinto sagrado. El panteón fenicio difería de unas ciudades a otras. Baal era el dios de la lluvia y la guerra, Reshef, de las calamidades, y Hadad, del aire.

Como los fenicios practicaban una navegación de cabotaje (que no superaba los 60 kilómetros de travesía), con Gadir como base de operaciones se aseguraban las singladuras regulares. Decidieron transformar las escalas en establecimientos permanentes y, para ello, establecieron una serie de colonias en el norte de África, donde alcanzaron renombre Útica y Cartago.

La comparación de épocas sitúa ante los ojos paradojas. Cuando en 1492 los españoles llegaron a las Indias, quedaron deslumbrados por sus riquezas. También en las culturas autóctonas de la Península fueron los foráneos quienes desarrollaron la descripción del ambiente y sus gentes. Según los *Relatos maravillosos* del Pseudo Aristóteles, «se dice que los primeros fenicios que navegaron hacia Tartessos obtuvieron en sus intercambios comerciales a cambio de aceite y pacotilla una cantidad de plata tal, que ya no pudieron guardarla ni darle cabida (en su barco), sino que se vieron obligados cuando partieron de aquellas regiones a componer de plata todos los utensilios de los que se servían e incluso las anclas».

Así, de Tartessos importaban plata, oro y cobre. La economía de Gadir se sustentaba en el comercio con los mundos atlántico y mediterráneo, en la pesca del atún y en la exportación de *garum* (exquisita salsa de vísceras de pescado).

Aunque en el siglo VI a.C. las localidades fenicias perdieron la autonomía por la ocupación llevada a cabo por el Imperio asirio, prolongaron su repercusión sobre los iberos. Junto con Gadir, los restos más significativos proceden de Malaka (Málaga), Toscanos (Vélez-Málaga), Sexi (Almuñécar), Abdera (Adra), Villaricos, Mazarrón..., y en el área atlántica de Onuba (Huelva) y Chiclana de la Frontera. La mayor parte de las colonias eran creadas por Tiro. Se ha propuesto como rasgo propio de las fundaciones de Sidón la vinculación con Astarté como diosa tutelar y de las de Tiro con Melkart.

Entre el legado fenicio, se cuentan la metalurgia del hierro, el torno del alfarero, el vino y el aceite. Y, por supuesto, el alfabeto, compuesto por ideogramas y sin vocales, las cuales fueron añadidas por los griegos. El alfabeto latino que usamos hoy procede del etrusco, que, a su vez, fue una adaptación del griego. La literatura fenicia está rodeada de incógnitas y, aunque solo se han conservado inscripciones y fragmentos de narración histórica, es un hecho probado que tanto Fenicia como Cartago tuvieron bibliotecas.

8. La presencia griega

Desde el siglo VIII a.C., los griegos se aproximaron a la Península con la intención de obtener metales y, a la par, solventar el problema demográfico que afectaba a las *polis*. A diferencia de los fenicios, con afán conquistador, los griegos tenían una vocación mercantil, no les interesaba tanto asegurar el territorio como poner en marcha núcleos de intercambio.

Los primeros griegos que llegaron al Tirreno, al Adriático y a Iberia fueron los habitantes de Focea ya mencionados. Ante el avance persa, un navegante de la isla de Samos, llamado Coleo, encabezó la expansión en el Mediterráneo que llevaría a la fundación de Massalia (Marsella). Este mercader del siglo VII a.C. se hallaba en ruta hacia Egipto pero, tras socorrer a los colonos tereos, fue arrastrado por el viento hasta Tartessos, mercado virgen para los griegos. Obtuvo una de las mayores ganancias que se recordaban hasta el momento: 60 talentos, esto es, 150 kilogramos de plata. Con la décima parte del rédito, se encargó un exvoto en honor de Hera, patrona de Samos.

Así relata el periplo Heródoto en sus *Historias*:

> Después de esto una nave samia, cuyo capitán era Colaios, navegando con rumbo a Egipto, fue desviada a Platea; enterados los samios por Corobio de toda la historia, le dejaron provisiones para un año; y ellos zarparon de la isla con vivos deseos de llegar a Egipto, pero, desviados por el viento apeliotes, que cesó durante todo el viaje, fueron llevados más allá de las Columnas de Hércules y por providencia divina, llegaron a Tartessos.
>
> Este mercado estaba en aquel tiempo inexplotado todavía; por lo que los samios, al volver a su país, obtuvieron de su cargamento mayores ganancias que ninguno de los griegos de quienes tengamos noticias ciertas, excepto únicamente el egineta Sóstrato, hijo de Laodamante, porque a este nadie lo igualó. Los samios tomaron seis talentos, la décima parte de sus beneficios y construyeron en bronce un vaso a modo de crátera argólica con unas cabezas de grifos salientes alrededor del borde y la consagraron en el templo de Hera, soportándola tres colosos de bronce arrodillados, cuya altura era de siete codos. Desde estas hazañas empezaron las buenas relaciones de los de Cirene y los de Tera con los samios.

Ante la falta de pruebas arqueológicas que constaten los movimientos, la narración podría ser, más que una historia real, un relato semilegendario que reflejaría la atracción de los griegos contemporáneos hacia la exuberancia peninsular.

La principal fundación fue Ampurias, llamada inicialmente Emporion. Los foceos la forjaron en el golfo de Rosas en el siglo VI a.C. En la centuria previa las ciudades-estado griegas se especializaron en la producción de vino y aceite, así como de manufacturas de alto valor, como cerámicas, perfumes y elementos de orfebrería. Fue necesario buscar materias primas y nuevos mercados donde colocar los productos, a fin de sacar rendimientos con los que afrontar las campañas militares. Imperialismo a la antigua...

En Ampurias se han localizado relevantes pistas de su pujanza, desde la planta regular a la cabeza de Artemisa. El yacimiento se encuentra hoy en el municipio de La Escala (Gerona). La zona está conformada por una llanura hundida por donde discurren los ríos Ter y Fluviá.

No se trata de un único núcleo, sino de tres diferenciados: Palaiápolis, Neápolis y la ciudad romana. El primero era un mero puerto comercial que derivó en centro productor de bienes de consumo a intercambiar con los helenos por mercancías más preciadas como el vino. Según Estrabón, hacia el año 550 a.C. se estableció una segunda fundación, esta vez en tierra firme:

> Los emporitanos habitaban antes una islita delante de la costa que hoy se llama Palaiápolis, pero hoy viven ya en la tierra firme. Emporion es una ciudad doble, estando dividida por una muralla, teniendo antes, como vecinos, algunos indiketes (...). Pero con el tiempo se unieron en un solo estado, compuesto de leyes bárbaras y griegas, como sucede también en otras muchas ciudades.

A raíz de la conquista de Focea por Ciro II, emperador de Persia, en 546 a.C., los foceos huyeron a la nueva colonia de Alalia, en Córcega, si bien su presencia incomodó tanto a los cartagineses que decidieron trabar una coalición con los etruscos para aniquilarlos. Los griegos tuvieron que huir de nuevo y se refugiaron en Emporion y Massalia. Con el pretexto de la venida a Hispania del cónsul Marco Porcio Catón y su ejército (de entre 52 000 y 70 000 efectivos), Tito Livio se lanzó a describir el entorno:

> Ampurias estaba formada por dos ciudades separadas por una muralla. Una ciudad habitada por griegos de Focea, como los massaliotas, y la otra por hispanos. La ciudad griega, próxima al mar, estaba rodeada por una muralla de menos de 400 pasos. La ciudad hispana, más

alejada de la costa, tenía una muralla de 3000 pasos de perímetro (...) La parte de la muralla que miraba a tierra, bien fortificada, tenía una sola puerta vigilada por un magistrado por turno. Por la noche montaban la guardia en las murallas la tercera parte de los ciudadanos.

En torno al año 100 a.C. se construyó un recinto de nueva planta con anfiteatro y palestra. Los helenos se fueron romanizando y, durante el principado de Augusto, se les otorgó la ciudadanía. Ampurias mantuvo sus instituciones hasta la guerra civil entre Pompeyo y Julio César y, con el cambio de era y la sumisión total del territorio ante el Imperio, la ciudad fue decayendo, ensombrecida por el poder de Barcino y Tarraco (Barcelona y Tarragona).

La población marchó hacia la antigua Palaiápolis, la cual, por haber ejercido de acrópolis estaba mejor fortificada. El resto tornó en un cementerio. No perduraron ni el recinto de Asclepios, centro terapéutico consagrado al dios de la medicina, ni el de Serapis, que atendía las necesidades espirituales de los negociantes de Oriente. El definitivo toque de queda llegaría con la invasión normanda del siglo IX. Otras ciudades griegas fueron Rhode (Rosas) y Hemeroskopeion (Denia).

9. La conquista púnica

El nombre con el que los romanos se referían a la España que estaba bajo el poder bárquida era Hispania Poena, en tanto que latinización de *phoínikes*. No se había cavilado todavía la diferenciación política por el color pero, como anticipábamos, los cartagineses ya eran los «hombres rojos».

Los púnicos procedían de la colonia fenicia de Cartago, fundada en África, a 17 kilómetros de la actual Túnez. La leyenda cuenta que fue la princesa Dido quien puso la primera piedra en el año 814 a.C. A mediados del siglo VII a.C., Cartago creó una factoría en Ibiza. Constituía un punto estratégico en la ruta marítima que llevaba a las costas meridionales. Esta isla creció hasta transmutarse en un importante núcleo urbano. Si en sus inicios el territorio púnico incluía solo la ciudad y una pequeña área de unos 50 km^2, en el siglo VI a.C. ocupaba un cerco de 50 000 km^2.

Cartago se independizó de la metrópoli cuando Tiro declinó bajo el poder asirio. Con su inmejorable situación estratégica, en medio del Mediterráneo, lideró las colonias fenicias de Occidente, entre ellas, las factorías de Iberia, que enviaban plata, estaño y salazones. Tomó el relevo de los fenicios en el control de la costa y vertebró un gran Estado, de carácter republicano con ciertas dosis de tiranía.

Ya lo expuso Aristóteles, experto en la teoría política: «La constitución cartaginesa, como todas aquellas cuya base es a la vez aristocrática y republicana, se inclina tan pronto del lado de la demagogia como del de la oligarquía». El gobierno recaía en órganos públicos reservados a la aristocracia. El ente básico era la asamblea de ciudadanos, constituida por cientos de individuos pertenecientes a las familias más acaudaladas de Cartago. Esta agrupación era la encargada de nombrar libremente a la mayor parte de los cargos de la ciudad, como el Consejo de Ancianos o el Senado de los Cien.

La gran divinidad púnica fue Tanit. Se aprecia un giro de la cremación a la inhumación y aparecen con frecuencia en los enterramientos huevos de avestruz, signo de distinción traído del norte de África.

Durante mucho tiempo, Cartago fue una ciudad más próspera que Roma, llegando a tener 400 000 habitantes, edificios de hasta siete pisos de altura, un sistema de alcantarillado unificado y docenas de baños públicos. Se abría al mar con dos grandes puertos: el comercial y el militar, comunicados por un canal navegable, una obra de ingeniería que causaba la admiración de los visitantes.

Roma y Cartago, como pueblos vecinos, fueron siempre rivales. Las dos repúblicas se enfrentaron por la hegemonía en el Mediterráneo occidental en las tres guerras púnicas, desde el año 264 a.C. hasta el 146 a.C. Estos conflictos fueron denominados por los cartagineses como «guerras romanas». A principios del siglo III antes de nuestra era, Cartago era el imperio marítimo preponderante, de ahí sus deseos de expansión en la Península Ibérica, y Roma solo venía a representar una potencia emergente. Sin embargo, las reglas del juego cambiarían de modo rotundo al finalizar esta oleada de ataques.

Aunque el primer centro de operaciones estuvo en Sicilia, desde Cádiz, el cartaginés Amílcar Barca emprendió en el año 237 a.C. la invasión del valle del río Betis. Mediante el recurso a la fuerza o a la diplomacia, los reyezuelos de la Turdetania se entregaron, uniéndose a los invasores. Las prospecciones colmaron las arcas púnicas y, al cabo de nueve años de guerra, se habían hecho con los mercenarios y la plata de Iberia.

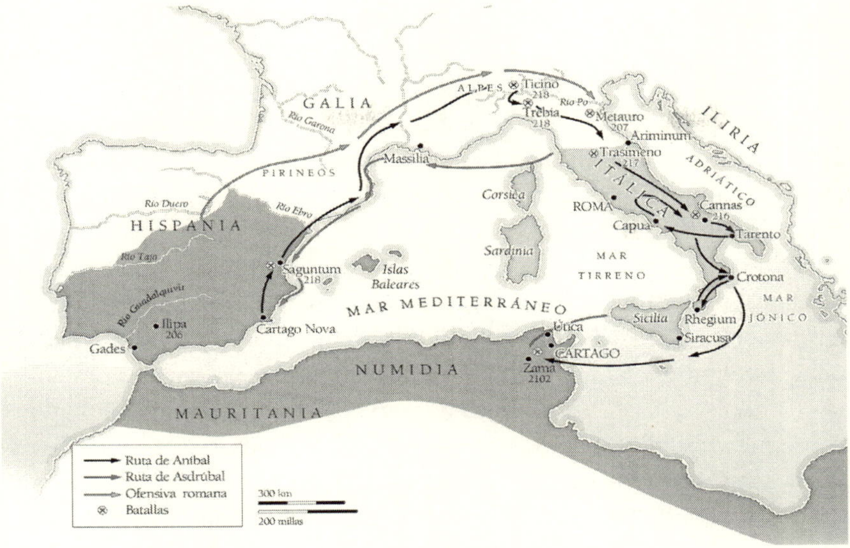

Roma y Cartago, y sus respectivos aliados. Durante varios siglos ambos poderes extendieron su rivalidad por las orillas del mar Mediterráneo.

Amílcar supo seguir adelante obteniendo guerreros en una tierra cada vez menos hostil. Fundó Akra Leuka, «la ciudad blanca», como base de operaciones en los ataques. Pero, en una escaramuza contra los oretanos, pereció en el año 229 a.C. Fue sucedido por su yerno, Asdrúbal, que fundó Cartagena y estableció un tratado con los romanos en virtud del cual el Ebro marcaba los límites de influencia. De esta manera, los púnicos se apropiaron del sur peninsular, desde Levante hasta el golfo de Valencia.

Al fallecer en 221 Asdrúbal, Aníbal Barca (el hijo de Amílcar) comenzó sus gestas. Con solo 26 años fue elegido general por su ejército. No era un hombre, sino un «rayo», así lo advertía su apelativo familiar (que no apellido), *barqä*, que significaba rayo en lengua púnica. Se crio en un ambiente helenístico propio de Cartago y aprendió las letras griegas de un preceptor espartano, llamado Sosilos, despuntando en el manejo de las armas.

Invadió el territorio de los olcades y penetró en la meseta central, ocupando el entorno de Toro (Arbucala) y Salamanca (Helmántica). Pagados los tributos, emprendió regreso a Cartago Nova con numerosos rehenes, pero fue atacado por un ejército en coalición de carpetanos, vacceos y olcades, a los que derrotó junto al Tajo. A la hora de contraer nupcias, Aníbal escogió a Imilce, princesa de la ciudad de Cástulo, ubicada en el alto Guadalquivir. Y es que casarse con hijas de nobles ibéricos empezaba ya a ser una forma de unir tronos y fraguar alianzas…

En legítima defensa, en el año 218 a.C., los ejércitos del águila desembarcaron en Emporion con el objetivo de aislar a Aníbal. Los romanos pensaban que aquel joven comandante no supondría un problema grave. Le hicieron tan poco caso a Aníbal que dirigieron su atención hacia los ilirios, quienes habían iniciado una revuelta. No había aún atravesado los Alpes con los elefantes (acontecimiento que se registraría en noviembre de dicho año), y el general cartaginés ya estaba retando peligrosamente a Roma.

En el sureste ibérico, haciendo añicos el tratado que zanjó la primera guerra púnica, Sagunto (Arse), una de las ciudades más fortificadas de la zona, quedó arrasada. Los saguntinos solicitaron ayuda a Roma, que dio la callada por respuesta y, de este modo, tras ocho largos meses de cerco, las últimas defensas fueron rebasadas. Tampoco prestaron socorro las aldeas cercanas, pues codiciaban la suerte que, hasta el instante, había tenido Sagunto.

A consecuencia del asedio, Aníbal se encontró con un recinto desolado, parcialmente destruido y quemado. Aquello enfureció al cartaginés, que había sacrificado tiempo, soldados y recursos en la conquista. Cuenta la leyenda que los habitantes de Sagunto, con la negativa de rendirse, decidieron encender una gran hoguera y se arrojaron todos a ella. Entonces fue consciente Roma del tamaño de la amenaza, pero ya era demasiado tarde. Estallaba la segunda guerra púnica con Aníbal camino de los Pirineos.

Aquel momento fue aprovechado por Roma para atacar la Península Ibérica. El propósito era cortar el aprovisionamiento de suministros. Aníbal continuaría marchando sobre Italia. El enfrentamiento a gran escala entre las dos potencias acabó en un armisticio débil, que solo sirvió para incrementar la animadversión mutua.

En los años posteriores, Roma se dedicó a conquistar los estados helenísticos del Mediterráneo oriental. Cayeron bajo su dominio Macedonia, Iliria y Siria, mientras que Cartago se quedó sin sus posesiones fuera de África y tuvo que pagar 200 talentos de plata anuales por 50 años.

Tras diversas vicisitudes, el dominio de los cartagineses en Hispania terminó con la decisiva llegada de Publio Cornelio Escipión el Africano, que tomó Cartagena y derrotó a los últimos efectivos en el entorno de Carmona en el año 206 a.C.

Al ocaso de sus días, Aníbal tuvo que exiliarse en el Imperio seléucida, donde sirvió como consejero militar y se reencontró con su pertinaz enemigo, Publio Cornelio Escipión. En Éfeso los dos rivales tuvieron una apasionada discusión sobre quién había sido el mejor general de la Historia. La respuesta de Aníbal fue rápida: «Alejandro Magno». También Escipión creía que el macedonio merecía tal lugar. En el segundo puesto Aníbal colocó a Pirro, destacando su audacia, pero como Escipión seguía preguntando, buscándose a sí mismo en la lista, espetó: «¿En qué posición te colocarías, Aníbal, si no hubieras sido derrotado por mí?». A lo que el púnico repuso: «En ese caso me habría colocado por delante de Alejandro».

La victoria de Roma redujo a Cartago, ya potencia menor, al norte de África. Sin embargo, los años fueron pasando mientras que los romanos todavía recordaban con pánico los terribles momentos de Aníbal. El viejo Catón, un senador célebre por su severidad y retórica, no perdía ocasión para recalcar que debían aniquilar al contrincante. Sin importar el asunto del que estuviera hablando en la asamblea del Senado, sus discursos terminaban siempre con la misma coletilla: *Delenda est Cartago*, ¡Cartago debe ser destruida! De lo contrario, alegaba, Roma jamás tendría descanso y viviría siempre amedrentada.

Como explicaremos más adelante, Escipión Emiliano, descendiente del general que había salvado a Roma en los tiempos de Aníbal, condujo la tercera y última guerra púnica, en el año 147 a.C. Fue necesario inventar una excusa para declararla, y los cartagineses, desesperados, no presentaron demasiada resistencia. Pero eso no los libró de uno de los más terribles castigos que haya sufrido una urbe. Los romanos saquearon, quemaron y arrasaron Cartago hasta los cimientos. Y cuando la ciudad había desaparecido, convertida en un montón de ruinas humeantes, pasaron el arado, sembraron con sal y maldijeron la tierra, de modo que nadie volvió a habitarla jamás. Roma había exorcizado al más terrible de sus demonios y era dueña absoluta de toda la cuenca occidental del Mediterráneo.

Hubo que esperar al año 29 a.C. para que Augusto fundara en el mismo emplazamiento una colonia romana (Colonia Iulia Concordia Carthago). Esta se convirtió en la capital de la provincia de África, una de las mayores productoras de cereales del Imperio. Desde el siglo III d.C. el cristianismo se consolidó en Cartago. Sobresalieron el obispo Cipriano, luego santo; el apologeta Tertuliano, que acuñó la frase «la sangre de los cristianos es semilla de cristianos», y Agustín de Hipona, quien, gracias a las plegarias de su madre, Mónica, dejó su vida disoluta para abrazar la fe en el Nazareno. Así, el autor de *La ciudad de Dios* concilió el nuevo credo con el pensamiento de Platón; fue un pacto de amistad sublime entre la Cruz y la Idea...

Capítulo III
La Hispania romana y el reino visigodo

Teatro romano, ubicado en la antigua colonia de Augusta Emerita. Mérida.

Honra y prez de todo el orbe; tú, la porción más ilustre del globo.

San Isidoro de Sevilla, *Loa a España.*

SEGÚN LA TRADICIÓN ROMANA, unos gemelos fueron los promotores de Roma. Uno de ellos, Rómulo, se erigió en su primer rey. El año 753 a.C. pasaría a la Historia como el de *ab Urbe condita*. Dice la leyenda que a los hijos de la vestal Rea Silvia los amamantó una loba. Solo una vez que crecieron se les reveló la verdadera identidad: su sangre era de alcurnia. Tomaron de su mano la justicia para liberar del encierro al abuelo. Lástima que, en una de las disputas, le saliera al hermano el arranque de Caín y feneciera Remo.

Mientras en Iberia se iban aposentando los exploradores, las culturas autóctonas despuntaban en multitud de facetas. Ninguna sibila había intuido el invento tecnológico de la fotografía, pero cada facción dejó su retrato: el tesoro del Carambolo da cuenta del prestigio de Tartessos, con reyes longevos y cuencas mineras rebosantes; la dama de Elche nos habla del enigma ibérico, pues el retrato de la aristócrata apunta a una posible divinización; los castros revelan la necesidad de fortalecer la frontera celta; Sagunto clama por la resistencia...

Aterrizó el águila del Senado romano y todo cambió. Ya no quedaron las lenguas nativas, tampoco las indescifrables escrituras. Sin embargo, crecieron las obras de ingeniería y la cotidianidad se reguló con unos mismos cánones: los del derecho. Hubo mártires y concilios. El repertorio griego, barnizado de sentido práctico, se propagó hasta tal punto que en Hispania, la tierra por la que saltaban los conejos, se empezó a parlar en latín. Y punto.

1. Indíbil y Mandonio

En los siglos que ahora narramos fue cuando la futura España empezaba a ser Hispania. Tampoco Roma constituyó desde el principio el Imperio, estereotipo erróneamente extendido después, pues hubo en su historia tres etapas perfectamente diferenciadas: la Monarquía (desde los orígenes legendarios a Tarquinio el Soberbio, en 509 a.C.), la República (hasta el año 27 a.C.) y el Imperio propiamente dicho (en Occidente hasta la caída de Rómulo Augústulo en el año 476 d.C.; en Oriente hasta la toma de Constantinopla por los turcos en 1453).

La conquista romana del espacio ibérico se extendió en el período 218-19 a.C., esto es, desde la llegada a Ampurias al afianzamiento del primer emperador: Augusto. Fueron 199 años de cruentas batallas contra las tribus. Guerreros y epopeyas que han pasado a la Historia por desembocar el ciclo en el control de la Península a manos de Roma.

Las tropas de Marte actuaron como un rodillo inmisericorde aplastando a los nativos. El interés de los romanos por la Península surgió durante la segunda guerra púnica, en tanto en cuanto Iberia constituía la vía de suministros del ejército cartaginés mandado por Aníbal. Toda aventura depende de quién la cuenta y, tras relatar los pormenores de los cartagineses, conviene explicar también los sucesos desde la óptica romana.

En el 218 a.C., Publio Cornelio Escipión desembarcó en Ampurias. El primer combate crucial entre cartagineses y romanos tuvo lugar en Cissa, en ese mismo año; probablemente cerca de Tarraco, aunque se ha pretendido identificar con Guisona, en Lérida. A las órdenes de Hannón, los púnicos fueron derrotados por las fuerzas del propio Cneo Cornelio Escipión, legado de su hermano Publio.

En el año 217 a.C., la flota de Cneo venció a la de Asdrúbal en el río Ebro. Poco después llegaron refuerzos procedentes de Italia, al mando de Publio, y los romanos pudieron avanzar hasta Sagunto. A los dos hermanos Escipión hay que atribuir la fortificación de Tarraco y el establecimiento de un puerto militar. La muralla de la ciudad se construyó probablemente sobre la anterior pared ciclópea, pues en ella se aprecian marcas de picapedrero ibéricas, ya que para su construcción debió emplearse la mano de obra local.

En estos momentos incipientes, los Escipiones se concentraron en combatir contra las tribus del Ebro, si bien los cartagineses recibieron refuerzos al mando de Himilcón Fameas, y se dio un nuevo frente al sur del río, cerca de la actual Amposta o de San Carlos de la Rápita. Así se precipitó la llamada batalla de Ibera.

Paralelamente, la rebelión en Numidia (Argel y Orán) del aliado de Roma, Sifax, obligó a Asdrúbal a volver a África con sus mejores tropas (214 a.C.). Dejaba en Hispania el campo libre a los romanos... Ya en África, Asdrúbal obtuvo el apoyo del otro rey númida, Gala, señor de la región de Constantina. Los númidas se hallaban divididos y Sifax, el socio de los romanos, fue derrotado. Así, en 211 a.C., Asdrúbal pudo regresar a la Península con el apoyo de más efectivos númidas. No obstante, hasta el año 202 a.C., los ejércitos romanos no solo derrotaron a los cartagineses, sino que ocuparon la costa mediterránea y parte de los valles del Guadalquivir y del Ebro, para lo cual atrajeron a los iberos mediante alianzas.

Indíbil era el rey de los Ilergetes, pueblo ibérico establecido entre los Pirineos, el Ebro, el Segre y el Gállego, en torno a su capital, Ilerda. Mandonio, por su parte, pertenecía a los ausetanos, afincados alrededor de Ausa (la actual Vic). Aunque la leyenda quiso presentar como hermanos a los dos caudillos, pertenecían a clanes diferentes, por más que ambos lucharan como aliados de los púnicos.

Muy poco sabemos de su apariencia y carácter, pues no hay descripciones ni físicas ni psicológicas de ellos, pero sí conocemos cómo mudaron de alianzas con cartagineses y romanos tratando de mantener al margen sus tierras de la sangrienta disputa que mantenían las dos potencias. La búsqueda de un equilibrio beneficioso los hizo cambiar de lealtades según soplaran los vientos. Hoy consideraríamos propia de un «tránsfuga» tal conducta, pero, para la sociedad ibera y celtíbera del momento, resultaba habitual mudar de parecer y bando a mitad de la contienda.

Cuando Roma atacó la Península para contrarrestar el avance de Aníbal en Italia, Indíbil participó con Asdrúbal en la batalla contra Publio Escipión. Pero, mientras Asdrúbal preparaba una nueva campaña contra el corazón de la República, Publio Cornelio Escipión convenció a Indíbil y Mandonio de que los cartagineses los habían traicionado y los sumó a su causa.

Ilergetes y ausetanos colaboraron con los romanos en las campañas que llevaron a desbancar a los cartagineses. No obstante, pronto descubrirían que esos poderosos soldados no habían venido para devolverles su independencia, sino para someterlos, por lo que continuaron su lucha en contra de Escipión, quien acabó aplastándolos.

En el desarrollo de los acontecimientos, Indíbil tuvo que soportar el ultraje de entregar sustanciales cantidades de plata y de rehenes a los cartagineses, incluida su propia esposa. A resultas de las desavenencias con las legiones, organizó una rebelión entre los pueblos del noreste de Hispania. Según las fuentes clásicas, reunió 30 000 soldados de infantería y 4000 de caballería. Sin embargo, fue derrotado en 205 a.C. y, esta vez, cayó en la batalla.

En idéntica fecha, Mandonio sufrió la crucifixión que Roma reservaba para los más rebeldes. Todavía estaba por escribirse el capítulo más crudo de la resistencia.

2. Viriato y Numancia

En el año 197 a.C., la Península se dividió en dos grandes provincias: Citerior, al norte, con capital en Tarraco (Tarragona), y Ulterior, al sur, con sede en Corduba (Córdoba). Dos procónsules eran los encargados de administrar de manera bianual los territorios. Pero en aquella fecha la Citerior sería escenario de una rebelión de pueblos autóctonos, movimiento que se contagió a la provincia Ulterior. El cónsul Marco Porcio Catón llegó a la Península para defender los intereses de Roma y, tras su desembarco en Rosas, en los años 195-194 a.C., impuso diversas guarniciones para asegurar el control del territorio.

Catón en sí mismo encerraba grandes contrastes: actuaba de un modo con los recursos de sus tropas y de otro con los bienes de los vencidos. Durante la campaña, se comportó de acuerdo a su reputación de incansable trabajador y en constante alerta, viviendo en función de sus ideales estoicos de la forma más sobria posible y compartiendo tanto las tareas como los víveres de los soldados rasos. A pesar de ser un general joven y de talento, mostraba una inusual humildad al elaborar sus estrategias en consonancia con los consejos de los expertos. Su estrategia estribó en sembrar la cizaña entre las tribus hispanas y, aprovechándose de su debilidad, llegó incluso a utilizar a muchos de sus miembros como mercenarios contra los otros nativos. Los detalles están recopilados por el historiador Tito Livio e ilustrados con anécdotas de Plutarco. Ambos cuentan el horror que caracterizó las operaciones militares acaecidas durante el conflicto y la rapidez y falta de clemencia con la que Catón subyugó a los insurgentes.

La política administrativa del cónsul Marco Porcio Catón en la Citerior se basó en el expolio. Los ingresos aumentaron vertiginosamente no por un golpe de suerte, sino por la explotación de los recursos mineros situados al norte de la Península. Gracias a todos estos logros, el Senado decretó tres días de agradecimiento en honor del glorioso general. A finales del año 194 a.C., Catón regresó a Roma y el Senado votó a favor de la celebración del triunfo, momento en el que exhibió una extraordinaria cantidad de oro, plata y latón. Y hay que recalcar que, durante la distribución del botín, Catón se mostró mucho más liberal de lo que se esperaba de él.

En este contexto, a la derrota cartaginesa y a la primera división provincial siguieron dos importantes guerras de conquista: la lusitana, con la figura de Viriato haciendo frente a las legiones romanas, y la celtíbera, que culminó con la toma de la ciudad de Numancia, en el año 133 a.C. Finalmente, casi en el cambio de era, se completó la conquista de la Península Ibérica con las campañas cántabras (29-19 a.C.), cuyo resultado fue la anexión territorial de lo que hoy es Galicia y la cordillera Cantábrica.

Lusitania sería la provincia que durante un mayor período de tiempo resistiría inamovible ante la superioridad romana. Hasta época contemporánea no se ha introducido en la lengua española el término «líder», pero el concepto ya estaba gestado con sobresalientes ejemplos. De todos los caudillos que lucharon contra la República hubo uno cuya fama surcó el Tirreno. Su nombre era Viriato. Desde la humildad, pasó a ser la cabeza de la resistencia lusitana: «Recobraron ánimo los lusitanos gracias a Viriato, hombre de gran habilidad, que de pastor se hizo bandolero, de bandolero se convirtió súbitamente en militar y general, y de no abandonarle la suerte hubiera sido el Rómulo de España». Así resume su trayectoria el historiador hispanorromano Lucio Anneo Floro. Un nuevo tipo de guerra, la de guerrillas, contra la que Roma no había luchado se impuso por toda la región. Durante siete años, hasta 139 a.C., Viriato mantuvo en jaque a Roma. Las legiones sufrían un lento desgaste y el corte de los suministros acontecía con demasiada frecuencia. Pero la traición se abrió brecha entre los lusitanos, pues el gobernador romano Servilio Cepión violó el pacto de paz y compró la vida de Viriato a sus amigos.

Y, como escenario de patriotismo, despunta Numancia. ¿Por qué narrarlo con nuestra voz si puede ejercer de locutor un coetáneo del siglo II a.C.? Abrimos el códice de *Ibérica* y escuchamos a Apiano:

> Los numantinos, acosados por el hambre, enviaron a Escipión cinco hombres, a los cuales habían encargado averiguar si este les daría un trato moderado si se entregaban a los romanos. Mas Escipión, sabedor de lo que ocurría en la ciudad por los prisioneros, les respondió que debían ponerse en sus manos y rendir la ciudad y sus armas. Los numantinos se encolerizaron mucho más por sus desdichas cuando se los informó de la respuesta de Escipión. No mucho después comenzaron a lamer pieles cocidas ante la total ausencia de comestibles, de trigo, ganado y yerba. Cuando aquellas también faltaron, comieron carne humana cocida, comenzando por la de los muertos.

Si Viriato es el adalid por excelencia de la lucha contra los romanos, Numancia encabeza la lista de ciudades que plantaron cara a los esquemas importados. De tal manera impactó en la conciencia de los conquistadores la actitud de los rebeldes, que aquellos se sintieron interpelados por la causa, como lo demuestra el hecho de que sea la ciudad celtibérica más citada por los escritores romanos (más de 300 veces y por 22 autores). Entre ellos destacaron Apiano Alejandrino, quien se informó en Polibio, amigo de Escipión y testigo presencial del cerco.

Asimismo, el prototipo sería incorporado a la tradición cristiana por san Agustín y Paulo Orosio, en la búsqueda de valores a imitar por los mortales. En el presente, no constituye solo un yacimiento arqueológico, sino que es el símbolo de la lucha de un pueblo por su libertad. De esta manera, el vuelo de Numancia por encima de la dimensión humana y arqueológica explica que el topónimo pueda ser invocado como alusión a la defensa en parcelas profanas como el deporte.

Tras el suicidio colectivo de muchos de sus moradores, en el año 133 a.C. cayó Numancia. Al norte de Soria, el Cerro de la Muela sigue sobrecogiendo al visitante. El primer conflicto grave con Roma había tenido lugar en el año 153 a.C., cuando se dejó entrar en la ciudad a unos fugitivos de la tribu de los bellos, procedentes de Segeda. La cuestión fue que Segeda, en tierras zaragozanas, decidió construir una nueva muralla de unos 8 kilómetros. Esto fue considerado por los romanos como un desafío. Enterado de ello, el Senado romano envió a Hispania al cónsul Quinto Fulvio Nobilior, con un ejército de unos de 30 000 hombres para hacer cambiar de planes a los segedenses, quienes, al conocer la amenaza y dado que todavía no habían terminado de fortificarse, huyeron a refugiarse con familias de Numancia. De tal manera, esta última se vio involucrada en el frente indirectamente, a pesar de haberse mantenido hasta entonces al margen en las guerras celtibéricas.

Después de un mes, Nobilior recibió refuerzos de su aliado Masinisa, otro rey de Numidia. Llegaron 300 soldados africanos con 10 elefantes. El ejército romano de desplegó en campo abierto, quedando escondidos los paquidermos en la retaguardia. Según informa Apiano:

> Así que hubieron venido a las manos, se abrió la formación y aparecieron las fieras, con cuyo espectáculo, antes nunca visto en las batallas, se aterraron tanto, no solo los celtíberos, sino aún sus mismos caballos, que huyeron a la ciudad. Nobilior los persiguió hasta las murallas, donde se peleó con valor, hasta que uno de los elefantes, herido en la cabeza con una gran piedra, se enfureció de tal modo que, vuelto a los suyos con terribles bramidos, comenzó a atropellar a cuantos en-

Ruinas de la ciudad de Numancia, en Soria. Numancia quedó para siempre como símbolo de los indómitos iberos.

> contraba, sin distinción de amigos o enemigos. A los bramidos de este, enfurecidos los demás elefantes, comienzan a hacer lo mismo, y atropellan, matan y desbaratan a los romanos.

Los habitantes de Numancia salieron de las murallas y persiguieron a los romanos que desordenadamente huían. Aniquilaron a un gran número e, incluso, se apoderaron de varios elefantes. Nobilior pasó el terrible invierno del tránsito del año 153 a.C. al 152 a.C. en su campamento de la Atalaya de Renieblas, donde muchos de sus hombres murieron de frío. En definitiva, los numantinos demostraron su coraje, logrando derrotar al ejército de 30 000 miembros del cónsul, si bien su jefe, Caro de Segeda, murió en el combate.

A Roma le trastornaba la idea de que un grupo de «vulgares» celtíberos estuvieran desafiando el poder omnímodo de la República. Las legiones no estaban acostumbradas a ese desigual fracaso. Después de dos décadas repeliendo los insistentes ataques, en el año 134 a.C. el Senado confirió la labor de destruir Numancia a Publio Cornelio Escipión Emiliano. Una decisión que no estuvo exenta de problemas. Los hados no parecían ser propicios para Roma, pero el destino, en esencia, es caprichoso y, más tarde, las cenizas se harían dueñas del espíritu celtibérico.

La primera dificultad que se presentó en Roma para la designación de Escipión como jefe del ejército sitiador fue que no tenía el tiempo prescrito para el consulado, por lo que los tribunos tuvieron que hacer la vista gorda, esto es, derogar transitoriamente la disposición. El prestigio del general incitó a millares de romanos a alistarse bajo sus órdenes, cosa que el Senado no consintió del todo porque, aparte de Hispania, tenía otros frentes abiertos. Finalmente, marchó a la Península con 4000 voluntarios, además de con tropas mercenarias y de otros soberanos, escribe Apiano, que se le ofrecieron por conveniencia propia. Con personas escogidas formó la denominada «cohorte de los amigos». Pidió dinero, se lo negó el Senado y, según Plutarco, contestó Escipión que «le bastaba el suyo y el de sus amigos», de ahí que pueda hablarse con propiedad de camarilla.

Al recalar a la Península, Publio Cornelio Escipión Emiliano obligó a las tropas a desarrollar un durísimo entrenamiento. Vendió carros y acémilas, conservando solo lo necesario, y desterró a los adivinos y agoreros, a quienes los militares, consternados por tantos infortunios, daban demasiado crédito. Poco después, llegó a su campamento el rey númida Yugurta, con 15 000 hombres. Cuando los efectivos habían adquirido la suficiente moral, se trasladó a las inmediaciones de Numancia, cuidando de no dividir sus fuerzas ni batirse sin antes explorar: «Es un disparate aventurarse por cosas leves. Es imprudente el capitán que entra en acción sin necesidad... Así es que los médicos no usan sajaduras ni cauterios antes de las medicinas».

Las actuaciones de los grandes ejércitos estatales no difieren en la Península de la práctica de la guerra compleja en el Mediterráneo central y oriental, donde la destrucción de una ciudad se consideraba un acto ajustado al derecho, como expresaba Jenofonte: «Es una ley universal y eterna que, en una ciudad tomada a enemigos en estado de guerra, todo, las personas y los bienes, pertenecen al vencedor». Sobre este particular, venían a coincidir los pensamientos de Platón: «Todos los bienes de los vencidos pasan a manos de los vencedores»; y de Aristóteles: «Aquello que se toma en la guerra pertenece al vencedor».

En el cerco de Escipión, las torres contaban con catapultas, ballestas y otras máquinas; las almenas, con piedras y dardos, y en el muro se instalaron arqueros y honderos. En total, más de 60 000 soldados. La producción de la facción vecina de los vacceos (en la cuenca del Duero) era tan abundante, que los arévacos, los de Numancia, dependían de ellos para aprovisionarse del cereal, por lo que Escipión saqueó las cosechas de los vacceos para impedirlo.

Tras quince meses de hambruna y enfermedad, con las despensas vacías, los arévacos decidieron poner fin a su situación en el año 133 a.C. Era verano y la pestilencia se apoderaba de la ciudad. Algunos numantinos se entregaron como esclavos, mientras que la mayoría optó por el suicidio. El último deseo de los vencidos fue el incendio del enclave como sublevación postuma. Al entrar en la población, los legionarios contemplaron un espectáculo dantesco: un término al completo en llamas, lo que hacía más apocalíptico aquel ocaso. Fue una locura de sangre y fuego. Y, como no existía nada de lo que Escipión pudiera apropiarse como botín, volvió a Roma lleno de fama aunque sin un mísero objeto como tesoro. Tuvo que pagar con sus propios recursos los siete denarios que recibió cada soldado romano, si bien celebró en la Urbe su éxito desfilando con 50 numantinos cautivos.

La ciudad apenas volvió a ser habitada hasta casi un siglo después, en época de Augusto, recuperando su aspecto urbano. Esta nueva población se construyó sobre las ruinas de la celtibérica, para poco a poco empezar a vaciarse de nuevo con la caída del Imperio romano. Con el paso de los siglos la memoria de Numancia cayó en el olvido y, hasta el siglo XVIII, no se supo ubicar exactamente su emplazamiento. Así permaneció dormida, hasta que en el año 1903 Schulten comenzó las excavaciones arqueológicas, delimitando el plano de la pretérita tranquilidad y el empuje de los campamentos romanos que la sitiaron. Aguerridos seres que, en defensa de la libertad, fenecieron, pero la Numancia de Miguel de Cervantes profetizaría en la época de los tercios «el valor que en los siglos venideros / tendrán los hijos de la fuerte España».

3. De César al Imperio

La *gens* Julia era una de las familias patricias mejor situadas en la Antigua Roma. Con sangre noble, a la vez que pasado menesteroso, pues hay ciclos en que las riquezas materiales no lo suponen todo, Julio César nació hacia el año 100 a.C., un 13 de julio, para ser exactos. Sobrino de Cayo Mario, el siete veces cónsul, en cierta manera era un predestinado, pues la fama lo miró con buenos ojos, aunque su carrera está cuajada de su tenacidad en el ascenso a las altas esferas.

Justo o déspota, el hombre que pudo reinar, vivió en Hispania algunos de los episodios más significativos de su biografía. «Del Rubicón al Ebro» podría ser el titular que condensara la trayectoria política de Julio César. Su viaje a la provincia Ulterior comenzó en el año 69 a.C... Acababa de ser elegido cuestor de dicha demarcación y andaba huyendo de sus acreedores y rivales políticos en Roma.

Fue en Gades (Gadir, Cádiz) donde el treintañero lloró por la pequeñez de sus logros en comparación con los de Alejandro Magno, quien, a su edad, había conquistado el Oriente. Posteriormente, su política fue meditada y fulminante, al optar por la inmediata conquista de las Galias. En lo militar, con 3 legiones, emprendió una campaña de saqueo por Lusitania, para reunir fondos, pero también para rehacer la Ruta de la Plata.

César puso en marcha el programa de su partido (el popular, en contraposición al de los optimates o superiores, copado por el Senado). Cedió tierras a los soldados licenciados y practicó, tanto en la Hispania Ulterior (pompeyana), como en la Citerior (sertoriana), una táctica política de atracción. Las cuatro claves del plan geoestratégico de César fueron: ejército permanente, colonización sistemática, reducción de impuestos y derechos municipales. Ese programa, meditado desde su estancia juvenil en Gades, le valió en Roma el crédito político necesario para formar con Pompeyo y Craso el primer triunvirato en el año 60 a.C.

En el siguiente, fue nombrado cónsul y siguió cultivando su clientela hispana a espaldas de Pompeyo, quien, tras derrotar a Sertorio, estimaba la Península Ibérica como una finca indisputable. Julia, la hija de Julio César y Cornelia, fue casada con Pompeyo, pero, al fallecer la joven en el año 53 a.C., César aspiró al poder total, pues Pompeyo ya había sido nombrado cónsul perpetuo, lo cual equivalía a casi monarca.

En el año 49, el Senado le ordenó disolver su ejército, pero su partido, con Marco Antonio a la cabeza, denunció a la institución romana y huyó junto a César. Al pasar las arcillosas aguas del Rubicón, este cauce entró en la historia como emblema del riesgo que entraña toda decisión. Marcaba el límite del poder del gobernador de las Galias y este no podía —más que ilegalmente— adentrarse en Italia con sus tropas.

La noche del 11 al 12 de enero, Julio César se detuvo un instante ante el Rubicón atormentado por las dudas. Cruzarlo significaba cometer una ilegalidad: convertirse en enemigo de la República e iniciar la guerra civil. Finalmente, César dio la orden a sus tropas de traspasarlo,

pronunciando en latín la frase *alea iacta est*, «la suerte está echada», según afirma Suetonio (*Vidas de los doce césares*). No obstante, de acuerdo con Plutarco (en sus *Vidas Paralelas*), Julio César citó en griego la frase del dramaturgo ateniense Menandro, uno de sus autores preferidos: *anerriphthô kubos*, «¡que empiece el juego!».

Posteriormente, tras sus relativos fracasos junto al Egeo, de nuevo sería Hispania quien le otorgó la victoria. A punto de ser aniquilado por Afranio en Ilerda (Lérida), logró eludir la tenaza de 70 000 hombres y rodearlos en un recodo del Ebro. Y hacia el año 45 a.C., en Munda, César derrotó a las fuerzas de Pompeyo, su antaño aliado, en una de esas batallas que definen el signo de toda una época. Posiblemente, esta localidad era la cordobesa Montilla, de donde se llegó a afirmar, en la historiografía moderna, que procedía el vino de la Santa Cena; en definitiva, el pueblo en el que en el Siglo de Oro moró la Camacha, bruja además de espectro cervantino.

Con Julio César y su hijo adoptivo Cayo Julio César Octavio, emperador de nuevo cuño con el nombre de Augusto, se asistió a una paulatina restauración del poder real, pues el primero fue elegido dictador vitalicio y *pontifex maximus*, y tras el asesinato de César en los *idus* de marzo del año 44 a.C., Octavio obtuvo los poderes tribunicios, convirtiéndose en un monarca de facto.

De este modo, se inició el Principado, período en el que las instituciones de la República siguieron vigentes, al tiempo que Octavio iba acumulando en su persona todos los poderes. En el año 27 a.C. Octavio recibió el título de Augusto y el Imperio comenzó su andadura.

El deseo de someter la cornisa septentrional motivó las guerras cántabras (29-19 a.C), habida cuenta de que, desde el año 50 a.C., solamente los cántabros y los astures eran independientes de Roma, aunque, ocasionalmente, se enrolaban en sus tropas auxiliares, como consta durante las guerras civiles, en el 49 a.C., al servicio de Pompeyo. El resto de pobladores de la Península ya habían sido sometidos o se habían adherido voluntariamente a los romanos, sin embargo, Cantabria estaba lejos de ser pacificada.

La guerra contra los cántabros constituyó la única operación dirigida personalmente por el emperador Augusto en Hispania, fuera de nuestro entorno solo puede mencionarse la guerra contra los ilirios (35-33 a.C.). Lucio Anneo Floro, el historiador romano del siglo I, manifestaba cómo adoptó esta decisión el *princeps* (primer ciudadano): «En el occidente estaba ya en paz casi toda Hispania, excepto la parte de la Citerior, pegada a los riscos del extremo del Pirineo, acariciados por el océano. Aquí se agitaban dos pueblos muy poderosos, los cántabros y los astures, no sometidos al Imperio». Una contienda que llevó a Augusto a abrir las puertas del templo de Jano, el dios de las dos caras, en señal de combate total, y a desplazarse en persona hasta el escenario cántabro.

Según relata Dión Casio, la táctica de cántabros y astures consistía en una guerra de guerrillas. Conscientes de su inferioridad numérica y de la debilidad de armamento frente a la invulnerabilidad táctica de las legiones en campo abierto, evitaban la acometida directa sobre las fuerzas romanas. Así, el poeta Lucano apunta: «el cántabro con sus pequeñas armas y el teutón con sus armas largas».

Los cántabros eran hábiles a la hora de montar a caballo, de hecho algunas de sus técnicas pasaron a ser empleadas por el ejército romano, como el *circulus cantabricus* (consistente en una formación de caballería en semicírculo) y el *cantabricus impetus* (ataque frontal y masivo contra las líneas enemigas con el propósito de deshacerlas). Mientras que para los romanos la caballería solo representaba entre un 10 o un 14 % del ejército, para los cántabros suponía hasta el 25 %. Además, iban provistos con espada pequeña, puñal, dardos o jabalinas, lanzas, escudos redondos de madera, petos de cuero o lino, gorros de piel y la *bipennis* (hacha de doble filo claramente definitoria del norte de Hispania). La implicación de la marina romana, con la *Classis Aquitanica*, sería determinante para la resolución del conflicto. Esta flota llegó —como su nombre indica— desde Aquitania a las costas hispanas.

A diferencia de lo acaecido en otros conflictos similares, el Imperio optó por no tomar un alto número de cautivos. «De los cántabros no se cogieron muchos prisioneros; pues cuando desesperaron de su libertad no quisieron soportar más la vida, sino que incendiaron antes sus murallas, unos se degollaron, otros quisieron perecer en las mismas llamas, otros ingirieron un veneno de común acuerdo, de modo que la mayor y más belicosa parte de ellos pereció. Los astures, tan pronto como fueron rechazados de un lugar que asediaban, y vencidos después en batalla, no resistieron más y se sometieron en seguida» (Dión Casio). Las pócimas citadas estaban hechas a base de semillas de tejo, árbol mítico celta. «Para ellos, morir como guerreros y libres suponía una victoria» (Estrabón).

La guerra pudo darse por finalizada en el año 19 a.C., aunque se tiene constancia de rebeliones posteriores. La región fue devastada y los castros incendiados, deportándose masivamente a la población y trasladándola a las llanuras. Pero el fuerte carácter de los cántabros hizo que, a pesar de la masacre, Roma dejara, en prevención, dos legiones durante 60 años: la X Gemina y la IV Macedónica. En el 17 a.C., cántabros crucificados cantaron himnos de victoria desde el patíbulo. Al año siguiente, los supervivientes de los sublevados fueron obligados a abandonar los castros y a bajar a los valles.

Roma se convirtió en el centro del mundo y de ella partía el sistema viario que ponía en contacto las diferentes regiones. Augusto conservó la constitución republicana hasta el 23 a.C., cuando el poder tribunicio y el *imperium militar* (mando supremo) fueron revestidos de autoridad real. El Senado mantuvo el control de Roma, la península itálica y las provincias más romanizadas, mientras que las fronterizas, donde fue necesario contar con acuartelamiento estable de legiones, quedaron gobernadas por legados nombrados y supervisados por Augusto.

El primer emperador trajo consigo una etapa de relativa calma, la *Pax Augusta*, durante la cual nació en Belén Jesús de Nazaret, el Mesías, crucificado con 33 años de edad en Jerusalén, durante el reinado del segundo emperador, Tiberio.

El lento desgaste del poder central, la presión germánica y el hastío social acabarían desembocando en el final de una etapa. Sin embargo, la era hispánica se mantuvo como cómputo hasta el siglo XV. La fecha tomada como referencia supone un enigma: el año 38 a.C. ¿Por qué? Entre otras hipótesis, podría relacionarse con la declaración de Hispania como provincia tributaria cuando Octavio, el triunviro dominante en Occidente, decretara la *Aera Hispanica* tras la pacificiación oficial, una vez que se dieron por concluidas las guerras civiles, aunque la lucha con Marco Antonio prosiguió en Oriente y quedaba rematar las guerras cántabras.

Con el *Ara Pacis*, el altar de la paz que se inauguró en Roma el año 9 a.C., Augusto festejaría el sosiego en el Mediterráneo. En lo sucesivo, cada año, al lado oeste de la Vía Flaminia, en el Campo de Marte, serían sacrificados un carnero y dos bueyes. No obstante, como sentenciara el escritor romano de asuntos militares, Vegecio, tal vez parafraseando a César: *si vis pacem, para bellum*, «si quieres la paz, prepara la guerra».

4. La romanización: lengua y economía

Además de la conquista militar, Roma no se limitaba a dominar un territorio y explotarlo para su beneficio, sino que exportaba su lengua, su derecho, su economía y sus infraestructuras. Durante la etapa republicana la riqueza minera y agropecuaria de la Península atrajo a un gran número de emigrantes de la Urbe, sobre todo a antiguos soldados que recibieron tierras tras años de servicio: así nació la ciudad de Mérida, en el año 25 a.C.

En este orden de cosas, se desarrolló el proceso de romanización, mediante el cual se introdujo el modelo latino en las instituciones y en la vida cotidiana. Sin intuir que la Guerra Civil (1936-1939) hendiría su surco en la historia del siglo XX español, en el siglo I a.C. Hispania fue escenario de las guerras civiles de Roma que determinaron el ocaso de la República. Estas sublevaciones se originaron a consecuencia de la personificación del poder, algunas de ellas fueron las de Mario y Sertorio contra Sila, Pompeyo contra Sertorio o César contra Pompeyo.

Como en la Segunda República, la tierra conformaría un factor desencadenante de reyertas. Julio César iniciaría el proceso de colonización, en parte para solucionar el grave problema del *ager publicus*: tierra pública, normalmente adquirida por medio de la confiscación a los enemigos de

Roma. Concedió la ciudadanía a gran parte de los municipios, asegurándose, en el camino, la fidelidad de estos contra Pompeyo.

También fue César el artífice del calendario juliano, que rigió el cómputo del tiempo hasta 1582, sustituido con la reforma del papa Gregorio XIII. A su llegada a la tierra de las pirámides, en el año 46 a.C., con el idilio con Cleopatra en el horizonte, el general romano trató de poner fin al baile de fechas debido a la diferencia con el ciclo solar.

Así, recurriendo al astrónomo Sosígenes de Alejandría se ideó incluir un día más, cada cuatro años, entre el 23 y el 24 de febrero: *bis sextus dies ante calendas martii* (sexto día antes del mes de marzo repetido). Parece un trabalenguas, pero no lo es, pues los romanos no contaban los días del mes del 1 al 31, sino tomando tres fechas de referencia: *calendas*, *nonas* e *idus*, tres secciones en función de las cuales se señalaban los días pasados o que faltaban para llegar.

Hispania fue una de las provincias más romanizadas. La interiorización de la cultura romana fue tal que los hispanos no se sentían pueblos ocupados, sino miembros del Imperio. Una serie de decisiones contribuyeron a que esta identidad fuera una realidad, como la incorporación de Hispania al sistema económico imperial, el papel del ejército como medio de integración de los nativos, la cohesión territorial y la extensión de la ciudadanía romana, con decretos como el de Caracalla, que concedió tal estatus a todos los hombres libres en el año 212 d.C.

El derecho romano se extendió por la Península, para regular las instituciones públicas y las relaciones privadas. Durante mucho tiempo los romanos se rigieron por preceptos jurídicos inspirados en la costumbre (*mos maiorum*), que solo eran conocidos por los magistrados y los pontífices. Ante la protesta de la plebe, una comisión de diez varones (*decemviri*) se encargó de redactar un código escrito, las Leyes de las Doce Tablas, que estuvo vigente desde el año 450 a.C. hasta el siglo III a.C. A partir de esta centuria, juristas y pretores adaptaron las normas a las nuevas circunstancias sociales y económicas.

La administración de la justicia correspondía al gobernador principal y al magistrado, los cuales eran asistidos por un consejo provincial (*consilium*) de veinte miembros, que juzgarían en nombre del emperador. El gobernador acudía periódicamente a la capital de cada distrito judicial, o *conventus iuridicus*, para administrar justicia a los habitantes de la circunscripción. Más adelante, en el Bajo Imperio, el gobernador podía delegar en jueces locales o pedáneos (*pedanei*). A partir del siglo v, y en los últimos años de la dominación romana, se aplicaría la jurisprudencia del Código Teodosiano, que recogía las leyes dispersas de aplicación particular y las disposiciones imperiales sobre cada territorio.

Los romanos consiguieron también la unificación lingüística. El latín, que en un principio era la lengua de la administración y del gobierno, acabó por imponerse primero en las urbes y después en las zonas rurales. Del latín vulgar derivarían tres de los cuatro idiomas actuales de la Península. El cuarto —el vascuence o euskera—, aunque no es romance, tiene también una enorme deuda con el latín, que le aportó y le sigue confiriendo gran caudal léxico. A nivel escrito, el latín se difundió como idioma de prestigio para la literatura, la ciencia y la política.

Para preservar las minas de oro del Bierzo, la Legio VII Gemina mantuvo destacamentos en el área citada, proporcionando también escolta a los gobernadores provinciales y procuradores ecuestres. Ya que la propiedad de las minas era estatal, Roma creó las *societates publicanorum*, empresas públicas para la explotación minera. Los beneficios de las minas hispanas fueron inmensos y se mantuvieron durante los siete siglos de dominio romano, lo que convirtió a Hispania en un puntal económico de Roma. Las crónicas expresan con bastante fidelidad las cifras de la producción minera, que ya en el siglo II a.C. eran de más de 9 millones de denarios anuales, mientras los botines de guerra del mismo período nunca superaron la tercera parte de este montante.

En cuanto a los minerales, Roma extrajo con mayor interés plata, cobre y hierro. Aníbal había dado una gran vitalidad a las minas argénteas de Cartago Nova. Según Estrabón en ellas trabajaban hasta 40 000 esclavos que reportaban al pueblo romano 25 000 dracmas diarios.

También en la Bética, en la comarca de Ilipa Magna (Alcalá del Río, el mismo lugar donde mordieron el polvo los cartagineses), existen en el presente importantes yacimientos mineros, que explican que este enclave se convirtiera en uno de los principales del Bajo Guadalquivir. No en vano ejercía el control de las rutas terrestres y fluviales que conectaban las canteras de Sierra Morena y las fértiles tierras de la vega. Es el caso de las minas de Aznalcóllar, en Sevilla.

Esta producción se halla reflejada en los pecios submarinos, a través de los lingotes de plata, plomo y panes de cobre que lucen sellos de fundidores hispanos. El trabajo en la minería en Hispania, como en el resto del orbe, se efectuaba en unas condiciones terribles. Millones de esclavos eran ocupados en una labor extremadamente peligrosa, sin ningún tipo de seguridad y sin un horario humanamente soportable. Para un esclavo, la mina constituía el mayor de los castigos, pues entrañaba pasar el resto de sus pocos días sin ver más la luz del sol, acarreando piedras o picando en las galerías, siempre bajo la amenaza de los derrumbamientos.

Otro importante mineral extraído en Hispania era el *lapis specularis*, un tipo de yeso especular traslúcido muy apreciado en Roma como mineral para la fabricación, a modo de cristal, de ventanas. La piedra lunar cubría las literas de las damas. De este modo, a la par que los siervos las trasladaban en andas, contemplaban el panorama sin ser vistas. La principal área de extracción del *lapis* se encontraba en las actuales provincias de Toledo y Cuenca, siendo el centro administrativo de esta producción minera la ciudad de Segóbriga, de la cual era el principal recurso económico.

Además de la explotación de los recursos minerales, con la conquista de Hispania Roma obtuvo el acceso a las mejores tierras de labor de todo el territorio romanizado. Estas fueron repartidas entre las tropas licenciadas. La cultura romana había idealizado el trabajo en el campo en tanto que culminación de las aspiraciones del ciudadano. Así, garantizando las lindes gracias a las técnicas de la agrimensura, los romanos aseguraron la propiedad, aunque, avanzado el siglo II a.C., se produciría la crisis del campesinado, una sensación de tocar fondo provocada por la ingente cantidad de esclavos que eran empleados en todos los sectores productivos. Eso ocasionó la caída en picado de la competitividad de la mano de obra libre.

A pesar de los fracasados intentos de reforma agraria de los tribunos Tiberio y Cayo Sempronio Graco, la crisis favorecería el fortalecimiento de los grandes latifundistas, poseedores de inmensas extensiones dedicadas al monocultivo y, nuevamente, trabajadas por esclavos. El pequeño campesino se vería abocado a abandonar sus tierras y pasaría a engrosar las filas de los ejércitos. En la economía agrícola, una buena finca disponía de cinco partes, destinadas respectivamente a olivo (aceite), vid (vino), trigo (pan), huerto (frutas y verduras) y pastos para el ganado. Enuncia esto la importancia de cada una estas especialidades herbarias en la alimentación de la época. De la partición ha quedado la expresión castellana «quinta de...» (olivos, naranjos, etc.), pues, con el tiempo, adquirió el sentido de «finca de recreo».

Del comercio de aceite, sobre todo de la Bética, hacia el norte de Europa y el Mediterráneo, son testigos las ánforas del monte Testaccio: un 80 % de los envases de este vertedero de Roma procedían de Hispania. También llegaron a Germania, Alejandría y Palestina. Gracias a las investigaciones arqueológicas sobre la producción de cerámica en el sur peninsular se puede deducir que el comercio de la salazón se daba ya antes del dominio cartaginés, existiendo evidencias de producción y venta de pescados en fechas tan tempranas como el siglo v a.C.

Así, durante toda la etapa romana, Hispania sobresalió por el floreciente comercio de salazones procedentes de la Bética, la Tarraconense y la Cartaginense, sector que extendía su mercado por el Occidente europeo. Esta actividad productiva se ve reflejada en los restos de factorías cuyo producto manufacturado estrella era, además del pescado en salazón, la salsa *garum*. Del intercambio de otras piezas exóticas ofrecen explicación las inscripciones funerarias, como la de Mérida dedicada a Silvano, *margaritarius*, o «comerciante de perlas», en el siglo II.

En el Bajo Imperio, con la reforma de Diocleciano, Hispania sería estructurada en cinco provincias: Baetica, Lusitania, Tarraconensis, Cartaginensis y Gallaecia, y, en el siglo IV d.C., las islas Baleares constituyeron también una provincia independiente con el nombre de Balearica.

5. La ciudad

El proceso de romanización habría sido impensable de no haber existido una buena red de comunicaciones entre los distintos enclaves del Imperio. De este modo, y tomando como punto de partida la propia Roma, comenzaron a construirse las primeras calzadas, ya que facilitaron tanto el transporte de mercancías como el imparable avance de las legiones. Fue un trabajo arduo pero concienzudamente desarrollado; no en vano los romanos extendieron 85 000 kilómetros de estos caminos oficiales, donde los miliarios eran los postes de piedra que marcaban las distancias a través de los «mil pasos».

Las principales vías en la Hispania romana eran la Heraclea (llegaba desde las Galias hasta Cartagena, extendiéndose a Cádiz) y la de la Plata (enlazaba Mérida con Asturica Augusta, Astorga, presentando ramificaciones meridionales a Cádiz y, hacia el norte, a Gijón). También destaca la calzada del Puerto del Pico, construida dos siglos antes del nacimiento de Cristo principalmente para mejorar las comunicaciones entre Ávila y Mérida. Se utilizó para el paso de los ejércitos y el transporte de los metales en la sierra de Gredos. Servía de esta manera para atravesar el sistema montañoso por el abrupto Puerto del Pico. Más adelante funcionó como vía pecuaria y, a pesar del paso de los siglos, ha llegado a la actualidad en buen estado de conservación.

La ciudad romana estaba rodeada de una muralla y su trazado presentaba cierta regularidad, siguiendo los modelos etrusco y helenístico, en torno a dos calles principales y perpendiculares: el cardo y el decumano. Como la magia corría por la sangre de los romanos, vaticinando batallas ora con libros sibilinos, ora con el vuelo de las aves, el último vocablo —decumano— procede de la línea que los augures trazaban de este a oeste cuando realizaban los auspicios durante la fundación de una ciudad. En el punto de intersección de ambas vías, se establecía el foro, donde se levantaban los edificios más importantes: la curia (para las asambleas del Senado), el pretorio (donde se gobernaba) y la basílica (para las transacciones mercantiles y la administración de justicia).

A partir de la Edad Media, esta plaza se convirtió en el ámbito del mercado. Por su eficiencia, las características de las ciudades romanas fueron recogidas en la conquista de las Indias en las Ordenanzas de Felipe II, por lo que casi la totalidad de las 40 000 ciudades fundadas por los españoles en América tienen un plano similar, en damero, con la plaza mayor.

La aportación más original en materia de urbanismo por parte de los romanos fueron las colonias, que eran las poblaciones fundadas ex novo por Roma. Así surgieron León, Itálica y Mérida, con la intencionalidad de instalar a nuevos residentes o a veteranos legionarios licenciados.

En cuanto a las obras hidráulicas, los romanos construyeron en la Península numerosos puentes, acueductos y complejos termales. En Lusitania sobresalieron los de Alcántara y Mérida, y en la Bética el de Córdoba. Los acueductos garantizaban el abastecimiento regular de agua a las ciudades. Su construcción implicaba la conducción desde manantiales alejados. La estructura, que era en su mayor parte subterránea, discurría con una ligera pendiente y solo resultaba visible en las proximidades de la ciudad. El acueducto terminaba en un colector, a partir del cual una red de tuberías distribuía el líquido elemento. Es célebre el de Segovia, que, con 167 arcos, data de principios del siglo II d.C., de la época de Trajano.

Hasta casi nuestros días facilitó el viaje de las aguas a la ciudad y más concretamente a su alcázar.

La apertura de termas evidencia un doble deseo de los gobernantes romanos: embellecer la ciudad y pasar a la posteridad como benefactores del pueblo. Con los magníficos recintos, la higiene llegó a las masas. Se acudía a las termas no solo para tomar los baños, sino también para untarse con aceites perfumados, recibir masajes, hacer ejercicio en el gimnasio, ingerir algún refrigerio, frecuentar la biblioteca o participar en debates.

Las termas públicas de Caesaraugusta (Zaragoza) fueron erigidas en el siglo I d.C., en la época del inicio de la dinastía julio-claudia, y se utilizaron hasta el siglo IV, conservándose parte de las letrinas públicas y de una piscina al aire libre construida posteriormente en el mismo lugar. Los restos más notorios son los de la *natatio*, que presenta columnatas a sus costados. Nadar en ese vaso debía de resultar un deleite, pues estaba revestido con placas de mármol en suelo y paredes, y decorado con motivos florales.

No es esta la única impronta de instalaciones termales en Zaragoza, pues se han descubierto canales de desagüe pertenecientes a recintos privados en la calle Prudencio y restos de un *caldarium* y un *frigidarium* (salas de agua caliente y fría) de una villa suburbana situada en la actual plaza del Pilar.

La *domus* (casa) contaba con una puerta, un atrio (patio con *impluvium* y *compluvium*, el estanque para recoger la lluvia) y, a un lado del vestíbulo, se hallaba la estancia donde se rendía culto a los dioses lares (antepasados y protectores del hogar), mientras que, al otro, se guardaban las máscaras y, a veces, las urnas de los difuntos. Al fondo del atrio aparecía el *tablinum*, la habitación donde los señores recibían a los visitantes, tras la cual estaba el jardín, denominado peristilo, ya que gozaba de una columnata que permitía el paseo alrededor.

En Complutum (Alcalá de Henares) se conserva la casa de Hippolytus. El inmueble formaba parte de una gran finca situada en los suburbios, repleta de jardines que rodeaban el mausoleo dedicado a la familia de los Annios, la misma que financiaba este colegio. Del conjunto, construido en el siglo I, aunque su fase principal es de finales del III, destaca el magnífico mosaico ejecutado por el maestro musivario Hippolytus, quien da nombre al paraje. En la estampa compuesta a base de teselas se pueden apreciar abundantes muestras de la fauna mediterránea.

Pero no toda la población habitaba en una *domus*. Junto a la opulencia de las ricas casas de los *honestiores* (capas altas de la estructura social), en Roma se aglomeraban, cerca del Capitolio y del Panteón, las *insulae* (bloques de pisos), donde moraban los ciudadanos más desfavorecidos. También había *insulae* en las demás ciudades del Imperio. Muchos de estos habitantes ganaban el sustento diario con su trabajo en las *tabernae* (tiendas) y en los talleres ubicados en las plantas bajas de los «rascacielos». El afán de vender les hacía sacar el género del interior de los comercios, conviviendo con los mercaderes ambulantes y con los barberos, pues algunos de ellos rasuraban a sus clientes en medio de la vía.

El considerable incremento de la población desde la época de Augusto había obligado a las familias a buscar refugio en estos edificios que, aunque parecía que pudieran alcanzar la bóveda del firmamento, se encontraban en perenne estado de alarma. A menudo, las antorchas y las estufas prendían las consistentes vigas de madera que daban armazón a los edificios donde, generalmente, las familias habitaban en régimen de alquiler.

Por fortuna, en Roma, las milicias de *vigiles* acudían con celeridad a bordo del *sipho* (camión de bomberos, nombre derivado del sifón empleado para sofocar el fuego). Con los ingenios ideados por Ctesibio de Alejandría, maestro en el arte de la neumática, estos bomberos romanos parecían volar cuando se bajaban del carro y daban uso a las bombas y tubos. La robustez de los cuerpos de esos hombres nacidos del agua mostraba su eficacia funcional cuando, a golpe de gancho o hacha, abrían los muros y doblegaban los metales. También los caballos que tiraban del vehículo debían recibir una especial doma, pues, aunque trotaban con los ojos tapados, el olor a quemado, lejos de espantarlos, les hacía avanzar hacia el foco como si fueran conscientes de la misión a consumar.

Por más que desde el poder se limitara la elevación de los bloques, la codicia de los constructores no cesó y, a costa del hacinamiento en un remolino vertical de cubículos mal ventilados, siempre hubo especuladores que obtuvieron suculentas ganancias. Niños y ancianos, hombres y mujeres, abandonados a su suerte, pululaban por las vías en un bullicio difícil de describir.

Si lúgubre era el *modus vivendi* de los *humiliores* (los más humildes), todavía más merecedor de lástima era el desigual trato que les ofrecía la justicia. Solo los *honestiores* podían acceder a cargos municipales y, ante la menor infracción, eran enviados *ad metalla* (a las minas) o al anfiteatro. También los convictos formaban parte del paisaje de las *insulae* del Capitolio. Eran conducidos como bestias enjauladas hacia el monte Capitolino en carruajes con barrotes de hierro, para ser recluidos en la prisión del Tullianum (cárcel Mamertina, donde estuvo preso san Pedro).

La población más pudiente vivía en las casas de campo, denominadas *villae*. En España, destacan las villas de La Olmeda (Palencia) y de Noheda (Cuenca).

La primera fue una explotación agrícola con dos fases cronológicas: la primera desde el siglo I al III, y la segunda con la reedificación en el IV, en un contexto de recuperación que vivió su mejor momento con Constantino y Teodosio. Socialmente, se trataba de un núcleo aristocrático a partir de una dinastía de terratenientes, cuyos retratos se observan en el mosaico principal. Contaba con mucha fuerza en la organización política y social, tanto del mundo romano como en tiempos godos, siendo poco a poco sustituidos por la aristocracia de origen germánico.

En Noheda se ha localizado un mosaico figurativo de gigantescas proporciones (mide 231 metros cuadrados). El esplendor del lugar vino de la mano de Teodosio. También es única la calidad artística de los pasajes que contiene, pues incluye a la pantomima representando una pieza, un cortejo dionisíaco bastante amplio, sendas victorias aladas coronando a Baco, unas ménades danzando, Sileno a lomos de un burro, el dios Pan, un grupo de sátiros, la historia de amor Helena y Paris, la boda acompañada de niños y hasta un barco con remeros en plena Alcarria.

6. El cristianismo

Aunque fueron respetadas las creencias locales, se exigió a los indígenas el culto al emperador y a las deidades que simbolizaban el poder de Roma: Júpiter, Juno y Minerva (tríada capitolina). Los primeros testimonios de la llegada a Hispania del cristianismo datan del siglo II. En *Contra los herejes*, san Ireneo habla de los «iberos», aunque, posiblemente, pudo hacer referencia a los grupos que con esta denominación poblaban el Ponto. Por su parte, Tertuliano, en *Contra los judíos*, informaba de que hacia el año 200 el cristianismo tocaba ya los límites del mundo conocido, si bien tampoco precisa los enclaves de la fe hispana.

En cambio, la carta 67 de la correspondencia del obispo de Cartago, Cipriano, situada en el año 254, confirma la existencia de comunidades cristianas en Asturica (Astorga), Emérita (Mérida) y Caesaraugusta (Zaragoza). Se afrontaba entonces la persecución de Decio. Es sabido que el ejército romano constituyó un vehículo de cristianización. A la Legio VII Gemina (afincada en León) pertenecieron el centurión Marcelo, que sufrió suplicio en Tánger, y los mártires de Calahorra: Celedonio y Emeterio.

Sobre la predicación de Santiago la referencia más antigua se encuentra en el tratado *De ortu et obitu patrum* (*Vida y muerte de los santos*) de san Isidoro de Sevilla, escrito hacia el año 612. En él leemos que el apóstol «predicó el evangelio a Hispania y al Occidente». En la Edad Media se intensificó su identidad con Hispania a raíz de las invocaciones en las batallas de la Reconquista, como la de Clavijo, donde compareció el hijo de Zebedeo a lomos de su caballo blanco. Dos días, el 2 de enero y el 12 de octubre, mantienen viva la conexión de Santiago con la Virgen del Pilar. Según la tradición piadosa, estando en carne mortal, María se desplazó un 2 de enero a Zaragoza para consolar al discípulo por la dificultad de la conversión. En 1492, en la primera jornada citada, se tomó Granada y, en la segunda, se descubrió América.

Fue hace más de un siglo cuando monseñor Duchesne, sacerdote francés e historiador crítico del cristianismo, relegó al plano de la leyenda la historia del viaje de Santiago y el posterior traslado de su cuerpo a Galicia, una vez acontecido su martirio en Jerusalén hacia el año 44. Sin embargo, Américo Castro sostuvo que la historia de España sería impensable sin el culto a Santiago, ya que el tener enterrado en su suelo a un elegido por Cristo otorgó fuerza moral a los monarcas. La devoción al patrón de los peregrinos se mantiene viva hoy, y durante todos los meses alienta a los caminantes en la ruta hacia Compostela, celebrándose el año Xacobeo, con las gracias jubilares, cuando el 25 de julio cae en domingo.

Otro de los posibles ejes de irrupción del cristianismo en nuestro país está vinculado a la tradición de los Siete Varones Apostólicos, cuyas vidas se hallan recogidas en manuscritos del siglo X. Al parecer, Torcuato y seis compañeros fueron enviados desde Roma a Hispania por los santos Pedro y Pablo. Se dirigieron a Guadix, todos fueron consagrados obispos, pero el rastro se pierde. La versión más consistente de la entrada del culto de la cruz está plasmada en la *Carta a los Romanos* (15, 23-28), cuando, en el año 58, Pablo de Tarso asegura que visitará el territorio hispano, así como en la segunda *Carta a Timoteo* (4, 17) expone que había predicado «a todas las gentes». En ese caso, el viaje paulino debió de tener lugar hacia el año 63, fecha en que fue liberado.

Tanto en Roma como en las provincias se persiguió a los seguidores del Nazareno y, así, se multiplicaron los mártires; el primero fue san Félix, en Zaragoza, pero la letanía hispana está repleta. Entre otros figuran los niños Justo y Pastor en Alcalá de Henares, o las hermanas alfareras, Justa y Rufina, en Sevilla.

Las actas de los mártires y las necrópolis paleocristianas permiten deducir que, entre los cristianos hispanorromanos, se encontraban personas de condición social muy diversa, aunque los monumentos solo han dejado constancia de las familias pudientes. Del siglo IV se conservan los mausoleos de Puebla Nueva y Centcelles. Están atestiguados dos talleres locales de creación de sarcófagos: en Tarragona y en la región de La Bureba (Burgos).

A comienzos del año 313, en el Imperio se adoptó una decisión digna de ser escrita para la posteridad con letras de oro: el fin de las persecuciones. Por aquel entonces, existían cerca de 1500 sedes episcopales y se estima que entre 5 y 7 millones de habitantes, de los 50 que componían su población, profesaban el cristianismo. En el periplo de la fe, de la catacumba a la basílica, tuvo un papel decisivo Flavia Iulia Helena, madre del emperador Constantino, una mujer humilde y repudiada que no solo logró que en el orbe brillara la tolerancia, sino que además abrió brecha en la peregrinación a Jerusalén. Nunca soñó con ser cristiana, tampoco quiso ser emperatriz, sin embargo, anheló casarse como cualquier doncella. Las dos primeras metas le salieron al paso, lo tercero, aparentemente lo más sencillo, no lo consiguió. Sin embargo, ni siquiera el repudio logró borrar de su semblante los rasgos de la alegría.

Como decimos, con el Edicto de Milán, del año 313, Constantino proclamó la libertad religiosa. Siempre que se respetara al prójimo, se podría ser escéptico o creer en el panteón romano, en los dioses egipcios, en Mitra… o en el Crucificado, una situación idílica que ya quisiéramos para nuestro tercer milenio, cuando el fanatismo sigue, por desgracia, perpetrando masacres. En el año 380 cambiaron las reglas del juego cuando, con el Edicto de Tesalónica, el cristianismo se convirtió, por orden de Teodosio, en la única religión oficial. A partir de entonces, la Iglesia cristiana colaboró con el Imperio y ambas estructuras se superpusieron.

En Hispania, las sedes episcopales se organizaron en provincias con una metrópoli al frente del siguiente modo: la Lusitania, con Mérida; la Bética, con Híspalis; la Tarraconense, con Tarragona; la Gallaecia, con Braga, y la Cartaginense, con Cartagena. En las zonas más romanizadas, como la Bética, el cristianismo consiguió mayores avances. A la franja septentrional llegaría tardíamente, pues el carácter rural no cooperaba con el éxito de la predicación.

Sin embargo, el primer concilio de la Iglesia hispana, el de Elvira, tuvo lugar antes del Edicto de Milán, en una imprecisa fecha que empezaría a contar desde el año 300. Al sínodo acudieron 19 obispos. Los 81 cánones de las sesiones revelan la preocupación ante la ofensiva del paganismo, a la par que se prohíbe prestar vestidos para las fiestas profanas, se restringe el trato con los judíos y se condena el homicidio. Después llegarían los concilios de Toledo, el pionero se celebraría en 397-400. Lo seguirían otras 17 reuniones entre los años 397 y 702.

No obstante, surgieron corrientes heréticas, como el priscilianismo, arraigado en Galicia a finales del siglo IV. Los prosélitos se llamaban hermanos entre sí y profesaban un ascetismo exagerado, que incluía la pobreza, la abstinencia de carne y la continencia como prácticas habituales.

Al parecer, fue también otra gallega, Egeria era su nombre, quien se enroló (como había hecho Helena 70 años atrás) en la aventura de visitar los Santos Lugares. En su *Peregrinación*, escrita a fines del siglo IV, esta mujer presentada por la historiografía como «monja» describe el viaje a Egipto, Siria, Mesopotamia, Palestina, Asia Menor y Constantinopla. Ella misma confiesa ser una persona de profunda religiosidad, pero de ilimitada curiosidad: «Llegamos andando a un lugar, en el que aquellas montañas, entre las que marchábamos, se abrían formando un extensísimo valle enorme, muy llano y hermoso; tras el valle, apareció el monte santo de Dios, el Sinaí. Este sitio por donde se extienden las montañas está próximo al lugar en que están las Memorias de la Concupiscencia».

7. Suevos, vándalos y alanos

Avivando cientos de hogueras que apenas llegaban a calentar sus cuerpos, en la nochevieja del año 406 d.C., tres grupos étnicos cruzaron el

Rin. Derrotaron a los mercenarios que custodiaban el limes occidental y se internaron en la Galia romana. Aunque las estimaciones son variadas, la cifra de 250 000 personas resulta aceptable. Lo que es seguro es que el contingente era de lo más variopinto e incluía guerreros, artesanos, mujeres, ancianos, niños e incluso esclavos. En 409, dos años antes de la llegada de los visigodos, estos tres pueblos (suevos, vándalos y alanos) tomaron la Península Ibérica.

Los suevos formaron un reino que comprendía desde Galicia hasta el norte de Portugal, de los tres contingentes fueron los únicos que adoptaron la monarquía. Tuvieron trece soberanos, de Hermerico (417) a Audeca (585), pasando por Requila (438-448), que conquistó Mérida, y Remismundo (464-500), quien profesó el priscilianismo. Tal doctrina estaba basada en los ideales de austeridad y pobreza, instaba a la Iglesia a abandonar la opulencia para volver a unirse con los pobres, condenaba la esclavitud y concedía gran libertad y relevancia a la mujer, abriendo las puertas de los templos a las féminas como participantes activas. Sin embargo, fue declarada herejía en el Concilio de Braga, en el año 561.

En este contexto, llega a Galicia uno de los personajes más importantes del período, san Martín de Braga o de Dumio, quien presentó un cristianismo adaptado a los diferentes grupos de población y se preocupó por transmitir los valores de la Antigüedad clásica. Aparte de sus aportaciones a la cultura o a la actividad misionera, Martín, quizás agente bizantino, consiguió forjar una alianza entre estos y los suevos, de hecho fue apodado el «apóstol de los suevos». En el año 559 el rey Teodomiro abjuró del arrianismo, alineándose claramente con los poderes antigodos, esto es, los francos y bizantinos, que seguín la ortodoxia católica. Aún así, los suevos lograron mantenerse hasta el año 585.

Los vándalos atravesaron con enorme violencia el espacio peninsular en dirección al norte de África; de hecho, este gentilicio se quedó en el vocabulario español para definir a la persona que comete acciones propias de gente salvaje y destructiva. El gobernador romano de la provincia africana, Bonifacio, buscaba en ellos aliados en sus disputas internas con otros miembros de la élite romana por el control del trono de Occidente. En el año 429 cruzaron el estrecho de Gibraltar y llegaron a Ceuta. Una vez allí, a unos 80 000 individuos se les hizo saber que ya no era necesaria su ayuda, sin embargo, ellos ya no regresaron a Hispania. Desde Ceuta se hicieron con el control de toda la provincia de Cartago, que comprendía la franja costera de los actuales Marruecos y Argelia, así como todo Túnez.

Al caer Roma en manos de los godos de Alarico (410), los paganos acusaron al cristianismo de ser responsable de las desgracias del Imperio, lo que suscitó una encendida respuesta de san Agustín, que presentó una auténtica filosofía de la historia a modo de diálogo entre el Creador y la criatura. Episodios excéntricos, como el del emperador Honorio, quien, al enterarse de que Roma había sido saqueada, lloró pensando que habían matado a la gallina de igual nombre que tenía como mascota. No obstante, se conformó pronto el hijo de Teodosio cuando el eunuco repuso que era la ciudad entera la que estaba en peligro, no el ave, que permanecía bien guardada.

El arrianismo fanático de los vándalos practicó la intolerancia hacia los católicos. A sus miembros se los despojaba de sus propiedades, se los desterraba o, en ocasiones, incluso se los asesinaba. Los vándalos también saquearon Roma en el 455. Aunque este sitio no fue tan violento como el de los visigodos en el año 410, la Iglesia y el papa se sintieron muy humillados.

Durante los últimos años de su vida, san Agustín asistió a las invasiones bárbaras del norte de África (iniciadas en el 429), a las que no escapó su ciudad episcopal. Al tercer mes del asedio de Hipona, el hijo de santa Mónica cayó enfermo y murió. La defunción de este Padre de la Iglesia contribuiría decisivamente a la mala fama de los vándalos.

Desde las costas de Cartago los vándalos se lanzaron a la conquista de Córcega, Cerdeña, Sicilia y las Baleares. También se dedicaron a asolar, mediante la piratería, las costas de la región y a bloquear las ya de por sí frágiles vías marítimas de comunicación del Mediterráneo, perjudicando a la par al Imperio romano de Oriente.

Aunque varias veces intentó Roma recuperar lo saqueado, en el año 474, el Imperio romano de Oriente firmó la paz perpetua con los vándalos, reconociendo su soberanía sobre los territorios ocupados.

Los alanos se fijaron en el sur. Asentados en las provincias de Lusitania y Cartaginense, en el 412 el rey alano Atax o Attaces conquistó la ciudad de Mérida y estableció en ella su corte durante seis años, hasta que en 418 murió en una batalla contra los visigodos. La rama de los alanos apeló al rey vándalo Gunderico para que aceptara su corona. Aunque algunos de los alanos permanecieron en Iberia, la mayoría se dirigió al norte de África con los vándalos en 429. Los posteriores jefes vándalos se hacían llamar *Rex Wandalorum et Alanorum* (rey de los vándalos y de los alanos). Hoy el vocablo «alano» permanece en una raza de perro casi «depredadora», la misma con la que desarrollaron la conquista de América los españoles.

8. Los visigodos

Fueron dos siglos y medio de dominio godo en Hispania y, aunque quizás se ha puesto el acento en el momento en que fueron expulsados por los musulmanes, resulta preciso ahondar en sus orígenes, pues, más allá de los apellidos con el sufijo -ez (hijo de), su presencia dejó notables emblemas en la historia y en el arte.

Procedentes del norte de Europa, partieron primero hacia el mar Negro, aunque los hunos terminaron por expulsarlos de la zona. Posteriormente, tras entrar en contacto con los romanos, pasaron por Italia (territorio que saquearon) y se adentraron en la Galia, desde donde, cruzando los Pirineos, llegaron a Hispania. En torno al Danubio habían estado tanto tiempo asentados que adquirieron gran parte de las costumbres romanas, llegando a pactos con aquellos para lograr territorios y comida. Precisamente por uno de estos acuerdos (*foedus*), Roma les ofreció en el año 411 tierras en el sur de Francia y norte de la Península a cambio de expulsar a los suevos, vándalos y alanos. Con este cometido, viajaron hacia Hispania para acabar con ellos.

Los visigodos encontraron en Hispania una tierra fecunda, con excelentes puntos de abastecimiento y reputados puertos comerciales. Las cifras bailan al definir el contingente godo: de 80 000 a 300 000, frente a los 4 millones de hispanorromanos. Con la caída del último emperador de Occidente, Rómulo Augusto, los visigodos fueron reconocidos como reino independiente.

No obstante, el titular de la corona siempre anduvo muy supeditado a la nobleza. Pese a la pomposidad del cargo, su poder se reducía mucho en la práctica. Para ejercer el mando era vital la personalidad del soberano en cuestión. Los celosos del poder real tendían a incrementarlo, al menos en las formas, teniendo como ejemplo el ritual de los emperadores bizantinos. Para ello se valieron de la unción regia a partir de Wamba, del uso de vestimentas imperiales y del tono púrpura como color real.

Hispania en el siglo VI. Los visigodos mantuvieron parte de la organización territorial romana de la Península Ibérica y añadieron ducados y condados.

Así la monarquía se mantuvo en un constante debate entre dos posiciones: electiva (herencia germana) o hereditaria (romana). Ambos modelos tenían sus ventajas e inconvenientes. Al tiempo se fue haciendo obvia la necesidad de fijar una de las dos opciones, por ello en el IV Concilio de Toledo (633) fueron aceptadas las tesis electivas. Sin embargo, apenas se cumpliría esta prerrogativa en la práctica, a la par que tampoco se redujeron las intrigas palaciegas clásicas durante todo el perodo visigodo.

Los gardingos eran la guardia personal del rey y solían vivir en palacio. No obstante, con el paso del tiempo, los soberanos recompensaron sus esfuerzos concediéndoles en usufructo vitalicio, no en propiedad, un lote de tierras. Al final, en lugar de auxiliar al monarca a nivel militar, trataron por todos los medios de usurpar sus competencias.

Aparte del carácter electivo de la monarquía ya explicado, los monarcas visigodos tuvieron que afrontar dos problemas: uno social, pues una minoría visigoda regía los avatares de una mayoría hispano-romana; y otro religioso, ya que el arrianismo de la casta política chocaba con el catolicismo, también mayoritario. El camino no fue fácil, con un sinfín de conflictos políticos, sociales, económicos, religiosos e incluso familiares, y «una guerra más que civil» —en palabras de san Isidoro— entre los miembros de la familia real.

El arrianismo, como creencia no trinitaria, afirmaba que Jesucristo fue creado por el Padre y que se hallaba subordinado a él. La cristología arriana afirma que el Hijo de Dios no existió siempre, sino que fue creado por Dios Padre. El Primer Concilio de Nicea (325) lo declaró herejía. Tras la muerte de Arrio, fue anatemizado de nuevo, gobernando Teodosio, en el Primer Concilio de Constantinopla (381).

Recaredo había sucedido en el trono a su padre, Leovigildo. Maniobrando inteligentemente para afianzar su poder, no solo había triunfado en diversas campañas militares, sino que había decidido asociar al gobierno a sus dos hijos, Hermenegildo y Recaredo, para que la sucesión resultara mecánica a su óbito. Dio origen, de este modo, a una pequeña dinastía que, aunque no pervivió demasiado, contribuyó a modelar el nuevo perfil del Estado visigodo.

Leovigildo consideró que el reino difícilmente podía prosperar si no se actuaba directamente sobre los problemas que erosionaban su estabilidad. Fortalecido por los éxitos de sus gestas, las cuales mantenían calmada a la intrigante nobleza visigoda, decidió dar un paso más hacia la unidad. Esta ambición no sería posible si no se lograba superar la división religiosa que aún existía en la España de la segunda mitad del siglo VI. A nivel de creencias, los dos grupos religiosos más importantes eran el católico y el arriano. Existía también un buen número de judíos, y el paganismo aún no se había extinguido totalmente, si bien su influencia era menor.

Para suavizar los postulados arrianos a fin de hacerlos aceptables para los católicos, Leovigildo convocó en el año 580 a los obispos en Toledo. Los resultados no fueron los previstos, puesto que no era fácil hacer converger hacia el arrianismo no solo a gran parte de la población, sino a toda una tradición teológicamente superior y segura de su ortodoxia, compartida, por lo demás, con el resto del orbe cristiano. El arrianismo no dejaba de ser una rémora del pasado, superada ya dogmáticamente, y sobrevivía únicamente gracias a que era la religión de quien ejercía el poder político.

Leovigildo no se resignó e intentó por todos los medios llevar a cabo su plan. Envió al exilio a algunos prelados y obligó a rebautizar bajo amenazas a muchos católicos. No se puede olvidar que los católicos no solo eran, como decíamos, mayoría, sino que controlaban grandes áreas de poder, principalmente en los terrenos económico y cultural, y que su influencia en la sociedad no era menor. Así se explica la resistencia episcopal y de gran parte de la nobleza hispanorromana a los planes unionistas de Leovigildo.

A estas dificultades externas se unió una interna. Leovigildo había encargado el gobierno de algunas zonas del reino a Hermenegildo y a Recaredo. Al primero le había encomendado lo que fuera la Bética romana, pero, al poco, comenzaron los conflictos entre Hermenegildo y su padre. Sagazmente, Recaredo estaría siempre de parte de Leovigildo; quería hacer méritos ante la nobleza con vistas a la sucesión. En la provincia actual de Guadalajara, Recópolis, la ciudad de Recaredo, recuerda hoy el regalo que el padre hizo a su vástago preferido. También la hagiografía da cuenta de las tropelías que Leovigildo cometiera contra su otro hijo, el mártir, quien, tras ser enviado a la Bética como gobernador, al convertirse al catolicismo, fue arrestado y decapitado en Tarragona. Junto a san Fernando, Hermenegildo es el patrono de la monarquía española.

Al morir Leovigildo en la primavera del año 586, Recaredo, el nuevo soberano, afrontó el problema de la consolidación del reino de una manera diferente a su progenitor. En lugar de forzar la conversión de los católicos, estimó que quizá fuera más sencillo convertirse él. No toda la parte arriana aceptó en bloque la nueva política del rey. Recaredo tuvo que sofocar durante dos años algunas rebeliones, en Mérida, Toledo y la zona narbonense. Superadas las dificultades, podía ya presentarse ante el órgano supremo de la iglesia española para sancionar la unidad religiosa del reino visigodo bajo la ortodoxia católica. Era el 8 mayo del año 589: sesión inaugural del Tercer Concilio de Toledo.

En lo relativo a la capitalidad, aunque al principio la sede estaba en Toulouse (al sur de Francia), debido a que constituía el centro geográfico de sus dominios, tras el ataque de los francos en el año 507 tuvieron que avanzar meridionalmente, estableciendo la capital en Toledo. La ciudad del Tajo se convertiría en sede de los sínodos de la iglesia hispánica.

Los concilios eran asambleas que funcionaban como órgano de gobierno eclesiástico. Tuvieron poca importancia hasta la conversión oficial de los visigodos al catolicismo reinando Recaredo. No obstante, eran convocados por los soberanos y a ellos se debía su irregularidad, pues, como más adelante sucedería con las cortes de Castilla en la edad de los Habsburgo, solo los reunían en situaciones de debilidad o cuando era necesario promulgar con urgencia. Participaban principalmente las jerarquías eclesiásticas, pero también podía acudir la aristocracia laica, aunque esta básicamente intervenía en las sesiones de carácter político.

La administración territorial es poco conocida por la escasez de fuentes. Se basaba en el sistema romano de provincias, pero simplificado. Se articulaba sobre las antiguas provincias romanas, al menos en principio, aunque luego pudieron dividirse. La gestión tenía dos vertientes: *iuris* (gobierno civil) y *dux* (gobierno militar). Al hacedor de justicia y al jefe del ejército los elegía el monarca entre miembros de la aristocracia. Con el paso del tiempo los dos cargos se fundirían en el *dux* (líder, más tarde origen del término duque) y, a su vez, las provincias se fragmentarían en territorios dirigidos por un *comes* (compañero, de ahí vendría conde). Por su privatización, todos estos oficios experimentaron un proceso de feudalización, empezando a ejercerlos sujetos concretos por derecho propio, no por confianza del soberano. Junto a las disputas por el trono, esta patrimonialización de los puestos, haciéndolos incluso hereditarios, llevó a una merma del poder real.

Como hemos apuntado, en los siglos VI y VII también hicieron su incursión los bizantinos, aunque las fuentes documentales son escasas y fragmentarias. La provincia de Spania (en latín *Provincia Spaniae*) fue una demarcación del Imperio bizantino, la más occidental de cuantas constituyeron aquel espacio, formada como consecuencia de las campañas militares de Justiniano I el Grande en sus esfuerzos por restaurar el Imperio romano de Occidente. Su territorio incluía una zona del sureste de la Península Ibérica arrebatada a los godos, área que había formado parte del desaparecido reino vándalo. La ciudad de Septem (actual Ceuta), aunque también perteneció a los visigodos, fue incluida en la provincia de Mauretania Secunda.

Arquitectónicamente, se distinguieron los godos por el uso del arco de herradura; sobresalen las iglesias de San Juan de Baños (Palencia) y San Pedro de la Nave (Zamora). El tesoro de Guarrazar (hallado en una finca de Guadamur, Toledo) reúne coronas y cruces de oro macizo con incrustaciones de piedras preciosas que se creen pertenecientes al rey Recesvinto. La orfebrería da cuenta del refinamiento de una corte que en el año 711 sucumbiría ante la algarabía.

9. Hispanos célebres

El inicio de la influencia de los hispanos en Roma puede remontarse al momento en que un tal Cornelio Balbo hizo amistad en Gadir con el joven Julio César. Balbo era millonario gracias a sus fábricas de *garum*, instaladas en la zona del Estrecho. Su cercanía al ambicioso romano se basó en que cuidó la imagen de aquel, ayudándole en el diseño de maniobras políticas y ofreciéndole consejos que le permitieron tocar el poder absoluto.

También fue Balbo gran amigo de Marco Tulio Cicerón, de hecho este lo defendería en el juicio cuando sus enemigos intentaron evitar que, como hispano emigrante, llegara a ser ciudadano romano de pleno derecho. Gracias a la oratoria de Cicerón, acabaría siendo el primer cónsul de origen extranjero en Roma.

Desde los tiempos de Octavio, Roma vio cómo cientos de intelectuales, políticos y militares de la Península Ibérica se acomodaban en sus foros. Así, aquellos españoles del mundo antiguo consiguieron ser senadores y filósofos de la potencia más colosal de la Historia de la humanidad. La inauguración de la época imperial supuso que un notable grupo de hispanos viajaran a Roma para integrarse en su sociedad, dispuestos a ocupar cargos públicos.

Cayo Julio Higinio (según el humanista Luis Vives) se convirtió en bibliotecario de Augusto, en estas aulas ejerció la enseñanza de la filosofía. Tal era su sapiencia que, por las vías de Roma, era escuchado como un oráculo. Marco Porcio Latrón fue uno de los pioneros de la retórica. Muy joven marchó desde Corduba a Roma, donde abrió escuela de declamación a ella acudió Ovidio, pertinaz aprendiz del *Arte de amar*.

Estos pioneros dieron paso, en la primera mitad del siglo I d. de C., a una espléndida generación de literatos y legisladores provenientes de regiones romanizadas como la Bética, y de otras no tanto como Lusitania. Tres emperadores romanos nacieron en Hispania. Los dos primeros, de la etapa de expansión, conocida como Alto Imperio, fueron Trajano y Adriano, naturales de Itálica (Santiponce, Sevilla). En el siglo IV d.C., ya en la Antigüedad Tardía, viviría Teodosio, que vino al mundo en Coca (Segovia).

Trajano, que sobresalió como general, llegó hasta Rumanía. El viajero Adriano fue uno de los mejores administradores de la Historia, por cierto puso de moda en la corte la barba, hasta entonces estimada propia de los «bárbaros», y siempre lució el acento «andaluz», levantando la sorpresa del público en sus discursos como tribuno. Teodosio vivió una época de crisis política marcada por el enfrentamiento entre usurpadores y rivales pero, en el año 395, tomó la inteligente decisión de dividir el Imperio entre sus hijos: para Honorio, Occidente, para Arcadio, Oriente. Así garantizó al menos para una parte, la capitaneada por Bizancio, la nueva Roma, vida más extensa.

En la urbe, los hispanos buscaban prosperidad económica y desarrollo intelectual. Los hombres de negocios se mezclaban con pensadores, poetas o ensayistas en un afán desmedido por el ascenso social. Era momento para Lucano, Mela, Columela, Marcial o Quintiliano, varones ilustres que aportarían luz a la Roma más gozosa. Con su presencia se despejarían muchas dudas sobre la romanización de la provincia mediterránea. Atrás quedaban los tiempos de guerra en la indomable Celtiberia. A través de las musas, ahora los anhelos de la piel de toro se veían encauzados mediante los designios romanos.

El caso más relevante lo encarna Lucio Anneo Séneca. Nacido en Corduba en el año 4 a.C., perteneció a una acomodada familia en la que destacaba la figura de su padre Marco Lucio Anneo, más conocido por la historia como Séneca el Viejo, un reputado experto en retórica que inculcó en su hijo el amor por la filosofía. Cuando Séneca el Joven contaba 9 años de edad la familia viajó a Roma, ciudad en la que se instalaron bajo los beneficiosos efluvios del primer emperador.

Séneca se educó bajo la tutela de oradores como Papirio Fabiano y fue aprendiz del gran filósofo Sotión hasta que, una vez cumplidos los 18 años de edad, se entregó con entusiasmo a su ascenso social, primero trabajando de orador en actos públicos para luego convertirse en un magnífico abogado que logró enorme popularidad en Roma. La fortuna de Séneca comenzó a crecer a ritmo vertiginoso. En el año 41 d.C. fue elegido senador bajo el mandato del temido Calígula, el mismo que lo condenó a muerte por considerarlo un impertinente.

El cordobés salvó la vida casi de milagro al argumentar que se encontraba enfermo de asma y que, por tanto, le restaba poco para fenecer. La treta conmovió al tiránico emperador y el erudito pudo seguir con sus aspiraciones de racionalizar el gobierno de la ciudad eterna. Una vez desaparecido Calígula, llegó al poder Claudio, quien condenó a Séneca al exilio en Córcega por entender que había participado en ciertas intrigas políticas relacionadas con su sobrina Julia. El paisano asumió con estoicismo innato la condena y, durante 8 años, se dedicó a escribir ensayos y dramas que lo catapultaron a la fama.

Estaba por llegar la peor oferta. En 49 d.C., Agripina lo mandó llamar para que fuera el tutor de su hijo Nerón. Por entonces Séneca contaba 53 años y poseía un tesoro calculado en varios millones de sestercios. Algunos rivales lo acusaron de ser un usurero, pero lo único constatable es que el cordobés vivía de manera extremadamente rigurosa: comía poco, bebía agua, dormía en un tablón de madera y era fiel a su querida esposa Paulina. Sin duda era rico, pero la austeridad dominaba su rutina, a excepción de las ocasiones en que gastaba importantes sumas en obras de arte o libros.

Séneca apostó por situar la filosofía en el vértice del poder, asegurando a los hombres una guía racional y justa. Para sus enseñanzas a Nerón intentó mantener el modelo de Augusto. Sin embargo, aquel optó por cenagosos caminos. El déspota no estuvo a la altura de ser discípulo de tal maestro y, en 65 d.C., lo acusó de formar parte de una conjura dirigida por Calpurnio Pisón, quien pretendía destronar a Nerón en beneficio propio. Lo cierto es que Séneca llevaba retirado de la política tres años: desde que falleciera su camarada Afranio Burro, en ese tiempo se había dedicado a la literatura y poco más. Por desgracia la mente de Nerón estaba demasiado obtusa como para entender que su antiguo profesor no quería hacer nada en el concierto político romano.

Aún así, la confesión forzada del poeta Lucano, pariente lejano de Séneca, fue suficiente para que el déspota emperador condenara a muerte a los dos hispanos y estos se adelantaron al verdugo. Lucano, de tan solo 26 años, se quitó la vida tras disfrutar de una última fiesta. Séneca fue fiel a su estoicismo hasta el final: asumió la pena, se despidió de Paulina y, acto seguido, ingirió cicuta mientras se cortaba las venas en una bañera; había confesado que cada vena de su cuerpo era una vía de liberación. De esa manera conservó su independencia de carácter hasta el minuto final de su existencia. Antes de morir escribió una carta a su amigo Lucilio en la que se podía leer: «En lo que me atañe he vivido lo bastante y me parece haber tenido todo lo que me correspondía. Ahora, espero la muerte». Tenía 69 años y un séquito de alumnos que, afortunadamente, supieron proseguir su obra.

En el tránsito del siglo IV al V d. C, el presbítero lusitano Paulo Orosio, natural de Bracara Augusta (Braga), viajó a África y Palestina para reunir argumentos con los que combatir a la herejía pelagiana. Fue discípulo de san Agustín y compuso la *Historiarum adversus paganos libri VII* (Los siete libros de Historia contra los paganos). Se trata de una Historia de Roma, de corte providencialista, desde sus orígenes hasta el 417 d.C.

La conversión del patricio Paulino fue una noticia sonada en el Bajo Imperio. Aunque nació en una poderosa familia de Burdeos, tras casarse con Teresa y tener un hijo que falleció a los ocho días, por aclamación popular fue ordenado presbítero en Barcelona y, en la Península, escribió algunos de sus *Carmina* (poemas) más célebres. Después de la ordenación, en el 394, partió en viaje a Italia, donde conoció a san Ambrosio. Durante su estancia en la Toscana, él y su mujer decidieron dedicarse completamente a la vida monástica. Llegó a obispo de Nola y es patrón de los campaneros.

Los bárbaros hicieron suya la lengua del Imperio y, a nivel cultural, el máximo exponente del saber visigótico fue san Isidoro (556-636), arzobispo de Sevilla y autor de las *Etimologías*, obra enciclopédica de gran resonancia durante el Medievo. Un compendio que evidencia el afán de fijar las categorías en un mundo beligerante en continuo cambio.

Capítulo IV
La Reconquista: al-Ándalus y la frontera cristiana

Mezquita de Córdoba. Su construcción comenzó en en el año 785, con la reutilización de los materiales de la basílica hispanorromana de San Vicente Mártir.

Pues esta España que decimos tal es como el Paraíso de Dios.

Alfonso X el Sabio

HUBO UN TIEMPO EN QUE LA CRUZ Y LA MEDIA LUNA pugnaron a espada y fuego por la Península Ibérica. A esa edad, más tarde, se la denominó Medievo, por hallarse intercalada entre las civilizaciones clásicas y los retos de la modernidad. El Juicio Final descrito en el Apocalipsis se fue retrasando y resultó preciso agregar más etapas al cómputo cronológico. Sin embargo, fue en época contemporánea, en concreto a mediados del siglo XIX, entre el choque del idealismo romántico con la realidad más cruda, cuando se cayó en la cuenta de que aquellos ocho siglos de batallas debían denominarse Reconquista.

Este vasto período era el tema estrella de las enciclopedias con las que nuestros abuelos aprendían la historia de España, tanto es así que parecieran haber compartido mesa y mantel con don Pelayo y con Guzmán el Bueno. Posteriormente, en ciernes del tercer milenio, con las nuevas tendencias historiográficas, empezaron a popularizarse conceptos interculturales gestados en consonancia con el ritmo social. Pero, por mucho que toda Historia se interprete desde el presente, lo que está claro es que, desde el año 711 hasta 1492, en la Península Ibérica hubo guerras, guerrillas, guerreras, guerreros y guerra por la guerra.

1. El último godo

Todo ocurrió hace más de 1300 años, cuando un ejército compuesto por árabes y berébères invadió el reino de Hispania. La historia oficial relata que, en abril del año 711, entraron con ímpetu a la Península Ibérica. La leyenda asegura que el conde don Julián, gobernador del norte de África, abrió las puertas del Estrecho a las hordas islámicas por el ultraje sufrido por su hija, la Cava Florinda, en amoríos clandestinos con el monarca por el Tajo.

El caso es que entre el 19 y el 26 de julio del 711 unos y otros se enfrentarían en un río andaluz: el Guadalete. Don Rodrigo fue aplastado y sucumbió el reino godo, quedando 20 millones de nativos domeñados por los advenedizos. Pero examinemos con detenimiento cómo a la fuerza de los hechos los cristianos fueron perdiendo sus derechos.

A finales del siglo VII, Hispania era un auténtico caos político. Las intrigas palaciegas y los murmullos en las filas desestabilizaban el poder y, mientras los nobles luchaban entre ellos para alcanzar un puesto notorio en la corte, el pueblo padecía epidemias y hambrunas que acrecentaban el descontento.

Cuando en el año 710 estalló la guerra civil en el reino visigodo por la sucesión de Witiza, los musulmanes estaban a sus puertas. De ello nos habla la *Crónica mozárabe* (754), datándose la primera versión árabe de la conquista de Hispania en el año 860. Las crónicas asturianas (albeldense y de Alfonso III) presentan este territorio como continuador del reino de Rodrigo, culpando de la llegada musulmana a los witizanos, tildados de traidores. Y es que Witiza había reservado el trono para su hijo Agila, pero una facción eligió a Rodrigo.

La leyenda no podía permanecer al margen de estas horas difíciles. Don Julián había enviado a Toledo a su hija Florinda para que se educara y lograra un buen marido. Esta bella mujer acudía todos los días a la caída del sol a bañarse en las aguas del Tajo. Rodrigo divisaba desde las murallas, en la parte alta del puente de San Martín, su cuerpo virginal, y un día la contemplación pasó a mayores. La felicidad embargaba a la pareja, pero alguien se encargó de comunicar al gobernador la deshonra, planeando de inmediato la colaboración con el infiel.

No obstante, a esta conjura se unió otra. Los hermanos de Witiza pidieron ayuda a los musulmanes para derrocar al soberano. Al parecer, el conde ceutí pagó el paso del Estrecho. Posteriormente, estos hermanos abandonarían a su rey en pleno campo de batalla provocando la estrepitosa derrota.

En el año 710 el capitán Tarif desembarcó en la costa de Cádiz con 400 hombres y un pequeño grupo de jinetes. Desde entonces el lugar se llamó Tarifa. Con un número tan reducido de soldados, asoló la región. Impulsado por las rápidas victorias y la falta de oposición, el gobernador del Magreb envió a su lugarteniente Tariq Ibn Ziyard con 7000 soldados. Mientras los aristócratas visigodos seguían desconfiando unos de otros, en nombre de Alá se estaba tomando Hispania.

Durante las primeras jornadas de la invasión, Rodrigo se encontraba en Navarra sofocando una rebelión de los vascones. Al ser informado del hecho, partió hacia el sur deteniéndose para hacer reclutamientos y levas. Cuando congregó su ejército, los musulmanes ya habían asentado una posición firme frente al mar.

Al desembarco inicial de la infantería beréber se añadieron otros contingentes, incrementándose el número hasta 13 000 combatientes. Se calcula que la mitad de ellos formaban una caballería rápida y bien entrenada. Hay que recordar que todos los soldados musulmanes estaban impulsados hasta el fanatismo por la Yihad, que a nivel teórico no es tanto la Guerra Santa, como ahora se dice, sino el esfuerzo interior que todo mahometano debe realizar para que la ley de Alá se imponga en la Tierra. En la interpretación de este imperativo yace un enorme peligro…

Finalmente, las fuerzas visigodas regidas por Rodrigo ascendieron a los 33 000 o 35 000 soldados. Una cifra más que suficiente para derrotar y expulsar al invasor. Pero, con lo que el monarca no contaba, era con la ferocidad de los hombres de Tariq Ibn Ziyad.

Según las crónicas latinas y árabes, caracterizadas por su tono legendario, la batalla de Guadalete tuvo lugar junto a la actual Medina-Sidonia, en el verano del año 711. Durante varios días, los dos ejércitos se tantearon mediante escaramuzas y ataques rápidos. Los godos aguardaban afianzados en la superioridad numérica. Cuando se produjo el choque, los hijos de Witiza abandonaron los flancos del ejército, dejando en el centro a su rey desguarnecido.

La deserción del círculo de Witiza estaba pactada antes de que comenzara la refriega y favoreció el hundimiento de la moral cristiana. La táctica que los musulmanes utilizaron fue la misma que venían usando durante su expansión por el norte de África. Con una caballería rápida y precisa presionaban a la vanguardia del enemigo y se retiraban antes de sufrir grandes bajas. La lentitud y escasa preparación de las levas godas hicieron el resto.

En sucesivos ataques relámpago, los beréberes masacraron a las mesnadas leales al monarca visigodo. Cuando la batalla concluyó, el caballo del rey fue encontrado cubierto de flechas junto al río, nada se supo del cuerpo de aquel.

El número de bajas se desconoce, pues muchos de los visigodos, al ver perdido a su soberano, huyeron en desbandada. Los musulmanes tuvieron menos víctimas. Las consecuencias de la derrota fueron extremadamente decisivas. El ejército de don Rodrigo quedó aplastado. A la muerte del monarca y la pérdida del rastro de don Julián, hay que añadir en 711 la toma de Córdoba y el avance hacia Toledo. En un lustro cayeron Sevilla, Mérida, Zaragoza y Pamplona.

Supuestamente, Agila y los witizanos habían llamado a los musulmanes en su auxilio, pero, una vez que se perdió Toledo, Tariq se lavó las manos y remitió el problema a su jefe político, Musa ibn Nusair (Muza), quien envió a Agila a Damasco para que el califa dirimiera. Al tardar en volver el visigodo, los cristianos nombraron rey a un tal Ardón, que resistiría a los musulmanes en Narbona hasta el año 720. Agila regresó rico, pero murió en el año 716 como un títere político.

En el año 713 el godo Teodomiro, único representante del régimen anterior, firmó un tratado por el que se sometía al invasor:

> Tendrá la protección de Alá y su Profeta. No se impedirá la circulación de sus mensajeros. No se le cautivará ni a él ni a su gente, ni se les obligará a renunciar a su religión, ni se quemarán sus iglesias. De estas condiciones gozarán él, su familia y los habitantes de siete ciudades: Oriola, Mula, Lorca, Balantala, Locant, Iyih y Elche (...) Por su parte, él deberá comunicarnos cualquier noticia que conozca que ataña a nuestra seguridad, y abonará el tributo de las parias, estipulado en la forma siguiente: el hombre libre pagará un dinar, cuatro almudes de trigo, cuatro de cebada, cuatro medidas de vinagre, una medida de miel y otra de aceite; el esclavo, la mitad de esto.

Cuando Muza invadió la Península, era ya anciano, pero su ambición resultaba desmedida. Su objetivo fue dejar la ciudad de Toledo vacía de autoridad y conseguir su rendición sin oponer resistencia. En esta comarca, unió sus efectivos a los de su subalterno, Tariq, y juntos ocuparon el valle del Ebro, Galicia y Asturias. En el sur, entre bosques frondosos y planicies arenosas, donde Hércules abriera de un solo golpe el Estrecho y los fenicios quedaran deslumbrados por las columnas de plata, la ladera de Calpe adoptaría el nombre de Gibraltar, «montaña de Tariq».

El palacio real de Toledo lo hallaron repleto de diademas y de joyas de plata. Los esclavos, libertos y campesinos encomendados no habían tenido posibilidad alguna de intervención en la política del reino visigodo, salvo para sufrir sus consencuencias (guerra civil, saqueo y ruina). Por ello, no movieron un dedo cuando llegaron los musulmanes, en los que muchos vieron a sus libertadores. También sus antepasados habían contemplado con ese rol a los visigodos.

Los judíos, venidos como mercaderes de productos orientales, nunca olvidaron las humillaciones sufridas por los godos. Por su parte, la Iglesia, que había renunciado a disociar su papel con respecto a la autoridad civil, compartió la suerte de la nobleza laica: los rodriguistas murieron o se exiliaron, y los witizanos se acomodaron.

La rivalidad entre Muza y Tariq explotó pronto. El primero sintió celos del éxito militar de su liberto y le exigió la entrega de las riquezas requisadas, en especial, la Mesa de Salomón, construida con oro y esmeraldas. Las crónicas apuntan que su hallazgo se produjo en las proximidades de Guadalajara y que, por el enojo de no poseerla, Muza le arrancó una pata al mueble. La cuestión se zanjaría en Damasco, frente al califa, cuando Muza reclamó para sí todos los honores de la conquista y los méritos del expolio, mientras que Tariq se valió de su ardid, señalando que, puesto que él conservaba la pata amputada, suya era la gloria del hallazgo.

Sorprendentemente, aparte de en Hispania, quedó memoria del godo vencido en el desierto jordano. Qusayr Amra es un pedazo de la Historia con insospechadas curiosidades. La villa se erigió en torno al año 720 y fue adornada con frescos que incluyen doncellas (escasamente vestidas), gacelas y frutos. Posiblemente los artistas eran griegos, pues las inscripciones que dejaron impresas están en la lengua de Homero. Rodeando la figura entronizada del califa, seis monarcas le rinden homenaje. Entre ellos, Rodrigo, impávido a más de 6000 kilómetros de su reino perdido.

Había finalizado el ciclo de «riñas de gatos» entre los aspirantes a la corona de Recesvinto. Bajo el mando de don Pelayo, un pequeño grupo astur resistió el asedio en el año 722. Covadonga inauguraría el proceso que llevaría al nacimiento de los reinos ibéricos.

2. Covadonga y Roncesvalles

La complejidad orográfica hizo de la cordillera Cantábrica un foco poco atractivo para los árabes, de ahí que este fuera el terreno propicio para la instalación de la cuidadosa guarda de los supervivientes hispanos. La zona se hallaba poco poblada y, por añadidura, era pobre. Con el tesón de defender los principios morales de los oriundos, se inició un proceso de feudalización que tendía a poner el control de las rentas en manos de una minoría guerrera o eclesiástica.

El primer hito fue Covadonga. «La Reconquista se inició en tierras y por hombres como ningunos otros del mundo antiguo, y aun de Hispania, *propicios bello reparando*, como escribe Tito Livio de España y de los españoles. Me atrevo a escribir que solo allí, en las serranías cántabro-astures y por sus moradores, pudo iniciarse la resistencia al islam que dominaba desde la India hasta Galicia». Con estas contundentes palabras condensaba Claudio Sánchez-Albornoz, en *Orígenes de la Nación Española*, el reino de Asturias; el comienzo del proceso histórico de enfrentamiento entre dos civilizaciones.

Y es que, ante la rápida expansión musulmana, los insurgentes visigodos se atrincheraron en Asturias. La elección del terreno era tremendamente favorable a su bando, tanto por su lejanía de Córdoba como por el relieve escarpado con el que la naturaleza trababa su alianza con ellos.

La sublevación contra los musulmanes se debió a la negativa de los pueblos del norte a pagar los impuestos exigidos por el gobernador beréber Munuza, instalado en el actual Gijón, por lo que este solicitó el refuerzo del comandante Al-Qama. La *Cova Donga*, o Cueva Dominica, era un enclave de culto mariano y, bajo su abrigo, se parapetaron un puñado de nativos. Mal armados, pero convencidos de su misión.

El líder era don Pelayo, el primo del difunto rey Rodrigo. Cuando Witiza subió al trono en el año 702, el joven astur huyó de Toledo, pues aquel era rival de su padre. Acudió primero al norte y después marchó como peregrino a Jerusalén. Las motivaciones que llevaron a Pelayo al combate estaban más allá de la defensa territorial.

La leyenda advierte que Munuza se encaprichó de su hermana Adosinda (también llamada Ormesinda o Ermesinda), pero el caudillo se sintió humillado y montó en cólera. Para quitárselo de encima, Munuza lo envió en el año 717 a Córdoba con la cuerda de rehenes, pues era costumbre que se mandara a cautivos notables para asegurar el pago de impuestos, pero Pelayo se fugó y regresó a Asturias. En el año 718, el muchacho que había sido espatario (cuidador de las espadas) de don Rodrigo fue elegido jefe en Cangas de Onís y arengó a sus correligionarios invocando el nombre de los ancestros.

Los moros intentaron la vía diplomática a través de don Oppas, un obispo traidor que trató en vano de convencer a Pelayo de que se rindiera. El enfrentamiento tuvo lugar el 28 de mayo de 722. El ejército invasor fue dispuesto por el general Al-Qama. Sin duda se trató de una gran gesta militar, muestra de la determinación de los aguerridos pueblos del norte, que ni fueron romanizados ni islamizados.

La *Crónica de Albelda* (881) relató de este modo la pelea dialéctica con don Oppas:

> Pelayo estaba con sus compañeros en el monte Auseva y el ejército de Al-Qama llegó hasta él y alzó innumerables tiendas frente a la entrada de una cueva. El obispo Oppas subió a un montículo situado frente a la cueva y habló así: Pelayo, Pelayo, ¿dónde estás? El interpelado se asomó a una ventana y respondió: Aquí estoy. El obispo dijo entonces: Juzgo, hermano e hijo, que no se te oculta cómo hace poco se hallaba toda España unida bajo el reinado de los godos y brillaba más que los otros países por su doctrina y ciencia y que, sin embargo, reunido todo el ejército de los godos, no pudo sostener el ímpetu de los ismaelitas, ¿podrás tú defenderte en la cima de este monte? Me parece difícil. Escucha mi consejo: vuelve a tu acuerdo, gozarás de muchos bienes y disfrutarás de la amistad de los caldeos.

La contestación de Pelayo no se hizo esperar: «¿No leíste en las Sagradas Escrituras que la Iglesia del Señor llegará a ser como el grano de la mostaza y de nuevo crecerá por la misericordia de Dios?».

Y también fue rauda la réplica del prelado en esta conversación épico-mística que parece entablada entre personajes del Antiguo Testamento: «Verdaderamente, así está escrito».

El colofón del relato enfatiza el carácter mesiánico de Pelayo:

> Al-Qama mandó entonces comenzar el combate y los soldados tomaron las armas. Se levantaron los fundíbulos, se prepararon las ondas, brillaron las espadas, se encresparon las lanzas e, incesantemente, se lanzaron saetas, pero al punto se mostraron las magnificencias del Señor: las piedras que salían de los fundíbulos y llegaban a la casa de la Virgen Santa María, que estaba dentro de la cueva, se volvían contra los que las disparaban y mataban a los caldeos. Y como a Dios no le hacen falta lanzas, sino que da la palma de la victoria a quien quiere, los caldeos emprendieron la fuga.

Los musulmanes estaban obligados a entrar por un pequeño pasillo en la roca que les hacía toparse frontalmente con la defensa de los astures. Los cristianos tenían un tanto a su favor en el recurso al factor sorpresa, máxime cuando Pelayo se hallaba sumamente entregado a la causa. Hostigaron al enemigo en la distancia y cargaron contra los musulmanes con crudeza. La vanguardia chocó contra unas defensas prácticamente inexistentes y aplastó la primera línea.

Debido a las numerosas bajas, incluida la de Al-Qama, la desbandada musulmana fue caótica. También cayó apresado don Oppas, del que nunca más se tuvo noticia. Las tropas de Pelayo se enseñorearon en la retirada registrándose un número mayor de víctimas al producido en la propia contienda. La persecución fue un suplicio para los musulmanes y un paseo triunfal para los cristianos.

Empujados por los montañeses, los musulmanes subieron por el único camino que se les presentaba franqueable, aquel que lleva a los lagos y a la meseta de la Bufarrera. En los primeros pasos de la fuga la matanza debió de ser brutal, pues aún hoy se denomina La huesera a un pequeño barranco situado en esa ruta a unos cientos de metros de distancia de la caverna. Desde Bulnes, los que salvaron la vida decidieron seguir hacia Levante por las faldas meridionales de la sierra de Maín, alcanzando el poblado de Sotres.

De nuevo, la leyenda narra que las flechas musulmanas eran desviadas antes de impactar en los astures por prodigio divino. También se cuenta que Pelayo recibió una visión del cielo, arengándolo hacia la victoria, y que, anteriormente, cuando salió de Toledo hasta Asturias, se llevó consigo las sagradas reliquias que el obispo Urbano le había entregado: el *lignum crucis* y la casulla que la Virgen impuso a san Ildefonso, junto a las obras de Isidoro de Sevilla.

Aunque el cerco de Covadonga fue decisivo, pues se estima como la primera expresión de un sentimiento nacional en la España cristiana, su efecto ha sido sobredimensionado en los relatos sobre la Reconquista. Las crónicas islámicas y cristianas arrojan unos datos acerca de combatientes, bajas y motivaciones tan dispares, que resulta harto difícil medir la veracidad de la información.

Los musulmanes quitaron importancia a la derrota: «Se levantó en tierras de Galicia un asno salvaje llamado Pelayo. Desde entonces empezaron los cristianos de al-Ándalus a defender contra los musulmanes las tierras que aún quedaban en su poder (…). Los islamitas, luchando contra los politeístas y forzándolos a emigrar, se habían apoderado de su país (…) y no había quedado sino la roca donde se refugiaba el rey llamado Pelayo con trescientos hombres (…) La situación llegó a ser penosa… y, considerando la dificultad del ascenso, despreciaron a los cristianos encasillados en aquellas asperezas, diciendo: Treinta asnos salvajes, ¿qué daño pueden hacernos?». Desde la otra ladera, Pelayo dejó de ser un rebelde para convertirse en el espejo en el que los cristianos se miraban con la confianza de que la victoria era posible.

Centrados en la expedición contra los francos, los musulmanes cometieron el error de infravalorar las fuerzas cristianas, pero en la década 722-732 vieron frenado su avance en Covadonga y en Poitiers. Pelayo se instaló en Cangas de Onís con su esposa Gaudiosa, dama de Liébana. Tuvo dos hijos: Favila, al que mató un oso, y Ermesinda, casada con Alfonso I, hijo del duque de Cantabria. Cuando el elegido astur murió en el año 737, había dejado establecidos los cimientos de un reino guerrero. Pelayo y su consorte fueron sepultados en Santa Eulalia de Abamia.

Así, Asturias puede llevar a gala el haber sido, ya desde el siglo VIII, el primer núcleo de resistencia. Pese a que Pelayo es percibido como el primer monarca de la Reconquista, fue su yerno Alfonso quien tomó las riendas con la unión bajo su mando de las tribus del norte. En el transcurso de sus 18 años de gobierno, Alfonso I (739-757) consiguió el ensanchamiento del principado con la anexión de Galicia, el norte de Portugal, la vertiente sur de la cordillera Cantábrica, y tierras de Álava, La Bureba y La Rioja.

Pero la defensa no solo era preciso encararla ante los islámicos, en general había que tener presente las apetencias sobre la Península de todos los vecinos. En paralelo, en el noreste peninsular aconteció en el año 778 la batalla de Roncesvalles. Carlomagno había cruzado los Pirineos para entrar en la Península Ibérica y ayudar, militar y económicamente, a Sulaymán, gobernador de Zaragoza, el cual se había sublevado contra Abderramán I. Sulaymán le había prometido la ciudad como pago por su ayuda.

En su avance, Carlomagno arrasó por completo Pamplona. Sulaymán se negó a entregar la plaza y el galo la puso bajo asedio. Pero algo se removía en tierras francas: los sajones se habían levantado. El ejército de Carlomagno tuvo que levantar el asedio y replegarse a marchas forzadas.

En su regreso al reino franco, fue sorprendido en una emboscada. El lugar exacto de la misma no se conoce, pero se menciona el paso de Roncesvalles. Al parecer, los habitantes que habían huido de Pamplona se unieron a los vascones y a los aragoneses descontentos. Se abalanzaron sobre la retaguardia del enorme ejército franco y aniquilaron a 20 000 soldados, entre ellos el lugarteniente Roldán, al que luego recordaron los juglares.

La primera y aplastante derrota de Carlomagno no se debió a la superioridad numérica de los vascones, sino a su agilidad y rapidez. Los soldados francos iban ataviados con armaduras pesadas y espadas largas, que de poco les sirvieron contra las veloces acometidas de los vascones y aragoneses. Cuando el grueso del ejército franco comenzó a ver las flechas y las piedras volar sobre sus cabezas, no pudo atacar al enemigo, pues se movía con presteza. En un intento de asegurarse la supervivencia, el conde Roldán, prefecto de la Marca de Bretaña, ordenó la retirada. Los francos fueron perseguidos sin tregua y completamente aniquilados.

Los carros de las huestes francas iban cargados con el saqueo de Pamplona y los víveres para la subsistencia del ejército. De ellos se apoderaron los vascones y aragoneses como botín de guerra. La moral de los francos se hundió, pues habían sido derrotados por un ejército inferior en número y en armamento.

La destrucción de buena parte de la fuerza franca impediría las futuras invasiones y frustraría las ambiciones de Carlomagno sobre la Península Ibérica. El debilitamiento que estaban sufriendo algunas plazas musulmanas como Zaragoza y las luchas internas de los islámicos provocaron que los cristianos comenzaran a creer que una reconquista absoluta era posible.

Roncesvalles sirvió de inspiración a la *Chanson de Roland*, cantar de gesta sobre unos hechos que, históricamente, no pasaron de representar una escaramuza. Tres siglos después, cuando se fraguó esta composición, el protagonista, Roldán, fue elevado a sobrino del viejo emperador Carlomagno, que ahora tenía «barba florida».

En un vaivén del destino, tanto las áreas fronterizas con al-Ándalus como con Francia se transmutaron en marcas, pues, por mucho que unos fueran cristianos y otros musulmanes, todos eran rivales. La franja fue escenario de encarnizadas luchas durante el siglo IX. Precisamente, en dicha centuria, a Asturias se sumó una serie de focos cristianos de resistencia en el entorno de los Pirineos, con Pamplona, Aragón y los condados catalanes como denominaciones señeras.

3. El islam en Hispania

A principios del siglo VII, la predicación de Mahoma en Arabia había dado lugar a una nueva religión monoteísta, emparentada con el judaísmo y el cristianismo. Los pilares del islam eran cinco: creencia en Alá como único Dios; orar cinco veces al día en dirección a La Meca y plegaria colectiva en la mezquita los viernes; ayuno y abstinencia durante el ramadán; limosna a los pobres, y peregrinación una vez en la vida a La Meca. Las enseñanzas de Mahoma quedaron recogidas en El Corán (palabra revelada por Alá) y en la Sunna (colección de tradiciones y dichos). Hoy la mayor parte de los musulmanes acepta las dos fuentes (sunníes), la minoría shií no admite la Sunna. El islam implantó un nuevo cómputo del tiempo: el año 0 fue el 622 de la era cristiana, fecha de la Hégira o traslado de Mahoma de La Meca a Medina.

Frente a la ruralización experimentada en Occidente desde el siglo III, el islam era una civilización de ciudades. El Estado islámico poseía un carácter despótico fundamentado en la unidad de jefaturas política y religiosa. Entre los años 640 y 642 los musulmanes ocuparon Egipto y en 698 tomaron Cartago, desmantelando la presencia bizantina en Libia y Túnez e imponiendo su ley a las tribus del Magreb. Tras la conquista de Ceuta, su siguiente objetivo se presentaba a tan solo 14 kilómetros.

En la Península Ibérica el califato omeya había fijado una meta expansionista. Desde el Magreb el gobernador preparaba la invasión escalonada y medía sus fuerzas, pues, una vez dominada Hispania, sus ojos se posarían en las tierras francas.

En medio siglo, los ocupantes se aseguraron el dominio mediante la victoria de las armas o la capitulación, trayendo esquemas administrativos heredados del Imperio bizantino. La patria de Séneca se islamizó y, a partir de un minúsculo núcleo de resistencia, se fraguó un espacio político con voluntad expansiva que, pronto, englobó a cántabros y a galaicos hasta su derivar, en la segunda década del siglo X, en el reino de León. Las primeras noticias del fenómeno se siguen en las crónicas latinas y musulmanas del IX, a seis generaciones de los hechos que se relatan, cuando el islam ya había arraigado al otro lado de Tarifa.

Tanto árabes como beréberes conformaban sociedades segmentarias. Cualquier intento de articulación política suponía el estrechamiento de alianzas entre las tribus, sistema que encerraba en sí mismo grandes posibilidades, pero también notables desventajas, pues la necesidad de pacto hacía que cualquier propósito pendiera siempre del hilo de la aquiescencia.

Los beréberes, procedentes del norte de África, eran hombres de campo, su condición pastoril los llevó a instalarse en las sierras. Sin embargo, los árabes estaban habituados a las ciudades, de ahí que fijaran guarniciones en los valles del Ebro y del Guadalquivir desde las que dirigían la explotación agropecuaria mediante el sistema de aparcería.

Por este carácter dual que poseían las huestes musulmanas, su advenimiento estuvo salpicado de enfrentamientos internos. Así, el alzamiento de los beréberes del año 741 vino motivado por su convencimiento de que se hallaban en inferioridad con respecto a la casta privilegiada. Además, desde el siglo IX aumentarían los muladíes (cristianos que abandonaban su fe para cambiar de religión) y se recrudecería la persecución mozárabe (cristianos en ámbito islámico).

Tras la derrota de Poitiers en 732, las ansias expansionistas agarenas se replegaron al sur de los Pirineos. Hasta el año 756 al-Ándalus fue un valiato, es decir, una provincia del califato de Damasco dirigida por un valí. En la fecha citada, Abderramán I, un príncipe de sangre omeya huido del exterminio de su familia, se proclamó emir de Córdoba, declarándose políticamente independiente, aunque respetuoso en lo espiritual con el califa de Bagdad.

En el año 929 Abderramán III ascendió el escalón más alto en la jerarquía al autoproclamarse califa, dignidad que suponía la independencia religiosa de al-Ándalus. La etapa califal supuso la época de mayor esplendor político, cultural y comercial de al-Ándalus. Durante un siglo, Córdoba se convirtió en la principal ciudad de Europa occidental, rivalizando en prestigio con Constantinopla y Bagdad, las capitales del Imperio bizantino y del califato abasí. Con un millón de habitantes, contaba con 1600 mezquitas, 300 000 viviendas, 80 000 tiendas e innumerables baños públicos.

A nivel cultural, Abderramán III dotó a Córdoba de 70 bibliotecas, fundó una universidad, una escuela de traductores y otra de medicina. A las afueras edificó la ciudad áulica de Medina Azahara, definida luego como «el Versalles de la Edad Media». El enclave fue elegido por los extraordinarios valores del paisaje, que permitieron desarrollar un programa de construcciones jerarquizadas a través de las terrazas, de forma que la llanura extendida a sus pies quedaban física y visualmente dominada por el alcázar. Su implantación generó una red viaria e infraestructuras hidráulicas.

Para afianzar el orden en un territorio bastante extenso y con población heterogénea (mayoritariamente no árabe), los soberanos recurrieron a oficiales leales a la dinastía omeya. De esta manera, surgió una aristocracia palatina de *fata'ls* (esclavos y libertos de origen europeo), la cual iría incrementando tanto su poder civil y militar que sustituiría a la nobleza árabe.

Durante el califato, el ejército aumentó la presencia de contingentes beréberes, y la política exterior se canalizó en tres frentes: hacia los reinos cristianos, el norte de África y el Mediterráneo. La riqueza se asentó en tres pilares: la recaudación de los tributos de los súbditos, el cobro de parias y el control de las caravanas de oro del Sahara.

Cuando el hijo de Abderramán III, Alhakam II, falleció en 976, el nuevo califa, Hisham II, fue arrinconado por el *hachib* Almanzor, que ejercía un cargo similar al de primer ministro. Sin sangre califal que legitimara su mandato, dirigió 55 campañas, pero su dictadura apenas sobrevivió a su muerte en 1002. Siete años después, con un golpe de Estado que provocó la muerte de Abderramán Sanchuelo (hijo de Almanzor y nieto de Sancho Garcés II de Pamplona), comenzó la *fitna*, la guerra civil. Los cordobeses arrasaron el palacio que Almanzor había edificado a las afueras de la ciudad, en Madinat al-Zahira, y en 1031 el califato se extinguió, disgregándose en una veintena de taifas.

En 1085 la caída de Toledo en manos de Alfonso VI impulsó a los reyes musulmanes a solicitar el auxilio de los almorávides, que lograron cuajar un imperio desde los ríos Senegal y Níger hasta el Ebro. Les salió francamente mal la jugada a las taifas, porque los almorávides eran fanáticos que no reconocían camaradería alguna entre sus correligionarios ibéricos.

Pero el éxito de este movimiento de renovación rigorista impuesto entre las tribus del Atlas marroquí fue efímero. Alfonso I el Batallador los expulsó de buena parte de Aragón, los andalusíes se rebelaron ante las severas restricciones impuestas por los almorávides y los almohades tomaron el relevo. De aquel tiempo de revancha nos quedan la fisonomía de la Torre del Oro y la Giralda, y la alargada sombra de las Navas de Tolosa que, en 1212, marcaría en Iberia el principio del ocaso islámico.

La mezquita de Córdoba (levantada sobre la basílica hispanorromana de San Vicente mártir) fue la segunda más grande del mundo en superficie, por detrás de la de La Meca, siendo solo alcanzada posteriormente por la Mezquita Azul (Estambul, 1588). La reflexión sobre la filosofía griega y la tradición religiosa adquirió gran desarrollo en al-Ándalus con el musulmán Averroes, y el judío Maimónides, los dos interesados por Aristóteles. Avempace, también devoto del islam, desplegó su actividad en multitud de campos, desde la farmacopea a la música, pasando por el pensamiento. Entre los hebreos, sobresalieron los poetas rivales Ibn Nagrella e Ibn Gabirol, y el médico Yehudah Halevi, inventor del género literario sionida, como expresión de amor por la Jerusalén lejana.

4. La cruzada mágica

La Reconquista fue lenta y compleja, con grandes pausas y momentos de supremacía. Ante la imposibilidad de los caballeros hispanos de participar en las expediciones armadas para recuperar los Santos Lugares, la Península pasó a ser destino de la cruzada.

A partir del siglo VIII, el suelo hispano albergó un mosaico de señoríos, un vasto conjunto de teselas deseosas de la unificación bajo una ley, sin duda mosaica. Como hemos expuesto, desde la perspectiva maniquea, en Covadonga los musulmanes eran llamados «ismaelitas» o «caldeos», los cristianos, «asnos salvajes». En la cueva de Nuestra Señora sufrieron el primer revés los moros y, con la cruz de roble, se estrenaron las fuerzas de Pelayo.

La minoría judía, con calles propias, mantuvo viva la menorá extendiendo los siete brazos del candelabro sagrado por Sefarad. Se registraron altas cotas de espiritualidad, desde el racionalismo de Maimónides al misticismo de la Cábala y, pese a los asaltos a las juderías y la persecución inquisitorial en los últimos lustros, los expulsados en 1492 conservaron las llaves de las casas de sus ancestros y el amor por el castellano, ladino en su versión fosilizada llamado del Medievo.

Y es que la Reconquista mantuvo hasta el final sus dosis de guerra mágica, de gestas del presente con proyección al más allá. Así, junto a las incontables apariciones marianas o de efigies con velas encendidas sepultadas en la almudaina (Virgen de la Luz en Cuenca, de la Almudena en Madrid, de la Peña en Brihuega, de los Reyes en Sevilla…), hay que mencionar la intervención de santos guerreros como Santiago Apóstol en la batalla de Clavijo, san Millán en Simancas y san Jorge en Alcoraz.

Espada en ristre ante 70 000 infieles… Así se apareció Santiago, según la leyenda, en Clavijo en el año 844. Una escena que ayudó a dar forma a la identidad nacional durante siglos. Al patrón de España, Cervantes lo llamó el «caballero andante». El grito de guerra «¡Santiago, cierra España!» ha sido utilizado por los soldados hasta época moderna antes de cada carga en ofensiva. Representa invocación al hijo de Zebedeo y orden de trabar combate.

Al parecer, cuando las fuerzas de Ramiro I chocaron contra los islámicos en el llamado Campo de Matanza, la intervención celestial del apóstol evangelizador de Hispania salvó a los cristianos de la derrota. Santiago Matamoros se puso a su lado cabalgando en un corcel blanco y enarbolando un pendón del mismo color para ejercer de guía. Al grito de «¡Que Dios nos ayude y Santiago!», Ramiro y sus hombres causaron entre los mahometanos 70 000 bajas a los pies del castillo de Clavijo.

Ramiro I pasaría a la historia como un mecenas de las artes. Por ello, se habla de un estilo ramirense característico del prerrománico asturiano, con san Miguel de Lillo y santa María del Naranco. Su hijo, Ordoño I, acrecentó la actitud repobladora en el Duero, con plazas arrebatadas como Astorga, León y Tuy. De la refriega queda en pie en Simancas, en estado semiderruido, el castillo riojano dotado de muralla.

En la batalla de Simancas (929) compareció san Millán. Expliquemos primero la semblanza del venerable. Hijo de un pastor, ejerció ese oficio hasta los 20 años, cuando eligió ser eremita. Corría el tránsito del siglo V al VI. El sitio escogido fue la vertiente oriental de la sierra de la Demanda, que separa la meseta del valle del Ebro. En la roca del monte excavó su propia celda y allí vivió como asceta hasta su muerte.

La pendencia que tendría lugar en Valladolid en el siglo X enfrentaría a unos 100 000 musulmanes contra un contingente desconocido de cristianos. El califa impulsó la intolerancia religiosa, obligando a todos los soldados a seguir las órdenes de manera ciega. Se cuenta que, impulsados por las proclamas de los minaretes de al-Ándalus y del norte de África, se presentaron millares de voluntarios. Además, las familias donaban comida, armas y dinero para la contienda que habría de complacer a Alá.

En Simancas, Ramiro II era consciente de la importancia que tendría el encuentro, sin embargo, no pudo dejar de sentir un escalofrío, pues el ejército que tenía delante era el mayor que se hubiera visto nunca en Europa. Por ello, organizó levas y llamó a sus afines de Castilla,

Aragón y Navarra. El resultado fue uno de los choques militares más importantes de la Historia.

De forma previa al combate, cuando las fuerzas de ambos ejércitos empezaron a concentrarse en Simancas, el sol desapareció a las 7 de la mañana del 19 de julio. Los dos bandos interpretaron este inesperado eclipse como espantoso presagio, y cristianos y musulmanes se dejaron llevar por un ataque de terror. Las crónicas de unos y otros dejan constancia de los gritos de horror y de las plegarias elevadas en iglesias y mezquitas improvisadas. En el fragor, se popularizó la leyenda de la aparición de san Millán.

La refriega comenzó el 1 de agosto y, durante cinco intensos días, el califa tomó la iniciativa. Las filas de Ramiro II retrocedieron vendiendo cara su derrota, pero ningún ejército llegó a imponerse sobre el otro. Abderramán lanzó a su abundante caballería causando muchas víctimas, pero los cristianos resistieron.

Una de las causas de la debacle mahometana estriba en la inmensidad de su ejército. Abderramán III era el único señor de las huestes y sus hombres tardaban demasiado en recibir las instrucciones. Los cristianos estaban mejor organizados, delegaban decisiones y se hallaban motivados para defender su tierra. Para albergar el cuerpo de san Millán, el rey García Sánchez construyó el monasterio de Yuso.

En Alcoraz intervino san Jorge, celebrado como patrón en Aragón y Cataluña. Hacia el año 1096 el ejército de Sancho Ramírez comenzó el asedio sobre Huesca. Los efectivos de refresco musulmanes llegaron procedentes de Zaragoza y ambos ejércitos chocaron en las cercanías del castillo de Mondragón, donde los aragoneses habían fijado su campamento. Sancho Ramírez murió mientras caminaba por las murallas de Huesca inspeccionando el asedio. Una flecha perdida había privado a los cristianos de su rey. Pedro I de Aragón comandaría las tropas cuando entraran los refuerzos musulmanes. Aquí nació la leyenda de que san Jorge se unió al combate en una visión celestial y ayudó a los aragoneses a conseguir la victoria. Volvería a aparecerse en El Puig (1237), abriendo las puertas de Valencia a Jaime I de Aragón.

5. Una campaña de 781 años

Tras el decisivo prólogo representado por el reino de Asturias, cuando los habitantes de las montañas, fuertes defensores de sus costumbres, se convirtieron en la «resistencia» con don Pelayo al frente, la Península Ibérica conoció una prolongada guerra de desgaste, en la que estuvieron presentes el tocar fondo, el afianzamiento del patriotismo y las invenciones bélicas.

De esta manera, los cristianos avanzaron hacia cinco reinos independientes: León, Castilla, Navarra, Aragón y Portugal. Los dos primeros se fusionarían de modo definitivo a partir de 1230. En 1246, un tratado autorizó a los vasallos nazaríes a constituir el reino de Granada, el último bastión que se agregaría en 1492 a la unión dinástica vertebradora del Estado moderno.

Una construcción deudora de Pelayo y de Sancho Abarca, de Álvar Fáñez y de Guzmán el Bueno, de Ramón Berenguer III y Jaime I, de Pedro el Cruel y Jiménez de Rada, de María de Molina y las Urracas, de los juglares y los canteros, de los monjes y los molineros, de los caballeros y las damas, de las traducciones y las universidades, de los torneos y las jarchas.

5.1. El Duero, León y Castilla

Este río marcó durante dos siglos una tierra de nadie entre la Hispania cristiana y al-Ándalus. Cuando Alfonso III, rey de Asturias, alcanzó el cauce fluvial, estableció núcleos fortificados con las repoblaciones de Zamora, Simancas, Dueñas y Toro. En el año 912, reinando su hijo, García I, primer soberano de León, se llegó al extremo oriental del Duero, colonizando San Esteban de Gormaz y Osma. Hoy la zona alberga la mayor riqueza del románico castellano-leonés.

A mediados del siglo x, el conde Fernán González consiguió unir en su persona diversos territorios y obtener la independencia de Castilla (960). Así logró hacer hereditario para su familia el condado de Castilla sin que el nombramiento dependiera del rey de León.

Cuando parecía que se avanzaba con seguridad, Castilla y los otros núcleos cristianos sufrieron los ataques de Almanzor. Con 2592 metros, el pico Almanzor, punto culminante de la sierra de Gredos, corona la provincia de Ávila. La leyenda atribuye a este advenedizo el haber sido el primero en escalarlo, además, a caballo. Y, tras perder el tambor en la batalla de Calatañazor, cuentan que se esfumó su suerte. A la muerte de Almanzor en 1002, el panorama comenzaría a cambiar, para ventura de los cristianos.

5.2. Los núcleos cristianos de los Pirineos

En la parte occidental, el reino de Pamplona (luego llamado de Navarra), habitado por pobladores vascones, peleaba para no ser ocupado ni por musulmanes ni por francos. En el control del territorio se sucedieron diversas familias hasta que, a principios del siglo X, la dinastía Jimena logró ponerse al frente con Sancho Garcés I. Su hijo, García Sánchez I, unió Aragón con Navarra al contraer matrimonio con Andregoto Galíndez, la condesa de Aragón. Aunque repudiaría a la heredera de este decisivo núcleo surgido del Pirineo central, su hijo, Sancho Garcés II, apodado Abarca, gobernó ambos territorios.

Como exponíamos, el noreste peninsular, esto es, el espacio de la futura Cataluña, fue reivindicado por los francos como muro de contención de los musulmanes. De esta manera fue agregado al Imperio carolingio con la denominación de Marca Hispánica. El territorio quedó dividido en condados (Rosellón, Cerdaña, Ampurias, Barcelona...), pero, cuando el Imperio carolingio se rompió, los magnates catalanes actuaron al margen de los reyes franceses. Ese fue el proceder de Vifredo el Velloso, que transmitió a sus hijos el legado que atesoraba como conde de Barcelona. En el siglo X, sus sucesores se independizaron de hecho.

5.3. Expansión y repoblación: templarios y herencias partidas

El segundo milenio hispano se inició con el reinado de Sancho III el Mayor de Navarra (1000-1035), bajo cuyo mandato, paralelo al fin del Califato cordobés, Navarra se convirtió en la autoridad más influyente de la España cristiana. Además, Sancho III incorporó a sus dominios los condados de Castilla, Sobrarbe y Ribagorza.

A su muerte, dividió el reino entre sus hijos: Navarra a García, el primogénito; Castilla, a Fernando; Aragón a Ramiro, y Sobrarbe y Ribagorza a Gonzalo. La principal característica de los años venideros fue el engrandecimiento de Castilla, convertida en reino con Fernando I y ampliado al englobar la corona de León. Aprovechando la debilidad de al-Ándalus, cuyo califato se había desintegrado en taifas, Fernando les cobró parias e inició la Reconquista de tierras portuguesas (entre otras, de Coimbra).

A nivel artístico, el románico, desarrollado desde el siglo XI, sobresalió en la catedral de Jaca (Huesca) y en la iglesia de San Martín de Frómista (Palencia). San Isidoro de León es uno de los principales conjuntos románicos del país; en su origen fue un monasterio dedicado a san Pelayo, pero, con el traslado de los restos de san Isidoro, cambió la titularidad. Posee un panteón real a los pies, y la inauguración de la iglesia tuvo lugar en 1063, con los reyes Fernando I y Sancha. Su hija, doña Urraca, hermana de Alfonso VI, hizo numerosas donaciones, entre ellas un cáliz que forma parte del misterio griálico. Precisamente, la intrigante Urraca, compañera fiel de Alfonso, de quien era cuidadora por la diferencia de 14 años que presentaban los hermanos, recibió la ciudad de Zamora como dote. Así recuerda el romance las palabras que le dirigió su padre, el rey Fernando:

Allá en Castilla la Vieja un rincón se me olvidaba,
Zamora tiene por nombre, Zamora la bien cercada;
de un lado la cerca el Duero, de otro Peña Tajada,
del otro veintiséis cubos, del otro la barbacana.

A la defunción de Fernando I (1065) nuevamente el territorio fue dividido: Sancho II se quedó con Castilla, Alfonso VI con León y García con Galicia. Las disputas por la partición fueron sonadas. Tras acceder al trono castellano, Sancho II nombró alférez a su amigo y confidente Rodrigo Díaz de Vivar, el Cid. Una de sus primeras acciones fue renovar el vasallaje del rey de la taifa de Zaragoza, Al-Muqtadir, para lo cual puso sitio a la ciudad. En 1068 participó en la Guerra de los Tres Sanchos, que lo enfrentó a sus primos, Sancho Garcés IV de Pamplona y Sancho Ramírez de Aragón. Así recuperó parte de los territorios fronterizos con el reino navarro.

Sin embargo, Sancho II no disfrutó mucho tiempo de los honores que le correspondían como rey de Castilla, puesto que murió en 1072 en el asedio de Zamora, pasando el reino a su hermano Alfonso.

La jura de Santa Gadea es una leyenda medieval que narra el juramento que, supuestamente, hubo de prestar Alfonso VI en dicha iglesia. El objeto era hacerle demostrar que no estaba involucrado en el asesinato de su hermano. Quien exigió tal acto fue el Cid, en tanto que portavoz de la conciencia social. La historiografía afirma que este hecho nunca tuvo lugar, ya que fue un mito creado en el siglo XIII, tras la unión definitiva de los reinos de Castilla y León en la persona de Fernando III el Santo.

Sin duda fue don Rodrigo el mejor caballero de la Reconquista. Tenía arrojo y capacidad de diálogo, servía a la verdad, podía entenderse con los musulmanes si el corazón que animaba los pactos estaba movido por la voluntad de construir y, por sus proezas, pasó a la inmortalidad. Hacia 1200 el *Cantar de Mío Cid* describiría una esforzada trayectoria, en el fondo bastante semejante a la real, aunque la ficción no esté ausente de esta primera métrica castellana. Entre otras cosas, de lo que se olvidó el poeta anónimo fue de corroborar que las dos hijas no se llamaban Elvira y Sol, sino Cristina y María; de esclarecer que no las maltrataron sus cónyuges y de apostillar que el Cid tuvo dos yernos templarios, Ramón Berenguer III y el señor de Monzón, quienes, a falta de viajar a Tierra Santa, quisieron ganarse con sus donaciones una parcela de cielo.

La conquista de Toledo, la antigua capital visigoda, fue la principal hazaña de Alfonso VI. En 1085, en el momento en que el monarca castellano-leonés conquistó el núcleo, el Tajo albergaba tres comunidades dotadas de una fuerte personalidad cultural, religiosa y jurídica: los mozárabes, los judíos y los musulmanes (mudéjares tras la ocupación). El soberano les prometió que conservarían sus peculiaridades y pertenencias, pero, con el paso del tiempo, en la «ciudad de las tres culturas» se fue consolidando el predominio de los cristianos llegados con el viento del norte.

Pero a veces la tragedia se siente más en su auténtica dimensión cuando se individualiza a la víctima. Los almorávides entraron devastando al-Ándalus y prometiendo a las taifas una tranquilidad basada en la mentira. El enfrentamiento contra estas tribus marroquíes agotó a los cristianos.

En 1108 murió en Uclés Sancho Alfónsez, el único varón de Alfonso VI, nacido de los amores con la princesa Zaida. Este fatídico suceso, que pudo haber puesto fin a la Reconquista en el siglo XII, pues el infante tenía dos sangres, vino precedido por el fallecimiento en Consuegra, en 1097, de don Diego, el hijo del Cid y de Jimena. No obstante, Rodrigo tomó Valencia en 1099, ganando su última batalla después de muerto, y durante 10 años, su viuda, Jimena, gobernó con acierto la ciudad del Turia.

También al-Mutamid, el rey poeta de Sevilla y suegro de la concubina del Tajo, perdió a su hijo Fath al-Mamun en lucha contra los almorávides. Y, desde el exilio en Agmat, el granadino Abd-Allah, el último monarca zirí, se arrepintió del impulso que unos meses atrás lo había llevado a solicitar el auxilio de Yusuf y de los hombres del ribat. En buena hora había discernido que, ante la presión cristiana, los tambores de leopardo podrían implantar el paraíso omeya.

A la muerte de Alfonso VI en 1109, como heredera legítima del trono castellano-leonés quedaba la infanta doña Urraca, viuda de Raimundo de Borgoña y madre de Alfonso Raimúndez, futuro Alfonso VII. Pero Urraca no inició una regencia, sino un reinado en primera persona, según determinó su padre antes de su muerte, fijando un segundo matrimonio para ella.

El pretendiente debía ser un guerrero infatigable. Alfonso de Aragón estaba soltero y sin compromiso, por lo que era el candidato idóneo, ya que con 35 años no se le conocían aventuras amorosas ni hijos ilegítimos. Pero lo que resulta evidente es que en este varón, educado en el monasterio de San Pedro de Siresa y al que determinadas fuentes tildaron de misógino, el amor carnal no encontraba a su aliado. «Un verdadero soldado debe vivir con hombres y no con mujeres», afirmó en determinada ocasión en que le propusieron que eligiera como concubina a la hija de un jefe musulmán. Por razón política, los esponsales con Urraca se hicieron en el castillo de Monzón de Campos (Palencia), con el alcaide de la fortaleza, Pedro Ansúrez, como padrino.

Temporalmente, a raíz de su boda con doña Urraca, gobernó León, Castilla y Toledo, además de Aragón y Navarra. En la crónica de San Juan de la Peña, del siglo XIV, podemos leer: «Clamábanlo don Alfonso Batallador porque en Espayna no ovo tan buen caballero que veynte nueve batallas vençió». Y es que Alfonso duplicó la extensión del reino de Aragón tras la conquista de Zaragoza (1118).

Nadie sospechaba que el trato con Alfonso el Batallador iba a resultar tan hosco. La oposición nobiliaria forzó la anulación del matrimonio. Al declarar la nulidad el papa Pascual II en 1112, amenazándolos de excomunión si insistían en vivir juntos, se cortó la cadena que había amarrado sus muñecas.

El soberano aragonés hizo testamento a Dios, lo cual en la práctica venía a suponer dejar como herederas a las órdenes militares de los Templarios, Hospitalarios y Santo Sepulcro de Jerusalén, con el consiguiente enojo de los nobles, ávidos de cofres y manjares:

> En nombre del bien más grande e incomparable que es Dios. Yo, Alfonso, rey de Aragón, de Pamplona (…) pensando en mi suerte y reflexionando que la naturaleza hace mortales a todos los hombres, me

> propuse, mientras tuviera vida y salud, distribuir el reino que Dios me concedió y mis posesiones y rentas de la manera más conveniente para después de mi existencia. Por consiguiente (...), hago testimonio a Dios, a Nuestro Señor Jesucristo y a todos sus santos.

5.4. La repoblación de los grandes reyes

Durante la segunda mitad del siglo XII, la presencia en al-Ándalus de los almohades vino a frenar nuevamente la ofensiva cristiana. Por estas fechas aparecieron las primeras órdenes militares hispánicas, con una doble misión: combatir a los musulmanes y participar en la repoblación de la meseta sur. De estas instituciones armadas, las principales nacieron en la centuria citada en las coronas de León y de Castilla (órdenes de Santiago, Alcántara y Calatrava) y, en el XIV, en Aragón (Montesa).

Su presencia en la Mancha, Extremadura y el Sistema Ibérico vino a marcar la característica principal de la repoblación en grandes extensiones, donde cada orden, a través de sus encomiendas, ejercía un papel político y económico similar al del señorío feudal. La implicación de otras agrupaciones militares foráneas, como la del Temple o la de San Juan, fue simultánea. La supresión de los templarios, los «Pobres Caballeros de Cristo», en 1314, benefició significativamente a las órdenes españolas.

En Castilla, la temprana defunción de Sancho III dejó como heredero a un niño, el futuro Alfonso VIII, lo cual obligó a establecer una regencia. Como tenía solo 3 años, se designó como tutor a Gutierre Fernández de Castro y como regente a Manrique Pérez de Lara, en aras de equilibrar a las poderosas familias Castro y Lara. Sin embargo, se originó una sangrienta rivalidad. Los Lara lograron apoderarse del joven rey, al que trasladaron a Haza, dentro de su marco de influencia. La competitividad desencadenó una guerra civil y un período de incertidumbre que fue aprovechado por los reinos vecinos. Así, en 1159, el rey navarro Sancho VI se apoderó de Logroño y de amplias zonas de La Rioja, mientras que el tío del joven Alfonso, el leonés Fernando II, se hizo con la ciudad de Burgos.

En 1160, los partidarios de la casa de Lara, capitaneados por Nuño Pérez de Lara, fueron derrotados en la batalla de Lobregal por los miembros de la familia Castro, dirigidos por Fernando Rodríguez de Castro el Castellano.

La proximidad de Fernando II, aliado de los Castro, al lugar donde los Lara custodiaban a Alfonso VIII hizo que estos lo trasladaran a Soria; allí permanecería hasta 1162 cuando los Lara, acosados por Fernando, que había conquistado las ciudades de Segovia y Toledo, decidieron entregárselo a su tío. No obstante, ese movimiento fue abortado por la intervención de un hidalgo, que sacó al niño del palacio real poniéndolo bajo la custodia de las villas leales del norte de Castilla, primero en el castillo de San Esteban de Gormaz y después en Atienza (Guadalajara) y Ávila; por eso la ciudad amurallada desde entonces recibe el título honorífico de «Ávila del Rey» o «Ávila de los Leales». Además, la estancia de Alfonso en Atienza dio origen al nacimiento de la popular celebración de La Caballada, que se conmemora todos los años por el Domingo de Pentecostés.

Después de asumir personalmente el control del reino en 1169, Alfonso se enfrentó sucesivamente a los reyes de Navarra y León, con el fin de recuperar los territorios que le habían sido arrebatados durante su minoría de edad. Contrajo matrimonio en Tarazona (Zaragoza) en 1170 con Leonor de Plantagenet, princesa de Inglaterra, en tanto que hija de Enrique II y Leonor de Aquitania, la cual aportó como dote el condado de Gascuña y una potente unidad militar de gascones en la lucha contra los almohades.

Tras fundar Plasencia en 1186, y con intención de unificar a la nobleza castellana, Alfonso VIII relanzó la ofensiva, recuperando parte de La Rioja, que estaba en manos navarras, y reintegrándola a su reino. En paralelo, estableció una alianza con todos los reinos peninsulares cristianos —a la sazón, Portugal, León, Castilla, Navarra y Aragón— para proseguir ordenadamente conquistando las tierras ocupadas por los almohades.

En 1188 se reunió en Carrión de los Condes (Palencia) con su primo Alfonso IX, quien acababa de suceder a su padre Fernando II como rey de León. Ambos suscribieron un pacto de buena voluntad. Sin embargo, aprovechando la debilidad del nuevo soberano leonés, Alfonso VIII rompería pronto el acuerdo para invadir León y hacerse con varias poblaciones, entre las que destacaban Valencia de Don Juan y Valderas (León). Este período de hostilidades finalizaría el 20 de abril de 1194 con la firma del Tratado de Tordehúmos (Valladolid), mediante el que el monarca castellano se comprometía a devolver los lugares ocupados, y el leonés a contraer matrimonio con la hija de Alfonso VIII, Berenguela. En el caso de que Alfonso IX falleciera sin descendencia, el reino de León se anexionaría a Castilla.

La concordia con el reino de León permitió a Alfonso VIII romper la tregua que mantenía con los almohades, emprendiendo incursiones que, de la mano del arzobispo de Toledo, Martín López de Pisuerga, llegaron hasta Sevilla.

El califa almohade Abu Yaqub Yusuf al-Mansur, que se encontraba en el norte de África, cruzó el estrecho de Gibraltar y desembarcó en Tarifa prosiguiendo hacia tierras castellanas. Al recibir la noticia, Alfonso VIII reunió a su ejército en Toledo y, aunque consiguió el refrendo de los reyes de León, Navarra y Aragón, no esperó la llegada de dichas tropas y se dirigió hacia Alarcos, una ciudad-fortaleza en construcción situada a pocos kilómetros de la actual Ciudad Real, junto al río Guadiana. Allí, el 19 de julio de 1195, sufrió una estruendosa derrota a manos de los almohades. Esta caída supuso la fijación de la nueva frontera en los Montes de Toledo. Los almohades incluso invadieron el valle del Tajo para asediar Toledo, Madrid y Guadalajara en el verano de 1197.

En 1212, los cristianos olvidaron sus disensiones de linaje y sus peleas territoriales y adoptaron un objetivo común. Uno de los momentos más decisivos de ese año fue la alianza entre Alfonso VIII de Castilla, Sancho VII de Navarra, Pedro II de Aragón y Alfonso II de Portugal, que logró desbancar a los almohades en las Navas de Tolosa, ocupando la zona sur a excepción del reino nazarí de Granada.

Aunque nuevamente es difícil de calcular los efectivos, las tropas cristianas alcanzaban en torno a 100 000 hombres (50 000 castellanos, 20 000 catalano-aragoneses y 30 000 franceses). Se trataba, pues, de un ejército de unas dimensiones enormes para la época. Junto a los soldados viajaban miles de acémilas y carruajes, necesarios para el sustento. Aparte de los nobles, caminaban los obispos y las órdenes militares del Temple, San Juan, Calatrava y Santiago.

Por su parte, los musulmanes se hallaban comandados por el hijo del cuarto califa almohade, conocido popularmente en la historiografía cristiana como Miramamolín. El campamento central estaba ubicado en Baeza e integrado por 120 000 hombres, procedentes del Atlas y de al-Ándalus, así como de voluntarios de todo el orbe islámico, atraídos por la guerra santa.

Tras las bendiciones pertinentes, a las 9 de la mañana del 16 de julio, Alfonso VIII ordenó el ataque. La carnicería fue tremenda. Esa tarde, cuando el soberano castellano recorrió el campo de batalla junto al arzobispo de Toledo, Jiménez de Rada, se percató de que el escenario había tornado en masacre. Pensó el conquistador de Cuenca que el desenlace estaba cerca, pero aún quedaban casi 300 años de contienda. Alfonso murió el 6 de octubre de 1214 en Gutierre Muñoz (Ávila) y Leonor el 31, en Burgos. Fueron sepultados en el panteón real del monasterio de Las Huelgas (Burgos), fundado por la pareja hacia 1180 para hermanas cistercienses.

Se dio la circunstancia de que Alfonso VIII fue abuelo de dos santos: Fernando III de Castilla y León, y Luis IX de Francia. Y es que, pese a la cláusula matrimonial que parecía cerner la duda sobre el horizonte de la descendencia, de la boda de su hija Berenguela con Alfonso IX de León nacieron 5 hijos que vinieron a sumarse a los del primer enlace del caballero y a los de sus muchas relaciones extramatrimoniales.

Hay que recordar que, aunque Inocencio III anuló tal lazo alegando el parentesco de los cónyuges, los contrayentes solicitaron una dispensa para permanecer juntos. Pero este papa fue uno de los más duros en cuestiones de alcoba y se lo denegó, solo consiguieron que los vástagos fuesen considerados legítimos. No le quedó otra opción a Berenguela que regresar a Castilla al lado de sus padres, donde se dedicó al cuidado de los niños.

La cosa es que, desde 1230, con Fernando III, las dos coronas, Castilla y León, no volvieron a separarse. Cuando accedió al trono sus posesiones apenas rebasaban los 150 000 kilómetros cuadrados. En 1230, al heredar León, añadió 100 000 más y, con las expediciones militares, otros 120 000.

Uno de los hechos más célebres de Fernando III fue la conquista de Sevilla. Con él cooperó el almirante Ramón de Bonifaz y Camargo, un marino de origen burgalés que organizó la flota reunida en Santander, Santoña, Laredo y Castro Urdiales y, a continuación, coordinó las maniobras en el puente de Triana, convirtiéndose su acción en una hazaña legendaria. Con el viento favorable, rompió las defensas del puente de barcas que, al pie del castillo de San Jorge, impedían en paso unidas mediante gruesas cadenas. En 1248 Híspalis pasaba a manos cristianas.

A Fernando III lo sucedió otro soberano memorable, Alfonso X el Sabio, su primogénito, quien desde la más tierna infancia tuvo una gran sed de saber. Su madre, Beatriz de Suabia, era una erudita que, cuando quedó huérfana de ambos padres, se instruyó en la corte siciliana de Federico II Hohenstaufen. Gracias al apoyo de Alfonso, se desarrolló la Escuela de Traductores de Toledo y se pusieron los cimientos de la producción intelectual en castellano.

Cumplida la mayoría de edad, a los 19 años, Alfonso utilizó oficialmente el título de heredero y comenzó a ejercer actividades de gobierno en el reino de León. Poco después, afrontó operaciones de envergadura. Ocupó Jerez y Cádiz y desarrolló la conquista de Murcia. En su última etapa, tuvo que superar la rebelión de los nobles, el fracaso de la toma de Algeciras (1278), las invasiones benimerines y la frustración de su deseo al trono del Sacro Imperio Romano Germánico, proyecto al que dedicó notables esfuerzos, sin éxito alguno.

Sobre una antigua mezquita, Alfonso X erigió en El Puerto de Santa María la fortaleza de San Marcos, que incluía una capilla mayor dedicada a la Virgen de los Milagros. Fue la sede de la nueva orden militar de Santa María de España, pronto fundida en la de Santiago. En los inicios de la modernidad recibió la visita de navegantes ilustres, como Cristóbal Colón y Juan de la Cosa.

Las *Cantigas de Santa María* (segunda mitad del siglo XIII) son 420 composiciones en galaico-portugués en honor a la «Santa Dama». Otra de las creaciones que se le atribuyen es el *Libro de los juegos*. De los musulmanes, el ajedrez llegó a los nobles y clérigos cristianos, aunque la Iglesia lo prohibió por las apuestas de dinero que conllevaba. Hasta finales del siglo XII, las casillas del tablero eran de un solo color, normalmente blanco, con los trazos de separación marcados, pero en la centuria siguiente adquirió su aspecto definitivo. Además de la vertiente militar y de su dedicación a las letras, Alfonso X potenció la Mesta, como agrupación de ganaderos, a fin de regular las vías de la trashumancia y el mercado lanar.

En Aragón sobresale la personalidad de Jaime I el Conquistador. Nacido de la unión de Pedro II el Católico y María de Montpellier, era el heredero no solo de tal corona, sino también del imperio de Bizancio. Sin embargo, su concepción tuvo lugar bajo engaño. La madre fue repudiada y, con la colaboración de los nobles y clérigos, se preparó la estratagema de que el monarca yaciera con ella pensando que se encontraba en el lecho una de sus amantes. La niñez fue triste, Pedro no conoció a Jaime hasta los dos años y, luego, estuvo bajo la tutela de los templarios en el castillo de Monzón. Al cabo del tiempo, este esforzado personaje fue soberano de Aragón, Valencia y Mallorca, conde de Barcelona y Urgel, y señor de Montpellier y de otros enclaves de Occitania.

Precisamente, sería el hijo de Jaime, Pedro III, quien intervendría ante el descontento siciliano contra el gobierno galo. Valenciano de nacimiento, Pedro se casó en la catedral de Montpellier, en 1262, con Constanza de Hohenstaufen, hija de Manfredo I de Sicilia. En la ceremonia de coronación, celebrada en Zaragoza, el joven canceló el vasallaje con el papado que había contraído su abuelo, Pedro II.

Sin embargo, Sicilia se hallaría desde 1266 bajo la soberanía de Carlos de Anjou, candidato francés, que parecía congeniar con Roma. Su objetivo era crear un imperio mediterráneo. Soplaban vientos desfavorables para las aspiraciones del matrimonio, ya que Manfredo había perecido en la batalla de Benevento y, a la imposición militar, hay que sumar que Carlos contaba con el refrendo del pontífice Clemente IV, que de ningún modo quería a un Hohenstaufen en el sur de Italia.

La represión del angevino fue terrible: hizo cegar a los tres vástagos de Manfredo y mandó decapitar a Conradino, quien, como nieto de Federico II, era el último heredero varón de la casa Hohenstaufen. Por ello, la línea sucesoria pasó a Constanza, que ofreció en Aragón refugio a las familias partidarias de su padre: los Lanza y los Lauria.

Al mando de Conrado Lanza, una escuadra de la corona aragonesa recorrió en 1279 las costas africanas para restablecer la jurisdicción y, en 1281, Pedro III armó otra flota con la intención de invadir Túnez. Probó fortuna con el recién elegido Martín IV, solicitándole una bula que declarara la operación militar como cruzada, pero, aunque había cambiado el papa, este, además de francés, se afianzaba como partidario de los Anjou, por lo que negó la autorización. Así las cosas, el 30 de marzo de 1282, cuando las naves de Pedro III se disponían a zarpar, las campanas de Palermo tocaron a vísperas.

La versión tradicional sitúa la chispa que prendió la «vela» en la iglesia del Espíritu Santo de Palermo; allí el lunes de Pascua se festejaba mediante oficios vespertinos. En la plaza, los fieles aguardaban junto al templo cuando llegó un grupo de franceses borrachos. Un sargento se dirigió a una muchacha casada y empezó a molestarla. Su marido, furioso, sacó un cuchillo y lo apuñaló. Los galos acudieron a vengarlo, pero los palermitanos los aplastaron justo en el momento en que las campanas de toda la ciudad empezaban a tañer. Existe otra versión que apunta que el levantamiento estaba planeado y que quienes lo habían organizado habían dispuesto que la señal para la sublevación vendría de las espadañas. Sea como fuere, la ira popular recorrió las calles de Palermo y, al grito de «¡muerte a los franceses!», fenecieron cerca de 2000 de esta nacionalidad. Hubo noches dantescas. Aquella primavera, ante el cariz de las «Vísperas sicilianas», la isla se mimetizó con la estación de las amapolas…

Hastiada del anterior gobierno, Sicilia envió una embajada a Pedro III de Aragón. Le ofreció la corona a la que él tenía derecho gracias a su boda, y el monarca arribó el 30 de agosto de 1282 para ser proclamado rey en Palermo. En 1283, el almirante Roger de Lauria defendió Sicilia y los derechos de Aragón, derrotando a la flota francesa que mandaba Carlos de Anjou en las inmediaciones de Malta.

Por su parte, Roger de Flor, aventurero natural de Nápoles, dirigió una expedición de tropas aragonesas y catalanas a Constantinopla para salvar al emperador bizantino del peligro turco, en el año 1303. Ante el temible acoso otomano, Andrónico II ofreció al caudillo almogávar a su sobrina, María, como esposa.

Pese a los dos años de campañas victoriosas contra los turcos, en el corazón del Imperio romano de Oriente el ejército extranjero fue visto como una amenaza. El 30 de abril de 1305 el hijo del emperador (Miguel IX Paleólogo) ordenó a unos mercenarios alanos el asesinato de Roger de Flor y el exterminio de la compañía, mientras asistía en Adrianópolis a un banquete ofrecido por el propio emperador. Perecieron unos 100 caballeros y 1000 infantes.

Por la importancia de sus maniobras, conviene detenernos unos instantes en la glosa de los almogávares, mercenarios catalano-aragoneses que hacían rugir las espadas al grito de «¡Desperta Ferro!». En el siglo XIII, uno de los más violentos de la Historia, ente 1238 y 1377, estas escuadras de guerrilleros fueron invencibles en el Imperio bizantino en la lucha contra los turcos. Según las crónicas, el espectáculo provocado por la visión de los combatientes (con su salvaje apariencia de montañeses), unido al ruido de los desplazamientos y a las consignas que gritaban, atemorizaba totalmente a un enemigo usualmente mucho más numeroso. Lo decían y lo hacían, era pronunciar el lema «¡hierro, despiértate!» y ya no había misericordia.

El almogávar, con su abundante y revuelto cabello, tenía en su mente una ferocidad que eclipsaba al hoplita griego y al legionario romano. Los potentes brazos se enroscaban en el cuello del adversario hasta hacerlo crujir. Y es que no descansaban, estaban siempre entrenándose en el combate cuerpo a cuerpo. Para las acometidas se valían de una lanza y de tres jabalinas con las que penetrar en la coraza de su adversario. Después de agotar dichas armas, desenvainaban la espada corta.

Al final, los almogávares terminaron controlando los ducados de Atenas y Neopatria (1377), los cuales se mantuvieron como vasallos de Aragón hasta finales del siglo xiv. Y todo gracias a aquellos hombres surgidos de los Pirineos que hoy dan nombre a las dos primeras banderas de Infantería Ligera Paracaidista. Más adelante, Alfonso V el Magnánimo ampliaría la presencia aragonesa con la conquista de Nápoles y el despliegue de una corte humanista donde convivían cuatro idiomas (latín, castellano, catalán e italiano) como vehículo de expresión y lenguas de prestigio, en prosa y verso.

Castilla también terminó dirigiendo sus esfuerzos hacia el mar, en este caso, hacia el Atlántico, pero, antes, tuvo que enfrentarse al «problema del Estrecho», por el reto planteado por los benimerines, cuya presencia en el área de Gibraltar hacía sospechar una nueva invasión procedente del norte de África.

Tras la victoria de las Navas de Tolosa, los almohades habían perdido el control sobre el sur de la Península Ibérica y se replegaron al norte de África, dejando tras de sí un conjunto de desorganizadas taifas que fueron ocupadas por los reinos cristianos entre 1230 y 1264. Tan solo el reino de Granada logró mantenerse independiente, aunque fue forzado a pagar cada año un elevado tributo en oro a Castilla.

En 1269, la debilitada dinastía almohade sucumbió ante otra tribu beréber emergente, los Banu Marin («benimerines» para los castellanos). Desde su capital en Fez, este clan originario del sur de Marruecos pronto dominó la mayor parte del Magreb, llegando por el este hasta la actual frontera entre Argelia y Túnez. A partir de 1275 los adeptos dirigieron su atención hacia Granada, donde desembarcaron tropas e influyeron en su gobierno ante el recelo de los cristianos del norte. En 1288, a instancias del rey Yusuf I de Granada, firmaron una alianza formal con los nazaríes orientada a tomar Cádiz. Sin embargo, una serie de rebeliones en el Rif retrasaron la campaña contra Castilla hasta 1294. En ese año los benimerines asediaron Tarifa sin éxito, debido a la tenaz resistencia ofrecida por Guzmán el Bueno.

A comienzos del siglo XV, durante el reinado de Enrique III de Castilla, se iniciaría la conquista de Canarias (Lanzarote y Fuerteventura) por Juan de Bethancourt, caballero francés al servicio del monarca castellano. Mientras, la rivalidad con Portugal creció ante la exploración del continente africano y sus aguas aledañas.

5.5. Del renacimiento urbano a las Danzas de la muerte

Paralelamente al mantenimiento de las espadas en ristre, era necesaria la repoblación de territorios nunca habitados o que habían quedado vacíos ante los jinetes del Apocalipsis. Había que instalar nuevos habitantes que cultivaran las tierras, organizaran la administración y defendieran las posiciones. Para atraerlos, se dictaron fueros que ofrecían condiciones ventajosas de asentamiento. «Di que eres de Cuenca y entrarás de balde» es una de las sentencias que perduran en el anecdotario a partir de la conquista de la ciudad de las hoces por Alfonso VIII en 1177. Entre las cartas pueblas, emitidas por soberanos, señores laicos y eclesiásticos, como manifestación de derecho local, están las concedidas por el obispo de Nájera a Longares (1065), o la de Belchite, entregada por Alfonso I (1126).

Durante la plena Edad Media se produjo una importante expansión urbana que se manifestó en la creación de nuevas ciudades o en el auge de las ya existentes. Desde el siglo XI, en Europa occidental se introdujeron una serie de innovaciones en la agricultura, tales como la implantación de nuevas técnicas de cultivo (por ejemplo, la rotación trienal que solo dejaba un tercio de la tierra en barbecho), y el uso de instrumentos agrícolas como el arado normando o de vertedera, la collera y las herraduras de los caballos. Además, el recurso a los molinos de agua o de viento simplificó la tarea de molido del grano.

Entre los siglos XII y XIV la aplicación de estos adelantos supuso un aumento de la productividad, lo cual permitió mejorar la alimentación, potenciándose la resistencia de la población ante las enfermedades. El desarrollo hizo necesario encontrar nuevas tierras de cultivo, a fin de garantizar el sustento. Los campesinos roturaron y cultivaron tierras abandonadas, incrementándose la producción agraria.

En la ciudad, el trabajo artesanal se agrupaba por profesiones. La unión de artesanos que trabajaban en un mismo oficio (zapateros, aguadores, etc.) dio lugar a los gremios, que defendían los intereses de sus miembros y de sus clientes. Los gremios poseían una estructura vertical y jerárquica, integrada por el maestro, los oficiales y los aprendices. Cada gremio se encomendaba a un santo patrón, en honor del cual se celebraban unas fiestas propias, nacieron así las cofradías.

Los mercados (semanales) eran grandes lugares de intercambio y difusión de productos y técnicas, sobresalían los de Barbastro y Vitoria. Las ferias se celebraban anualmente, cabe citar algunas como la de Tendilla por san Matías, la de Montiel por san Lucas, la de Medinaceli por san Miguel, la de Daroca por san Gil, o la de Huete, de un mes de duración, en septiembre. La recuperación del comercio hizo necesaria la circulación de la moneda y muchas ciudades volvieron a retomar las acuñaciones propias, en oro o en plata. También fue frecuente que particulares o sociedades prestaran dinero con intereses o aceptaran depósitos por los que entregaban un recibo (letra de cambio).

Frente al castillo, donde se concentraba el poder feudal, los concejos municipales regían las ciudades y, en ellos, tenían una amplia representación las familias de la burguesía, grupo emergente por el mérito en la encorsetada sociedad estamental donde primaba el nacimiento. Apoyado por la burguesía, el rey incrementó su poder y surgieron nuevas instituciones, como las asambleas nacionales (Cortes o Parlamentos).

Las urbes cambiaron en fisonomía y las catedrales góticas concitaron todas las miradas. Para construirlas fue precisa la suma del esfuerzo de súbditos, reyes y prelados. En este contexto, en el siglo XIII fueron edificadas la de León, célebre por sus vidrieras, y Toledo, emblema de la antigua capital visigoda. En paralelo, la cultura salía de la biblioteca monacal y de la escuela catedralicia hacia el *Studium Generale*, germen de las universidades, como las de Palencia y Salamanca.

Sin embargo, después de esta recuperación en diversos órdenes, en el siglo XIV se frenó la expansión económica. La crisis afectó a toda Europa. La producción agrícola comenzó a descender a consecuencia de las malas cosechas que encarecieron los productos y desataron el hambre. En estas condiciones, los vecinos fueron presa fácil de las epidemias, sobre todo de la peste negra, que se extendió por la Península desde 1348.

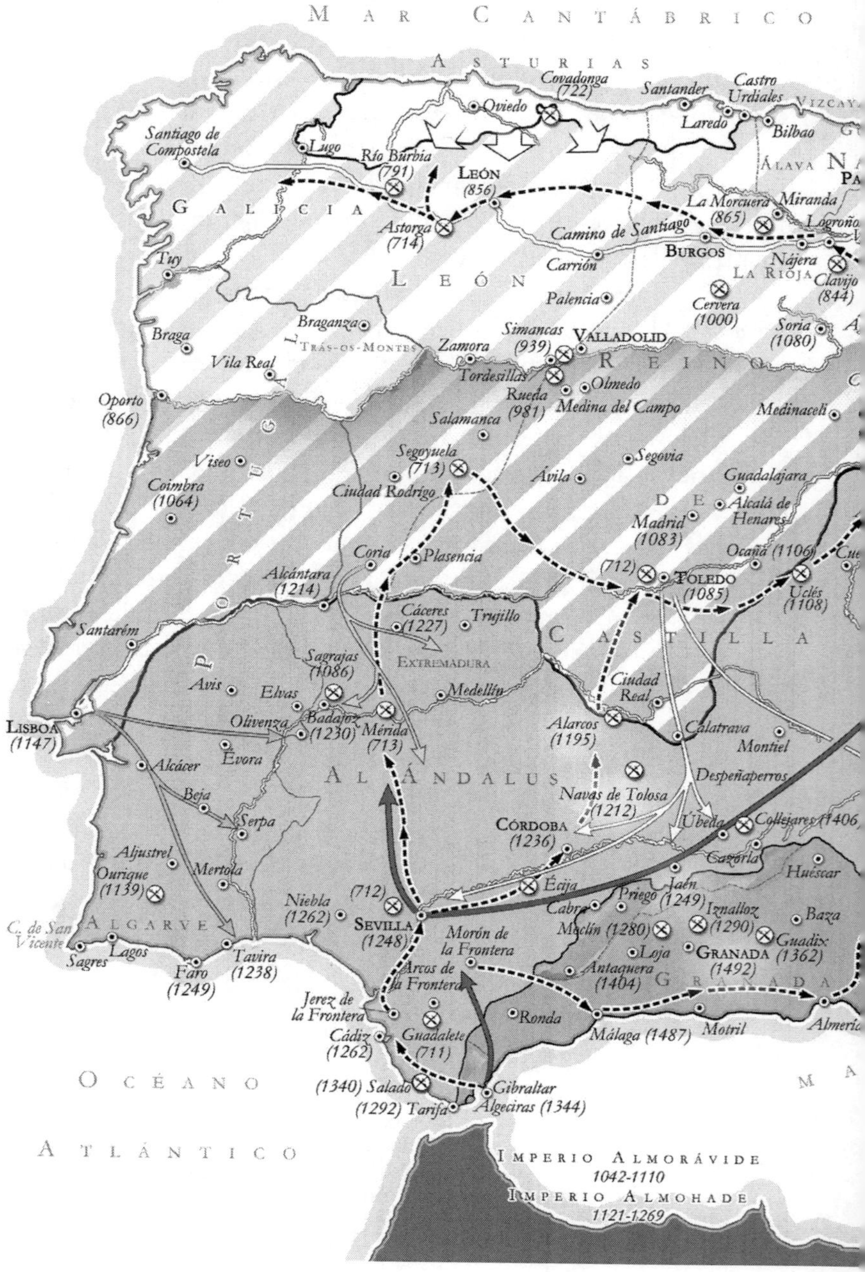
Mar Cantábrico
Asturias
Covadonga (722)
Oviedo
Santander
Castro Urdiales
Laredo
Bilbao
Vizcaya
Santiago de Compostela
Lugo
Río Búrbia (791)
León (856)
Álava
Galicia
Astorga (714)
Camino de Santiago
La Morcuera (865)
Miranda
Logroño
Burgos
Nájera
Tuy
Carrión
La Rioja
Clavijo (844)
León
Palencia
Cervera (1000)
Braga
Braganza
Trás-os-Montes
Simancas (939)
Valladolid
Soria (1080)
Zamora
Vila Real
Tordesillas
Rueda (981)
Olmedo
Medina del Campo
Oporto (866)
Salamanca
Medinaceli
Segoyuela (713)
Segovia
Viseo
Coimbra (1064)
Ciudad Rodrigo
Ávila
Guadalajara
Alcalá de Henares
Madrid (1083)
Portugal
Coria
Plasencia
Ocaña (1106)
Alcántara (1214)
(712)
Toledo (1085)
Uclés (1108)
Cáceres (1227)
Trujillo
Santarém
Castilla
Sagrajas (1086)
Extremadura
Avis
Elvas
Medellín
Ciudad Real
Lisboa (1147)
Olivenza
Badajoz (1230)
Mérida (713)
Alarcos (1195)
Calatrava
Montiel
Évora
Alcácer
Al Ándalus
Despeñaperros
Beja
Navas de Tolosa (1212)
Serpa
Córdoba (1236)
Úbeda
Collejares (1406)
Aljustrel
Cazorla
Ourique (1139)
Mertola
Écija
Jaén (1249)
Huéscar
Niebla (1262)
(712)
Sevilla (1248)
Cabra
Priego
Iznalloz (1290)
Baza
C. de San Vicente
Algarve
Moclín (1280)
Guadix
Sagres
Lagos
Tavira (1238)
Morón de la Frontera
Loja
Granada (1492)
(1362)
Faro (1249)
Arcos de la Frontera
Antequera (1404)
Granada
Jerez de la Frontera
Ronda
Málaga (1487)
Motril
Almería
Cádiz (1262)
Guadalete (711)
Océano Atlántico
(1340) Salado
Gibraltar
(1292) Tarifa
Algeciras (1344)
Imperio Almorávide 1042-1110
Imperio Almohade 1121-1269

LA RECONQUISTA
722 -1492
Poitiers
730-732
Influencia cátara
1200
Albi
Toulouse
Languedoc
Montpellier
Uzes
Nîmes
Beziers
Carcasona
Narbona
Bear
Bigorra
Foix
Cominges
Montsegur
Perpiñán
Ribagorza
Rosellón
Jaca
Sobrarbe
Urgel
Pallars
Cerdaña
Ampurias
Corona
Huesca (1096)
Gerona
Barbastro
(714)
Zaragoza
(1118)
Balaguer
Condado de Barcelona
Lérida
(1149)
Barcelona
(801)
Caspe
Salou
Tarragona
Cambrils
Tortosa
(1148)
Morella
Peñíscola
Aragón
Castellón
Villa Real
Burriana
Segorbe
El Puig (1237)
Valencia (1238)
Menorca
(1232-1287)
Palma
Llucmajor
Santa Poça
Mallorca
(1229-1232)
Alzira
Játiva
Denia
Ibiza
(1235)
Islas Baleares
Biar
(1243)
Alicante (1304)
Orihuela
Guardamar
Murcia
Cabo de Palos
Cartagena
Mediterráneo
LEYENDA
Avance musulmán, 711-732
Avance almorávide hasta 1110
Avance aragonés posterior a 1212
Avance portugués posterior a 1212
Avance leonés posterior a 1212
Avance castellano posterior a 1212
Avance cristiano hasta 750
Avance cristiano hasta 800
Avance cristiano hasta 1148
Avance cristiano hasta 1270
Avance cristiano hasta 1492
Territorio musulmán
Badajoz
(1230)
Fecha de reconquista
Población
Batallas
Reino de Portugal
Reino de Castilla
Reino de León
Reino de Aragón
Reino de Navarra

Al descender la población, muchos campos quedaron sin cultivar por falta de brazos. Para no bajar sus rentas, la alta nobleza castellana, al frente de los señoríos, empezó a oponerse a la autoridad del rey, apropiándose de tierras de los concejos y endureciendo las condiciones a los jornaleros. Estos reaccionaron con revueltas, como la de los «remensas» en Cataluña o la de los «irmandiños» gallegos. La hostilidad popular se dirigió contra los judíos, acusados de acaparar riquezas y de ser «deicidas» por haber entregado a Jesucristo a los romanos. Las persecuciones terminaron en matanzas. La peor ocurrió en 1391 con un asalto de las juderías (pogromos), tanto en Castilla como en Aragón.

La crisis espiritual quedó plasmada en el Cisma de Occidente (1378-1417), originado cuando el papado, que se había establecido en Aviñón, presionado por la monarquía francesa, optó por regresar a Roma. Ante esta decisión, los cardenales franceses nombraron otro papa y, así, a principios del siglo XV llegó a haber tres pontífices diferentes: uno en Roma, otro en Aviñón y otro en Peñíscola (el aragonés Benedicto XIII, conocido como el papa Luna).

Sin embargo, en el siglo XIV el mudéjar traería novedades como el uso del ladrillo y del azulejo, así como elementos ornamentales de raíz islámica, no en vano «mudéjar» era el musulmán que habitaba en territorio conquistado por los cristianos. Ejemplos típicos de este estilo son el alcázar de Sevilla y la torre de San Martín de Teruel.

A nivel europeo, el episodio bélico más relevante de estos años fue la Guerra de los Cien Años (1337-1453), entre Inglaterra y Francia, que se originó con el fin de dirimir quién controlaría las enormes posesiones de los monarcas ingleses en territorio francés. El conflicto tuvo implicaciones internacionales y se saldó con la retirada inglesa de las tierras galas.

En el espacio ibérico estalló una guerra civil (1366-1369), en este caso entre Pedro I el Cruel (apodado por sus partidarios el Justiciero) y Enrique de Trastámara, hermanastro suyo, en tanto que hijo bastardo de Alfonso XI. La infancia de Pedro había transcurrido en el alcázar de Sevilla, con su madre, María de Portugal. A los 35 años encontró en el camino a Enrique, acompañado del terrible condestable francés Beltrán Duguesclín, con sus Compañías Blancas. La batalla definitiva tuvo lugar cerca del castillo de Montiel. La leyenda cuenta que Duguesclín pronunció las palabras «ni quito ni pongo rey, pero ayudo a mi señor»; cogió del pie a Pedro I y lo puso debajo, aprovechando entonces Enrique para apuñalarlo. Por ello, sería llamado el Fratricida. Clavada en el extremo de una lanza, la cabeza de Pedro fue paseada por las ciudades que aún defendían su nombre. De su sepultura solo queda la estatua orante, conservada en el Museo Arqueológico Nacional, en Madrid. Con Enrique II se asentaría en Castilla la dinastía Trastámara.

En Aragón, a principios del siglo XV, para dirimir la crisis sucesoria por la muerte sin descendencia de Martín I el Humano, en virtud del Compromiso de Caspe (1412) fue elegido soberano el castellano Fernando de Antequera, hermano de Enrique III de Castilla y miembro, por tanto, de la familia Trastámara.

Desde el punto de vista moral, ante la presión de los señores por la recaudación de las rentas, la avaricia se hizo frecuente. Pecado criticado en los relieves de las sillerías de coro de algunas catedrales con imágenes monstruosas y, en la cultura libresca, por el infante don Juan Manuel en su obra *El conde Lucanor*.

La caída demográfica provocó en la literatura respuestas diferentes: desde las *Danzas de la muerte*, que ponían énfasis en el carácter igualador de los destinos personales, hasta el tópico *carpe diem* («atrapa el momento»), apreciado en el *Libro de Buen Amor* del Arcipreste de Hita, pasando por la idea de que la fama pervive después de la partida de este mundo, reflejada de modo sublime por Jorge Manrique en las *Coplas* que dedicó a la muerte de su padre: «recuerde el alma dormida, avive el seso y despierte...».

5.6. La guerra en la vega de Granada

Durante el siglo XV, Castilla experimentó una recuperación demográfica y económica de la que buenos monarcas podrían haber sacado un sorprendente partido. Sin embargo, Juan II y su hijo Enrique IV fueron reyes débiles, incapaces de imponer el orden ante buena parte de la nobleza, como sucedió durante el reinado del primero con Álvaro de Luna, quien pasó de favorito a ser decapitado, y con el segundo, tildado de «impotente» por la aristocracia y el pueblo llano.

Ante el rumor de que la heredera, Juana, era hija del valido de Enrique IV y no suya, esta fue apodada la Beltraneja. Parte de la nobleza, capitaneada por el intrigante Juan Pacheco, marqués de Villena, depuso simbólicamente al soberano en la farsa de Ávila. Utilizando un muñeco a modo de doble de Enrique IV, le quitaron sus atributos, como la corona o el cetro, con lo que quedaba desposeído de su poder ante el pueblo. Después, proclamaron a su hermanastro Alfonso, de 12 años, como rey de Castilla, aunque fallecería pronto.

En 1468 Enrique IV aceptó el Pacto de los Toros de Guisando, según el cual lo sucedería su hermanastra Isabel. A diferencia de sus inmediatos predecesores, la joven presentaba un carácter fuerte y una visión clara de la defensa de Castilla.

Sin embargo, cuando al año siguiente Isabel contrajo matrimonio con su primo segundo Fernando, hijo de Juan II de Aragón, Enrique la desheredó y proclamó sucesora a su supuesta hija Juana. A la muerte de Enrique nuevamente estalló una guerra civil con dimensión internacional. En 1475, a Juana la Beltraneja, de 13 años, la desposaron con su tío, el rey Alfonso V de Portugal, que ya tenía 43. Portugal se alió con la Beltraneja y Aragón con Isabel.

El 1 de marzo de 1476, en las inmediaciones de la localidad zamorana de Toro, las tropas isabelinas se enfrentaron a las de Alfonso V de Portugal y el príncipe Juan (más parejo este último a la edad de la Beltraneja que su progenitor). La primera parte de la contienda terminó con el triunfo lusitano, y la segunda, con el éxito de Fernando. Por ello, el cronista Esteban de Garibay atribuyó al aragonés estas palabras: «si no viniera el pollo (príncipe Juan), preso fuera el gallo (Alfonso V)».

Para conmemorar esta pendencia, por encargo de Isabel y Fernando, el arquitecto Juan Guas inició la construcción de San Juan de los Reyes, en Toledo; un monasterio para la orden franciscana representativo del estilo gótico isabelino. El claustro es majestuoso y la iglesia, terminada en 1495, muestra los símbolos de los Reyes Católicos, como el águila de san Juan Evangelista, el yugo y las flechas. El retablo fue realizado por Francisco de Comontes para el Hospital de Santa Cruz, de ahí que incluya las armas del cardenal Mendoza. Entre otras escenas, en el retablo se encuentra la tabla de santa Elena.

En los años siguientes, los partidarios de Isabel se impusieron en Albuera (1479), firmándose en el último año citado el Tratado de Alcaçobas con Portugal. Juana se recluyó en un convento, pero siguió considerándose reina de Castilla hasta su muerte. El final de la guerra civil coincidió con la muerte de Juan II de Aragón, por lo que Fernando heredó también el dominio de su padre.

Desde 1480, tras vencer a Juana, los futuros Reyes Católicos se concentraron en sitiar la capital del reino nazarí. Su caída era cuestión de tiempo, y Boabdil, el sultán granadino, solo tenía una opción: rendirse. La fuente del Patio de los Leones seguía vertiendo agua ajena a las traiciones urdidas entre los arcos. Ante la lucha por el poder quedaban en el olvido las 10 000 inscripciones de los muros de la Alhambra, la mayoría de ellas, consagrando poemas, sentencias, jaculatorias y fragmentos del Corán.

Junto a la necesaria persistencia, en la toma de Granada se recurrió a la artillería, a la táctica de la tierra quemada, al bloqueo de la plaza y a la guerra psicológica. En 1482 la enorme hueste cristiana conquistó Alhama, enclave que daba protección a los granadinos. Los musulmanes llegaron a ofrecer una suma de 30 000 piezas de oro por su recuperación, pero los Reyes Católicos hicieron oídos sordos y continuaron avanzando.

En medio de las revueltas dirigidas por sus familiares y los abencerrajes, desde 1464 reinaba en Granada Abú-l-Hassan Alí, el «Muley Hacén» de las crónicas castellanas. Las intrigas sentimentales de los mahometanos convenían a los cristianos y, en 1482, un grupo encabezado por Aixa, la esposa abandonada del dignatario nazarí, entronizó a su hijo Muhammad XII Abu Allah (Boabdil el Chico). Muley Hacén tuvo que refugiarse en el castillo de Mondújar con su hermano el Zagal, futuro Muhammad XIII, quien tras intentar de modo fallido la recuperación de Alhama venció a los castellanos en la Ajarquía malagueña. Así, regresaron a la Alhambra, mientras que Boabdil era apresado por Fernando. En Castilla había terminado una guerra civil entre tía y sobrina, y en Granada se iniciaba otra entre padre e hijo.

En 1485 los cristianos tomaron Ronda y Marbella, pero fueron rechazados en las inmediaciones de Málaga por 5000 caballeros de Granada. Al año siguiente, los cristianos reemprendieron su avance, sin levantar el asedio a Granada y tomaron Loja y Moclín. Dentro de las murallas de la ciudad de la Alhambra, el Zagal había expulsado a su sobrino Boabdil, que solo pudo regresar al poder con la ayuda de los Reyes Católicos, quienes veían en el joven a un enemigo mucho más débil que a su aguerrido pariente.

Desde 1487, en la cruzada contra el islam fueron cayendo en manos de Castilla, Vélez-Málaga, Málaga, Almuñécar, Baza y Almería. Durante 1491 un incendio destruyó el campamento cristiano, levantándose en el paraje la ciudad de Santa Fe. Gonzalo Fernández de Córdoba, el Gran Capitán, tuvo una participación decisiva como negociador de la paz. Por orden de Isabel y Fernando, los soldados no bombardearon Granada, sino que tomaron la ciudad por aislamiento, evitando la destrucción del patrimonio.

El 2 de enero de 1492, El Chico entregó la ciudad. Los Reyes Católicos entraron en la plaza el día de la Epifanía. El último nazarí se refugió en las Alpujarras, desde donde partió hacia Fez. Allí murió en 1527. Toda Europa se alegró de la victoria cosechada en Granada, pues esta equilibraba la pérdida de Constantinopla en 1453. Ambos acontecimientos son jalones historiográficos que marcan el nacimiento de la Edad Moderna.

Con la reconquista de Granada, Isabel y Fernando impusieron la política de uniformidad religiosa. Hispania había recuperado la esencia visigoda, es más, la identidad había quedado reforzada por ocho siglos de batallas. Cada reino conservó sus instituciones y alentó su vocación: mediterránea, en el programa aragonés, y atlántica, en el caso de Castilla, con la administración de Canarias y el inminente descubrimiento de América.

La unión de las dos ramas Trastámara, junto a la política matrimonial de los Reyes Católicos, anticipó ese futuro cercano de la monarquía hispánica en el que el heredero gobernaría en solitario sobre las dos coronas, pero bajo el apellido de los Habsburgo.

Capítulo V
Las culturas amerindias antes de 1492

Ciudadela inca de Machu Picchu, ubicada en Perú entre los ríos Cusichaca y Aobamba.

Ellos aman a sus próximos como a sí mismos, y tienen un habla la más dulce del mundo, y mansa y siempre con risa.

Cristóbal Colón sobre los nativos.
Diario, martes 25 de diciembre de 1492.

EL TERRITORIO QUE HOY LLAMAMOS AMÉRICA estaba habitado desde hace unos 50 000 años. Sin embargo, ya a partir del siglo XVI se popularizó el concepto de «descubrimiento». En realidad, deberíamos hablar de un «encuentro», pues, para ambas partes, la otra realidad resultaba desconocida. ¿Llegaron los vikingos? ¿Cuáles eran las peculiaridades de las culturas azteca, inca y maya? ¿Cómo estaba tan seguro Colón de que llegaría a buen puerto? ¿Es factible la teoría del piloto anónimo? Y, en medio, en pleno Medievo, ¿qué pasó con la flota perdida de los templarios?

En el vasto complejo de culturas prehispánicas, la profecía de la conquista queda plasmada en los sentidos versos de poetas que, como Axayácatl, el *tlatoani* o supremo señor azteca, en los años 70 del siglo XV, manifestaban la angustia de vivir:

> Sobre la estera de las águilas, sobre la estera de los tigres, es exaltado vuestro abuelo Axayácatl... Aún es poderosa nuestra lanzadera, nuestros dardos, con ellos dimos gloria a nuestras gentes... ¡Conquistadores de tiempos antiguos, volved a vivir!

Los aztecas practicaban la guerra: conocían el arco, la flecha y la lanza, armas que solían culminar en puntas y hojas de obsidiana. Con sus vecinos emprendieron las denominadas «guerras floridas». Para defenderse, llevaban un escudo llamado *chimalli*, hecho de madera, revestido de tela o de pieles ricamente pintadas y decorado con plumas. A modo de armaduras tenían cotas de algodón acolchado, de una trama tan apretada que las flechas no la atravesaban. Y las huestes cristianas también divisaron con asombro sus yelmos zoomorfos de madera, cubiertos de cuero.

A pesar de la panoplia militar, este poderoso juglar no llegó a ver reinar a sus nietos, pues sus hijos, Motecuhzoma II y Cuitláhuac, presenciarían las últimas horas de grandeza de la nación azteca.

1. El estrecho de Bering

América fue el último continente poblado por el hombre debido a su aislamiento del Viejo Mundo, donde surgió el *Homo sapiens*. Durante la última glaciación (110 000-20 000 antes del presente), la concentración de hielo en las masas de tierra hizo descender el nivel de los océanos hasta unos 120 metros. Se crearon conexiones terrestres en varios puntos del planeta, como Australia-Tasmania con Nueva Guinea, y Siberia y Alaska con el estrecho de Bering.

El último puente de tierra citado llegó a tener una longitud de 75 kilómetros y una anchura de 1500 kilómetros. Recibe el nombre del navegante danés que, en el siglo XVIII, exploró estas aguas con ayuda de los zares de Rusia. En este orden de cosas, la lógica nos lleva a pensar que, durante milenios, las tribus de Siberia tuvieron la oportunidad de saltar al territorio americano.

Pero, como todo en la vida, la edad de hielo también tocó a su fin. Aconteció hace 10 000 años. A escondidas de los pobladores, que de ningún modo conocían estos términos, el Paleolítico avanzó hacia el Neolítico y la humanidad transformó radicalmente su forma de vida, dejando el nomadismo para acomodarse en la sedentarización. Frente a la economía depredadora (caza, pesca y recolección), se inició la domesticación de animales y el cultivo de plantas autóctonas, surgiendo la economía productora (agricultora y ganadera). Además, nuevos grupos siberianos continuaron pasando al continente hasta alcanzar el sur en torno al 9000 a.C.

Las tesis difusionistas divulgaron la idea de *ex Oriente lux*, esto es, el nacimiento de la civilización en Asia y su llegada paulatina a los otros escenarios. Pero la tesis del polirracismo americano y del origen múltiple de las culturas amerindias apunta la existencia de cuatro posibles migraciones: dos por el estrecho de Bering (la primera de población de origen mongol y la más reciente, inuit o esquimal) y otras dos a través del Pacífico (de individuos melanesios, cuyos rasgos étnicos se pueden localizar en América del Sur).

Por su parte, las teorías indigenistas plantean que en América, en los focos mesoamericano y andino, estos cambios se produjeron de forma autónoma con respecto a los otros espacios (Próximo Oriente, África, Europa, etc.). Hay varias evidencias que parecen confirmar esta última opción del origen local, pues tanto en América Central como del Sur se han hallado animales domésticos, como hemos señalado, con dataciones de hasta 10 000 años. Además, en la Amazonia la domesticación de especies vegetales, basada sobre todo en la mandioca amarga, se inició hace 5000 años y las primeras ciudades de América fueron creadas casi al unísono que en Oriente Medio y en China.

Puesto que hasta 1492 Europa había vivido de espaldas al Nuevo Mundo, y viceversa, las periodizaciones históricas al uso en Occidente solo se aplican al devenir de América desde que los caminos de ambos continentes se cruzaron forjando una andadura común. De este modo se comprende que no se hable de edades Antigua y Media para este espacio, como sí para el estudio de las culturas nórdicas o de los pueblos mediterráneos.

En 1953 los arqueólogos Gordon Willey y Philip Phillips propusieron una clasificación propia de la Prehistoria, Protohistoria y Altas culturas indígenas americanas en cinco etapas: Paleoindio, Arcaico, Formativo, Clásico y Posclásico.

2. Las culturas precolombinas

Bajo el nombre de Prehistoria, Protohistoria y Altas culturas indígenas americanas queda encuadrado el estudio de la multitud de grupos que poblaron el continente americano antes de la llegada de los españoles. Así pues, hablamos de culturas prehispánicas, en tanto que los viajes de «descubrimiento» de finales del siglo XV y las expediciones de conquista de principios del XVI marcarían el fin de esa etapa de relativo aislamiento con respecto al mundo conocido.

Estas civilizaciones se habían desarrollado con sus propios ritmos y, cuando los españoles llegaron, algunas ofrecían importantes signos de organización político-social, aunque, lamentablemente, los ritos ancestrales llevaran consigo, en ciertos grupos, el sacrificio de víctimas humanas (mayas, aztecas e incas) y hasta la práctica del canibalismo (caribes).

A la llegada de los europeos, los pueblos amerindios utilizaban la piedra como material básico. En América del Sur existió un antecesor del caballo actual, aunque de porte similar al de la cebra africana, cuyo primer fósil fue descubierto por Darwin. El *Hippidion principale* era un mamífero autóctono del tamaño de un poni que llegó a Sudamérica a principios del Pleistoceno, pero se extinguió hace 8000 años. De ahí que los descubridores españoles fueran, a finales del siglo XV, los reintroductores de los equinos.

2.1. Los Andes: Caral y los incas

Mientras que, con el inmenso trabajo de los esclavos, en Egipto se levantaban las pirámides y en Mesopotamia las ciudades sumerias, en Perú se erigió la ciudad más antigua del continente: Caral. Esta cultura fue posiblemente el foco civilizador más ancestral de América.

Caral está situada en el valle de Supe, 200 kilómetros al norte de Lima, y tiene una antigüedad de 5000 años, por lo que supera en un milenio a las primeras urbes de Mesoamérica (que significa América media). Fue denominada «ciudad sagrada», en tanto que el gobierno centralizado empleó el credo como medio de afirmación. Sin embargo, no dejó restos de fabricación de armas, por lo que parece que vivió una larga etapa de paz.

Por otra parte y sin conexión con la anterior, la civilización más destacada de América del Sur fue la incaica, desarrollada al oeste del subcontinente. Su gestación resultó un proceso arduo, de lucha en frentes variopintos, entre los años 1300 y 1532.

Los incas se extendieron por Perú, el altiplano de Ecuador, el norte chileno, el este de Bolivia y la parte septentrional de Argentina. Tenían un sistema político de teocracia donde su emperador (el Inca) era considerado hijo del Sol. La sociedad se articulaba en torno al *ayllu*, el conjunto de personas que descendían de un antepasado común.

Una de sus construcciones más destacadas es la fortaleza de Machu Picchu, situada por encima de los 2000 metros de altitud. Esta atalaya de los Andes nunca fue atisbada por los conquistadores españoles, pues sus ruinas se hallaron a principios del siglo XX.

De esta manera, el territorio gobernado por los incas (Tahuantinsuyo) abarcó 2 millones de kilómetros cuadrados entre el océano Pacífico y la selva amazónica, contando con más de 15 millones de habitantes. Cuzco fue la capital de este imperio que constituyó el dominio más extenso de toda la América precolombina.

La economía incaica no conoció la moneda ni tampoco el mercado, por lo que todo el intercambio comercial se llevó a cabo a través de la reciprocidad o de los lazos de parentesco. Al emperador se le pagaba un tributo conocido como *mita*, el cual consistía exclusivamente en mano de obra. Los campos y los ganados ofrecían productos en abundancia. Las mercancías eran guardadas en depósitos construidos al efecto, contabilizados mediante los *quipus* y repartidos entre la población.

La alimentación se sustentaba en la papa (de la que se cultivaron hasta 200 clases en los Andes) y en el maíz, completada con carne de llama y alpaca. La lana era empleada para hacer las vestimentas. Pero no solo cultivaron los terrenos planos, sino que emplearon un sistema de terrazas para sacar producción de los cerros y, de esta manera, en las tierras de selva alta, cosecharon la coca, la hoja sagrada.

Desde el punto de vista religioso, los incas daban culto al Sol (Inti). De él se encargaban las jóvenes vírgenes (*acllas*) que mantenían viva la llama del fuego sagrado, como las vestales en Roma. La esposa de Inti era Mama Quilla, la madre Luna. El creador era el dios Viracocha, maestro del mundo, caracterizado como un anciano venerable con barba blanca.

Aunque con menos frecuencia que los aztecas, los incas también ofrecían sacrificios humanos. Y, tras décadas de apogeo, la cultura inca entró en declive debido a la guerra civil iniciada por la lucha por el trono entre los hermanos Huáscar y Atahualpa, hijos de Huayna Cápac. En 1532 triunfó Atahualpa, aunque es cierto que su ascenso al poder coincidiría con la llegada de las tropas españolas al mando de Francisco Pizarro. El Inca fue capturado y ejecutado en 1533, clausurándose el imperio, pese a la resistencia de los Incas de Vilcabamba, quienes mantendrían el combate contra los conquistadores hasta 1572. Ese año sería decapitado el último de los insurgentes: Tupac Amaru I.

2.2. *Mesoamérica*

El concepto de Mesoamérica fue introducido en 1943 por el etnólogo alemán Paul Kirchhoff para hacer referencia a un espacio cultural que abarca desde la parte meridional de México hasta Costa Rica, el cual se diferencia de otras regiones por la forma de vida de sus pobladores y su clima, pero también por su geografía y su historia.

Hasta el siglo XVI, en esta región de cerca de 1 100 000 kilómetros cuadrados se desarrolló un modelo de civilización que integraba elementos comunes a las diversas culturas de la zona, tales como la concepción del tiempo como un comportamiento cíclico, la práctica de rituales de sangre, la construcción de estructuras piramidales y la confección de códices o libros manuscritos para transmitir el conocimiento.

2.2.1. *Los olmecas*

La primera gran civilización mesoamericana fue la cultura olmeca, cuyos primeros indicios se sitúan alrededor del año 1200 a.C. y los vestigios más recientes hacia el 400 a.C. Se extendió sobre la mayor parte de Mesoamérica, con presencia en los actuales México, Guatemala, Belice, El Salvador, Honduras, Nicaragua y Costa Rica, por lo que debió de representar un conjunto multiétnico y plurilingüístico. Se asentó, por tanto, en tierras bajas que se inundaban durante la época de las precipitaciones, no en vano veneraban a Tlaloc, dios de la lluvia, y gracias a sus ríos obtenían dos cosechas anuales.

El eje de su religión fue el culto al jaguar, a la par que otros animales de la zona (caimán, sapo, etc.) eran también considerados dioses. Se creía que los gobernantes estaban investidos de poderes sobrenaturales, pues descendían directamente de la divinidad. Por ello, el dignatario adoptaba como símbolo un animal.

A los olmecas se debe el desarrollo del calendario lunar. Las diez colosales cabezas de piedra que fueron halladas en San Lorenzo (Veracruz) destacan entre sus creaciones.

2.2.2. Teotihuacán y los mayas

A partir de finales del primer milenio a.C. Teotihuacán, la «ciudad de los dioses», se configuró como uno de los principales centros urbanos. Estaba situada en el noreste del valle de México y fue la mayor urbe clásica mesoamericana, pues gobernaría un área habitada por 250 000 personas. En aquella localidad se gestó una tradición cultural sustentada en la teocracia. Las pirámides escalonadas del sol y de la luna, las amplias avenidas y los complejos palaciegos fueron la proyección artística del poder y del mecenazgo.

Teotihuacán ejercería una notable influencia en la configuración de la civilización maya, tanto por los préstamos como por la competitividad. Hacia el año 1700 a.C. están documentados los primeros asentamientos mayas, que alcanzarían su esplendor en el sureste de México y en los territorios de Belice, Guatemala, Honduras y El Salvador entre los siglos V y XV d.C., con las ciudades-Estado de Tikal, Palenque y Copán. Una de las notas características de la región fue la intensa actividad bélica entre teotihuacanos y mayas, si bien en torno al año 700 d.C. Teotihuacán caería, dando paso a los toltecas (sucedió un poco como en el relevo de Tartessos por los turdetanos en la Península Ibérica).

El dios tolteca por excelencia fue Quetzalcóatl (la serpiente emplumada), deificación del caudillo militar. La leyenda popularizó la larga travesía de este mítico ser (acompañado de sacerdotes, guerreros y sirvientes) hasta Chichén Itzá, alrededor del año 987. Tula, la ciudad de Quetzalcóatl, se convirtió en el principal núcleo urbano del altiplano central hacia el siglo X.

La península de Yucatán quedaría dividida en pequeños estados, cada uno con su cacique y su etnia (zapotecas, mixtecas, tarascos, chichimecas...). La rivalidad y la lucha constante entre estas provincias sería la tónica dominante y aceleraría la decadencia de la civilización maya, pues, como hemos apuntado, no conformaron un Estado unificado, sino que se organizaron en ciudades-estado independientes entre sí.

La élite social de los mayas estaba integrada por los nobles y los sacerdotes, que residían en la ciudad. La agricultura era el pilar de la economía, destacando cuatro productos: el maíz, el frijol, la calabaza y el cacao (este último era empleado como moneda). Los esclavos, ayudados por los campesinos, proporcionaban la mano de obra que construía las pirámides.

El juego de pelota constituía el principal divertimento de los mayas. Además, conformaba un ceremonial religioso que simbolizaba el paso de los astros y del sol (representado por la pelota). A nivel religioso, eran politeístas (tenían millares de dioses) y animistas (pues creían que todos los seres tenían una presencia espiritual). Asimismo, los mayas consideraban que a nuestro universo (integrado por tres niveles: cielo, tierra e inframundo) lo habían precedido otros, los cuales habían sucumbido tras sucesivas catástrofes. Practicaban ritos en torno a la sangre como símbolo de la vida y consideraban a dos hermanos gemelos sus héroes ancestrales, por haber vencido a las fuerzas del inframundo (asistimos a una concomitancia con la fundación de Roma en dos espacios tan separados).

Los mayas compusieron textos de medicina, de botánica, de matemáticas, de historia, de astronomía... Su año solar, como el nuestro, constaba de 365 días, pero estaba organizado en 18 meses de 20 días cada uno y otro más de 5 días. En su sistema de numeración vigesimal (consideraban el 20 como unidad básica para la cuenta) conocían el cero y realizaban operaciones complejas.

Las pirámides escalonadas, encima de las cuales se situaba el templo, son sus monumentos más notables, junto a los palacios de los gobernantes; entre todos ellos despuntan los de Chichén Itzá y Palenque. A su vez, inventaron una compleja escritura jeroglífica, conocida a partir del *Popol-Vuh*, libro escrito en lengua maya después de la conquista hispánica, donde se recogen sus tradiciones orales. En él se explica la creación del mundo. Su dios Kukulkán era también una serpiente emplumada.

La tradición maya relata que las deidades formaron primero a unos seres humanos imperfectos a los que aniquilaron en un diluvio, dando vida a continuación a seres inteligentes a partir del maíz y del agua, los cuales serían los pioneros del pueblo maya. Nuevamente vemos una conexión de los mayas con lugares comunes de las civilizaciones antiguas, como la idea del diluvio presente en el Antiguo Testamento.

Una serie de guerras, envueltas en misterio, provocaron la decadencia de esta cultura antes de la llegada de los europeos. A mediados del siglo XV, buena parte de la población había abandonado las ciudades y regresado al área rural, por lo que los españoles hallaron ya abandonados sus esplendorosos centros urbanos.

2.2.3. Los mixtecas

Este pueblo, que vivió su auge en el siglo X, habitó la región montañosa que le dio nombre, la Mixteca, entre los actuales estados mexicanos de Puebla, Oaxaca y Guerrero. Los mixtecas (o mixtecos) compartieron numerosos rasgos con sus vecinos zapotecos, en realidad ambos se denominaron a sí mismos «gente de la lluvia o de la nube».

Eran rivales, pero para plantar cara a las incursiones mexicas (denominados aztecas por la historiografía tradicional), trabaron alianzas. Paralelamente, apareció una escritura de carácter pictográfico, completada con elementos jeroglíficos e ideográficos.

Al igual que los mexicas y los mayas, los mixtecos creían que vivían en la era de un Quinto Sol y que, antes de su tiempo, el orbe había pasado por una serie de creaciones y destrucciones. Al principio la tierra era un caos, un mundo raro en el que todo se hallaba confundido. Los espíritus de las fuerzas creadoras, conocidos por sus nombres calendáricos, volaban surcando el aire hasta que dieron a luz a la humanidad, surgida del maizal. Nuevamente, hombres de maíz, mixtecas y mayas.

Datos de gran interés revela el estudio de los códices mixtecas. Durante una de las estancias en Harvard University, investigamos en el Peabody Museum of Archaelogy and Ethnology y pudimos estudiar los fondos de la antropóloga y arqueóloga estadounidense Zelia Nuttal (1857-1933), quien dio a conocer uno de los códices mixtecas más interesantes, designado hoy día precisamente por su nombre, *Codex Nuttal*.

El análisis del calendario mixteca, organizado en un ciclo ritual de 260 días y en un «siglo» de 52 años, junto con la compleja escritura formada por símbolos pictográficos, ofrece rica información sobre las dinastías reinantes y los modos de vida en época precolombina. Este códice es una firme evidencia de la necesaria colaboración entre la historia y la antropología en el análisis de estas realidades.

La llegada de los españoles a la costa de Veracruz provocó diversidad de reacciones. Varios pueblos vieron en los europeos la oportunidad de su liberación, entre ellos, los zempoaltecas y los tlaxcaltecas. Tras la caída de Tenochtitlán en 1521, los españoles y sus aliados indígenas concentraron sus ataques hacia otros grupos, como los mixtecos. Pero, a diferencia de lo que sucedió en la zona central de México, la mayor parte de los mixtecas establecieron convenios con los españoles, originando un proceso de mutua adaptación cultural que les permitió conservar varias de sus tradiciones, tales como la lengua, los métodos agrícolas, etc. Solo algunos puntos, como Tututepec, se resistieron militarmente a la conquista hispana.

2.2.4. Los aztecas

Entre los siglos XIII y XVI se desarrolló en Mesoamérica la civilización azteca, término que procede de Aztlán, mítica tierra de imprecisa localización geográfica todavía hoy evocada por sus descendientes. El Estado azteca era una teocracia regida por el *tlatoani* (en náhuatl, orador). Este gobernante aunaba las competencias políticas y religiosas.

Los aztecas extendieron su dominio por el centro y el sur de México, entre las costas del Pacífico y del Atlántico. Se trataba de un imperio de carácter absolutista dividido en provincias tributarias. De ahí que el poder mexica fuera llamado por sus súbditos Triple Alianza, en tanto que inicialmente entrañaba el pacto militar de tres ciudades: Texcoco, Tlacopan y Tenochtitlán. Con el paso del tiempo, esta última fue la urbe prominente y, de hecho, las otras dos pasaron a estar sometidas por el tlatoani de Tenochtitlán (*huey tlatoani*, gran orador). Este es el dignatario al que la historiografía europea denomina «emperador azteca».

Mediante el envío de alimentos, los tributos llegaban a Tenochtitlan desde todas las regiones del imperio. Algunos de ellos sobreviven con el nombre náhuatl: *tomatl* o tomate; *xococatl*, chocolate; *cacahuetl*, cacahuete, etc. También percibía de sus feudatarios tejidos y hasta seres humanos, destinados al sacrificio para alimentar a las deidades.

La sociedad estaba integrada por tres clases: nobles (sacerdotes y guerreros), plebeyos (con un terreno para la construcción de su casa) y esclavos (podían alcanzar su libertad corriendo hasta el palacio real). A los niños se los entrenaba para la lucha, enseñándoles ideales de justicia y de amor a la verdad, y lamentablemente se endurecía su temperamento mediante la aplicación de severos castigos. Los jóvenes debían aprender historia, matemáticas y religión, además de cánticos y danzas. A las mujeres desde pequeñas se las aleccionaba para que fueran discretas y supieran hacer las labores del hogar.

Dentro del panteón azteca, los principales dioses eran Huitzilopochtli (del Sol), Coyolxahuqui (de la Luna), Tláloc (de la Lluvia), y Quetzalcóatl (inventor de la escritura y el calendario). Tenían una economía agrícola desarrollada, pero no conocían la rueda y carecían de animales de tiro.

En el centro de Tenochtitlán estaba el Templo Mayor, un recinto amurallado (con un muro en forma de serpiente). Cerca se hallaba el palacio de Motecuhzoma, el cual tenía varios anexos: la casa de las fieras, el jardín botánico y el acuario (con diez estanques de agua salada y otros tantos de agua dulce).

Cuando Hernán Cortés llegó a México, Motecuhzoma pensó que se trataba del regreso de Quetzalcóatl, como sugería la leyenda. E indicios no le faltaban: los españoles llevaban barba y aparecieron ante los aztecas en «pequeñas nubes que flotan sobre el agua»; este dios también era barbado y se asociaba con el viento. Las falsas vinculaciones facilitarían la conquista de Tenochtitlán. El final de la era precolombina había llegado.

En lo sucesivo, por su hermosura, Tenochtitlán sería denominada por los europeos la Venecia del Nuevo Mundo. Tenía grandes torres y edificios de cal y canto dentro del agua, por lo que algunos de los soldados decían que si aquello que veían era entre sueños. Sobre este particular meditaba el cronista Bernal Díaz del Castillo:

> Desde que vimos tantas ciudades y villas pobladas en el agua, y en tierra firme otras grandes poblaciones, y aquella calzada tan derecha por nivel como iba a México, nos quedamos admirados, y decíamos que parecía a las cosas y encantamiento que cuentan en el libro de Amadís[1].

---

1 Se refiere a la novela de caballerías *Amadís de Gaula*, de Garci Rodríguez de Montalvo.

Y no es de maravillar que yo aquí lo escriba de esta manera, porque hay que ponderar mucho en ello, que no sé cómo lo cuente, ver cosas nunca oídas ni vistas y aun soñadas, como vimos.

2.3 El oeste sin conquistar

Cuando imaginamos el Oeste americano, inmediatamente nuestra mente nos lleva a los «pieles rojas» de las películas. Se cree conocer popularmente sus costumbres, aunque en realidad los tópicos son más poderosos que los datos que ofrece el registro arqueológico. Nos imaginamos a los indígenas que milenios antes de Cristo poblaron el área montados a caballo, adornados con plumas y cazando bisontes, pero, como exponíamos, la Historia nos muestra que el corcel fue reintroducido en América por los europeos, que los penachos no se hallaban tan generalizados y que muchos nativos nunca vieron un bisonte.

También pensamos en los grandes desiertos por los que corrían, cuando ciertamente un buen número de indígenas se desplazaban por los hielos árticos, se movían entre la espesura del bosque o se deslizaban en canoa. Así, en la época que nos ocupa, en la vasta superficie de Norteamérica, vivieron centenares de pueblos, en regiones muy distintas y con medios físicos absolutamente extremos.

En Estados Unidos, la sedentarización y la agricultura comenzarían hacia el 7000 a.C., pero la caza, la recolección y el nomadismo se mantendrían durante largo trecho, como entre los pueblos amazónicos y guaraníes, araucanos y patagones del sur del continente. Todos ellos se encontraban, a la llegada de los europeos, en un nivel similar al del Paleolítico.

Por otro lado, cabe señalar que las grandes planicies y las regiones limítrofes de América del Norte fueron el escenario donde vivieron los populares indios. A finales del siglo XVI, los colonos de origen anglosajón, establecidos en la costa atlántica, comenzaron a desalojar a los nativos, desplazándolos hacia el Oeste. A su vez, a principios del siglo XVII, los españoles empezaron a asentarse al norte del río Grande y, desde allí, se extendió el caballo, pues a los habitantes de las llanuras les vino estupendamente como animal de carga y de monta.

Paradójicamente, hacia 1620 aconteció el detonante de la fiesta de *Thanksgiving*, que congrega a las familias estadounidenses en torno al pavo el último jueves de noviembre. Según explican las crónicas, un grupo de colonos, desprovistos de lo más esencial, fueron ayudados por los nativos, quienes les facilitaron la caza, la pesca y la siembra, por lo que los residentes de la colonia de Plymouth obtuvieron unos excelentes resultados. Al sur, en Florida, esa primera cena de acción de gracias tuvo lugar en el verano de 1565, al fundar Pedro Menéndez de Avilés la ciudad de San Agustín, aunque los manjares de aquella velada tiraban más hacia el sabor del cocido.

3. Los viernes 13. Viajeros anónimos antes de Colón

¿Fueron Colón y los tripulantes de las carabelas los primeros occidentales que pisaron América? Pese al firme convencimiento que durante siglos ha dado respuesta a esta pregunta, los indicios documentales y arqueológicos parecen apuntar que hubo otros europeos que, con anterioridad, pisaron suelo americano. Fray Bartolomé de las Casas nos dice al respecto: «tuvieron o tenían que haber llegado a esta isla Española otros hombres blancos y barbados como nosotros antes que nosotros no muchos años». Su padre viajó con Colón en 1492 y el religioso transcribiría luego el *Diario* del almirante, siendo la única copia que nos queda, pues se perdió el texto original.

Pero, aunque el dominico parece apuntar a un periplo iniciado desde la Península Ibérica en los años previos a 1492, también es necesario añadir que, 500 años antes de Colón, los vikingos pudieron llegar a América. Los estudios arqueológicos indican que, desde Islandia, en torno al año 1000, entrarían en Groenlandia y pasarían al actual territorio de Canadá, estableciendo una aldea en Terranova.

Las sagas islandesas dan cuenta de que en el 982 los vikingos arribaron a Groenlandia, creando dos asentamientos con una población total de entre 3000 y 5000 habitantes. En ese período de colonización, alguna mujer indígena de América del Norte pudo navegar a Islandia. Según los investigadores que han desarrollado tales estudios de ADN en la Universidad de Islandia, esta hipótesis justificaría la presencia en más de 80 islandeses de una variación genética similar a la que se encuentra en los nativos americanos.

Si en la plenitud del Medievo un colectivo pudo tener capacidad logística para aproximarse a América fue el de los templarios, artífices en sus dos siglos de vida del primer macroestado, de la primera multinacional y de los cimientos de la banca. Fueron víctimas de su propia grandeza, pues el rey de Francia, Felipe IV el Hermoso, maniobró con alevosía en la Santa Sede para conseguir la excomunión de los monjes guerreros.

Así, el 13 de octubre de 1307, viernes 13 para más señas como inicio de la siniestra fecha, el soberano francés ordenó la redada y detención de sus efectivos. Multitud de estos soldados tuvieron que huir en una docena de barcos del puerto de La Rochelle (en Francia) para evitar ser capturados. Aquella armada, que salió al Atlántico enarbolando la cruz roja de la orden del Temple, desapareció sin dejar rastro en las aguas y, en la actualidad, se desconoce su paradero.

Sobre este particular, la teoría más conspiranoica afirma que los buques pudieron llegar hasta las costas americanas casi 200 años antes que Colón. Cuando los conquistadores españoles desembarcaron en la península de Yucatán, escucharon que unos hombres blancos ya habían estado allí y que habían entregado su conocimiento a los nativos. Otra hipótesis afirma que, de acuerdo al testimonio de religiosos que acompañaron a Colón, los nativos no se extrañaron al divisar las cruces de los guerreros porque ya las conocían. Además, las culturas prehispánicas tenían asumida la idea de que «llegará un día en el que vendrán por mar grandes hombres vestidos de metal que cambiarán nuestras vidas para bien». Finalmente, como hemos expuesto, se sabe que los mayas adoraban a Kukulkán y los aztecas a Quetzalcóatl, ambos eran dioses con ciertos rasgos de hombre blanco y barbado. Constatación insólita, porque estas culturas las formaban hombres lampiños por genética y adaptación al medio. Pese a todo, también fue un viernes 13, de agosto de 1521, el momento de la caída ante Cortés del Imperio azteca.

En las páginas siguientes contaremos la historia oficial del «descubrimiento» como habitualmente se narra, pues así se quiso dar a conocer a la posteridad. Pero antes, daremos cabida a la alargada sombra de Colón, rememorando a ese náufrago que, según citan diversos cronistas de los siglos XVI y XVII, fue el piloto anónimo, aquel que proporcionó a Colón la ruta a las Indias. ¿Fue español o portugués? ¿Se llamaba Alonso Sánchez? No hay acuerdo entre los que citan el suceso.

Unos dicen que el encuentro tuvo lugar en Madeira, otros en Cabo Verde o en Porto Santo. Al parecer, el «protonauta» y sus hombres habían salido de un puerto español con dirección hacia Flandes o

Inglaterra en una nave cargada de mercaderías. Una terrible tormenta llevaría la embarcación (hacia 1476-1477) hasta la región de Cibao, que, años más tarde, Colón bautizaría como La Española. El regreso no fue de inmediato y, en ese tiempo, se engendrarían los primeros mestizos. Después, en el lecho de muerte, para que el hallazgo no quedara yermo, revelaría su secreto al almirante.

La hipótesis de la llegada de algún europeo cercano a la edad de Colón que deja caer el padre De las Casas, explicaría la presencia de algunas indias de tez blanca entre los indígenas de piel oscura, así como el insólito hallazgo, en el tercer viaje colombino, de proyectiles de artillería en un paraje de La Española que no había sido explorado.

Si nos fijamos, en sus cuatro viajes el almirante siguió la misma ruta: tomó la línea de los vientos alisios y regresó por los vientos contrarios y la corriente del Golfo, a la altura de Virginia. Parece evidente que Colón estaba convencido de que encontraría ricas tierras para la corona y para él mismo. De ahí que, en la redacción de las *Capitulaciones de Santa Fe*, al firmar el contrato de reparto de ganancias, se hable de lo que Colón «ha descubierto en los mares océanos», adjudicándole al marino un desembarco que todavía estaba por hacer.

Sin embargo, al apuntar con el dedo, para dejar constancia en el diario de a bordo, el genovés se equivocaría de continente: «Creo que debe ser Cipango, Japón, según las señas que da esta gente».

Capítulo VI
Los Reyes Católicos: pasión, guerra y audacia

Cristóbal Colón ante la reina Isabel I de Castilla, en una litografía publicada en 1850. Biblioteca del Congreso, Washington.

¿Cómo es posible que un pueblo tan belicoso como el español haya sido siempre conquistado, en todo y en parte, por galos, romanos, cartagineses, vándalos, moros?

Embajador florentino Francesco Guicciardini

La nación es bastante apta para las armas, pero desordenada, de suerte que solo puede hacer con ella grandes cosas el que sepa mantenerla unida y en orden.

Respuesta de Fernando el Católico,
rey de Aragón y consorte de Castilla

A sabiendas de que, en los momentos postreros, el alma se presenta sola, que no en solitario, para confesar sin aderezos a los circunstantes que el objeto mismo del vivir iba en serio, aunque las preocupaciones disiparan la alegría de la existencia, es este un capítulo de testamentos y diarios. Desde aquellos pliegos con los que Colón daba cuenta de las gentes avistadas, al quebradero de Isabel por haber apretado demasiado los bolsillos del vulgo mediante el cobro de la alcabala.

Sin duda, 1492 fue un año de odisea en el espacio atlántico. Las Columnas de Hércules mostraron su incapacidad de mantenerse incólumes ante el frenesí del contumaz cambio: se abría un siglo de elogio de la locura, en el que la aventura del valor y el arraigo de los valores allanaron las bases de un más allá pronto contagiado de la cordura de los antiguos, mientras que los consejos y las chancillerías sentaban las bases políticas del Renacimiento, al estilo moderno.

La llegada de Colón al Caribe el 12 de octubre no fue producto de la casualidad, sino resultado de la concurrencia de factores sociales, económicos y científicos que impulsaron a los europeos a buscar nuevos espacios. Por ello, el descubrimiento de América es considerado el acontecimiento que marcó el advenimiento de la modernidad.

A pesar del desconocimiento de que se desembarcaba en un mundo nuevo, este viaje cambió el devenir de la Historia al integrar a América en la narración universal. ¿Cómo intuir entonces que, del periplo, nacería un imperio, entidad magnánima que perduraría hasta 1898 para ceder el timón a Estados Unidos en el liderazgo del planeta?

Y todo aconteció en el año en que Isabel y Fernando, tras vencer en la guerra civil contra la Beltraneja, dieron por finalizados casi ocho siglos de Reconquista. En idéntica fecha a aquella en que Antonio de Nebrija publicó la primera *Gramática* de la lengua española. El mismo ciclo en el que, en un afán de uniformización, los Reyes Católicos decretaron la conversión forzosa, expulsando a los judíos... Sefardíes errabundos por caminos de leche y miel, parlantes de castellano que, desde 2015, pueden recobrar una nacionalidad perdida y, sin embargo, muy querida.

1. Los Trastámara

Muchos elementos a su favor reunía en su retrato físico Isabel, la hija de Juan II, nacida de las segundas nupcias con Isabel de Portugal. Aseguraba la rumorología que, con la lusitana, había cogido aires de demencia la estirpe Trastámara. No en vano, tras la muerte de Juan II, la madre de la reina, Isabel de Barcelos, a la sazón abuela de la Católica, se fue a vivir con ella a Arévalo para atender la casa, debido a la «creciente locura de su hija causada por la muerte de su esposo». Sin embargo, la propia Isabel de Portugal, luego abuela de Juana la Loca, parece rebatir al cronista cuando en su testamento declara «y en mi juicio e seso natural qual Dios me lo quiso dar…».

1.1. El semblante de Isabel

¿Era hermosa la futura soberana de Castilla? De nuestra retina se apodera la imagen más conocida de la soberana, aquella que nos ofrece el pincel de Juan de Flandes. Y, ciertamente, esa mujer reúne empaque, aunque no belleza en la acepción ideal del término. Los años no habían pasado en balde y habían destruido aquellos rasgos dulces, si bien tampoco favorecía a la figura el atuendo monjil. Para conocer el retrato de la joven Isabel es preciso echar hacia atrás la máquina del tiempo para escuchar a los escritores y artistas que la describieron. A este respecto, el cuadro más significativo es el de la Virgen de la Mosca que posee la Colegiata de Toro, un anónimo de la escuela flamenca.

En dicha obra, quien está postrada de rodillas parece ser Isabel, con una fisonomía pareja a la que poseía cuando, en diciembre de 1474, en la proclamación de Segovia, recorrió las calles precedida por Gutierre de Cárdenas, portador de la espada como símbolo de que ella era la soberana. De tal modo detalla la escena el cronista Diego de Valera: «Este llevaba delante de ella —la reina— una espada desnuda de la vaina...». ¿Con qué finalidad?: «Demostrar a todos cómo a ella correspondía castigar a los malhechores, como reina de estos reinos y señoríos...».

La tabla presenta a una joven sentada en una silla baja, con el libro de la sabiduría abierto en su regazo y el arma citada a los pies. Se encuentra en la plenitud de la lozanía, con una amplia cabellera rubia que le cuelga por los hombros y va engalanada mediante un traje de generoso escote. Recordemos la carta de Fernando en la que informaba a la dignataria de la batalla de Toro (1476): «Haced cuenta de que en esta jornada Nuestro Señor os ha dado toda Castilla...».

Tenemos en la estampa reflejada a una Isabel que, frisando la treintena, era dueña de su destino, la misma que sin desarrollar ningún gesto extraño despertaba los celos del galán aragonés. Y es que, al poco de las nupcias, Fernando se lamentaba cuando se veía obligado a dejar a la amada para visitar en solitario alguna parte del reino: «No puedo dormir...», o se encolerizaba al recibir correos de la corte sin epístola alguna de la reina: «sin cartas se vienen...». Así, se quejaba desconsolado ante la valija vacía: «no por mengua de papel ni de saber escribir, salvo de mengua de amor...», para, a continuación, exclamar con esperanza: «Algún día tornaremos en el amor primero...».

Silueta de un hombre apasionado al que habían querido casar con la hija de Pacheco, marqués de Villena, y que, aparte de los cinco hijos nacidos del matrimonio con Isabel, tendría otros cinco: Alonso y Juana, con Aldonza Ruiz de Ivorra, noble catalana de Cervera; María, con Toda de Larrea; María Esperanza, con la noble portuguesa Juana Pereira, y Juan, que murió a las pocas horas, nacido de Germana de Foix, su segunda legítima. Pero los celos de Isabel no estaban presentes entonces, vendrían mucho después. En esos primeros años, ella era la princesa que no solo dominaba Castilla, sino también el corazón del rey-soldado.

El cronista Pulgar describió a la futura conquistadora de Granada como «Bien compuesta. Muy blanca y rubia, los ojos entre verdes y azules, cara hermosa y alegre, mirar gracioso y honesto, las facciones del rostro bien puestas». Y, ahondando en su mente, Bernáldez, «el cura de los Palacios», refiere en contraposición a su hermanastro Enrique IV que «fue mujer muy esforzadísima, muy poderosa, prudentísima, sabia, honestísima, casta, devota, discreta, cristianísima, verdadera, clara, sin engaño».

Una de las facetas más desconocidas de Isabel la Católica es el afán coleccionista. Atesoraba tapices, pinturas, vajillas y piezas exóticas, como alfombras y cimitarras turcas. En su biblioteca, conservaba volúmenes de la Antigüedad clásica, novelas de caballería, obras religiosas, sobre la naturaleza, para el buen gobierno o acerca de actividades cortesanas, como el ajedrez, la caza o la música. Entre ellas, cabe destacar la *Vita Christi de Ludolfo de Sajonia* (1502), *romançado* por fray Ambrosio e impreso en Alcalá de Henares.

También custodió piezas sagradas, algunos relicarios de su propiedad pasaron a la Capilla Real de Granada, como el del *Lignum Crucis* con el árbol de Jesé en plata dorada. Allí también se encuentran la corona y el cetro de Isabel, así como un espejo y la espada del Católico.

1.2. Fernando y el arte del gobierno

Del tablero del doble juego del que Isabel, por decisión propia, quedó fuera a causa de sus acendrados principios, no estaría tan a salvo Fernando, pues de su figura se han dicho tantas cosas..., hasta que inspiró *El Príncipe* (1513) de Maquiavelo. Más allá de dicha disquisición, lo que parece evidente es que el niño nacido en Sos heredó el instinto político de su padre y, ya desde pequeño, destacó por su inteligencia. Lucio Marineo Sículo lo describe con corta edad: «mas ayudándole las grandes fuerzas de su ingenio y la conversación que tuvo de hombres sabios, así salió prudente y sabio, como si fuera enseñado de muy doctos maestros».

De mediana estatura, algo más alto que Isabel, a diferencia de esta no era rubio, sino de pelo muy negro, destacando por su faz risueña. Entre Fernando e Isabel se daban muchas similitudes. Los padres y hermanastros de ambos habían sido rivales, en el caso de Fernando el príncipe de Viana, enamoradizo y sumamente culto, muerto en extrañas circunstancias y luego elevado a emblema de Navarra. Además, los dos eran hijos de una segunda esposa de rey. Nuevamente, en el caso de Fernando se trataba de Juana Enríquez, que murió en 1468, sin poder ver los esponsales auspiciados, a causa de un terrible cáncer de mama.

Desde su niñez, Fernando fue criado entre guerras, aunque siempre sacó ratos para desarrollar la faceta de jugador de ajedrez o de pelota, divertimento que en nada complacía a sus contemporáneos, pues opinaban que se dedicaba a ello más de lo que debía. No obstante, un pecado capital, la lujuria, parecía más grave que ese afán profano. Y, aunque no parezca compatible, una de sus cualidades señeras era el amor profesado a la familia. Además de que las relaciones con su padre siempre resultaron excelentes, fue un negociador nato y un convincente comunicador por su cordial manera de hablar, aunque se mostraba inflexible en las decisiones y cruel, si era preciso.

Durante la batalla de Lucena, en la guerra de Granada, Fernando se labró la imagen de hombre de Estado. No obstante, conviene señalar que la victoria no habría sido posible sin el Gran Capitán, doncel y amigo de su cuñado, el infante Alfonso. Pese a no haber sido correspondido en su sana pretensión de romance con Isabel y quedarse el ensueño en un amor platónico, Gonzalo Fernández de Córdoba se mantuvo leal hasta el final.

Realmente Fernández de Córdoba fue un genio militar, pues acabó con la guerra de choque, típica del Medievo, al dotar de mayor responsabilidad a la infantería y emplear la táctica de defensa-ataque. Por primera vez manejó combinadamente la infantería, la caballería y la artillería aprovechándose del apoyo naval, y supo mover hábilmente a sus tropas y llevar al enemigo al terreno que había elegido como favorable. Idolatrado por sus soldados y admirado por todos, tuvo en su popularidad su mayor enemigo. Por ello, el dicho de «las cuentas del Gran Capitán» cuando el viudo Fernando, tras la campaña de Italia, le exigió que enumerara los gastos ocasionados a la Hacienda real, resultando el balance más oneroso en los medios puestos individualmente por Gonzalo, junto a su valor indiscutible.

1.3. La boda

Aunque eran primos segundos y precisaban autorización papal, Isabel y Fernando se desposaron en el palacio de los Vivero, de Valladolid. Debido a sus firmes convicciones religiosas, fue preciso que la princesa superara los escrúpulos iniciales. Todo pareció subsanarse con la intervención del legado Rodrigo de Borja, quien mucho después, en el verano de 1492, llegaría al solio pontificio como Alejandro VI.

Con la connivencia de este, se presentaría una bula «supuestamente» emitida en 1464 por el anterior papa, Pío II, a favor de Fernando, en virtud de la cual se le permitía contraer matrimonio con cualquier princesa con la que estuviera unido por lazo de consanguinidad hasta el tercer grado. Sobraron documentos en el balance porque, movido por el afán de ayudar, el obispo de Segovia había «emitido» otra bula, presuntamente firmada por Calixto III, fallecido en 1458.

De esta manera, el 19 de octubre de 1469 se firmaron las capitulaciones matrimoniales. Fueron dos comitivas furtivas: de Ocaña, donde era custodiada por don Juan Pacheco, Isabel había salido con la excusa de visitar la tumba de su hermano en Ávila; Fernando alegó que acudía a Urgel por llamamiento de su padre, pero tomó el camino contrario, hacia Pucela, como mozo de mulas, para no ser interceptado por su cuñado.

El maestresala Gutierre de Cárdenas se encargó de los trámites nupciales redactando las cláusulas. Por ser una persona de plena confianza en el bosque de las intrigas, cuando Isabel alcanzó la corona, obtendría el cargo de contador mayor. El enlace entre dos adolescentes, sin seguridad alguna de reinar, no sería legalmente canónico hasta que el 1 de diciembre de 1471 Sixto IV emitiera la bula que los dispensaba de sus vínculos sanguíneos.

El gobierno de Isabel y Fernando dio origen a la monarquía hispánica, entidad que englobó a los dos principales reinos peninsulares, aunque no supuso la unificación política. Juntos, los dos Trastámara protagonizaron, en Castilla y en Aragón, el fortalecimiento del poder regio. Esta tarea, iniciada durante la guerra civil castellana, continuó hasta la muerte de Isabel y de Fernando.

El emblema de Isabel fueron las flechas, con la F del marido como inicial, según acostumbraba el ideario cortesano de los juegos galantes. El de Fernando, el yugo, con la Y del nombre de la amada, y el lema: «Tanto monta», que iniciaba la frase «Tanto monta cortar como desatar», señalando a propósito del nudo gordiano que los medios utilizados para resolver un problema no son importantes frente a la solución de este. Probablemente la divisa le fue sugerida a Fernando II de Aragón por el humanista Antonio de Nebrija; debió de quedar el aragonés asombrado ante la astucia de Alejandro Magno y, después, la máxima se aplicó a la capacidad que cada uno tenía en el reino de su cónyuge.

1.4. Primus inter pares

Uno de los objetivos de los monarcas que abrían la modernidad fue poner fin al conflicto entre la corona y la nobleza, típico de la Baja Edad Media, donde en el mejor de los casos el rey era el *primus inter pares*, el primero entre los iguales, si bien su autoridad no era incuestionable por parte de los bandos nobiliarios, siempre rivales. Seis años después de la boda, la Concordia de Segovia fijó el papel que debería asumir Fernando en la administración y gobierno de Castilla, recogiendo lo ya anotado en las capitulaciones de Cervera. Confirmaba que Isabel era la propietaria del reino como única heredera y Fernando recibía el título de rey, no quedando relegado a consorte. Además, vio reconocido su derecho a intervenir en la justicia, aplicándola conjuntamente si coincidían en el espacio y, si se hallaban separados, cada cual con plena potestad.

Asimismo, Isabel y Fernando emprendieron una política de saneamiento monetario que, sin llegar a unificar los sistemas, sí logró una aproximación en sus equivalencias. Esta decisión, junto a la paz social conseguida tras las luchas sucesorias y sociales de ambos reinos, permitió una cierta mejora en las finanzas. En la Corona de Aragón, las medidas económicas adoptadas no fueron coincidentes en las diversas comunidades que aglutinaba. Cataluña se recuperó muy lentamente de su crisis bajomedieval, pero el monarca llevó a cabo una política proteccionista destinada a reservar para los catalanes el mercado textil siciliano y prohibiendo que los genoveses comerciaran en dicho territorio con navíos de su propiedad. De este modo se logró mantener una cierta actividad en las industrias textiles, del vidrio o del coral.

En Aragón se acentuó la protección a la agricultura, que siguió siendo la fuente fundamental de sus ingresos, y se reforzó el régimen señorial.

Valencia resultó, quizá, el territorio de la corona aragonesa que mayor auge económico mantuvo, pues su rica huerta seguía conformando el principal centro de rendimiento.

En Castilla, los Reyes Católicos favorecieron la ganadería frente a la agricultura. Concedieron nuevos privilegios a la todopoderosa Mesta (como la ley de pastizales y la ley de arriendos) y, a partir de 1501, reservaron para el pastoreo todas aquellas propiedades donde el ganado ya hubiera pastado una vez, además de congelar el precio de los arrendamientos de las dehesas orientadas a la trashumancia. En esta línea, los monarcas regularon de forma monopolística el comercio de la lana de las ovejas merinas: potenciaron la feria de Medina del Campo, el Consulado de las Lanas de Burgos y la exportación por el Cantábrico. Estos impuestos iban dirigidos a sufragar los crecientes gastos de la monarquía, tanto en su política de expansión territorial como en el mantenimiento de una creciente masa de funcionarios reales.

Las lanas castellanas y el hierro vasco propiciaron la creación de ferias internacionales que vinculaban los mercados locales con prósperas ciudades de Europa. A imitación del modelo catalán y valenciano, se crearon los Consulados de Comercio de Bilbao y Burgos (1494). En Andalucía el comercio empezó a despuntar gracias al contacto con el norte de África y a los primeros viajes a América. Para centralizar este tránsito ultramarino se constituyó la Casa de Contratación de Sevilla, la cual controlaba los intercambios, la emigración y los mapas.

La gran nobleza y el alto clero siguieron siendo el sector dominante, la mayoría de las tierras estaban en sus manos, aunque estos dos estamentos no representaban más del 2 o 3 % de la población. Se ofreció a las capas ricas del patriciado urbano la posibilidad de acceder a la hidalguía mediante la compra de un mayorazgo y el establecimiento de una genealogía familiar, la mayoría de las veces forzada. Una situación muy diferente vivían las masas campesinas (más del 80 % de los habitantes), quienes se encontraban desprovistas de propiedades y al borde de la miseria.

La situación no era igual en Castilla que en Aragón. En Castilla, el campesinado andaluz estaba formado por jornaleros, mientras que en la alta Castilla empezaron a proliferar los propietarios de pequeñas y medianas extensiones, dando lugar con el tiempo a labradores ricos. No obstante, los arrendatarios castellanos, que tenían contratos a muy corto plazo (4 o 5 años), no pudieron acumular capital, lo que impidió la modernización de la agricultura.

En Cataluña, la Sentencia Arbitral de Guadalupe (1486) decretó la libertad de los campesinos y les dio acceso a la propiedad de hecho sobre las tierras con la única obligación de pagar un canon al señor. Se creaba así una clase media de jornaleros propietarios que se interesaban en la mejora de la tierra y en el aumento de la producción. En realidad, este tipo de solución fue posible porque el «pacto» era deseado por todos (pueblo llano, señores y monarcas), permitiendo una mayor disponibilidad sobre la tierra a los campesinos «remensas».

En 1476, las Cortes, reunidas en Madrigal de las Altas Torres (Ávila) —donde había nacido Isabel en 1451—, aprobaron la constitución de la Santa Hermandad, organismo judicial encargado de vigilar los caminos y de castigar los delitos cometidos fuera de una población. Conformó el primer cuerpo policial de Europa y pervivió hasta 1834.

Se propusieron también Isabel y Fernando mejorar la vida eclesial, incrementando la formación de los religiosos y corrigiendo las desviaciones que presentaban algunos de ellos. En esta misión contaron con la colaboración del cardenal Cisneros, quien se convirtió en el hombre clave que sentó las bases del Estado. El franciscano fue artífice de la reforma de su propia orden y fundó en 1499 la Universidad de Alcalá de Henares, cuna del humanismo, a partir del antiguo *Studium Generale* del que él mismo había sido alumno.

El cardenal, arzobispo de Toledo, primado de España, confesor de la reina e inquisidor general, financió la campaña de Orán (1509) y fue regente de Castilla de 1506 a 1507, a la muerte de Felipe el Hermoso, y de 1516 a 1517, hasta la llegada de Carlos V a raíz del óbito de su abuelo Fernando.

Con el propósito de que la Iglesia quedara orgánicamente incorporada a los planes de la monarquía, Isabel y Fernando intentaron revitalizar las regalías, lo cual implicaba un control en el nombramiento de los obispos. Y, a semejanza de la Inquisición pontificia, que había luchado especialmente en Francia contra la herejía albigense, en 1478 se fundó el Santo Oficio de la Inquisición para mantener la ortodoxia católica. Quedó vinculado a la tutela, no de Roma, sino de los mismos reyes y, curiosamente, fue la única institución con validez en los dos reinos. El primer tribunal se abrió en Sevilla y, aunque en su larga trayectoria los procesos se dirigieron hacia los luteranos, los incrédulos y las brujas, su objetivo inicial fue perseguir a los judeoconversos.

La represión de los mudéjares se inició pronto (1499). Tras la rebelión musulmana en las Alpujarras, se produjo un bautismo forzoso y masivo. En 1502 fueron expulsados de Castilla y en 1526 de Aragón, pues, cuando se estaban poniendo los cimientos del Estado moderno, el factor religioso se presentaba como vinculante para la cohesión social.

Otra de las incipientes medidas fue la reorganización de la Hacienda. En 1480, en las Cortes de Toledo, se revisaron las mercedes (concesiones a los nobles) efectuadas durante el reinado de Enrique IV. De esta manera, ejerciendo la revancha ante los aristócratas que habían refrendado la causa de la Beltraneja, los soberanos lograron rescatar más de la mitad de sus rentas.

También en 1480 se reorganizó el Consejo Real, confiriéndose el papel central a los letrados con formación universitaria, mientras que los nobles eran relegados a un papel consultivo. A nivel local, se asistió a la generalización de la figura del corregidor, delegado del poder en villas y ciudades.

La rigurosidad en la administración de la justicia se abordó con dos Reales Chancillerías, sitas en Valladolid y Granada. Asimismo, las órdenes militares (Santiago, Calatrava y Alcántara) quedaron bajo el control de Fernando. Posteriormente, en 1522, el papa Adriano VI concedió a Carlos I el título de gran maestre con carácter hereditario, lo que supuso su incorporación permanente a la corona, llegando hasta nuestros días como instituciones de carácter honorífico y nobiliario.

1.5. La diplomacia

Debido a su tradición pactista, en Aragón resultó más complicado robustecer la autoridad monárquica y, ante las ausencias prolongadas de Fernando, adquirieron personalidad los lugartenientes generales. Si la guerra de Granada, pilotada por Castilla, vivió sus últimos coletazos en los años 80 del siglo XV, el siguiente frente fue la anexión de Navarra, espacio en pugna por las apetencias de los franceses. Fernando consiguió su anexión a Castilla en 1512, aunque el reino de las cadenas mantuvo sus instituciones y fueros.

Y, entre ambos, sobrevolaban las aspiraciones por Inglaterra y Portugal. Para robustecer su posición ante Francia, los Reyes Católicos casaron a su hija Isabel con el infante Alfonso de Portugal y, al enviudar de este, con Manuel I de Portugal, primo de aquel. Al único varón, Juan de Aragón, lo desposaron con Margarita de Austria, hija del archiduque Maximiliano de Austria y de María de Borgoña, pero él murió prematuramente en 1497. No obstante, los soberanos emparentaron de modo firme con el Sacro Imperio y con el Ducado de Borgoña a partir de los esponsales de Juana con Felipe de Austria, hermano de Margarita. Y, girando sin cesar los anillos, a María de Aragón la enlazaron con Manuel I de Portugal, su cuñado, al fenecer su hermana, y a Catalina de Aragón, con el príncipe heredero de la corona de Inglaterra, Arturo Tudor, quien era primogénito de Enrique VII. Pero, a la muerte de Arturo, pronto le buscaron marido en su hermano menor, Enrique VIII, el nuevo rey, quien la repudiaría y rompería con Roma para fundar la Iglesia anglicana, bañando de lágrimas y sangre la vida de sus cinco consecutivas mujeres.

Un acercamiento a las cortes lusitana e inglesa que más tarde, a través de Felipe II, haría soñar a los súbditos con un monarca de origen español en las Islas Británicas (1554). Ese fue un proyecto de corto recorrido, sin embargo, la unión ibérica con Portugal se sellaría durante el reinado del Prudente (desde 1580).

En lo que hubo una diferenciación clara de espacios fue en la expansión marítima. Aragón siempre miró hacia el Mediterráneo, a Castilla se le abría un mundo incierto hacia el Atlántico. Así, podemos hablar de grandes logros de los Reyes Católicos en lo que a política exterior se refiere, tales como la integración del reino de Nápoles en Aragón (1503) o el despliegue castellano en el norte de África, con enclaves como Melilla (1497), conquistada por el jerezano Pedro de Estopiñán. Este oficial se hallaba al frente del ejército aportado por el duque de Medina Sidonia, capitán general de Andalucía, y de las tropas que Isabel agregó de la Santa Hermandad. Con tales hitos, la cristiandad plantaba cara a los piratas berberiscos y detenía el avance turco. Como veremos, de las Canarias a América «casi» solo había un salto.

2. Los cuatro viajes colombinos

El hombre del siglo XVI miraba al cielo para navegar. Los astros y los vientos eran sus mensajeros, pues es sabido que por las naves quietas en el mar se paseaba la muerte, habida cuenta de que las provisiones con las que viajaban los grumetes eran las justas.

Durante la Edad Media, Europa comerció con Oriente a través de la ruta de la seda que recorría el Mediterráneo y llegaba hasta Asia Central a través de Constantinopla, pero en 1453 los turcos conquistaron la antigua Bizancio y obstaculizaron las vías tradicionales de intercambio, de ahí la necesidad de encontrar nuevas rutas. Por otra parte, el perfeccionamiento técnico experimentado en el siglo XIII y, especialmente, en el XV, contribuiría en gran medida al desarrollo del ciclo colombino. En seis años, los transcurridos entre 1492 y 1498, se vendría abajo el tradicional lema *non plus ultra* que había hecho de la Península Ibérica el escenario de los mitos de Hércules y de la última tierra de Poniente.

Tras los viajes de Marco Polo, con la ruta de la seda prácticamente cerrada, hubo un largo paréntesis de más de un siglo en las relaciones comerciales de Europa con el Extremo Oriente. En la Baja Edad Media fue Portugal el Estado que retomó el proyecto de comerciar directamente con los productores asiáticos de piedras preciosas, seda y especias.

Varios factores hicieron posible que Portugal fuera el reino pionero de los descubrimientos geográficos en el Atlántico. El más decisivo de ellos fue el temprano fin de la Reconquista en sus tierras, si tenemos presente que en 1249 tuvo lugar la conquista definitiva del Algarbe, marcando el término de la ocupación musulmana en tierras lusas, mientras que en España la lucha prosiguió hasta 1492. Se ha especulado también que el carácter innovador del que Lusitania hizo gala en las exploraciones geográficas podría dimanar de la herencia científica de los templarios, pues quienes se refugiaron al otro lado de la raya, tras la excomunión dictada en 1314 por Clemente V, dieron lugar a la Orden de Cristo.

El infante don Enrique el Navegante (1394-1460) fue el gran impulsor de las primeras exploraciones, movidas por su deseo de conocer cuál era el final de la costa africana a fin de circunnavegarla y llegar por ese camino a la India. Sin duda es la figura más importante del inicio de la era de los descubrimientos. Por ser hermano del rey Eduardo I pudo lograr grandes empresas marítimas. Estableció su hogar en Sagres, junto al Cabo de San Vicente, donde reunió a experimentados astrónomos, geógrafos y navegantes, y se dedicó a estudiar las experiencias marítimas.

El primer paso dado por el infante fue la conquista de la ciudad de Ceuta en 1415 lo que suponía además la entrada de Portugal en el comercio del oro y esclavos africanos. En los años siguientes se reforzarían las posiciones de los portugueses en la isla de Madeira (1419), así como en los archipiélagos de las Azores (islas de San Miguel y Santa María, halladas en 1427) y las Canarias. Estas últimas estarían en conflicto con el reino de Castilla hasta que, por medio del Tratado de Alcaçovas, el archipiélago «afortunado» quedara en manos castellanas, con la condición de que las tierras que se descubrieran hacia el sur de África serían para Portugal.

El cabo Bojador (más allá del cual según las leyendas se extendía el «mar Tenebroso», donde era imposible la vida) fue rebasado con la expedición dirigida por Gil Eanes en 1434. Este mismo marino pasó el Trópico de Cáncer al año siguiente, pero don Enrique murió antes de que el cabo de Buena Esperanza fuera doblado por Bartolomé Díaz (1488) y de que Vasco de Gama alcanzara la costa de la India (1498), abriendo el posterior camino hacia las islas Molucas o de las Especias.

Por su parte, Castilla era el Estado más poderoso de la Península Ibérica en la Baja Edad Media. Con sus 4 millones de habitantes superaba en mucho demográficamente a los reinos de Portugal, con menos de un millón, y de Aragón, con 865 000. En el Atlántico había tenido una incursión en 1372: en el contexto de la Guerra de los Cien Años, los castellanos se habían enfrentado a los ingleses en el canal de la Mancha.

Para Castilla la conquista de las Canarias fue un laboratorio de la posterior llegada al Nuevo Mundo. En el siglo XIV fue «redescubierto» el archipiélago por el genovés Lancelloto Malocello, que desembarcó en Lanzarote en 1312. Los mallorquines llegaron a establecer una misión en las islas (obispado de Telde) que permaneció vigente desde 1350 hasta 1400. Asimismo, las islas estaban bajo la atenta mirada de los reyes de Castilla, siendo el papa Clemente VI quien, a favor de estos, nombró al infante don Luis de la Cerda monarca del «reino de las Islas Canarias» o principado de la Fortuna en 1355.

En 1402 se inició propiamente la conquista de las Canarias con la expedición a Lanzarote de los normandos Jean de Bethencourt y Gadifer de la Salle, motivados por las posibilidades de explotación de la orchilla. En esta primera fase, la empresa fue llevada cabo por iniciativa de particulares, y no por la corona, de ahí que se denomine conquista de señorío, aunque Bethencourt se hubiese hecho vasallo del rey de Castilla. La conquista de señorío incluyó las islas de Lanzarote, Fuerteventura y Hierro, las menos pobladas del archipiélago. La Gomera, sin embargo, mantuvo una organización mixta en la que conquistadores e indígenas pactaron su coexistencia hasta la llamada «rebelión de los gomeros» (1488), que supuso el efectivo gobierno de la isla.

2.1. Biografía y periplo del marino genovés

Aunque los orígenes de Cristóbal Colón son inciertos, daremos por buena la hipótesis de que nació en Génova en 1451 en una familia de tejedores. Sus padres fueron Doménico Colombo y Susana Fontanarrosa. Desde muy pequeño sintió afición por la vida naval y, en su juventud, surcó el Mediterráneo en la marina mercante.

En la década de 1470 llegó a Portugal, donde se casó con Felipa Moñiz de Perestrello, descendiente de italianos e hija de uno de los primeros colonos de Porto Santo. Se trasladó entonces a las Azores, donde nació su hijo Diego y conoció el plan portugués de ir a la India bordeando África. Allí concibió el proyecto de buscar una ruta marítima hacia China y la India navegando hacia el oeste. Estuvo en Guinea y en San Jorge de la Mina, y entró en contacto con personalidades europeas como el geógrafo y médico florentino Paolo del Pozo Toscanelli, a quien le pidió un mapa de la Tierra.

En Portugal se incorporó a diversas expediciones por las costas del Atlántico africano auspiciadas por el rey Juan II. En 1483 ofreció su idea a la corona portuguesa, pero la junta de matemáticos, a la que recurrió el monarca, la estimó un disparate. Al no conseguir ese apoyo por los malos informes de los «asesores», Colón, ya viudo, embarcó en 1485 en algún punto de Portugal y llegó a Palos de la Frontera.

Por motivos desconocidos apareció en La Rábida y los franciscanos se convirtieron en sus valedores. Accidentalmente, en la primavera de 1485 se encontraba en el convento onubense Antonio de Marchena. Realizaba la visita canónica cuando apareció Cristóbal. El religioso era muy aficionado a los estudios de astrología, de ahí que respondiera por el mote de el Estrellero. Y, gracias a la confianza que le transmitió este superior, el almirante pudo hospedarse en lo sucesivo en las celdas con su hijo Diego.

Durante siete años el marino trató de conseguir el respaldo de Castilla para su proyecto. La primera entrevista regia tendría lugar en Alcalá de Henares el 20 de enero de 1486 —en una vía perpendicular al palacio arzobispal se conserva la Casa—. Al igual que Juan II de Portugal, Fernando el Católico decidió pasar el caso a una junta de sabios. El proyecto fue rechazado, pero los monarcas decidieron retener al marino en la corte, entregándole algunas sumas para que subsistiera. Al año siguiente se trasladó a Córdoba, donde se enamoró de la dama Beatriz Enríquez, con la que tendría su segundo hijo, Hernando, el gran polígrafo y escritor.

Colón siguió leyendo libros. En su biblioteca, entre las obras más anotadas, sobresalen la *Imago Mundi* de Pierre d'Ailly y el *Libro de las maravillas* de Marco Polo, tratados de los que sacó una idea desacertada de las dimensiones del planeta. Además, leyó la *Historia rerum* de Eneas Silvio Picolomini, así como tuvo en cuenta las observaciones del griego Estrabón y del musulmán Averroes.

Pese a los errores de cálculo, hay que señalar que el viaje estuvo fundamentado en los principales conocimientos geográficos y astronómicos de su tiempo. La idea de la Tierra esférica, que él asumió como propia, era sumamente revolucionaria, pues, aunque en el siglo III a.C. Eratóstenes explicara que la Tierra era redonda, seguía siendo más poderosa la creencia de que era plana, por lo que más allá del océano (uno solo entre Europa y Asia, ya que Colón desconocía la existencia del continente americano) se caía al abismo.

Ante los infructuosos intentos de conseguir patrocinadores de su plan, el desánimo empezó a hacer mella en el espíritu de Colón y, en 1491, decidió abandonar España. Fue a La Rábida a recoger a su hijo Diego y marcharse, pero fray Juan Pérez, símbolo de la amistad, que de mozo había servido a la Reina Católica como contador, decidió hacer una última gestión: escribió a esta y, así, ayudó al genovés a actualizar sus anhelos.

Desde el campamento militar de Santa Fe, Isabel y Fernando seguían los últimos episodios de la guerra santa, allí recibieron al marino que les entregó un pliego con sus pretensiones. Cristóbal se esmeró en hacer encajar su empresa con el clima de exaltación religiosa que arropaba el ocaso de la Reconquista. Dijo que el viaje a la India le permitiría trabajar por la conversión de los infieles y que los beneficios del periplo servirían para sufragar una cruzada con la que liberar Jerusalén de los musulmanes. Pero las peticiones resultaron excesivas a los ojos del aragonés; Colón se marchó «en hora buena» hacia Huelva, según nos relata De las Casas.

Desanimado, Colón decidió marcharse a Francia. No obstante, Luis de Santángel (tesorero de la Santa Hermandad) y otros partidarios de su expedición consiguieron doblegar la oposición de miembros de la junta como Hernando Talavera, primer arzobispo de Granada. La rapidez de las diligencias hizo que un emisario real lo alcanzara en el camino y lo urgiera a regresar.

2.2. Las Capitulaciones de Santa Fe

Con la inminente rendición de Boabdil el 2 de enero, el 17 de abril de 1492 se firmaron las Capitulaciones de Santa Fe. Colón pidió los títulos de almirante mayor de la mar océana, virrey y gobernador general de las tierras que descubriera, el derecho de terna (presentación de tres nombres) en los nombramientos de regidores, el décimo o 10% de todas las mercancías que se negociaran en las Indias, el derecho de exclusividad en los pleitos que surgieran por los productos indianos y la contraprestación de contribuir con la octava parte (12,5%) de los gastos de armar naves comerciales, obteniendo entonces el mismo porcentaje de los beneficios.

Los soberanos aceptaron todas las mercedes solicitadas, excepto el derecho de exclusividad en los pleitos, que dejaron pendiente de verificación, y entregaron a Colón una serie de documentos, tales como una carta de presentación (en latín) para los príncipes cristianos que pudiera encontrar, otra (también en latín) para el gran khan que reinaba en China, los privilegios pedidos por Colón (nombramientos de almirante y virrey), la merced del título de don y cinco provisiones para la puesta en marcha de la expedición. Entre ellas figuraba un seguro para que pudieran enrolarse quienes tuvieran delitos pendientes, así como una orden a los vecinos de Palos de la Frontera para que pusieran a disposición de Colón las dos carabelas que estaban obligados a pagar «por haber deservido».

Las arcas habían hecho un gran desembolso en la lucha contra el islam y la singladura sería cara. Isabel ofreció presentar sus joyas como garantía de un préstamo, pero Luis de Santángel se negó a que esto sucediera y decidió sufragar buena parte del viaje entregando un cuarto de su hacienda (1 100 000 maravedíes) de los 2 000 000 de coste total. El genovés puso medio millón y los restantes 400 000 se desconoce quién los proporcionó.

Cristóbal Colón abandonó Granada el 12 de mayo. Pasó seguramente por Córdoba para dejar sus dos hijos al cuidado de doña Beatriz Enríquez y llegó a Palos el 22 del mismo mes. Allí presentó la provisión de castigo anteriormente citada, que se leyó el día 23 en la iglesia de San Jorge. Colón encontró muchas dificultades para reunir a la tripulación. Consiguió enrolar a Martín Alonso Pinzón, miembro de una de las familias más destacadas de Palos: «algo debió prometerle Colón a Martín Alonso Pinzón, porque nadie se mueve si no es por su interés» —sentenciaba nuevamente De las Casas, al explicar cómo se animó este pescador adinerado de Palos a participar—. El testigo onubense Alonso Gallego recordaba haber oído decir a Colón: «Señor Martín Alonso Pinçón, vamos a este viage que, si salimos con él y Dios nos descubre tierras, yo os prometo por la Corona Real de partir con vos como un hermano».

Tras el «rico del pueblo», se apuntaron muchos paleños, moguereños y onubenses, que formaron el grueso de la marinería. Como contrapunto, sumaron a cuatro presos. El alistamiento empezó el 23 de junio. Más complicada fue la elección de los barcos, asunto que Colón dejó en manos de Martín Alonso, que los conocía bien por razón de su oficio. Este escogió una carabela de Palos y otra de Moguer, que fueron *La Pinta* (propiedad del paleño Cristóbal Quintero) y *La Niña* (de la familia Niño). El tercer barco no fue una carabela, ignoramos por qué razón, sino una nao o carraca pequeña. *La Gallega*, rebautizada como *Santa María*, era propiedad de Juan de la Cosa, marino montañés residente en el Puerto de Santa María, donde parece que Colón negoció la embarcación.

Como la *Santa María* era la nave de mayor porte y tenía castillo (donde se instaló Colón con sus mapas y enseres), se convirtió en la capitana. En la nao iban diez hombres del norte, muchos de ellos vascos, y los oficiales reales (el escribano Rodrigo de Escobedo, el veedor Rodrigo Sánchez de Segovia y el repostero de estrados del rey, Pedro Gutiérrez), además del judío converso Luis de Torres, que sabía árabe y hebreo. El 1 de agosto se cargaron los alimentos y, al día siguiente, subió la marinería.

2.3. La tripulación

El 3 de agosto de 1492, media hora antes de salir el sol, se soltaron amarras y se efectuó el desatraque. Las tres naves, con 105 hombres, avanzaron en busca del lejano oriente navegando hacia occidente. La *Santa María* iba capitaneada por Colón, *La Pinta* por Martín Alonso Pinzón y *La Niña* por el hermano de este, Vicente Yáñez Pinzón. Se dio la circunstancia de que Colón partió de Palos al día siguiente del definitivo embarque, en Cádiz y en el Puerto de Santa María, de los judíos expulsados por decreto de 31 de marzo. Desde el sur zarparon 25 barcos que darían inicio a la diáspora sefardí.

La flotilla de Colón hizo escala en Canarias y luego se adentró en el océano siguiendo los alisios. La desesperación provocó dos motines, en el segundo de los cuales el genovés prometió a su tripulación el regreso en 4 días si no se divisaba tierra. En la madrugada del 12 de octubre se oyó el grito esperado al observar luces de antorchas. Juan Rodríguez Bermejo fue el primero que avistó la playa desde su puesto de vigía en la *Pinta*, pero los Reyes Católicos habían ofrecido 10 000 maravedíes para quien tuviera este honor, a los que Colón sumó un jubón de terciopelo rojo. Al final, el almirante se atribuyó el mérito alegando que él se había anticipado también a Rodrigo de Triana.

2.4. El 12 de octubre

Convencidos de que habían llegado a la India, arribaron a una isla de las Lucayas que los nativos llamaban Guanahaní, la cual fue bautizada como San Salvador. Era 12 de octubre y, a las 12:00, bajaron de las naves con la cruz y el estandarte tomando posesión en nombre de Castilla.

Le preocupó al genovés que aquellos naturales no parecieran indios, ni chinos, ni japoneses. Iban desnudos «como su madre los parió», así lo anotó en su *Diario*. Los miró y concluyó que eran «de la color de los canarios, ni negros, ni blancos», y afirmó que eran «de muy hermosos cuerpos y muy buenas caras. Los cabellos (tienen) cortos, casi como sedas de cola de caballos». Lo que más le alarmó fue su pobreza, pues los imaginaba viviendo en la opulencia y, sin embargo, los halló entre algodón y azagayas.

Como refirió don Cristóbal sobre ese universal 12 de octubre en el *Diario de a bordo*:

> A algunos de los que vinieron a recibirnos les di unos bonetes colorados y unas cuentas de vidrio que se ponían al pescuezo, y otras cosas muchas de poco valor, con que tuvieron mucho placer y quedaron tanto nuestros que era maravilla (...) Algunos se pintan la cara, y otros, todo el cuerpo. No traen armas ni las conocen, porque les mostré espadas y las tomaban por el filo, y se cortaban con ignorancia. No tienen algún hierro.

Colón concluyó que debía de estar en alguna isla de la antesala del continente asiático. Al comprobar que algunos indios mostraban señales de heridas sentenció: «y creo que aquí vienen de tierra firme a tornarlos por cautivos». En cualquier caso, estimó que los naturales resultarían buenos siervos y podrían convertirse fácilmente al catolicismo, ya que no parecían tener religión alguna. Colón permaneció el 13 de octubre anclado frente al poblado indígena de Guanahani. Al día siguiente, decidió seguir la navegación en busca de Cipango.

El 28 de octubre Colón llegó al norte de Cuba, isla que pasó a denominarse Juana, y el 21 de noviembre desertó *La Pinta*, pues su capitán, Martín Alonso, decidió localizar oro por su cuenta. La *Santa María* y *La Niña* pasaron a Haití, bautizada como La Española, y en la bahía de Acul recibieron los regalos del cacique Goacanagari, jefe de Marién. En contrapartida los españoles les regalaron espejos a los aborígenes, ya que estos no conocían este objeto y nunca habían visto su propia cara. Goacanagari se negó a cooperar con los otros cuatro caciques de la isla que trataron de expulsar a los españoles.

En la Nochebuena de 1492, tal vez por la embriaguez del festejo, el timón de la *Santa María* quedó solo y encalló en un banco de arena. A raíz de este naufragio, la gente de Goacanagari prestó ayuda a Colón para salvaguardar los restos del navío. Construyeron un fuerte en la costa del cacicazgo de Marién y lo llamaron Fuerte de La Navidad, quedando allí una guarnición de 39 españoles al mando de Diego de Arana.

El 6 de enero de 1493, como un espejismo en la noche de la Epifanía, reapareció *La Pinta*. Tras una plática sobre el honor esbozada más como consejo que como reprimenda, el almirante se reconcilió con Martín Alonso y, casi como si no hubiera pasado nada, juntos, iniciaron el tornaviaje con el convencimiento de que habían llegado a islas cercanas al continente asiático.

Una vez tomados los contralisios, tras subir hasta los 32-35° de latitud norte, se encaminaron a las Azores. En una turbulenta travesía en la que se perdió *La Pinta*, que fue a parar a Bayona (Pontevedra), Colón llevó *La Niña* hasta las Azores y el 3 de marzo llegó a Sintra (Portugal), donde se entrevistó con el monarca y escribió su célebre *Carta*, publicada en Barcelona el mismo año. Este documento dio a conocer la hazaña en toda Europa, dando así pie a que otros comenzaran a elucubrar sobre la naturaleza de aquellas tierras.

El 15 de marzo Colón entró en Palos y, en esa misma jornada, unas horas después, atracó *La Pinta* con Martín Alonso, quien murió a los pocos días. Desde Palos, el almirante partió hacia Barcelona para entrevistarse con los Reyes Católicos. Ante el éxito cosechado, estos lo animaron a preparar su segundo viaje. Había una justificación clara: socorrer a los españoles que habían quedado en el Fuerte de la Navidad. Y existía también esperanza de hallar más riquezas.

El almirante trajo oro, papagayos y 10 indios de La Española que fueron bautizados, teniendo por padrinos a los propios reyes y a su hijo Juan. Uno de ellos, pariente de Goacanagari, fue renombrado como don Fernando de Aragón, y otro como don Juan de Castilla, siendo incorporado a la casa real del príncipe, con orden expresa de ser tratado «como si fuera hijo de un caballero principal», pero, al igual que su amo, fallecería pronto. También el almirante congenió de modo especial con uno de los indios, bautizado como su hijo Diego.

De esta avanzadilla de nativos, Fernando, Diego y otros dos supervivientes zarparían hacia la Española en el segundo viaje. Sería este un reencuentro con los orígenes, mas, de ellos, solo resistió Diego (llegó a los 40 años de edad y fue el intérprete del marino genovés). Los restantes cuerpos se habían mostrado recios en el «arte de marear», pero resultaron frágiles ante la viruela.

Y es que en unos pocos meses la expedición estuvo preparada gracias al obispo don Juan Rodríguez de Fonseca, a quien los reyes encargaron la empresa. No en vano De las Casas dijo de él que fue «muy capaz, para mundanos negocios, señaladamente para congregar gente de guerra para armadas por la mar, que era más oficio de vizcaínos que de obispos». Unos 1500 hombres embarcaron en 17 naves y zarparon el 25 de septiembre de 1493, alcanzando prácticamente un mes después, el 3 de noviembre, las islas Deseada, Dominica y muchas otras, hasta llegar a las Once Mil Vírgenes. El 18, Colón desembarcó en Borinquen, que denominó San Juan (Puerto Rico), y el 27 llegó a La Española.

La sorpresa del almirante fue mayúscula al no encontrar rastro alguno de los 39 hombres que había dejado: habían sido muertos por los indios y el fuerte destruido a manos del cacique Caonabo. Colón halló herido a Goacanagari, convaleciente por el combate, al haber intentado ayudar a Diego de Arana ante el ataque del cabecilla hostil. Pudo conocer por él que el asalto se había producido debido a la avaricia y lujuria de los europeos, quienes habían tenido enfrentamientos feroces con los aborígenes por el oro y las mujeres.

2.5. La Isabela, la primera ciudad

En La Española, Colón puso en marcha una red de factorías comerciales e inició la colonización. También empezó a funcionar allí la encomienda, sistema del que tendremos oportunidad de hablar más adelante. El 6 de enero de 1494 fundó la primera ciudad española en América: La Isabela, situada a unas 10 leguas de Monte Christi. El lugar era insalubre, pero tenía condiciones defensivas; se construyeron varias casas de madera o paja y algunas de piedra. Desde allí envió dos expediciones con Ojeda y Corbalán para encontrar el oro de Cibao —Santo Domingo— que le obsesionaba. Regresaron con algunas muestras y Colón despachó doce barcos de vuelta a España bajo el mando de Luis de Torres, que custodiaría el oro y un memorial para los reyes en el que proponía cambiar las vituallas y los ganados necesarios por esclavos caribes.

Luego, dirigió en persona otra expedición a Cibao, acompañado por Goacanagari. Mientras los españoles reducían a los indígenas, el cacique murió en las montañas en el año 1494. Colón halló efectivamente oro y mandó construir el fuerte de Santo Tomás, al frente del cual dejó al capitán Pedro Margarit.

Aunque las circunstancias en La Isabela eran preocupantes, pues estaban falleciendo muchos de sus pobladores, Colón la abandonó para descubrir nuevas tierras. Tomó una nao y dos carabelas y zarpó rumbo a Cuba, que recorrió esta vez por su parte meridional. Pasó luego a Jamaica, bautizada como Santiago, y tornó otra vez a Cuba, subiendo ahora por su costa occidental hasta la zona que luego se denominó bahía de Cortés. Allí ordenó levantar un acta asegurando estar en el Mangi de Marco Polo, cosa que hizo jurar a los pilotos bajo amenaza de cortarles la lengua. Posteriormente volvió a Jamaica y La Española, arribando a la Isabela el 29 de septiembre muy enfermo.

Colón encontró La Isabela en un estado peor del que la había dejado si cabe. Había llegado su hermano Bartolomé pero se habían marchado muchos descontentos, como Margarit y el padre Boyl, que eran las autoridades militar y religiosa de la isla. El almirante hizo frente a un levantamiento indígena que sojuzgó violentamente, imponiendo a los vencidos la esclavitud y un tributo de oro en polvo y algodón.

Como consecuencia de los informes de Margarit y Boyl, los reyes enviaron a La Española al repostero Juan de Aguado, que se informó de los problemas que afrontaba la colonia y, cuando anunció que iba a regresar a España, Colón decidió acompañarlo, pues comprendió que sus explicaciones no serían favorables y, de ese modo, vigilaba las confidencias. Antes de partir mandó construir 6 fortalezas en la isla, envió una expedición al sur en busca de oro y recomendó a su hermano Bartolomé (a quien entregó el gobierno de la colonia) la construcción de una nueva ciudad en la parte sur. El 10 de marzo de 1496 embarcó para España.

En la flotilla, además de Aguado, iban 220 repatriados que no querían saber nada más de las Indias. En tres años, los transcurridos de 1493 a 1496, las nuevas tierras habían pasado de ser paradisíacas a malditas.

Colón arribó a Cádiz el 11 de junio. Pidió una entrevista con los reyes, que se le concedió en Burgos el otoño siguiente. Allí se presentó con el poco oro que pudo reunir, sus animales exóticos y muchas promesas. Comprendiendo que eran dones exiguos frente a todo el gasto que había originado, recurrió a ponderar los enormes servicios que se prestarían a la Iglesia con la evangelización de los indios, algo a lo que era especialmente

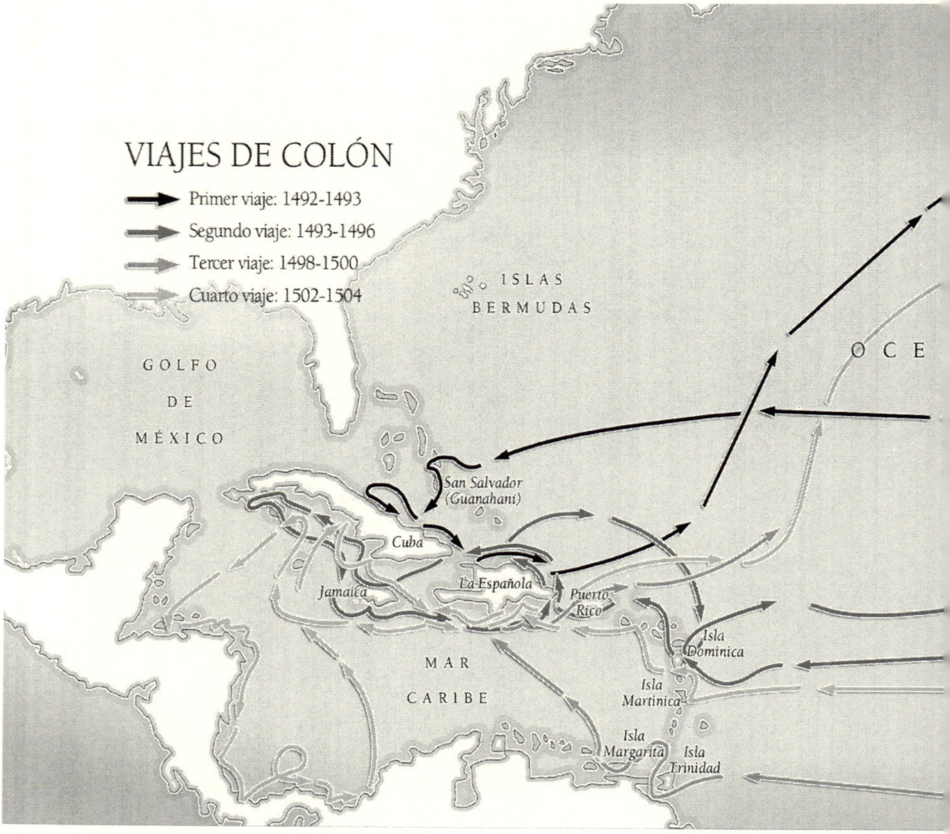

sensible Isabel. Años después, en 1503, en su codicilo, ella dispondría que los nativos fueran bien tratados e instruidos en la fe cristiana.

Colón tardó casi tres años en poder realizar el tercer viaje. En esta ocasión zarpó con ocho naves. Las dos primeras (*La Pinta* y *La Niña*) partieron en vanguardia el 23 de enero de 1498, directamente hacia La Española, y las otras seis, bajo el mando del almirante, el 30 de mayo. En el barco iban unas 30 mujeres. En este periplo descubrió la isla de Trinidad y, prosiguiendo hacia la desembocadura del Orinoco, por vez primera la expedición pisó tierra continental.

El 31 de agosto desembarcó en Santo Domingo y halló la colonia en un panorama lamentable. Durante su ausencia los españoles y los indios se habían sublevado ante el gobierno de Bartolomé. Colón negoció un pacto con el alcalde, Francisco Roldán, que había dirigido la rebelión

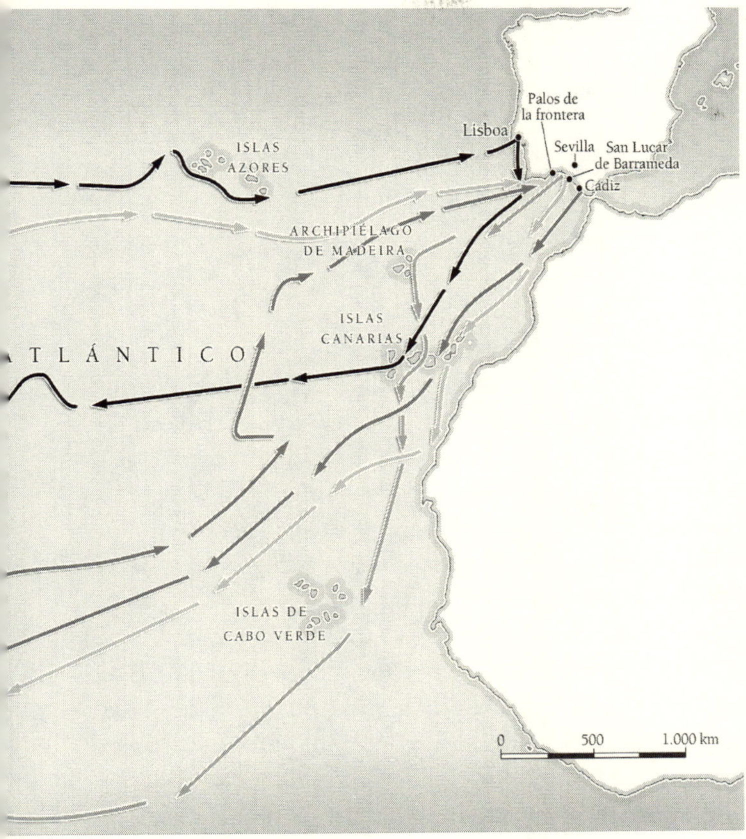

Recorrido de los cuatro viajes que realizó a América Cristobal Colón. El almirante falleció en Valladolid. el 20 de mayo de 1506 sin saber que había descubierto un Nuevo Mundo.

y, a continuación, actuó duramente contra los insurrectos, apresándolos y ordenando ahorcar al cabecilla, Adrián de Moxica.

Cuando los Reyes Católicos se enteraron de estos acontecimientos, enviaron a Santo Domingo al pesquisidor Francisco de Bobadilla. Confiscó la casa y los bienes del almirante, le puso grilletes y lo mandó preso a España en una carabela, junto a sus hermanos Bartolomé y Diego. Cuando el 25 de noviembre de 1500 llegaron a Cádiz, Isabel y Fernando pusieron en libertad a Colón y le ordenaron ir a Granada, donde no dejaron de mostrarle su enorme descontento. Hacía un año que otros descubridores estaban yendo a las Indias y, en 1501, sería enviado fray Nicolás de Ovando como gobernador de La Española. El ciclo colombino se extinguía, el monopolio de Colón sobre las tierras divisadas al alba del 12 de octubre había terminado.

Por ello, en el cuarto viaje, Colón fue un expedicionario más, aunque con el título de almirante. Zarpó de Cádiz el 11 de mayo de 1502 y exploró las costas de las actuales Honduras, Nicaragua, Costa Rica y Panamá, así como el golfo de Urabá en Colombia. Desde allí intentó retornar a La Española, pero una tormenta le hizo desembarcar en Jamaica, donde permaneció hasta su regreso en 1504.

2.6. Los huesos de Colón

Hasta el fin de sus días Colón insistió en que había llegado a tierras del continente asiático. El 19 de mayo de 1506, un día antes de su muerte en Valladolid, redactó su testamento ante Pedro de Inoxedo, escribano de cámara de los reyes. Dejó como cumplidores de su última voluntad a su primogénito Diego, a su hermano Bartolomé y a Juan de Porras, tesorero de Vizcaya. Tras su muerte, fue enterrado inicialmente en el convento de San Francisco (Valladolid) y, posteriormente, los restos fueron trasladados al monasterio de la Cartuja, en Sevilla.

Por deseo de su hijo Diego, fueron llevados en 1542 a Santo Domingo. Después de la conquista de la isla por los franceses en 1795, se trasladaron a La Habana y, tras la guerra de la independencia de Cuba en 1898, fueron depositados en la catedral de Sevilla en un suntuoso catafalco.

Las discusiones sobre su enterramiento han llevado a la aplicación de los últimos avances tecnológicos para dilucidar el paradero de sus restos, desde que en 1877 apareciera en la catedral de Santo Domingo una caja de plomo con la inscripción «Varón ilustre y distinguido Cristóbal Colón». Esta urna permaneció en la catedral de Santo Domingo hasta 1992, año en el que fueron trasladados a un monumento construido por el gobierno dominicano.

En 2006 el equipo de investigación dirigido por José Antonio Lorente, médico forense y director del Laboratorio de Identificación Genética de la Universidad de Granada, tras realizar un estudio de ADN comparado con los restos de su hermano menor Diego y de su hijo Hernando, confirmó que los huesos de Sevilla sí fueron los de Cristóbal Colón. Los fragmentos oseos pertenecen a un hombre mediterráneo, robusto, de talla mediana, de entre 50 y 70 años, sin marcas de patología, sin osteoporosis y con alguna caries. Todavía se espera que las autoridades de la República Dominicana permitan el estudio de los restos conservados en su país y atribuidos al almirante. Parece posible que también pertenezcan a Colón, pues en la catedral hispalense solo está el 15% de la totalidad del esqueleto.

3. Alejandro VI y la propiedad de las Indias

El valenciano Rodrigo de Borja fue elegido pontífice el 11 de agosto de 1492 por un escaso margen en la requerida mayoría de dos tercios, asegurada por su propio voto. Pasó a llamarse Alejandro VI. Como vimos, este prelado tenía una estrecha relación con Isabel y Fernando desde que en 1472, como legado papal en la Península, favoreciera su reconocimiento como herederos al trono castellano, especialmente al facilitarles la bula de dispensa que autorizó su matrimonio.

Fernando le correspondería dejándole acaparar cargos eclesiásticos en sus dominios y otorgando favores a sus hijos: a Pedro Luis, el ducado de Gandía (1485); a César, el arzobispado de Valencia (1492) y a Juan, la mano de María Enríquez, prima del soberano (1493). Siguiendo los usos de la época, los Reyes Católicos solicitaron a Alejandro VI que les concediera la soberanía de las tierras descubiertas, a fin de explorarlas y evangelizarlas. No en vano los descubrimientos de Colón habían hecho resurgir las tensiones con Portugal.

Bajo el término de Bulas alejandrinas se hace referencia a cuatro documentos emitidos por Alejandro VI en 1493 a favor de Isabel y Fernando: el breve *Inter caetera*, del 3 de mayo; la bula menor *Inter caetera*, del 4 de mayo; la bula menor *Eximiae devotionis*, del 3 de mayo, y la bula *Dudum siquidem*, del 26 de septiembre.

El papa Inocencio VIII (1434-1492) había sido el primero que impuso el nombre de «Reyes Católicos» tras la toma de Granada. En su tumba, en el Vaticano, una inscripción en latín avisa de que fue el artífice del título: *Regi Hispaniarum Catholici nomine imposito*.

Pero, posteriormente, Alejandro VI, el papa Borgia, en la bula *Inter caetera* los denominó «verdaderos reyes y príncipes católicos». A partir de entonces nadie tuvo dudas de quiénes eran los Reyes Católicos. En lo relativo al reparto del globo, este pontífice establecía un meridiano 100 leguas al oeste de las Azores y de Cabo Verde; al occidente de dicha línea las tierras pertenecerían a Castilla, y al oriente, a Portugal. Pero el rey

Juan II protestó. Era partidario de un paralelo oceánico que reservara a los portugueses la zona austral y a los castellanos la septentrional. Mas los Reyes Católicos insistieron en que debía ser un meridiano y, en la negociación diplomática, ofrecieron recorrerlo hasta las 250 leguas, luego 350 y finalmente 370.

Esta sería la demarcación definitiva recogida en el Tratado de Tordesillas por el que, el 7 de junio de 1494, se trazó una línea imaginaria 370 leguas al oeste de Cabo Verde. Separaba las zonas de influencia de cada reino: al oeste del meridiano las tierras pertenecerían a Castilla y al este a Portugal, de ahí que Brasil, descubierto en abril de 1500 con la llegada de una flota comandada por Pedro Álvarez Cabral, quedara en manos lusitanas.

A pesar de no haber tenido ninguna consecuencia práctica, las bulas alejandrinas se consideran tradicionalmente el primer hito del derecho indiano, el cual se define como el conjunto de normas jurídicas vigentes en América durante la dominación española. Algunos autores han afirmado que el papado se limitó a actuar como fedatario mayor en la aventura del descubrimiento. Otros juristas opinan que este documento debe ser interpretado como una concesión religiosa otorgada por el pontífice para regular determinados derechos y deberes: las bulas conceden el dominio legal de unas tierras de infieles y, por tanto sin dueño legítimo, a los Reyes Católicos, a cambio de la obligación de «proteger y evangelizar a los indios», cuestión de la que Isabel se preocupó hasta en sus últimas voluntades.

El Tratado de Tordesillas otorgó base jurídica al dominio español sobre las tierras impropiamente llamadas «las Indias». El papa Borja, después de alabar el celo apostólico de los reyes de Aragón y Castilla, reconocía el decisivo papel desempeñado en la empresa colombina. Atendiendo, pues, a todos estos antecedentes y haciendo uso de la «plenitud de la autoridad apostólica», resolvía donar y conceder las tierras recientemente descubiertas y las que en el futuro se descubrieran a Isabel y Fernando, y a sus legítimos sucesores, imponiéndoles al mismo tiempo la obligación de evangelizar a los pobladores de dichas tierras.

Al igual que Canarias y Granada, las Indias fueron territorios ganados por el matrimonio formado por los Reyes Católicos, de manera que eran bienes gananciales, por lo que podían ser incorporados a Aragón o a Castilla. De mutuo acuerdo decidieron anexionar el Nuevo

Mundo a Castilla. Sin embargo, a título personal, nunca para el patrimonio aragonés, Fernando se quedó con el 50% de las riquezas.

4. Las expediciones de rescate. Juan de la Cosa y el mapa de 1500

Entre 1492 y 1500 hubo otros viajeros no castellanos en América. Uno de los primeros europeos de la época moderna que llegó a Norteamérica fue el comerciante y explorador italiano Juan Caboto. Su trayectoria es bastante paralela a la de Colón. Desde muy joven, siguiendo el modelo paterno, se dedicó al comercio con los puertos de Oriente, trayendo desde Asia, por la vía terrestre o por el mar Rojo, valiosas mercaderías.

Hacia 1490 se trasladó con su familia a Valencia, pero no logró apoyos para su proyecto ni en Castilla ni en Portugal. Partió entonces en 1494-1495 a Inglaterra y se instaló en Bristol. Entró en contacto con el rey Enrique VII y con los mercaderes del puerto y, de este modo, trató de llegar a Asia navegando hacia el oeste por el Atlántico norte, estimando que esta ruta sería más corta que la hallada por Colón. Enrique VII concedió a Caboto y a sus 3 hijos el derecho a buscar islas y países paganos con 5 barcos bajo bandera inglesa, con la siguiente garantía: «plena y libre autoridad, permiso y poder para navegar a todas partes, regiones y costas de mares del este, oeste y norte, bajo nuestros estandartes, banderas y enseñas».

En 1496 Caboto partió de Bristol con un buque, pero no logró ir más allá de Islandia y se vio obligado a regresar a causa de disputas con la tripulación. En un segundo intento, partió nuevamente de Bristol con un único barco, el *Matthew*, un bote de 50 toneladas donde navegaban 18 tripulantes. Zarpó en mayo de 1497 y arribó a la costa de Terranova el 24 de junio, creyendo que eran las costas asiáticas de Cipango. En Inglaterra, fue nombrado almirante y premiado con 10 libras y la patente real para otro viaje. Más tarde, se le concedió una pensión de 20 libras anuales.

Enfervorizado, al año siguiente salió al mando de una expedición de 5 buques. Uno de ellos retornó a un puerto irlandés a causa de los daños causados por una tormenta. Tras ser reparado, zarpó de nuevo en dirección oeste. De Caboto y su expedición nunca más hubo noticias, se supone que llegaron hasta Groenlandia. La importancia de sus exploraciones radica en que fueron el fundamento de las reivindicaciones inglesas sobre Norteamérica.

Pese a la intención de Colón de reservarse el monopolio de la conquista y colonización de las tierras a las que había llegado, la corona fomentó las capitulaciones de descubrimiento y de rescate, que tenían como objetivo primordial encontrar en Venezuela el paso no localizado por el almirante. Por concesión papal, las Indias eran propiedad de Castilla, pero el rey concedía a algunos de sus súbditos la merced de explotarlas con ciertas condiciones:

—Se otorgaba al navegante una parte del beneficio y la posibilidad de hacer «rescates» (sinónimo de comercio con los naturales), pagando el quinto real (20 %) a Castilla.

—El particular tenía que costear todo el viaje. No siempre era fácil encontrar a marineros dispuestos a realizar un desembolso tan ingente, de ahí que se formaran compañías. Se trataba de expediciones a cobro revertido y, en caso de naufragio, la corona no perdía absolutamente nada, pues no arriesgaba capital.

En 1499 llegó a Venezuela la expedición del conquense Alonso de Ojeda, que se unió a Juan de la Cosa y al florentino Américo Vespucio, el cual se encontraba en Sevilla haciendo negocios como factor de los Médicis. Esta fue la primera de la serie de expediciones de descubrimiento o rescate, también conocidas como «viajes menores» o «viajes andaluces». Recorriendo el litoral occidental de África hasta Cabo Verde, tomaron el mismo rumbo que Colón un año antes en el tercer viaje, pero en dirección suroeste. Sin embargo, Vespucio decidió separarse de la flota y navegar más al sur, hacia Brasil.

La flota de Ojeda llegó a las bocas de los ríos Esequibo y Orinoco, así como al golfo de Paria y a las islas de Trinidad y Margarita, continuando a lo largo de la tierra firme en busca de un pasaje hacia la India. Después, recorrió la península de Paraguaná y avistó la isla Curaçao, a la que denominó isla de los Gigantes porque creyó haber contemplado allí a indígenas de gran estatura. Se atribuye a Ojeda haber descubierto la parte norte, de sotavento, de las actuales Antillas Holandesas.

En el mismo año, Vicente Yáñez Pinzón fue el primer europeo que alcanzó el Amazonas y, según algunos historiadores, debe ser considerado el auténtico descubridor de Brasil. Regresó a la Península el 30 de septiembre de 1500 con cargamento de una madera muy cotizada para teñir telas, llamada «palo brasil». En virtud de una capitulación firmada por Fernando el 5 de septiembre de 1501, sabemos que Yáñez Pinzón fue nombrado capitán y gobernador del territorio de Santa María de Consolación. En 1508 exploró la costa de Centroamérica y la península de Yucatán, estableciendo el primer contacto con los aztecas.

Otra expedición de rescate fue la desarrollada por Pero Alonso Niño, marino de Moguer. Este hombre fue el piloto de la *Santa María* en el primer viaje de Colón, con el que estuvo también en el segundo viaje. Fue además el marino que enseñó al príncipe Juan a manejar cartas de navegación. Alonso Niño planteó realizar una expedición particular a la costa de las Perlas, que había dejado deslumbrados a los exploradores. Para ello buscó la financiación de Luis Guerra, el «bizcochero de Triana», rico comerciante que puso a su hermano Cristóbal como capitán de la flota, quedando Pero de piloto de la nave, una carabela con 33 hombres.

En junio de 1499, una vez realizados todos los preparativos y cargado el barco con las mercancías, salió de la barra de Saltes del puerto de Palos. Siguieron la ruta de Ojeda y llegaron a Paria por el sur. Desde allí pasaron a la isla Margarita, donde realizaron el intercambio de mercaderías, consiguiendo una enorme cantidad de perlas. En palabras del humanista Pedro Mártir de Anglería «cargaron perlas como si fuera paja». Llegaron a Cumaná y consiguieron más. A cambio, los españoles ofrecían productos que en Castilla no eran tan cotizados, al igual que para los indios no resultaban originales las perlas. Al parecer los nativos se miraban con complicidad, estaban muy contentos pensando que habían engañado a los cristianos.

En esta expedición se descubrió la punta de Araya con sus salinas (sabido es el potencial de la sal como conservante, de ahí su utilidad en las travesías). A su regreso, entraron en el puerto de Bayona (Pontevedra) y vendieron 96 marcos de plata, quedándose con otros tantos. Al no declarar las ganancias y, por consiguiente no pagar el quinto real, Alonso fue detenido y juzgado, aunque saldría absuelto. En 1502 regresó a América como piloto de la expedición que llevó al nuevo gobernador, y a la vuelta, un huracán hundió el barco en el que viajaba, perdiendo la vida en el accidente.

Por todo lo explicado, el mapa de 1500 era sustancialmente diferente al que reflejaba el mundo conocido hacía tan solo unas décadas. Esta carta, pintada por Juan de la Cosa sobre pergamino (conservada actualmente en el Museo Naval de Madrid), es la representación más antigua del continente americano.

En el mapa aparecen las tierras descubiertas hasta finales del siglo XV por las expediciones castellanas, portuguesas e inglesas. También muestra una gran parte del Viejo Mundo e incluye noticias de la reciente llegada de Vasco de Gama a la India en 1498. Es curioso cómo el portulano hace referencia al descubridor mediante una gran imagen de San Cristóbal en la zona donde debiera estar Centroamérica. En contra de la estimación de Colón, que pensaba que Cuba era una península de Asia, en el plano luce ya como isla. Las Indias están representadas en verde y Europa sin colorear. Además, se perciben personajes bíblicos —los Reyes Magos— o legendarios —el preste Juan— y elementos simbólicos junto a la rosa de los vientos con las efigies de la Virgen y al Niño.

5. Amor y veneno en la corte de Juana

Lo primero que hay que señalar es que Juana, la hija de los Reyes Católicos, no estaba destinada por la línea sucesoria a heredar Castilla. Aunque desde su infancia pareció estar lúcida, sobre todo con su afición hacia la danza y la música. Demostraba gran soltura a la hora de tocar el clavicordio, los hados parecían conducirla hacia el norte, como archiduquesa y princesa de Flandes.

Pero una serie de fallecimientos desembocaron en su retorno a la Península: en octubre de 1497 murió su hermano mayor Juan, a los 19 años, según se dijo por sus excesos sexuales con su joven esposa Margarita; un año después pereció la hermana mayor de Juana, Isabel, casada con Manuel I de Portugal, y, antes de su segundo cumpleaños, Miguel, hijo de estos y nieto de Isabel y Fernando, trasponía el mundo. Por ello, en 1500, Juana se convirtió en la única heredera de las coronas de Castilla y Aragón, implorándole su madre que volviera urgentemente de los Países Bajos.

Por entonces nadie cuestionaba la capacidad de Juana para reinar. En 1501, el obispo de Córdoba, enviado por los Reyes Católicos como embajador a Flandes, informaba de que era «habida por muy cuerda y por muy asentada». Ese mismo año, el embajador residente de España había llegado a decir que «en persona de tan poca edad no creo que se haya visto tanta cordura».

En cuanto Juana y Felipe llegaron a España, la reina Isabel lo dispuso todo para que las Cortes de Castilla reconocieran a su hija como heredera legítima al trono. El archiduque Felipe, relegado al rango de consorte, abandonó España seis meses después, dejando a su mujer embarazada de su cuarto hijo, a quien se puso el nombre de Fernando. La intención de Isabel era que Juana la sucediese en Castilla como reina propietaria, con o sin el apoyo del archiduque. Las Cortes de Toledo, reunidas en mayo de 1502, marcaron un punto de inflexión en la vida pública de Juana, pues empezó a ponerse en cuestión su idoneidad para gobernar. Cuando la reina Isabel redactó un último testamento existían serias dudas en torno a la salud mental de su hija.

Tras la muerte de Isabel la Católica en 1504, probablemente por cáncer de útero, el viudo quedó en una situación muy delicada en la corte castellana. Aunque el testamento nombraba a Fernando de Trastámara regente de Castilla hasta que su nieto Carlos (el futuro emperador del Sacro Imperio Germánico) alcanzara la mayoría de edad, la falta de apoyos entre la nobleza local y la llegada a España del padre de este, Felipe el Hermoso, obligó al monarca a retirarse a Aragón. Precisamente la decisión que había tomado Isabel buscaba evitar que un extranjero se hiciera con la corona y que Juana fuera utilizada como marioneta.

Pese a todo el afecto que guardaba a Isabel, retratado en la frase «su muerte es para mí el mayor trabajo que en esta vida me podría venir…», lo cierto es que el consorte no esperó mucho tiempo antes de volver casarse. A la espera de recuperar la regencia, Fernando neutralizó el apoyo galo a su yerno Felipe por el Tratado de Blois y desposó, en octubre de 1505, a Germana de Foix, sobrina del rey de Francia Luis XII, quien cedió a la joven, de 18 años, los derechos dinásticos del reino de Nápoles, y al aragonés, de 53, el título simbólico de rey de Jerusalén.

Los Habsburgo comenzaron a reinar en España a partir de la Concordia de Villafáfila, de 27 de junio de 1506, por la que Felipe I el Hermoso era reconocido como único rey de Castilla, habida cuenta de la demencia de la esposa. Su suegro Fernando, titular de la Corona de Aragón, montaría en cólera al ver cómo el yerno, nada fiel a su hija Juana, se iba a llevar la parte del león. Un oportunista, debió de pensar el aragonés, pues Felipe no solo traicionaba a su hija en la esfera personal, sino que la utilizaba para posicionarse en un gran reino como era el castellano.

Sin embargo, Felipe I reinó pocos meses, puesto que el de Brujas falleció en Burgos con 28 años, en un suceso que sigue envuelto en el misterio. Así, el pueblo no tardó en divulgar la sospecha de que Fernando lo había envenenado. De una forma o de otra, cuando el aragonés regresó a Castilla, supo que durante el cortejo fúnebre de su yerno, la salud mental de Juana se había resentido.

Cayó en una obsesión paranoica porque temía que los nobles flamencos se llevaran el cuerpo de su esposo a los Países Bajos. De hecho, el corazón fue enviado a su ciudad natal, Brujas: «Lo abrieron de pies a cabeza; las pantorrillas y las piernas y cuanto de carne había en él fue sajado para que, escurriendo la sangre, tardara más en pudrirse. Dicen que le sacaron el corazón para que, encerrado en un vaso de oro, se lo llevaran a su casa», cuenta el humanista italiano Pedro Mártir de Anglería ejerciendo de corresponsal forense.

En un primer momento, Felipe el Hermoso fue sepultado en la cartuja de Miraflores, en Burgos. Pero al inicio de las navidades de 1506 doña Juana hizo desenterrar a su esposo y obligó a los cortesanos a pasar una ronda de reconocimiento, pese a que «no se distinguía bien si tenía rostro de hombre, porque envuelto en vendajes impregnados en ungüentos, y embadurnado todo en espesa cal, nos parecía estar viendo una cabeza hecha de yeso».

Después, Felipe emprendió el viaje más terrorífico que se haya registrado en la historia de España: «rodeado de funeral pompa y de una turba de clérigos entonando el Oficio de Difuntos, como en triunfo, en un carruaje tirado por cuatro caballos, en jornadas nocturnas».

Tras deambular, en Nochebuena la comitiva se instaló en Torquemada. En la casa del cura se aposentó la reina, y los cortesanos, que no tenían dónde hospedarse, se marcharon a Palencia. Era lo que doña Juana prefería: estar sola con su esposo. Aunque no sola del todo, pues obligaba a que hubiera siempre una guardia de nobles velando el cadáver.

Tenía el despojo del Hermoso en la iglesia del pueblo, donde continuamente celebraba solemnes funerales como si acabara de morir, con todos los fastos. Se gastó la friolera de medio millón de maravedíes en cera. La continua combustión de los cirios «nos ha dado un color de etíopes», decía nuevamente el cronista de aquella visión, Mártir de Anglería; y, finalmente, se incendió el templo.

Pero, ¿qué importaba? En Torquemada, doña Juana tuvo una prueba de que su marido se mantenía vivo, pues el 14 de enero de 1507 nació la infanta Catalina, futura reina de Portugal.

En abril volvió a los caminos, buscando aldeas donde la vida fuera imposible para la cohorte, como si su dolor se mitigara haciendo sufrir a los cortesanos. Cuando la comitiva llegaba a las puertas de un monasterio no las traspasaba, pues la reina no podía soportar que otras mujeres, ni siquiera las monjas, estuvieran cerca. Una cruda noche a la intemperie por no querer entrar al cenobio a causa de los celos, con su hija de tres meses tiritando en medio del páramo castellano de Santa María de Escobar, doña Juana se ganó definitivamente el apelativo de loca.

Así, Cisneros asumió la regencia en 1506-1507. Mientras, Fernando consiguió arrastrar a su hija hasta las proximidades de Burgos, pero ella se negó a pasar a la ciudad y se quedó en Arcos con el cadáver insepulto durante más de un año. En febrero de 1509 se echó de nuevo a los caminos y tardó 40 días en llegar a Tordesillas, donde, paradójicamente, se desinteresó por el cadáver, aunque no fue inhumado, sino depositado en la iglesia del convento de Santa Clara. Durante el encierro al que fue sometida, la ilustre demente se acordaba de tarde en tarde del esposo y entonces iba a verlo.

Todavía tendría que esperar Felipe el Hermoso más de 15 años para ser definitivamente enterrado en Granada, como había dispuesto en el testamento. En 1525, su hijo Carlos ordenó el último viaje hasta la Capilla Real. Al sepulcro de mármol de Carrara, Juana se sumaría tras medio siglo de encierro, ¿de qué le valía la condición de reina titular si estaba en manos de sus siervos?

Es triste que nunca consiguiera mostrar un temperamento normal, pese a que ella esperaba un cambio súbito:

> Si en algo usé de pasión y dejé de tener el estado que convenía a mi dignidad, notorio es que no fue otra cosa sino el celo; y no solo se halla en mí esta pasión, mas la reina (Isabel la Católica)... fue asimismo celosa, mas el tiempo saneó a su Alteza, como placerá a Dios que hará a mí.

El amor y el veneno. Los celos y la locura. Binomios peligrosos en toda época que, como los escarabajos, en el verano de la España imperial volaban ya al amanecer. Porque Fernando feneció el 23 de enero de 1516 por abusar de la cantárida, un afrodisíaco derivado de este coleóptero esmeralda de los bosques de fresnos. Legó todas sus posesiones a Juana, aunque al encontrarse inhabilitada para reinar, hasta la llegada de Carlos de Gante, la Corona de Aragón tuvo como regente a su hijo bastardo Alonso, y la de Castilla, por segunda vez a Cisneros. No obstante, en este último punto la voluntad de Fernando era conceder el reino a su nieto favorito, Fernando de Habsburgo, que se había criado a su vera.

Y una de las pocas instrucciones que dirigió a Carlos fue que se encargara de que Germana de Foix viviera holgadamente, «pues no le queda, después de Dios, otro remedio sino solo vos...». Cometido que cumplió en límites desorbitados, pues el joven de 17 años se enamoró de su abuelastra, de 29, quien no padecía entonces la obesidad que tendría en la senectud. De la unión parece que nació una niña, Isabel, a quien Germana se refiere en su testamento como la «infanta Isabel» y a su padre como «el emperador».

Porque no siempre el tiempo lo cura todo, y si la endogamia prosigue la sangre de alcurnia no es de cristiano viejo ni nuevo, sino de paciente de hospital, la locura volvería a aflorar trágicamente en don Carlos, el malogrado primogénito de Felipe II, un príncipe conflictivo y calavera, del que no harían carrera por el alcázar de los Austrias.

Capítulo VII
Los Austrias

Fiesta barroca en la plaza Mayor del Madrid de los Austrias.
Obra de Juan de la Corte realizada en 1623. Museo de Historia de Madrid.

Dios es español y está de parte de la nación estos días.

Gaspar de Guzmán, conde-duque de Olivares

CON ESTAS DOS PALABRAS, LOS AUSTRIAS, podría resumirse la andadura española en los siglos XVI y XVII. Porque realmente fueron ellos, desde Carlos I hasta su tataranieto Carlos II, los artífices de la monarquía hispánica y, para bien o para mal, testigos de excepción del auge y del tocar fondo, de los tercios y del valimiento, de las alianzas a través de los enlaces y de la extinción de la dinastía cuando los hechizos se batían en duelo con la razón.

Los Habsburgo dirigieron los destinos de la monarquía hispánica desde Felipe el Hermoso hasta 1700. Aunque extranjeros de apellido y ajenos al medievo de la piel de toro, eran Trastámara al fin y al cabo, por resultar beneficiarios de la política de alcoba y de la espiral de relaciones diplomáticas auspiciadas como mecanismo institucional por Isabel y Fernando para aproximar reinos a través de la heráldica.

Como nunca suele resultar óptimo confiarse en la vida, la profecía emanada de unos versos renacentistas fue desmontada sin premeditación alguna: «Hagan otros la guerra; tú, feliz Austria, cásate; porque los reinos que Marte da a los otros, a ti te los concede Venus». Y, precisamente, a base de desposorio, con la alcurnia de la endogamia, los Austrias cavaron su tumba, cediendo el testigo a una dinastía francesa en la historia de España.

1. El apogeo del imperio

Aunque el siglo XVI español, conocido como de los Austrias mayores, puede verse englobado bajo el signo de la expansión, admite matizaciones en función de los dos reinados: de Carlos I (1516-1556) y de Felipe II (1556-1598). La primera etapa estuvo dominada por los compromisos europeos de un soberano que era al mismo tiempo Carlos V, es decir, titular del Sacro Imperio, mientras que, durante la segunda, la política exterior se correspondió más con la defensa de los intereses de una monarquía hispánica que había asumido los presupuestos de la difusión de la religión católica junto a los de su propia reputación como primera potencia mundial.

El ejército pasó de ser señorial a estatal, aunque buena parte de sus efectivos eran mercenarios que no luchaban por la patria, sino por adquirir la soldada. A medida que fue avanzando la Edad Moderna, los ascensos se asociaron en mayor medida a los méritos profesionales y menos al origen social de los individuos. Otro hecho constatado es que la artillería adquirió un notable desarrollo.

El sistema polisinodial con el que se describe el engranaje del Estado hace referencia a la forma de gobierno basada en consejos, los cuales eran de dos tipos: territoriales y temáticos, por ejemplo, Consejo de Castilla, de Hacienda, etc. La misión de los consejos era asesorar al soberano.

Carlos V recibió por vía materna Castilla, Navarra, Aragón, las Indias, Nápoles y Sicilia, y por vía paterna el patrimonio borgoñón, el austríaco y el derecho al trono del Sacro Imperio Romano Germánico. Fue rey de España, pero cada espacio siguió manteniendo sus particularismos institucionales, pues, en aquella época, que un reino estuviera unido significaba que tenía un heredero común, por lo que la monarquía se erigía como elemento aglutinador.

Esta organización implicó la fusión de territorios geográfica o históricamente afines. La monarquía autoritaria consiguió establecerse de un modo firme en España, Francia, Inglaterra y Portugal, pero ni Alemania ni Italia lograrían unificarse hasta 1870.

Castilla tenía unas Cortes, mientras que Navarra, Aragón y Cataluña contaban con las suyas. Desde su conquista en 1512, Navarra se mantuvo como reino; en 1537 Álava se dividió en seis cuadrillas y, en 1610, Felipe III otorgó a Vascongadas el reconocimiento de hidalguía.

Navarra, Vascongadas, Asturias y Galicia celebraban Juntas Generales. En Castilla, a efectos gubernativos, se afianzaron los corregimientos. En la Corona de Aragón las unidades territoriales fundamentales fueron las veguerías en Barcelona y Mallorca, las gobernaciones en Valencia y las sobrecullidas (distritos o veredas) en Aragón.

La burocracia se jerarquizó y especializó para desempeñar con eficacia las directrices emanadas desde el poder. En su mayoría, los secretarios formaban parte de la nobleza media y baja y de la burguesía letrada.

En la diplomacia sobresalieron dos categorías: los embajadores (enviados con una misión precisa, para representar a su país y al rey) y los cónsules (portavoces de los intereses de un grupo de determinada nacionalidad residente en el extranjero), sin poder olvidarnos del subterfugio del espionaje. Solo el monarca bien informado podía ver reducida la incertidumbre en la toma de decisiones, y la frontera mediterránea fue el escenario privilegiado de los agentes dobles y del lenguaje de los embozados bajo las capas.

1.1. Carlos, herencia y proezas

La causa inmediata de la formación del imperio fue la acumulación de patrimonios familiares. Carlos nació con el siglo, en 1500, durante la celebración de un baile en la casa del príncipe de Gante. De sus abuelos maternos, Isabel y Fernando, recibió Castilla y sus dominios americanos, Aragón y sus posesiones en el Mediterráneo, Navarra y las plazas del norte de África. De su abuelo paterno, Maximiliano de Austria, obtuvo los territorios austríacos de los Habsburgos y los derechos a la corona imperial y, de María de Borgoña, los Países Bajos y el Franco Condado, así como las pretensiones legítimas sobre el ducado de Borgoña.

De este modo, Carlos concentró en sus manos el legado político de cuatro dinastías y fue el primer Habsburgo que gobernó en tres continentes. Desde Carlomagno, en el siglo IX, la Europa cristiana no había conocido una potestad de tales dimensiones, si exceptuamos el Imperio bizantino. Este vasto conjunto alentó la idea imperial de Carlos, especialmente con el propósito de frenar el avance de los infieles, representados por los turcos.

Carlos recibió una esmerada educación. En 1505 su padre nombró como maestro del pequeño, entonces solo duque de Luxemburgo, al jiennense Luis Cabeza de Vaca. En 1511, ya como conde de Flandes, Carlos fue puesto por su tía y tutora, la regente Margarita, bajo las enseñanzas de Adriano de Utrecht, más tarde papa con el nombre de Adriano VI. Este personaje se convirtió en uno de los más importantes de la vida de Carlos y, sin duda, en su profesor más influyente.

El 5 de enero de 1515 fue declarado mayor de edad. En ese momento acabó la regencia y Carlos se hizo con las riendas de los Países Bajos. Como la reina legítima, pese a su incapacidad, seguía siendo Juana I de Castilla, pero Carlos deseaba ser coronado rey, se ideó una fórmula legal que no violentara las tradiciones castellanas. De este modo, se planteó la expresión: «Doña Juana e don Carlos, su hijo, por la gracia de Dios reyes de Castilla, de León, de Aragón...». Cisneros tuvo incluso que amenazar a los nobles con las armas para que lo aceptaran.

Antes de partir hacia España, Carlos de Gante tenía que dejar todos los asuntos de Flandes bien resueltos. En marzo de 1516 fue proclamado rey de Castilla y Aragón en la iglesia de Santa Gúdula de Bruselas. Zarpó hacia España, sin conocer la lengua castellana, acompañado del todopoderoso Guillaume de Croy, señor de Chièvres, el 8 de septiembre de 1517. La llegada no fue como estaba prevista, ya que una tormenta alteró el rumbo de la flota y, mientras las autoridades españolas esperaban las 40 naves gruesas y 12 menores en Cantabria, Carlos se presentó en Asturias, en la playa de Tazones, donde fue recibido con extrañeza por una población asustada que tomó el despliegue por una escuadra pirata. El regente, el cardenal Cisneros, garante de la monarquía desde la muerte de la soberana católica y capitán general de África, había salido a su encuentro, pero al llegar a Roa lo sorprendió la muerte el 8 de noviembre de 1517.

Ya en 1516, la ciudad de Valladolid aconsejó al joven Carlos llevar las riendas del reino con el brío de Isabel y Fernando: «Vuestra alteza debe venir a tomar en la una mano aquel yugo que el católico rey vuestro abuelo os dejó, con el cual tantos bravos y soberbios se domaron, y en la otra, las flechas de aquella reina sin par, vuestra abuela doña Isabel, con que puso a los moros tan lejos».

Tras un largo viaje por el norte peninsular, la comitiva se dirigió a Tordesillas, tanto por motivos políticos, pues él quería que su madre aprobara la idea de compartir el título, como por razones sentimentales, pues al igual que su hermana Leonor, llevaba 11 años sin ver a Juana. Ninguno de los dos conocía a su hermana pequeña, Catalina.

Carlos no contraería matrimonio hasta 1526. Lo haría con Isabel de Portugal. Parece que Cupido unió a la pareja, pero ella falleció prematuramente en 1539 y, en las casi dos décadas más que vivió, Carlos no volvió a casarse. Del enlace nacieron 5 hijos, de los que solo el príncipe Felipe y las infantas María y Juana llegaron a la edad adulta. Además de estos y de Isabel, gestada en los amoríos con su abuelastra Germana, Carlos tuvo a Margarita de Parma, gobernadora de los Países Bajos, de una relación anterior a su matrimonio con la flamenca Johanna Maria van der Gheenst, y, ya viudo, engendró otro hijo con la alemana Bárbara Blomberg, el célebre don Juan de Austria, enviado a sofocar la revuelta morisca de las Alpujarras (1568) y vencedor en Lepanto.

En 1515, y con motivo de su mayoría de edad, Erasmo de Róterdam le había dedicado el libro *Educación del príncipe cristiano*. A lo largo de su reinado, Carlos se desplazó de un extremo al otro de sus dominios y combatió en innumerables campos de batalla. Un hecho insólito fue que el monarca, que aprendió en castellano a rezar, no pisó Portugal, la patria de su consorte. A decir verdad, permaneció poco tiempo en un mismo lugar y nunca tuvo una corte estable, si bien supo rodearse de importantes pensadores, artistas y hombres de ciencia, como el humanista Alfonso de Valdés, el arquitecto Pedro Machuca, el escultor Alonso Berruguete o su pintor predilecto, Tiziano.

Los primeros momentos de la dinastía fueron difíciles. Carlos V se mostró altanero con sus nuevos súbditos. Muerto su abuelo Maximiliano en 1519, precisaba cuantiosos recursos para hacerse coronar fuera de la Península, en el imperio, y puesto que el territorio más rico y próspero era Castilla, trató de sacar de ahí el dinero suficiente. Sus exigencias monetarias y la actitud de los consejeros que trajo consigo provocaron, en 1520, la sublevación de los comuneros, Padilla, Bravo y Maldonado, quienes ensalzaban el patriotismo castellano. El incidente desembocó en una guerra abierta entre las tropas imperiales y las ciudades de Castilla.

El conflicto estalló tras la reunión de las Cortes en Santiago y La Coruña. El rey no aceptó las peticiones de los comuneros (cargos, prohibición de las exportaciones de oro, plata y materias primas, educación castellana del heredero...). El movimiento popular estuvo dirigido por la pequeña nobleza, los artesanos y campesinos. El inicio de la guerra y los éxitos militares de Medina y Tordesillas animaron a la generalización de la sublevación.

La negativa de Juana a deslegitimar las acciones de su hijo y el nombramiento del almirante Enríquez y del condestable Íñigo de Velasco como responsables de la represión del levantamiento, radicalizaron las peticiones, uniéndose al soberano la alta nobleza y el sector más adinerado de la burguesía. El resultado final fue la derrota del ejército comunero en Villalar (23 de abril de 1521) y la decapitación de sus líderes.

Las Comunidades vinieron a presentar un doble conflicto. Por un lado, el de los productores (artesanos, principalmente), interesados en una política proteccionista ante los exportadores de lana (grandes ganaderos y mercaderes), los cuales pretendían mantener su privilegiada situación en el comercio con Flandes. Por otro, el de los campesinos contra el régimen nobiliario de la propiedad. También fue divergente su percepción institucional: mientras que los comuneros vieron en las Cortes su medio de defensa política, Carlos atisbaba en ellas un obstáculo para el desarrollo de su monarquía autoritaria.

Simultáneamente al alzamiento comunero, tenía lugar en la Corona de Aragón el movimiento de los *agermanats*. Valencia y Mallorca fueron los principales focos de las Germanías entre 1519 y 1523. El componente social hizo que la nobleza —que en Castilla había dudado en su refrendo a los comuneros— hiciera frente común contra el emperador.

Con el aplastamiento de comuneros y agermanados quedaba afianzado el poder real. Pero también Carlos V aprendió la lección. A su retorno a Castilla en 1522, estudió con vehemencia la lengua y emprendió un cambio de política, apoyándose en administradores hispanos.

Superada la crisis inicial, el reinado de Carlos se caracterizó por la estabilidad y el sistema de consejos se consolidó como forma de gobierno. Los reyes Habsburgo asumieron como primer deber la defensa de la integridad de su imperio y, dentro de él, de la unidad católica, sobre todo desde el Concilio de Trento. A estos objetivos se subordinarían los hombres y los bienes. Por ello, Carlos V mantuvo una serie de guerras contra su principal enemigo, Francisco I de Francia, contra los príncipes alemanes y contra los turcos, en Centroeuropa y el Mediterráneo. El oro y la plata que Castilla recibía de los viajes ultramarinos, así como el esfuerzo de los nacientes tercios, mantuvieron el éxito en un período bélico tan complicado.

En 1556, el emperador Carlos abdicó de la corona imperial y se retiró al monasterio de Yuste (Cáceres). Atrás dejaba un proyecto imperial que se movió siempre entre los deseos políticos de unidad universal de la cristiandad y los pocos recursos que para tamaña empresa tenía.

En su retiro en Yuste, un niño lo visitaría: Jeromín, don Juan de Austria. Los reparos a reconocerlo como vástago por ser el fruto de un desliz fueron superados con el consejo prudente de Francisco de Borja, duque de Gandía, ya jesuita y futuro prepósito general de la Compañía. Carlos, el hombre que se había comido el mundo, ahora, desdentado, aparentaba 70 años con tan solo 58. Se azotaba el torso como parte de su estrategia para alejar los pecados de la carne y estaba prohibido para cualquier mujer acercarse al monasterio donde residía «a una distancia de más de dos tiros de ballesta so pena de doscientos azotes». El pequeño Jeromín lo frecuentaba e intercambiaba con él los tomos ya leídos de *Los comentarios sobre la guerra de las Galias* de Julio César. Así hasta que llegó día en que el emperador, desde su lecho de muerte, vio llorar «al más valiente de sus soldados».

1.2. Felipe y los rebeldes

Felipe II, el legítimo hijo y sucesor de Carlos V, fue desde 1556 hasta 1598 la cabeza visible de un imperio en el que no se ponía el sol. Aunque, tras la estancia de aquel en Yuste, quedó claro que uno sería el destino de Alemania y otro el de España. De ahí que Fernando I, el otro vástago de Juana la Loca, recibiera la herencia centroeuropea, volcándose Castilla en las sembraduras y en los océanos.

La amenaza turca siguió siendo una de las principales preocupaciones del mandato. Ante el expansionismo musulmán, Felipe II se alió con la Santa Sede y con Venecia mediante la formación de la Liga Santa. La alianza cristiana obtuvo un rotundo éxito en la batalla de Lepanto (1571). La voluntad era unánime, en palabras de don Juan de Austria: «A morir hemos venido, o a vencer, si el Cielo lo dispone. No deis ocasión a que con arrogancia impía os pregunte el enemigo: ¿y dónde está vuestro Dios? Pelead en su Santo Nombre, porque muertos o victoriosos, habréis de alcanzar la inmortalidad». La expansión otomana quedó frenada, aunque la guerra continuó, sobre todo mediante la piratería por el Mediterráneo.

Felipe II continuó las pautas de su padre, si bien creció sin la presencia del mismo, enfrascado en las batallas. Esta distancia pudo marcar a perpetuidad su carácter. Había nacido en Valladolid en 1527, era un rey castellano desde la cuna que, tras instalarse en Madrid, mandaría erigir el monasterio de El Escorial. La timidez, identificada como frialdad, sirvió al monarca para ocultar sus inseguridades.

Como anécdota ilustrativa puede referirse que, con 38 años, en 1566, fue avisado de que debía encargarse de presentar a su primera hija en la pila bautismal. Preso de los nervios, ensayó durante varios días con un gran muñeco, delegando finalmente tal misión en don Juan de Austria, estudiante alcalaíno, gobernador y diplomático, quien por otra parte murió con apenas la treintena, deprimido por la falta de refuerzos en Flandes, con el cuerpo castigado por el tifus y unas hemorroides mal operadas, soltero pero padre de dos hijas, humilde y grande por ser consciente de que nada poseía en el mundo que no fuese de su hermano y señor, el rey.

Desde 1566, el problema central de la política exterior de Felipe II fue Flandes. La Guerra de los Ochenta Años, encabezada por Guillermo de Nassau, príncipe de Orange, constituyó la suma de las aspiraciones de autonomía política de la nobleza holandesa. El país quedó dividido entre una zona norte (Unión de Utrecht) de mayoría protestante, y otra meridional (Unión de Arrás), mayoritariamente habitada por católicos, quienes continuaron integrados en la monarquía hispánica.

El apoyo dado por los ingleses a los rebeldes flamencos supuso un cambio en las relaciones con Inglaterra. En el primer período de su reinado Felipe II había mantenido buenas relaciones, pues estaba casado con la soberana de Inglaterra, María Tudor, tía suya por ser hija de Catalina de Aragón, repudiada por Enrique VIII. La muerte de esta última y la subida al trono inglés de su hermanastra Isabel I, la apodada Reina Virgen, varió el panorama. Isabel ofreció su apoyo a los calvinistas y animó los ataques de los piratas ingleses, como John Hawkins, contra los navíos españoles en el Atlántico.

La antipatía que en España generaba Isabel aumentó notablemente en 1585, cuando llegó la noticia de que su corsario favorito, Francis Drake, elevado a *sir*, había desembarcado en Galicia, destrozando imágenes religiosas, maltratando a clérigos y capturando numerosos rehenes. En Madrid, un mes después, un ministro se lamentaba de que «la reina de Inglaterra nos haga la guerra de forma tan descarada y deshonesta, y que nosotros no podamos vengarnos».

A partir de 1585, la hostilidad con Inglaterra fue patente, pues la situación tornó en insostenible. Desde la isla de Wight, situada enfrente de Southampton, era frecuente el hostigamiento de los piratas a las naves flamencas y castellanas. Esta situación afectaba profundamente al libre comercio local y, por ende, a la exportación de lana de la Mesta. Felipe II concibió la idea de la Felicísima Armada en su residencia habitual del monasterio de El Escorial. La invasión de Inglaterra se justificó con dos propósitos: derrocar a Isabel I y reponer el catolicismo local representado por la escocesa María Estuardo, aunque esta última sería condenada a muerte por la reina antes de cumplir los 45 años.

El 26 de enero de 1586 Felipe II le encomendó a Álvaro de Bazán, marqués de Santa Cruz, reunir una escuadra para proteger Galicia, Portugal y Vizcaya. La incursión de Drake en Cádiz retrasó la formación, pero los últimos meses del almirante que había ideado la infantería de marina para realizar operaciones anfibias transcurrieron entre abnegados preparativos.

En medio de grandes fastos, la flota fue bendecida por el arzobispo de Portugal en abril de 1588. Bazán murió el 9 de febrero de 1588 y el relevo lo tomó el duque de Medina Sidonia, descendiente de Guzmán el Bueno. El nuevo comandante en jefe, casado con la hija de la princesa de Éboli, Ana Gómez de Silva y de Mendoza (dio nombre al espacio natural de Doñana), jamás aceptó de buen grado la misión, alegando inexperiencia en asuntos marítimos, pero Felipe II le recordó en una carta de dónde procedía su guerrero linaje, como si los ancestros garantizaran el éxito...

Con 130 naves y 27 000 soldados la flota zarpó de La Coruña el 12 de julio. De acuerdo a la estrategia de Felipe II, la armada debía navegar por el canal de la Mancha y encontrarse en los estrechos de Dover con las fuerzas españolas estacionadas en Flandes. Tenía entonces que dar escolta a una parte sustancial de los tercios, embarcados en lanchas hasta la playa de Kent. Desde ese momento toda la operación se pondría bajo el mando supremo del sobrino del rey, Alejandro Farnesio, duque de Parma. Ya se presuponía que el desembarco en algún lugar del Támesis y el asalto de Londres no eran metas fáciles, mas existía en el Rey Prudente una enorme confianza en la hueste marina congregada.

A primera hora del 29 julio, el duque convocó un consejo de guerra en el buque insignia de la armada, el *San Martín*, donde algunos oficiales como Miguel de Oquendo, Pedro de Valdés y Juan Martínez de Recalde —la vieja guardia de Álvaro de Bazán— propusieron atacar a Drake en el puerto, como había hecho él en Cádiz un año antes, lo que posiblemente habría supuesto el triunfo para los españoles. Sin embargo, bajo la influencia de Diego Flores de Valdés, Alonso Pérez de Guzmán el Bueno y Zúñiga decidió dirigirse a los Países Bajos sin mediar combate con los británicos. La defectuosa cartografía portada por los españoles fue el golpe de gracia para una travesía a ciegas por las escarpadas costas de Escocia.

Las tempestades hicieron de la gigantesca expedición de 1588 un rotundo fracaso. Actualmente, Irlanda mantiene varios cementerios que albergan los restos de aquellos soldados españoles, cuyas naves, en un número aproximado de 40, encallaron en las costas del oeste. La anécdota vino con la patata, pues a los fieles de san Patricio les correspondió la suerte de conocer este nutritivo tubérculo que los castellanos habían traído de América a partir del naufragio de los galeones.

Cuando, tras el desastre de la Gran Armada, el duque de Medina Sidonia pernoctó en Valladolid, en su retorno desde Santander, toda la noche la calle estuvo llena de pícaros que decían «Drac, Drac, que viene Drac». El terrible personaje de carne y hueso se había convertido en un antropónimo antonomástico comparable a los mitos españoles de la Celestina o Don Juan, como revela que Lope de Vega escribiera *La Dragontea*, poema épico en el que relataba la carrera del llamado en nuestros lares Francisco Draque, desde su oscuro nacimiento a su ignominiosa muerte en el Caribe.

En lo sucesivo, el término «anabolena», como sinónimo de «enredadora» o «prostituta» (por la madre de Isabel I), sería tan conocido en la España de los Austrias como el temperamento salvaje de Drake, del que se habló largo y tendido, pues en 1589 asaltaría La Coruña. Una afrenta en la que su escuadra tuvo que vérselas con la heroína María Pita, que plantó batalla al grito de «*Quen teña honra, que me siga*» («quien tenga honor que me siga»).

Las relaciones de Felipe II con Francia fueron menos conflictivas que en momentos precedentes. Tras la victoria de San Quintín (1559) y el matrimonio de Felipe II con Isabel de Valois, hubo que esperar a la oposición española a la entronización del protestante Enrique de Borbón, como rey de Francia para ver otro fuego abierto. Entre 1595 y 1596, se dio una breve contienda que finalizó con el tratado de Vervins y la conversión al catolicismo, en 1598, de Enrique de Borbón (Enrique IV), con su célebre frase: «París bien vale una misa».

Pero, lo más espectacular del reinado de Felipe II fue la unión con Portugal en 1580, hecho que configuró no solo la unidad ibérica, sino la de todos los dominios americanos y africanos de ambas potencias. En Portugal se produjo la división entre las capas populares, recelosas del poderío castellano, y el grupo dirigente, que aceptaba a Felipe como monarca. Las Cortes de Tomar reconocieron a Felipe como soberano, al tiempo que este garantizaba la idiosincrasia lusitana. Fue, pues, una unión personal: dos reinos quedaban bajo un mismo cetro, lo que no impidió que en Portugal siguiera manteniéndose una corriente favorable a la separación del hegemónico vecino castellano.

Sin embargo, ni la anexión ni las victorias frente a turcos o franceses podían ocultar la otra cara de la moneda: el alto costo que, para la economía y clases sociales menos favorecidas, representaba el imperio. La subida de impuestos fue tal, que algunos procuradores, como Francisco de Monzón, en las Cortes de Madrid de 1593, le recomendaron que «si los rebeldes se quieren perder, que se pierdan». Y, con todo ello, se registraron tres bancarrotas.

Porque recordemos que, desde la Baja Edad Media, las Cortes de Castilla, a diferencia de las aragonesas, catalanas y navarras, no eran un Parlamento de tres brazos (estamento eclesiástico, nobiliario y universidades), sino un órgano integrado por ciudades con voto en Cortes y que la convocatoria se orientaba, básicamente, solo a fijar nuevos tributos.

En contraste con Carlos V, desplazado en persona al campo de batalla, Felipe fue un rey burócrata y secretario, que estuvo pendiente de todos los asuntos de gobierno. Puesto que la información reduce la incertidumbre en la toma de decisiones, quiso contar con datos precisos de todos los espacios regidos por su cetro. De esta manera, surgieron las *Relaciones topográficas*, sobre las ciudades, villas y aldeas de la Península, y las *Relaciones geográficas de Indias*.

También fueron padre e hijo diferentes en cuestiones del corazón. Carlos V había tenido una sola esposa, Isabel de Portugal. Por su parte, Felipe II se casó cuatro veces: con María Manuela de Portugal, con María Tudor, con Isabel de Valois y con Ana de Austria. Sin embargo, no engendró ningún ilegítimo. De su descendencia habría que destacar la máxima confianza depositada en sus hijas, las infantas Isabel Clara Eugenia y Catalina Micaela, secretarias y consejeras por su esmerada formación y buen criterio.

Protagonista de la Leyenda Negra orquestada principalmente por ingleses y holandeses, Felipe II desmintió con la lógica de los acontecimientos esa nefasta sombra divulgada con saña en pasquines por toda Europa y recopilada en la historiografía a partir de 1913 por Julián Juderías. Esta categoría engloba las supuestas manipulaciones, exageraciones o falsificaciones de los procesos históricos que han acabado adjudicando, individual y colectivamente, a España, más que a otras naciones, atributos de crueldad, intolerancia, codicia, tiranía o afición por los espectáculos bárbaros.

Sin ser el fanático que han dibujado sus enemigos, la profunda religiosidad y la visión mesiánica de sí mismo que ostentaba Felipe II costaron al imperio varias derrotas, ya que, como en la empresa inglesa, el soberano dejaba muchos factores a la suerte y a la asistencia divina. Otro atributo vinculado con el temperamento perfeccionista de Felipe II fue descrito por Jehan Lhermite, gentilhombre de la corte: «era por naturaleza el hombre más limpio, aseado, cuidadoso para con su persona que jamás ha habido en la tierra, y lo era en tal extremo que no podía tolerar una sola pequeña mancha en la pared o en el techo de sus habitaciones». Los relojes gobernaban absolutamente su existencia, ya que tenía estipulado cuánto debía durar cada actividad cotidiana, desde el almuerzo al horario de caza.

Pero, con sus defectos, el soberano, no fue culpable de la muerte de su hijo, el príncipe don Carlos (un sádico que volcaba nieve en la cama para calmar sus calenturas, asaba liebres vivas y cegaba a los caballos, con el que les tocó pelear a su abuelo y a Francisco de Borja).

Tampoco resultó ser una santa la princesa de Éboli, por más que debamos reconocer el liderazgo que esta alma adolescente ejerció en su época, haciendo de la limitación aneja al parche en el ojo derecho un acicate de hermosura y misterio. Su marido, el Rey Gómez, como era apodado en los mentideros de Madrid, mano derecha del Prudente, ha sido presentado, con reservas, como el primer valido de la España Moderna. Y lo que parece bastante evidente es que, posteriormente, la viuda o tuvo trato carnal con el secretario Antonio Pérez o, al menos, sintió recelos de Juan de Escobedo, el hombre de confianza de don Juan de Austria, pues Escobedo, enviado a la corte para solicitar con urgencia más recursos para Flandes, acabó desapareciendo del cuadro, y Pérez huyendo de la justicia.

Fue triste que Antonio Pérez, el secretario de cámara y del Consejo de Estado, se refiriera a Ana Mendoza y de la Cerda como «el cíclope» en sus cartas clandestinas allende los Pirineos o Inglaterra; corría el año 1594 cuando publicaba en español en Londres su obra, *Relaciones*, bajo el seudónimo de Rafael Pelegrino. Genio y figura es el refrán que viene al caso cuando releemos que, en Pastrana, la aristócrata entró en litigio con Teresa de Jesús porque la mística no le dejaba leer su diario.

También la *Brevísima historia de la destrucción de las Indias*, del padre Bartolomé de las Casas, sobre los métodos de la conquista, así como la popularización de la ferocidad de las tropas en la guerra en los Países Bajos, vinieron a azuzar este halo siniestro.

Un reinado, como decíamos, marcado por el recuento y el análisis, tanto geográfico como financiero, por los avisos de levante sobre el Turco, por el despliegue de los espías, por la leyenda rosa y por los impulsos autodidactas por desbancar los husos horarios, bien a través de la misión, de la conquista o de la profecía.

1.3. La regente Juana de Austria

La más pequeña de los hijos supervivientes de Carlos V nació en Madrid el 24 de junio de 1535 y recibió el nombre del santo del día, que además era el de su abuela paterna, Juana de Castilla. A los 8 años de edad hablaba corrientemente latín, castellano y portugués, era ávida lectora y sabía tocar instrumentos. En palacio gustaban de escuchar sus interpretaciones de música sacra y profana.

Huérfana de madre desde los 4, fue criada por Leonor de Mascarenhas (1503-1584), que había acompañado a la emperatriz Isabel desde su matrimonio en Sevilla hasta su fallecimiento en Toledo. Leonor fue aya de los hijos de la pareja y, en la senectud, según perdió responsabilidades en la casa real, creció su actividad como promotora de conventos, contándose hasta cuatro edificios religiosos, entre Madrid y Alcalá de Henares, que fueron erigidos gracias a su patrocinio. Dos de ellos se destinarían a la Compañía de Jesús, dada su amistad con Ignacio de Loyola, al que conoció en la Universidad de Salamanca en 1527 y trató en la corte de Valladolid en 1535.

Como sus hermanos, Juana se desarrolló en un ambiente humanista y de renovación espiritual, en la misma religiosidad recogida que vio a Teresa fugarse con Cristo hacia la libertad, mediante el canal de la mística. A la vez que preparaba el ajuar para llevarse a Portugal, la infanta encargaba al librero de la corte que encuadernara en cuero negro y rojo nueve libros: eran sus lecturas, pronto prohibidas al común de los católicos.

Por su idea de que la Compañía de Jesús sería una congregación masculina, a Ignacio de Loyola no le agradó el énfasis con que el duque de Gandía le insistía en la aceptación de Juana, pero se trataba de una institución religiosa que acababa de nacer y todos los apoyos que pudieran granjearse resultaban válidos. Juana conocía desde pequeña a Borja, sabía que había renunciado a todos sus títulos a favor de su hijo Carlos a la muerte de su querida esposa, Leonor de Castro Mello Meneses, camarera mayor de palacio y amiga íntima de la emperatriz Isabel. La joven había reconocido en Borja y en Leonor a los tutores de la casa de su madre, por lo que ejercieron el papel de segundos padres.

El encuentro más decisivo con Francisco de Borja tuvo lugar en abril de 1551, durante la Semana Santa, cuando acudió a Toro para impartir los ejercicios espirituales a una adolescente de 16 años que estaba a punto de salir hacia Portugal para unirse a su primo hermano, Juan Manuel. Siguiendo la tradición de los enlaces, Felipe se había unido a María Manuela de Portugal y, posteriormente, Juana debería hacerlo con el hermano de aquella.

Desde niña supo el significado de la palabra austeridad. Castilla soportaba grandes cargas tributarias. Nunca deseó vestidos ni joyas, tampoco comprendió el ansia de porcelanas y productos exóticos de la dinastía portuguesa, pero su padre quiso convertirla en reina. La boda se celebró por poderes en el enclave zamorano en 1552. El novio tenía dos años menos. El enlace la volvió huraña, pues el candidato padecía incontinencia sexual. El embajador español en Lisboa informaba a Carlos V de que «Juana se muestra casi siempre rostrituerta» y, para preservar la salud, los médicos redujeron los encuentros de los cónyuges.

Por ruego de sus suegros, los monarcas lusitanos, Juan III y Catalina de Austria (hija de Juana la Loca), el padre Borja acudiría a verla a Lisboa en 1553. El hombre que había cuidado su espíritu en Castilla logró levantarle el ánimo. En la audiencia, le entregó un regalo especial: la baraja piadosa que había creado para ella.

Al poco, el 2 de enero de 1554, la infanta castellana se quedó viuda por culpa de la tuberculosis, aunque se le ocultó la pérdida para no perjudicar su embarazo. El 20 de enero dio a luz a su único hijo, Sebastián, al que tuvo que abandonar con unos meses de vida para regresar a Castilla cuando su hermano Felipe marchaba a Londres para casarse con su tía María Tudor. Igual que había aceptado un matrimonio de conveniencia, debía asumir el trayecto de vuelta. Cuentan las crónicas que, mientras se preparaba el retorno, enflaquecía y, en un oratorio, permanecía rezando y llorando, como si presagiara que no iba a ver más al retoño.

Fue el príncipe Felipe quien propuso que Juana se hiciera cargo de la regencia, estimaba que se ganaría tanto el respeto de la nobleza castellana como de la aragonesa, pero a Carlos V, que pensaba retirarse en Yuste, le costó aceptarlo por dos razones: la extrema juventud y el carácter independiente. Siendo una mujer muy bella, la descripción que más se reitera es la de «varonil», exactamente por su firmeza. Finalmente, Juana se convirtió en regente, pero Felipe II tuvo que dar la razón a su padre en numerosas ocasiones: Juana se resistió a la política fiscal agresiva aplicada a Castilla y, a nivel internacional, apoyó una campaña activa en el norte de África que se saldó con la derrota de Mostaganem (1558).

También el joven rey Sebastián creció bajo la guía de los jesuitas. Fue un místico que dedicaba largas jornadas a la caza. Se convenció a sí mismo de que era un gran capitán de Jesús inmerso en una gloriosa cruzada contra la expansión turca en el norte de África, no se interesó por mujeres ni aceptó que se concertara el matrimonio con su prima Isabel Clara Eugenia y, al alcanzar la edad adulta, organizó una expedición contra Fez. «Tiene buena y santa intención, pero poca madurez», expuso Felipe II al embajador imperial Khevenhüller al enterarse de que se bajaba a Marruecos con la flor y nata de la nobleza portuguesa.

La razón de Estado se impuso sobre el corazón de madre, la correspondencia y los retratos del heredero a diferentes edades mantuvieron vivo el cordón umbilical a ambos lados de la raya. Sebastián quedó al cuidado de la abuela paterna y, lamentablemente, perecería en 1578, con 24 años, en la batalla de Alcazarquivir. En el plano político, esto supuso que, desde la batalla de Alcántara, en 1580, cuando fue derrotado el pretendiente lusitano don Antonio, prior de Crato, Castilla se anexionó Portugal hasta 1668. De ahí viene que hoy Ceuta pertenezca a España, puesto que en 1640 la joya ultramarina del Imperio luso no siguió a Portugal en su separación, sino que se mantuvo bajo la soberanía de Felipe IV, conservando las llagas de Cristo en su escudo y bandera.

Juana desempeñó admirablemente el cargo con sagacidad y respuestas atinadas, rodeándose de un círculo preeminentemente portugués, con nobles que se habían instalado en Castilla como séquito de su madre. En la persecución de los herejes, le tocó presidir el auto de fe organizado en Valladolid en mayo de 1559 contra los protestantes. Catorce personas fueron quemadas. La hija de Carlos V soportó, con el rostro destapado, las 11 horas que duró el proceso, pero tuvo que abandonar el estrado cuando su ánimo no pudo aguantar más.

A pesar de ser una joven inteligente y de gozar de muchos pretendientes, dedicó el resto de su vida al gobierno de las posesiones españolas y al cuidado de sus sobrinos. En lo que respecta a su vocación religiosa, había hecho propósito de entrar como franciscana, pero empezó a abrigar la idea de hacerse jesuita en el verano de 1554.

El ingreso fue muy rápido. El 26 de octubre de dicho año, Loyola reunió en Roma una junta para deliberar la posibilidad y, correspondiendo a la solicitud de Francisco de Borja, se aceptó a la infanta. La petición era altamente irregular, pero no se podía dejar caer en el olvido, por lo que le permitieron pronunciar los votos de pobreza, castidad y obediencia como «escolar».

La resolución fue secreta y, de este modo, se plasmó desde Roma:

> Esta persona, quienquiera que sea, pues con privilegio tan especial, y sola, es admitida en la Compañía, tenga su admisión debajo de sigilo de secreto y como en confesión; porque, sabiéndose, no fuese ejemplo para que otra persona tal diese molesta a la Compañía por tal admisión. En lo demás esta persona no tendrá para qué mudar hábito, ni casa, ni dar demostración alguna de lo que basta que tenga entre sí y Dios nuestro Señor.

El compromiso de la regente fue serio, puso mucho empeño en auxiliar permanentemente a la Sociedad y, entre otras intervenciones, entregó 3000 ducados para que el Colegio de San Antonio de Valladolid consolidara su compleja fundación, defendió a los jesuitas de los ataques del dominico Melchor Cano y del cardenal de Toledo, Martínez Silíceo, atendió las necesidades del Colegio Romano, auspició el establecimiento jesuita en la ciudad belga de Lovaina, impulsó la reforma de los monasterios femeninos españoles por indicaciones de Ignacio y recomendó la Compañía a Paulo V.

Aparentemente, la vida de sor Juana siguió siendo la misma, pues desde niña la devoción y la corte habían integrado una unidad en su persona. A partir de 1559, con el regreso de Felipe II, se distanció de la vida política para entregarse aún más a la religión. No obstante, mantuvo su apoyo al partido ebolista.

El 7 de septiembre de 1573 murió a causa de un tumor, en el monasterio de El Escorial, y sus restos fueron depositados en el convento de las Descalzas Reales de Madrid. Juana no llegó a conocer en persona a Ignacio y mantuvo en secreto su militancia como jesuita, pero en 1557, por recomendación de su valedor, Borja, había fundado un cenobio de clarisas, la sección femenina de los franciscanos. Para erigir tal centro compró las casas del tesorero de Carlos V, donde ella misma había nacido. El edificio es un palacio plateresco castellano, con columnas de mármol de Génova en los patios y salones decorados con azulejos y yeserías de acuerdo a la tradición morisca, pero con formas ya del Renacimiento.

El diseño del sepulcro corrió a cargo de Pompeo Leoni. Se trata del primero que ejecutó en España y el precedente más inmediato para los que realizaría en El Escorial. El modelo sigue fielmente el retrato de cuerpo entero que Sánchez Coello le hiciera en 1557. Es el mismo rostro y, de nuevo, de su cuello cuelga la efigie en miniatura de su hermano Felipe II. Está en actitud orante, gesto con el que desea perpetuar su intención de retiro espiritual, aprendida de Borja, que le enseñaba a «apartarse a lugares secretos, e a morar en las partes retraídas e salir muy de tarde en tarde, recogiendo los sentidos, retrayendo los ojos, echando freno a la boca...».

Princesas e infantas solían pasar temporadas en el «cuarto real». Allí vivió y murió su hermana, la emperatriz María, y se educó su sobrina, Isabel Clara Eugenia, hija de Felipe II y soberana de los Países Bajos, quien luego regalaría al convento la famosa serie de tapices de Rubens sobre la Eucaristía.

2. Del saco de Roma a la Contrarreforma

El gran error del papa Clemente VII fue indisponerse con Carlos V, baluarte de la Iglesia, al apoyar a su rival, el rey Francisco I. Este intentó ocupar el ducado de Milán y fue capturado en Pavía por el emperador (1525). Para recuperar su libertad, firmó el Tratado de Madrid, pero inmediatamente lo rompió y volvió a levantarse. El paso honroso recuerda las justas que, durante su cautiverio, se hicieron en Torija (Guadalajara), ya que, a pesar de la animadversión hacia el soberano francés, conscientes de las jerarquías, los aristócratas comparecían a las justas para acercarse al dignatario.

Hasta la unificación italiana, el papa, aparte de líder espiritual, era el rey temporal de los Estados Pontificios. Las dos ciudades, la terrena y la celeste, convivían bajo el solio. En este orden de cosas, Clemente VII le ofreció su apoyo a Francisco I con el propósito de esquivar el ascendiente que el emperador tenía en Italia. Como revancha, después de consultar a sus teólogos y de tranquilizar su conciencia, Carlos V se lanzó al saqueo de Roma en un brutal ataque perpetrado por 20 000 españoles e italianos a los que se sumaron otros 10 000 luteranos, cuyo jefe manifestaba que quería ahorcar al pontífice con sus propias manos. La soldadesca arrasó cuanto encontró a su paso, tanto que el cardenal Quiñones, a la sazón franciscano, reprendió duramente a Carlos diciéndole que no merecía llamarse emperador, sino más bien general de Lutero.

En cambio, otros predicadores veían en el saco de Roma el flagelo de la Providencia: «Roma, haz penitencia, esto es castigo de Dios». Y todos clamaban por la purificación de la Iglesia. Clemente VII estuvo prisionero de Carlos V hasta finales de 1527. Se propagaba la idea de que había llegado el momento de rescatar la austeridad evangélica y, al igual que en el ocaso del siglo v, con la caída del Imperio romano de occidente, fueron muchos los que se retiraron a hacer penitencia.

Aunque la reforma luterana no tuvo efectos en la Península, en los años 20 surgió una corriente erasmista, partidaria de la libre lectura de los textos sagrados. El más insigne representante fue el pedagogo valenciano Juan Luis Vives. Pero la difusión del luteranismo alarmó al emperador, quien dio órdenes para eliminar cualquier discrepancia doctrinal.

El auge del protestantismo en el centro de Europa produjo el enfrentamiento con la ortodoxia católica defendida por Carlos. Este tuvo siempre como meta el mantenimiento de la unidad política y religiosa y, para ello, organizó reuniones entre teólogos protestantes y católicos, aunque fue harto costoso el zanjar pactos.

Ante la magnitud del poder carolino, los príncipes protestantes no dudaron en pedir auxilio al sultán turco, Solimán el Magnífico, quien además envió visires con el fin de concitar los ánimos. En la primera ocasión que encontró Solimán para humillar a Carlos V lo hizo por medio de una epístola dirigida a su hermano Fernando. Justo después de la conquista de Güns (Gran), en 1532, buscó con ahínco un choque con el ejército imperial, pero este rehuía el encuentro, como había hecho antes del asedio de Viena. En esta coyuntura, el sultán intentó provocar a su enemigo, imitando la actitud que su progenitor, Selim I, había desarrollado ante el *shah* de Irán:

> Desde hace mucho tiempo se duda de tu virilidad. Dices que eres el valiente de la plaza, pero hasta ahora he marchado muchas veces contra ti y he utilizado tu propiedad a mi antojo. ¡Te falta la palabra de compromiso! ¡Y a tu hermano también! ¿No te da vergüenza por ello ante tus soldados e incluso ante tu mujer? Si eres varón, ven al encuentro.

Pese a la provocación, las huestes de Carlos permanecieron ocultas. Poco después, en 1533, los turcos firmaron la paz con Fernando. Los embajadores de Austria llegaron a Constantinopla el 25 de mayo y, como símbolo de fidelidad, llevaron las llaves de la fortaleza de Gran y se las entregaron a Ibrahim Pachá, que era el gran visir. Estas deliberaciones continuaron hasta el 14 de julio.

En una ocasión, Ibrahim le preguntó a Cornelius, el enviado de Fernando de Habsburgo, si había una carta de Carlos V. En otra ronda, siguió inquiriendo acerca del motivo por el que España estaba peor cultivada que Francia. A lo que Cornelius repuso que era más seca, mencionando los efectos nocivos que habían tenido sobre la agricultura la lucha contra los musulmanes durante casi ocho siglos, así como los perjuicios económicos de la expulsión de los judíos. Por lo demás, le aclaró que los españoles eran más aficionados al manejo de las armas que de los arados y estaban obsesionados por el honor y la honra.

En contraste, resulta curiosa la metáfora que empleó el gran visir para explicar el funcionamiento de los sistemas políticos imperiales:

> El león es el más temible de los animales y no se lo encanta por la fuerza, sino con trucos y con la comida que le da su guardián. Este debe manejar un palo para atemorizarle y nadie, sino él, debe darle la comida. El monarca es como un león y los guardianes son sus consejeros y lugartenientes. El palo es el cetro de la verdad y de la justicia. Así pues, el monarca Carlos es también un león que necesita que lo encanten de esta manera.

Los príncipes alemanes, adheridos en gran parte a las nuevas ideas religiosas (Liga de Smalkalda), se levantaron contra el emperador, quien los derrotó en la batalla de Mühlberg (1547). Sin embargo, la división religiosa era ya imparable.

Una carta de Solimán, fechada el 10 de mayo de 1552, manifestaba explícitamente que el elector de Sajonia, el duque de Prusia y los demás jefes protestantes «no tenían nada que temer». Carlos V comprendió la trascendencia que podía llegar a alcanzar el entendimiento entre otomanos y protestantes. La Paz de Augsburgo (1555) venía a plasmar esta situación al reconocer que, así como fuera la religión del príncipe, sería la del reino: *cuius regio, eius religio*.

Seis años antes, en 1549, el jesuita Francisco Javier, en visita al emperador de Japón, apodado el O, un muchacho de 16 años que calzaba plataformas y que estaba atemorizado por el *shogun*, anticipó la Paz de Augsburgo, pues, tras evangelizar en India, se había percatado de las diferencias con la sociedad nipona y de la necesidad de evangelizar aquel archipiélago no a nivel horizontal, sino desde la cúspide, pues el credo del soberano sería el de la base social.

La espada y la cruz andaban de la mano y, si se estaba llevando a cabo una nueva articulación del poder político, no resultaba menos preciso el purificar los hábitos religiosos. El ambiente que impulsó la fundación de la Compañía de Jesús (1540) por parte del antiguo soldado Ignacio de Loyola fue la necesidad de renovación interior de la Iglesia. El universo católico sufría el desprestigio provocado por la simonía y la relajación moral de algunos de sus miembros. Durante el siglo XVI, paralelamente a la eclosión de la Reforma, Carlos V y su hijo Felipe II quisieron una Iglesia mejor, pero también más suya que de Roma. En este sentido es en el que, en el XIX, el historiador alemán Leopold von Ranke consideraba que la Contrarreforma no era una reacción frente a los protestantes, sino un esfuerzo por mejorar la institución y volver a la pureza evangélica.

En este clima de autocrítica eclesial, en 1562, en tierras abulenses para ser más exactos, surgió la rama de descalzas con un grupo de mujeres orantes del tronco de los carmelitas, orden que no se había reformado. Gracias a santa Teresa de Jesús comenzó la expansión por conventos pobres. Fue apoyada por el franciscano san Pedro de Alcántara y el dominico Domingo Báñez, quien le consiguió autorización del papa Pío IV, estableciéndose en el cenobio de San José de Ávila (1563). La nueva regla buscaba retornar a la vida sencilla centrada en Dios como la de los primeros eremitas del Monte Carmelo. Como confiesa en el prólogo de *El libro de la Vida*, ella escribía por obediencia: «¿Para qué quieren que escriba? Escriban los letrados, que yo soy una tonta y no sabré lo que digo; que me dejen hilar mi rueca, que no soy para escribir».

Surgiría además la comunidad de frailes descalzos (congregación masculina fundada por una mujer). Su adalid, san Juan de la Cruz, acabaría en la cárcel conventual de Toledo por la dura resistencia de los calzados. Fueron largas horas de noche oscura en una mala posada, pero el problema se zanjaría con la intervención en 1580 de Felipe II, que acabaría por marcar una divisoria en el Carmelo en función de la nacionalidad. De hecho, cuando a finales de la centuria los descalzos se propusieron salir fuera de la Península Ibérica, tuvieron que hacerlo separándose de los españoles, con una nueva congregación, la italiana, protegida por el papa.

En el resto de Europa hubo igualmente fundaciones. Con León X (1513-1521) surgiría en Roma el Oratorio del Divino Amor, como hermandad de clérigos y seglares fervorosos cuyo fin era difundir la comunión frecuente, cosa desconocida hasta entonces. Los impulsores fueron los cardenales Pedro Caraffa, Sadoleto y Cayetano Thiene. Estos grupos de oración se extendieron por Génova, Vicenza y Venecia. Nacería así la orden de los teatinos (Caraffa era obispo de Theate). Su vida sacerdotal íntegra se extendió rápidamente, hasta tal punto que Teresa de Jesús recomendaba: «sed amigos de los teatinos».

Un santo dulce, también italiano, fue Felipe Neri. Desde joven decidió que confiaría solo en Dios, no en las riquezas, y, siendo laico, pronunciaba hermosos sermones para los niños de la calle. Recibido el don de la alegría, en 1548 fundó la Confraternidad de la Santísima Trinidad para atender a los peregrinos y desvalidos que llegaran a Roma. Fue ordenado sacerdote en 1551. Animaba a la población a visitar a los enfermos en los hospitales, una de sus preguntas favoritas era: «amigo, ¿y cuándo vamos a empezar a ser mejores?». Y en 1535 santa Ángela de Mérici fundó en Brescia las Ursulinas, la primera congregación religiosa femenina enteramente entregada a la educación de niñas y jóvenes. Fue otra Compañía, aunque en este caso de santa Úrsula, en honor a la mártir del siglo IV.

El Concilio de Trento (1545-1563) trató de subrayar las diferencias con la Reforma, mostrando lo absurdo de sus propuestas. Por ello, frente a la libre interpretación de la Biblia, el escepticismo ante la mediación de los santos y la oposición a las jerarquías, enfatizó el celibato de los clérigos, el valor de las indulgencias, el mantenimiento de los siete sacramentos como dispensadores de gracia, la formación rigurosa de los sacerdotes y la publicación del catecismo para que, desde niños, los fieles tuvieran claros los dogmas.

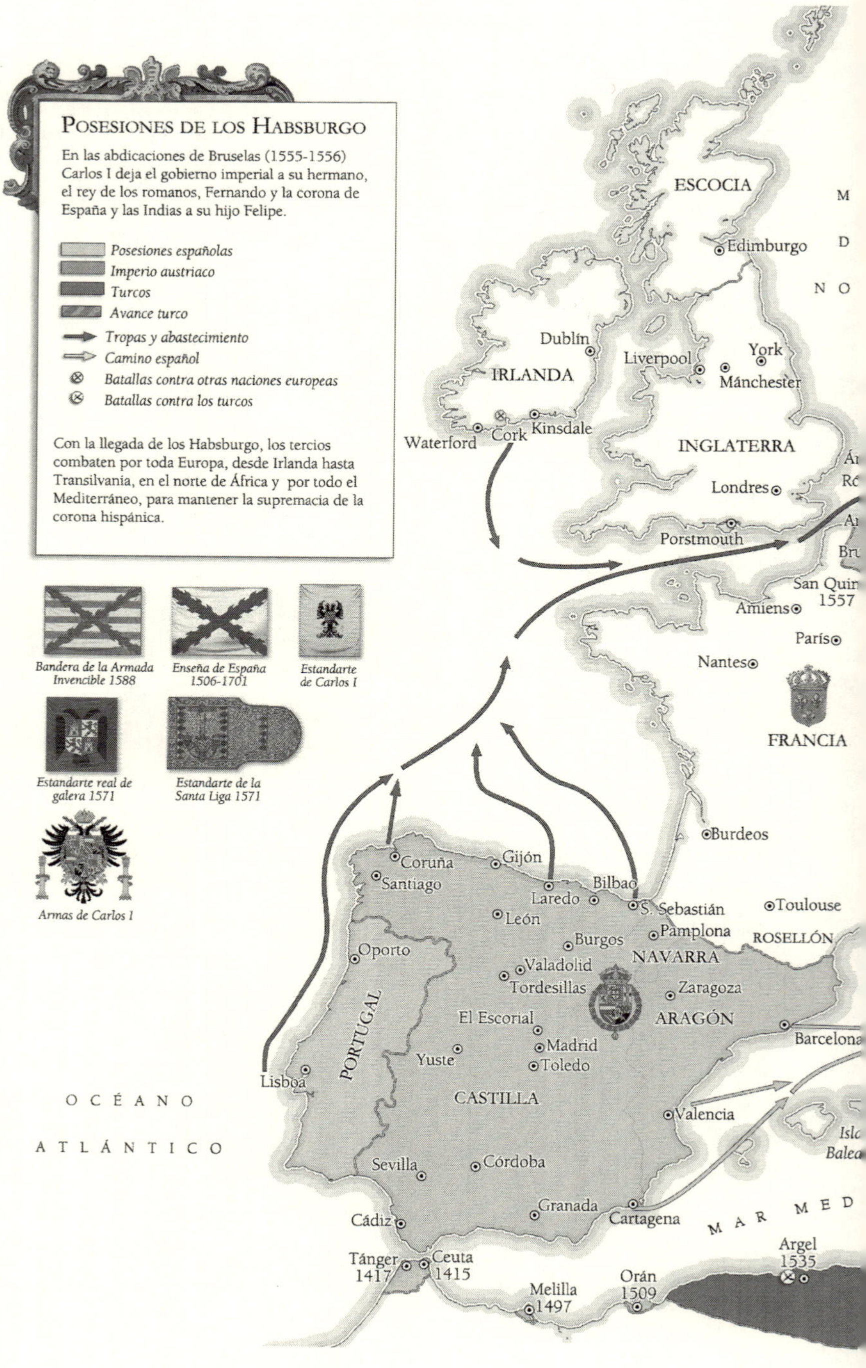

Posesiones de los Habsburgo
En las abdicaciones de Bruselas (1555-1556) Carlos I deja el gobierno imperial a su hermano, el rey de los romanos, Fernando y la corona de España y las Indias a su hijo Felipe.
Posesiones españolas
Imperio austriaco
Turcos
Avance turco
Tropas y abastecimiento
Camino español
Batallas contra otras naciones europeas
Batallas contra los turcos
Con la llegada de los Habsburgo, los tercios combaten por toda Europa, desde Irlanda hasta Transilvania, en el norte de África y por todo el Mediterráneo, para mantener la supremacía de la corona hispánica.
Bandera de la Armada Invencible 1588
Enseña de España 1506-1701
Estandarte de Carlos I
Estandarte real de galera 1571
Estandarte de la Santa Liga 1571
Armas de Carlos I
ESCOCIA
Edimburgo
Dublín
IRLANDA
Liverpool
York
Mánchester
Waterford
Cork
Kinsdale
INGLATERRA
Londres
Porstmouth
San Quin
1557
Amiens
París
Nantes
FRANCIA
Burdeos
Toulouse
ROSELLÓN
Coruña
Gijón
Santiago
Bilbao
Laredo
S. Sebastián
León
Burgos
Pamplona
NAVARRA
Oporto
Valadolid
Tordesillas
Zaragoza
El Escorial
ARAGÓN
Barcelona
PORTUGAL
Madrid
Yuste
Toledo
Lisboa
CASTILLA
Valencia
OCÉANO
ATLÁNTICO
Sevilla
Córdoba
Granada
Cartagena
Cádiz
MAR MED
Argel
1535
Tánger
1417
Ceuta
1415
Melilla
1497
Orán
1509

REINO SUECO
Oslo
Estocolmo
ORDEN
TEUTÓNICA
Riga
BÁLTICO
DINAMARCA
Copenague
PRUSIA
Minsk
GRAN DUCADO
DE
LITUANIA
PRINCIPADOS
RUSOS
Kiev
HOLSTEIN
Hamburgo
Bremen
BRANDERBURGO
Hannover
Berlín
Varsovia
REINO
DE
POLONIA
SACRO
IMPERIO
ROMANO
GERMÁNICO
SAJONIA
SILESIA
Krakovia
Frankfurt
Praga
Nurenberg
BOHEMIA
TRANSILVANIA
Stuttgart
Estrasburgo
BABIERA
Munich
Viena
1529
Bratislava
Budapest
HUNGRÍA
Zúrich
CANTONES
Berna
SUIZOS
Ginebra
AUSTRIA
Szolnok
Temesvar
VÉNETO
Venecia
Trieste
Zagreb
CROACIA
Bucarest
RUMANIA
Milán
Turín
MILANESADO
Belgrado
IMPERIO TURCO
Bolonia
Pavía
1525
MÓDENA
Génova
Sarajevo
DALMACIA
Split
Sofía
Niza
Florencia
TOSCANA
ESTADOS
PONTIFICIOS
Dubrovnik
ADRIÁTICO
Castelnuovo
1539
Estambul
CÓRCEGA
Tirana
Salónica
Roma
1527
Ceriñola
Nápoles
REINO
DE
NÁPOLES
Pesaro
CERDEÑA
Preveza
1538
Lepanto
1571
Atenas
Palermo
Messina
SICILIA
La Goleta
Túnez
1535
Malta
1565
Creta

Así se trataba de salvaguardar la Iglesia como herencia de la tradición apostólica y de adecuar la normativa a los tiempos modernos. Llegaban nuevas formas de piedad mediante las cofradías que mantenían viva la idea del cuerpo místico de Cristo, en tanto que a través de la penitencia y la caridad se cooperaba a la difusión del Reino.

El concilio declaró que las fuentes de la revelación eran las Escrituras, junto a la tradición de la Iglesia (no solo las Escrituras, como defendían los protestantes), y fijó los libros de la Biblia o canon (46 del Antiguo Testamento y 27 del Nuevo, frente a los protestantes, que no aceptan 7 del Antiguo, a saber: Tobías, Judit, Sabiduría, Eclesiastés, Baruc y los dos de Macabeos). El dinamismo tridentino impulsó también la constitución, por iniciativa de Pío V, de la Liga Santa, que como ya dijimos, derrotó a los turcos en Lepanto.

Paulo III se convirtió en un entusiasta admirador de la Compañía y eligió a tres jesuitas, Laínez, Salmerón y Lefèvre, como únicos teólogos papales en Trento. Ahora se entendía que la religión era dada por Dios de manera externa a la naturaleza humana —resultaba sobrenatural— porque la naturaleza no dejaba de ser una realidad imperfecta que por sí sola no permitía alcanzar la salvación. La paradoja histórica es que esta teoría, que tenía como fin exaltar la religión, llevó consigo el surgimiento del ateísmo teórico, pues es fácil dar el paso de comprender a Dios como una revelación que sobrepasa la capacidad humana a estimarlo como una creación del hombre.

La Contrarreforma logró detener inicialmente el avance luterano, pero, cuando la serie de acuerdos firmados en Westfalia (1648) sustituyó la idea del imperio universal por la de equilibrio europeo, el sistema de los Habsburgo entró en fase de liquidación.

3. Soberanos del planeta, pero con validos

En el siglo XVII, la monarquía hispánica continuaba siendo la potencia internacional por antonomasia, pues poseía numerosas y trascendentales posesiones en Europa —Nápoles, Sicilia, Cerdeña, Milán, los Países Bajos, etc.— y extensos territorios en su vasto imperio colonial. La novedad fue que los reyes delegaron buena parte de sus atribuciones en manos de personas de confianza, los validos. Esta figura política era común en la Europa barroca, sin embargo, en Castilla no se había dado el fenómeno desde el siglo XV, cuando se aproximaron Álvaro de Luna a Juan II y Juan Pacheco a Enrique IV, o en el XVI, con el príncipe de Éboli.

3.1. Felipe III y Lerma

Este reinado de transición (1598-1621) inició el sistema de los validos. Al acceder al trono y, ante la grave situación de la Hacienda Real, la política hacia Europa se volvió «pacifista». Felipe III se encontró con unas arcas casi vacías por el enorme esfuerzo bélico del mandato precedente y porque la enorme cantidad de objetos de lujo llegados a Sevilla había generado una demanda de productos del exterior. Por ello, en 1607 se produjo una suspensión de pagos por parte de la Hacienda Real.

La Tregua de los Doce Años (1609-1621) reconocía de hecho la independencia del norte de los Países Bajos (Provincias Unidas) con respecto al imperio. Por la enorme extensión regida por nuestra corona se puede hablar de la *pax hispánica*. No obstante, España mantuvo varios frentes abiertos con los turcos, la república de Venecia y el ducado de Saboya, explorando también el norte de Florida. Mientras que católicos y protestantes se enfrentaban en Alemania y Bohemia, en 1618 estallaría la Guerra de los Treinta Años, en la cual la monarquía hispánica apoyó al emperador Fernando II de Habsburgo en contra de Federico V, aliado de Francia e Inglaterra.

Aficionado al teatro, a la danza, a la música, a la pintura, a la cría de caballos y a la caza, Felipe III delegó los asuntos de Estado durante casi dos décadas en Francisco Gómez de Sandoval y Rojas, duque de Lerma, quien supo aprovecharse desde el primer minuto de su abulia. Felipe II había prestado más atención a la formación de su hija predilecta, Isabel Clara Eugenia, futura gobernadora de los Países Bajos, que a Felipe, y los problemas de salud habían provocado interrupciones constantes de las clases del heredero. No es de extrañar que, al poco, Felipe III se mostrara como un gobernante apático con muy poco interés en los asuntos de Estado. Así se entiende que se dejara convencer tan fácilmente por Lerma, miembro de una familia noble, pero con más deudas que rentas hasta que el monarca elevó su condado a ducado en 1599. Como otros parientes de los Habsburgo, desarrolló un comportamiento compulsivo, en su caso con los juegos de azar.

En política interior, en 1609 se decretó la expulsión de los moriscos. Se calcula que 300 000 personas (el 4 % de la población española) fueron obligadas a abandonar sus residencias, instalándose en el norte de África. El descenso demográfico fue especialmente grave en Aragón, Valencia y Murcia, ya que los moriscos trabajaban en las zonas de regadío. Hubo nobles que trataron de evitar la expulsión definitiva para frenar la caída de la mano de obra, pero las zonas fueron repobladas por cristianos viejos que no tenían los conocimientos necesarios para continuar desarrollando una agricultura de regadío intensiva, de ahí que los cultivos de azúcar y arroz tuvieran que ser sustituidos por la morera, la viña y el trigo.

Con el duque de Lerma, la administración experimentó un caos, debido a la venta de cargos y dignidades, y a la colocación en los puestos claves de allegados del duque. Tanto es así que, por la influencia del aristócrata, la corte española, fijada en Madrid desde 1561, se trasladó temporalmente en 1601 a Valladolid, ciudad más próxima a su finca de Lerma. Volvió a la ribera del Manzanares en 1606.

Lerma hizo y deshizo como quiso, desarrollando tramas urbanísticas y confiando muchos planes políticos a su secretario personal, Rodrigo Calderón. Desde la Antigüedad, las conspiraciones suelen nutrirse de una amistad, inicialmente empedernida, que luego degenera en odio por intereses encontrados. Calderón, que era un hombre activo, ambicioso y sin escrúpulos, se convirtió en la mano derecha del duque. Fue nombrado conde de Oliva, comendador de Ocaña y secretario de cámara, es decir, del soberano, acumulando un ventajoso patrimonio por su boda en Valladolid con Inés de Vargas y Trejo, heredera del señorío de la Oliva de Plasencia.

Por su personalidad insolente, Lerma fue bastante odiado. Dos religiosos, Juan de Santa María, fraile franciscano, y Mariana de San José, priora de La Encarnación, trabajaron con la reina Margarita de Austria, bajo cuya influencia Calderón fue retirado de su puesto de secretario en 1612. Sin embargo, conservó el favor del duque, sujeto indolente para quien Calderón resultaba colaborador necesario.

Cuando Margarita, esposa de Felipe III, falleció en octubre de 1611 durante un parto, Calderón fue acusado de haber utilizado brujería contra ella. En 1612 fue enviado a una misión especial en Flandes y, a su regreso, lo nombraron marqués de Siete Iglesias. A la caída de Sandoval y Rojas, Calderón sería utilizado como chivo expiatorio: arrestado durante la noche del 20 de febrero de 1619 en su palacio de Valladolid, y conducido a Madrid, fue salvajemente torturado para conseguir que confesase los cargos que contra él pesaban de asesinato y hechicería. Confesó el homicidio de un tal Francisco de Juaras, pero rechazó firmemente los cargos esotéricos. Murió ejecutado en la plaza Mayor de Madrid el 21 de octubre de 1621, al comienzo del reinado de Felipe IV. Su dignidad y valentía ante la adversidad de la muerte lo hizo merecedor de entrar en el refranero español: «Tener más orgullo que don Rodrigo en la horca», aunque no fue ahorcado, sino degollado, al ser de condición noble.

En 1618 la carrera de Lerma decayó por su impopularidad. Para esquivar los problemas judiciales, en marzo obtuvo del papa Paulo V el capelo como cardenal de san Sixto, lo que suponía ser apartado de los oficios de palacio. Por Madrid se difundió la copla: «Para no morir ahorcado, el mayor ladrón de España se viste de colorado».

Finalmente su caída se produjo el 4 de octubre con la exigencia del rey de su alejamiento forzoso a Burgos, concretamente a Lerma.

3.2. Felipe IV y la idea de España

Felipe Domingo Víctor de la Cruz, que nació en Valladollid el 8 de abril de 1605, era el nombre completo de Felipe IV, aunque no parezca de rey. Fue el tercero de los 8 hijos y primer varón del matrimonio habido entre Felipe III y su prima segunda y única esposa, la archiduquesa Margarita de Austria. A las 7 semanas de nacer fue llevado a la pila bautismal de la iglesia conventual de San Pablo en brazos del ambicioso duque de Lerma, que así apretaba más el cordón en torno a la corte.

Cuando se aproximaba el fin del reinado de Felipe III, las intrigas palaciegas se disputaban la confianza del príncipe de Asturias. Lerma pugnaba por obtener el favor del nuevo monarca con el apoyo de su yerno, el conde de Lemos, y de su primo, Fernando de Borja, gentilhombre de cámara. Sin embargo, el viejo valido tenía en contra a sus dos hijos, el duque de Uceda y el conde de Saldaña. El primero de ellos se hizo con la privanza cuando su progenitor fue alejado del alcázar. El desconocido Olivares, que durante tanto tiempo había sido un personaje aislado en aquella casa, se había convertido en un estrecho aliado de los hijos de Lerma. Al percatarse de las maniobras, el conde-duque aprovechó la posición de su tío Baltasar de Zúñiga en el Consejo de Estado para mover los hilos.

El 31 de marzo de 1621 fallecía Felipe III. Su hijo, ya rey, Felipe IV, dispuso que Uceda no le ayudara a vestirse y le ordenó dejar las llaves de su cargo. Más tarde, pidió que Baltasar de Zúñiga y Velasco recibiera los despachos. La caída de Uceda fue seguida de la privación del principado de Bisignano, del destierro y del arresto en el castillo de Torrejón de Velasco, por las apropiaciones indebidas. Posteriormente obtuvo el indulto real, y se intentó resarcirlo con el nombramiento de virrey de Cataluña. Sin embargo, un nuevo proceso lo llevó a la prisión de Alcalá de Henares, donde falleció en 1624.

Otra de las cabezas que, metafóricamente, rodaron en esta coronación, fue la del dominico Luis de Aliaga, antiguo amigo de Lerma. Desde su puesto de confesor de Felipe III había contribuido a la expulsión de los moriscos. Pero a Felipe IV le importó poco que su padre lo hubiera nombrado consejero de Estado e inquisidor general. La corte se había convertido, verdaderamente, en el hampa cervantina de Monipodio... Por ello, al subir al trono decidió hacer limpieza en los gabinetes y al padre Aliaga lo mandó a Huete (Cuenca) y luego a Zaragoza, donde murió, en 1626.

El rey de la época de Velázquez fue un hombre de gran cultura, su colección de cuadros fue la mayor de la Europa de su tiempo. Sobre este particular, el embajador inglés en Madrid remitía en 1638 una carta donde señalaba que los españoles «se han vuelto ahora más entendidos y más aficionados al arte de la pintura que antes, en modo inimaginable (…) y en esta ciudad en cuanto hay algo que vale la pena se lo apropia el rey, pagándolo muy bien; y siguiendo su ejemplo, el almirante (de Castilla), don Luis de Haro y muchos otros también se han lanzado a coleccionar».

El viajero francés Antoine de Brunel dejó otro revelador retrato del soberano español hacia 1655, justo un año antes de asomarse con su segunda esposa a los divertimentos de la infanta Margarita por la ventana de *Las Meninas*. Sorprendente, ver descrito a Felipe IV como «una estatua animada»:

> Todas sus acciones y ocupaciones son siempre las mismas y marcha con paso tan igual que, día por día, sabe lo que hará toda su vida (...) Así, las semanas, los meses y los años y todas las partes del día no traen cambio alguno a su régimen de vida, ni le hacen ver nada nuevo; pues

> al levantarse, según el día que es, sabe qué asuntos tratar y qué placeres gustar (...) Usa de tanta gravedad, que anda y se conduce con el aire de una estatua animada. Los que se acercan aseguran que, cuando le han hablado, no le han visto jamás cambiar de asiento o de postura; que los recibía, los escuchaba y les respondía con el mismo semblante, no habiendo en su cuerpo nada movible salvo los labios y la lengua.

Por debajo de esta imagen oficial, hierática, Felipe IV siguió siendo un hombre de carne y hueso, apasionado del teatro, de las actividades cinegéticas, de los toros y, sobre todo, de las mujeres. La adicción al sexo le granjeó 46 hijos (hay baile de cifras, pero nacieron más de 30), de ellos 13 legítimos, aunque solo dejó un desvalido heredero, Carlos II, y un ambicioso «hijo de la tierra», don Juan José de Austria, nacido de sus amores con la actriz María Calderón, apodada la Calderona. Por otra parte, pese a sus muchos ratos de ocio, conviene matizar que el Rey Planeta trabajó tanto en el despacho ocupándose de los asuntos de Estado como su abuelo Felipe II.

Todo el reinado de Felipe IV (1621-1665) constituyó un enorme proceso de guerra europea. Gaspar de Guzmán y Pimentel, conde-duque de Olivares, era un hombre con condiciones de estadista y profundamente preocupado por la solución de los males de la monarquía. Como exponíamos, alcanzó el poder tras ser gentilhombre del príncipe de Asturias. Inteligente, trabajador y enérgico, intentó llevar a cabo una serie de reformas exteriores e interiores que le enfrentaron a la nobleza, al clero y a los habitantes de los territorios de la periferia.

En política exterior defendía el mantenimiento de una política de prestigio. Por este motivo intentó canalizar recursos para seguir afrontando la Guerra de los Treinta Años, un enfrentamiento en el que, además de las alabardas, estaban colisionando dos concepciones de Europa: la de los Habsburgo (de España y Alemania), con una visión tradicional del continente unido bajo un mismo emperador y la autoridad del pontífice, y la de los países protestantes del Norte, apostando por un nuevo orden basado en el individualismo, el racionalismo y el triunfo de un nacionalismo incipiente.

La entrada española en el combate se produjo en 1621 con la ruptura de la Tregua de los Doce Años, con el fin de apoyar a los Austrias alemanes. Así se declaró la guerra a los Países Bajos, que contaron con el apoyo de los protestantes alemanes. Al principio se lograron algunas victorias, como la de Breda en 1625, inmortalizada por Velázquez en su cuadro de «las lanzas». Pero la incorporación de Dinamarca y, posteriormente, de Suecia a la contienda, agotó los recursos económicos y militares de la monarquía.

Así, los exitosos primeros años de su reinado auguraron la restauración de la preeminencia universal de los Habsburgo, pero la guerra constante con la Europa protestante y la Francia católica condujeron al declive, viéndose Felipe IV abocado a reconocer la independencia de Portugal y de las Provincias Unidas.

La precoz visión de España que tuvo Olivares en una etapa donde lo común es hablar de la monarquía hispánica como agregación de reinos, aparece condensada en el *Gran Memorial* o memorial secreto, un informe confidencial fechado el 25 de diciembre de 1624 y elaborado por el valido para Felipe IV, con el afán de exponer los remedios o «desempeños» para superar los obstáculos.

En síntesis, lo que proponía Olivares era uniformizar las leyes e instituciones de los «reinos, estados y señoríos» para conseguir que la autoridad del rey saliera reforzada al alcanzar en todos esos territorios el mismo poder que ostentaba en la corona de Castilla. El fragmento clave del documento es aquel en el que el conde-duque aseveraba que «el negocio más importante de su monarquía» es «reducir estos reinos de que se compone España al estilo y leyes de Castilla, sin ninguna diferencia, que si vuestra majestad lo alcanza será el príncipe más poderoso del mundo».

Ante la crisis económica, demográfica y hacendística, el conde-duque trató de llevar a cabo reformas fiscales e institucionales. Castilla era el reino que había sostenido el imperio, pero se encontraba totalmente agotada. Para equilibrar deberes y derechos, proyectó la Unión de Armas (1626). El cometido era distribuir los costes del ejército de acuerdo a las posibilidades de los reinos en cuanto a brazos y riqueza. Pero la Unión de Armas chocaba con un obstáculo insalvable: la fórmula política establecida por los Reyes Católicos, que aseguraba la autonomía de los distintos reinos. Esto impedía actuar rápida y libremente al conde-duque.

En definitiva, Olivares trató de crear un Estado centralizado teniendo como modelo las leyes de Castilla, pues eran las que otorgaban más poder al rey. Para atraerse a los restantes espacios terminó con el exclusivismo castellano en la administración. Ambos propósitos coincidían en un mismo objetivo: construir un país unido y compacto que dejara atrás aquello que el conde-duque consideraba camuflaje de diferencias arcaicas.

Sin embargo, las sucesivas reuniones a Cortes, desde 1626 a 1635, no permitieron avances. Portugal, Aragón, Valencia y Nápoles accedieron a regañadientes a enviar efectivos y dinero al monarca, pero manteniendo sus instituciones tradicionales. Por su lado, Cataluña se negó reiteradas veces.

En un intento de lograr solo en parte su aspiración de administración territorial, Olivares aumentó los tributos tradicionales como las alcabalas y los millones, aplicando nuevas contribuciones como el papel sellado, las lanzas (impuesto sustitutivo de la antigua obligación militar de la nobleza), el impuesto sobre el azúcar y los estancos como el del tabaco, el chocolate y la sal.

Cuando lo recaudado no era suficiente, la corona procedía a devaluar la moneda (emisión de piezas de baja calidad, como el vellón) provocando inflación y graves daños a todos los que vivían de rentas. A pesar de ello, las bancarrotas erosionaron la garantía de las arcas reales ante los asentistas (prestamistas), quienes fueron desmarcándose del trono, especialmente los genoveses.

Tras la defunción de los belicistas Richelieu —en diciembre de 1642— y Luis XIII —en mayo de 1643—, Francia entró en una etapa de minoría real, pues Luis XIV tenía menos de 5 años, lo que obligaba a actuar como regente a la viuda, Ana de Austria, a la sazón hermana del soberano español. Felipe IV soñaba con la paz, sin embargo, nunca un deseo estuvo tan lejos de ser consumado, pues, en ese mismo mayo, los tercios probaron la hiel de la derrota. El juego estratégico se fue al traste y las guerras contra las Provincias Unidas y Francia se prolongarían hasta 1648 y 1659, respectivamente, con la firma de las paces de Westfalia y de los Pirineos.

La triste primavera en que las tinieblas tiñeron de malva las venas veteranas, todavía estaba reciente la destitución de Olivares como valido. En enero de 1643, Felipe IV, el soberano de tez pálida, había tomado con sus propias manos el remo del reino. Así lo expuso al gobernador de los Países Bajos en una interesante carta, ya que, al parecer, no era su intención sustituir a don Gaspar de Guzmán por otro miembro de la corte, sino gobernar él mismo «pues los peligros que nos amenazan necesitan de toda mi persona para ponerles remedio».

En la misma línea escribiría a su confidente, la religiosa concepcionista sor María de Ágreda: «estoy resuelto a cambiar el modo de gobierno anterior, y aunque no faltan gentes que desean ser valido, todas ellas se engañan», si bien, cuatro años después mudaría su opinión y entregaría las llaves del Despacho Universal a don Luis de Haro, sobrino único del conde-duque.

El autoritarismo de Olivares, junto a las revueltas que por todos los rincones estallaban y los rumores del manejo de las prebendas públicas, segaron su ascendiente. Primero se retiró a su señorío de Loeches, en las inmediaciones de Madrid. Los detractores siguieron formulando acusaciones contra él hasta que consiguieron que el rey lo desterrara en 1643 aún más lejos, a la ciudad de Toro. Poco quedaba ya de esa imagen de dominio que trasluce el lienzo de Velázquez, cuando el primer príncipe de Aracena, primer duque de Sanlúcar la Mayor, primer marqués de Heliche y primer conde de Arzarcóllar (posiblemente, el sevillano municipio de Aznalcóllar) posa en corveta regia blandiendo el bastón de mando, a la par que dirige una inexistente batalla sobre el fondo de las montañas de Guadarrama.

Al año siguiente fue procesado por la Inquisición. Ni en una pesadilla pudo imaginarlo Olivares, el grande de España, cuando no hacía mucho tiempo ordenaba condenar a galeras a Jerónimo de Liébana, un embaucador disfrazado de mago que trataba de convencerlo de que, si desenterraba un tesoro de la playa de Málaga, un enigmático ser le concedería el favor eterno del monarca. Don Gaspar murió en Toro en 1645, aunque sería sepultado en el convento de la Inmaculada Concepción que mandara levantar en Loeches para su hija monja. Hoy es panteón de los duques de Alba.

Su esposa, Inés de Zúñiga y Velasco, tutora del príncipe Baltasar Carlos, fue una dama bondadosa y de carácter a la que el escritor Benito Pérez Galdós, entre los aires de liberalismo, evocara en *Doña Perfecta* como la mujer admirable típica española, como una exquisita rosa con espinas.

Después de la derrota de los tercios de Castilla en Rocroi (1643), la Paz de Westfalia (1648) puso término a la Guerra de los Treinta Años y marcó el principio del fin de la preponderancia española. Las Provincias Unidas se hicieron definitivamente independientes. No obstante, el significado político de Westfalia fue mayor, pues Francia cobraba auge y Suecia se alzaba como nueva potencia en el Báltico. La Paz de los Pirineos (1659), que inició la tregua entre Francia y España, supuso la pérdida del Rosellón y la Cerdaña, así como estableció el enlace del magnate de Francia, Luis XIV, el Rey Sol, con la hija de Felipe IV, María Teresa, cláusula que a finales de siglo fue el argumento para que un francés, Felipe de Anjou, ciñera la corona hispana.

4. El Siglo de Oro: Marte y Atenea

No es algo extraño en la Historia que los momentos de esplendor cultural no coincidan precisamente con las etapas de apogeo político y económico. Al contemplar el siglo XVII español, el de Cervantes y Calderón de la Barca, el de Garcilaso y Quevedo, el de Velázquez y Murillo, el de El Greco y Zurbarán, por citar solo algunos insignes nombres de nuestras letras y artes, no dejaremos de percibir esa contradicción posible y real.

Habida cuenta del ascenso social del sujeto colectivo en la historiografía, ¿por qué no personificar entonces el Siglo de Oro? En tal caso, ¿qué personaje representaría mejor las pulsiones de estas horas graves de España?, ¿el valido, el pícaro, la celestina, la menina o el vagabundo?

Tal vez, el señor de Orgaz, en tránsito hacia la fría sepultura bajo la atenta mirada de sus caballeros, el canto de los frailes y la custodia de los beatíficos Esteban y Agustín, como intermediarios del Dios Trino, sea el mejor exponente del viaje de la madrugada al atardecer. O quizás, sobre la atmósfera en su humeante profundidad, lo sean las lanzas de Breda, por recrear el gentil heroísmo del vencedor que, al recibir las llaves con gesto amable, denota haber conocido antes el signo del fracaso. Posiblemente, debamos detener nuestras indagaciones al mirar a los niños comiendo melón, pues, por haberles mostrado el destino su faz terrena más amarga, debían de caminar protegidos por los infantes que bendijeron con la concha las tranquilas aguas del Jordán.

4.1. Cervantes, la espada y la palabra

Al inicio del otoño de 1547 venía al mundo en Alcalá de Henares Miguel de Cervantes. La vida del más ilustre escritor de las letras hispanas está jalonada de experiencias que bien podrían constituir el argumento de una novela: la infancia, sembrada de traslados de domicilio de una ciudad a otra en busca de sustento, la partida para Italia, su intervención como soldado en la batalla de Lepanto, el cautiverio en Argel y los problemas con la justicia que lo condujeron a la cárcel en varias ocasiones.

Toda esta trayectoria adquiere una especial significación si tenemos presente la prolífica faceta literaria del creador del *Quijote* y la fama universal que, con el tiempo, adquirirían sus obras. Así, encontramos un Cervantes que, lejos de esconderse tras sus escritos, da a conocer, al lector del siglo XVII y de la posteridad, los escenarios de su existencia y buena parte de sus vivencias a través de los personajes que desfilan por sus relatos de ficción.

En primer lugar, las penurias económicas a las que tendría que hacer frente la familia del escritor provocarían continuos traslados del domicilio. Así, en 1551, cuando Miguel contaba con cuatro años de edad, viajó con sus padres, Rodrigo de Cervantes, cirujano de profesión, y Leonor de Cortinas, a Valladolid, sede de la monarquía, donde por otra parte no pasarían mucho tiempo y una deuda de 45 000 maravedíes acabaría conduciendo a la cárcel al progenitor.

En la barbería, donde las sangrías eran aplicadas frecuentemente como remedio a cualquier tipo de dolencia, Miguel pudo escuchar de niño las noticias que llegaban de los avatares del imperio, especialmente las relacionadas con el mundo turco que, en su juventud, conocería en primera persona. En 1553, acosada nuevamente por la mala fortuna, la familia se marcharía a Córdoba. De este modo, con 6 años de edad, Miguel contempló por primera vez la Mancha y visitó las ventas. Recuerdo de ello queda en el inicio de la novela ejemplar *Rinconete y Cortadillo*: «En la venta del Molinillo, que está puesta en los fines de los famosos campos de la Alcudia, como vamos de Castilla a la Andalucía».

En Córdoba, estudió posiblemente en el Colegio de los Jesuitas hasta que, en 1558, la familia se trasladara a Cabra, para desembocar en Sevilla con 16 años de edad. Finalmente, con residencia en Madrid, el joven iniciaría su faceta literaria, componiendo en 1567, con motivo del nacimiento de la infanta Catalina Micaela, su primera poesía conocida y asistiendo, desde 1568, al Estudio de la Villa de Madrid, regentado por el maestro de gramática López de Hoyos.

1569 marcaría un antes y un después en la vida de Miguel de Cervantes. El 15 de septiembre de ese año, el Consejo Real dictó una orden de busca y captura en su contra, por participar en una reyerta armada en Madrid y herir a un hombre llamado Antonio de Sigura. La sentencia condenaba al escritor a perder la mano derecha y a diez años de destierro, ante lo cual, aconsejado por sus padres, decidió fugarse a Italia. En Madrid dejaba a sus familiares y, lo más importante para Miguel en aquellos momentos: sus estudios en la academia de López de Hoyos.

El Cervantes maduro recordaría este episodio en su novela ejemplar *El licenciado Vidriera*, en la que el protagonista, Tomás Rodaja, descrito como un aventajado estudiante en Salamanca, ante la perspectiva de irse a Italia con un capitán de los tercios viejos, albergaba la esperanza de poder reanudar sus estudios: «a lo más largo, podía gastar tres o cuatro años, que añadidos a los pocos que él tenía, no serían tantos que impidiesen volver a sus estudios». En el caso del escritor alcalaíno, transcurrirían 12 años hasta su regreso al estudio de López de Hoyos.

En Génova, al igual que Tomás Rodaja, quedaría fascinado por «la admirable belleza de la ciudad, que en aquellas peñas parece que tiene las casas engastadas, como diamantes en oro» y sería seducido por «los rubios cabellos de las genovesas». Desde allí pasaría a Florencia, que le gustaría en extremo, «así por su agradable asiento como por su limpieza, suntuosos edificios, fresco río y apacibles calles», y finalmente llegaría a Roma, ciudad que recordaría emocionado en su senectud, al componer *Los trabajos de Persiles y Segismunda*:

la tierra de tu suelo, que contemplo
con la sangre de mártires mezclada,
es la reliquia universal del suelo.

En Roma, Cervantes entró al servicio, como camarero mayor, de monseñor Acquaviva, un prelado que en aquellos momentos quería aumentar su personal, pero teniendo la certeza de que todo el que trabajaba para él fuera cristiano viejo. Por ello, Miguel tuvo que pedir a su padre que le enviara desde Madrid un informe de limpieza de sangre. El alcalaíno compaginaría pronto con su protector que, además, era de una edad pareja a él, puesto que había nacido en 1546.

Sin embargo, la amenaza creciente del Turco hacia la cristiandad propiciaría que el fervor de cruzada se extendiera pronto por el Mediterráneo y, como un joven más de la España imperial, Miguel se alistaría como soldado. Así, participaría con 24 años de edad en la batalla de Lepanto, uno de los episodios bélicos más famosos de la Historia, del que el escritor dijo que se trató de: «la más alta ocasión que vieron los siglos pasados, los presentes, ni esperan ver los venideros» (prólogo al lector de la segunda parte del *Quijote*).

A poco estuvo Cervantes de no intervenir en la batalla, pues estaba enfermo con fiebre. Sin embargo, el joven no quiso renunciar a su bautismo de fuego e insistió en que lo colocaran en primera línea. El enfrentamiento, librado el 7 de octubre de 1571, se saldó con la victoria de la Santa Liga y, aunque el escritor quedaría imposibilitado de por vida de la mano izquierda, por lo que es conocido con el sobrenombre de «el manco de Lepanto», siempre estuvo orgulloso de haber intervenido en el combate.

Posteriormente, Miguel participaría en nuevos enfrentamientos capitaneados por don Juan de Austria. En 1572 intervino en la guerra naval contra Turquía, especialmente en las acciones de Modón y Navarino; en 1573 luchó como soldado de los tercios viejos en Túnez y, un año después, estuvo como soldado aventajado en Génova, en Cerdeña, en Nápoles y en Palermo.

En 1575 Cervantes embarcó en Nápoles con su hermano Rodrigo hacia España en la galera *Sol*, con cartas de recomendación de don Juan de Austria. Deseaba reencontrarse con sus familiares y amigos, pero, ante todo, anhelaba conseguir un ascenso en la carrera militar. Tenía 28 años y era lógico que quisiera asegurarse el porvenir. Sin embargo, la galera fue capturada por los piratas argelinos y los dos hermanos fueron conducidos a prisión.

La experiencia del cautiverio, vivida por el joven Miguel entre los 28 y los 33 años de edad, recorre toda la producción cervantina, desde la *Epístola a Mateo Vázquez*, escrita en verso en 1577, hasta su último relato, *Los trabajos de Persiles y Segismunda*, pasando por obras teatrales como *Los tratos de Argel* y *Los baños de Argel*, por su novela pastoril *La Galatea* y por el *Quijote*.

El impacto de la llegada a Argel debió de ser muy fuerte. Una descripción de aquellas graves horas podemos leerla en *Los tratos de Argel*, donde rememora su abatimiento con las siguientes palabras:

> *cuando llegué cautivo y vi esta tierra*
> *tan nombrada en el mundo que en su seno*
> *tantos piratas cubre, acoge y cierra,*
> *no pude al llanto detener el freno*
> *que, a pesar mío, sin saber lo que era,*
> *me vi el marchito rostro de agua lleno.*

Durante los 5 años de cautiverio en las mazmorras de Argel, el escritor protagonizaría cuatro tentativas de fuga, en las que fracasaría. «Por la libertad —diría don Quijote a Sancho— se puede y debe aventurar la vida».

Rodrigo recobró la libertad en 1577, pero Miguel no saldría de los calabozos hasta el 19 de septiembre de 1580, cuando estaba a punto de ser llevado cautivo a Constantinopla, lugar del que no se solía regresar. Aquel día, el fraile trinitario Juan Gil pagó a Hazán Bajá 500 escudos de oro como rescate de Cervantes. No obstante, el escritor aún permanecería más de un mes en Argel, ya que la nave que había de llevarlo a España no partiría hasta el 24 de octubre.

Tres días después, el escritor llegó a Valencia con algunos de sus antiguos compañeros rescatados. Si seguimos el relato del capitán cautivo, inserto en los capítulos XXXIX-XLI de la primera parte del *Quijote*, Cervantes lloró por segunda vez, pero en esta ocasión de alegría: «y con lágrimas de muy alegrísimo contento dimos todos gracias a Dios Nuestro Señor por el bien tan incomparable que nos había hecho».

La libertad perdida se convertía ahora en «uno de los más preciosos dones que a los hombres dieron los cielos; con ella no pueden igualarse los tesoros que encierra la tierra ni el mar encubre; por la libertad, así como por la honra, se puede y debe aventurar la vida, y, por el contrario, el cautiverio es el mayor mal que puede venir a los hombres» (el *Quijote*, segunda parte, capítulo LVIII).

En mayo de 1581 Cervantes partió hacia Portugal, donde se encontraba entonces la corte de Felipe II, con el fin de hallar un empleo con el que rehacer su vida y pagar las deudas contraídas por su familia para rescatarlo en Argel. Se le encomendó una misión secreta en Orán, por la que percibió 50 escudos y, a su regreso a España, solicitó puestos vacantes en las Indias, que le fueron denegados.

En esta década la literatura pasó a ser centro de sus ocupaciones. Así pues, en 1582 Cervantes se estrenó como autor teatral con *Los baños de Argel* y, tres años después, publicó la novela pastoril *La Galatea*.

En su vida personal, cabe destacar que, a principios de 1584, conoció a una mujer llamada Ana Franca, casada desde 1580 con un tendero de nombre Alonso Rodríguez. Fruto de esta relación amorosa nacería su única hija, Isabel de Saavedra. Curiosamente, el 12 de diciembre de ese año, Miguel contrajo matrimonio en Esquivias (Toledo) con Catalina de

Salazar y Palacios, con la que guardaba una diferencia de edad considerable, pues ella tenía 19 años y él 37.

Profesionalmente, en 1587 el escritor iniciaría una larga estancia en Sevilla al servicio del rey como comisario de abastos de la armada española y, tres años después, solicitaría nuevamente un destino en las Indias que otra vez le sería denegado, pasando a ser recaudador de Hacienda en 1593.

Las irregularidades en el desempeño de estas funciones lo llevaron a prisión en dos ocasiones: en 1592, en Castro del Río, por embargo de trigo a canónigos, y en 1597, en Sevilla, acusado de no haber entregado debidamente las cantidades recaudadas para la corona. El 1 de diciembre de 1604, en Alcalá de Henares, el Colegio de los Teólogos de la Madre de Dios emitía el testimonio de las erratas que permitía la publicación de la primera parte del *Quijote*. Pero los problemas con la justicia no solo estuvieron relacionados con la recaudación, pues, a finales de junio de 1605, residiendo nuevamente en Valladolid, se vio mezclado en el proceso por la muerte del noble navarro Gaspar de Ezpeleta. Fue encarcelado durante dos días con casi toda su familia. Posteriormente, en 1606, Cervantes se instalaría definitivamente en Madrid.

Hasta sus últimos días desarrollaría con intensidad su actividad libresca, que lo llevaría a publicar las *Novelas ejemplares* (1613), la segunda parte del *Quijote* (1615), las *Ocho comedias y entremeses* (1615) y, de forma póstuma, *Los trabajos de Persiles y Segismunda* (1617).

Uno de los aspectos a tener en cuenta de la última etapa del escritor es el fervor religioso que manifestó su familia, aun cuando hay que tener en cuenta que su hermana Luisa había ingresado en el convento carmelita de Alcalá de Henares en 1565.

El año clave en el proceso de misticismo de la familia Cervantes fue 1609, pues en esa fecha el escritor pasó a formar parte de la congregación de los Esclavos del Santísimo Sacramento, al tiempo que su mujer, doña Catalina, y sus hermanas, entraron como novicias en la Orden Tercera de San Francisco. En 1616 Cervantes profesaría también en la Orden Tercera y, al poco, el 22 de abril, el escritor fallecería en su casa de la madrileña calle del León, siendo enterrado al día siguiente en el convento de las Trinitarias Descalzas.

Al soldado del Tercio Viejo de Sicilia, el viaje a las Indias se le quedó en el «sueño americano» y, sin embargo, a la postre daría el empuje decisivo al idioma castellano. Murió el hombre y durmió durante dos siglos. Pintoresco que fueran los ingleses y los franceses quienes se preocuparan de despertarlo del letargo cuando las ediciones del *Quijote* causaban furor entre los lectores sin conocerse una línea sobre su autor. La primera biografía la compuso Gregorio Mayans, fue un cervantista por encargo, pues buscó los datos en la Biblioteca Real por petición de *lord* Carteret para complacer a Carolina, la soberana consorte de Gran Bretaña. Asimismo, la pesquisa sobre su maltrecho cuerpo se inició durante el mandato de José I, en plena Guerra de la Independencia, cuando José Bonaparte quiso darle honores de ilustre súbdito.

4.2. Héroes y hierro

Si entendemos la «antropología» como el estudio del ser humano de una forma integral, adoptando un enfoque holístico, podemos plantearnos también el análisis de los elementos característicos de un período siguiendo esta perspectiva global e integradora de mentalidades, de actitudes y, en definitiva, de respuestas ante los interrogantes de la existencia.

A partir de los Reyes Católicos, la modernidad se abrió paso en los reinos peninsulares. Vino pareja esta edad a procesos sobrevenidos que diferenciaron sustancialmente esta época de la medieval: ruptura del señorío feudal, retorno al arte de inspiración grecolatina, extensión del mundo conocido y consolidación de los Estados autoritarios.

En este contexto asistimos al nacimiento del Siglo de Oro, expresión con la que se ha designado la etapa de auge de la cultura española comprendida entre la publicación de la *Gramática castellana* de Nebrija, como apuntábamos también en el fecundo 1492, y la muerte de Calderón, en 1681. El concepto fue consagrado por el hispanista norteamericano George Ticknor, en su *Historia de la literatura española* (1849), aludiendo al famoso mito de las «edades» —cinco para el griego Hesíodo[2], cuatro para el latino Ovidio[3]— recordado por los autores de la época, entre ellos Lope de Vega y Cervantes. Y es que indudablemente los coterráneos de Góngora, literatos o artistas, vendimiaron en los mitos clásicos. De ahí, junto al encomiable ingenio que les era propio, su grandeza.

---

2 Cronológicamente: oro, plata, bronce, héroes, hierro.

3 Oro, plata, bronce, hierro.

El primer período de esta era de las musas corresponde a los reinados de Isabel y Fernando, Carlos I y Felipe II, el segundo es la época de Felipe III, Felipe IV y Carlos II, y la transición entre ambos vendría marcada por la nueva centuria. Definía el historiador formalista Heinrich Wölfflin la diferencia entre el Renacimiento y el Barroco —que, a grandes rasgos, se asocian a cada una de estas etapas— enunciando cinco pares conceptuales que revelan el significado de estos ciclos: lineal/pictórico; superficie/profundidad; claridad absoluta/claridad relativa; forma cerrada/forma abierta; unidad/multiplicidad.

Ciertamente, estas dos grandes cosmovisiones nacidas en décadas contiguas se singularizan mediante acertadas oposiciones: tan extraña es la simetría al Barroco, como el trampantojo a su predecesor, al tiempo que el armónico hombre leonardesco parece resultar ajeno al embozado cuya noctámbula existencia discurre, bajo la mirada de la luna, en la penumbra de las callejas.

El siglo xvi fue una etapa de expansión de los reinos hispánicos. Tras el fin de la Reconquista, el imperio ultramarino concentró todos los anhelos. Los reinados de Carlos V y de Felipe II supondrían una ampliación de las fronteras y el afianzamiento de las tesis contrarreformistas frente al avance de la reforma religiosa en el Viejo Continente. Dada su capacidad de trabajo y su entrega al deber, el emperador y su hijo fueron capaces de gobernar «casi con su sola mano». Pero, pronto, la bonanza económica daría lugar a una profunda crisis, la llegada de metales de América ocasionaría la «revolución de los precios», de ahí que, historiográficamente, el siglo xvii haya sido calificado como de los Austrias menores. Volveremos más adelante sobre ello.

En Europa, continente árbitro en las relaciones internacionales en la Edad Moderna, en tanto que motor de las empresas «descubridoras» y conquistadoras, la crisis estaba presente en el siglo xvii.

Se trataba de un declive provocado por varios factores: cambio climático («pequeña edad de hielo», por el descenso de las temperaturas); caída demográfica (aumento de las epidemias y hambrunas); crisis económica (después de la fase de auge económico, el xvii fue una etapa de recesión) y desórdenes políticos y sociales que hicieron de 1640-1660 el período en el que el Viejo Continente conoció la más amplia e importante oleada de levantamientos hasta el ocaso del Antiguo Régimen.

Recordemos las revueltas de Cataluña y Portugal, que estallaron en 1640, la aspiración del duque de Medina Sidonia a ser rey de Andalucía en 1641, la Fronda acaecida en Francia en 1648-1653 y la primera revolución inglesa, iniciada también en 1640, después de la cual se produciría la «gloriosa revolución» de 1688.

4.3. Don Quijote, las caballerías y el mercantilismo

Una de las claves interpretativas más coherentes para comprender la crisis del XVII radica en situar en ella la divisoria entre el feudalismo y el capitalismo. La obra más universal de las letras hispánicas, el *Quijote*, no deja de revelar este mecanismo.

La sátira en torno a las novelas de caballerías —recreadoras de una mentalidad medieval— refleja de forma inequívoca que, hacia 1605, Miguel de Cervantes, portavoz de las impresiones de varios de sus coetáneos, estaba convencido del advenimiento de un nuevo proceder en la vida en sociedad: las gestas caballerescas y el amor cortés habían sido reemplazados por el interés económico, ya no se defenderían los colores de la dama en los torneos junto a la muralla, mas los naipes y los dados lanzados sobre el tapete de la taberna, junto a las jarras rebosantes de vino, servirían para rescatar juros y asientos en un intento desesperado de amasar centelleantes fortunas de hijosdalgo, no por soñadas disponibles a la mano de los truhanes en los balcones y patios.

No en vano, don Alonso Quijano se paseó a caballo por tres ciclos de nuestra Historia: del señorío medieval cabalgó hacia el renacimiento idealista para trotar por la exuberancia barroca.

Precisamente, la hipótesis de que la crisis del siglo XVII puede ser vista como una transición hacia el capitalismo queda corroborada por el hecho de que los países que salieron reforzados de ella, sobre todo Inglaterra, se encaminaron hacia experimentaciones agrarias y manufactureras que conducirían en la centuria siguiente al inicio de la Revolución Industrial y, con ello, al establecimiento de unos nuevos medios y modos de producción, mientras que los territorios que quedaron en peores condiciones, como la monarquía hispánica de los Habsburgo, perderían el papel preponderante que hasta entonces habían tenido en Occidente.

En los reinos hispánicos el siglo XVII es el de dejación de la autoridad real en manos de los validos (ávidos de la «pasión de mandar», parafraseando el retrato marañoniano de Olivares), bien por «su mediocridad» —Felipe III— o por «su carácter disoluto» —Felipe IV—, a juicio de Hamilton. La progresiva disminución de la personalidad de los gobernantes fue un hecho desde Felipe II hasta la entronización de los Borbones.

Como expusiera el historiador estadounidense en su reflexiva investigación sobre el tesoro americano y la inflación (trabajo desarrollado en una coyuntura paralela, la crisis de entreguerras, que él mismo sufrió), España empleó un solo siglo (desde la unión de Castilla y Aragón, en 1479, hasta la anexión de Portugal, en 1580) para alcanzar la preeminencia política, y luego otro siglo (desde la muerte de Felipe II, en 1598, hasta la de Carlos II en 1700), para descender al rango de segunda potencia.

«España, sin duda, había abarcado demasiado» escribía con acierto Julián Marías en su *España inteligible*. Los recursos nacionales resultaban parvos para tan inmensos proyectos, las fuerzas de oposición a la monarquía crecían, la fatiga y la corrupción invadían a los gobernantes, el pesimismo desbordaba a los pensadores y, sobre todo, menguaban las esperanzas: «se duda de que las cosas malas tengan remedio». Compartimos con el gran discípulo de Ortega la idea de que la desilusión es el rasgo característico de esta época.

Entre los efectos del declive general del siglo XVII se halla el cambio del eje de la civilización hacia la Europa noroccidental, cobrando auge plazas como Londres y Amsterdam. Atrás quedaban las atlánticas Sevilla y Lisboa, que sustituyeran a las mediterráneas Génova y Venecia en la era de los descubrimientos, cuando África tornó en antesala de las prácticas náuticas.

Al referir estos nuevos núcleos de las finanzas, emerge *La ética protestante y el espíritu del capitalismo*, obra del economista y sociólogo alemán Max Weber, para quien el nacimiento del nuevo sistema giraba en torno a la creencia de que la prosperidad terrestre era signo de la predestinación celestial.

La sociedad pintoresca de nuestro país (por más que no existiera todavía la noción de España y el poder se identificara con una monarquía compuesta, articulada por la agregación de reinos bajo un mismo cetro) fue retratada a la perfección con sus lindezas y requiebros en el *Quijote*. En efecto, era una vida llena de contradicciones, con un feudalismo enfermo abocado a su fin y con un ignorado orden construido sobre la base de la primacía de lo económico.

4.4. Los arbitristas

Poco caso se hizo a Antonio de Guevara, quien, medio siglo después del Descubrimiento, tal vez cansado de errar —primero fue paje del príncipe Juan, luego de su madre, la católica Isabel, después predicador real del emperador Carlos, al que acompañó a Inglaterra y a Túnez, resultando herido en la guerra contra los moriscos de la sierra de Espadán—, entonara el *Menosprecio de la corte y alabanza de la aldea* (1539), topos arraigado en la poesía latina, como atestiguan el *Beatus ille* de Horacio y las *Geórgicas* de Virgilio, que hallarían consonancia con los ideales franciscanos que el obispo profesaba:

> ¡Oh!, cuán bienaventurado es aquel a quien cupo en suerte de tener qué comer en la aldea; porque el tal no andará por tierras extrañas, no mudará posadas todos los días, no conocerá condiciones nuevas, no sacará cédula para que le aposenten, no trabajará que le pongan en la nómina (…)
>
> ¡Oh, cuántos discretos aran en los campos y cuántos necios andan en los palacios!

Mientras Belisa peinaba al sol sus cabellos, con celeridad se iba implantando el modelo mercantilista ante la fascinación suscitada por las carabelas repletas de lingotes y pepitas de aluvión, ¿acaso no sería esa tierra de maravillas el Edén? No parecía intuirse en esos prolegómenos el alza de los precios que tendría tan nefastas consecuencias. Para los dominicos, con su adelantado De las Casas, América era esa «aldea» soñada, el lugar propicio para desarrollar la honestidad y la virtud, el solar donde sería posible edificar la nueva cristiandad.

Además de los rasgos comunes con la decadencia europea y del impacto de la afluencia de riquezas indianas, en el inicio de la crisis española del siglo XVII hay que tener en cuenta la prodigalidad de las mercedes reales, el incremento de la presión fiscal (especialmente en Castilla) para financiar las empresas de la corona, el absentismo de los propietarios de sus tierras, etc. Se empezaba a percibir ya en esos momentos el despegue de la periferia en detrimento del centro peninsular.

Ante las graves dificultades económicas, elevarían su voz los «arbitristas», una suerte de «protoeconomistas» que se dedicaban a analizar las causas y a proponer remedios («arbitrios») a fin de propiciar la recuperación de la Hacienda y el restablecimiento de la prosperidad perdida.

La falta de brazos preocupaba hondamente a los hombres del XVII, unos la estimaban causa de la decadencia, y otros consecuencia, máxime cuando la demografía se veía mermada por la reciente expulsión de los moriscos (1609-1614), la emigración a América, las bajas en las guerras de los Países Bajos y los rehenes en los presidios de Italia y África. La despoblación era el principal problema según el arbitrista riojano Pedro Fernández de Navarrete. En sus tratados, entre los que sobresale *Conservación de monarquías* (1626), se quejaba de que cada año estaban saliendo de España 40 000 personas aptas, retornando muy pocas de ellas.

Desde 1600 no cesan los lamentos al verse desiertos los lugares antes habitados: «Castilla está tan despoblada cuanto se echa de ver en las aldeas della, donde hay tanta falta de gente, siendo tan necesaria para la labranza, que infinitos lugares de 100 casas se han reducido a menos de 10, y otros a ninguna», —expusieron los procuradores en las Cortes de Valladolid en 1602.

Otro arbitrista, el ovetense Martín González de Cellorigo, puso de manifiesto en 1600 algunos signos de aquella sociedad condenada. «No parece sino que se han querido reducir estos reynos a una república de hombres encantados que viven fuera del orden natural», sostenía en el *Memorial de la política necesaria y útil restauración de España y estados de ella, y desempeño universal de estos reinos*.

Si la riqueza solo crecía «por la natural y artificial industria», de esta lógica se deducía que las operaciones especulativas y los privilegios administrativos empobrecían el territorio, provocando el abandono de los oficios y de las actividades productivas. Por desgracia, la corrupción también se había hecho hueco, lacerando con ello el sistema, y nada bueno cabría esperar de la ociosidad que, en cualquier época, amenaza con arruinar los espíritus y las tierras. La máscara y la calavera que yacen sobre la mesa del caballero durmiente en el cuadro de Antonio de Pereda nos conciencian de la caducidad de los bienes terrenales, pues no podemos secuestrar las horas en su frenética marcha de nuestra morada.

La vida de la República consiste en que cada uno gaste lo que en ella ha adquirido, y su muerte es lo contrario, reza el título de otro tratado del mismo género, el de Francisco Martínez de la Mata. Pocas explicaciones de la crisis del siglo XVII resultan tan elocuentes como la de este arbitrista granadino que, a mediados de la centuria, rechazaba que la abundancia de oro y plata fuera estimada como la base de la riqueza del reino. Desde su punto de vista, toda política de fomento exigía el empleo de capitales bancarios. Esta era la única manera de financiar el establecimiento de nuevas industrias (su concepto incluía también la agricultura y la ganadería), regular el comercio exterior y sanear la Hacienda, pero, ante todo, debería prestarse atención a las artes, pues la indiferencia hacia ellas había sido la raíz de la bancarrota:

> Ninguna Monarquía ha sido dueño de tantas riquezas como España ha tenido, y por fiarse dellas más que de las Artes con que las pudiera haber conservado, ha perdido sus fuerzas porque son más poderosas las Artes para conservar potencia que las grandes riquezas y minas, porque todo tiene fin sin ellas, y la virtud de las Artes no (...)
>
> Los Españoles, por su omisión, han perdido la industria o piedra filosofal con que transustanciaban en plata y oro los ingredientes y simples materias que Dios les ha dado para sustentarse, introduciéndose en ociosidad. Por lo cual se hallan sin fuerzas para poder ayudar a la hacienda real, con riesgos de tumultos.

Lamentablemente los mercados se impusieron sobre los tronos. Y es que el Barroco fue la respuesta dada durante el siglo XVII por los grupos activos, en una sociedad que había entrado en una difícil crisis, en estrecha correspondencia con las fluctuaciones económicas del período.

4.5. Los tercios de Flandes

«España mi natura, Italia mi ventura, ¡Flandes mi sepultura!». Esta estrofa se hizo muy popular en la segunda mitad del siglo XVI entre los soldados españoles. Los efectivos de los tercios sabían el riesgo que conllevaba alistarse pero no se arredraban porque así se lo pedía su honor: «Allende nuestros mares, allende nuestras olas: ¡El mundo fue una selva de lanzas españolas!» recuerda otra cuarteta anónima.

El origen de los tercios como unidad militar de infantería se halla en la Guerra de Granada y en la habilidad estratégica del Gran Capitán, pero sería en 1534 cuando Carlos V los convertiría en el brazo ejecutor de su política imperial. Gracias a su resistencia, fueron admirados por los contrincantes y conformaron el primer ejército moderno europeo, al estar integrados por voluntarios profesionales en lugar de recurrirse a las levas o a los mercenarios. Su esmerada instrucción y la particular personalidad que imprimieron a las unidades los orgullosos hidalgos de la baja nobleza constituyen dos significativas señas de identidad de esta infantería que fue la primera en combinar con eficacia las picas y las armas de fuego.

Como apuntábamos, la Leyenda Negra dio pábulo a prejuicios relacionados con la ferocidad de los soldados, que eran presentados como artífices de saqueos y crueles matanzas. Los odios se exacerbarían durante el período en que el tercer duque de Alba ejerció de jefe de los de Flandes, de hecho todavía hoy los belgas y los holandeses invocan su nombre para asustar a los niños cuando no comen o tardan en irse a dormir.

Por el Camino Español las tropas se desplazaban, a través de los Alpes, desde el Milanesado hasta Bruselas. Esta ruta fue seguida por primera vez en 1567 por Fernando Álvarez de Toledo, el aristócrata referido, y por última en 1622, ya que, debido a la alianza del duque de Saboya con Francia, se empezó a emplear una segunda vereda por el Tirol y Lorena.

«Poner una pica en Flandes» era una hazaña que requería mucho esfuerzo; en el ámbito de las conciencias suponía, además, pasar del solar católico al protestante con el firme propósito de no dejarse convencer por las nuevas ideas y, pese a la dedicación extrema que este oficio conllevaba, los sueldos casi nunca eran abonados con puntualidad, por lo que los motines se repetían.

En la región de las Ardenas, tres siglos antes de que durante la Segunda Guerra Mundial los estadounidenses afrontaran la terrible contraofensiva nazi, los tercios españoles sufrieron una estrepitosa derrota. Como anticipábamos, el ejército español asedió Rocroi buscando aliviar la presión sobre Cataluña y el Franco Condado. La batalla de 1643 preconizó el ocaso del ejército que en Centroeuropa había puesto a raya a los rivales de la corona hispánica.

Dueña absoluta del campo, la caballería francesa cargó contra los tercios de naciones —denominados así por no contar con españoles entre sus filas—, desencadenando una auténtica masacre, pues pocos pudieron optar por la huida. Tras las operaciones, solo quedaron los tercios españoles. Después de soportar cuatro asaltos y el bombardeo de la artillería como si fueran en sí mismos una fortaleza («murallas humanas» los llamaría Bossuet), seguían en pie sin rendirse. Tal reciedumbre hizo exclamar al rival Condé: «Esos soldados y ese general son dignos de la patria que defienden». Pero, muerto Fontaine —el anciano general de procedencia lorenesa que servía a España— y acosados por la derecha y por la izquierda, acabarían pereciendo.

Las bajas españolas se cifran en unos 4000 muertos y entre 2000 y 2500 hombres los prisioneros. En el otro bando hubo 2500 fallecidos. El gran Condé había obtenido una rotunda victoria sobre el ejército más legendario, fue una rendición honrosa, y a los galos les convino enfatizar el acontecimiento: igual que en 1588 los ingleses habían aplicado el apelativo de «invencible» a la armada que sucumbió en las aguas del canal de la Mancha en época de Felipe II, los franceses se creyeron portadores del renombre de superioridad que, en el xvi, España había enarbolado.

La derrota de Rocroi, infligida a tropas aguerridas, es comparable en el plano moral al desastre del 98, pues constituyó el dramático anuncio del fin de la preponderancia militar hispana, de la misma manera que la crisis finisecular daría el toque de queda a un imperio de islas. En Rocroi, nuestras tropas conocieron el fracaso, pero, hasta en el postrer suspiro, permaneció incólume la gallardía.

En plena Guerra de Sucesión, el 28 de septiembre de 1704 Felipe V, instaurador de la dinastía borbónica en España, dispuso la transformación de los tercios en regimientos, pero la literatura, el arte, la música y, luego, el cine mantendrían vivo su ejemplo.

4.6. Los alumbrados de Castilla

La luz va asociada a la verdad, la noche, al misterio, que no es mentira, sino una incertidumbre a desvelar. Para los creyentes, la fe es una luz, para los ateos, la religión representa la oscuridad. Dos siglos antes de que surgiera el término Ilustración, aplicado al descubrimiento del mundo a partir de la razón, sin tener por supuesto nada que ver con la secta posterior de los *illuminati*, en la Castilla del xvi se empleó esta misma alegoría para designar al colectivo propugnador de la devoción intimista. Así, la vida de los alumbrados constituye un capítulo imprescindible de la historia intelectual de la España moderna.

El mapa del iluminismo es un círculo imaginario trazado a compás con centro en el Palacio del Infantado de Guadalajara, que se remonta por el norte hacia Valladolid y por el sur hasta Toledo, yendo de Madrid a Cuenca en la horizontalidad.

En tanto que no tuvieron reconocimiento oficial, sino que experimentaron persecución por su carácter antidogmático, podemos catalogar a los alumbrados como secta. Sus miembros decían actuar movidos por el amor de Dios, sin voluntad propia. Mediante la oración llegaban al estado perfecto y, como era el Creador quien dictaba su conducta, no necesitaban practicar los sacramentos ni las buenas obras, pues resultaba impensable que fueran capaces de pecar. Las visiones y experiencias místicas que describían provocaron que algunos fundadores, como Ignacio de Loyola o Teresa de Jesús, resultaran sospechosos de herejía.

Desde 1511, el año de nacimiento del sabio aragonés Miguel Servet, se reunían en conventículos del centro de Castilla, donde interpretaban personalmente la Biblia, prefiriendo la oración mental a la vocal, como harían posteriormente los quietistas. Quedaban seis años para que Lutero pusiera sus 95 tesis en la puerta de la iglesia del palacio de Wittenberg, criticando las indulgencias, cuando en un pueblo de Toledo, en Escalona, y en otro de Guadalajara, en Pastrana, se escuchaban los nombres de Isabel de la Cruz y Pedro Ruiz de Alcaraz como líderes de una corriente propugnadora de que Dios guiaba a la mente humana para leer las Escrituras con entera libertad.

Todo se quedó en una noche de verano, como la de Shakespeare que realmente, de acuerdo a la traducción del título, era una Noche de San Juan. Si el siglo XVI fue el de Celestina, el XVII sería el de la picaresca. Y, mientras, Sevilla, entre la bonanza y la decrepitud, emergería en *Guzmán de Alfarache* (1599), novela picaresca de gran éxito compuesta por Mateo Alemán, y en el *Quijote* (1605, 1615) que Miguel de Cervantes pudo comenzar a escribir en la Cárcel Real.

4.7. La vida cotidiana

Dejando al margen los preocupantes asuntos monetarios, ¿cómo era el día a día de los caballeros ataviados con golilla, capa y calzas, de las damas subidas en chapines, de los braceros con camisa amplia y de las hilanderas con saya y corpiño? Un antiguo proverbio rezaba «por oír misa y dar cebada nunca se perdió jornada», cuya verdad testimonia el sentir popular.

La vida religiosa ordinaria se reducía al cumplimiento fiel de la observancia rígida de los mandamientos, siendo deberes inexcusables de todo cristiano español la asistencia a misa, la recepción de los sacramentos, la santificación de las solemnidades y la práctica del ayuno todos los viernes del año.

El viaje por el solar hispano, poblado de fortalezas, aceñas, casas solariegas y aldeas, estaba repleto de aventuras. No debía de ser muy agradable el desplazamiento terrestre. Solo los buhoneros, los jinetes de postas y los arrieros hacían del ir y venir su *modus vivendi*. El resto de la población transitaba los caminos de herradura solo por necesidad. La cena servida a Alonso Quijano en la primera venta en que se detuvo, tras la salida de su tierra, consistía en «una porción de mal remojado y peor cocido bacalao y un pan tan negro y mugriento como sus armas». Del alojamiento, el propio posadero hizo ver al hidalgo que su albergue carecía de los lujos del castillo soñado: «...bien se puede apear, con seguridad de hallar en esta choza ocasión y ocasiones para no dormir en todo un año, cuanto más en una noche»[4].

La vivienda de un labrador rico en el siglo XVI puede tener como arquetipo la morada de don Diego, Caballero del Verde Gabán. Su estructura era en buena parte común a la que presentaran los hogares de los pecheros, si bien las comodidades menguaban a mayor modestia de la familia, pues ya sentenció Sancho que en el mundo solo había dos linajes: «el tener y el no tener».

> Halló Don Quijote ser la casa de don Diego de Miranda ancha como de aldea; las armas, empero, aunque de piedra tosca, encima de la puerta de la calle; la bodega, en el patio; la cueva, en el portal, y muchas tinajas a la redonda, que, por ser del Toboso, le renovaron las memorias de su encantada y transformada Dulcinea[5].

Al cruzar el umbral, se pasaba al vestíbulo, denominado zaguán, en cuyo techo, como en el resto de las habitaciones, se percibían las vigas de madera. Desde el recibidor se accedía directamente a la cocina o al patio y, en caso de tenerla, dependiendo de las trazas arquitectónicas con que hubiera sido concebida la casa, a la cuadra. En algunos edificios

[4] Primera parte, capítulo II.

[5] Segunda parte, capítulo XVIII.

también había un lagar, donde se prensaban las uvas y la pasta de aceitunas trituradas obtenida en la almazara para sacar aceite.

En muchas casas nobles el núcleo era el patio interior empedrado. Las dependencias de la planta baja eran las que frecuentaban las visitas y, en el corredor porticado de la segunda planta, desembocaban las habitaciones de la intimidad. Era de gran utilidad que el patio dispusiera de un pozo, pues evitaba el trasiego de agua desde la fuente más próxima. También se conocían los pozos de nieve, destinados a almacenar el hielo de las montañas, tan cotizado en las cortes para refrescar las bebidas aromatizadas con guindas, jazmín, anís o canela.

Durante el verano, los muros de la planta baja se tapizaban con guadamecíes —pieles de carnero curtidas y labradas con dibujos dorados o polícromos— con el fin de aislar del calor exterior y de causar impresión en las visitas. Además, para refrescar el ambiente, se regaba el pavimento y, en invierno, para lograr el efecto contrario, era cubierto de alfombras.

De las paredes de la sala colgaban estampas y pinturas con temas bíblicos o mitológicos. Los asientos o «arrimaderos» eran reflejo de la jerarquía de sus moradores: el dueño se reservaba la silla principal, a menudo con brazos —sillones fraileros— y solo en ocasiones puntuales se la cedía a los invitados. Los demás habían de conformarse con sillas simples y taburetes y, en las paredes enjalbegadas, se instalaban escritorios sobre «bufetes». El brasero, alimentado de ascuas de la chimenea, traía el consuelo en los días gélidos. Para evitar el olor de la combustión se quemaban hierbas aromáticas y huesos de oliva.

El comedor, como lugar en el que actualmente se reúnen los invitados para degustar las viandas, no existía, pues la cocina era el principal espacio de la casa. En los estamentos donde podían permitirse estas exquisiteces, desayunaban, tomaban el almuerzo al mediodía, se echaban la siesta, merendaban chocolate con pestiños o buñuelos y, antes de la medianoche, los sirvientes llevaban a sus amos algún plato ligero que ingerían en la cama sobre una mesilla diseñada para ello. Por su parte, los pecheros desayunaban pronto y fuerte para marcharse a labrar los campos o pastorear las ovejas, y tomaban la cena al caer el sol. La cena era la principal refección de los jornaleros, hasta el tiempo de Cervantes no empezaría a ponerse de moda entre los nobles.

Cuando se organizaba una fiesta pública o se congregaban muchas personas para degustar la «olla», el salpicón o los novillos repletos de lechones, se habilitaba en la sala una mesa que se sacaba de la cocina o de la zona de servicio. En otras ocasiones se armaban tableros sobre borriquetas y las mujeres se sentaban en el suelo («a mujeriegas»). En las casas de alcurnia el maestresala tomaba un bocado y probaba el vino antes de comenzar el banquete para prevenir el envenenamiento de sus amos. Después de los postres, entraban los criados con jofainas, agua olorosa y toallas, para que los comensales se lavaran las manos.

En casa de Alonso Quijano los viernes no había más que un plato de lentejas, siguiendo el precepto de no comer carne dicho día de la semana, costumbre que hoy se respeta en los hogares católicos en el período de Cuaresma. Y podía dar gracias el hidalgo, pues el hambre se enseñoreaba por los estómagos de la Castilla del Lazarillo. Recordemos la frase del pícaro cuando, al penetrar su mirada en el arca del mísero cura de Maqueda, donde bajo triple llave este custodiaba su hogaza, exclamaba al contemplar aquel tesoro: «¡Mi paraíso panal!».

El aceite se guardaba en la alcuza, el agua y el vino en la tinaja, y las conservas de carne y los embutidos en aceite, en las orzas. De los garfios de la espetera pendían las carnes y los utensilios de cocina. En la reglera (estante) reposaban las fiambreras, las jarras y hasta alguna jaula para las perdices de reclamo.

El ama machacaba las especias en el mortero. Sentada en la silla de mujer o de estrado —desde la cual también cosía, acunaba niños y, en ocasiones, hasta daba a luz—, atizaba el fuego y daba vueltas a las cocciones con cucharas de palo. La vajilla, generalmente de loza, se apilaba en la alacena y los cubiertos en cuchareros. El tenedor y el cuchillo no eran usados con soltura, pues el instrumento básico era la cuchara y se acostumbraba a comer con los dedos las demás viandas. A falta de práctica con las «armas» culinarias, se estimaba de buena educación tomar los alimentos con las puntas sin mancharse las manos enteras y la cara. La mesa era cubierta por un arambel (tapete), el agua, llevada en búcaros y la fruta, servida en capachos y tabaques. Cada habitación se hallaba iluminada por candiles o por velas colocadas sobre hacheros y candelabros.

La alcoba del caballero estaba situada en la zona más próxima a la esfera pública y era expresión del diálogo de las armas y las letras. A las espadas y dagas, se sumaba el «bufete de fiadores» (la mesa de escritorio más habitual en el Siglo de Oro) sobre el que el señor encontraría dispuestos los materiales de escritura: el tintero, la pluma y la salvadera (vaso, por lo común cerrado y con agujeros en la parte superior, en el que se tenía la arenilla para enjugar lo escrito recientemente, a fin de que se secara el exceso de tinta que hubiera quedado sobre el pliego). Los dineros y los documentos de relevancia eran custodiados en cofres fuertes. El crucifijo y el reclinatorio recordaban al caballero sus obligaciones piadosas.

El lecho más lujoso era la cama con cielo y cortinajes, pero había una gran variedad de ornatos en torno al jergón. «Vio que era dorada la cama, y tan ricamente compuesta, que más parecía lecho de príncipe que de particular caballero», se relata en la novela ejemplar *La fuerza de la sangre*. En otros dormitorios el cabecero podía simular un pequeño retablo.

El estrado o cuarto de las damas era una forma de concebir la habitación, a ras del suelo, de herencia musulmana. Como aislante de la humedad se colocaba una tarima de madera o de corcho en invierno y una estera en verano. Sobre la alfombra con motivos zoomorfos, vegetales o mudéjares, había almohadones y cojines para que las mujeres se sentaran «a la morisca» o se recostaran. Dedicadas al huso, a la meditación de los libros de horas o al deleite musical con el laúd o la vihuela, veían transcurrir su jornada, como atestigua Cervantes en *La ilustre fregona*: «Ella, lo primero y principal, es devotísima de Nuestra Señora: confiesa y comulga cada mes; sabe escribir y leer; no hay mayor randera (encajera) en Toledo; canta a la almohadilla como unos ángeles; en ser honesta no hay quien la iguale».

En el siglo XVI se fue introduciendo en el estrado el tocador: una mesa con espejo independiente, cubierta con un paño, sobre la que se colocaban la palmatoria y los pomos de vidrio. En invierno se hacía uso del calientacamas, un brasero portátil que se pasaba por las sábanas.

En los escritorillos, confeccionados con ébano, marfil, concha de tortuga y otros materiales suntuosos de ultramar, se guardaban jícaras de porcelana china y otros objetos de alto valor. Cerca de la cama se colocaba un banco con asiento abatible que servía de arcón y, con uno de los muros como telón, se abría un oratorio mediante la ubicación de alguna imagen religiosa o relicario que llamara al recogimiento.

En algunas casas había letrinas o retretes (también llamados recámaras) para el aseo, con silla horadada y hondo baño de cerámica:

«Desnúdese vuesa merced y vístase a sus solas y a su modo, como y cuando quisiere, que no habrá quien lo impida, pues dentro de su aposento hallará los vasos necesarios al menester del que duerme a puerta cerrada, porque ninguna natural necesidad le obligue a que la abra»[6]. Durante el día metían a este cuarto los bacines y, por la noche, los llevaban al pie de la cama.

El baño no era frecuente, pues para paliar el calor, los hombres y las mujeres del Siglo de Oro preferían recurrir a bebidas frescas. Las friegas, los ungüentos y los maquillajes desplazaban al agua, sin embargo, tenían en alta estima la ropa blanca. De hecho, durante toda su historia, don Quijote solo se bañó dos veces: una voluntaria, en la casa del Caballero del Verde Gabán, y otra forzosa, al caerse al Ebro. Para arreglarse, las damas llevaban consigo espejo, peine y un bote de «mudas» para el rostro.

4.8. La escuela y las damas

La instrucción primaria fue la gran asignatura pendiente del Antiguo Régimen. ¿Cómo pensar de otro modo en una sociedad donde el 80 % de la población total era analfabeta? Cierto es que, entre 1580 y 1650, todos los clérigos, la alta nobleza, los letrados y los mercaderes sabían firmar con su nombre, pero no los que pertenecían a una extracción nobiliaria inferior y mucho menos los labradores, los jornaleros, los artesanos, los tenderos y la servidumbre, de los cuales entre el 70 y el 50 % eran analfabetos. De ahí el enorme peso que tendría la oralidad en la transmisión de noticias, refranes, cuentos, romances...

Los prejuicios que confinaban a la dama a la esfera doméstica, por desgracia tardarían en ser derrocados y se prolongarían en el tiempo más allá de la toma de la Bastilla. «Guarda corderos, zagala,/zagala, no guardes fe/que quien te hizo pastora, no te excusó de mujer», en versos gongorinos. Por boca de don Pedro, en *No hay burlas en el amor*, Calderón expresaba la extendida opinión de los que consideraban beneficioso el alejamiento de la doncella con respecto del libro a fin de evitar tentaciones:

Más remediárelo yo
aquí el estudio acabó

[8] Segunda parte, capítulo XLIV.

aquí dio fin la poesía,
libro en casa no ha de ver
de latín que yo no alcance;
unas Horas en romance
le bastan a una mujer,
bordar, labrar y coser
sepa solo; deja al hombre
el estudio…

Pero aun así, por ventura, hallamos lectoras. En el *Quijote* vemos a mujeres que saben leer y escribir: Dorotea, Zoraida, Marcela, la Duquesa, etc. En 1582, *El Informador*, de Juan de la Cueva, da cuenta incluso de la quema de libros misóginos realizada en Sevilla por una señora y su criada.

Las fuentes nos hablan de mujeres que aprendían a leer y a escribir de forma autodidacta, como doña Cecilia de Ça, esposa del proveedor general de las armas de la corona de Portugal, de quien nos dice Jerónimo Román de la Higuera, en su obra *Repúblicas*, que «como su padre no permitiesse que aprendiesse a escribir, por las letras que hacía en cosas de red y en otras labores con la aguja, vino a escribir de manera que escribe lo que quiere con mucha facilidad».

4.9. El reino de las brujas

Un hecho constatable mediante la investigación y capaz de desmontar otro argumento falaz de la Leyenda Negra es la constatación de que, mucho antes que el resto de Europa, España se puso manos a la obra en la tarea de desmantelar el fanatismo mediante la racionalización. Aunque al inicio del Santo Oficio los inquisidores recibieron instrucciones de no preocuparse tanto por las cuestiones de hechicería como sí de los conversos, las profecías se sucedieron a lo largo del siglo XVI; recordemos el vaticinio del saco de Roma por Eugenio Torralba, el astrónomo más célebre del Renacimiento español, y las visiones apocalípticas de Lucrecia de León en sincronía con el desastre de la Gran Armada.

El auto de fe celebrado en Logroño en 1610 contra las brujas de Zugarramurdi marcaría un punto de inflexión en la observación del fenómeno. Cuando meses después recorrió con su mula el valle del Baztán para ver si se habían calmado los ánimos, el inquisidor Alonso de Salazar y Frías, uno de los tres responsables de la sentencia, sintió escrúpulos de conciencia por haber lanzado a la hoguera a aquella población que reivindicaba haber desarrollado aquelarres. Nunca hubo escobas voladoras, sí alucinógenos y altas cotas de analfabetismo.

Lloró el inquisidor y se convirtió en abogado defensor, distanciándose de la opinión de los teólogos más sesudos. Los convenció de que nadie debería ser condenado por brujo, pues la superstición y la incultura se encontraban en la base de estas prácticas. Si los hechos carecían de fundamento real, lo más oportuno era olvidar el asunto y desear fructíferas cosechas de silencio.

«No hubo brujos ni embrujados en el lugar hasta que comenzó a hablarse y a escribir de ellos», aseguró Salazar y Frías, y logró mudar la opinión de los cofrades del Santo Oficio. Dicho en otras palabras, las de Calderón de la Barca, «cuando tan torpe la razón se halla, mejor habla, señor, quien mejor calla». Así empezaron a decrecer las acusaciones de brujería, aun cuando la Historia nos muestra que, pese al importante cambio de actitud en el seno de la Inquisición, este tipo de procesos se sucederían hasta el XIX.

Consensuando las estimaciones, podemos sostener que, en España, la proporción de «quema de brujas» se reduce al haber sido ejecutados unos 300 individuos de un total de 8 100 000 habitantes hacia 1610, relación que se ve superada en el pequeño territorio de Liechtenstein, donde la poda se llevó por delante a 300 hechiceras, pero de un censo demográfico de 3000 personas. En Italia perecieron en las llamas 1000, de 13 100 000.

Junto a la majestuosidad barroca, en el siglo XVII fue abriéndose camino con timidez la revolución científica. Algo insólito, pues hemos de reconocer que, a pesar de que podría esperarse que los nuevos descubrimientos contribuyeran a desacreditar las noticias de las Escrituras, no fue así, pues los sabios más avanzados respecto a su tiempo eran los eruditos versados en matemáticas bíblicas. En sus manos convergían religión y ciencia. Precisamente, la nueva ciencia matemática y astronómica interpretó el hallazgo del cometa de 1618 como el anuncio de desgracias, en una comunidad civil que se sentía asaltada por todos los flancos por continuos males. No en vano, estos augures preconizaban la disolución de la sociedad, el fin del mundo, hacia 1640-1660, la etapa que luego constituyó la era de las revoluciones modernas.

4.10. El racionalismo

Las prácticas piadosas ordinarias de la vida cotidiana eran objeto de una rígida observancia por parte del tribunal del Santo Oficio, dirigido a combatir «la herética pravedad» (*Inquisitio Haereticae Pravitatis Santum Officium*), esto es, acabar con las prácticas judaizantes y eliminar toda manifestación que se desmarcara de la norma.

Por toda Castilla, durante el mandato de Torquemada, aumentaron los tribunales y también las condenas. La dinámica y el funcionamiento de cada sede fueron semejantes en objetivos, aun cuando ciertos medios de actuación, como el tormento, adquirieron peculiaridades en cada lugar. El miedo ante la posible delación o denuncia paralizó a ciudades y pueblos enteros, ya que era recurrente el castigo ejemplar consumado en el auto de fe o en la hoguera.

En el Madrid del conde-duque de Olivares (1622-1643), sede de una cultura cortesana característica, entre los españoles del siglo XVII dotados de espíritu crítico destaca Antonio López de Vega, autor entre otras obras de *El perfecto señor*, en la que aconsejaba al lector que «sepa de lo divino lo que le baste para conocer la verdad y congruencias de la Religión, para distinguirla de la superstición».

A finales de la centuria aparecería en España un grupo de eruditos e investigadores cuyo objetivo era la introducción de las nuevas corrientes científicas europeas en el país. Estos espíritus preclaros —que fueron conocidos con el nombre de novatores, pues de hecho su objetivo era innovar— dependieron de la protección de nobles y de clérigos proclives a la nueva mentalidad racionalista, y se agruparon en «tertulias». La existencia de este escenario paralelo halla su explicación en el hecho de que las ideas modernas apenas encontraron cabida en las instituciones académicas, por lo que tuvieron que valerse del predicamento adquirido en los círculos de sociabilidad.

Sobresalen Juan de Cabriada, que criticó el atraso científico de España y defendió la experiencia como criterio único «en las cosas naturales», y Diego Mateo Zapata, quien apostaba por la medicina filosófica y racional, lo cual le granjeó persecución y sufrimiento. Tanto es así que Goya le dedicaría años después un grabado en el que aparecía encadenado, con el lema «Zapata, tu gloria será eterna».

Fue la consciencia de esa interna contradicción entre los acontecimientos y los anhelos, entre la oscuridad del declive y el candil del intelecto, entre la parca y la musa, la que constituyó la esencia del hombre barroco. Nadie lo expresó con tanta precisión y elegancia como el historiador y poeta del culteranismo Francisco de Trillo y Figueroa: «cegar las luces para ver con ellas»[7].

5. Carlos II y la corte de los hechizos

Con Carlos II (1665-1700) se asistió al ocaso de la dinastía de los Austrias. Su reinado fue una lucha diplomática entre las potencias, por quién quedaría como heredero del todavía inmenso Imperio español. Durante sus primeros 10 años, en su minoría de edad, gobernó su madre Mariana de Austria, asesorada por el jesuita Nithard.

Posteriormente ejercería su influjo en la regente el primer caballerizo Fernando de Valenzuela, mientras que el hermanastro Juan José de Austria, que gozaba del reconocimiento de Gran Prior de la Religión de San Juan en Castilla, y que había sido designado en 1647 como máximo responsable de las armas marítimas, encabezaba la oposición a Mariana de Austria.

Después de la caída de Valenzuela en 1676, el hijo natural de Felipe IV dirigió el gobierno de la monarquía hasta su muerte, acontecida en oscuras circunstancias el 17 de septiembre de 1679. Lo hizo por petición expresa de Carlos II, que observó pasmado la llegada de su hermanastro en una marcha triunfal, pues cabalgaba rodeado de lo más granado de la nobleza castellana como si viniera a liberar Madrid del poder nocivo de la reina madre.

La historiografía ha expuesto que don Juan José fue una mala copia de don Juan de Austria. No obstante, supo aprovechar esos tres años (aparte de para ajustar cuentas con Mariana y con Valenzuela, al que desterró a Filipinas) para cerrar con Francia un nuevo tratado, la Paz de Nimega, y para aligerar el mastodóntico aparato de administración de la corona.

Pero su gobierno no correspondió a las expectativas creadas por la nobleza española, e incluso el rey se mostró indiferente ante su muerte, a los 50 años, a causa de unas fiebres tifoideas. Carlos ni siquiera acudió a velar su cadáver, tal vez por miedo al contagio. De hecho, los rumores

7 Soneto XLVIII.

en torno a su posible envenenamiento corrieron por toda la Península, dado el carácter súbito de la enfermedad y que Mariana no tardó ni una semana en regresar a la corte una vez que se esfumó su enemigo. Pese a ello, Juan José recibió los honores que a su rango le correspondían, fue enterrado en El Escorial y su corazón, cumpliendo con lo estipulado en sus últimas instrucciones, mandado a la capilla del Pilar de Zaragoza. Tampoco resultaría acertada la acción del nuevo valido, el duque de Medinaceli, que a través de la Junta de Comercio y Moneda condujo al colapso de los precios.

En el exterior, hubo tres guerras con Francia durante este período, las cuales acabaron a través de la firma de otras tantas treguas: la Paz de Aquisgrán (1668), la cual supuso la devolución del Franco Condado a España; la mentada de Nimega (1678), que conllevó nuevamente la cesión del Franco Condado a Francia y la pérdida de ciudades hispanas de los Países Bajos, y la Paz de Ryswick (1687), mediante la cual España recuperó algunas plazas fuertes en Flandes y Cataluña, gracias al apoyo de Suecia, Austria y el Papado y, sobre todo, al deseo de Luis XIV de atraerse el favor del rey hacia su nieto Felipe.

Realmente fue un reinado sorprendente, pues, mientras las diferentes camarillas palatinas lucharon por hacerse con la voluntad del débil rey, el cambio de coyuntura económica permitió, como veremos, una mejora y una recuperación de la demografía.

5.1. El último Habsburgo

Un cadáver en el alcázar de Madrid. A punto de clausurarse el siglo XVII, la noticia corría veloz por Europa, pues todos los mandatarios que veían a Carlos II sacaban la conclusión de que en su cuerpo fallaba más de un órgano.

Con la compasión que hace saltar los diques de la oficialidad, el marqués D'Harcourt, embajador francés, anunciaba a Luis XIV en marzo de 1698: «es tan grande su debilidad que no puede permanecer más de una o dos horas fuera de la cama .., cuando sube o baja de la carroza siempre hay que ayudarle..., tiene hinchados los pies, piernas, vientre, cara y, a veces, hasta la lengua, de tal manera que no puede hablar».

En el mismo año, el inglés Stanhope describía que «el rey se halla en un estado desalentador. Se imagina que los demonios no cesan de tentarlo... y está tan débil que apenas puede elevar su mano hacia su boca para comer, y tan melancólico, que ni sus bufones, ni sus enanos logran distraerlo de sus fantasías respecto a las tentaciones del diablo. Nunca se cree seguro si no están a su lado su confesor y dos frailes, a quienes hace acostar en su dormitorio todas las noches».

Tampoco contribuía a dar una imagen sólida del titular del reino el descuido hacia su persona. Las ojeras no parecían tener remedio, pero sí podía asearse la larga cabellera, que, sin embargo, llevaba enmarañada y sucia. Tan palmaria era su dejadez estética que, en una ocasión, su hermanastro don Juan José de Austria le dejó caer: «lástima es, señor, que ese hermoso pelo no se cuide mucho de él», pero Carlos fue genio y figura hasta el postrer suspiro y, volviéndose al gentilhombre de cámara, le lanzó en voz alta la indirecta: «hasta los piojos no están seguros de don Juan».

5.2. Los exorcismos

En el *Tesoro de la lengua castellana o española*, publicado en Madrid en 1611, Sebastián de Covarrubias define el infinitivo «hechizar» como: «cierto género de encantación, con que ligan a la persona hechizada, de modo que le pervierten el juicio, y le hacen querer lo que estando libre aborrecía. Esto se hace con pacto del demonio expreso, o tácito». Desafortunadamente el diccionario reproduce la mentalidad imperante, que asociaba el pecado con la hembra: «este vicio de hacer hechizos, aunque es común a hombres y mujeres, mas de ordinario se halla entre las mujeres, porque el demonio las halla más fáciles; o porque ellas de su naturaleza son insidiosamente vengativas, y también envidiosas unas de otras».

Pero lo que los hombres y las mujeres del XVII, tan aficionados a las artes brujeriles, no habrían esperado es que el último de los Habsburgo pasara a la Historia con el misterioso título de el Hechizado, en vez de con sobrenombres épicos como el Bravo o el Pacificador. Nunca hubo una denominación más certera, pues, a partir de una persona fue descrito con solvencia el color de un tiempo.

La corte de Carlos II fue el caldo de cultivo para inquisidores fanáticos y monjas endemoniadas. La dimensión sobrenatural era un ingrediente básico en la cotidianeidad de este soberano, que no solo mostró gran interés por asistir a los autos de fe, como el celebrado en 1680 en la plaza Mayor de Madrid por bigamia y observación supersticiosa, sino que mantuvo correspondencia con sor Úrsula Micaela Morata, mística murciana, fundadora del convento de clarisas capuchinas de Alicante.

Por ello, cuando le quedaban menos de dos años sobre la Tierra, acató someterse al proceso de desencantamiento solicitado por su confesor, el padre Froilán Díaz, hijo del almirante de Aragón, Francisco Folch de Cardona, y profesor de las universidades de Álava, Valladolid y Alcalá de Henares. La intervención contó con el permiso del cardenal Rocaberti, inquisidor general.

Un compañero de estudios de Froilán, fray Juan Rodríguez, dio la voz de alarma de que en el convento de dominicas recoletas de Cangas de Tineo (hoy Cangas de Narcea) había varias monjas que hablaban con el demonio y revelaban que Carlos II había sido hechizado a los 14 años en un claro de luna. Se remitió la consulta al obispo de Oviedo, Tomás de Reluz, varón de conocida virtud que, con prudencia, manifestó que «siempre he estado persuadido de que en el rey no hay más hechizo que un descaecimiento de corazón y una entrega excesiva de voluntad a la reina», y recetó en desagravio oraciones, buenos consejos y medicinas saludables.

Pero no se hizo caso al prelado, y el 9 de septiembre de 1698 el confesor del convento, Antonio Álvarez de Argüelles, convocó a capítulo a las monjas y, revestido con los ornamentos eclesiales y con el hisopo de agua bendita en la mano derecha, repitió la salmodia del *vade retro*. Delante del Santísimo Sacramento preguntó al demonio si el monarca estaba embrujado, la respuesta fue afirmativa con la especificación de que «el hechizo se lo habían dado en una taza de chocolate el 3 de abril de 1675 en la que habían disuelto sesos de un ajusticiado para quitarle el gobierno, entraña para quitarle la salud y riñones para corromperle el semen e impedir la generación, y que la causante fue la reina viuda doña Mariana, para seguir gobernando».

Esta dosis nefasta le había llegado, con la aquiescencia de Valenzuela, a través de una mujer llamada Casilda, con el afán de que Carlos se impusiera frente a Juan José de Austria. No movían las fichas por capricho, pues en 1677 el ilegítimo marchó sobre Madrid, desplazando a Mariana al alcázar toledano. La fuerza maligna comunicó que a don Juan José lo habían sacado de la vida mediante otro sortilegio. Como antídoto, el clérigo propuso que tomara «un cuartillo de aceite en ayunas con la bendición de exorcismos».

Inmediatamente, fray Antonio contó las averiguaciones al confesor real, el cual le pidió que volviera a inquirirle al espíritu si desde 1675 se habían sucedido los hechizos. Fue entonces cuando el capellán asturiano vio la posibilidad de medrar como exorcista y ganarse un viaje para sí mismo y las monjas desde el reino de don Pelayo hasta la villa y corte. Así se entiende que fray Antonio indicara al padre Froilán que solo podría desarrollar las siguientes sesiones en la capilla de Nuestra Señora de Atocha, de Madrid, a lo que el inquisidor general y el confesor se negaron, si bien en prevención ordenaron que se purgara al rey todos los días.

Otros diablos que vagaban por Alemania ratificaron la hipótesis del conjuro. Leopoldo I siguió de cerca las revelaciones de un demonio, alojado en un joven de Viena, que apuntó como artífice de otro sortilegio a una tal Isabel, que tenía la boca torcida y llevaba la marca de una T en la axila. La hija de esta había sido procesada por el Santo Oficio como judía notoria. Los instrumentos del maleficio se encontraban en la puerta de su casa, en la madrileña calle Silva, así como en una pieza de la reina conservada en palacio. La comisión encargada del rastreo halló unos muñecos de cera con clavos y envoltorios que, por dictamen de los teólogos, fueron quemados en lugar sagrado con las ceremonias prescritas por el misal romano.

Como no se estimaban suficientes los rituales empleados, se mandó venir de Alemania a finales de 1698 al capuchino saboyano fray Mauro Tenda, célebre por su eficacia deshaciendo maleficios. Para liberar al monarca de las malas energías, colocó un altar y, frente a este, un sillón en el que se sentó Carlos con un *lignum crucis* en la mano. Tenda vociferó las *imprecacione*, pero ni los tratamientos mundanos ni espirituales resultaron provechosos, ya que el estado de salud empeoró por momentos.

Del mismo modo, su segunda esposa, Mariana de Neoburgo, fue exorcizada por un fraile jerónimo con fama de santidad. El 9 de julio de 1698, *lord* Stanhope apuntaba que a Carlos se le había impuesto «una dieta de gallinas y capones combinada con carne de víbora, pero el rey parece un fantasma y se mueve como una figura de reloj». Le colocaban además pichones muertos en la cabeza y cantáridas en los pies para evitarle el vértigo. En la procesión pública del Corpus de 1699 se tambaleó continuamente y, a comienzos de 1700, el conde Harrach comentaba su extraña gordura, los vómitos continuos y el mal olor de la boca.

A pesar de sus múltiples achaques, en el otoño de 1699, Carlos II pidió que abrieran el féretro de su progenitora, Mariana, en la visita que realizó a El Escorial. Harrach se lo relató por carta al emperador Leopoldo:

> Estaba todo el cuerpo sin descomponerse y la carne de la cara y las manos tan intacta como si Su Majestad acabase de morir; todo el traje y el manto, que era de tafetán de seda, estaba en tan buen estado como si se hubiese acabado de hacer (...) No se notaba tampoco el menor olor. Se estudian ahora todos los milagros que sucedieron a la muerte de Su Majestad, y me han asegurado que cuando Su Majestad se iba a morir pidió que no la abrieran ni embalsamaran. Pero como Su Majestad el rey dispusiera que se hiciese y los médicos y cirujanos abriesen la camisa para hacer la operación, enrojeció súbitamente el rostro del cadáver, con lo cual se asustaron tanto los médicos y cirujanos, que cayeron de rodillas y pidieron a Su Majestad que los perdonara, porque lo habían hecho por orden del Rey, con lo que, después de abrirla, se volvió a poner pálida la cara.

El 26 de septiembre el embajador Blecourt anunciaba que Carlos parecía un esqueleto, por lo que trasladaron a su alcoba las imágenes veneradas en Madrid (la Virgen de Atocha, la Almudena, santa María de la Cabeza y san Isidro), administrándole la comunión y la unción el patriarca de las Indias.

5.3. La cuna vacía

El último de los Austrias, Carlos II, imploraba un heredero «con tal edificación, que hasta las piedras se movían a pedir a Dios la sucesión que desean». La primera esposa, María Luisa, emprendió peregrinaciones y veneró reliquias si bien, por la misoginia que culpaba de la esterilidad a la hembra, la de Orleans tuvo que asumir los versos que le ponían la valija en los Pirineos:

> *Parid, bella flor de lis,*
> *que en aflicción tan extraña,*
> *si parís, parís a España,*
> *si no parís, a París.*

El 1 de noviembre de 1700 Carlos falleció con «un corazón muy pequeño del tamaño de un grano de pimienta, los pulmones corroídos, los intestinos putrefactos y gangrenosos, en el riñón tres grandes cálculos, un solo testículo negro como el carbón y la cabeza llena de agua».

Se cuenta que, en el momento de expirar, en Madrid brilló junto al sol el planeta Venus, mientras que en la lejana Bruselas se cantaba por su recuperación un *Te Deum* en la iglesia de Santa Gúdula. La opinión general era que había muerto a causa de los hechizos. El 4 de noviembre Harrach comunicaba a su padre «cosa que concuerda con lo que el demonio ha declarado en Viena y Madrid».

Así acabó la trayectoria del auténtico rey doliente. Solo unas cuantas voces sensatas, como Stanhope y la duquesa de Aveiro, argumentaron mediante el razonamiento la extinción del linaje. El primero, culpando del mote a los «pícaros médicos que, no sabiendo qué hacer con el rey, y para salvar su reputación, han decidido decir que su enfermedad debe tratarse ciertamente de brujería». La segunda, diagnosticando que, «habiendo ya apurado los embustes de la Tierra, querían valerse de las mentiras del infierno».

5.4. ¿Un tiempo de decadencia?

Tradicionalmente el reinado de Carlos II ha sido categorizado como uno de los más decadentes de la historia de España, en contraste con el auge imperial de Carlos I. Que no fue un rey soldado es indudable: «No vamos a Aragón, no vamos a Aragón», comentó con entusiasmo a su madre cuando se enteró de que no tenía que partir al frente. Además, fue el único monarca español que murió sin ver el mar.

No obstante, en las últimas décadas ha comenzado a cambiar esta perspectiva y, en la actualidad, existe una visión más contrastada de este período que permite hablar, en la España de finales del XVII, de una situación de relativa posguerra, de recuperación demográfica, de alivio de la presión fiscal, de distensión política y de mejora de las relaciones con la periferia.

En esta misma línea de optimismo hay que entender la desaparición de las Cortes de Castilla. Hasta hace unos años, se interpretaba esta anulación como el triunfo del absolutismo, ahora se entiende como la congelación de la estructura impositiva en los niveles de 1667 y, por ende, como un respiro ante la exigencia creciente de nuevos servicios de millones, pues siempre que se convocaban las Cortes de Castilla era para votar nuevos tributos.

La narración histórica se construye con datos e interpretación, de ahí el avance y la formulación de nuevas hipótesis que desbancan a antiguas tesis protegidas casi como intocables. Resultaría injusto atribuir el crecimiento al cambio de dinastía sin tener presente los indicios de recuperación, palpables en una corte donde la razón de Estado no se veía apagada, ni mucho menos, por la melancolía.

Mientras los ojos hundidos del Habsburgo lanzaban su mirada perdida a España, en el amanecer de la centuria ilustrada se abrían paso las velas de la esperanza.

Capítulo VIII
Luces y Borbones

Abanico de la época de la Ilustración ornamentado como oráculo para los doce meses del año.

España es el único lugar del mundo donde 2 y 2 no suman 4.

Arthur Wellesley, duque de Wellington

En el *Diccionario de Autoridades* publicado por la Real Academia Española, la «luz de la razón» es definida como «el conocimiento de las cosas que proviene del discurso natural que distingue a los hombres de los brutos», de manera que las luces no solo remitían al cultivo de la inteligencia, sino al uso crítico de la razón frente a los prejuicios heredados del pasado.

Sin embargo, en España, los ilustrados fueron siempre un grupo, dinámico e influyente, pero en minoría. El espíritu crítico mordió los estamentos sin hacer mella en el sistema, enrolando solo a un puñado de nobles, clérigos y burgueses que apostaron por la reforma moderada de las instituciones y la reactivación económica del país mientras que la brisa mecía el abanico, complemento indispensable en el atuendo de «maja».

Realidad y sueño. En paralelo al discurrir de la censura, la búsqueda de la felicidad inundaría los libros y motivaría las expediciones científicas del XVIII. Un movimiento, el de la Ilustración, tímido pero, pese a las cifras, presente en España a través de Mayans y Feijoo.

No obstante, junto a esa primera identidad filosófica, también el Dieciocho podría definirse en nuestra nación como la época de los Borbones, pues, mediante la Guerra de Sucesión, se hicieron valedores del trono de Recesvinto. Prácticamente, en todos los años dejaron su sello. Fue este realmente un siglo borbónico: cien años con la corona en las sienes, sin expulsiones.

1. La Guerra de Sucesión

Desde que un poco antes de la toma de Granada la disputa entre Isabel la Católica y su sobrina fuera zanjada, la monarquía hispánica había participado en una oleada continua de batallas; si bien, durante 200 años se había olvidado el desgarro social que entraña una guerra civil. Carlos II nombró sucesor a Felipe de Anjou, bisnieto de Felipe IV, pero, al igual que Luis XIV, el emperador Leopoldo I también mantenía vínculos con la corona de España.

Castilla aceptó el testamento; Aragón no, pues no quería perder los fueros y privilegios conservados desde el Medievo. Así, pronto se formó un bando, con efectivos dentro y fuera de la Península, que no aceptaba al nuevo rey, alineándose con el archiduque Carlos. Ante la amenaza de la hegemonía francesa, a favor del candidato austríaco se posicionaron Inglaterra y Holanda, una causa refrendada por los Habsburgo de Viena bajo el aglutinante de la Alianza de La Haya.

1.1. La rúbrica

En los despachos de media Europa, la sucesión del enfermizo Carlos II se convirtió en un tema prioritario. Originalmente, fue el sobrino-nieto del rey, José Fernando de Baviera, quien se impuso al resto de opciones y, en 1696, quedó como heredero de todos los reinos, estados y señoríos, salvo Guipúzcoa, Nápoles y Milán. Sin embargo, las aspiraciones bávaras se vieron frustradas con la repentina muerte del elegido en 1699, a la edad de 7 años. Su fallecimiento estuvo envuelto en extrañas circunstancias: sin explicación aparente, el pequeño padecía ataques de epilepsia, vómitos y pérdidas prolongadas de conocimiento.

Deprimente que, aparte de la necrofilia poblando de telarañas su alcoba mental, Carlos II se pasara las últimas semanas haciendo testamentos. En esta tesitura, firmó otras últimas voluntades el 3 de octubre en favor de Felipe. Pero, ¿quién lo empujó realmente a dejar la corona en manos del rival nato?

Además de las presiones del arzobispo de Toledo —el cardenal Luis Fernández de Portocarrero, presidente del Consejo de Estado—, Carlos II recurrió al papa para saber cómo debía obrar de forma correcta, quizás desconfiando de los consejos de sus más allegados. También vio cómo las veladas amenazas de Luis XIV elevaron el tono hasta sonar casi a exigencias. En 2006, dos grafólogos concluyeron que la rúbrica de Carlos tenía un trazo ágil y decidido, ¿es posible en alguien que se halla agonizando?

Los vínculos sanguíneos con el trono de España eran bastante parejos tanto para Felipe de Anjou como para el archiduque Carlos. Felipe IV y Ana de Austria, la reina de Francia, eran hermanos, de tal manera que sus hijos, Carlos II y Luis XIV, eran primos hermanos. Pero además, Carlos y Luis eran cuñados porque María Teresa de Austria, hija también de Felipe IV, había sido prometida junto al Bidasoa, en la isla de los Faisanes —la más pequeña del mundo—, con el soberano galo para sellar la Paz de los Pirineos. Por cierto, que en la preparación de esta comisión intervino Velázquez.

María Teresa llevó una vida de aislamiento y de tristeza durante todo su reinado. Salvo por una breve regencia en 1672, durante la campaña contra Holanda, no desarrolló actividad política alguna. Dio seis hijos al trono de san Luis, de los cuales solo sobrevivió uno, el Gran Delfín, padre del futuro Felipe V.

Por su parte, el archiduque Carlos era nieto de Fernando III y de su primera mujer María Ana de Austria. Por tanto, los dos Carlos, el de España y el de Austria, eran respectivamente nieto y bisnieto de Felipe III.

Pero las noticias tardaban en llegar al destinatario lo mismo que el correo. Por ello, los días cayeron lentos, como a plomo, hasta que el 16 de noviembre Luis XIV aceptó complacido lo estipulado por Carlos II en beneficio de Felipe. El Rey Sol presentó oficialmente en la Galería de los Espejos al nuevo soberano de España. A Felipe, un joven de 17 años, le pidió que fuera un buen rey, pero que recordara que nació francés, para cuidar la unión de ambas naciones.

Sin embargo, en el imperio no se reconoció como rey al duque de Anjou, sino que se hicieron valer las prerrogativas del archiduque Carlos, hijo de Leonora de Neuburg y de Leopoldo I, enemigos acérrimos de Francia.

En mayo de 1701 los ejércitos austríacos penetraron en Italia sin previa declaración de guerra con la intención de ocupar las posesiones hispanas. El 9 de julio de 1701 se produjo el primer enfrentamiento. El escenario fue la localidad italiana de Carpi d'Adige (provincia de Verona), y los combatientes, las tropas francesas del mariscal Nicolas Catinat (25 000 hombres) y las austríacas, al mando del príncipe Eugenio de Saboya (30 000 hombres). El 7 de septiembre Inglaterra, las Provincias Unidas y Austria firmaron el Tratado de La Haya y, en mayo de 1702, todos declararon la guerra a los Borbones.

Comenzaba el fuego por la sucesión, un conflicto internacional y civil que culminaría en una nueva vertebración del Estado en el siglo más cosmopolita de nuestra Historia.

1.2. ¿Catalauña y Gibraltar?

Tras el desembarco del archiduque Carlos en Barcelona, la primera etapa de la guerra se saldó con los progresos de este, tanto a nivel institucional como personal. En un Estado con dos aspirantes al poder, una de las tempranas medidas que tomó Felipe V, el rival del archiduque, fue destituir al virrey de Cataluña, Jorge de Darmstadt, por su vinculación con la casa de Austria. En abril de 1701 lo expulsó de sus dominios. Durante los tres años en que había desempeñado el cargo, Darmstadt había alcanzado enorme popularidad gracias al apoyo que había dado a las reivindicaciones de las instituciones catalanas, como la de recuperar el control de la insaculación para la designación de los miembros de la Diputación del General, o intentar resolver el controvertido asunto del alojamiento de soldados en el principado. Por si fuera poco, Darmstadt llegó a asistir a reuniones de la Academia de los Desconfiados, la cual agrupaba a los miembros de la élite catalana más devotos de los Habsburgo.

Convertido en uno de los principales valedores del archiduque Carlos, el príncipe de Darmstadt lo acompañó a Lisboa en marzo de 1704 y allí fue nombrado vicario de la Corona de Aragón, siendo destinado, junto con el almirante George Rooke, a la flota angloholandesa del Mediterráneo.

En Cataluña el partido austracista iba ganando adeptos, especialmente por el rechazo a la política emprendida por el nuevo virrey, Francisco Antonio Fernández de Velasco y Tovar. El primer núcleo activo austracista surgió en el interior, en la Plana de Vic, de ahí que sus miembros recibieran el nombre de *vigatans*, apodo extendido luego al conjunto de los partidarios de Carlos. Los *vigatans* prepararon el ambiente para realizar un movimiento armado, persiguiendo a los felipistas y motejándolos de gabachos.

El 27 de mayo de 1704 una escuadra de 30 barcos ingleses y 18 holandeses, comandados por Rooke y con Jorge de Darmstadt al frente, se presentó ante Barcelona a la espera de que se produjera el alzamiento austracista de la ciudad. Pero los implicados en la rebelión fallaron y, en contra de los pronósticos, tampoco las instituciones actuaron, adoptando una actitud temerosa y servil ante el virrey, quien solicitó la formación de la milicia de los gremios de Barcelona, la Coronela, con 3700 hombres, para reforzar a los 700 infantes y 180 jinetes de la guarnición, entre la ciudad y Montjuïc.

Encolerizado ante la ambigüedad de los que creía sus seguidores, Darmstadt bombardeó la ciudad sembrando el desconcierto. Conocida la existencia de la armada aliada, el 22 de julio zarpaba de Tolón al encuentro de Rooke la escuadra de Luis Alejandro de Borbón con 51 navíos, 6 fragatas y 5 galeras, pero esta no pudo evitar que, en el viaje de regreso a Lisboa, los austracistas tomaran Gibraltar como base el 4 de agosto de 1704.

Tras el triunfo de Carlos en Valencia, y después de levantar el sitio de Barcelona en la primavera de 1706, los aliados se fijaron como prioridad entrar en Madrid. El 24 de mayo, el aclamado como Carlos III proclamaba su firme decisión de «adelantarnos, cuanto antes, hacia nuestra real silla de Madrid, para acabar con las calamidades y desastres de la presente guerra», comprometiéndose a «procurar la restauración y el seguro goce de su libertad, fueros y privilegios atropellados en todas partes del usurpador de nuestra corona». Por una Barcelona plagada de panfletos no le faltaba la propaganda:

Carlos Tercero es rey verdadero
de toda España, que empieza a reinar
en Cataluña
y España empuña,
contra los Gallos (los franceses) que quieren cantar.

Los aliados lanzaron la ofensiva sobre Madrid a partir de dos ejércitos unidos en Guadalajara. El primero, encabezado por el propio archiduque y al mando del conde de Peterborough, salió de Cataluña y ocupó el reino de Aragón siendo Carlos reconocido como soberano en Zaragoza el 26 de junio. El segundo partió de Portugal al mando del marqués de las Minas y del conde de Galway, tomando Alcántara y Ciudad Rodrigo. Al conocer el avance, Felipe V abandonó la capital el 21 de junio, por lo que la entrada del austríaco tuvo lugar a finales de junio, sin trabar combate alguno.

El 2 de julio de 1706 el archiduque fue proclamado rey de España y, en la catedral primada, el cardenal Portocarrero celebró un *Te Deum* en su honor, a pesar de que meses antes había pedido la obediencia de los eclesiásticos a Felipe V, al que llamó «rey perfecto y amable» destinado a impedir «el dominio miserable de las tinieblas sobre el reino de la luz».

Pero pronto Carlos se percató de que su presencia en Castilla levantaba muchos recelos, como lo demostró el hecho de que solo 9 aristócratas y 15 miembros del alto clero le prestaron obediencia. Como destacaba el marqués de San Felipe, numerosos nobles no acudieron a jurarle fidelidad porque estaban a la expectativa de lo que fuera a ocurrir:

> Todos deseaban conservar su honra y, sin menoscabo de ella, muchos deseaban mudar de príncipe, más cansados ya de los franceses y de la princesa de los Ursinos que del rey. El temor mantuvo a muchos, y esto los preservó de declararse por los austríacos.

Ante la falta de apoyos en Madrid el archiduque se dirigió a Valencia a finales de julio, pasando por Toledo, donde la reina-viuda Mariana de Neoburgo le concedió su apoyo.

El desgaste para ambos ejércitos era tal que los diversos contendientes necesitaban con urgencia la paz. Si Felipe encabezaba el modelo centralista francés, apoyado en la corona de Castilla, Carlos personificaba el planteamiento foralista. Como exponíamos, sustentaban este segundo bando la Corona de Aragón y, sobre todo, Cataluña. Por su parte, Navarra se mantenía fiel al candidato francés.

Así, a partir de 1707 la contienda cambió de signo y se fue abriendo paso el Borbón por la Península. En medio de la refriega, el 1 de agosto de 1708 Carlos contrajo matrimonio en la basílica barcelonesa de Santa María del Mar con la princesa alemana Isabel Cristina de Brunswick-Wolfenbüttel, hija mayor del duque Luis Rodolfo de Brunswick. Isabel se quedaría como gobernadora en Cataluña cuando su esposo partió hacia el imperio, congenió con los catalanes y fue la madre de la emperatriz María Teresa de Austria, madre a su vez de María Antonieta de Francia.

A los triunfos borbónicos en las batallas de Almansa, Brihuega y Villaviciosa se sumó una decisión que contribuyó notablemente a inclinar la balanza. Y es que, en 1711, Carlos heredó el Imperio alemán al fallecer su hermano, José I. En ese instante, sus socios ingleses y holandeses pasaron a mirar con prevención la posible unión de España y Austria bajo un mismo monarca, retirando progresivamente sus efectivos. Mientras, Isabel Cristina se quedó como gobernadora en Barcelona, dirigiendo los movimientos austríacos durante dos años.

Parece que Isabel Cristina ejerció el papel con responsabilidad, si bien, cuando después marchó a Viena, la corte le exigió un rol representativo, sin implicación en los asuntos de gobierno. El ceremonial convirtió a la emperatriz en una mujer deprimida, obesa y alcohólica, pues como remedio a su imposibilidad de tener un heredero varón se le impuso la ingesta continua de vino tinto. A la larga, la sucesora en el trono sería su hija María Teresa.

Probablemente como consecuencia de sus años en la Península Ibérica, Carlos VI del Sacro Imperio Romano Germánico introdujo en Viena el protocolo cortesano español, mandando construir la Escuela Española de Equitación, así como la Cancillería del Estado.

El Tratado de Utrecht (1713) estipuló que Felipe V sería reconocido por las potencias europeas como rey de España, aunque renunciaba a cualquier posible derecho a la corona francesa. Los Países Bajos españoles y los territorios italianos (Nápoles y Cerdeña) pasaron a Austria, mientras que el reino de Saboya se anexionó la isla de Sicilia. Asimismo, Inglaterra obtuvo Gibraltar, Menorca y el navío de permiso (derecho limitado a comerciar con las Indias españolas) y el asiento de negros (facultad para comerciar con esclavos en las Indias).

Sin embargo, la Guerra de Sucesión prolonga sus efectos en la Edad Contemporánea. En primer lugar, por las peticiones patrióticas de «Gibraltar español». En 1713, España había perdido el peñón, pero su imperio aún sobrevivía, de ahí que las protestas más enérgicas hayan tenido lugar en el siglo XX. Por dos veces España rechazó un acuerdo para recuperar Gibraltar, una en 1718 a cambio de que Felipe V detuviera su ofensiva sobre Italia, y otra mediante la permuta entre Santo Domingo y la roca. Influye mucho en el tono de la reivindicación el contexto general. En el siglo XVIII Gibraltar era un bocado exquisito de la tarta, pero el imperio permanecía en pie. En cambio, en el primer tercio del XIX, de la órbita de Madrid desaparecieron las Indias continentales y, en 1898, con el Desastre, se caerían del mapa español Cuba, Puerto Rico, Filipinas y Guam. Otra anécdota: en el siglo XX el puerto de Gibraltar se quedó pequeño y era indefendible ante el nuevo rango de la artillería, por lo que se estudió la posibilidad de permutar Gibraltar por Ceuta, a lo que se negó Alfonso XIII.

En otro orden de cosas, del sur al noreste, el 11 de septiembre de 1714, como cada año recuerda la Diada, Barcelona cayó en manos de las tropas borbónicas al mando del duque de Berwick. Culminaba un asedio de 14 meses. Este episodio conllevó la abolición de las instituciones catalanas, como el Consejo de Ciento. Pero no se puede confundir el independentismo con el catalanismo, la primera corriente trata de satisfacer su ambición rompiendo España, la segunda, sin optar por la separación, defiende el derecho de mantener la lengua y la cultura catalanas.

1.3. La Nueva Planta

Pese a las dificultades para concretar los números a falta de datos oficiales, terminada la Guerra de Sucesión, la población del país rondaba los 7,5 millones de habitantes. Una cifra que iría en ascenso durante la centuria si tenemos presente que, en 1787, el censo de Floridablanca arroja 11 millones. La ausencia de guerras en el interior, las medidas higiénicas y la retirada de la peste ejercieron como agentes de esta tendencia, aunque el peso del clero y el celibato explican que el crecimiento vegetativo fuera menor en regiones del norte.

Siguiendo los usos franceses, en 1713 Felipe V introdujo la Ley Sálica, que impedía el acceso al trono a las mujeres, toda una incongruencia, pues, como hemos expuesto, el monarca debía la corona a la transmisión de los derechos por vía femenina, gracias a su abuela María Teresa y a su bisabuela Ana.

A diferencia del sistema polisinodial de los Habsburgo, integrado por Consejos, los Borbones crearon las Secretarías de Estado, antecedente de los ministerios del siglo XIX. Algunos secretarios reunieron en su persona varias carteras, como José Patiño, que se encargó de Marina e Indias, Hacienda, Gobierno y Estado. De todos los Consejos existentes en tiempos de los Austrias (de Indias, de Aragón, de Castilla, de Italia, de Hacienda, etc.), solo sobrevivió el de Castilla, a través del cual se aprobaban reformas en todo el país y, además de este, solo conservó cierta relevancia el de Indias.

Las Cortes de la Corona de Aragón dejaron de reunirse por separado y se convocaron dentro de las de Castilla, las cuales se convirtieron en las Cortes Generales del Reino, aunque nunca tuvieron un carácter parlamentario propiamente dicho, pues si los Austrias las convocaban básicamente para solicitar nuevos impuestos, los Borbones les otorgaron un carácter protocolario en la jura de los príncipes de Asturias. Los intendentes actuaron como nexo entre el poder central y las provincias, y los municipios fueron perdiendo atribuciones.

Los Decretos de Nueva Planta, promulgados entre 1706 y 1716, trataron de conseguir la homogeneización de los diferentes reinos bajo el modelo jurídico, político y administrativo castellano: se suprimieron los fueros y los antiguos virreinatos fueron sustituidos por provincias dirigidas por capitanes generales con competencias militares y civiles, ya que estaban al mando de las tropas y eran los presidentes de las Audiencias.

Solo los territorios vasco-navarros y del valle de Arán en Cataluña, fieles a Felipe V durante la Guerra de Sucesión, conservaron sus fueros. El castellano pasó a ser la lengua oficial, se eliminaron las fronteras y las aduanas internas, y se impuso un derecho común (el castellano).

La consecuencia más notoria de la Guerra de Sucesión fue la persecución que Felipe V ejerció contra los austracistas, mediante la expropiación de terrenos pertenecientes a los partidarios de Carlos VI, o el exilio al que se vieron sometidos 25 000 individuos. Fue este un ciclo marcado por los retratos colgados al revés en los espacios hostiles, pues, del mismo modo, en los lugares arrebatados a España, se llevó a cabo la persecución de los adeptos borbónicos. De hecho, el archiduque creó un consejo destinado a tal menester y el dinero recaudado mediante las requisas se dedicó al abono de rentas y pensiones a los desterrados.

Utrecht planteó un nuevo orden europeo regido por la «balanza de poderes», un sistema de contraposición de fuerzas antagónicas destinado a asegurar la paz. El conjunto de pactos, concluido según principios de inspiración inglesa, se fundamentaba en el equilibrio entre las que empezaban a ser dos grandes potencias, Austria y Francia.

Pero, además, este compromiso firmado en la ciudad holandesa el 11 de abril de 1713 sentó las bases del primer imperio colonial británico, puesto que las poderosas islas recibieron Gibraltar y Menorca, bastiones mediterráneos conseguidos en 1704 y 1708. A la par, los británicos obtuvieron importantes ventajas territoriales en el continente americano, ya que Nueva Escocia, la bahía de Hudson, Terranova y San Cristóbal se incorporaron a sus posesiones.

En materia económica, antes de 1700 los impuestos eran diferentes en todo el reino. Además, resultaban insuficientes para atender todas las necesidades del Estado. Era necesario conseguir un sistema de recaudación eficaz, unificando cargas. Las reformas fueron emprendidas por Campillo en Aragón y por Ensenada en Castilla.

En la esfera militar, como anticipábamos, los tradicionales tercios fueron suprimidos y se implantó el sistema de brigadas, regimientos, batallones, compañías y escuadrones, con primicias en los uniformes, los fusiles y las bayonetas. El ejército fue dividido en 4 cuerpos: infantería, caballería, artillería e ingenieros, parecido al actual. En 1770, se estableció el sistema militar obligatorio mediante el modelo de quintas, usado hasta comienzos del tercer milenio.

En adelante, los primeros Borbones se centraron en dos objetivos: recuperar las áreas perdidas en virtud de Utrecht y garantizar las propiedades atlánticas. Los pactos de familia (firmados en 1733, 1743 y 1761) sellaron la alianza con Francia y posicionaron a España en contra de Austria y de Rusia. Con Inglaterra la tensión fue extrema durante toda la centuria y esta rivalidad impulsaría a España a intervenir a favor de la independencia de Estados Unidos, si bien la isla balear no sería recuperada definitivamente hasta 1802, con la Paz de Amiens. En lo relativo a Portugal, reino satélite de Gran Bretaña, las relaciones también fueron difíciles, entrando en colisión por los intereses ultramarinos. Así acaeció en la guerra guaraní, provocada por la cesión de dos franjas con misiones jesuíticas en la frontera brasileña.

2. Felipe V y los palacios (1700-1746)

En ocasiones, los sobrenombres de los monarcas, en vez de describir la realidad, invocan la extravagancia. A Felipe V lo llamaron el Animoso, si bien su carácter estaba salpicado de altibajos, con crisis y manías bastante coincidentes con el trastorno bipolar. Sin embargo, su reinado es el más prolongado de la historia de España, pues duró 45 años.

Con la satisfacción de saberse el elegido a pesar de que su abuela paterna, María Teresa de Austria, hubiera declinado los derechos al trono español, cuando el primer Borbón cruzó los Pirineos hacia el sur se encontró con una agregación de reinos, de ahí su deseo de gobernar España desde Madrid, pero también se topó con una rica historia que, lógicamente, quiso sumar a su blasón. Así, las grandes armas de Felipe V, incluyen el lema *A solis ortu usque ad occasum*, desde la salida del sol hasta el ocaso, derivado de la famosa expresión de Felipe II, y también la palabra «Santiago», en referencia al patrón de España. Este blasón sería utilizado por Luis I y Fernando VI, experimentando modificaciones con Carlos III.

Felipe V supo elegir a sus colaboradores, aunque por la senda tuvo que soslayar la oposición procedente de los nobles relegados. Como veremos, de enero a agosto de 1724 abdicó en su hijo Luis I, pero al morir este, volvió a asumir el poder. En la primera etapa de su reinado contó con ministros extranjeros como Giulio Alberoni, agente de la corte de Parma, pero en adelante prefirió a los españoles, como José Patiño, que reorganizó el Ejército, la Hacienda y la Marina. Todas las funciones de la administración pública debían recaer en manos profesionales, por lo que para su nombramiento se tendría en cuenta únicamente su preparación y, para su ascenso, la carrera de méritos.

La enseñanza primaria siguió en manos de las órdenes religiosas ante la falta de profesorado, aunque la instrucción universitaria fue reformada a fondo, con nuevas instituciones como los colegios mayores, gestionados por el Estado, donde se implantó el sistema de provisión de becas.

La agricultura constituía el principal sector económico, si bien la tónica dominante era el autoconsumo, derivado entre otros factores del atraso técnico; de hecho solo el 5 % de la tierra se cultivaba mediante regadío. Los cereales conformaban dos tercios de la producción, detrás de ellos se situaban, por este orden, la vid, el olivo y el policultivo mediterráneo, pues especies americanas, como la patata o el maíz, no se habían generalizado. La dificultad en las comunicaciones se agravaba por la presencia de numerosos peajes en el interior y, en paralelo, las zonas costeras exportaban su producción e importaban el grano, no de Castilla, sino del extranjero.

A la excesiva cantidad de terrenos dedicados al pasto y a la vigilancia exhaustiva del «sindicato» ganadero de la Mesta, se unían los conflictos entre los campesinos. En estas circunstancias, una mala cosecha, por razones climáticas o por las plagas, provocaba la subida de los precios y el hambre. Como la propiedad no era libre, la renta de la tierra se convertía en la principal fuente de riqueza para la aristocracia, la cual por lo común derrochaba en lujos superfluos en vez de invertir en el negocio. A falta de industria, la artesanía se caracterizaba por su atomización y por el uso de técnicas arcaicas; esto encarecía el producto y limitaba su capacidad de competencia con mercancías foráneas.

La principal innovación técnica de Felipe V fue la puesta en marcha de las manufacturas reales. Los monarcas absolutistas, en aplicación de la política mercantilista que medía la riqueza de la nación en la cantidad de metales preciosos atesorados, fundaron instalaciones industriales dedicadas a la fabricación de objetos de lujo. En Francia, desde 1662, la manufactura de los Gobelinos produjo tapices, alfombras y otros textiles. La llegada a España de los Borbones llevó consigo la apertura de las Reales Fábricas: de cristales en La Granja, de porcelana en el Buen Retiro, de sedas en Talavera, de paños en Guadalajara, de Armas en Toledo, o de tabacos en Sevilla.

El resto de sectores productivos se mantuvo estructuralmente igual durante la centuria, aunque al final del reinado la economía mejoraría. Y, junto a la reforma del engranaje institucional, las usanzas del Versalles natal de Felipe V inspiraron la creación de palacios, como el de La Granja de San Ildefonso, residencia de verano desde 1724, con jardines mitológicos y 21 fuentes, entre las que se cuentan Los Baños de Diana, La Carrera de caballos y La Fama.

Después del incendio del alcázar en la Nochebuena de 1734, cuando *Las Meninas* se libraron de las llamas al ser lanzadas por la ventana con el Carlos V de Tiziano, mientras en San Gil con espanto repicaban las campanas, el solar donde se ubicó la antigua fortaleza de Mayrit fue transformado de raíz por el arquitecto italiano Juvara, inspirándose en el Louvre de París. Así, la llegada del rococó discurrió en paralelo al clasicismo francés, con la adquisición por parte de Felipe V de buena parte de las esculturas de la reina Cristina de Suecia, hoy en El Prado.

Felipe V tuvo dos esposas y reinó dos veces. Con María Luisa Gabriela de Saboya contrajo matrimonio en Figueras en 1701. Bajo la influencia de Anne Marie de la Trémoïlle, hábil camarera conocida como la princesa de los Ursinos. La dócil muchacha fue nombrada gobernadora y administradora general cuando Felipe hubo de trasladarse a los escenarios bélicos, actuando la turinesa con prudencia y responsabilidad. María Luisa fue madre de Luis I y de Fernando VI.

La elección de consortes por parte de Felipe revela que un hombre puede casarse, a lo largo de su existencia, con caracteres contrapuestos. La muerte de María Luisa Gabriela de Saboya en 1714, a los 25 años de edad, desembocó en las nupcias con la parmesana Isabel de Farnesio, legítima heredera de los Farnesio y de los Médicis. A su llegada a España, la *madame* francesa aguardaba a una Isabel «de 22 años, feúcha, insignificante, que se atiborra a mantequilla», según informaba su cómplice, Alberoni. La localidad guadalajareña de Jadraque fue testigo de uno de los destierros más súbitos y más sonados de la Historia, pues aquella noche en que la princesa de los Ursinos anheló ser revalidada en su cargo, la conversación no duró ni una hora, ya que Isabel la expulsó de su presencia y la mandó lejos.

Posteriormente, los pinceles presentaron a la Farnesio como mujer lozana y de gran belleza, pese a las marcas de la viruela infantil en el rostro, algo bastante común en las damiselas del momento, pues el virus no discriminaba la alcurnia. Antes y después fue acreedora de un genio altivo y autoritario, con notas peculiares como creerse con capacidad de mando hasta en el propio monarca, mostrar desdén notorio por sus hijastros, buscar con fruición buenos destinos para sus propios vástagos, y, como es de esperar, ser adusta con sus nueras, por lo que anduvo de «retiros», forzosos o voluntarios, en Aranjuez o La Granja.

En verdad, hubo un primer Felipe que soñó con usar el manto de armiño y, después de la defunción de su hijo Luis, nos encontramos con un soberano abúlico que más que nada fue el consorte de Isabel de Farnesio, quien con frecuencia usaba la frase «el rey y yo», como plasmación de una peculiar monarquía dual donde las decisiones eran tomadas siempre por ella.

El duque de Saint-Simon, embajador de Francia en Madrid, destacaba de su coetáneo que «posee un gran sentido de la rectitud, un gran fondo de equidad, es muy religioso, tiene un gran miedo al diablo, carece de vicios y no los permite en los que le rodean». Sin embargo, la enfermedad que lo sumía en intermitentes y largas demencias estaba ahí, como el perro negro de la depresión adherido a las heridas del pánico. Solo la guerra lograba sacar a Felipe V de la apatía congénita, y el pueblo fue partícipe de su debilidad mental, pues las caricaturas corrieron de mano en mano. En una de ellas aparecía guiado por el arzobispo Portocarrero y el duque de Harcourt, con la inscripción: «anda, niño, anda, porque el cardenal lo manda».

No hay más que echar un vistazo al retrato que Van Loo ejecutara como indiscreta ventana a una reunión familiar. El cuadro está presidido por Isabel de Farnesio, detrás de ella comparece su descendencia, sobre todo Carlos III, que ya era rey de Nápoles. Por el contrario, a la izquierda del espectador están Fernando VI y Bárbara de Braganza, así como la infanta María Ana Victoria, quien, pese a ser hija de la Farnesio, estaba enmarcada en la casa lusa por su compromiso con José I de Portugal, príncipe del Brasil. Las pequeñas Isabel y María Isabel, jugando con un perro, garantizan la continuidad dinástica, mientras la armonía nos sitúa ante un concierto de cámara.

Los desatinos fueron creciendo en Felipe a medida que, entre rimbombantes pelucas blancas, la senectud se acercaba. El futuro Fernando VI pudo comprobar, en una de las visitas que le hizo en El Pardo, el tragicómico panorama de un soberano que se empeñaba en llevar siempre una camisa usada antes por la reina, pues temía que alguien lo envenenara y, como más vale prevenir que curar, demostraba astuta lucidez únicamente al acogerse a buen escudo por el arrojo de su esposa. Teniendo todo a su alcance, se pasaba días enteros tendido en la cama en medio de suciedad, con la mirada perdida y haciendo muecas, hasta que, en la noche del 9 de julio de 1746, un ataque cerebrovascular le provocó la muerte.

3. Luis I y Fernando VI: para Isabel de Farnesio, dos reinados incómodos (1724 y 1746-1759)

El 10 de enero de 1724 Felipe V firmó un decreto por el que abdicaba en su hijo Luis, de 17 años, la edad que él tenía cuando fue designado en el testamento de Carlos II. Las razones de esta decisión parecen poco claras todavía. Pudo el Borbón albergar la idea de acceder al trono galo ante la posible prematura muerte de Luis XV. En el otro extremo, también obedecería dicha opción a sus ganas de retirarse de la escena por la enfermedad mental que padecía.

A los 5 días, el príncipe recibió los documentos y los reyes «padres» se retiraron al palacio de La Granja. Su adolescente esposa, Luisa Isabel de Orleans, pobló el reinado de excentricidades debido al trastorno límite de la personalidad que la acechaba. Ante la corte, la chica se presentaba maloliente, sin ropa interior y con sibilinas provocaciones. En la mesa rechazaba los manjares, pero, a escondidas, engullía de modo compulsivo cuanto encontraba, fuera o no comestible, y de repente, interrumpía el sueño para limpiar cristales, baldosas y azulejos, ¡ella, que era la reina! «No veo otro remedio que encerrarla lo más pronto posible, pues su desarreglo va en aumento», confesó a Felipe V el joven Luis I, horrorizado.

Sin embargo, cuando a mediados de agosto enfermó de viruela, Luisa Isabel lo cuidó solícitamente exponiéndose al contagio. Luis no llegó a reinar 8 meses, falleció el 31 de agosto. Su reinado relámpago fue el más intrascendente de la monarquía española, no tanto por el tiempo como por el hecho de que se gobernaba desde la corte paralela de La Granja, pues, mientras él se dedicaba a festejar con sus amigos, la Farnesio no podía contener el afán de entrometerse en cualquier faceta.

Al haberse producido la abdicación, debería haber accedido al poder Fernando, de 11 años. El mismo confesor del monarca, el padre Bermúdez, entendía que era un pecado mortal reasumir una corona a la que había renunciado con solemnidad. Por ello, a petición del dubitativo Felipe, el sacerdote reunió en el convento de jesuitas una junta de teólogos, órgano que se mostró contraria a su retorno y favorable, en todo caso, a su intervención como regente. A estas contestaciones, el interesado alegó que no quería participar ni como titular ni como mentor, exigiendo que le dejaran rumiar en paz su tristeza. Pero la intrigante Isabel actuó con celeridad, presionando al Consejo de Castilla para que exigiera a Felipe V sentarse en el trono. El 7 de septiembre de 1724, una semana después de la muerte de Luis, el abatido padre volvió a ostentar la corona por un plazo superior al ejecutado y Fernando se quedó aguardando como príncipe de Asturias.

Fernando VI se caracterizó por ser un rey pacífico, a lo cual contribuyó su salud quebradiza. Tuvo como tutor al conde de Salazar, pero la educación que recibió fue pésima. La falta de afecto era notoria, pues, además de que su madre falleció cuando él tenía 5 meses, desde que Isabel de Farnesio llegó a España, al igual que su hermano Luis, apenas pudo comunicarse con su progenitor en persona, por lo que le narraba sus preocupaciones a través de cartas en francés. Apodado el Justo, en 1729 se casó en Badajoz con la infanta portuguesa Bárbara de Braganza. Durante la mayor parte de los 22 años en que fue príncipe, moró aislado, y luego con su mujer, pues la madrastra cursó en 1733 una especie de orden de «arresto domiciliario» para impedir que mantuvieran contacto con los grupos casticistas y contestatarios de la nobleza. Este reglamento de conducta establecía que «los príncipes no debían comer en público ni salir de paseo ni ir a ningún templo o convento».

En esta ocasión la venganza no se sirvió en plato frío, ya que resultó leve ante tantas maniobras de arrinconamiento de los huérfanos de madre. Fernando VI fue tajante y le hizo pagar a Isabel de Farnesio su hosco trato. «Desearía saber si he faltado en algo para enmendarlo», inquirió la viuda al verse desterrada de Madrid al dorado retiro de La Granja. «Lo que yo determino en mis reinos no admite consulta de nadie antes de ser ejecutado y obedecido», constituyó la diplomática respuesta de Fernando.

Lo primero que hizo fue prescindir de todos los personajes políticos que hubieran tenido algo que ver con la etapa de Felipe V. Su proyecto regio se basaba en «paz con Inglaterra y guerra con nadie». El ministro francés de Asuntos Exteriores, marqués de Argensón, vaticinó sobre este mandato: «El rey Fernando toma las riendas en la ocasión más difícil desde hace largo tiempo... El gobierno ha sido francés en España durante la vida de Luis XIV, italiano el resto de Felipe V; ahora va a ser castellano y nacional».

El objetivo fundamental del soberano fue la modernización del Estado. Heredó de su padre al marqués de la Ensenada quien, entre 1750 y 1754, recopiló la información del célebre catastro, el cual constituye la más antigua y exhaustiva encuesta disponible sobre los pueblos de la corona de Castilla a mediados del siglo XVIII.

El interrogatorio estaba formado por 40 cuestiones: nombre de la población (pregunta 1); jurisdicción (2); extensión y límites (3); tipos de tierras (4, 5); árboles (6, 7, 8 y 13); medidas de superficie y capacidad que se usan (9, 10); especies, cantidad y valor de los frutos (11, 12, 14 y 16); diezmos y primicias (15); minas, salinas, molinos y otros «artefactos» (17); ganados (18, 19 y 20); censo de población, con vecinos, jornaleros y pobres de solemnidad (21, 35 y 36); censo de clérigos (38) y conventos (39); casas y otros edificios (22); bienes propios del común (23); sisas y arbitrios (24); gastos del común, como salarios, fiestas, empedrados, fuentes (25); impuestos (26 y 27); actividades industriales y comerciales, con la utilidad de los bienes o servicios producidos: tabernas, mesones, tiendas, panaderías, carnicerías, puentes, barcas sobre ríos, mercados y ferias (29); hospitales (30); cambistas y mercaderes (31); tenderos, médicos, cirujanos, boticarios, escribanos, arrieros, etc. (32); albañiles, canteros, albéitares, canteros, herreros, zapateros, etc. (33, 34); embarcaciones (37); bienes enajenados (28) y rentas propias del rey (40).

Esta visión panorámica del reino forma parte de una averiguación de mayor envergadura, como paso previo a una reforma fiscal que sustituyera las complicadas e injustas rentas provinciales por un solo impuesto, la llamada Única Contribución. Aunque esta no se llegó a implantar, el esfuerzo previo de coordinación ha dejado un importante volumen de documentación en nuestros archivos.

En 1752 tuvo lugar la creación del Giro Real, un banco para favorecer las transferencias de fondos públicos y privados fuera de España, por lo que es considerado el antecesor del Banco de San Carlos, instituido con Carlos III. A la larga, sería el Banco de España, el cual se encargaría de emitir deuda pública para sanear el déficit de la Hacienda. El impulso del comercio americano se canalizó a través de los navíos de registro que sustituían el sistema de flotas, de tal manera que, previa autorización, todo barco español podía comerciar libremente con América.

Otro tema importante del reinado de Fernando VI fue la prohibición de las logias. El nacimiento de la francmasonería moderna había tenido lugar el 24 de junio de 1717, fecha de la fundación de la Gran Logia de Inglaterra, que determinó el paso de la masonería operativa a la más especulativa, de los canteros medievales al hermetismo simbólico. El primer requisito de todo masón era la profesión de fe en el Gran Arquitecto del Universo. A continuación, las Constituciones de Anderson daban libertad a cada cual para creer en cualquiera de las confesiones cristianas existentes (católica, anglicana, episcopaliana, presbiteriana, puritana, etc.). No se trataba simplemente de una defensa de la tolerancia, sino de una apología de la libertad de conciencia y de la igualdad de derechos entre los iniciados.

Del 15 de febrero de 1728 data la fundación en Madrid de la primera logia inglesa y, al año siguiente, se constituiría en Gibraltar la primera militar. Asimismo, en 1750, en Menorca, ocupada por los ingleses, se abrieron cuatro. La independencia de la masonería en relación al Estado, en tanto que ni emanaba del soberano ni contaba con su reconocimiento, hizo que fuera considerada ilícita y prohibida en Europa continental.

De la Santa Sede la masonería recibió dos sanciones en el siglo XVIII, de Clemente XII y Benedicto XIV: en 1738 y en 1751. Los obispos, prelados e inquisidores eran los encargados de vigilar el cumplimiento de las bulas. Influido por el padre Rávago, el 2 de julio de 1751 Fernando VI suscribió un edicto prohibiendo la masonería en sus territorios, y el 10 del mismo mes, Carlos VII de Nápoles decretó lo mismo en sus Estados, donde el pontificado creía que existían 90 000 masones que, en realidad, solo eran 300.

La nota impopular del reinado fue la Gran Redada, decretada en el verano de 1749 contra los gitanos. Antes de esta medida, Felipe II había repuesto con gitanos obligados los remos vacantes tras Lepanto, y Felipe V les había obligado a fijar su residencia en un exiguo número de localidades. El procedimiento a seguir en el XVIII fue drástico: localizar, perseguir y arrestar a los miembros de la comunidad; separar los sexos para evitar la reproducción de la etnia y enviar a los varones a trabajos forzosos, como las minas, las galeras o los arsenales de la Marina, mientras que las mujeres y los niños eran llevados a las fábricas y a las cárceles; uno de los centros de reclusión fue el castillo de santa Bárbara, en Alicante.

Sevilla era la provincia más densamente poblada de miembros de estirpe romaní. Habría que esperar a Carlos III para que, después de 16 años, los supervivientes recobraran la libertad. Es más, el nuevo monarca solicitó que fuera retirada del preámbulo de la ley cualquier referencia a lo acontecido, alegando que «hace poco honor a la memoria de mi hermano».

Por lo demás, en época de Fernando VI se envió a los estudiantes más brillantes a las mejores universidades europeas. En pintura y escultura destacan Salzillo, Mena y Carmona. La de Braganza era una mujer estudiosa y de agradable temperamento. A pesar de no ser muy agraciada y de su voluminosa figura, su personalidad resultaba encantadora. Es conocida la afición que sintió por la música, pues confirió protección al cantante italiano Farinelli, así como tuvo por maestro de clave a Domenico Scarlatti. Fue también la promotora de la construcción del convento de las Salesas Reales, y no faltó coplilla de los madrileños ante los andamios:

Bárbaro edificio,
bárbara renta,
bárbaro gasto,
Bárbara reina.

La muerte de su amada esposa, a la que se hallaba estrechamente unido, originó que, entre los meses de agosto de 1758 y 1759, España viviera «el año sin rey», pues, si físicamente estaba, mentalmente no. Fernando VI no participó en el cortejo fúnebre que condujo el cadáver de la reina Bárbara de Aranjuez a Madrid, sino que se instaló en el castillo de Villaviciosa de Odón, acompañado de su medio hermano, el infante don Luis. A los pocos días, comenzó a sentir pavor de ahogarse, redujo sus comidas, dejó de hablar y no durmió en el lecho, sino sobre dos sillas y un taburete, mostrándose muy agresivo. «Tiene unos impulsos muy grandes de morder a todo el mundo», informaba don Luis a su madre. Por la villa y corte, ácidos versos daban el parte:

… Si este rey no tiene cura,
¿a qué esperáis o qué hacéis?
Muy presto cumplirá un año
que sin ver a vuestro rey,
os sujetáis a una ley
hija de un continuo engaño.

4. Carlos III: el mejor alcalde

Pocos reinados han gozado en la Historia de un balance tan unánime como el suyo, así en Madrid como en Nápoles es elogiado como estadista magnánimo. El siglo XVIII es la edad de la razón, pero también en aquella centuria surgió el despotismo ilustrado como fórmula orientada a hermanar los privilegios estamentales y las reformas. De esta manera lo predicaba el lema «todo para el pueblo, pero sin el pueblo». No obstante, a pesar del abismo entre la cúspide y el pueblo llano, Carlos III ha pasado a la Historia envuelto en una leyenda blanca que lo ensalza como artífice de tiempos prósperos y modernos.

Cuando en 1759 Carlos de Borbón fue proclamado rey de España, ya era un monarca veterano. El trono de las Dos Sicilias había sido su escuela y, durante el último año, en el que su hermanastro Fernando VI lloraba desconsolado la partida de Bárbara, supo que su camino estaba escrito entre las Indias, Tarifa y los Pirineos.

La fase tirrena de Carlos VII constituyó un auténtico preámbulo de su liderazgo español, máxime si tenemos en cuenta que no fue educado para portar el cetro, pues Luis I y Fernando VI lo precedían en la línea sucesoria. Pero los hados son caprichosos. Con 15 años aceptó el ducado de Parma y, en 1735, tras el estallido de la guerra de sucesión polaca y la firma del primer pacto de familia, fue coronado rey de Nápoles y Sicilia. Su insaciable madre, Isabel de Farnesio, respiraba tranquila al ver cumplida su aspiración de colocar a uno de sus hijos en uno de los principales enclaves de Europa.

El joven monarca depositó su confianza en el abogado toscano Bernardo Tanucci, prototipo del ministro ilustrado, y adoptó importantes medidas que le valdrían el apodo de «mejor alcalde de Nápoles», pues potenció el comercio y promovió la recopilación legislativa mediante el Código Carolino. También ofreció signos de tolerancia religiosa, al autorizar el retorno de los judíos. Sin embargo, ante el rechazo de los púlpitos, que despectivamente lo tildaban de *Rex Judaeorum*, el decreto fue revocado.

Aunque situó el epicentro administrativo en Nápoles, ciudad cosmopolita que capitaneaba el mediodía italiano, siempre fue un rey atento a los asuntos de Sicilia. Así lo atestiguan su lucha contra el bandidaje, la intervención ante la peste de Mesina de 1743 y su actitud de respeto pleno hacia el Parlamento de Sicilia, institución que consiguió mantener el principio contractualista frente a las imposiciones de la Corona.

Es digno de destacar el impulso otorgado bajo sus auspicios a la arqueología, pues, además de ejercer el mecenazgo artístico en las excavaciones arqueológicas de Pompeya y Herculano, al ordenar abrir una brecha hacia el sur se descubrieron los restos de Paestum, con tres hermosos templos griegos.

Igual que haría décadas después junto al Manzanares, en Nápoles remodeló el palacio real y construyó el teatro de San Carlos y los palacios de Capodimonte y Caserta. En este último proyecto trabajó como segundo director Francisco Sabatini, el arquitecto neoclásico.

Aunque de naturaleza diferente, no podemos olvidar que el motín de Esquilache tuvo un precedente en 1747, cuando trató de restablecer, en contra de la opinión de Tanucci, la jurisdicción del Santo Oficio italiano. En el trono de las Dos Sicilias, Carlos VII contrajo matrimonio, vio crecer a sus hijos, maduró como persona y se formó como hombre de Estado, pues aprendió el arte de mandar, introduciendo mejoras pero apostando por la centralidad como garante de la paz social.

Después de una calurosa despedida por parte de los napolitanos, partió hacia España el 7 de octubre de 1759, con una escuadra de 17 navíos y 4 fragatas. Por el primer ministro, Ricardo Wall, estaba al tanto de la situación de pobreza que mantenía en el límite de la subsistencia a muchos de sus habitantes, pero la experiencia le aconsejaba que, antes de empuñar el cetro en Madrid, era necesario conocer un poco más la realidad de sus territorios. Por ello, en vez de desembarcar en Cartagena o en Alicante, entró por Barcelona como muestra de reconciliación entre la dinastía borbónica y los catalanes, 45 años después de la Guerra de Sucesión. En medio de una lluvia torrencial que no impidió a los súbditos demostrar su intuitivo aprecio, el 9 de diciembre divisaba Madrid, la ciudad que lo había contemplado nacer. Allí lo esperaba su madre, Isabel de Farnesio, a la que no había visto desde que, adolescente, zarpó hacia la bota mediterránea.

4.1. «Primero Carlos que rey»

Se ha hecho célebre esta frase con la que el monarca anunciaba que el hombre que había debajo del soberano contaba más que el armiño. Su carácter tranquilo, e incluso hierático, podía incurrir en el defecto de ser visto como talante de mal cortesano, pues llevaba una vida austera y no hallaba divertimento en los espectáculos. Su pensamiento estuvo siempre impregnado de la fe católica, aun cuando sus reinados, tanto el de las Dos Sicilias como el de España, no estuvieran exentos de tensiones con la esfera eclesiástica. La correspondencia con Tanucci y con Isabel de Farnesio revela una clara tendencia al providencialismo.

A su juicio, era el designio divino el que guiaba tanto su vida familiar como todo acontecimiento de sus ínsulas y campos. Pero esta religiosidad profunda y sincera no fue óbice para dejar sentado que, en el ámbito temporal, los vasallos, laicos o eclesiásticos, tenían que obedecerle a él. De este modo, confesionalidad y regalismo coexistieron en una cosmovisión entretejida en torno a Dios.

Consciente de que, para despuntar como servidor público, era preciso ser persona íntegra, desde el comienzo se ocupó en primera persona de los asuntos del reino. Según el conde de Aranda, Carlos III era el amo, o como expresó su mujer, María Amalia de Sajonia, a Tanucci: «los secretarios se hallan todos llenos de terror y trabajan como fieras, más hacen en una semana que antes en seis meses». Pero, a pesar de los aplausos, se comportó como un absolutista. Dicen que, ante las quejas de los madrileños por atisbar la capital fracturada a causa de las obras de adecentamiento, expresó irónicamente: «lloran cuando los lavan».

La elección de colaboradores era fruto de la reflexión sosegada. El candidato debía ser un individuo con capacidad organizativa y reconocidas actitudes de servicio, dócil a la voz del rey y susceptible de mantenerse a largo plazo en el cargo a fin de rentabilizar la formación práctica adquirida y contribuir a la tranquilidad política.

Desde su gabinete, el soberano actuaba como un árbitro entre las tendencias reformista y conservadora, voluntad de diálogo que se reflejó en el alejamiento de la corte del duque de Alba —jefe de la aristocracia más conservadora—, la liberación de la prisión de Melchor de Macanaz —uno de los pioneros del regalismo— y el levantamiento del destierro del marqués de la Ensenada —caído en desgracia por el malestar causado entre los estamentos privilegiados por sus iniciativas fiscales—.

Su preocupación por el mantenimiento del orden lo llevó a colonizar, desde 1767, Sierra Morena. En la inmensa superficie de bosques y jarales había solo unas pocas ventas, cuyos dueños —unos por miedo y otros por conveniencia— amparaban a los bandoleros. Para apaciguar los peligros en la ruta de Despeñaperros, Carlos III atrajo a colonos centroeuropeos, sobre todo a alemanes, que se instalaron en núcleos como La Carolina y Santa Elena, de acuerdo al proyecto ejecutado por el jurista limeño Pablo de Olavide, elevado a superintendente.

4.2. El motín de Esquilache

En 1766 Carlos III presenció cómo Madrid se estremecía por una serie de revueltas desatadas a raíz del decreto firmado el 10 de marzo por Leopoldo di Gregorio, marqués de Esquilache. En este documento se prohibía a los varones llevar capas largas y sombreros redondos, prendas que debían ser sustituidas por capas cortas y sombreros de tres picos, con el afán de reducir los delitos. Pero, en el fondo, el altercado escondía otras enérgicas reivindicaciones: expulsión de los gobernantes extranjeros, supresión de la Junta de Abastos, reducción de los precios de los alimentos básicos y extinción de la guardia valona, odiada desde que, con motivo de la celebración de las bodas de la infanta María Luisa en el Buen Retiro, ejerciera una sangrienta represión contra los ciudadanos que desbordaron las vallas empujados por el gentío.

El Domingo de Ramos de 1766 (23 de marzo), cuando los amotinados llegaron a la plaza del palacio tras saquear la Casa de las Siete Chimeneas (residencia de Esquilache), el duque de Arcos, en calidad de jefe de la Guardia de Corps, les recomendó que se dispersaran, asegurándoles que el soberano atendería sus peticiones. Pero en el zaguán de mármol imperaba la desconfianza. El Lunes Santo la radicalización de la algarada alarmó al monarca, quien, angustiado, reunió a sus consejeros. El duque de Arcos, el conde Gazzola y el de Priego (comandante de la guardia valona) propusieron como solución aplicar una severa represión, mientras que el marqués de Sarriá, el conde de Oñate y el de Revillagigedo se opusieron al empleo de la fuerza, pues estimaban que ciertas peticiones eran justas. Carlos optó por la moderación y accedió a la insistencia del pueblo de comparecer en el balcón para escuchar sus quejas.

Sin embargo, tras el intervalo, se sintió tan ofendido que acusó a los vecinos de desagradecidos. Esa misma noche se trasladó a Aranjuez y, en la residencia vacacional, permaneció ocho meses. No regresó a la capital hasta que los grandes, los gremios y el Ayuntamiento le pidieron formalmente que retornara. A partir de entonces, 15 000 soldados quedaron acuartelados en Madrid.

Una vez extinguido el tumulto, en abril de 1766 otras ciudades se vieron salpicadas de sediciones. En Zaragoza, el intendente tuvo que refugiarse en la Aljafería para salvar su vida, ya que su casa fue saqueada; en Elche, los sublevados intentaron incendiar el palacio del duque de Arcos y, en Palencia, la intervención de los obreros textiles otorgó a la protesta el carácter de conflicto laboral.

4.3. Rutina y apego

Para Carlos III, la distribución diaria de las tareas y divertimentos era idéntica todo el año y su concepto de la puntualidad rayaba la obsesión. A las 6 de la mañana entraba a despertarlo su ayuda de cámara, don Almerico Pini; el rey pronunciaba sus oraciones y, a las 7 en punto, «tomaba chocolate, y cuando había acabado la espuma, entraba en puntillas con la chocolatera un repostero antiguo, llamado Silvestre, que había traído de Nápoles y, como si viniera a hacer algún contrabando, le llenaba de nuevo la jícara, y siempre hablaba S.M. con este criado antiguo».

A continuación, conversaba con los médicos, cirujanos y boticarios, iba a misa, pasaba a ver a sus hijos y se encerraba para trabajar desde las 8 hasta las 11. A esta hora lo visitaban sus hijos y, luego, el confesor, discutiendo después los asuntos de Estado con los ministros y el cuerpo diplomático. Tras el almuerzo dormía la siesta, eso sí, solo en verano, y salía a cazar. Al regreso, visitaba a sus hijos y nietos, atendía el despacho y, si entre las ocupaciones y la cena, que era a las 9 y media, le quedaba un rato, se entretenía jugando al «revesino». Esta rutina se mantenía inalterable incluso cuando el monarca se trasladaba a los Reales Sitios.

En El Pardo estaba desde el 7 de enero hasta la víspera de Semana Santa, en que regresaba a Madrid para un intervalo de 10 días. El primer miércoles después de Pascua salía a las 7 de la mañana hacia Aranjuez, donde residía hasta finales de junio. Volvía a la capital y, a mediados de julio, se trasladaba hacia el Sitio de San Ildefonso haciendo parada de un día en El Escorial. En La Granja permanecía hasta principios de octubre, época en que recalaba en San Lorenzo. Entre el 30 de noviembre y el 2 de diciembre se trasladaba a Madrid. Si hubiera sido usanza dieciochesca, junto a la antigua almudaina habría recibido los regalos de la Epifanía.

En el apego a la cotidianeidad entraban las personas y las cosas. Pini fue su ayuda de cámara hasta que falleció y, guardando las distancias entre los humanos y los objetos, el monarca lamentó que se rompiera la taza china en la que degustaba el chocolate. Además, en la faltriquera de la casaca llevaba artilugios coleccionados desde la infancia.

4.4. El Madrid de Carlos III

El título que más resuena en la biografía de Carlos III es el de «mejor alcalde de Madrid», nombramiento que recuerda la pieza *El mejor alcalde, el rey* que Lope de Vega ambientara en la Galicia de Alfonso VII y publicara hacia 1635.

Cuando Carlos III inició su reinado, Madrid era una población grande, con 160 000 almas, debilitada por deficiencias de higiene y seguridad. Para llevar a cabo sus planes urbanísticos ordenó que Sabatini viniera de Nápoles. El programa incluía la construcción de un pozo séptico en cada casa, la colocación de canalones para las aguas de lluvia, la creación de aceras costeadas por los propietarios, la recogida de basuras y la prohibición de que los cerdos y otros animales deambularan por las calles. En esta misma línea de mejora de la salubridad pública, propuso trasladar los cementerios fuera de las iglesias, aunque este proyecto se encontró con la resistencia del vulgo, que no cifraba antitética la pila del bautismo y la mortaja.

En el reinado de Carlos III Madrid se convirtió en un emporio neoclásico. En 29 años, realizó el primer ensanche con los amplios paseos de Delicias y Acacias, y embelleció la capital. Ahí están las fuentes de Neptuno y de Cibeles, el Observatorio Astronómico y el Museo de Historia Natural, llamado luego del Prado. Este último y el Jardín Botánico (fundado en 1755, esto es, durante el reinado de Fernando VI, aunque experimentaría el despegue en su etapa) se hallan estrechamente vinculados con la pasión del monarca por la naturaleza. A su vez, Sabatini finalizó el Palacio Real, edificó la Aduana y ejecutó construcciones que se han convertido en iconos parlantes, como la Puerta de Alcalá. Para hacer frente a las necesidades ornamentales, Carlos III fomentó las manufacturas reales, trayendo de Nápoles el laboratorio de piedras duras y, de Capodimonte, el obrador de porcelana.

Inmerso en la seducción castiza de la aristocracia, el conde de Fernán-Núñez, leal servidor de cámara, expresó la fama de honestidad de la que gozaba internacionalmente Carlos III: «toda Europa dio siempre una fe ciega a lo que dijo». Menos sospechoso de adulación, el puritano inglés Joseph Townsend, que recorrió España unos meses antes de la muerte del soberano, acaecida en 1788, corroboró la firmeza de su palabra: «se trata sin duda de un hombre de principios, universalmente reconocido como una de las personas más virtuosas que pueblan sus dominios».

5. La Iglesia y el regalismo

La Ilustración francesa supuso un grado de radicalización nunca visto en las relaciones entre el movimiento filosófico y la tradición religiosa. La confrontación tuvo lugar en el horizonte de un catolicismo procedente de la Contrarreforma, que se encontraba a la defensiva, debilitándose progresivamente la conexión con la realidad viva de la Historia.

Marcada por la religión y por terribles enfrentamientos entre distintas variedades del cristianismo, Europa iba a experimentar en la centuria ilustrada un proceso de pugna por la desaparición de esa misma religión o por su reducción a la esfera de la vida privada. Se estaba gestando una forma de vida que, en muchas facetas, sería completamente secular.

Las relaciones de la monarquía hispánica con la Iglesia en el siglo XVIII están marcadas por el regalismo, esto es, la política de control del gobierno del rey en materia religiosa, imponiéndose las regalías, o supuestos derechos absolutos del soberano de mandar en esta institución, como en todos los demás asuntos y personas de sus posesiones.

5.1. El dominio temporal

Desde comienzos del reinado de Felipe V, la comunicación con la Iglesia se hallaba deteriorada. La necesidad de un texto concordatario que regulara las relaciones entre ambas potestades ganó terreno en las altas esferas de la monarquía borbónica, una vez que esta había visto en parte satisfechas sus pretensiones italianas. El paso inicial, el esperado concordato de 1737, no agradó ni a Roma ni a Madrid. Inspirado en el pensamiento de Patiño, la muerte prematura del ministro impidió que cuajara en resultados provechosos.

De ahí, la apertura de nuevas negociaciones que culminarían en 1753, fecha en que Benedicto XIV y Fernando VI firmaron el concordato que había de regir durante un siglo las relaciones entre la Iglesia y el Estado. En virtud de este acuerdo, los soberanos españoles quedaban instituidos en patronos universales de las iglesias de sus territorios, lo que permitiría en adelante a la Corona usufructuar, a título exclusivo, el derecho de nombrar a los poseedores de casi la totalidad de los beneficios eclesiásticos mayores. El plano espiritual quedaba reservado al pontífice.

Durante su mandato en Nápoles, Carlos III mantuvo una conducta de marcada intervención en los asuntos eclesiásticos e idéntica actitud adoptó al llegar a España. Recientes estudios han puesto de relieve la minuciosidad y rigidez de su programa religioso. De hecho, puede afirmarse que no existió punto de la ordenación temporal de la Iglesia en España no incluido en la órbita de la actividad regia.

Desde la reforma de la orden capuchina hasta las materias que deberían cursarse en los seminarios, pasando por el resonante episodio de la expulsión de los jesuitas, todo fue objeto de la acción legisladora del rey. Las numerosas disputas entre las diversas órdenes y entre el alto y el bajo clero abrieron las puertas a la intromisión del poder civil.

5.2. La expulsión de la Compañía

Sabido es que la congregación de san Ignacio añadió desde su nacimiento un cuarto voto (obediencia al Papa) a los tres habituales en toda orden religiosa (pobreza, castidad y obediencia). Y, en América, eran los responsables de buena parte de las reducciones, donde se trataba de integrar de forma gradual a los aborígenes en las costumbres occidentales. ¿Quién era en ellas su señor?

Unos años antes de la expulsión, en 1750 se había firmado el Tratado de Madrid con Portugal, por el que España cedía la zona ubicada entre los ríos Uruguay e Ibicuy, donde se hallaban radicadas siete misiones jesuitas. España controlaría las vertientes del Orinoco, y Portugal las del Amazonas. Los indios se resistieron e impidieron la demarcación de los nuevos límites y los jesuitas fueron acusados de alentarlos. En 1754, en una operación conjunta española y portuguesa, funcionarios de ambos estados repelieron a los indios insurrectos en Bacacay, Caibaté e Ybabeyú.

En este contexto, los gobiernos de la Europa ilustrada se propusieron acabar con la Compañía de Jesús por su defensa incondicional del papado, su actividad intelectual, el poder financiero y la influencia política. Ciertamente se habían ganado poderosos enemigos: los Estados (cuyos monarcas ponían en cuestión el poder político-religioso de la Santa Sede), los jansenistas (contrarios a su teología moral) y los filósofos modernos (con su visión libre frente a la autoridad de la Iglesia y la preponderancia de la razón). No faltaron tampoco las intrigas de ciertos grupos en la misma Roma.

Desde 1758 el padre general fue el florentino Lorenzo Ricci. En 1759, los jesuitas resultaron expulsados de Portugal y de sus dominios coloniales. Se trató del primer país que firmaba la sentencia. El ministro Carvalho, marqués de Pombal, fue su principal adversario en tierras lusitanas. Exasperado por las predicaciones providencialistas del jesuita Malagrida con motivo del terremoto de Lisboa (1755), inició una campaña de descrédito hacia la orden con publicaciones que alimentaron la Leyenda Negra, haciendo creíble su fama de conspiradores e hipócritas. Pombal encerró en el calabozo a 180 jesuitas en Lisboa y expulsó al resto en 1759.

Con esta dura medida pretendía robustecer la autoridad real y dar una clara señal a Roma de que no toleraría intromisiones pontificias en los asuntos del Estado. Más de 1000 jesuitas de Portugal y sus colonias fueron deportados con destino a los Estados Pontificios. Tuvieron que hacer frente a la acusación de que habían urdido un atentado fallido contra el rey. Algunas familias nobles de Távora y Aveiro fueron ejecutadas y los jesuitas encarcelados no recobraron la libertad hasta la muerte de José I y la caída de Pombal en 1777.

El segundo país que expulsó a los jesuitas fue Francia. El padre Antoine Lavalette, procurador de las misiones en la Martinica, se lanzó a empresas comerciales sin permiso de sus superiores, entrando en quiebra tras la captura de sus mercancías por los piratas. Los acreedores reclamaron a los jesuitas y estos apelaron al Parlamento de París, que, desde la fundación, había impugnado la presencia legal de la orden en Francia. En 1762 el Parlamento ordenó a los jesuitas desalojar sus casas y, 2 años después, alentado por el ministro Choiseul, Luis XV decretó su disolución. Sus bienes serían vendidos para pagar, en parte, a los acreedores. Los antiguos miembros podrían vivir como personas privadas bajo la jurisdicción de los obispos.

Cuando Carlos III vino de Nápoles, llegó asesorado por Tanucci, enemigo acérrimo de la Compañía. De esta manera, rompiendo la tradición de los Borbones, nombró confesor real al fraile descalzo Padre Eleta. A continuación, en 1767, los jesuitas fueron echados de los territorios de la corona española y, entre 1768 y 1769, la expulsión se produciría en Nápoles y en el ducado de Parma.

Pero hemos de reconocer que, aunque la supresión general de los jesuitas por mandato pontificio no llegaría hasta 1773, España tuvo mucho que ver en la aceleración del proceso. A la muerte de Clemente XIII el ministro José Moñino recibió la misión de ir como embajador a Roma para conseguir la supresión de los jesuitas. Se entrevistó con los cardenales, a quienes manipuló para que eligieran a un papa proclive a su causa. En 1769 resultó designado Clemente XIV. Moñino prosiguió la política de acoso y, finalmente, consiguió el objetivo.

Los jesuitas fueron criticados por su dependencia del papado, que chocaba frontalmente con las aspiraciones regalistas. El clima discrepante hacia la Compañía estuvo capitaneado en España por Moñino y Campomanes. En la corte se conocía la clasificación de los miembros de los consejos, audiencias y chanchillerías en dos grupos: jesuitas (projesuitas) y tomistas (antijesuitas). Asimismo, la ridiculización de los frailes realizada por el padre Isla en *Fray Gerundio de Campazas* (1758) rompió la relación con muchas congregaciones, haciendo que más de un obispo o hermano se congratulara por las decisiones drásticas tomadas contra los herederos de Ignacio.

A estos factores se sumó el desencadenante: la acusación de haber instigado el motín de Esquilache. En 1766 se requisó una pieza de extracción jesuítica, de la que existen varias copias. Con el título de *Gemidos de España* constata la persecución de la Compañía, que para los jesuitas equivalía a la persecución de la Iglesia. Se presentaba a Carlos III como «el rey ateísta» y «frailero», y se animaba a la acción como aplicación práctica del probabilismo:

Cuando se ve la Iglesia perseguida,
o alguna de sus ramas despreciada,
es opinión de doctos muy seguida,
si no basta prudencia moderada,
se pueda con cautela prevenida
matar por una causa tan sagrada:
pues matar al tirano no es locura,
que es opinión probable muy segura.

En la otra orilla, se acusaba a la Compañía de ser un cuerpo venenoso en su misma raíz, desviación sintetizada por Campomanes, fiscal del Consejo de Castilla y de tendencia regalista, en siete razones: ser una confederación instalada en el reino, pero con gobernante extranjero; la ambición de riquezas temporales; la doctrina del probabilismo, que atentaba contra la seguridad del Estado; el continuo espíritu de sedición contra el Gobierno; la animosidad de los jesuitas de hacer frente a los reyes mismos y a los tribunales más supremos; el espíritu de venganza y la alianza externa que avivaba competencias de soberanía entre las regalías y el papado.

El 1 de abril de 1767 todas las casas jesuíticas de Madrid fueron cercadas por contingentes armados, al día siguiente se procedería del mismo modo en el resto de la Península. Se reunía a todos los miembros en la sala capitular y se les leía la pragmática de Carlos III. Con premura tenían que reunir sus enseres en valijas pues, a las 24 horas, en una expulsión que recuerda los tintes nostálgicos de los «emigrantes» de Sefarad. Eran conducidos a las cajas previstas en carruajes para después partir a los puertos de embarque. Solo se quedaron en España los hermanos ancianos o muy enfermos, en conventos de otras comunidades.

El conde de Fernán Núñez describió la celeridad de la marcha de los jesuitas: «jamás se ha visto providencia más bien combinada, más uniforme ni más secreta, de modo que los colegios que estaban ocupados la noche del 31 de marzo se hallaron vacíos a la mañana siguiente y en camino todos sus miembros». Los diarios nos hablan del desconcierto provocado por el desalojo y del sumo pesar de los testigos. Es el caso de lo consignado en Villagarcía de Campos (Valladolid). Se dio orden de que fueran borrados los escudos de Jesús, ya fueran de piedra, yeso, madera o pintura, tanto de iglesias como de viviendas. En su lugar, se colocarían blasones con las armas de Carlos III.

Se postergó a las congregaciones marianas y lo mismo sucedió con la devoción al Sagrado Corazón, patrocinadas todas ellas por los jesuitas. Los agustinos y los dominicos adquirieron un papel preponderante, también se suprimieron en las cátedras los antiguos manuales elaborados por discípulos de Loyola.

Aranda insistió en el trato humanitario que se debía dispensar al colectivo expulsado, pero fue imposible evitar el hacinamiento en los diques. En El Ferrol se previó la salida de los castellanos, en Salou de los aragoneses, en Cádiz de los andaluces y en Cartagena de los de la provincia de Toledo. Los primeros en zarpar fueron los de Aragón, el 30 de abril, seguidos de los de Toledo, el 2 de mayo, los de Andalucía el 4 y los de Castilla el 24.

Llama la atención el menú previsto por Aranda para la travesía. Cuando el común de los mortales apenas tenía un risco que llevarse a la boca, para los jesuitas de la provincia toledana se estipulaba como desayuno una jícara de chocolate con un bizcocho de Mallorca o una tostada de pan. El almuerzo consistía en una sopa de olla, preparada con 5 onzas castellanas de carnero de Tarragona, 1 de tocino seco en hoja, media de chorizo y 1 de garbanzos para cada individuo, así como 1 gallina para cada 8, con la especiería y sal conveniente. De cena se les serviría un guisado y una ensalada, corriendo a voluntad el vino, el té, el café, el azúcar y los postres de pasas, higos, queso, nueces o avellanas.

No obstante, la realidad fue otra. Todo se quedó en intenciones de farsa, pues la singladura se convirtió en un prolongado asilo sobre el mar. Del viaje y del destierro se conservan minuciosos diarios, el más voluminoso el del padre Manuel Luengo (63 volúmenes y 35 000 páginas manuscritas, redactadas durante 49 años). Sin contar con el papa, Carlos III envió los convoyes a los Estados Pontificios. Por su parte, Clemente XIII se opuso a admitirlos, pues afirmaba ya tener bastante con haber acogido a los portugueses. Uno de los afectados, el citado padre Luengo, expresaba su profunda desilusión, se le había quitado la venda de los ojos ante un compromiso que creía seguro:

> Después de un mes y medio de continua inquietud y sobresalto, y después de una navegación aunque no larga llena de incomodidades y miserias, nos mirábamos en el término de todas nuestras desdichas. No deseábamos otra cosa que salir del mar y del poder de España, establecernos en Italia como pudiésemos y pasar una vida tranquila y sosegada al abrigo y protección de la Santa Sede mientras el cielo no mejorase las horas.
>
> Con estos pensamientos estábamos rebosando gozo y alegría, no pensábamos en otra cosa que en prepararnos para salir a tierra y algunos tenían ya liada su cama y dispuestos sus ajuarcillos. Y en este momento y en esta disposición de ánimo se nos intima resuelta y absolutamente que el papa no nos quiere en sus Estados.
>
> Que los príncipes y cortes, decían muchos, nos persigan, nos destierren y nos cubran de oprobio se puede llevar todo en paciencia y alegría, viéndonos protegidos y amparados del Sumo Pontífice. Pero que el papa mismo, que el Vicario de Jesucristo, también muestre poco

> aprecio y desestima de nosotros, nos desampare y abandone, esta es una cosa terribilísima y más señalable de lo que se puede explicar con palabras.

Como consolación, se les permitió desembarcar en Córcega, pero nuevamente se presentó un escollo. Francia socorría con sus tropas a Génova en la lucha contra el independentista corso Paoli. Entre agosto y septiembre fueron bajando a tierra, donde pasaron un año lleno de carencias. En el otoño de 1768 la isla fue transferida a Francia y, como este país los había expulsado, tenían que evacuar. Finalmente las legaciones pontificias hubieron de acogerlos, instalándose los de Aragón en Ferrara, los de Toledo en Forli, los de Andalucía en Rímini y los de Castilla en Bolonia.

También la odisea de los hispanoamericanos estuvo plagada de sobresaltos. Desde Veracruz llegaron a las legaciones pontificias, con escala en La Habana y El Puerto de Santa María. Fue un duro golpe para la formación de la juventud y la predicación entre indígenas, como las mentadas reducciones guaraníes y las menos célebres, pero no menos esforzadas misiones, en el noroeste de México (Baja California, Sonora y Sierra Tarahumara) y a lo largo del Amazonas (misiones del Marañón). El proceso más tardío fue el de acogida de los filipinos. En total, de la órbita hispana fueron deportados 5000 efectivos, los cuales no encontraron a menudo clima de hospitalidad, antes bien el desdén de los italianos.

Las protestas de los trabajadores de las minas fueron las más violentas. Habiendo salido los padres hacia Jalapa y Veracruz para zarpar hacia Europa, los vecinos les hicieron regresar al convento. En Guanajuato el enojo del pueblo ante la expulsión fue instantáneo. Hubo griterío y alboroto, registrándose muertos y heridos. «La chusma e ínfima plebe de los reales de minas de San Luis de Potosí ha sido lo propio que la de Guanajuato propensa a sediciones, tumultos y otros excesos (...), así lo mismo fue publicar el bando para la expulsión de los padres que haber hecho oposición formal con ánimo constante de resistirse con la mayor temeridad».

Una pincelada frívola en torno a la expulsión. En una fecha incierta del XVIII y con anónima autoría, una señora que se declaraba francesa escribía el tratado *Nadie tiene razón o juicio imparcial de una dama filósofa sobre la causa de los jesuitas*. El texto lleva sello de la biblioteca Luis de Usoz y

Río Aguilar Piñal, y fue impreso en un tomo titulado *Piezas curiosas* (BNE, Mss/7186). En pleno furor neoclásico expone, a modo de bravata, jugando con el lema de la orden, los motivos que la llevan a empuñar la pluma: «ya me he hecho por mí misma mis reflexiones: he escrito a contemplación de una amiga, imprimo para los indiferentes y adversos que para mí lo son los jesuitas... Me criticarán?, este honor es un objeto de mi ambición. Se me creerá? Lo deseo más aún por la gloria de otros que por la mía». Las interrogaciones simples aparecen tal cual en el documento.

Aunque fuera posiblemente redactado en Madrid, pretende trasladar aires de salón parisino, conteniendo píldoras como estas:

> Toda la Francia y la mejor parte de la Europa reúnen en el día los ojos puestos sobre los jesuitas, considerando su presente fortuna y barruntando la que pueden tener en adelante. La malignidad observa su conducta, la política, su doctrina, la envidia, su reputación, la amistad, sus desgracias. Respecto de ella no hay indiferencia, o amor de estimación u odio de partido. Nuestros tribunales, nuestros corrillos, nuestros cofres, nuestros tocadores rehúyen el nombre de la Compañía, de su Instituto, de su doctrina. Estoy pasmada de que no haya ya nueva moda de esto....

Mediante el breve *Dominus ac Redemptor* Clemente XIV liquidó la Compañía el 21 de julio de 1773. Como gratificación, Moñino recibió el título de conde Floridablanca. Hasta entonces en el mundo había unos 23 000 jesuitas dirigiendo 700 colegios. Los sacerdotes jesuitas podían sumarse al clero secular, mientras que los hermanos coadjutores quedaron libres de sus votos.

Sin embargo, en Rusia y en Prusia el edicto pontificio de supresión no fue promulgado por los monarcas. Como expondremos, Federico II, como luterano, y Catalina la Grande, como ortodoxa, no tenían la obligación de seguir las directrices de Roma. Jesuitas de toda Europa aceptaron la oferta de refugio hecha por la zarina, quien esperaba continuar con el apoyo intelectual de la Compañía a la modernización emprendida por Pedro el Grande. Entonces los ilustrados pudieron oír de boca de D'Alembert:

> Abatida esta falange macedónica, poco tendrá que hacer la razón para destruir y disipar a los cosacos y genízaros de las demás órdenes. Caídos los jesuitas, irán cayendo los demás regulares, no con violencia, sino lentamente y por insensible consunción.

6. Consortes y salones

Parece ser que mientras María Amalia de Sajonia iba poniendo las hermosas figuras del Belén que había traído de Nápoles, su esposo, Carlos III, le hablaba de acometer mejoras que España necesitaba. Todo con la intención de que la reina olvidara la tuberculosis que minaba su salud.

María Amalia no llegó a hablar castellano, pues, de los dos años de reinado, solo uno moró en Madrid. Al igual que a Isabel de Farnesio y Felipe V, tampoco a ella le gustó la fiesta de los toros. Y, aunque no se caracterizó su personalidad por la intriga política, sus hijos quedaron bien posicionados: Carlos como rey de España, Fernando, de Nápoles, y María Luisa, emperatriz de Alemania. Su duodécimo vástago, el infante Antonio Pascual de Borbón, sería designado en 1808 para la presidencia de la Junta Suprema encargada del gobierno tras la marcha de Fernando VII ante la invasión francesa.

Cuando el 27 de septiembre de 1760 moría la soberana, con los pulmones demasiado afectados por el tabaco, Carlos III confesaba: «En veintidós años de feliz matrimonio, este es el primer disgusto serio que me da Amalia». Este vicio causó furor en los palacios, pues también había acaparado a los suegros de la sajona. El caso es que Carlos no volvió a contraer nupcias y cumplió todas las promesas que le había hecho. Una fue su compromiso con Madrid. Otra, la Navidad española. Desde entonces, los artesanos levantinos rivalizaron con los italianos en la creación de figuras para el Nacimiento y, años después, en Barcelona, se hicieron moldes de yeso, asequibles, para representarlo. En la capital, hasta las familias más humildes se acostumbraron a comprar, poco a poco, muñecos de arcilla cocida en los puestos de la plaza Mayor.

La existencia o no de Ilustración en nuestro país constituye uno de los debates historiográficos más prolongados. Efectivamente no había un panorama de libertad de expresión que facultara la llegada de nuevas ideas y, cuando los intelectuales se atrevían a proponer reformas, corrían el riesgo de ser vistos como rebeldes y, más adelante, tildados de afrancesados, como les ocurriría a Goya, Moratín y Jovellanos. No faltaron serios intentos por educar a España, sin embargo, como expusiera Ortega y Gasset, faltó en bloque «el gran siglo educador».

La característica más específica de la Ilustración española fue que todos sus miembros se mantuvieron dentro del catolicismo, no hubo entre sus filas ningún deísta y tampoco ateos, a pesar de que en los siglos XVI y XVII es posible rastrear la incredulidad y el escepticismo a partir de los expedientes inquisitoriales sobre judíos de la diáspora, como el médico Juan de Prado, o de cristianos materialistas, como el también galeno conquense Gaspar de Olivares. Esto ha llevado a hablar en España de una «Ilustración católica», en la que los partidarios de las «luces de la razón» fueron respetuosos con la «luz divina», pues, para muchos de ellos, la razón y la religión compartían una misma lumbre natural, obra del Creador.

Esta Ilustración católica, que intentó hacer compatible la Biblia con los avances de la ciencia, se ve reflejada en el matemático y astrónomo valenciano Jorge Juan, quien, por defender la teoría heliocéntrica condenada por la Iglesia y la física newtoniana, tuvo problemas con el Santo Oficio. El riesgo del capirote y del sambenito se cernía sobre los intelectuales que intentaban empujar la rueda del progreso:

> No hay reino que no sea newtoniano y por consiguiente copernicano; mas no por eso pretendo ofender a las Sagradas Letras, que tanto debemos venerar. El sentido en que estas hablaron es clarísimo; no quisieron enseñar astronomía, sino darse solamente a entender al pueblo. Hasta los mismos que sentenciaron a Galileo se reconocen hoy arrepentidos de haberlo hecho, y nada lo acredita tanto como la conducta de la misma Italia; por toda ella se enseña públicamente el sistema copernicano.

Los debates teológicos en nuestro país no cuestionaron el dogma ni las verdades de fe, sino que supusieron reflexión sobre matices. El choque entre la piedad «racional», sustentada por los ilustrados, y la piedad «barroca», predominante, se plasmó en la crítica de la religiosidad externa, basada en el culto a las reliquias y las imágenes. Por ejemplo, Gregorio Mayans cuestionó en su localidad natal, Oliva (Valencia), la devoción a la Divina Pastora, arguyendo, en carta al conde de Aranda (1769), que no se podía admitir el carácter «divino» de la Virgen porque era una persona humana y solo Cristo debía ser calificado como divino y pastor de los creyentes, si bien reconocía a María como «la Virgen Madre de Dios, patrona de mi familia».

En la primera mitad del XVIII destacó Benito Feijoo, cuya obra *Teatro Crítico* (1726) se centró en la divulgación de la ciencia de Newton y en la crítica de las supersticiones: «Cualquier fábula portentosa que se derrama en el vulgo halla presto patronos, aun fuera de los vulgares, debajo del pretexto que se debe dejar al pueblo en su buena fe». El benedictino gallego, afincado en Asturias, defendió la búsqueda de la explicación de los hechos por causas naturales, considerando únicamente lícito recurrir a la intervención del Creador cuando las razones humanas no pudieran dar cuenta de acontecimientos extraños.

En el plano histórico, Mayans llevó más lejos que aquel la crítica ,en aras de llenar los huecos del pasado. A su juicio, el conocimiento de la verdad histórica pasaba por la consulta de las fuentes y la aplicación de un riguroso examen. Fue nombrado director de la Real Biblioteca y aspiró a ser cronista de Indias, cargo que no consiguió, comenzando a ser visto con recelos por parte de las jerarquías a partir de la publicación de *Orígenes de la Lengua Española*, por la que se le reprochó no atenerse a unas supuestas normas del estudio de la Historia. Finalmente, Mayans renunció al puesto de bibliotecario y se retiró a Oliva, donde preparó la edición de *Censura de Historias Fabulosas* (1742), título que le cosechó la denuncia del Santo Oficio por arremeter contra los falsos cronicones.

Durante este período se crearon las principales academias, instrumento de difusión de las Luces, sobresaliendo la Real Academia de la Lengua, la de Historia, la de Bellas Artes y la de Medicina y, junto a ellas, el Jardín Botánico y el Gabinete de Historia Natural.

Tras el impulso reformista de Fernando VI, la Ilustración llegó a su apogeo con Carlos III. Hacia 1760 empezó a utilizarse el término Siglo de las Luces o «ilustrado», aunque esta última expresión fue empleada de forma peyorativa por los defensores de la tradición. Es el caso del fraile Fernando de Ceballos quien, en 1776, compuso *Demencias de este siglo ilustrado*, confundidas por la sabiduría del Evangelio, o del también religioso José Gómez de Avellaneda, que en la misma fecha escribió una sátira contra Pablo de Olavide titulada *El siglo ilustrado. Vida de D. Guindo Cerezo, nacido y educado, instruido, sublime y muerto según las Luces del presente siglo.*

Los ilustrados españoles confiaron en que la Corona fuera la impulsora de la modernización económica, social y cultural. Pero el trono se valió de las propuestas para que su poder fuera incuestionable en la línea del despotismo ilustrado. De esta manera, si en Europa, por muy elevadas que fueran sus aspiraciones de libertad, la Ilustración no dejó de ser una cultura tutelada y, a menudo, controlada para mejor servicio del Estado, ¿qué no ocurriría en España?, donde la Inquisición, con el

Índice de libros prohibidos y el Juzgado de Imprentas, tenía capacidad para censurar la opinión.

Los escritos de Campomanes, Jovellanos, Capmany o Cabarrús reflejan la asimilación de las teorías económicas de la fisiocracia y del liberalismo. Así surgieron las Reales Sociedades Económicas de Amigos del País, preocupadas por la difusión de las ciencias «útiles», y se fraguaron focos ilustrados en Asturias, Guipúzcoa, Valencia, Barcelona, Sevilla, Santiago de Compostela, Zaragoza, Salamanca y Madrid. De modo paralelo se desenvolvieron las tertulias que los eruditos Iriarte, Sarmiento, Jovellanos o Samaniego sostenían, en Madrid, en la fonda de San Sebastián o en el convento de San Martín.

El interés por la educación se concretó en nuevas instituciones de enseñanza secundaria (Reales Estudios de San Isidro), superior (Escuela de Mineralogía, de Ingenieros de Caminos y Colegio de Cirugía) y en la reforma de las universidades.

La literatura didáctica y crítica tuvo como exponentes a Leandro Fernández de Moratín, con *El sí de las niñas*, acerca de los matrimonios de conveniencia, y a José Cadalso, con las *Cartas marruecas*, sobre las causas de la decadencia de España vistas por un foráneo, al estilo de las *Cartas persas* de Montesquieu en tanto que sátira parisina.

A diferencia de Francia, en España no tuvieron tanto éxito los salones de las damas, si exceptuamos el de María Francisca de Sales Portocarrero. Como futura heredera de la casa, recibió una excelente educación en el convento de las Salesas, allí aprendió a hablar francés con total corrección, se inició en los clásicos y recibió las primeras nociones de pintura y música. Era todavía alumna cuando, a los 9 años, asumió el título de condesa de Montijo al fallecer su abuelo. Recién cumplidos los 14, dejaba el colegio para casarse con Felipe de Guzmán Palafox y Croy de Abré, hombre de alcurnia aunque le doblaba la edad. Como madre y esposa, se creía capaz de hacer más cosas que bordar manteles. Con apenas 20 años de edad, a instancias de un religioso, aceptó la tarea de traducir del francés la obra titulada *Instrucciones sobre el sacramento del matrimonio*.

Para entonces, su salón era uno de los más solicitados de Madrid, en las tertulias se platicaba de física, de matemáticas, de arte y de filosofía. Sus dotes intelectuales la llevaron a ingresar en la primera hornada de mujeres de la Sociedad Económica Matritense. La condesa de Montijo pasó a ocuparse de la supervisión de una escuela patriótica gratuita, donde las niñas de los barrios pobres recibían una educación elemental. Durante esta etapa como miembro de la Junta de Damas, Francisca protagonizó una anécdota singular cuando, para atajar la vanidad, un autor anónimo sugirió la creación de un traje nacional femenino. Se trataba de diseñar un uniforme para cada estamento social. Floridablanca quiso analizar la propuesta, pero la condesa redactó un memorial explicando lo absurdo de aquel proyecto.

Viuda desde 1790 y casada por segunda vez, trabajó activamente en la mejora de las condiciones de la inclusa madrileña, consiguiendo no solo que el número de niños fallecidos en el orfanato se redujera a la mitad, sino que el rey Carlos IV legitimara a todos los expósitos. Murió en 1808, le faltaron 18 años para conocer a su nieta Eugenia, quien estaba llamada a sentarse, con Napoleón III, en el trono de Francia.

Siguiendo con las damas, el mito de la bruja de Durero, que con la melena al viento lanza su desafiante mirada al futuro, fue retomado por Goya en la *Linda maestra*: «La escoba suele servir a algunas de mula de paso: enseña a las mozas a volar por el mundo». Llama poderosamente la atención que fuera María Josefa Pimentel y Téllez-Girón, XII duquesa de Benavente y de Osuna, quien encargó al pintor dos series de cuadros de gabinete que hoy se conservan en el Museo Lázaro Galdiano de Madrid y en el Prado: *El aquelarre* y *Vuelo de brujas*.

Esta aristócrata, creadora del parque de El Capricho, mantuvo uno de los salones literarios más importantes de Madrid y fue otra de las primeras en ingresar en la Matritense, siendo nombrada presidenta de la Junta de Damas de Honor y Mérito constituida en 1787. Además, adquirió una de las primeras carpetas de la serie *Caprichos*, compra que evidencia su rechazo del terror inquisitorial.

Se acercaba el año 1789, las consignas revolucionarias enardecían la Bastilla ajenas a la profecía del salmantino Diego de Torres Villarroel quien, sorprendentemente, sin buscarlo, fue profeta de los sucesos de su tierra y de la merindad vecina, pues anunció la caída de la monarquía francesa. Escolar de temperamento díscolo y travieso, «piel de diablo» lo llamaban por sus muchas fechorías en el Colegio Trilingüe.

En su huida a Portugal fue sucesivamente ermitaño, bailarín, soldado, torero y curandero, para sentar la cabeza a la vuelta a Salamanca y distinguirse como catedrático de matemáticas y dramaturgo, sin poderse olvidar su faceta de astrólogo, ya que, además de componer almanaques de predicciones bajo el seudónimo de El gran Piscator de Salamanca, vaticinó la muerte de Luis I y el motín de Esquilache, así como el ocaso del trono galo: «cuando los mil contarás con los trescientos doblados y cincuenta duplicados, con los nueve dieces más, entonces, tú lo verás, mísera Francia, te espera tu calamidad postrera con tu rey y tu delfín, y tendrá entonces su fin tu mayor gloria primera», fórmula que, desplegada[8], ofrece la cifra de 1790.

También en época de la Revolución francesa la Inquisición vigiló las escenas de las abanicos. Unas las descartó por ser políticamente incorrectas, y otras por jugar con los signos del zodiaco.

O nos convencemos de que el proyecto del destino es irrefrenable por muchos filtros que se ideen, o hemos de suponer a Luis XVI completamente ausente ante los designios de los astros que preconizaban la masacre. Como aseveraba Villarroel en su poema *¿Cuándo vendrá la muerte?*: «No sabemos. ¿El cómo y el lugar? Ni en conjetura. ¿El detener su curso? ¡Qué locura! Solo es cierto y de fe que fallecemos...».

Verdad universal es que el tiempo de cada cual caduca, aunque la razón se esfuerce en idear salvoconductos con los que garantizar la perennidad de la carcasa.

---

8 Cálculo matemático del año del vaticinio: 1000 + (300 x 2) + (50 x 2) + (9 x 10) = 1790.

Capítulo IX
Las Indias:
de la conquista al ascenso criollo

Las castas de América: matrimonio de español e india.

El español que no ha estado en América no sabe qué es España.

Federico García Lorca

EN LA MONARQUÍA HISPÁNICA, LA MUJER estaba llamada a ser religiosa o esposa, en este último caso bajo la tutela del varón y sin capacidad de notoriedad intelectual. Pero los estereotipos de la «dama boba» (de Lope de Vega) y de la «perfecta casada» (fray Luis de León) tuvieron que hacer frente a la defensa de la feminidad ejercida por la «dama duende» (nuevamente de Lope), así como por las viajeras que se enrolaron en la carrera de Indias con motivaciones múltiples: encontrar allí marido; casar bien a sus hijas; pasarse a las ambiguas filas de la bigamia; cultivar la brujería a espaldas de la Inquisición entre ruinas chamánicas o empuñar el florete para participar en las gestas.

Los españoles desembarcaron en una tierra de oportunidades y para muchos su destino quedaría unido a un nombre de mujer. Las crónicas y cartas de los conquistadores reflejan la imagen mental de la dama que esperaban encontrar en las Indias, fusión de personajes míticos del Viejo Mundo, como las sirenas y las amazonas.

Una reina, Isabel la Católica, hizo posible que Castilla llevara el timón de la era de los descubrimientos. Ante la talla de alabastro gótica de la Virgen de los Milagros, venerada en el monasterio de La Rábida en Palos de la Frontera, oraron Colón, los Pinzón, Cortés o Pizarro. Asimismo, desde la aparición de Nuestra Señora de Guadalupe al indio Juan Diego, en el cerro de Tepeyac en 1531, esta devoción se convertiría en una de las señas identitarias de México, presente en todos los procesos revolucionarios.

Y, aunque desgraciadamente, por los prejuicios que han arrinconado a la mujer de la Historia, sus nombres no han saltado a los libros de texto, los descubridores y conquistadores no zarparon solos. En la tripulación había damas que participaban del reparto del botín y acababan siendo desposadas por los más poderosos.

Una treintena de españolas acompañaron a Colón en su tercer viaje. En el siglo XVI, de los 45 327 viajeros a América registrados en los archivos, 10 118 eran féminas. Mencía Calderón, al frente de 50 señoras, atravesó 1600 kilómetros de selva en una expedición de más de 6 años. Isabel Barreto, primera y única almirante de la Armada, lideró en 1595 una expedición por el Pacífico. María Escobar introdujo el trigo en América. María de Toledo fue virreina de las Indias Occidentales y María de Estrada participó en la expedición de Hernán Cortés en México y sobrevivió a la Noche Triste, mientras que Inés Suárez acompañó a Pedro de Valdivia en la conquista de Chile.

De todas ellas, la única que prácticamente ha sonado es la belicosa Catalina de Erauso (1585-1650), quien pasó a la Historia como la «monja alférez». Abandonó el convento guipuzcoano con 15 años para viajar al Nuevo Mundo y combatir como soldado de infantería en los reinos de Perú y Chile. Tras arrasar a los araucanos, prometió matrimonio en Tucumán, fingiendo ser varón, a dos jóvenes, la hija de una viuda india y la sobrina de un canónigo, dejándolas finalmente «compuestas y sin novio».

Y la dignidad de la mujer hallaría su adalid en sor Juana Inés de la Cruz, monja jerónima mexicana, artífice en el siglo XVII de unos reivindicativos versos que han dado la vuelta al planeta:

Hombres necios que acusáis
a la mujer sin razón,
sin ver que sois la ocasión
de lo mismo que culpáis.

1. La caída demográfica

Son pocos los casos de la Historia en que parte de la sociedad de una nación desarrolla la autocrítica hacia un proceso en el que ella misma participa y, es más, consigue trasladar su preocupación al gobernante a fin de resolver el conflicto. La Leyenda Negra contra España ha divulgado las acusaciones y los efectos, pero no la reflexión que, precozmente, impulsaron los legisladores, encabezados por Fernando el Católico, cuando el dilema de «guerra justa» tocó las conciencias de Castilla mandando reabrir los tratados clásicos.

Desde comienzos del siglo XVI, en España se alzaron voces que denunciaron los abusos que sufrían los indios: «En estas ovejas mansas, y de las calidades susodichas por su Hacedor y Criador así dotadas, entraron los españoles, desde luego que las conocieron, como lobos e tigres e leones cruelísimos de muchos días hambrientos». Esta es la descripción de los desacertados métodos de sumisión que, según el padre Las Casas, habían sido empleados para reducir a los nativos. Paradójicamente, a la par que el dominico consideraba la conquista de América como una de las «maravillas» del mundo, la definía como la «destrucción de las Indias», en tanto en cuanto el procedimiento había eclipsado la alegría de la llegada a aquel paraíso.

1.1. El censo

La comprobación del número de indios desaparecidos entre 1492 y 1650 es realmente difícil, pues los cálculos sobre la población aborigen de América en el momento del descubrimiento son bastante discutibles.

El colapso poblacional fue el factor decisivo en la derrota de las civilizaciones americanas. Entre los investigadores y la opinión pública no hay acuerdo sobre las causas de este descenso. Unos lo atribuyen al genocidio, otros a la introducción de nuevas enfermedades y un tercer sector a la combinación de ambas causas.

En los momentos previos a la conquista había 50 millones de indios que, en siglo y medio, descenderían a 5. Los antihispanistas lo han calificado de etnocidio, lo cual no parece plausible, pues no hay que olvidar que si alguien estaba interesado en que no decreciera la mano de obra tributaria era precisamente la corona española, que fue la primera sorprendida por el fenómeno.

Ninguna de las razones aducidas como explicación es, por sí sola, suficientemente satisfactoria. El impacto psicológico de la dominación pudo producir alta mortandad, ya que sabemos que algunos pueblos antillanos practicaron el infanticidio y dejaron de cultivar la tierra. También sabemos que las epidemias del Viejo Mundo, por ejemplo la viruela, introducidas por los primeros pobladores, produjeron una debacle entre los indígenas.

El trabajo obligatorio también intervino en el descenso demográfico. Entre las culturas formativas precolombinas se practicaba una economía de subsistencia de la que se pasó repentinamente a una economía de producción de excedentes mediante el repartimiento de los indios. Estos, acostumbrados a ser dueños de su tiempo en un ambiente tranquilo, tuvieron que trabajar de sol a sol, muchas veces alejados de sus familias. Otro sector fue reconvertido a la minería, los efectivos hubieron de laborar en lugares áridos feneciendo exhaustos.

El mestizaje es otra causa del declive del número de indios. Los españoles y los negros se reprodujeron con las indias, cosa que por ejemplo no hicieron ni los ingleses ni los holandeses, que nunca derribaron el tabú étnico. Más inusual fue la mezcla de las mujeres blancas con los nativos.

La mayor parte de los indios siguieron viviendo en las encomiendas trabajando para pagar tributos a cambio de la paternal legislación del rey, que les permitía vivir en las tierras donde habían nacido, pero otros huyeron y se asentaron como forasteros en lugares diferentes al de su origen, constituyendo una mano de obra barata. En las ciudades habitaron en barrios periféricos donde vivían en condiciones límite. Estas extremas coyunturas representaban el peligro de alteración del orden social cuando se registraban hambrunas. En definitiva, para explicar la pérdida demográfica hemos de recurrir a la conjunción de todos estos factores en el breve período de tiempo en el que la guerra se impuso a los ritmos cotidianos de los indígenas.

1.2. La guerra justa

El punto de partida de la autocrítica de la conquista que realizó España fue el sermón de Navidad de 1511 en el que el dominico Antonio de Montesinos denunció la explotación de los indígenas apuntando con el dedo a los encomenderos:

> Esta voz dice que todos estáis en pecado mortal y en él vivís y morís, por la crueldad y tiranía que usáis con estas inocentes gentes. Decid, ¿con qué derecho y qué justicia tenéis en tan cruel y horrible servidumbre a estos indios?.

Al año siguiente, se reunió en Burgos un grupo de teólogos y juristas para discutir el problema. En la junta de 1512 se enfrentaron dos planteamientos: uno que incidía en la supremacía de lo espiritual hasta invalidar el derecho natural (los paganos, en tanto que poseían el pecado original, carecían de derechos y debían ser sometidos por la fuerza) y otro tomista, que sostenía la independencia de lo natural respecto a lo sobrenatural (por lo que el hombre conservaba hasta el final sus cualidades).

Fernando el Católico encargó a los dos representantes más destacados de la junta que condensaran sus pensamientos al respecto en sendos tratados. Juan López de Palacios Rubios, consultor de la corte para temas indianos, defendió el argumento teocrático como justificación de las bulas alejandrinas. Matías de Paz, catedrático de Teología en la Universidad de Salamanca, insistió en la necesidad de informar a los indios de los derechos del monarca castellano antes de someterlos pacíficamente o emprender la guerra contra ellos.

En las Leyes de Burgos, dictadas el 27 de diciembre de 1512, los indios fueron reconocidos como hombres libres que, en virtud de las bulas, deberían someterse a la Corona. Los teólogos y los juristas estuvieron de acuerdo en que los nativos debían ser instruidos en la fe y ver su trabajo recompensado con un salario.

En dicha reunión se gestó el *Requerimiento*, texto redactado por Palacios Rubios que anunciaba y autorizaba por mandato divino la conquista de las tierras y el sometimiento de los pueblos que se negaran a ser evangelizados. Por medio de este pregón, proclamado en español, el conquistador informaba a los indígenas de que Dios, creador de los primeros hombres, Adán y Eva, había elegido a san Pedro y a sus sucesores de Roma como monarcas del mundo. Un pontífice posterior, Alejandro VI, había otorgado la posesión de los indios al rey de Castilla.

Toda negativa o demora en aceptar estas demandas entrañaría abrir combate de inmediato (guerra justa), convirtiéndolos en reos de muerte o esclavizándolos como rebeldes. La lectura finalizaba con la amenaza de tomar los bienes de los oyentes y de esclavizar a sus mujeres e hijos si no cumplían este mandato. ¿Qué podían comprender los indios cuando se les obligaba a manifestar su adhesión al proyecto si, de entrada, su idoma era otro? Absolutamente nada. Por ello, el *Requerimiento* no conseguiría si no intensificar el debate político y moral sobre los derechos de los indígenas y su condición de hijos de Dios.

Este discurso fue leído por primera vez por Pedrarias Dávila en Panamá en 1513. En los lugares donde era proclamado causaba impresiones idénticas: incomprensión (ni hablaban en el mismo idioma ni en las mismas categorías conceptuales), extrañeza y confusión. Es significativa la respuesta que inspiró a los caciques del río Sinú (Colombia), cuando hizo la lectura el conquistador Martín Fernández de Enciso:

> Pero en lo que decía que el papa era señor de todo el universo en lugar de Dios, y que había hecho merced de aquella tierra al rey de Castilla, dijeron que el papa debiera estar borracho cuando lo hizo, pues daba lo que no era suyo, y que el rey que pedía y tomaba tal merced debía ser algún loco, pues pedía lo que era de otros, y que fuese allá a tomarla, que ellos le pondrían la cabeza en un palo, como tenían otras (...) de enemigos suyos.

1.3. La encomienda y sus abusos

Una vez repartidas las tierras entre los conquistadores, se reguló el trabajo mediante el sistema de encomienda, el cual permitía a los colonos recibir lotes de indígenas que, teóricamente, a cambio de protección, subsistencia y enseñanza religiosa, trabajarían para ellos. La encomienda era una fórmula de esclavitud encubierta, pues el proceso consistía en «encomendar» a un grupo de indígenas a un conquistador, como si se tratara del vasallaje feudal, pero sin cesión de tierras.

Todo indígena varón entre los 18 y 50 años de edad era considerado tributario, lo que significaba que estaba obligado a pagar un impuesto al soberano en su condición de «vasallo libre» de la corona castellana o, en su defecto, al encomendero, que ejercía este derecho en nombre del monarca. En contrapartida, desde los Reyes Católicos, los conquistadores habrían de correr con los gastos de la evangelización, incluyendo el hospedaje del cura doctrinero.

El sevillano Bartolomé de las Casas viajó en 1502 al Nuevo Mundo y fue encomendero, pero ocho años más tarde dejó las armas para ser ungido sacerdote, aunque no empezaría su campaña en defensa de la población aborigen y en contra de la encomienda hasta 1523, cuando ingresara en la orden dominica. Su texto clave fue *La Brevísima relación de la destrucción de las Indias*, dedicada al príncipe Felipe con la intención de que el futuro rey conociera las injusticias que se cometían en América.

Sin embargo, quien más rédito sacó al volumen fue Guillermo de Orange, el rebelde que encabezaba en los Países Bajos la guerra contra el imperio. Orange buscaba la forma de debilitar a España a través de la propaganda y se valió de las exageradas cifras del dominico para pintar a sus rivales como crueles esclavistas. Las traducciones de la *Brevísima* se multiplicaron en Europa y, por si quedaba alguna duda en el título sobre la intencionalidad, los traductores sustituyeron las referencias del dominico a los «malos cristianos» por «españoles», incorporando saña al texto original.

A corto plazo, De las Casas logró que el 20 de noviembre de 1542 se aprobaran las Leyes Nuevas, las cuales reiteraban la prohibición de esclavizar a los indios, dejando de ser hereditarias las encomiendas y previéndose su extinción una vez fallecidos los colonos que las regentaban.

Sin embargo, esta decisión desagradó a la jerarquía colonizadora. La promulgación de las Leyes Nuevas causó una sublevación de los colonos de Perú que fue conocida como la «rebelión de los encomenderos». Esta revuelta, liderada por Gonzalo Pizarro, el hermanastro del conquistador, llegó a eliminar al propio virrey Núñez de Vela. En la corte española cundió la alarma y el emperador Carlos fue convencido de que eliminar la encomienda significaría arruinar económicamente la colonización. Finalmente, el 20 de octubre de 1545 la Corona suprimió el capítulo 30 de las Leyes Nuevas, donde se prohibía la encomienda hereditaria. A raíz de ello se convocaría la Junta de Valladolid.

En agosto y septiembre de 1550 el Colegio de San Gregorio fue el escenario del debate entre Sepúlveda y De las Casas (detractor y defensor, respectivamente, de la dignidad de los indios). La controversia pasó por el planteamiento, en primer lugar, de si los indios eran personas y, en segundo, si tenían alma. En la disputa no hubo resolución final, en ese cierre en tablas los dos exponentes se consideraron vencedores, si bien la cita marcó un antes y un después, pues hasta su muerte en 1566, De las Casas, como obispo de Chiapas, siguió repitiendo que «todas las naciones del mundo son hombres».

El encuentro con nuevos grupos siempre suele estar asociado con una apertura de mente, puesto que la sociabilidad se alimenta de la necesidad de una convivencia pacífica y porque, al estrechar lazos con otros pueblos, se descubren sus particularidades, sus aciertos y sus potencialidades. El estadista astuto no es el que elimina al contingente de sus rivales, sino el que, ejerciendo la diplomacia, se gana su respeto y lo integra en sus propias huestes, línea que seguiremos explorando en artículos venideros.

Con el lenguaje del fuego los conquistadores «castellanizaron» el Nuevo Mundo, se dejaron llevar por la codicia del oro, bajo la hipnosis de las esmeraldas buscaron ciudades inexistentes (Cibola) y países imaginarios (el de la Canela o El Dorado). Sin embargo, el trato con el «otro» generó preocupación, pues el futuro que aguardaba no parecía halagüeño si todo comportamiento se vinculaba al terror de las armas.

Así, la polémica de los naturales ensanchó los márgenes cualitativos de la humanidad al reconocer en los indios la dignidad inherente a la persona, prerrogativas puestas en evidencia por los españoles en el siglo XVI y reivindicadas como inalienables por estadounidenses y franceses a finales del XVIII.

En suma, la Escuela de Salamanca, encabezada por Francisco de Vitoria, sentó las bases del Derecho de Gentes, derechos del hombre y del ciudadano que serían consagrados como inalienables por la Organización de las Naciones Unidas en 1948.

2. Un mundo sin fronteras

La conquista significó el choque entre dos concepciones de tiempo completamente diferentes: la visión cíclica, representada en la forma circular del calendario azteca, y la interpretación lineal, teleológica, asumida por la civilización judeocristiana, la cual podría identificarse con una flecha.

Desde el punto de vista técnico, las expediciones fueron iniciativa de personas particulares y, en buena parte, vinieron financiadas por comerciantes y banqueros. Los conquistadores debían obtener la autorización de los reyes para reclutar un ejército y someter un territorio determinado, pero, además, los monarcas legitimaban jurídicamente y reglamentaban la explotación, al tiempo que ofrecían concesiones: cargos y títulos, como el de marqués de Cajamarca para Pizarro y el del valle de Oaxaca para Cortés.

2.1. El nombre del continente

La popularización del término América para designar las tierras a las que llegó Colón deriva del tratado *Introducción a la Cosmografía* redactado por el humanista Mathius Ringmann y su elenco de eruditos. Este texto estaba acompañado de un planisferio dibujado por el cartógrafo alemán Martin Waldseemüller.

En tal representación, América aparecía rodeada de agua y perfectamente diferenciada de Asia, con banderas castellanas y leyendas que indicaban que aquellas tierras habían sido descubiertas *per mandatum regis Castellae*. Sin embargo, sería el nombre del marino florentino, y no el del genovés, el que se perpetuaría en la denominación de las nuevas tierras.

Y es que Vespucio fue el primer europeo en proponer que aquellos lugares eran en realidad un continente nuevo y no parte de Asia como pensaba Colón. El 4 de septiembre de 1504 Américo escribió a su amigo Pier de Soderini «llegué a la parte de las Antípodas, que por mi navegación es la cuarta parte del mundo... Yo he descubierto el continente habitado por más multitud de pueblos y animales que nuestra Europa, o Asia o la misma África». La carta a Soderini, conocida como *Cuattro Viagi*, se difundió ampliamente por Europa, llegando un ejemplar de la misma al Gimnasio del Vosgo, donde un grupo de intelectuales protegidos por el duque de Lorena trataba de publicar la *Geografía* de Ptolomeo.

Siguiendo la línea de los otros continentes, se latinizó y feminizó el nombre del explorador, resultando «América». Gracias al desarrollo de la imprenta, las denominaciones de Waldseemüller se divulgaron rápidamente en los círculos científicos de Europa. En 1538 el geógrafo Mercator usó la misma palabra, América, en el mapa del mundo que realizó. Por su parte, la monarquía hispánica denominó jurídicamente a sus posesiones americanas como «reinos castellanos de Indias» y la corona británica las llamó «Indias Occidentales».

2.2. Los perros de la mar del Sur

El océano Pacífico (o «la mar del Sur») fue hallado por el conquistador extremeño Vasco Núñez de Balboa. Inició su carrera como polizón, primero marchó de España para instalarse en la isla La Española, de donde huiría por deudas, y, en 1510, cuando Martín Fernández de Enciso preparaba una expedición al poblado de San Sebastián, en la costa oriental de Panamá, Balboa se escondió en un barril a bordo.

Llevaba consigo a su perro, Leoncico, el que llegaría a ser el animal más rico del Nuevo Mundo, junto con su padre, Becerrillo, el mastín de Juan Ponce de León, primer gobernador de Puerto Rico.

Estando la nave en alta mar, Vasco se presentó ante el furioso capitán, pero este lo perdonó, especialmente porque ya había estado en esas tierras y su experiencia podría ser de utilidad. Al llegar a San Sebastián comprobaron que gran parte de los colonos habían muerto tras un encuentro con los nativos. Uno de los pocos supervivientes era Francisco Pizarro, el futuro conquistador de Perú.

Pero Balboa escondía un sueño secreto: quería llegar a la costa occidental porque se había informado de que allí la tierra que lo separaba del «otro mar» era escasa y angosta. En 1511 partió con 100 hombres. En Careta trabó relación con los indios, el cacique se convirtió al cristianismo y entregó a su joven hija a Balboa. Siguió avanzando por tierras cada vez más tropicales y complejas. Llegaron a otra aldea donde el jefe los recibió amablemente y los agasajó con manjares y bebidas fermentadas. Advirtiendo la fascinación causada en los visitantes por todo lo que relucía, uno de los «príncipes» les regaló adornos de oro.

El cacique entonces les aseguró que detrás de las montañas, hacia el sur del istmo de Panamá, yacía un inmenso mar, donde desembocaban ríos de oro y cuyas playas estaban cubiertas de perlas. Vasco Núñez de Balboa regresó a la base y se reorganizó. Cruzó la espesura, venció a la humedad permanente y tropezó con alimañas, insectos y aves, inmerso en la oscuridad verde casi continua de la jungla tropical.

Cuando Vasco vio la cima de la montaña, ordenó que sus 66 hombres lo esperaran. Subió solo y se quedó ensimismado ante el mar infinito. Era el 25 de septiembre de 1513. Llamó a las nuevas aguas divisadas la mar del Sur, pues esa era la dirección que había seguido la expedición y, con su espada, tomó posesión del océano en nombre de Castilla. En 1520 Fernando de Magallanes le asignaría el nombre de Pacífico por la quietud de sus aguas.

2.3. *La primera vuelta al mundo*

Se suele atribuir el mérito de ser los primeros artífices de la circunvalación del orbe a Magallanes y a Elcano, y no por la prematura defunción del primero le restaremos importancia, pero sí conviene aclarar que en el plan del portugués no estaba dar la vuelta al mundo, sino hallar un paso marítimo que comunicara el océano Atlántico con el Pacífico y permitiera llegar a las islas de las Especias navegando hacia Occidente. Probablemente tampoco Elcano habría madurado esta idea si no se hubiera hallado en esa tripulación.

Fernão de Magalhaes, conocido en España como Fernando de Magallanes, fue un hidalgo portugués nacido hacia 1480. Inició su carrera exploradora con un viaje a la India en la flota del virrey Almeida, lo cual le permitió participar en la conquista de Malaca.

Estando allí, en 1512, pudo desplazarse secretamente hasta los 11° de latitud norte, donde visitó algunas islas de las Calamianes e incluso Mindoro. Sin embargo, a su regreso a Portugal, no pudo convencer al monarca don Manuel el Afortunado de que las arenas en las que había estado se encontraban dentro del área reservada a su reino según el Tratado de Tordesillas.

Por ello, ante la negativa del rey de apoyar su viaje de descubrimiento de la Especiería, Magallanes llegó a Sevilla en compañía de Ruy Falero y de Cristóbal de Haro. En la ciudad del Guadalquivir se encontró con el factor de la Casa de Contratación, Juan de Aranda. Poco después conseguiría una audiencia en la corte de Carlos I en Valladolid. En esta ocasión, Magallanes cambiaría su argumento, al asegurar que dichas islas no se encontraban en zona portuguesa, sino en la demarcación española. El 22 de marzo de 1518 se firmó la capitulación para realizar el periplo a las islas de la Especiería.

El acuerdo autorizaba a Fernando de Magallanes y a Ruy Falero a que emprendieran la expedición proyectada, pero la travesía estaría sujeta a unas condiciones. En primer lugar, se estableció que durante un período de 10 años los dos navegantes tendrían el monopolio de la ruta que siguieran durante el viaje, aunque la corona se reservaba el derecho de continuar mandando expediciones en busca del estrecho. A su vez, se dispuso que recibirían los títulos de adelantado y gobernador de los lugares que visitaran, siendo transmisibles a sus sucesores, y tendrían derecho a la vigésima parte de los beneficios conseguidos en las tierras encontradas. Pero Falero se enfadó al no ponerse de acuerdo con Magallanes en quién llevaría el farol y el pendón en su barco, y no llegó a zarpar.

El itinerario del viaje consistía en dirigir las embarcaciones hacia las Indias, para navegar luego por la mar del Sur hasta las Molucas, regresando por el mismo camino. Como hemos anunciado, tras la muerte de Magallanes, Juan Sebastián Elcano, guipuzcoano de Getaria, transformaría esta ruta y se llevaría a cabo así la primera vuelta al mundo.

El viaje costó 8 346 379 maravedíes y embarcaron unos 240 hombres en cinco naves: *San Antonio*, *Trinidad*, *Concepción*, *Victoria* y *Santiago*. Se cargaron vituallas suficientes para dos años y Carlos I ordenó expresamente a Juan de Cartagena, uno de los capitanes de la expedición, que lo mantuviera informado del modo en que se cumplían sus instrucciones y del trato dispensado a los indígenas de las tierras visitadas.

El 10 de agosto de 1519 la tripulación salió del muelle de las Mulas, en Sevilla, hasta el puerto de Sanlúcar de Barrameda, donde la expedición tuvo que permanecer un mes en espera de vientos favorables. Este intervalo fue aprovechado por Magallanes para ir a Portugal y realizar testamento.

Finalmente, el 20 de septiembre de 1519, los cinco barcos zarparon de Sanlúcar rumbo a las Canarias. Magallanes capitaneaba la *Trinidad*, Juan de Cartagena viajaba al frente del *San Antonio*, Gaspar de Quesada era el capitán de la *Concepción*, Luis de Mendoza, de la *Victoria*, y Juan Serrano, del *Santiago*.

El viaje a Canarias no planteó dificultades. Saldrían de las islas a principios de octubre de 1519. Magallanes mandó avanzar hacia el suroeste sin hacer junta de capitanes y pilotos, un autoritarismo que causó no pocas tensiones. En diciembre, las embarcaciones llegaron a la bahía de Guanabara, luego alcanzarían el Río de la Plata y descenderían por la costa patagónica, arribando en marzo de 1520 al puerto de San Julián, donde Magallanes decidió que la expedición se detuviera a invernar. Allí estalló un motín contra él, en el que tomaron parte más de 40 hombres, entre ellos Elcano, pero el portugués no se lo pensó dos veces para controlar la situación: ordenó dejar en tierra a los rebeldes Juan de Cartagena y al clérigo Pedro Sánchez, y condenó a muerte a Quesada.

Magallanes decidió también enviar desde San Julián el navío *Santiago* hacia el sur y, tras su naufragio, los cuatro barcos restantes prosiguieron la exploración. El 21 de octubre divisaron el cabo de las Once Mil Vírgenes y Magallanes mandó en descubierta dos naves (*Concepción* y *San Antonio*). El piloto de esta última, Esteban Gómez, decidió desertar y regresar a España al comprobar que existía paso interoceánico.

Las tres naves restantes cruzaron el estrecho (que en la actualidad se denomina de Magallanes), salieron a la mar del Sur el 27 de noviembre de 1520 y se encontraron el tranquilo océano, por lo que le pusieron, como ya hemos comentado, el nombre de Pacífico.

La flota subió por la costa chilena, puso rumbo noroeste y, al alcanzar los 32°, cambió a oeste-noroeste. Fueron cuatro meses de terrible navegación, en los que la sed y el hambre causaron estragos. Las ratas empezaron a ser consideradas manjares, los piojos ahogaban a los marineros y una nueva enfermedad contraída por la carencia de vitamina C, el escorbuto, mermaba sus fuerzas. En su diario, el veneliano Antonio Pigafetta da buena cuenta de ese mal que multiplicaba el tamaño de las encías hasta cubrir los dientes y enloquecía a quienes lo padecían hasta tal punto que no dudaban en rajarse la carne bucal con un cuchillo para poner freno al ardor que los devoraba.

En marzo de 1521 llegaron a las islas de los Ladrones, bautizadas más tarde por los jesuitas como Marianas, y allí cogieron agua, leña y alimentos frescos. A continuación, encontrarían otro archipiélago al que dieron el nombre de San Lázaro y más tarde se conocería como Filipinas en honor a Felipe II.

Magallanes recorrió el archipiélago con la finalidad de establecer una política de alianzas con los jefes indígenas. La primera isla que divisaron fue Sámar y, el 28 de marzo de 1521, Jueves Santo, llegaron a Limasawa, donde apreciaron que los nativos estaban totalmente tatuados, de ahí la denominación de «islas de los Pintados». En Limasawa tuvo lugar, el Domingo de Resurrección la primera misa celebrada en tierra filipina.

El 7 de abril las tres naves llegaron a Cebú, donde se hallaba el puerto más importante de las Visayas, y el 14 de dicho mes se celebró la ceremonia de bautismo del reyezuelo Humabon, al que pusieron el nombre de Carlos, en recuerdo del emperador. A su vez, la esposa de Humabon fue bautizada como Juana, por la reina madre. Unos días después, Magallanes mostró a Juana la pequeña imagen del Santo Niño con un globo en la mano. Actualmente, el Santo Niño de Cebú es venerado con fervor en Filipinas, celebrándose cada tercer domingo de enero el Sinulog, un festival religioso y cultural, con procesiones y bailes que conmemoran la aceptación del catolicismo por el pueblo en el siglo XVI.

Muy cerca de allí está la isla de Mactán, donde Magallanes perdió la vida en una guerra local entre el reyezuelo de Cebú, el mentado Carlos, y el de Mactán, Lapulalu, el 27 de abril de 1521. Tres días después continuó la matanza de 29 españoles, entre ellos sucumbieron los capitanes Duarte de Barbosa y Juan Serrano, quienes fueron engañados por los indígenas de Cebú, que los habían invitado a un banquete.

Los dos barcos arribaron a Tidore (una de las Molucas) el 7 de noviembre de 1521, pisando por fin los tripulantes las anheladas islas de la Especiería. En la junta de capitanes celebrada antes de emprender el regreso, se decidió que la *Victoria*, mandada por Elcano, trataría de llegar a España completando la vuelta al mundo, y evitaría tocar las tierras portuguesas, mientras que la *Trinidad* retornaría a América.

En diciembre zarparon ambas naves, aunque la *Trinidad* se vería obligada, al no encontrar vientos favorables, a regresar a las Molucas, donde fue apresada por los lusitanos. Por su parte, Elcano condujo la *Victoria* por el paralelo 42 y recaló en Cabo Verde, lugar en el que fueron hechos prisioneros algunos grumetes. El 8 de septiembre de 1522, fiesta de Santa María de la Victoria, la nao que llevaba su nombre llegó a Sevilla con los supervivientes. Atrás quedaban los más de 72 000 kilómetros recorridos y, sobre todo, la proeza de haber circunvalado el globo.

Las figuras de Magallanes y Elcano, enfrentadas con frecuencia, dado el escaso entendimiento que hubo entre ellos, fueron absolutamente complementarias y necesarias la una para la otra. Si el primero ideó la quimera, el segundo la consumó. Con su gesta, habían dado la primera vuelta al mundo, demostrando definitivamente que la Tierra era redonda y que su diámetro era mucho mayor al imaginado por Colón.

3. Los métodos de la conquista

Los cronistas españoles presentaron la exploración de América como un proceso heroico, digno de elogios por su brevedad y logros, sin parangón con las acciones desarrolladas por otras naciones. Nuevamente resulta reveladora la lectura de las memorias, el retorno a las fuentes. Así alababa la empresa Juan Ponce de León, en su *Crónica del Perú*:

> Cuando me dispongo a escribir para la gente de hoy y del futuro acerca de la conquista y descubrimientos hechos aquí en Perú, no puedo más que reflexionar que estoy tratando con uno de los asuntos más grandes de los que uno posiblemente pueda escribir en toda la Creación en cuanto respecta a la historia secular. ¿Dónde antes han visto los hombres las cosas que ellos han visto aquí? Y pensar que Dios ha permitido que algo tan grande permaneciese escondido del mundo por un tiempo tan largo, desconocido a los hombres, y después dejado para ser hallado, descubierto y ganado todo en nuestro tiempo.

Por el contrario, los indígenas, los autores de otras nacionalidades y un número minoritario de españoles dieron una visión diferente de la conquista, denunciando la desmedida explotación de los recursos naturales y la intromisión cultural que acabó con las tradiciones vernáculas. En este sentido, el franciscano Bernardino de Sahagún, padre de la antropología, afirmaría en su *Historia general de las cosas de Nueva España*:

> Esto a la letra ha acontecido a estos indios, con los españoles, pues fueron tan atropellados y destruidos ellos y todas sus cosas, que ninguna apariencia les quedó de lo que eran antes.

3.1. Conquistador por oficio

Lo que está claro es que el consagrarse a la aventura no era una materia a estudiar desde el punto de vista teórico, sino que los sujetos que se enrolaban en la expedición lo aprendían en América sobre la marcha. El objetivo del conquistador era dejar las armas y vivir de las rentas como encomendero, ser como aquel señor que ostentaba el poder en su pueblo. Hay que aclarar que la posición social de la mayor parte de los hombres que se alistaban no era acomodada; procedían por lo general de las regiones más afectadas por la crisis agrícola y ganadera del segundo cuarto del siglo XVI. Curiosamente, antes de 1508 la mayor parte de los europeos que llegaron a las Indias eran andaluces, después buena parte de los conquistadores fueron de Extremadura y, más tarde, también del centro.

El conquistador estaba menos valorado que el descubridor. No encontramos entre los conquistadores a poderosos comerciantes, sino a segundones o tercerones de familias nobles, marinos sin barco, villanos armados o porquerizos como Pizarro. El propio Cortés fue despreciado cuando llegó a la corte (y eso que era hidalgo con hacienda), pues los nobles lo veían como un advenedizo. El emperador envió pronto a Nueva España a sus funcionarios formados en las universidades españolas. El objetivo era sustituirlos, convencido de que serían mejores servidores que los hombres de armas. Otra vez citamos a Pizarro, uno más de ese 75 % que no había tenido oportunidad de aprender a leer y a escribir. Las desavenencias entre los funcionarios y los conquistadores derivarían en un importante problema hacia los años 40 del siglo XVI.

El carácter del conquistador estaba más en consonancia con el mundo medieval que con el moderno: se movía por dogmas y creencias, pecaba de excesiva ingenuidad (muestra de ello es la seducción que le causaban los mitos, por más que carecieran de fundamentación lógica) y adolecía de espíritu crítico. En cuanto a sus vicios, iban sin embargo más en relación con el Renacimiento, donde el hombre empezaba a ser visto como centro del universo, sobresaliendo la codicia.

El buen soldado no era ambicioso sin límite, cuando conseguía una encomienda colgaba la lanza, como hizo Bernal Díaz del Castillo. «Ningún capitán ni soldado pasó a esta Nueva España tres veces arreo, una tras otra, como yo; de manera que soy el más antiguo descubridor y conquistador que ha habido ni hay en la Nueva España» —afirmaría sin pudor—.

No obstante, la mayor parte de los conquistadores del siglo XVI no se veían saciados y eran capaces de cometer verdaderas crueldades para que los enemigos sintieran pánico y se rindieran, a fin de conseguir más posesiones.

El arquetipo de la conquista era el jefe de hueste, llamado «justicia mayor». Debía tener un talante diplomático para poder llevar hasta el frente a su tropa apaciguando los enfrentamientos internos suscitados por la rivalidad y los puntos de vista dispares. El paisanaje con el jefe era un elemento a favor.

Las huestes se formaban en la Península Ibérica, pero, con frecuencia, eran completadas en Canarias y en las Indias. Al atracar en América, se realizaba el «alarde», el ejército se alineaba en la playa, cada uno con su atuendo y sus armas propias, en un cuadro pintoresco, pues no había uniformes. Después se iban introduciendo en el territorio hasta atacar al enemigo. El factor sorpresa era decisivo y se preferían los llanos a las zonas boscosas para que los caballos pudieran correr con soltura. Por último llegaba el esperado reparto del botín.

La conquista castellana de los territorios americanos fue una empresa rápida, gracias a la superioridad militar (flechas, lanzas, pólvora, etc.) y científica (geógrafos, botánicos e ingenieros militares).

A pesar de que algunas civilizaciones habían desarrollado métodos avanzados para el tratamiento y la fundición de metales, este conocimiento fue aplicado para la elaboración de objetos religiosos y artísticos. Solo los quechuas y los purépechas realizaban armas de cobre, pero carecían del filo y de la dureza del hierro y el acero. A su vez, tampoco resultaron suficientes para proteger el cuerpo del indio las armaduras acolchadas. El estruendo de las armas de fuego, sobre todo los arcabuces, causaba pavor y aún más efectivas se mostraron las espadas, los cuchillos y las armaduras. De hecho, cuando los españoles alcanzaban el dominio de un pueblo les prohibían el acceso a las armas de hierro. El caballo fue también muy importante. Este animal fue recibido con gran temor. Algunos pueblos de Norteamérica, la Araucania, la Pampa y la Patagonia se apropiaron del caballo y desarrollaron estrategias de adiestramiento y monta para repeler a los europeos. El uso del perro para derribar al indio también fue frecuente, especialmente con el recurso a los alanos.

Asimismo, aceleraron el proceso las desuniones entre los indígenas y la desorbitada ambición de los conquistadores, a quienes, por otra parte los nativos, siguiendo sus profecías, tomaron por dioses o emisarios de estos. Este ansiado advenimiento hizo más fácil la sumisión. Después, la muerte asoló sus poblados y el ejercicio de las emboscadas fue la única escapatoria para tratar de hacer frente a la superioridad técnica de los europeos.

3.2. Las grandes expediciones

A principios del siglo XVI, todas las islas mayores del Caribe estaban en manos de los españoles y, a partir de allí, se iniciaría un proceso en cadena de afianzamiento en nuevos espacios y puesta en marcha de expediciones hacia tierras vírgenes. Desde La Española tuvo lugar el asalto a tierra firme y, en 1510, Alonso de Ojeda fundó Santa María la Antigua del Darién en la gobernación de Urabá.

Después vendría la conquista de México, luego desde Nueva España se avanzó hacia el sur y se controlaría Guatemala. En 1527 el salmantino Francisco de Montejo inició la conquista de Yucatán, donde moraron los antiguos mayas, y desde Panamá se consumaría la caída de los incas. A su vez, a partir de Perú, el extremeño Pedro de Valdivia saldría hacia Chile y, en 1549, Juan Núñez de Prado conquistaría Tucumán.

De esta manera, durante el reinado de Carlos V se desarrolló la ardua fase de la conquista. Y cabe señalar que la situación que los conquistadores hallaron al otro lado del Atlántico, con enfrentamientos diarios entre las facciones nativas, distaba de ser una balsa de aceite. A su vez, tampoco las huestes castellanas, con sus rivalidades por la comandancia, fueron siempre ejemplo de compañerismo. No obstante, en 1573, con el escudo de los Habsburgo enseñoreándose por el territorio, por un decreto de Felipe II el término de «conquista» sería reemplazado por el de «pacificación».

3.2.1. *De Tenochtitlán a Nueva España*

La primera gran expedición a tierra firme estuvo al mando de Hernán Cortés. Este hidalgo extremeño (curiosamente primo segundo de Francisco Pizarro, el conquistador de los incas) se había curtido en las Indias antes de llegar a Tenochtitlán. Tras estudiar dos años en Salamanca, movido por su sed de aventuras pasó a América, a la isla de La Española, donde llegó a ser escribano de la ciudad de Azúa.

En 1511 acompañó a Diego de Velázquez a Cuba, fue el primer alcalde de Santiago de Cuba y resultó encarcelado, acusado de conspirar contra el gobernador citado. Una vez liberado, se casó con la cuñada de este, de nombre Catalina Suárez Marcaida, y fue nombrado jefe de la expedición que se estaba formando para seguir con los descubrimientos en la costa de Yucatán.

Debido a su gran elocuencia y a sus dotes de persuasión y sugestión, Cortés reunió a más de 600 hombres. La armada de Cortés partió del puerto de Santiago de Cuba el 18 de noviembre de 1518. Como iba escasa de bastimentos, tuvo que aprovisionarse en la isla de Trinidad. Finalmente, el 10 de febrero de 1519, la flota abandonó las costas de Cuba en 11 naves, con 518 infantes, 16 jinetes, 13 escopeteros, 32 ballesteros, 110 marineros y unos 200 indios y negros como auxiliares de la tropa. Llevaban 32 caballos, 10 cañones de bronce y 4 falconetes. Muchos de los capitanes eran veteranos de la guerra de Italia.

El primer contacto con los nativos lo tuvieron en Cozumel, donde vieron a los indios ofreciendo sacrificios a sus ídolos y arrancando el corazón a esclavos o a prisioneros vivos. Destrozaron esos falsos dioses y pusieron en su lugar cruces e imágenes de la Virgen María. También encontraron a dos paisanos a los que aludiremos en breve: el religioso hispalense Jerónimo de Aguilar, que había sido secuestrado y había aprendido la lengua maya, y Gonzalo Guerrero, que no quiso regresar ya que se había convertido y adaptado a las costumbres de los antiguos mayas. Tenía esposa y tres hijos, los primeros «mexicanos».

En la desembocadura del río Tabasco unos nativos hostiles los atacaron, pero los españoles vencieron gracias a sus armas de fuego. Los caciques hicieron ofrenda de víveres, joyas, tejidos y un grupo de 20 esclavas, que luego fueron bautizadas. Entre estas siervas estaba Malintzin, hija del cacique de Painala, entregada en su niñez como tributo a su homónimo de

Tabasco que, a su vez, se la dio a Cortés. Los españoles la llamaron la Malinche o Marina y su contribución sería decisiva en la conquista de México. A Cortés le daría un hijo, Martín, primogénito, pero ilegítimo.

Díaz del Castillo encomió repetidamente su compromiso con los conquistadores y su valor en la batalla. Recordó también la alegría de los hispanos cuando supieron que Marina había sobrevivido a la Noche Triste y, una vez tomada Tenochtitlán, ella se reencontró con su madre y su medio hermano, cuando estos ya habían sido convertidos al cristianismo y utilizaban los nombres de Marta y Lázaro. Su gran inteligencia y el dominio de los idiomas maya y náhuatl, unido a su profundo conocimiento de las costumbres de los pueblos indígenas, hacen de doña Marina una de las mujeres más extraordinarias del siglo XVI.

La primera fundación de Cortés fue Veracruz, en julio de 1519, y, desde allí, se internó en el continente, llegando a la capital, Tenochtitlán el 8 de noviembre sin dar crédito a lo que veía: grandes templos y palacios rodeados de flores. Las reuniones entre ambos jefes, Cortés y Motecuhzoma, se sucedieron, intentando el extremeño que se bautizara y se pusiera bajo las órdenes del rey Carlos V, pero con buenas palabras declinó el ofrecimiento. Poco después, Cortés hizo rehén a Motecuhzoma y capturó el botín de su palacio (unos 600 000 pesos).

Hernán Cortés intentó apaciguar a los aztecas utilizando como reclamo a Motecuhzoma, pero este fue asesinado de una pedrada y resultó elegido *huey tlatoani* —gobernador—, Cuitláhuac, que encabezó aguerridamente el ataque. Cortés decidió evacuar la ciudad la noche del 30 de junio. Fue esa la «Noche Triste». Fallecieron 800 españoles y 5000 indios aliados. Pero Cortés logró rehacer sus tropas y vencer, al poco, el 7 de julio de 1520, en la batalla de Otumba. La contraofensiva concluyó el 13 de agosto, cuando fue capturado Cuaúhtemoc, el sucesor de Cuitláhuac. De inmediato se inició la reconstrucción de la hermosa urbe de Tenochtitlán, que pasó a ser la capital del virreinato de Nueva España. Varias expediciones, hacia la península del Yucatán, Guatemala y Honduras afianzaron el dominio en la Nueva España.

3.2.2. La conquista de Perú

La primera vez que los españoles llegaron a territorio incaico fue durante el segundo viaje de Pizarro en 1527. Atravesaron gran parte de la costa norte y, luego, decidieron regresar a Panamá. Después de este suceso Pizarro viajó a España. Los tres socios de la conquista, Francisco Pizarro, Diego de Almagro y Hernando de Luque, se dirigieron a Toledo, donde consiguieron la firma de capitulación el 26 de julio de 1529. Pizarro recibió los títulos de gobernador, capitán general, adelantado y alguacil mayor del Perú.

Con autorización oficial de la corona española partieron de Panamá a Perú en enero de 1531, llevando 180 hombres y 39 caballos. El 15 de agosto de 1532, el extremeño fundó la primera ciudad española en Perú: San Miguel de Tangarará. Posteriormente marchó rumbo a Cajamarca, donde sabía se encontraba Atahualpa. Llegó el 15 de noviembre de 1532 y la expedición aprovechó los enfrentamientos entre los nativos para imponerse.

En Cajamarca, se pactó una entrevista con el Inca para la mañana siguiente. Después de esta, Atahualpa fue capturado y miles de indios asesinados. Atahualpa había acudido con un ejército desarmado menospreciando el poderío bélico de los españoles, que, ayudados por grupos enemigos del Inca, lograron asestar un duro golpe a las fuerzas nativas. La batalla de Cajamarca fue uno de los episodios más sangrientos de la conquista.

Atahualpa permaneció prisionero casi nueve meses. Había ofrecido llenar dos cuartos de plata y uno de oro a cambio de su libertad, pero fue asesinado el 26 de julio de 1533. Inicialmente fue condenado a la hoguera, pero, al haber aceptado el bautismo, la pena se le cambió por la de garrote. Los españoles se repartieron un cuantioso botín, correspondiendo a la corona española la quinta parte (quinto real).

En agosto de 1533 Pizarro partió rumbo a Cuzco, la capital del imperio. En la ruta, en el pueblo de Jaquijahuana, apareció a su encuentro Manco Inca Yupanqui, hijo de Huayna Cápac (antepenúltimo Inca), que reclamó los derechos de sucesión. Para apaciguar la situación Pizarro lo proclamó Inca y, en noviembre, los españoles llegaron con él a Cuzco. El pueblo los recibió con algarabía, considerando a Pizarro como el dios Viracocha, «hacedor del mundo».

Poco después, creó la ciudad de Jauja como capital de su gobernación. Tras conocer las verdaderas intenciones de los españoles en Perú, Manco Inca les perdió la simpatía y organizó una sublevación que terminó con el cerco de Cuzco el 3 de mayo de 1536. La pendencia se decidió a favor de los españoles, aunque las tensiones entre los conquistadores originaron una serie de luchas civiles en las que murieron ambos: Almagro, ejecutado por Pizarro en la plaza mayor de Cuzco el 8 de julio de 1538, y su rival, muerto a manos de los almagristas, reagrupados en torno a su hijo Almagro el Mozo, en Lima, el 26 de junio de 1541. El tercero de los socios, el sacerdote Hernando de Luque, nombrado obispo de Túmbez y protector general de los indios, había fallecido en 1532. Entre conspiraciones y desarraigos, vicuñas y llamas, había expirado la triarquía.

3.2.3. Naufragios, araucanos y mayas «bonicos»

Junto con la caída de los dos grandes imperios, el azteca y el inca, hay que señalar otras expediciones desarrolladas desde el norte hasta el sur en todo el continente. Como hemos expuesto, los mayas, en tanto que federación, se habían desintegrado antes de la llegada de los españoles, si bien pervivían grupos de dicha raigambre. Con el epílogo de los mayas se encontró Gonzalo Guerrero, onubense de Palos de la Frontera que había sido soldado de Granada y arcabucero del Gran Capitán en Italia, antes de experimentar una aculturación inversa y ser vituperado en tanto que «renegado», o aclamado como «padre del mestizaje».

La aclimatación al medio debió de ser vertiginosa, según confesaba Gonzalo a fray Jerónimo de Aguilar, quien había sido apresado por los mayas entre 1511 y 1519, cuando fue rescatado por Hernán Cortés, a quien sirvió de intérprete. Lo contó el cronista Bernal Díaz del Castillo:

> La cara tengo labrada y horadadas las orejas, ¿que dirán de mi esos españoles, si me ven ir de este modo? Idos vos con Dios, que ya veis que estos mis hijitos son bonitos, y dadme por vida vuestra de esas cuentas verdes que traéis, para darles, y diré, que mis hermanos me las envían de mi tierra.

Después de que Gonzalo Guerrero, como premio del cacique que iba a ser su suegro, desposara a una princesa de Yucatán, Cortés pidió que retomara la empresa, a lo que aquel repuso: «yo me quedo con mis mayas, cuán bonicos son». Entre cataratas infinitas, ruinas milenarias y verdes tapices de selva, no es de extrañar que a Gonzalo Guerrero los últimos mayas le resultaran entrañables.

También en la primera mitad del siglo XVI Álvar Núñez Cabeza de Vaca exploró Florida, Texas y California. Fue el primer europeo que describió las cataratas del Iguazú y que surcó el río Paraguay. En *Naufragios* (obra publicada en Zamora en 1542 y en Valladolid en 1555) recogió las primeras observaciones etnográficas sobre las poblaciones indígenas del golfo de México, de hecho es considerada la primera narración histórica sobre los territorios que hoy corresponden a Estados Unidos. Como veremos, en ella plasmó sus vivencias, atravesando a pie el suroeste de Estados Unidos y el norte de México.

Más al sur, Valdivia conquistó Chile. La primera expedición al territorio estuvo a cargo de Diego de Almagro, pero desistió del intento al comprobar la inexistencia de oro, lo cual echaba por tierra el anuncio de riqueza relatado por la leyenda del rey Blanco.

Con la autorización de Pizarro, partió Pedro de Valdivia, quien, tras obtener recursos financieros, inició una fructífera campaña, fundando la ciudad de Santiago en el valle del río Mapocho, en febrero de 1541. Allí se estableció el primer cabildo, a semejanza de la organización española. Esta entidad le otorgó a Valdivia el título de gobernador y capitán general, en junio de dicho año. Tres meses después, el cacique Michimalongo atacó e incendió la población. Por sorpresa, los españoles se habían encontrado con los mapuches o araucanos. Se iniciaría una cruenta lucha que duraría veinte años y Valdivia perdería la vida en la batalla de Tucapel en 1553.

Cuando Valdivia desaparece del plano, el virrey de Perú, Andrés Hurtado de Mendoza, a la sazón marqués de Cañete, designó gobernador de Chile a su hijo García. Asimismo, al fallecer su padre, García partió a Perú, siendo reemplazado por Francisco de Villagra. Hay que indicar que este último llevó en su embarcación la viruela a Chile, provocando la muerte de españoles y nativos a partes casi iguales.

Tras varias victorias, los araucanos fueron derrotados por Francisco de Villagra. En el amanecer del 30 de abril de 1557, el conquistador vallisoletano, más su primo Juan de Villagra y Diego de Altamirano prepararon a 57 jinetes, 5 arcabuceros y 400 yanaconas (auxiliares), una fuerza relativamente pequeña si se compara con los 800 efectivos con que contaba el líder mapuche Lautaro. Villagra ya había organizado la forma de ataque cuando una trompeta impaciente tocó la señal. Comenzaba la batalla de Mataquito. De inmediato, los mapuches empuñaron sus armas y, al grito de «¡Santiago y cierra España, adelante!», lo hicieron también los hombres de Villagra. Las huestes lautarinas quedaron totalmente sorprendidas y, presas del desconcierto, acabaron por huir.

Hastiados por las traiciones de Lautaro, muchos de sus aliados habían tornado en espías indígenas. Con tal información, las tropas se dirigieron resueltamente a la ruca (casa) que albergaba a Lautaro, quien estaba en compañía de su mujer Guacol. Lautaro salió con la espada del difunto Valdivia en la mano y fue atravesado en la misma puerta de un lanzazo mientras que los suyos eran masacrados. El cabecilla araucano había muerto, pero lo que representaba su persona sería invocado en los procesos de independencia y en las logias masónicas.

3.2.4. Legazpi

A mediados del XVI el comercio en América estaba regulado por el Tratado de Tordesillas y, aunque en 1529, el Tratado de Zaragoza, firmado entre España y Portugal, delimitó exactamente las zonas de influencia en Asia, el antemeridiano era un territorio casi virgen. Felipe II anhelaba asentar la posición española en el Pacífico encontrando una ruta fiable de vuelta y contando con una base permanente en la zona.

Andrés de Urdaneta, fraile, cosmógrafo y avezado piloto, recibió el encargo de buscar esta senda náutica y, para dirigir la expedición militar, pensó en su amigo Legazpi, hombre de conocimientos diplomáticos y autoridad para el mando, pues había sido alcalde mayor de la ciudad de México. En aquel momento Legazpi tenía 60 años, pero acababa de quedarse viudo y dejaba a su prole criada. Para financiar el viaje, el vasco vendió todos sus bienes excepto la mansión que poseía en México y, el 29 de noviembre, partió con una pequeña flota del puerto de Jalisco.

La personalidad de Legazpi marcó el cariz de la conquista de Filipinas. Fue la menos sangrienta, porque evitó el enfrentamiento inútil, al optar siempre que era posible por la negociación. Durante siete años consiguió rendir el archipiélago, convenciendo más que conquistando, y sirviéndose de la hostilidad que los filipinos sentían hacia los portugueses.

Mientras Legazpi remataba el trabajo, su nieto, Felipe de Salcedo, hallaba junto a Urdaneta la ruta que conectaba el archipiélago con México. Gracias a esta vereda, Legazpi pudo recibir refuerzos y culminar su conquista, pero no mediante una victoria militar, sino nuevamente a través del acuerdo con los tres jefes de la estratégica isla de Luzón. De este pacto obtuvo Legazpi el solar en el que fundaría Manila el 24 de junio de 1571.

Filipinas permanecería bajo dominio español hasta 1898, y el galeón de Manila, también con la denominación de nao de China, conectaría Acapulco con el resto del orbe. Ocho mil millas y 120 viajes que facilitaron una transferencia cultural sin precedentes. Mucho después de que Felipe II declinara el plan de invasión de China propuesto por el jesuita Alonso Sánchez, el rey Carlos III enviaría a un embajador al Extremo Oriente para comprar unas obras de arte local llamadas *chinoiseries* que causaban furor en las cortes europeas. Enterado el emperador manchú del interés de tan ilustre solicitante, le regaló su vestuario entero.

Y de aquella etapa llega hasta el presente el ornato de los mantones. Como Pérez Galdós recordara en *Fortunata y Jacinta*, a los chinos «deben las españolas el hermosísimo y característico chal que tanto favorece su belleza, el mantón de Manila, al mismo tiempo señoril y popular, pues lo han llevado en sus hombros la gran señora y la gitana».

4. La sociedad colonial

Los territorios conquistados fueron incorporados a la corona de Castilla. Igual que ocurrió en la Península Ibérica en tiempos de la romanización. Inmediatamente tras el dominio militar se introdujeron en los nuevos espacios la lengua, la cultura, la religión y las leyes de los vencedores. Pronto llegaron los funcionarios reales y los clérigos encargados de organizar las diócesis. El poder político y económico se encontraba en manos de los españoles, de manera que las Indias fueron gobernadas desde la metrópoli mediante dos instituciones: el Consejo de Indias y la Casa de Contratación.

4.1. Consejos y virreinatos

El Real y Supremo Consejo de Indias, conocido simplemente como Consejo de Indias, fue el órgano más importante de la administración, ya que asesoraba al rey en materia legislativa, ejecutiva y judicial. No tenía una sede física fija, sino que se trasladaba de un lugar a otro con el soberano y su corte.

Su creación tuvo lugar por real cédula de 14 de septiembre de 1519 y nació dentro del Consejo de Castilla como una sección especial. El 1 de agosto de 1524 este se organizó con carácter independiente bajo la presidencia del cardenal Loaysa.

El Consejo no tuvo en sus primeros tiempos una residencia fija, generalmente seguía al monarca en sus desplazamientos, pero, cuando en 1561 el rey se radicó definitivamente en Madrid, el Consejo lo hizo también en el viejo alcázar.

Este organismo era la autoridad legislativa y administrativa más alta del imperio americano después del rey. Estaba dividido en tres departamentos: dos dedicados a materias de gobierno y uno a la justicia. Los consejeros eran togados o bien de capa y espada, pero todos hombres distinguidos en el servicio de ultramar. Proponían las personas que debían desempeñar los cargos en América y redactaban las Leyes de Indias. Los acuerdos adoptados sobre cualquier asunto, tras las respectivas deliberaciones, eran elevados al rey en un documento denominado consulta, en el margen del cual el soberano escribía su decisión final. Una vez conocida la voluntad real, se redactaba la disposición definitiva para su promulgación y ejecución.

En 1503 se creó la Casa de Contratación de Sevilla con el objetivo de controlar el tráfico comercial y asegurar para la corona la recaudación del quinto real (20 %) de todas las transacciones. Además, era la encargada de controlar las flotas de Indias. Las ordenanzas de 1510 especificaron los libros de registro que había que llevar, regularon la emigración, y se incorporó a la institución el matiz científico al incluirse dentro de la Casa de Contratación al piloto mayor (cargo creado en 1508), responsable de examinar a los navegantes que desearan hacer la carrera y de trazar los mapas, hasta que en 1519 se creara el puesto de cartógrafo. Cabe señalar que, en 1508, fue piloto mayor Américo Vespucio.

Desde la corte de Madrid se hilaban la guerra y la diplomacia del Nuevo Mundo, pero era necesario que alguien representara in situ al monarca. Así surgió la figura del virrey. Se crearon dos virreinatos: el de Nueva España, en 1535, que gobernaba las posesiones en Norteamérica, Centroamérica, el Caribe, Asia y Oceanía, y el de Perú, en 1542, con atribuciones sobre el sur. El primer virrey de Nueva España fue Antonio de Mendoza. El pionero de Perú fue Blasco Núñez Vela, aunque no pudo ejercer la autoridad real debido a los enfrentamientos entre los

Ciudades en Iberoamérica
Ciudades fundadas por España
Península del Labrador
Virreinato de Nueva España
San Francisco
San Juan Pueblo
Santa Fe
Los Ángeles
San Diego
El Paso
San Antonio
Pensacola
San Agustín
Chihuahua
Golfo de México
Zacatecas
La Habana
Guanajuato
Querétaro
México
Mérida
Islas Antillas
Veracruz
Acapulco
Guatemala
Santo Domingo
Capitanía General de Guatemala
Caribe
Caracas
San José
Panamá
Virreinato de Nueva Granada
Islas Galápagos
Bogotá
Quito
Guayaquil
Virreinato de Perú
Trujillo
BRASIL
Lima
Cuzco
Ayacucho
La Paz
Salvador
Bahía
Porto Seguro
Río de Janeiro
Sao Paulo
Asunción
La Serena
OCÉANO PACÍFICO
Córdoba
Valparaíso
Mendoza
Santiago
Buenos Aires
Montevideo
Capitanía General de Chile
Valdivia
OCÉANO ATLÁNTICO
Patagonia
Islas Malvinas
Tierra de Fuego

partidarios de Pizarro y Almagro. Por ello, con la experiencia de mando previa, en 1551 Antonio de Mendoza pasó a ser virrey de Perú y, durante el reinado de Felipe II, el territorio encontró un eficiente conductor en Francisco de Toledo, que logró establecer el marco político-administrativo que regiría las tierras andinas en época colonial.

Asimismo, ambos virreinatos se dividieron en provincias, al frente de las cuales estaban los gobernadores, y se hallaban integradas por ciudades y municipios, regidos por un cabildo (denominado también ayuntamiento o consejo), el cual era el representante legal de la ciudad o villa. Su estructura y composición era semejante a la que tuvieron los cabildos de España, pero sus atribuciones variaron y también su importancia política.

A partir de los primeros años de la conquista constituyeron un eficaz mecanismo de representación de las élites locales frente a la burocracia real. Diversas disposiciones reales pretendieron someterlos a la autoridad de los representantes del monarca, pero la lejanía con la metrópoli obligó a admitirles un alto grado de autarquía, al menos hasta las reformas borbónicas del XVIII.

4.2. Orgullo de mestizo

Aunque la tónica del Antiguo Régimen era la división en estamentos, esto es, grupos estancos en función del nacimiento y no del poder adquisitivo, como luego ocurrirá con las clases, en la sociedad colonial esta distribución estaba matizada por la piel. Había poco más de 18 millones de personas que se hallaba diferenciada en tres grupos: los blancos (españoles y sus descendientes), los indígenas (libres y súbditos de la Corona) y los negros (esclavos traídos desde África).

A finales del siglo XVI, los criollos, descendientes de los colonizadores, eran casi medio millón de personas y los amerindios, 15 millones. Las uniones entre los diferentes grupos dieron lugar a un variado abanico, ampliado, como veremos, en el siglo XVIII.

Sin embargo, a diferencia de lo acontecido en otras naciones, con expulsión de heterodoxos a América o el establecimiento de barreras raciales, Castilla alentó el mestizaje: «mestizo... me lo llamo yo a boca llena», aseveraba orgulloso el Inca Garcilaso. Mientras que la monarquía hispánica preservaba las «buenas costumbres» entre los naturales, el sentido de trascendencia no solo movía a los evangelizadores, sino que, en paralelo a la fundación de ciudades con nombre de venerables —como San Agustín, la primera de los actuales Estados Unidos (1565)—, el exotismo hacía creíbles las fábulas y, de esta manera, las amazonas cabalgaban por El Dorado en pos de la fuente de la eterna juventud sumando nuevos mitos a los grecolatinos

Como decimos, una de las plasmaciones más agudas del sincretismo entre el imaginario español y las concepciones indígenas son los *Comentarios reales* del Inca Garcilaso de la Vega, no en vano él es considerado el primer mestizo de Perú, doble sangre de la que él presumía:

> A los hijos de español y de india, o de indio y española, nos llaman mestizos, por decir que somos mezclados de ambas naciones; fue impuesto por los primeros españoles que tuvieron hijos en Indias; y por ser nombre impuesto por nuestros padres y por su significación, me lo llamo yo a boca llena y me honro con él. Aunque en Indias si a uno de ellos le dicen sois un mestizo, lo toman por menosprecio.

Otra muestra excelsa del mestizaje la conforma el historiador Fernando de Alva Ixtlilxóchitl, descendiente por línea directa de la casa gobernante en el señorío de Texcoco (su abuelo fue el último tlatoani). Fue un distinguido alumno del Colegio de la Santa Cruz de Tlatelolco. Allí lo educaron en náhuatl y en castellano. En 1612 fue nombrado gobernador indígena de Texcoco y, al año siguiente, del pueblo de Tlalmanalco. Los virreyes españoles de Nueva España lo comisionaron para redactar la historia de los pueblos indígenas, por lo que escribió sucesivamente la historia de los toltecas y de los chichimecas.

4.3. La evangelización

La Iglesia indiana dependió del pontífice para los asuntos de fe, y del rey en cuanto a su organización. En 1501 Fernando el Católico logró que el papa otorgara a los monarcas castellanos la administración de los diezmos y, en 1508, el regio patronato, que incluía la potestad para presentar candidatos a las vacantes eclesiásticas. En compensación, facilitarían material y administrarían el trabajo apostólico de los misioneros. Pronto aparecieron los catecismos impresos en lenguas indígenas y se multiplicaron las diócesis y los concilios.

Las primeras expediciones a América fueron acompañadas por clérigos que compartieron las incomodidades de la travesía y las condiciones de vida de los lugares a los que llegaron. En medio de concepciones religiosas animistas y fetichistas, proclamaron las bienaventuranzas y trataron de introducir a los indios en el cristianismo.

Los mercedarios fueron los primeros en cruzar el Atlántico, fue en el segundo viaje de Colón. La Corona de Aragón les había otorgado la prerrogativa de actuar como capellanes en los ejércitos cristianos que lucharan contra los infieles. Esta actividad coincidía con el fin específico de la orden de la Merced: la redención de los cautivos. Su primer convento se instaló en la isla La Española en 1514. Desde allí acompañaron a Cortés y a Pizarro.

Los franciscanos llegaron a las Antillas a partir del año 1500. A medida que avanzaba la conquista militar, organizaron distritos o «provincias», donde se distribuían los misioneros para su acción sacerdotal. Primero se establecieron en 1505 en las Antillas y luego en México y en Perú. Los franciscanos arribaron al Río de la Plata con los primeros Adelantados y se aventuraron a penetrar en territorios aún no visitados por los españoles. Los más destacados fueron fray Alonso de San Buenaventura y fray Luis Bolaños, llegados con la expedición de Juan Ortiz de Zárate. Conformaron la orden religiosa más numerosa de las que pasó a América.

«A la Mayor Gloria de Dios», los jesuitas arribaron a Brasil ya en el generalato de Ignacio de Loyola. En el gobierno de san Francisco de Borja ingresaron en Florida, Perú y México y, en el de Claudio Acquaviva, pasaron a Canadá, Nueva Granada, etc.

Los dominicos llegaron a las islas a partir de 1510. Fueron enviados por Carlos I a México junto con los franciscanos. Más tarde se dirigieron al Perú, donde se destacaron en la predicación del Evangelio. Los agustinos se instalaron, desde 1535, en México, y durante el gobierno del virrey Antonio de Mendoza en Perú. Los jerónimos llegaron al Nuevo Mundo gracias a la iniciativa del cardenal Cisneros como comisarios regios, orientados a aplicar la reforma indiana.

Todos estos sacerdotes y frailes procuraron conocer mejor las lenguas y las costumbres de los indígenas para poder enseñarles en su propio idioma. Fueron los primeros defensores de los indios frente a los abusos y a la explotación que de ellos hacían los conquistadores, pues reclamaron con insistencia a la corona que tomara medidas y reprimiera los excesos.

Consciente del nuevo terreno que se abría a la evangelización, el papa Pío V creó una comisión cardenalicia especializada en estos asuntos y erigió seminarios para las misiones en 1588, mas en 1622, el año de la canonización de san Isidro, san Ignacio de Loyola, san Francisco Javier, santa Teresa de Jesús y san Felipe Neri, Gregorio XV estableció un «ministerio de las misiones», la congregación *De Propaganda Fide*.

4.4. La cultura académica y libresca

La primera obra que vio la luz en las planchas de América fue *Escala espiritual para llamar al cielo*, de san Juan Clímaco, editada en México por el impresor Esteban Martín. En 1539 el virrey Antonio de Mendoza propició el establecimiento de Juan Pablos, que fue el encargado de llevar desde España a la capital mexicana la imprenta con licencia otorgada por Johan Cromberger, impresor alemán afincado en Sevilla.

En 1581 se introduciría la imprenta en Perú, concretamente en el colegio jesuita de Lima. El primer libro que salió de ella fue *Doctrina y catecismo para la instrucción de los indios y de las demás personas que han de ser enseñadas en nuestra Santa Fe*. Para fomentar la entrada en las Indias de libros (siempre que no fueran perniciosos en relación a las buenas costumbres), la corona eximió a estos de los impuestos de alcabala y almojarifazgo. Algunas imprentas hispalenses se especializaron en editar obras que se demandaban altamente en Hispanoamérica, como novelas de caballería, catecismos, romances, etc.

Los misioneros fueron los maestros de la españolización. La educación popular comenzó con la evangelización de los aborígenes, empresa complicada, en primer lugar, por el idioma. Esta dificultad fue salvada mediante lienzos pintados con las escenas de la Biblia que los intérpretes explicaban en lengua materna.

Pronto se organizaron colegios para impulsar la formación. Los primeros se crearon en los conventos de las órdenes regulares para recibir a los indios y mestizos. En 1513 surgió el de Santo Domingo, anexo al convento de San Francisco. A mediados de siglo, los franciscanos ya tenían 200 en México y los dominicos 60 en Perú. Sobresale el Colegio de Santa Cruz, en Tlatelolco, abierto a iniciativa de fray Juan de Zumárraga para educar a los hijos de los caciques. También se prestó atención a la formación de las niñas, de ellas se hicieron responsables las religiosas en centros como el de Yanquillán (Santo Domingo, 1540) y el de María Jesús (México, 1578).

La fundación de universidades en el Nuevo Mundo ocurrió de forma temprana, en palabras del cronista Vázquez cuando «aún olía a pólvora y todavía se trataba de limpiar las armas y herrar los caballos». Al igual que los colegios mayores (antesala de la formación específica), las universidades estaban reservadas a los criollos. En 1551 se crearon la de México y la de Lima, que tutelaban los estudios superiores realizados en ambos virreinatos. Tuvieron el carácter de universidades mayores, reales y pontificias.

Al amparo de las órdenes religiosas surgieron en el XVI la Universidad de Santo Domingo, la Imperial de La Plata y muchas más en la centuria siguiente, como la de san Antonio de Cuzco y la de san Francisco Javier de Chuquisaca. Durante toda la época colonial llegó a haber 32 universidades en las Indias: la primera fue la de Santo Tomás de Aquino en La Española (1538) y la última, la de León de Nicaragua (nacida por decreto de las Cortes de Cádiz el 10 de enero de 1812).

Salamanca y Alcalá inspiraron las instituciones de alta cultura en el Nuevo Mundo: una era el modelo de la universidad al servicio del imperio; la otra, el estereotipo del convento-escuela. Al principio tenían solo facultades mayores de Teología y menores, de Artes o Filosofía, pero luego se añadieron las de Cánones, Leyes o Derecho Civil y Medicina. La universidad otorgaba los grados de bachiller, licenciado, doctor o maestro en todas las facultades. El latín constituía el idioma académico obligatorio, si bien existía una cátedra de lenguas indígenas, la cual adquirió cierta importancia cuando, en 1579, el virrey Toledo dispuso que no fuera ordenado ningún eclesiástico que no dominara un habla aborigen.

5. Mitos y espejismos: «plantad Inquisición en esta tierra»

Muchos españoles llegaron a América seducidos por El Dorado, universo con calles áureas, donde el preciado metal era algo tan común que apenas llamaba la atención de los aborígenes. Parece una entelequia, pero, tras la emancipación de las colonias, en el siglo XIX, la misión alemana que estudió la construcción de un ferrocarril interoceánico en el istmo de Panamá concluyó dando luz verde al proyecto si los rieles en vez de

Universidades fundadas en la América hispana

- Real y Pontificia Universidad de Santo Tomás de Aquino, Santo Domingo, República Dominicana, por bula del 28 de octubre de 1538.
- Real y Pontificia Universidad de San Marcos, Lima, Perú, por Real Provisión del 12 de mayo de 1551 y ratificada por bula del 25 de julio de 1571.
- Real y Pontificia Universidad de México, creada por Real Cédula de 21 de septiembre de 1551 y ratificada por bula del 7 de octubre de 1595.
- Real Universidad de La Plata (de Charcas o de Chuquisaca), Sucre, Bolivia, por Real Cédula del 11 de julio de 1552. No llegó a instalarse.
- Real y Pontificia Universidad de Santiago de la Paz y de Gorjón, Santo Domingo, República Dominicana, por Real Cédula del 23 de febrero de 1558.
- Pontificia Universidad de Santo Tomás de Aquino, Bogotá, Colombia, por bula de 1580.
- Universidad de San Fulgencio, Quito, Ecuador, 1586.
- Pontificia Universidad de San Ildefonso, Lima, Perú, por bula del 13 de octubre de 1608.
- Pontificia Universidad de Córdoba, Argentina, 1613.
- Pontificia Universidad de Santo Tomás de Aquino, Santiago, Chile, por bula papal de 1619.
- Real y Pontificia Universidad de Mérida, Yucatán, México.
- Pontificia Universidad de San Ignacio de Loyola, Cuzco, Perú, 1621.
- Universidad de San Miguel, Chile, por bula de 1621.
- Pontificia Universidad de San Francisco Javier, Bogotá, Colombia, por breve del 9 de julio de 1621.
- Universidad de San Gregorio Magno, Quito, Ecuador, 1622.
- Real y Pontificia Universidad de San Francisco Xavier, Sucre, Bolivia. Fundada el 27 de marzo de 1624.
- Colegio Mayor de Nuestra Señora del Rosario, Bogotá, Colombia, hoy Universidad del Rosario, fundada en 1653.
- Real Universidad de San Carlos Borromeo, Guatemala, por Real Cédula del 31 de enero de 1676.
- Universidad de San Cristóbal, Huamanga (Ayacucho), Perú, 1677.
- Real Universidad de San Antonio Abad, Cuzco, Perú, por breve del 1º de marzo de 1692.
- Real Universidad de Santa Rosa de Lima, Caracas, Venezuela, por Real Cédula del 22 de diciembre de 1721.
- Universidad Pencopolitana, Concepción (Chile), en 1724.
- Real y Pontificia Universidad de San Jerónimo, La Habana, Cuba, el 5 de enero de 1728.
- Real Universidad de San Felipe, Santiago, Chile, en 1738.
- Universidad de Los Andes, en Venezuela, 29 de marzo de 1785.
- Real Universidad de Santo Tomás de Aquino, Quito, Ecuador, 1786.
- Universidad de Guadalajara, en México, 1792.
- San Francisco en la Villa de la Candelaria, Medellín, Colombia, creada en 1801 por Real Cédula del 9 de febrero del mismo año.

hierro, escaso en la región, se hacían de oro. ¿Qué pasó con las once mil mulas cargadas con cien libras de oro cada una, las cuales salieron de Cuzco para pagar el rescate de Atahualpa?, ¿y con los gigantes que Magallanes, Elcano y Pigafetta vieron en la Patagonia?.

Es un hecho constatado el que, durante el dominio colonial, en las mollejas de las gallinas criadas en tierras de aluvión se encontraban pepitas de oro. Lo que quizás no intuyeron los indígenas que al final de nuestro Medievo, divisaron las carabelas era que esos hombres barbados, emisarios de los dioses, trasplantarían toda su organización política y social al otro lado del Atlántico, incluido el control de las conciencias mediante la instalación de los tribunales del Santo Oficio en Lima y México, en 1569, y de Cartagena de Indias, en 1610.

Al percibir la destrucción de su mundo, los poetas de las altas culturas dieron forma a los quejidos, vislumbrando ya la soledad como una presencia irrenunciable en América:

En los caminos yacen dados rotos,
los cabellos están esparcidos.
Destechadas están las casas,
enrojecidos tienen sus muros.
Gusanos pululan por calles y plazas,
y en las paredes están salpicados los sesos.
Rojas están las aguas, están como teñidas,
y cuando las bebimos,
es como si bebiéramos agua de salitre.
Golpeábamos, en tanto los muros de adobe,
y era nuestra herencia una red de agujeros.
Con los escudos fue su resguardo,
pero ni con escudos puede ser sostenida su soledad.

Sin embargo, el padre De las Casas, el apóstol de los indios (mucho menos preocupado de los negros), pidió con prisa a Felipe II la instalación del tribunal en América:

> Si podéis revocar bulas y examinar juicios eclesiásticos en segunda instancia ¿por qué flaqueáis? Plantad Inquisición en esta tierra. Son tantos desacatos contra Nuestro Señor, que no son dignos de mentar, ni describir a V.M. Oídnos: con el temor al Santo Oficio habría enmienda; si tarda, ya no habrá qué enmendar.

Desde su llegada a América los españoles sospecharon del otro y se amedrentaron ante la posibilidad de que el conocimiento del medio natural que atesoraban los nativos les diera pie para materializar el rencor en venenos e invocaciones siniestras. Antes de la llegada de Colón, existió un amplio catálogo de hechiceros, desde el hombre-búho, que actuaba de noche, el sahumador luminoso, el cual espantaba a los enemigos echando humo por la boca, y el brujo gemelo, que en las comunidades nahuas es el que, ante un disgusto, provoca una dolencia de huesos llamada casihuistle, siendo además el único habilitado para curarla. A ellos se sumarían las creencias animistas de los esclavos negros trasladados de África.

Los cronistas del Perú pintaron a Francisco de Carvajal, el lugarteniente de Gonzalo Pizarro, como un viejo sanguinario delante del cual los españoles se santiguaban de miedo. Fue tan mal cristiano que, incluso en el trance de la muerte, dio prueba de dureza extremada falleciendo más como gentil que como bautizado.

Cuando en 1553 se sublevó, en Perú, Francisco Fernández Girón se rodeó de personas que tenían fama pública de hechiceros, destacando un tal Valladares, estimado intérprete de las señales de los hombres y de los caballos; otro llamado Becerra, que resolvía las dudas con dos varillas; el vizcaíno Horquixo, quien llevaba una rueda pitagórica de papel; el clérigo Gonzalo Vázquez, con fama de nigromántico, y la morisca Lucía de Herrera, capaz de explicar los sueños.

Entre los personajes secundarios de la conquista está también Juan Millán, apodado el Astrólogo, quien andaba en Santiago de Cuba en torno a Diego Velázquez y los enemigos de Hernán Cortés.

Durante la colonia, se fusionaron las prácticas prehispánicas y el acervo europeo, de manera que se invocaba en la misma hora a santos y a demonios, al Inca y a Mama Colla…, recurriendo a elementos zoológicos, botánicos y minerales, brebajes y muñecos. A partir de la llegada de los tribunales inquisitoriales, los indios, los negros, los mestizos y los mulatos tuvieron que cohibirse en sus hechicerías para no ser recluidos en los calabozos.

Mientras que en España los inquisidores se centraron más en otro tipo de causas, como las de los cristianos nuevos de judío y musulmán, en Hispanoamérica los 584 procesos por superstición sitúan estos expedientes en el tercer lugar, después de la bigamia y del criptojudaísmo. La mitad de los sucesos mágicos reprendidos acaecieron en el tribunal de Cartagena.

Las incipientes muestras de pintura colonial con escenas religiosas hechas a partir de tintas vegetales y telas rudas combinan, en cuanto a iconografía, los personajes cristianos con elementos autóctonos, apareciendo arcángeles representados como arcabuceros.

Desde la conquista se abrió también paso el romance, que adquirió características autóctonas en América. La épica ensalza los logros, pero expresa también las desavenencias entre los conquistadores, desencuentro instintivo cuyo registro no hay que achacar a la mímesis con los grupos hallados en el viaje. A propósito de la guerra contra los araucanos, García Hurtado de Mendoza encargó a Pedro de Oña *El Arauco domado*, al no estar conforme con la caracterización que, de su semblanza de regidor, hizo Alonso de Ercilla y Zúñiga en el poema épico *La Araucana*.

En la práctica, junto con la edificación de ciudades siguiendo la planta hipodámica, el sincretismo estaba servido en la creación cultural indiana del Siglo de Oro: vencedores y vencidos, menesterosos erigidos en gobernadores y damas orgullosas de su género entre tribus bíblicas y cultos prehispánicos.

Pero es que apenas había amanecido el siglo XVI y ya estaba en marcha una serie narrativa que actuó como acicate o justificación de la conquista. Estos mitos frecuentemente partieron de hechos reales exagerados, cuya memoria provenía de la Antigüedad clásica, aunque, en el Nuevo Mundo, se fusionaron con los cuentos amerindios. El resultado fue la configuración de una toponimia simbólica que los conquistadores, movidos por una curiosidad desmedida, no tardaron en investigar.

El origen de El Dorado, el más famoso de cuantos relatos estimularon la conquista del continente, se remonta al año 1534, en que un indio del territorio que hoy ocupa Colombia reveló a los españoles una de las ceremonias rituales de su cacique, palabras que habrían de abrir como platos los ojos de los soldados.

Con el cuerpo desnudo, cubierto de polvo de oro adherido a la piel mediante una tintura de trementina, el cacique se embarcaba solo en la laguna de Guatavita. Al llegar al punto en que se cruzaban dos cuerdas tendidas perpendicularmente de orilla a orilla, se bañaba, arrojando también al agua, en honor de la divinidad, valiosas ofrendas consistentes en piezas de oro y esmeraldas. Igual homenaje rendían sus súbditos.

Basada en indicios veraces, según se ha podido comprobar al estudiar las costumbres de los chibchas, la leyenda del indio dorado se extendió por el norte de Hispanoamérica, descendió a Perú y, desde allí, pasó algunos años más tarde al Río de la Plata. En este proceso de divulgación, el relato acabó no guardando relación alguna con el cacique y, bajo la expresión de El Dorado, se aludió a las regiones auríferas y diamantíferas de distintos lugares de América, emporio de riquezas incalculables, mas absolutamente imaginarias.

En busca de El Dorado salieron muchas expediciones, tantas que en 1538, y en el plazo de una semana, coincidieron en las ya desoladas zonas de Guatavita las tres que dirigían Belalcázar, Federmann y Jiménez de Quesada, procedentes de Perú, Venezuela y Santa Marta, respectivamente. Por su arbitrariedad en la búsqueda de este lugar se hizo temido Lope de Aguirre: durante 10 meses llegó a asesinar a 72 personas de su expedición que él consideraba que no eran útiles o que no cooperaban en la empresa, y al final mató a su propia hija, Elvira, pues no quería que cayera en manos de los enemigos.

Otro mito de la conquista era el de las Amazonas. Se decía que hembras altas de largos cabellos vivían en ciudades de piedra y eran conocidas como *cuñantesecuima* (las que no tienen marido). Setenta aldeas les pagaban impuestos, por lo que se encargaban de defenderlas. Una vez al año, reunían una gran tropa y atacaban un poblado vecino: secuestraban a los hombres y los retenían hasta quedar todas embarazadas, después, los dejaban en libertad.

Al nacer sus hijos, mataban a los varones y cuidaban con gran esmero de las hembras, a las que enseñaban más tarde el arte de la guerra. Su jefa suprema se llamaba Cororí y poseía grandes riquezas de oro y plata. Dicen que la partida de Orellana topó con ellas y, tras matar a algunas, hubieron de salir corriendo. Ningún otro hombre blanco las vio jamás, ni se encontró más rastro de su existencia que el refrán de «criar fama y echarse a dormir».

En 1536 el capitán Gonzalo Díaz de Pineda bajó por el río Pastaza al Oriente y llamó a esa desconocida región con el poético nombre de «país de la canela», por los numerosos árboles de Ishpingo que en forma silvestre encontraba a su paso. Desde ese año hasta 1551 numerosas expediciones se adentraron en los bosques y en las selvas, atraídas por el alto precio que la canela tenía en Europa, hasta el punto de que solo podía ser degustada por reyes y potentados. En 1551 se erigió el gobierno de los países de la canela, dependiendo de Quito con el nombre de Tenencia de Quijos. No obstante, la explotación de esta especia en Europa no llegó a prosperar debido al desconocimiento del cultivo.

Otra de las historias maravillosas de las Indias que creyeron los españoles fue el mito de las siete ciudades de Cibola. En 1530 llegaron a Nueva España rumores de que, a tan solo 40 días de viaje hacia el norte, había un magnífico reino. El gobernador de Nueva España, Nuño de Guzmán —natural de Guadalajara y fundador de la Guadalajara de Jalisco, calificado de «gran tirano» por De las Casas—, organizó en menos de un año un contingente de más de 400 castellanos y 20 000 indios destinados a conquistar Cibola. El pequeño ejército vagó por las regiones de Sinaloa y Culiacán sin encontrar ninguna de las siete ciudades, ni rastro de sus calles de plata ni de sus casas empedradas con turquesas y esmeraldas. Antes de regresar, Nuño tuvo que conformarse con crear la localidad de San Miguel de Culiacán.

Pero la historia de Cibola no había hecho más que empezar. En 1536 llegaron a Nueva España Álvar Núñez Cabeza de Vaca y sus compañeros: Alonso del Castillo Maldonado, Andrés Dorantes y el esclavo negro Estebanico (el primer hombre nacido en África que pisó el actual territorio de Estados Unidos). Eran los únicos supervivientes de la nefasta expedición floridense de Pánfilo Narváez.

Durante ocho años habían caminado desde Florida a Nueva España a través de la selva y del desierto, conviviendo con distintas tribus y se habían ganado la vida con la fama de curanderos conseguida desde que Cabeza de Vaca extrajera con éxito la punta de flecha que un indígena tenía clavada cerca del corazón. Desde entonces practicaban la sanación imponiendo las manos y rezando avemarías y padrenuestros en latín. Finalmente, a orillas del río Petatlán (hoy Sinaloa), restablecieron el contacto con un equipo de exploradores españoles en 1536, a pocas leguas de Culiacán. Llegaron harapientos, pero con una gran noticia: se habían enterado de que al norte existía un país muy rico que no podía ser otro que Cibola.

El virrey Antonio de Mendoza encargó el asunto a Francisco Vázquez de Coronado, hombre cauto que decidió enviar un grupo que lo informara de la veracidad de los rumores. El responsable de esta misión fue el franciscano Marcos de Niza que, en 1539, partió de San Miguel de Culiacán. El esclavo Estebanico iba en avanzadilla. En su recorrido la expectación fue creciendo, pues nuevos datos confirmaban la opulencia de las ciudades: sus habitantes vestían con camisas de algodón largas, ceñidas con cinturones de turquesas. Antes de la jornada definitiva, el fraile decidió descansar en un pequeño pueblo en medio del desierto, al salir un indio le comunicó que Estebanico había muerto, pues había transgredido la prohibición del señor de la primera ciudad de Cibola de entrar en su territorio. No obstante, a pesar de la aflicción, fray Marcos estaba tan cerca de la ansiada Cibola que se resistió a marcharse del paraje sin divisarla. Desde un cerro echó un vistazo y la estampa no desmereció en nada a lo que había soñado durante tantos días: calles brillantes cuajadas de casas más espectaculares que en Tenochtitlán.

A su regreso a Nueva España, Antonio de Mendoza encargó a Vázquez de Coronado la conquista del reino. La expedición, formada por 300 españoles y 800 indios, partió en 1540, con el religioso Marcos de Niza como guía. Subieron a la loma desde la que el franciscano contemplara la urbe, pero no vieron más que una aldea polvorienta de rústicas casas de adobe.

Fue una gran decepción para todos, pero, especialmente, para fray Marcos, que no podía explicarse a sí mismo lo ocurrido. A pesar del desánimo, Coronado prosiguió su viaje, adentrándose en el río Colorado y en su célebre cañón. Buscando una nueva ciudad maravillosa, Quivira, traspasó el curso del Arkansas y su expedición fue la primera que divisó las inmensas manadas de bisontes. Pero, al final, solo los esperaba otra paupérrima aldea. En 1542 regresaron a Nueva España con una sensación de profundo fracaso, y el fraile moriría en 1558 vencido por la tristeza y la desconfianza.

6. El edén, las doce tribus y otros pasajes de la Biblia

El principal exponente de la defensa del edén indiano fue Antonio de León Pinelo (1595-1660), un vallisoletano de origen judeoconverso. Tras haber sido su abuelo quemado en el auto de fe de Lisboa en 1596, la familia buscó refugio en América hacia 1604. Antonio vivió en las Indias desde la adolescencia, estudiando con los jesuitas y en la Universidad de San Marcos de Lima. En la capital peruana su padre llegó a ser capellán del arzobispo y, en torno a 1622, regresó a Madrid, ocupando altos cargos, como el de relator del Consejo de Indias, el de oidor de la Casa de Contratación y el de cronista mayor de Indias.

En la ciudad de villa y corte León Pinelo compuso en 1656 —el año en que Velázquez pintaba en el viejo alcázar *Las Meninas*— su obra más conocida, *El Paraíso en el Nuevo Mundo. Comentario apologético: historia natural, y peregrina de las Indias Occidentales, islas, y Tierra-Firme del Mar Océano.* Un compendio inscrito en la tradición de los discursos que intentaban ubicar el Paraíso Terrenal en algún punto geográfico del Universo.

Buscando diferencias entre la fauna y la flora americanas y europeas, Pinelo describe el tránsito por lugares comunes, que él conoce, como un admirable viaje. Además, se preocupa por desmentir antiguas hipótesis que decían que el edén estuvo en la India o en la Luna. Considera improbable aquella leyenda que vinculaba la higuera del territorio hindú con el árbol de la ciencia, así como la que enlazaba el «cerco de la Luna» con «los cuatro ríos».

Sin embargo, se atreve a trazar la ruta del arca de Noé, culminando su pesquisa con el siguiente silogismo. La primera premisa lógica expone que el Paraíso fue el lugar de mayor excelencia, la segunda, que en América se hallan los lugares más excelentes. La conclusión es que el Paraíso estuvo en América o, complicando un poco más la deducción, el Paraíso fue origen de la vida. Además, como el corazón, en el cuerpo, es el motor y América tiene forma de corazón, el historiador castellano estaba convencido de que en América puso Dios el Paraíso.

En otro orden de cosas, Ámsterdam se convirtió en el siglo XVII en el principal centro de difusión del libro judío y, entre los editores hebreos, hay que mentar al rabino Menasseh ben Israel, que creó su propia imprenta, de la que fue director desde 1626 hasta 1643. Desde su posición como erudito de origen sefardí, Menasseh publicó en 1650 *Esperanza de Israel*, obra que tenía como punto de partida el sorprendente relato de Antonio de Montezinos, un cristiano nuevo portugués que, a su regreso de América, afirmó haber descubierto a los descendientes de las diez tribus perdidas de Israel.

Durante los seis meses que el lusitano permaneció en Holanda, Menasseh se entrevistó con Montezinos. El explorador se hallaba convencido de que los indios procedían de los hebreos, por lo que consideraba que debía revelar este hecho a sus hermanos judíos antes de marcharse a Recife o Pernambuco, en Brasil.

Esperanza de Israel comienza con el relato de Montezinos y, a continuación, se divide en veinte capítulos, en los que se recogen las hipótesis de diversos autores sobre el origen de los indios americanos, estando presente además en el libro la idea del advenimiento inminente del Mesías. El compendio tuvo un gran impacto, ya que, a corto plazo, fue el motor que impulsó un vasto movimiento literario sobre el tópico; a medio, dio origen a la gestión política para que se admitiera a los judíos en Inglaterra y, a largo plazo, predispuso las conciencias de los judíos de Ámsterdam para aceptar en 1666 que el Mesías se manifestaba en Esmirna en la persona de Sabbatai Zevi.

7. La centuria olvidada de la América española

En lo relativo a las Indias, el siglo xviii, aquel que amaneció con la Guerra de Sucesión y la entronización de los Borbones, supuso a España un prolongado esfuerzo destinado a recuperar la posición de gran potencia, impulsando la explotación de las riquezas para obtener recursos con los que financiar las empresas de la monarquía. No en vano, durante esta etapa, nuestro país participó en siete episodios bélicos: el conflicto sucesorio citado, la Guerra de la Oreja, la de los Siete Años, la de independencia de las 13 colonias norteamericanas, la de la Convención contra Francia y dos contra Inglaterra en 1797 y 1804.

Además, a la larga, España ejercería de mentora de la nación que asumiría en la Edad Contemporánea el liderazgo mundial cuando, en 1776, las colonias británicas dispusieron del asesoramiento de Bernardo de Gálvez, elevado hoy —como el real de a ocho cual modelo del dólar— a emblema estadounidense.

7.1. La Nueva Planta en América

A diferencia de la política unificadora llevada a cabo en los reinos peninsulares mediante los Decretos de Nueva Planta, en América, la dinastía borbónica decidió poner en marcha una descentralización de los dos virreinatos que le permitiera vincular de forma más directa cada una de las tierras a la metrópoli, a fin de garantizar su rendimiento económico. Asimismo, ante la expansión portuguesa e inglesa que amenazaba las colonias, se crearon nuevos regimientos militares y se aumentó la dotación de los que ya estaban configurados.

De este modo, como las demarcaciones de los virreinatos de Nueva España y Perú eran muy extensas, y por lo tanto difíciles de defender y administrar, se establecieron dos más: el de Nueva Granada (1717) y el del Río de la Plata (1776). Ambos estaban situados en zonas expuestas a los ataques de los extranjeros y al constante e incontrolable contrabando comercial. Cuba, Venezuela, Guatemala y Chile, ubicadas en zonas militarmente estratégicas, fueron elevadas al rango de capitanías generales, por lo que, aunque dependían de los virreinatos, gozaban de mayor autonomía que una provincia común. Paralelamente, las expediciones científicas trataron de indagar en el patrimonio natural de esas tierras cada vez más «descubiertas» y, por ende, menos ignotas.

7.2. Las castas

A lo largo del siglo XVIII la población hispanoamericana creció considerablemente. De 10 300 000 habitantes en 1700, sobrepasó los 15 millones en vísperas de la separación. Los blancos y los indios representaban el 80 % del censo. Los blancos siguieron siendo el grupo privilegiado: un 2 % eran peninsulares y el resto, criollos, los grandes señores de América, pues habían recibido suculentas herencias, estudiaron en las universidades, invirtieron en negocios y adquirieron títulos de nobleza.

El escalafón estaba presidido por la minoría de españoles peninsulares, los cuales eran llamados, despectivamente, «gachupines» en Nueva España y «chapetones» en Perú. En el nivel más bajo se hallaban los negros secuestrados de África. Muchos y muy variados nombres se utilizaban en el habla popular y en las «pinturas de castas» para designar las mezclas.

Y aunque muchos acudieron a las audiencias a certificar su limpieza de sangre, el sistema de castas jamás fue infalible, existiendo un entrecruzamiento masivo en la sociedad virreinal. Como ejemplo, unos cuantos taxones: de puro europeo en América, criollo; de español e indio, mestizo; de español con mestizo, castizo; de castizo con español, español; de indio con negro, zambo; de negro con zambo, zambo prieto; de español con negro, mulato, etc.

Al año pasaban a Indias unos 1000 españoles, generalmente del norte. Ya no observamos el predominio extremeño, andaluz y castellano de los primeros tiempos. También viajaron gentes de Canarias, pues este archipiélago tenía que cumplir su tributo de sangre remitiendo 5 familias a América por cada 100 toneladas exportadas de allí.

Pero los indios de la Ilustración eran muy diferentes a los precolombinos, pues el proceso de aculturación los había convertido en campesinos que pagaban impuestos, si bien muchos trataban de eludirlos marchándose de su tierra y llegando como forasteros a haciendas o minas donde ofrecían su trabajo a cambio de un sueldo.

La hibridación genética hizo descender el número de indios y aumentó el de mulatos y mestizos, sin duda el contingente que más creció en esta centuria, llegando a representar el 50 %. Por desgracia la discriminación estaba a la orden del día y, a mayor melanina, más segregación racial. En la época de las clasificaciones zoológicas y botánicas se recurrió a compartimentar a la especie humana en función de la pigmentación. Sobre unos tipos básicos, claramente diferenciados en el lenguaje popular, el Siglo de las Luces sería testigo de la fiebre clasificatoria por crear un complejo glosario que definiera cada una de las variantes posibles del cruce.

Los cimarrones —esclavos fugitivos que se apartaban de las ciudades para morar en libertad en los palenques— y los códigos negros forman también parte del escenario de las colonias que, en unas décadas, lucharían por su emancipación.

Las Ordenanzas dominicanas de 1768 pueden considerarse el primer código negro, el segundo sería el de Luisiana y, en 1783, la Audiencia de Santo Domingo comenzó la elaboración de un tercero, llamado Carolino, el cual estuvo paralizado varios años hasta que quedó obsoleto en 1789, cuando se hizo la Instrucción para todas las Indias.

Como medida preventiva para el cimarronaje, la normativa contempló medidas sobre el cuidado y tratamiento de la población negra, con objeto de evitar que los excesos de los amos los pusieran en la tesitura de no poder soportar la presión, fugándose al monte.

El matrimonio (aseguraba el Código Carolino) constituía el medio más oportuno de suavizar su dura suerte. A estas cláusulas se añadieron otras, como inmovilizar a los esclavos en las haciendas, prohibirles reunirse con otros negros en las festividades, impedirles portar armas, etc. También la obligación de evangelizarlos, considerando que esto último les compensaba sobradamente el haberlos traído de África donde habrían permanecido en la gentilidad. El mismo Código Carolino exponía que la religión los hacía más sumisos, «ayudándolos» a soportar su triste condición.

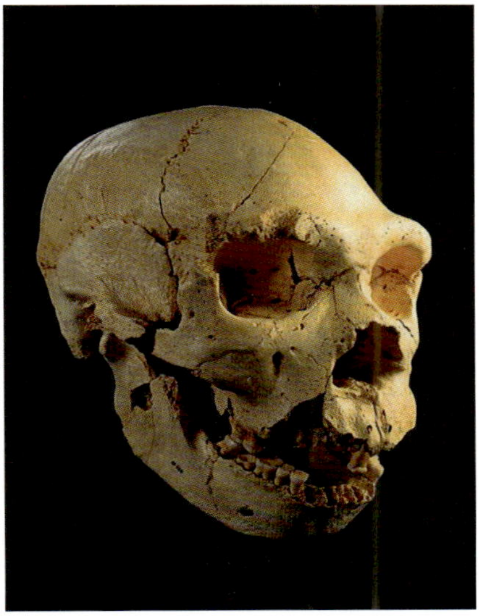

«Miguelón» es el nombre que los investigadores pusieron al cráneo 5, o AT 700, de un varón encontrado en el yacimiento de la Sima de los Huesos, en la sierra de Atapuerca (Burgos), la primera reconstrucción de la cabeza del llamado Homo heilderbengensis.

Pavimento de mosaico de la villa romana El Vergel, en San Pedro del Arroyo (Ávila), que data de los siglos III y IV, aunque hay huellas de actividad agropecuaria en la finca, que se remontan al siglo I. Representa el mito de Meleagro y el jabalí de Calidón.

Un rey de España. *Retrato imaginario que formaba parte de una serie sobre la dinastía castellano-leonesa, pintada por varios artistas, destinada a decorar la alcoba del rey del alcázar de Madrid.* Obra de Alonso Cano realizada en 1640. Museo del Prado, Madrid.

Don Rodrigo, último rey de los visigodos, arenga a sus tropas antes de la batalla de Guadalete, el año 711. El propio monarca moriría en el combate, y el ejército visigodo caería derrotado por el musulmán, que había invadido España. Obra de Bernardo Blanco realizada en 1871. Museo del Prado, Madrid.

La rendición de Granada. Boabdil, último rey nazarí, entrega la ciudad en 1492 y ofrece las llaves de la misma a los Reyes Católicos, Isabel I de Castilla y Fernando II de Aragón. Obra de Francisco Pradilla realizada en 1882. Palacio del Senado, Madrid.

El desembarco de Colón en América. Obra romántica de Dióscoro Puebla realizada en 1862. Museo del Prado, Madrid.

Doña Juana la Loca. La reina, vela el cadáver de Felipe el Hermoso. Obra de Francisco Pradilla realizada en 1877. Museo del Prado, Madrid.

Carlos I y Felipe II. Obra de Antonio Arias Fernández realizada en 1639. Museo del Prado, Madrid.

Justino de Nassau rinde en 1625 la ciudad de Breda, Flandes, a las tropas españolas al mando del general Ambrosio Spínola, que recibe las llaves de la ciudad de manos de su enemigo. Obra de Diego Velázquez realizada en 1635. Museo del Prado, Madrid.

La familia de Felipe V. *El retrato conjunto muestra a todos los miembros de la familia del rey, nieto de Luis XIV de Francia y primer monarca de la Casa de Borbón en España.* Obra de Louis Michel Van Loo realizada en 1743. Museo del Prado, Madrid.

de Español e Yndia
de Mestiza y Español
Castizo.
de Español i Mulata
Morisco.
de Español y Morisca
Albino.
De Lobo y Negra
Chino.
de Chino e Yndia
Canbujo.
De Varsino e Yndia
Campa mulato.

En América, con el mestizaje, nacieron las castas: mulatos, cuarterones, zambahigos, saltatrás, zambos y tantas otras clasificaciones derivadas de la unión de sangres. Una muestra de la división de castas fue elaborada por varios artistas de la época a través de pinturas conocidas como «cuadros de castas». La independencia de las naciones de América dio fin, en teoría, a este sistema, pero, en la práctica, la división se mantuvo en casi todas las repúblicas independientes de una manera u otra. Obra anónima. Museo de América, Madrid.

La familia de Carlos IV. *En el retrato aparecen los infantes, los reyes Carlos IV y María Luisa de Parma, el príncipe Fernando y su esposa María Antonieta*. Obra de Francisco de Goya realizada entre 1800 y 1801. Museo del Prado, Madrid.

La rendición de Bailén. *Representa la capitulación del general francés Pierre-Antoine Dupont de l'Étang tras su derrota en la batalla que se libró el 19 de julio de 1808. A la izquierda, aparece el ejército español y su comandante, el general Francisco Javier Castaños y, a la derecha, los derrotados soldados franceses. Al fondo puede verse el campo de batalla envuelto en humo.* Obra de Casado del Alisal. Museo del Prado, Madrid.

Los diputados que redactarán la Constitución de 1812 juran lealtad a las Cortes de Cádiz en la iglesia parroquial de San Pedro y San Pablo de San Fernando, el 24 de septiembre de 1810, durante la Guerra de Independencia. Obra de Casado del Alisal realizada en 1863. Congreso de los Diputados, Madrid.

Desembarco de Fernando VII en El Puerto de Santa María, Cádiz, el 1 de octubre de 1823. Acababa así el Trienio Liberal y comenzaba la Década Ominosa. Obra de José Aparicio Inglada. Museo Romántico, Madrid.

Batalla de la Primera Guerra Carlista. Obra de Francisco de Paula Van Halen realizada en 1841. Museo del Carlismo. Estella, Navarra.

Retrato de Isabel II realizado en 1876, durante su exilio en París. La fotografía nos brinda la posibilidad de contemplar la transformación del personaje en su madurez, en la que mantiene el aire de majestad que siempre le acompañó. Obra de Paul Nadar. Biblioteca Nacional de Francia.

Alfonso XIII a los 12 años, y su madre, Maria Cristina de Hasburgo-Lorena, la reina regente tras el fallecimiento de su esposo Alfonso XII. El retrato está realizado en 1898, el mismo año en que se perdieron las últimas posesiones del Imperio español. Obra de Luis Álvarez Catalá. Palacio del Senado, Madrid.

Retrato del médico y científico Santiago Ramón y Cajal. La generación científica española de la década de 1880 se caracterizó por un despegue hacia la producción propia y la internacionalidad, con base en el trabajo realizado por las generaciones anteriores, las llamadas «generaciones intermedias». Eso supuso el comienzo de la Edad de Plata de la cultura española. Obra de Joaquín Sorolla realizada en 1906. Museo Provincial de Zaragoza.

La Semana Trágica de Barcelona representada en una obra de Ramón Casas y Carbó, titulada La Carga *y realizada en 1902.* Museo de la Garrotxa. Olot, Gerona.

Dos heridos durante el Desastre de Annual, en 1921, son transportados en mula a retaguardia. A lo largo de dos décadas, el sangriento conflicto mantenido con Marruecos marcó tristemente la historia de España.

Proclamación en Madrid de la Segunda República el 14 de abril de 1931. Se mantendría como régimen de Gobierno hasta el 1 de abril de 1939, fecha en que finalizó la Guerra Civil con la victoria del bando «nacional».

Un tabor de regulares del Ejército de Marruecos espera a ser embarcado en aviones Junkers *Ju-87 para aterrizar en la Península, días después del alzamiento de parte del Ejército contra el Gobierno de la república.*

Milicianos republicanos en 1936, al inicio de la Guerra Civil, durante el asedio al alcázar de Toledo.

Francisco Franco y Adolf Hitler, el 23 de octubre de 1940, momentos antes de su entrevista en Hendaya, Francia.

Fotografía publicitaria del Seat 600 en 1963. Unido para siempre al «milagro español», el modelo más vendido fue el Seat 600 D (que se lanzó ese año y se comercializó hasta 1970), con un total de 418 035 unidades, en su versión utilitario de dos puertas. Otros modelos eran el descapotable de techo plegable y sin cristales laterales traseros, y la furgoneta Formichetta.

Largas filas para votar durante las elecciones de 1977. Los españoles no lo hacían de forma libre desde febrero de 1936, pocos meses antes de que estallara la Guerra Civil tras el golpe de Franco contra la república.

El rey Juan Carlos I, en el centro, junto a algunos de los presidentes del Gobierno de la etapa de la democracia. De izquierda a derecha, Felipe González, Mariano Rajoy, José Luis Rodríguez Zapatero y José María Aznar.

Felipe VI, en el Congreso, durante un acto celebrado por las Cortes Generales para homenajear a la Constitución de 1977. Se ensalzaban así las cuatro décadas transcurridas desde las elecciones constituyentes que tuvieron lugar ese año, tras el fin de la dictadura de Franco.

7.3. Blas de Lezo. La aventura de Mediohombre

En 1502, el notario hispalense Rodrigo de Bastidas descubrió la costa atlántica de Colombia y, en ella, avistó una bahía que le recordó a las aguas murcianas. Por real provisión, tras recibir el consejo del cosmógrafo Juan de la Cosa, Isabel la Católica autorizó el topónimo y, para diferenciarla de Cartago Nova, se acuñó el de Cartagena del Poniente, apellido cardinal que acabaría trocando por el de Indias. La ciudad fue fundada por Pedro de Heredia en 1533 y, en sucesivas ocasiones, afrontó el asalto de los piratas ingleses, franceses y holandeses. Durante la época colonial, de su puerto salían hacia Sevilla y Cádiz las mayores riquezas que la corona española necesitaba para mantener en alza la empresa conquistadora.

En esta plaza despuntó en el siglo XVIII Blas de Lezo. Nacido de una familia de ilustres navegantes en la localidad guipuzcoana de Pasajes el 3 de febrero de 1689, se educó en un colegio francés y, durante la Guerra de Sucesión, en que la armada francesa era aliada de la española, Blas se alistó con los galos bajo las órdenes de Alejandro de Borbón, hijo del Rey Sol. Frente a Vélez-Málaga, el 24 de agosto de 1704, recibió un balazo de cañón que obligó a los médicos que lo atendieron a amputarle la pierna izquierda para salvarle la vida. La valentía del muchacho de 15 años llamó la atención de los oficiales. Soportó la operación y, como premio, recibió el ascenso a alférez de bajel de alto bordo. Se le ofreció ser asistente de cámara de Felipe V, pero su vocación pudo más que la tranquilidad del despacho: ambicionaba ser comandante y siguió patrullando el Mediterráneo con un arrojo inusitado.

Abasteció a los sitiados de Barcelona y, en Tolón, defendió el castillo de Santa Catalina, maniobra en la que una esquirla le explotó el ojo izquierdo. Tras una breve convalecencia, lo destinaron al puerto de Rochefort, donde rindió una decena de barcos haciendo a los ingleses sentir pánico. El 11 de septiembre de 1714, otra bala de mosquete le dejó el brazo derecho inmóvil en el segundo sitio de Barcelona. Se gestó así la historia de Mediohombre, apodo con el que sus compañeros se referían a él de manera elogiosa, no con el desdén que aparentemente podemos intuir en el vocablo, pues, pese a las mutilaciones, se comportaba como hombre y medio.

Al acabar la pendencia con el pretendiente austríaco y ser entronizado Felipe V, Lezo se dirigió, al mando del *Nuestra Señora de Begoña*, a la reconquista de Mallorca. Asimismo, se le confió el buque insignia

Lanfranco, en el que partió hacia La Habana. En 1732, a bordo del *Santiago*, dirigió una expedición de 54 buques y 30 000 hombres a Orán y, dos años después, el monarca lo elevó a teniente general de la Armada.

Fue un militar brillante, no perdió ninguna batalla en sus 39 años de carrera y, desde marzo de 1741, en calidad de comandante general, defendió la preciada llave del Caribe frente al asalto naval de *lord* Vernon. Su intervención fue clave para el desenlace de la Guerra de la Oreja de Jenkins (1739-1748), denominada así porque, apresado el barco corsario de Robert Jenkins cerca de la costa de Florida, el capitán Juan de León Fandiño le cortó la oreja al tiempo que enojado espetaba: «Ve y dile a tu rey que lo mismo le haré si a lo mismo se atreve». Dicen que, en la Cámara de los Comunes, el herido compareció con el apéndice auditivo guardado en un tarro con alcohol y el premier Walpole movilizó de inmediato las tropas.

En el siglo XVIII Cartagena de Indias era una ensenada natural magnífica, pertrechada por excelentes fortificaciones. El 13 de marzo de 1741 la flota del almirante Edward Vernon arribó en la bahía y, en siete días, toda la armada inglesa quedó anclada en la Punta de Hicacos, cerca del puerto en el que estaban atracados los barcos españoles *Dragón* y *Conquistador*, los cuales impedían el paso por la península de Bocagrande.

La escuadra inglesa estaba integrada por 186 navíos y 30 000 tripulantes. Sin embargo, los españoles, con 6 navíos y 2700 hombres, liderados por el teniente general Blas de Lezo, aniquilaron a los británicos. En esta hazaña resultó también significativa la actuación de los servicios de inteligencia de Madrid, que consiguieron infiltrar espías en la corte londinense y en el cuartel general de Vernon.

Cinco meses después de la epopeya, en septiembre de 1741, Lezo falleció víctima de las heridas. Sus restos quedaron en una fosa común. Después del óbito, a título póstumo, se le concedería el marquesado de Ovieco, y la actual fragata *F-103* lleva su nombre.

La victoria aseguró el comercio con América durante seis décadas. Los ingleses no volvieron nunca a Cartagena y los puertos del Caribe siguieron siendo hispanos hasta que decidieron independizarse en el siglo XIX. El Atlántico era un lago español. Sin embargo, la gloria de Blas de Lezo fue efímera. Los enfrentamientos con el virrey de Nueva Granada, Sebastián de Eslava, lo arrinconaron del relato y, hasta el 5 de noviembre de 2009, no se dio cumplimiento a su deseo de colocar en las murallas de Cartagena una placa que recordara el acontecimiento.

Dicen que Vernon vendió la piel antes de cazar el oso, al encargar de forma previa al asalto la acuñación de medallas conmemorativas. En 1741 ni el orgullo de España fue humillado, como rezaba la leyenda que orlaba la moneda, ni el marino se postró ante el almirante inglés, en primer lugar porque la pata de palo no tenía juego de rótula, en segundo porque, ¿cuándo se ha visto que, en la victoria, el héroe mire a su rival desde abajo?

7.4. *Las reducciones jesuíticas*

Como hemos anticipado, uno de los episodios de mayor tensión en lo que a la Compañía de Jesús se refiere tuvo como telón de fondo el Tratado de Madrid (1750), entre España y Portugal, por el que se dirimió momentáneamente la disputa por la Colonia del Sacramento, sita en la desembocadura de Río de la Plata. Esta diatriba ponía de relieve las reticencias de las monarquías absolutas a aceptar la elevada influencia que los jesuitas ejercían en los ámbitos cultural, económico y en alguna medida político, pues no dejaban de representar un Estado propio dentro de los dominios temporales.

Las reducciones jesuíticas guaraníes fueron un conjunto de 30 pueblos misioneros fundados a partir del siglo XVII en el virreinato del Perú, en derredor de los ríos Paraná y Uruguay, en la selva tropical de la mata atlántica. De ellas, 15 se ubicaron geográficamente en las actuales provincias de Misiones y Corrientes (en Argentina), 8 en Paraguay y 7 en las denominadas Misiones Orientales (al suroeste del Brasil). Desde un punto de vista eclesiástico formaban parte de los obispados católicos de Buenos Aires y de Asunción e integraban la provincia jesuítica del Paraguay.

Los jesuitas fueron continuadores del exitoso sistema de planificación demográfica que el virrey Francisco Álvarez de Toledo había ideado. Así se creó la República de indios donde las misiones alcanzaron un alto grado de desarrollo. El primer establecimiento jesuítico guaraní se levantó en 1609, en el actual territorio de Paraguay, bajo el nombre de san Ignacio Guazú.

La Compañía erigió un conjunto de comunidades indígenas donde los indios vivían sin ser explotados, con derecho a la propiedad privada y a los bienes comunales en aras de constituir una sociedad igualitaria. Como los jesuitas administradores eran los únicos españoles presentes en el territorio, los indios nombraban sus propios concejos municipales. La relación con la autoridad virreinal resultó al principio positiva, ya que su contribución militar ayudó al mantenimiento español en Uruguay.

La política de evangelización de los guaraníes obedeció a la unificación de las aldeas (*tekuas*) mediante la alianza sustentada con la cosmogonía indígena: los *karaís* como profetas pan-guaraníes y la búsqueda de la Tierra sin mal. Durante los primeros años los jesuitas fueron vistos como los chamanes prehispánicos, en tanto en cuanto hablaban del Paraíso, una ruta comparable al Aguyé o camino de la perfección guaraní cuyo destino era la Tierra sin mal.

La Edad Moderna está presidida por la búsqueda de la perfección: el antropocentrismo renacentista contribuyó al rescate de la preocupación por el cuerpo tenida en las civilizaciones antiguas, por su parte el Barroco pidió la elevación del alma. Así, en la literatura española del Siglo de Oro hallamos multitud de títulos que constatan el afán de superación de la rutina, bien desde la mística o con el salvoconducto del racionalismo: *Camino de Perfección* (Teresa de Jesús) y *El perfecto señor* (Antonio López de Vega).

La mayor parte de los líderes guaraníes aceptaron edificar iglesias, símbolo de protección divina y jurídica, pues los jesuitas eran garantes de la legislación hispana, pero otros declararon la guerra. Muchos hermanos fallecieron mártires mientras intentaban atraer a la fe a los indios de la selva. Los supervivientes tuvieron que retomar la misión en solitario acompañados de una Biblia, un rosario y, si cabe, algún instrumento musical o cierto aparejo para desbrozar el hambre cortando frutos.

Además de evangelizarlos, intentaban proteger a los naturales de la trata de esclavos. Los cazadores furtivos de indígenas proliferaban y, a pesar de que esta práctica estaba prohibida por la corona hispánica, la enorme distancia y los sustanciosos réditos contribuían a que las instituciones hicieran la vista gorda, máxime cuando en territorio luso estaba permitida la compraventa humana.

La labor pastoral fue viento en popa hasta que la situación geoestratégica nubló aquel paraíso en la Tierra. Corazón e inteligencia, asistencia caritativa y exigencias políticas, pares contrapuestos sin tener en cuenta el trasunto humano en una tenebrosa balanza. Las misiones guaraníes conformaron un relevante freno de las aspiraciones expansionistas de los portugueses, que, liderados por *bandeirantes*, cazaban indios para venderlos como esclavos en Sao Paolo y Río de Janeiro, mientras que la corona española les había otorgado la condición de hombres libres.

Tras años de colisión en las cortes de justicia entre los jesuitas y los comuneros, los cuales solicitaban que las misiones fueran gobernadas por corregidores que liquidaran su autonomía autárquica, en 1724 las diferencias se trasladaron al campo de batalla. Siguiendo las órdenes del virrey de Perú, José de Armendáriz, la Compañía preparó un ejército de 2000 indios a orillas del río Tebicuary. No era la primera vez que los jesuitas encauzaban el espíritu guerrero de los nativos a fin de encarar el ataque de los *bandeirantes*. Entre los guaraníes crearon regimientos de infantería y caballería con los tuvichás como oficiales. Usaban arcabuces y flechas y recibían entrenamiento diario.

En 1726 los jesuitas consiguieron recalcar la autonomía frente al gobernador de Paraguay y, en seis años, movilizaron 7000 indios para defender el Tebicuary de los ataques desde Asunción. Bruno de Zavala, el gobernador del Río de la Plata y fundador de Montevideo, organizó una expedición con la que fulminar a los comuneros en 1735. Los jesuitas le prestaron su apoyo con más de 6000 guaraníes. El 14 de marzo las tropas de Zavala pusieron fin a la insurrección con la victoria en la batalla de Tabapy.

Hacia 1732 las misiones tenían 144 252 indios, pero, entre 1734 y 1737, murieron por una epidemia de sarampión casi 50 000. En 1769 incluían 57 pueblos, 12 colegios y una universidad. Desde mediados del siglo XVII los guaraníes comenzaron a abandonar las misiones para radicarse en varias regiones del Río de la Plata, en especial en la Banda Oriental.

El 8 de enero de 1743 José Peralta, de la orden de Predicadores y obispo de Buenos Aires, remitió a Felipe V un informe sobre la visita que hizo a todos los pueblos de las misiones. Desde el Casón del Buen Retiro de Madrid, el 28 de diciembre, Día de los Inocentes, el monarca emitió sendas reales cédulas, una previniendo sobre lo que se habría de observar en las misiones a cargo de la Compañía y otra dando las gracias a los jesuitas por su distinguido celo en la asistencia de las iglesias.

Sin embargo, los libelos difamatorios se extendían por Europa y las Indias y, para contrarrestar las amenazas, se organizaron milicias permanentes que, a cambio de participar en campañas de los gobernadores de Asunción y Buenos Aires, exoneraban de la mita o trabajo comunitario.

El Tratado de Límites entre Portugal y España colocó parte de las reducciones bajo soberanía lusa. Las nubes ilustradas anunciaban una terrible tormenta contra la Compañía, pues 7 de las 30 reducciones fueron cedidas a Portugal: San Borja, San Nicolás, San Luis Gonzaga, San Miguel, San Lorenzo, San Juan Bautista y San Ángel. Unos 30 000 guaraníes se veían obligados a abandonarlas.

Cuando en todo el orbe estaba en juego la supervivencia de la Compañía, la extinción de las reducciones fue contemplada por Roma como la vía diplomática para limar las asperezas entre los dos reinos ibéricos. Las reducciones no fueron disueltas de inmediato, sino que los jesuitas fueron reemplazados por directores seculares. Aun así, después de la prohibición, las milicias creadas por los sacerdotes contuvieron los avances portugueses y cuidaron las costas ante los corsarios.

No resultó fructífera la Gobernación de las Misiones Guaraníes, integrada bajo la guía de franciscanos, dominicos y mercedarios en sustitución de la Compañía. Los principales afectados por el regalismo fueron los indios, algunos retornaron a la selva y otros a Buenos Aires donde se reciclaron como artesanos. Ni siquiera la creación del virreinato del Río de la Plata, el último ideado, como escisión del de Perú, en 1776, logró detener la decadencia y, a partir de 1810, la guerra de la independencia hispanoamericana reavivó las pretensiones expansionistas portuguesas.

Los daños sufridos por la arquitectura de las reducciones en las primeras décadas de la centuria decimonónica debido a la entrada de las tropas de Francisco das Chagas Santos, general de Brasil, y del dictador paraguayo Gaspar Rodríguez de Francia, recibió el golpe de gracia con Carlos Antonio López, sucesor de Francia, quien las abolió forzosamente y destruyó las comunidades quedándose con las tierras.

Actualmente, son 7 las reducciones reconocidas por la UNESCO como Patrimonio de la Humanidad. La primera declaración fue la recibida por Sao Miguel das Missoes (1983), al sur de Brasil, a la que siguieron cuatro argentinas, los restos de San Ignacio Miní, Santa Ana, Santa María la Mayor y Nuestra Señora de Loreto (1984), y dos paraguayas, Jesús de Tavarangué y Santísima Trinidad del Paraná (1993).

7.5. Las expediciones científicas

La adaptación de los ideales de la Ilustración, sin abandonar los fines estratégicos y militares, hizo que en el siglo XVIII se intensificara la exploración del globo terrestre. Francia e Inglaterra fueron las naciones que organizaron las mayores expediciones científicas, entre las que sobresalen las puestas en marcha por la Academia de Ciencias de París y la *Royal Society* de Londres.

Aparte de los viajes de Bougainville al Pacífico y al Índico, y los del capitán James Cook a Australia, hemos de citar otros como la expedición geodésica franco-española al Ecuador. Al mando del almirante Charles Marie de La Condamine, su objetivo oficial era medir el meridiano terrestre, para así determinar la forma exacta de la Tierra. Formaron parte de la tripulación grandes científicos como Jussieu, Ulloa y Jorge Juan, que tenían encomendada la misión secreta de controlar a los franceses e indagar sobre la administración del virreinato del Perú. Recibieron el nombre popular de «Caballeros del Punto Fijo» porque a menudo apuntaban al cielo con sus instrumentos geodésicos. Jorge Juan promovió el Real Instituto y Observatorio de la Armada, culminando sus estudios astronómicos, matemáticos y físicos con la publicación, en 1771, de *Examen marítimo.*

Otro hito de la exploración en el XVIII fue la carrera por el dominio de los pasos. Diversos navegantes intentaron encontrar el Paso del Noroeste, una comunicación en Norteamérica para cruzar del Pacífico al Atlántico, que, en realidad, no existe, pues está el gran escollo helado del océano Glacial Ártico. Encuadrada dentro de estas singladuras por el Pacífico, en 1770, una flotilla al mando de Felipe González de Haedo y Antonio Domonte se dirigió a explorar la isla de Pascua (Rapa-Nui), entre otras razones para evitar que la tomaran los ingleses. En 1772 Domingo Bengoechea volvió para estudiarla y se establecieron pequeños asentamientos, los cuales fueron abandonados en 1775 a raíz de los disturbios surgidos con los nativos.

Para amortiguar el avance de los rusos —que habían instalado varios establecimientos peleteros a lo largo de la costa pacífica norteamericana—, Juan Pérez salió en 1774 de San Blas (México) y llegó a Nutka, en Alaska. Al año siguiente, la expedición de Ezeta, Manrique y De la Bodega se situó en los 58° N de latitud en la costa de Alaska, hazaña superada en 1779 por Arteaga y De la Bodega. Nunca se había llegado tan al norte y, así, se dio la circunstancia de que durante una década, entre 1780 y 1790, España tuvo frontera con Rusia.

Mención especial merece la gran expedición de Malaspina (1789-1794), desarrollada para fijar los límites del imperio. El organizador fue el marino italiano Alejandro Malaspina. Desde Cádiz, zarparon dos corbetas, *Descubierta* y *Atrevida*, en el candente mes de julio de la Revolución francesa. La parte científica del viaje se hizo según los métodos de Cook y La Perouse, para lo que se adquirieron en Londres y París numerosos libros, mapas e instrumentos. Las tareas geográficas, astronómicas e hidrográficas fueron encargadas a un grupo de oficiales de la Armada, dirigidos por el brigadier Vicente Tofiño.

Sin duda se trató de la exploración más completa de todas cuantas dirigiera la monarquía española. Se elaboraron más de 800 dibujos y grabados y se recopilaron numerosas muestras, lástima que no dieran los aventureros con las huellas de su principal objetivo: «investigar la felicidad de la Humanidad». Poco después de volver a España, Malaspina fue acusado de conspiración, a lo que se unió el rumor de que era amante de la reina María Luisa de Parma, esposa de Carlos IV. Lo encarcelaron y exiliaron a Italia, donde permaneció hasta su muerte, en 1810.

Por último, es preciso citar las expediciones botánicas desarrolladas durante el reinado de Carlos III con el fin de clasificar la naturaleza del Nuevo Mundo. Hubo 3 viajes organizados por el Real Jardín Botánico de Madrid: a Perú, a Nueva Granada y a Nueva España, junto con un cuarto más modesto a Filipinas, dirigido por Juan Cuéllar entre 1786 y 1801.

El primero de ellos se materializó por iniciativa hispanofrancesa con el propósito de buscar quina, pues el vino quinado (de moda en Versalles) se utilizaba como remedio para casi todos los males. Participaron los naturalistas Hipólito Ruiz, José Pavón y Joseph Dombey. Desde 1778 a 1787 exploraron Perú y Chile, y prepararon para enviar a España 53 cajones con herbarios. Por desdicha, el barco que los transportaba se fue a pique y se perdió todo.

La expedición botánica a Nueva Granada fue dirigida por el médico gaditano Celestino Mutis, que se quedó a vivir en Colombia. Realizó los estudios definitivos sobre la codiciada quina y describió varias especies nuevas. En 1791 publicó una excelente obra botánica con maravillosos dibujos: *Flora de Bogotá*.

El periplo científico a Nueva España se inició en 1786. Estaba presidido por Martín de Sessé y contaba con un equipo de naturalistas y dibujantes. Sufrieron todo tipo de penalidades que acabaron con la vida de muchos miembros de la expedición, pues incluso se vieron involucrados en la guerra con Inglaterra. Al llegar a México se dividieron en dos grupos: uno de ellos, con Sessé y Estévez, marchó a las Antillas a estudiar y recolectar en Cuba y Puerto Rico; el otro, se dirigió al sur de México y a Guatemala con diversos naturalistas entre los que destacaba Mociño, que describió por primera vez el mítico quetzal, ave sagrada de los mayas. Su nombre específico (*Pharomachrus mocinno*) homenajea a este destacado zoólogo.

Ya a comienzos del XIX, tuvo lugar la Real Expedición Filantrópica de la Vacuna (1803-1806), que alcanzó merecida fama hasta el extremo de ser cantado el viaje por el poeta Quintana. El objetivo era propagar por América y Asia la vacuna contra la viruela, descubierta por el británico Jenner. Estuvo encabezada por el cirujano militar Francisco Javier Balmis, conocido por haber descubierto, durante su estancia en las Antillas, unas raíces indias como remedio para las enfermedades venéreas.

7.6. Bernardo de Gálvez, la batalla de Pensacola y la independencia de Estados Unidos

En el último cuarto del XVIII, las 13 colonias británicas de la costa este de Norteamérica declararon su independencia y, en dicho proceso, contaron con la colaboración de un malagueño, nacido en Macharaviaya en 1746, que ascendió en el escalafón merced a sus hazañas al norte del entonces virreinato de Nueva España. Su nombre era Bernardo de Gálvez y Madrid.

Luchó contra los apaches, llenó de valor su hoja de servicios y, en julio de 1776, cuando la campana de Filadelfia clamaba por la libertad, Gálvez, que sumaba a su experiencia en América el dominio del francés, fue enviado a la recién conseguida provincia de Luisiana, un vasto territorio al oeste del Mississipi. Entre las familias prominentes, el nuevo gobernador encontró esposa en la joven criolla Felicitas Saint-Maxent y fundó ciudades como Galveston o Nueva Iberia, donde asentó a colonos que huían de la guerra contra Inglaterra, además de a inmigrantes europeos.

Desde un principio se aproximó a los rebeldes de las colonias británicas, de tal manera que su apoyo a los nacientes Estados Unidos se formalizó a través de los representantes que, desde Nueva Orleans, gestionaban la adquisición de víveres, armas y dinero. Entre ellos, destaca Oliver Pollock, comerciante irlandés asentado en Pensilvania que propuso honrar a su amigo a través de la promesa de un retrato en el Capitolio, consumado ya en el tercer milenio.

La hostilidad hacia las Islas Británicas provocó la internacionalización del conflicto. El militar español conquiató varias plazas a aquellos, como Pensacola (1781), por lo que el rey Carlos III le permitió lucir en sus armas el lema: *Yo solo*.

El Tratado de Versalles (1783) reconoció la devolución a España de las dos Floridas y Gálvez pasó a ser gobernador de ambas, así como de Cuba. Su intervención se consideró decisiva para el triunfo de las tropas americanas. El rey de España le concedió los títulos de vizconde de Galveston y conde de Gálvez y le nombró virrey de Nueva España. Aunque falleció a la temprana edad de 40 años y, durante décadas su nombre ha permanecido en el olvido, el 16 de diciembre de 2014 el presidente de Estados Unidos, Barack Obama, firmó la resolución conjunta por la que se le concedía la ciudadanía honorífica. Cada año, Florida celebra el 8 de mayo el *Gálvez Day*, en recuerdo del honorable agente del Congreso.

Capítulo X
Episodios nacionales

Defensa ante los franceses del parque de artillería de Monteleón, Madrid.

Quien deja de ser amigo de mi Patria deja de serlo mío. España no lidia por los Borbones, ni por Fernando. Lidia por sus propios derechos. Derechos originales, sagrados, imprescriptibles, superiores, e independientes de toda familia o dinastía. España lidia por su religión, por su constitución, por sus leyes, sus costumbres, sus usos... En una palabra: España lidia por su Libertad.

Gaspar Melchor de Jovellanos, carta de 1808

UNO DE LOS POEMAS MÁS SENTIDOS de la Guerra de la Independencia, injustamente perdido como el nombre de su autor, Bernardo López García, *El cantor del Dos de Mayo*, trae al presente seis años de combate por la libertad oprimida. La sonorización de una emoción es prueba manifiesta de que se halla injertada en la médula misma del ser humano que, sembrando o segando, se siente agua de aljibe en expectativa de las circunstancias: «Oigo, patria, tu aflicción y escucho el triste concierto que forman, tocando a muerto, la campana y el cañón...».

Y es que no hubo género musical —villancico, solear, jota, seguidilla o sardana— que en la centuria decimonónica no evocara el valor de los guerrilleros ante la intromisión francesa. Y, a la par, los motes se extendieron cuando Pepe Botella permitía que las inmaculadas de Murillo fueran sacadas a Francia e Isabel, la de los Tristes Destinos, se codeaba con místicas estigmatizadas.

Ajenas al trajín de los doceañistas o a las expediciones de los Cien Mil Hijos de San Luis, dos naciones designadas por el mismo nombre pero divergentes, cual matronas rivales, se perfilaban en el espejo. Y el súbdito, ascendido a ciudadano, al estilo del liberal Salvador Monsalud, de los *Episodios nacionales*, precisaba de ambas: de su novia Genara, intrigante y apasionada, y de su futura esposa, Soledad, dulce y callada.

Mientras la censura se esmeraba en vigilar todo verso o dibujo, el siglo XIX, el gran olvidado en la historia de España, seguía su curso... Pero amaneció un día en que la vieja máquina del Santo Oficio echó el cierre. Así, sin más, en un viejo túnel se perdió la cadena de grilletes y para los restos se clausuró el bastión de la cruz verde. Sin embargo, desde Trafalgar al proyecto de libro alrededor de Sagasta, saltando la hilera de relatos con los que Galdós ejerció el periodismo histórico y el retrato robot de calado científico, otro personaje, el cacique, prolongó su sombra quebrantando derechos mediante pucheros quebrados. Y aún se dijo entonces que la Inquisición «era un gran tormento» en pasado, como el ciclo que ha sido y se ha acabado, ¿y es que no es tortura el exilio de los disidentes o el abuso sobre los bienes públicos? A modo de inquisidor: ¡pregunto!

1. Goya y la crítica mordaz del Antiguo Régimen

Tal vez cuando los sentidos nos niegan el auxilio de la naturaleza y la tristeza sumerge nuestro ánimo en sombrías turbulencias, solo nos quede el recurso a la imaginación y al ensueño. Algo así le debió ocurrir a Francisco de Goya, cuya genialidad lo hizo capaz de proyectar en el lienzo, en la plancha o en el papel las tinieblas esparcidas en su mente por la decepción o el desaliento.

Las series de los *Caprichos* —ligadas a la probable enfermedad del saturnismo que acabó devorando los oídos y el organismo del de Fuendetodos— nos hablan de ese Goya hermético ante los arbitrarios ruidos del mundo y los utópicos cantos de sirenas, en desesperada búsqueda de un refugio interior donde dar libertad al espíritu creativo.

«Para ocupar la imaginación mortificada en la consideración de mis males, y para resarcir en parte los grandes dispendios que me han ocasionado, me dediqué a pintar un juego de cuadros de gabinete, en que he logrado hacer observaciones a que regularmente no dan lugar las obras encargadas, y en que el capricho y la invención no tienen ensanches» —confesaba en 1794 en una carta a Bernardino de Iriarte, viceprotector de la Real Academia de Bellas Artes de San Fernando—.

En aras de conocer la génesis de los *Caprichos*, editados cuando Goya tenía 53 años, es preciso referirse a la década de 1780, en la que comenzó a relacionarse con algunos de los más importantes intelectuales del país, como Gaspar Melchor de Jovellanos, Juan Meléndez Valdés, Leandro Fernández de Moratín y Juan Agustín Ceán Bermúdez, quienes lo introdujeron en los ideales de la Ilustración. Con ellos compartió la oposición al fanatismo, quedando cohesionados sus anhelos por el afán de impulsar unas leyes más justas.

En 1788 Carlos IV subió al trono. Con motivo de su coronación Goya lo retrató con su esposa María Luisa y, a continuación, fue nombrado pintor de cámara, si bien su alegría se vio empañada por la prisión de Cabarrús y por el destierro de Jovellanos. Eran los convulsos años de la Revolución francesa, etapa en la que los Pirineos se cerraban especialmente para el trasiego de libros con el fin de preservar de subversión la corona española.

En enero de 1793, en un viaje de Madrid a Sevilla, Goya cayó enfermo. Lo llevaron a restablecerse a Cádiz a casa de su amigo Sebastián Martínez, también ilustrado. La debilidad lo mantuvo casi medio año como residente de la que estaba llamada a ser la capital del liberalismo y, al volver a Madrid, tardó mucho en recuperar su actividad habitual. De hecho, en marzo de 1794, el director de la Fábrica de Tapices consideraba que Goya había quedado imposibilitado para pintar y, en abril de 1797, dimitió como director de la Academia debido a sus dolencias habituales.

La conmoción que le produjo estar a un paso de la muerte, a la que se sumó la sordera permanente, confirió a su producción una seriedad nueva: el lenguaje era menos complaciente y más enigmático y el programa de las Luces, su referente constante.

El 1796 regresó a Andalucía y, desde julio, estuvo con la duquesa de Alba en Sanlúcar de Barrameda, ya que había quedado viuda el mes anterior. El encuentro abrió un período de sensualidad que se manifestaría en una colección de dibujos donde aparece la aristócrata.

Goya concibió inicialmente esta serie de grabados como «sueños». Las estampas vendrían a constituir una especie de versión gráfica de las conversaciones en el infierno redactadas por Quevedo entre 1607 y 1635. No obstante, después, el pintor zaragozano les cambió la denominación tomando la palabra *capricci*, parafraseando a Jacques Callot y Giambatista Tiepolo.

Los *Caprichos* fueron realizados mediante una técnica mixta de aguafuerte, aguatinta y retoques de punta seca. Deliberadamente Goya deformó las fisonomías de los seres que representan las torpezas humanas. Mediante esta apariencia bestial, reflejó su crítica mordaz a los vicios de la época, pero, consciente del riesgo que asumía, dotó a algunas de sus escenas (sobre todo a las sátiras de la aristocracia y del clero) de rótulos imprecisos. También contribuyó a evadir la censura el dar un orden ilógico a las piezas. La forma definitiva de los 80 grabados estaba terminada el 17 de enero de 1799, pues hay un recibo del Archivo de Osuna que indica que en esa fecha le abonaron cuatro series.

La ausencia de Jovellanos y de Saavedra en el Gobierno precipitó los acontecimientos. Asustado por la posible intervención del Santo Oficio, Goya retiró de la venta los *Caprichos* y, en 1803, decidió ofrecer las planchas y todas las series disponibles a Carlos IV para que las enviara a la Real Calcografía, a cambio de una pensión para su hijo Javier.

Entre los núcleos temáticos más importantes de los *Caprichos* se hallan los autos de fe, las brujas, la lascivia masculina, los matrimonios de conveniencia, el papel de las alcahuetas... La inspiración para las escenas de hechicería la encontró en Moratín y en la reimpresión que este realizó del auto de fe de Logroño relativo a los sucesos de Zugarramurdi de

1610. Cuando Goya tuvo que documentarse para pintar el terror inquisitorial hizo uso de la relación de su amigo. El enigma quedó plasmado en desgarradoras imágenes de fuertes y negros matices que parecen iluminados por una linterna mágica. Curiosamente ambos, el dramaturgo y el pintor, comprometidos con la sociedad en la que habían nacido, fallecieron al otro lado de los Pirineos, en 1828, tildados de afrancesados.

En la lámina 61, *Volavérunt*, una dama con los brazos abiertos y la mantilla a modo de paracaídas es impulsada por tres hombres situados a sus plantas. Una entelequia, la del ser humano volador, que, aunque en distinta vertiente a la cultivada por Leonardo da Vinci con sus máquinas, concentró los esfuerzos del zaragozano, impresionado ante el primer globo aerostático por el Real Sitio de Aranjuez.

Pese a la supresión temporal del Santo Oficio en 1813 por parte de las Cortes de Cádiz, en los períodos de exaltación absolutista Fernando VII reivindicó la vigilancia de las conciencias a través del invento de las Juntas de Fe.

El maestro librepensador Ruzafa Cayetano Ripoll, la última víctima mortal del tribunal, fue ahorcado en 1826 por no quitarse el sombrero ante el viático. Y, en América, concretamente en México, el matemático José Antonio Rojas, nacido en Puebla en 1773, fue delatado en Guanajuato por una serie de exclamaciones tachadas de herejía, al afirmar que «la religión era hipocresía pues solo los ignorantes, como eran pobres y mujeres, cumplían sus obligaciones de buena fe». A su juicio, creer en Dios era hacer como don Quijote, que confiaba en Dulcinea sin haberla visto. Por todo ello, en el auto público celebrado el 15 de septiembre de 1804, se dictó su expulsión durante 20 años, por lo que marchó a Estados Unidos.

En las Indias el golpe de gracia del Santo Oficio llegaría con San Martín, cuando en 1822 ordenó transferir todos sus bienes a la Biblioteca de la Nación porque allí, en los libros requisados, se acumulaban las ideas «luctuosas a los tiranos y valiosas para los amantes de la libertad». En España no se lapidaría hasta el 15 de julio de 1834, durante el ministerio de Martínez de la Rosa.

Como exponíamos, especialmente significativo es el grupo relativo a la carga que suponían para el tercer estado los estamentos privilegiados (nobleza y clero). En el capricho 42, dos campesinos llevan a cuestas como bestias de carga a la nobleza y a los frailes, representados como dos burros contentos. El título *Tú que no puedes* es la primera parte de un refrán popular que concluye «llévame a cuestas» y resalta la necesaria transformación de las instituciones. El dardo no puede ser más certero: las clases ociosas son pintadas con apariencia de animal, mientras que los campesinos conservan la dignidad humana.

La realidad más incisiva, difícilmente reductible a la categoría de arquetipo, adquiere los rostros del miedo y de la barbarie en la bruja, en el encadenado, en el reo del auto de fe y en el niño que recibe azotes por romper el cántaro. A finales del XVIII, huyeron de la paleta los colores alegres de los cartones para tapices dejando su hueco a las tintas oscuras del pesimismo. Aprensiones y espectros que el viejo Goya experimentó en los años del retorno absolutista, donde el reino de la hipocresía se impuso al diálogo constitucional.

La Edad de Oro había tocado a su fin. En el tránsito de la modernidad al mundo contemporáneo que personifica el artista aragonés, los duendes, antaño glosados por Feijoo, ya no eran ni los pícaros ni los amantes invisibles. *Duendecitos* es el título del capricho 49. Y es que desde mediados del XVIII el vocablo duende significaba a menudo fraile, lo cual explica que los trasgos de los *Caprichos* vayan vestidos con hábito o sotana.

Al desentrañar la censura, la luz de la razón nos desvela las circunstancias que, con el afán de «desterrar vulgaridades perjudiciales» y de perpetuar «el testimonio sólido de la verdad», Goya disfrazó de monstruo.

2. La Guerra de la Independencia en España

En el marco del Imperio napoleónico, nos encontramos con un acontecimiento que define el inicio de la Edad Contemporánea en nuestro país. A decir verdad, se producirían en España dos episodios paralelos, pues, a la vez que el pueblo de Madrid, de Zaragoza y de tantos otros lugares de nuestra geografía se levantaba en armas contra el invasor francés, se estaba asistiendo al nacimiento del liberalismo español, materializado en las Cortes de Cádiz y en la Constitución de 1812.

Hoy podemos contemplar los cuadros consecutivos de la carga de los mamelucos y de los fusilamientos del 3 de mayo como pruebas de la evolución de un pintor imposible de encasillar en un estilo, pero, lejos de esa interpretación superficial, proponemos al lector un reto: intentar meterse en la piel de un madrileño que, a finales de abril de 1808, se preparaba para la celebración de los mayos y en una quincena aspiraba a acudir, si el tiempo lo permitía, a la pradera de San Isidro.

¿Qué impresión le produciría observar el despliegue de fuerzas invasoras por todos los resquicios de su ciudad? Y más aún: ¿con qué ánimo rebuscaría entre sus utensilios de cocina para salir «armado» a defender la historia de sus mayores?

2.1. Independencia, romanticismo y pronunciamiento

Tres palabras exultantes de sentido y de lógica. La invasión suscitó que los españoles del siglo XIX se percataran pronto de que por la independencia bien valía que, como por la honra, se aventurara la vida. Y lo hicieron, saliendo reforzada la personalidad hispana a pesar de que la sangre abonara los campos para el «deseado» monarca que luego masacró a los liberales. Porque el «romántico» —como Zorrilla o el grupo de personajes de *Don Juan Tenorio*, a saber, doña Inés, don Luis Mejía, don Gonzalo de Ulloa, Brígida o el escultor— a la vez que se trasladaba a escenarios exóticos o sepulcrales con la imaginación, rescataba las gestas históricas devolviendo su palpitar al pasado o inyectando misterio a los convidados de piedra.

Los cimientos políticos en que se basó el nuevo orden instaurado en América y en Europa a partir de los procesos revolucionarios desarrollados en el último tercio del siglo XVIII han sostenido el edificio de las democracias occidentales, amenazadas después por las dos grandes conflagraciones acaecidas en la primera mitad del siglo XX, pero resistentes todavía hoy cuando en determinados países, como el nuestro, asistimos a reformulaciones acerca de qué es la política, cómo se debe gobernar el país y por qué se ha devaluado la «élite» dirigente.

En pleno siglo XXI hemos sufrido el fenómeno de la crisis a esfera local y global; pues bien, parece que las oleadas revolucionarias del tránsito del ochocientos al novecientos también experimentaron un proceso viral, aun cuando el estallido se produjera, más que por contagio, por la saturación de los modelos imperantes en ese Antiguo Régimen. En ese sistema cuya nomenclatura fue inventada por los revolucionarios franceses con el anhelo de descalificar una compartimentación donde el nacimiento «sentenciaba» a la persona como miembro de un estamento social, y en el que la profesión religiosa era la única vía de escape, no obstante de escaso recorrido, pues un noble sería abad o arzobispo, mientras que el hijo de jornaleros, por lo común, no pasaría de hermano lego o cura rural.

Así pues, en esos umbrales del mundo actual, hallamos dos experiencias concretas en que Ilustración y Revolución se hermanaron no como entelequia, sino en la praxis como situación positiva: la independencia de las 13 colonias inglesas de Norteamérica y la Revolución francesa.

Y, a medio plazo, la exacerbación del sentimiento de los pueblos, frente al omnipotente alcance de la razón, alentó el espíritu revolucionario que, en la España de Fernando VII, ante la cerrazón de horizontes, no encontraría más remedio que el recurso al pronunciamiento.

2.2. Antecedentes

Los años previos al inicio de la Guerra de la Independencia constituyen una época intensa en cuanto a conflictos con participación española. Situados en la llegada al poder de Napoleón en Francia, en 1799, y su proclamación imperial, en 1804, detectamos la alteración del orden europeo y también hispano. A la nación gala le interesaba contar con la colaboración española en su lucha contra Gran Bretaña y, en virtud del Convenio de Aranjuez de 1801, el primer ministro de Carlos IV, Manuel Godoy, ponía a disposición de Napoleón la escuadra española. Un año después, el extremeño declaró la hostilidad a Portugal, iniciándose así la denominada Guerra de las Naranjas, donde ya estaba latente el romance con María Luisa de Parma.

Se rumoreaba que Godoy era amante de la autoritaria reina, la cual lucía prótesis de marfil en la dentadura mientras posaba orgullosa de sus tersos brazos. Tuvo 14 hijos y sufrió 10 abortos. Cuando el guardia de corps entró como escolta de la princesa de Asturias en 1788, María Luisa no tardó en echarle el ojo mientras su manso marido se dedicaba a la caza. Con estas artes, Godoy llegó, fulgurantemente, a ostentar el título de Príncipe de la Paz.

«Es feísima y, con su piel amarilla, se asemeja a una momia. Tiene el aspecto falso y malvado y es imposible figurarse algo más ridículo». «Juntaba un corazón naturalmente vicioso, incapaz de un verdadero cariño; un egoísmo extremado, una astucia refinada...». La primera descripción la hizo Napoleón, la segunda, el canónigo Escóiquiz. Pero, realmente, fue la misma María Luisa quien se retrató con sus pecados morales: «Soy mujer, aborrezco a las que pretenden ser inteligentes, igualándose a los hombres, pues lo creo impropio de nuestro sexo».

Ni siquiera los pinceles pudieron endulzar su avinagrado carácter y, por los mentideros, se divulgó que los infantes Isabel y Francisco de Paula eran hijos de Godoy. En 1800 Goya tendría la audacia de situar en el centro del lienzo a María Luisa, abrazada exactamente a Isabel y dando la mano a Francisco de Paula. Si Carlos IV fue consciente del idilio lo ignoramos, pues, de camino al exilio, la soberana pediría «que se nos dé al rey, mi marido, y a mí y al príncipe de la Paz con qué vivir juntos todos tres en un paraje bueno para nuestra salud».

De modo paralelo a estas frivolidades, la derrota franco-española en la batalla de Trafalgar (1805) por la armada inglesa otorgó a las Islas Británicas la hegemonía en los mares, por lo que Napoleón recurrió al bloqueo continental, a fin de aislar económicamente a sus enemigos ingleses y portugueses. Por cierto, que un militar vasco, el general Miguel Ricardo de Álava, tuvo el honor de ser el único que combatió tanto en Trafalgar como en Waterloo, por ejercer el rol de mano derecha del duque de Wellington.

Y así, en el significativo intervalo de expansión del militar de Ajaccio, llegó el Tratado de Fontainebleau, un acuerdo establecido entre España (a iniciativa de Manuel Godoy) y Napoleón el 27 de octubre de 1807, en virtud del cual se permitía a los soldados franceses atravesar la Península, con el pretexto de invadir Portugal, nación que quedaría dividida en tres reinos: uno al norte, destinado a los reyes de Etruria; otro en el centro, bajo control francés, y otro al sur para Godoy, quien se convertiría en rey de los Algarves, concediéndosele al instante a su señor, Carlos IV, el título de emperador de las Américas. «Cuando las barbas de tus vecinos veas pelar…». Eso hubo de pensar Carlos IV, pero aquella corte estaba al albur del disimulo y la puñalada.

Así, Napoleón ideó una cláusula secreta por la que Francia se anexionaría el norte de España a cambio de los territorios lusitanos, descendiendo la línea fronteriza desde los Pirineos al Ebro. De acuerdo a este planteamiento, la conquista de Portugal no ofrecería grandes dificultades, de modo que, en pocos días, entrarían en Lisboa las tropas de Junot. Lo evidente es que cuatro cuerpos de ejército hicieron su irrupción en España entre noviembre de 1807 y febrero de 1808: se acuartelaron en Burgos, Salamanca, Barcelona, San Sebastián y Pamplona, lo cual demostraba que no se trataba solo de asegurar la ruta hacia Lusitania, sino que estaba presente el interés de arraigar en el territorio español. Finalmente, Napoleón decidiría el 20 de febrero de 1808 poner al frente de los 65 000 soldados que habían entrado en nuestro país a su cuñado, el gran duque de Berg, más conocido por ser el general Murat.

La misma noche en que se firmaba el Tratado de Fontainebleau, Carlos IV, que había recibido una «confidencia» (llámese, chivatazo), ordenó registrar la habitación del príncipe de Asturias, el futuro Fernando VII, en el monasterio de El Escorial, donde la distinguida familia acostumbraba a pasar el otoño. Los documentos hallados demostraban una conspiración del príncipe, que odiaba a Godoy y mantenía una tensa relación con sus progenitores. Fernando fue detenido, y tras delatar a sus cómplices (su preceptor Escóiquiz y el embajador francés Beauharnais), los cuales fueron desterrados, por ser él quien era quedó absuelto.

Pero en la parentela de Carlos IV la traición jugaba a la oca. Después de los sucesos de El Escorial, tendría lugar el motín de Aranjuez, un levantamiento popular acaecido en la noche del 17 al 18 de marzo de 1808 en la localidad madrileña que le da nombre. En dicho palacio la familia real se encontraba alojada, ya que, según los planes de Godoy, desde allí debería partir hacia el sur de España. La jornada quedó grabada a fuego en la memoria de los nietos de aquellos españoles que, al grito de «Fernando VII o la muerte», contribuyeron, con inocencia, a un propósito del que más tarde se arrepintieron.

En el *Diario exacto o relación circunstanciada de lo acaecido en el Real Sitio de Aranjuez y Corte de Madrid* se exponía el siguiente diagnóstico:

> Viernes 18 (de marzo). Hoy se puede decir que amaneció el Iris de Paz para toda la vasta extensión de la monarquía española; día memorable que hará época en la posteridad y se debía señalar en las notas cronológicas del reino como una de las más singulares y extraordinarias de la Historia. Huyó el tirano y opresor de la humanidad nacional.

Otros pasquines divulgaban, en tono enfático, que el 19 de marzo:

> ¿No será en todos los siglos el día de la libertad de España cautiva, el día de la ignominia de la Francia orgullosa, el día del honor, el día de la verdad, el día de la justicia? Día en que desaparecieron los engaños, se destruyeron las perfidias y se desarmaron las conjuraciones.

Ante la entrada de las tropas francesas, Godoy, el burlador valido de Carlos IV, aconsejó a los soberanos que siguieran el ejemplo de los reyes de Portugal, quienes se habían refugiado en Brasil, de manera que comenzó a organizar el traslado a Andalucía a finales de febrero, con el afán de facilitar el embarque en Cádiz rumbo a las Indias. Pero las paredes oyen y la noticia se filtró en Aranjuez, estallando un motín. Las masas, organizadas por el partido fernandino, se dirigieron con antorchas hacia el palacio del príncipe de la Paz (Godoy), quien permaneció dos días escondido, hasta ser detenido. Sobresaltado por todo lo acaecido, Carlos IV dio un paso atrás, renunció y su hijo subió al trono con el nombre de Fernando VII. Puestos a contar mentiras, en la *Gaceta de Madrid* del 25 de marzo, la pelea familiar era camuflada por Carlos aduciendo cuestiones «clínicas»:

> Como los achaques de que adolezco no me permiten soportar por más tiempo el grave peso del gobierno de mis reinos, y me sea preciso para reparar mi salud gozar en clima más templado de la tranquilidad de la vida privada; he determinado, después de la más seria deliberación, abdicar mi corona en mi heredero y mi muy caro hijo el Príncipe de Asturias...
>
> Yo, el Rey.

Pero la avidez del recién estrenado rey Fernando VII era difícil de calmar. Tras el motín de Aranjuez, quiso ser reconocido por Napoleón y, el 20 de abril de 1808, fue convocado por este en Bayona. Al fracasar las primeras negociaciones, Napoleón reclamó la presencia de Godoy, de Carlos IV y de María Luisa de Parma, de modo que el 2 de mayo, como una marioneta ante los dedos del cómico, Fernando VII renunció a la corona en favor de su padre, quien también entregaría sus derechos a Napoleón.

Así se ganó pronto el calificativo de «rey felón» que vendría a reemplazar al de «el Deseado», pues, aunque el objeto de los anhelos se renueva constantemente, no siempre lo que se pide es lo conveniente. Así se producirían las abdicaciones de Bayona, que supusieron la renuncia de los Borbones al trono español, permitiendo que el hermano de Napoleón, José Bonaparte, se convirtiera en rey de España.

2.3. De la carga a los sitios

La respuesta de los madrileños el 2 de mayo de 1808 supuso el primer enfrentamiento armado del pueblo contra el asalto bonapartista y, en la práctica, se operó de manera espontánea, colaborando tanto los militares (ejemplo de ello son Ruiz, Daoíz y Velarde) como los civiles (hombres, mujeres y niños luchando con elementos rudimentarios y domésticos contra el poderoso ejército francés).

En esa mítica fecha del 2 de mayo, en que hoy se conmemora la fiesta autonómica de la Comunidad de Madrid así como el día del Reservista Voluntario en las Fuerzas Armadas, se produjo el inicio de la Edad Contemporánea española a las 10:00 de la mañana. «¡Que nos lo llevan!» —gritaba una anciana—. La muchedumbre estaba alerta de la salida de los infantes tras conocer que en un carruaje anterior se había marchado con sus hijos la exreina de Etruria, la infanta de España María Luisa de Borbón, nieta de Carlos III.

Pero fue un crevillentino, el presbítero Miguel Cayetano Salvador Manchón Cascales (1771-1861), quien cortó los tiros de los caballos del segundo carruaje que estaba preparado en la plaza de la Armería para sacar a los infantes Antonio Pascual y Francisco de Paula del palacio real por orden de su hermano mayor y padre, respectivamente, Carlos IV, que ya se encontraba en Bayona.

Las caballerías huyeron despavoridas y la represión de Murat fue inminente. El canónigo Manchón comenzaría a organizar partidas callejeras y se haría guerrillero absolutista. Luego se incorporó al Ejército regular y combatió la Constitución de 1812, ascendiendo a canónigo de Segorbe (población a la que defendió como tercera provincia del reino de Valencia) y de Zaragoza, por gracia de Fernando VII. No obstante, su longeva existencia le permitiría conocer el complejo entramado decimonónico hasta el inicio del ocaso del reinado de Isabel II.

En ese 2 de mayo, la joven costurera Manuela Malasaña, de 17 años, se defendió del ultraje de los soldados galos que pretendieron abusar de ella, haciendo uso de las tijeras que bajo su ropa escondía. Fue la víctima número 74 de las 409 que fenecieron en el levantamiento. Trágica historia que dejó inmortal huella en el barrio de Maravillas. La enterraron en el hospital de la Buena Dicha, donde también yacen los restos de la heroína Clara del Rey, derribada por la metralla mientras animaba a los defensores junto a su marido y 3 hijos.

En el transcurso de la Guerra de la Independencia, se pueden diferenciar tres fases. La primera de ellas se corresponde con el verano de 1808, período en el que los franceses intentaron ocupar las principales

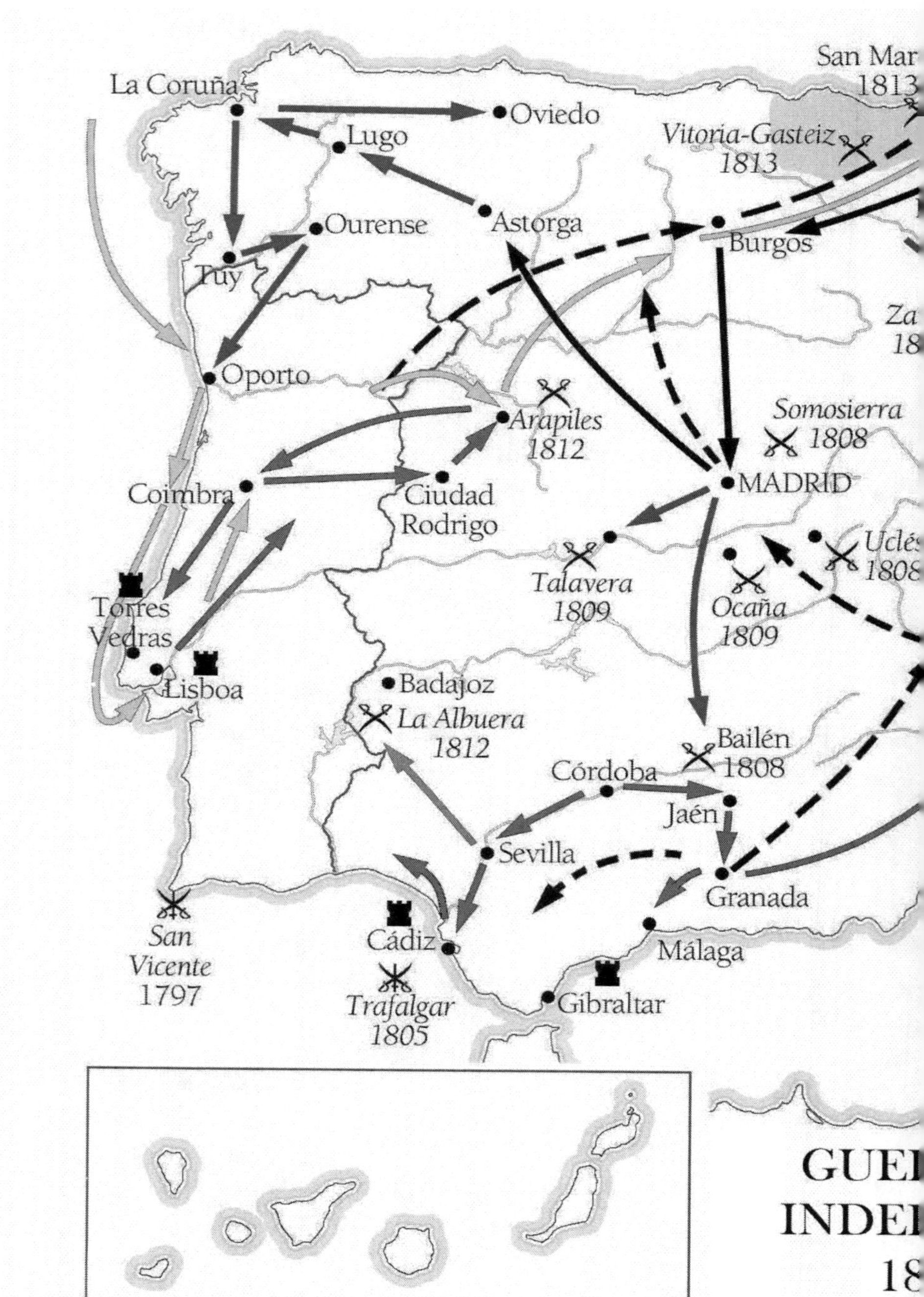
La Coruña
Oviedo
Lugo
Vitoria-Gasteiz
1813
Ourense
Astorga
Burgos
Tuy
Oporto
Arapiles
1812
Somosierra
1808
Coimbra
Ciudad
Rodrigo
MADRID
Talavera
1809
Ocaña
1809
Torres
Vedras
Lisboa
Badajoz
La Albuera
1812
Bailén
1808
Córdoba
Jaén
Sevilla
Granada
San
Vicente
1797
Cádiz
Málaga
Trafalgar
1805
Gibraltar

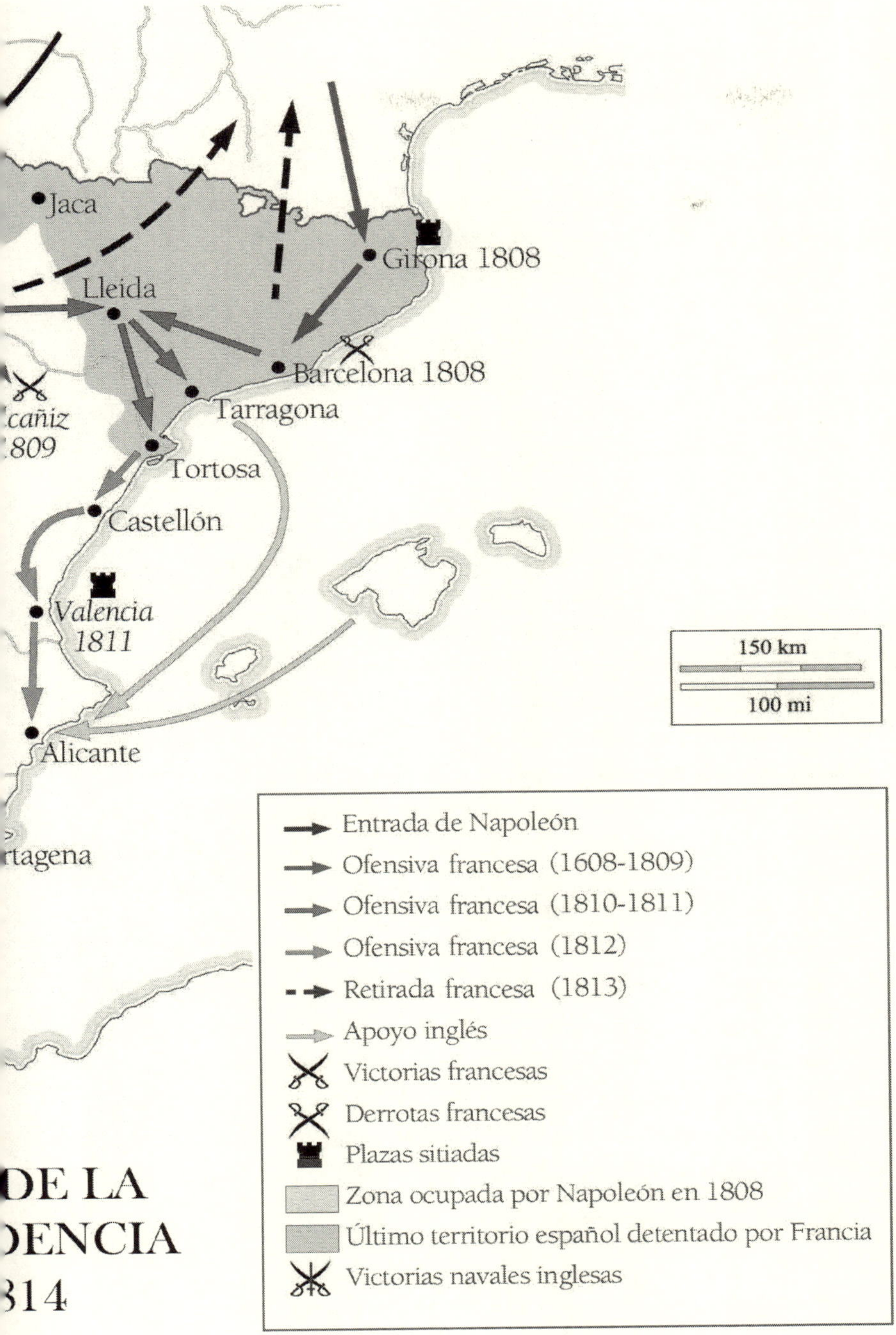
Jaca
Girona 1808
Lleida
Barcelona 1808
Tarragona
cañiz
809
Tortosa
Castellón
Valencia
1811
Alicante
rtagena
150 km
100 mi
Entrada de Napoleón
Ofensiva francesa (1608-1809)
Ofensiva francesa (1810-1811)
Ofensiva francesa (1812)
Retirada francesa (1813)
Apoyo inglés
Victorias francesas
Derrotas francesas
Plazas sitiadas
Zona ocupada por Napoleón en 1808
Último territorio español detentado por Francia
Victorias navales inglesas
DE LA
DENCIA
314

líneas de comunicación, pero fracasaron en Levante y en Andalucía. Es el momento en que aconteció el sitio de Zaragoza, cuya resistencia fue organizada por el general Palafox, siendo de relevancia la presencia femenina al pie del cañón, como demuestran Agustina de Aragón y María Agustín. El 19 de julio las tropas del general Dupont fueron derrotadas en la batalla de Bailén, la primera victoria española de trascendencia, o más bien la incipiente úlcera que hirió la jactancia gala.

La segunda fase, comprendida entre el invierno de 1808 y el verano de 1812, se inició con la llegada a España de Napoleón, quien venció a los patriotas en varias batallas y llegó a entrar en Madrid. Mientras, Zaragoza sufría su segundo asedio y caía, arrasada, el 21 de febrero de 1809. En esos momentos, el emperador había abandonado precipitadamente España, ante el inminente estallido de otra guerra en Austria.

Desde 1809 el combate entró en una fase de desgaste, caracterizada por la imposibilidad de dominar el territorio peninsular y por la constante hostilidad de la guerrilla, forma de lucha rescatada con peculiar táctica: el guerrillero prefiere las emboscadas a la batalla frontal, donde se reconoce inferior, y cuenta con la simpatía de la población civil, que le suministra información, víveres y escondites. En noviembre de 1809, el mariscal Soult derrotó en Ocaña (Toledo) a un ejército de 50 000 hombres que intentaba liberar Madrid. A consecuencia de las victorias napoleónicas en la Mancha y en Austria (Wagram), los franceses pudieron acometer la conquista de Andalucía entre enero y febrero de 1810, de manera que ese año significó el apogeo galo en España. El avance de Soult fue muy rápido y obligó a la Junta Central a trasladarse precipitadamente a Cádiz.

La tercera fase coincidió con la campaña de Napoleón en la Rusia nevada (1812), de manera que la retirada de tropas supuso un cambio considerable en el equilibrio de fuerzas. A su vez, los efectivos anglo-españoles, al mando del duque de Wellington, emprendían la ofensiva hacia la meseta y los franceses eran derrotados en Los Arapiles (22 de julio de 1812), en Vitoria (21 de junio de 1813) y en San Marcial (31 de agosto).

> Tengo por enemigo a una nación de doce millones de almas, enfurecidas hasta lo indecible —declaraba José I a su hermano—. Todo lo

que aquí se hizo el dos de mayo fue odioso. No, Sire. Estáis en un error. Vuestra gloria se hundirá en España.

En caliente, Napoleón no se percató de sus fallos, pero un lustro después, en 1818, desde el exilio de Santa Elena, expresaría:

> Los españoles todos se comportaron como un solo hombre de honor. Enfoqué mal el asunto ese; la inmoralidad debió resultar demasiado patente; la injusticia demasiado cínica y todo ello harto malo, puesto que he sucumbido.

El 11 de diciembre de 1813 se procedió a la firma del Tratado de Valençay, por el que Napoleón devolvía a Fernando VII la corona, permitiéndole regresar a España desde su retiro de inmadurez al otro lado de los Pirineos. Mientras otros caían defendiendo hasta la extenuación su causa, el hijo de Carlos IV no se había aburrido ni un minuto, pues había participado en bailes y montado a caballo en el castillo de Talleyrand, quien, para más señas, ante la nula conversación borbónica, decidió abandonar el paraje bajo el pretexto de que lo reclamaba Napoleón.

Tan cómodo residía como prisionero, que tocaba el pianoforte, asistía a sesiones teatrales y jugaba al billar (de ahí viene la expresión sarcástica «Así se las ponían a Fernando VII»). Una vida de lujos y de excesos en la *France* que tuvo como broche de la admiración por el *sire* la petición epistolar de ser acogido como su hijo adoptivo. Los corros de colegio dieron continuidad a aquel relajado retiro con la canción que los chicuelos interpretaban cambiando las vocales una a una: «Cuando Fernando VII usaba paletó».

3. Los albores del liberalismo español: las Cortes de Cádiz

Paralelamente a la lucha contra Francia, se asistió en nuestro país al nacimiento del liberalismo español, que se materializaría en las Cortes de Cádiz, inauguradas el 24 de septiembre de 1810, con una vocación de modernización no solo de la Península, sino de todas las áreas que habían conformado el imperio, pues en ellas estaría representada también Hispanoamérica, todavía no independizada de la metrópoli.

La principal obra de las Cortes fue la Constitución de 1812, aprobada el 19 de marzo, de ahí que popularmente se la conociera como La Pepa, por ser el día de San José. Constituida por 10 títulos y 384 artículos, en ella se afirmaba el principio de soberanía nacional y la división de poderes, residiendo el legislativo en «las Cortes con el rey, el ejecutivo en el monarca, que nombraría libremente a los secretarios, y el judicial en los tribunales, reconociéndose a su vez el fuero eclesiástico y el militar como jurisdicciones especiales».

Además, en el artículo 172 se recogían hasta doce limitaciones expresas a la autoridad real, de manera que el soberano no podía suspender o disolver las Cortes, abdicar o abandonar el país sin el permiso de ellas, contraer matrimonio sin su consentimiento, ni imponer tributos.

Otros puntos se correspondían con: la exclusividad de la religión católica; la formación de un ejército permanente, con ordenanzas reguladas por las Cortes, así como de una Milicia Nacional, vertebrada en las provincias y dependiente del rey, y la existencia de unas Cortes unicamerales, elegidas por sufragio censitario para varones mayores de 25 años.

3.1. En la estela del bicentenario

Somos unos afortunados. Los ciudadanos del tercer milenio podemos y debemos celebrar —con alegría pareja a «los tirabuzones» «de las gaditanas» «ante los fanfarrones»— el 200 aniversario (y más) de la Constitución de Cádiz, texto liberal que inspiraría numerosas legislaciones en Europa y en América y que ha pasado a la Historia por ser la primera de nuestra nación.

Una decena de generaciones ha admirado este referente del derecho universal. Los espíritus decimonónicos más preclaros, como Larra y Espronceda, que en la fecha de su promulgación ni siquiera habían cumplido 3 y 4 años de edad, habrían anhelado festejarlo con nosotros. Por no decir Bécquer, cuya única vivencia de la Constitución procedía de la cuna, cuando el texto gaditano fue puesto en vigor, por última vez, durante la regencia de María Cristina.

Los insignes románticos nos transmitirán aquella ilusión de los ojos que se entreabren al amanecer ante el rayo de luna para descubrir desde una perspectiva diferente la gran obra legislativa de las Cortes de Cádiz. Pretendemos ir más allá de elogiar su carácter innovador y su condición de pionera Carta Magna hispánica, aspectos sabidos hacia los cuales, por otra parte, mostramos desde estas líneas nuestra máxima consideración.

El despertar del liberalismo singulariza —como el torrente que agita cauces y transforma las conciencias, individuales y colectivas— el último cuarto del siglo xviii y las tres primeras décadas del xix en el Viejo Continente y en el Nuevo Mundo. Los corolarios de la Ilustración, de los que son exponentes Montesquieu, con la teoría de la división de poderes, y Rousseau, con el contrato social, se abrirían hueco con el vaivén de la espada, tanto en los incipientes Estados Unidos como en la Francia revolucionaria. Y en España, la monarquía católica por excelencia, tras jugar con fuego con Napoleón, ardería por los cuatro costados hasta crear el prototipo del levantamiento en pleno despuntar del Romanticismo.

Pero, junto al sentimiento que lleva al hombre a defender aquello que siente y quiere —ese coraje inmortalizado por el pintor oriundo de Fuendetodos—, encontramos también la emergencia de la razón. Precisamente, ¿qué es el liberalismo de aquel tiempo, sino la aplicación de los postulados racionales a la defensa de los derechos inalienables y al gobierno de los pueblos?

Por ello, entre 1808 y 1814, cabe describir el paralelismo entre la guerra que se libraba en los campos de batalla y el debate ideológico entre afrancesados, liberales y las distintas tendencias que surgirían de estos. Fenómenos coetáneos en el arranque de la contemporaneidad: la Guerra de la Independencia y la revolución liberal. Asimismo, cuando en la Península los españoles pugnaban por devolver la corona al que consideraban su rey, en la otra orilla atlántica los criollos se sentirían interpelados a afirmar una soberanía diferente, y con otras cadenas, por más que el atractivo residiera en que las argollas eran nuevas.

3.2. El pensamiento iberoamericano en las Cortes de Cádiz

La tensión entre deber y querer, entre poder político y económico, entre aparentar y poseer, estallaría en Hispanoamérica y los movimientos coloniales abrirían una tercera vena en una España desangrada. Y, aunque, en las Cortes de Cádiz, América estaba presente, pronto se darían pasos irreversibles para su salida sin retorno.

También el desenlace de estos tres caminos: guerra, liberalismo e independencia, sería dispar. El combate, la faceta más material de las tres vías (dejando a un lado el grave componente humano), conoció por agotamiento el primer resultado.

La revolución liberal alcanzó su hito en el preámbulo, en las Cortes de Cádiz, y a pesar de que el retorno de Fernando VII tiene sabor a conjura, el liberalismo ya estaba inoculado, por lo que, mediante el pronunciamiento, no tardaría en defenderse la Carta Magna, pero siempre con reverencia a aquellos sucesos.

Por último, la independencia de Hispanoamérica (con la excepción de Cuba y Puerto Rico, que fijarían la ruptura en 1898) se concretaría en el segundo y tercer decenio decimonónicos, así que también se ha ido conmemorando su bicentenario, ya que el período estricto de lucha militar iría desde el combate de Cotagaita (1810) hasta la batalla de Tampico (1829).

Dada la relación entre los procesos, es interesante recordar a «esos otros españoles» que representaron territorios de soberanía hispánica en las Cortes de Cádiz y a quienes se los contempla en igualdad de condiciones en la primera Constitución. En este orden de cosas, el 24 de septiembre de 1810, según el Diario de Sesiones, 102 diputados asistieron a la inauguración de las Cortes en la Isla de León, cifra discutible porque el ministro de Gracia y Justicia, Nicolás María de Sierra, debió de andar distraído, pues anotó 104 en el acta. De todos ellos, 27 representaban los territorios de América y 2 a Filipinas. Explorando un poco más esta línea de diputados en cifras, podemos afirmar que el número teórico de representantes se situó en torno a 240, de los cuales 185 firmarían la Constitución y 223 asistirían a la sesión de clausura el 14 de septiembre de 1813.

Con los nombres de los compromisarios que participaron en la sesión inicial, es posible realizar un bosquejo biográfico, así como un somero estudio sociológico por categorías. Para empezar, sabemos que el único diputado propietario procedente de América que pudo asistir a la jornada inaugural fue Ramón Power, de Puerto Rico. Los demás fueron elegidos como suplentes por los residentes americanos en Cádiz, mediante el procedimiento que se fijó para América y Filipinas, al evidenciarse, durante el verano de 1810, que muchos no podrían desembarcar físicamente con puntualidad para la jornada. De este modo, unos días antes del inicio de las sesiones, los 177 electores americanos que residían en Cádiz designaron a sus 29 suplentes ultramarinos.

Estos sustitutos jugaron un papel destacado en las Cortes y, aunque su mandato se extinguía con la llegada de los titulares, en la práctica dicha circunstancia resultó rara. Como la excepción confirma la regla, ahí tenemos a Octaviano Obregón, viajando en diciembre para incorporarse como cabeza autorizada de la provincia de Guanajuato (Nueva España).

Si distribuimos a sus señorías en 4 clases profesionales, no nos sorprende que el colectivo más representado fuera el de los militares. El resto forma parte de las profesiones liberales, de la administración metropolitana o de la Iglesia.

Entre los asistentes en representación del estamento militar, encontramos en la inauguración al teniente de navío José Álvarez de Toledo (capitanía general de Santo Domingo), o al subteniente del regimiento de Lima Ramón Feliú (Perú).

En el grupo de profesiones liberales y doctores hallamos a miembros insignes como el catedrático de la Universidad de Quito, apoderado de su ayuntamiento y oficial de la contaduría de Indias José Mejía Lequerica (Nuevo Reino de Granada), y a otros menos conocidos como el doctor en Leyes Fermín de Clemente Francia (capitanía general de Venezuela).

Pasando a otro ámbito de representación, podemos definir la «administración metropolitana en las naciones emergentes», refiriéndonos a aquellos diputados que ejercían responsabilidades en diferentes ámbitos de la gestión de los territorios de ultramar antes de la independencia. El comisionado del ayuntamiento de Santa Fe, José Domingo Caicedo y Santamaría (Nuevo Reino de Granada), el ministro del Consejo de Indias Francisco López Lisperguer (Río de la Plata) y el mencionado oidor honorario de la Audiencia de México, Octaviano Obregón, se identifican con esta categoría.

En la esfera eclesiástica, resulta curiosa la alta representación de la sacristía, con respecto a otras circunscripciones, por parte del virreinato de Nueva España. Así pues, el sacerdote José María Couto Ibia y el cura Máximo Maldonado, vicario y juez eclesiástico del obispado de Guadalajara, ocuparían sendos escaños en la cámara.

Si bien el peso de la metrópoli en aquellos días incontrastable, en calidad de diputados de la parte occidental del Atlántico, este nutrido grupo de la sociedad americana asistiría a las sesiones de las primeras y últimas Cortes españolas en que contaron con voz y voto. No intuían los virreinatos que eran esas las vísperas de su independencia.

Su presencia sería activa, hasta el punto de resultar necesario acuñar una sección para aglutinar sus propuestas: la «cuestión americana». Tema que sería causa de enfrentamiento dialéctico entre los diputados de ultramar y los españoles europeos, a los primeros, evidentemente, les interesaba estar, a los segundos, la reivindicación de igualdad para el Nuevo Mundo suponía una amenaza a su dominio del parlamento «imperial». El quiteño Mejía dirigió la línea de impugnación de la representación desigual y el 25 de septiembre, tan solo un día después de la apertura de las sesiones, fue sometido a consideración un decreto para elegir «aforados» adicionales para América sobre la misma base que se había hecho en la Península: uno por cada 50 000 habitantes, en tanto que en la práctica por cada diputado americano había tres del Viejo Continente.

Buena parte de los diputados americanos insistieron en que se contara con todos los súbditos del rey, incluidos indios y castas, algo que encontraría oposición entre sus propios compañeros, como el caso de Vicente Morales Duárez, diputado de Lima, que mostró su disconformidad a que se concedieran derechos políticos a las gentes de ascendencia africana. El tema de la raza llegaría a ser tratado en sesiones secretas debido al tono que estaban alcanzando los debates, y el 15 de octubre de 1810 se decidió reconocer la igualdad a «los naturales» que fueran «originarios de dichos dominios europeos o ultramarinos», no así a los miembros de las castas procedentes de África.

Un gran sector de Hispanoamérica recibió con agrado la política unitaria, hasta tal punto que el 10 de noviembre los diputados de Venezuela y Buenos Aires solicitaron el envío de emisarios a sus tierras para que difundieran la creación de las Cortes. No obstante, al otro lado del Atlántico se sucedieron motines de los que se hace eco la prensa gaditana, llegando a crearse folletos específicos, como *Reflexiones histórico-críticas sobre la insurrección de Caracas*, o también *La verdad sabida y buena fe guardada. Origen de la espantosa revolución de Nueva España*.

El 16 de diciembre de 1810, los prohombres de Indias presentaron un programa de 11 reformas que sentaría las bases de los ulteriores debates. A medida que fueron llegando los diputados propietarios, Mejía Lequerica contó con colaboradores directos en el grupo reformista radical, destacando los centroamericanos Antonio Larrazábal (Guatemala) y Florencio Castillo (Costa Rica), así como los novohispanos José Miguel Guridi y Alcocer (Tlaxcala) y José Miguel Ramos Arizpe (Coahuila).

Frente a estos políticos más «filantrópicos», si se acepta el calificativo en un intento de precisión lingüística que nos permita subrayar su acertada sensibilidad hacia las realidades humanas, hallamos actitudes hostiles, constituyendo el ataque más férreo hacia la población indígena la *Representación del consulado de México*, informe leído en sesión pública el 16 de septiembre de 1811 en el marco de la redacción del artículo 29. Dicho discurso, tras realizar un desdeñoso repaso a la historia de los «indios», proclamaba la superioridad del hombre blanco. Ante los ultrajes escuchados, los diputados de América pretendieron abandonar el espacio parlamentario, no siendo posible debido a la prohibición del presidente.

Pero la igualdad política no tenía sentido si no se garantizaba también la equidad en cuanto al acceso a los puestos civiles, militares y clericales, reivindicación enarbolada por los criollos desde muchas décadas atrás. El 9 de febrero de 1811 las Cortes habían otorgado a los españoles americanos, a los indios y a los mestizos los mismos derechos que tenían los españoles europeos para optar a dichos cargos.

Otro tema controvertido fue la abolición de la esclavitud. Los diputados pertenecientes a regiones esclavistas, como el Caribe, Venezuela, Perú y la zona costera de Nueva Granada, rechazaban tal medida que contradecía sus intereses. El diputado Guridi y Alcocer lanzó la propuesta abolicionista de que la esclavitud fuera eliminada de forma gradual, mientras que el liberal Agustín Argüelles sugirió que se acabara solo con el tráfico de esclavos. A petición de Mejía Lequerica se crearía una comisión en cuyo seno se elaboraron emotivos discursos favorables al respeto de la libertad, pero todo esfuerzo resultaría infructuoso en aquellos momentos, ya que las Cortes estimaron la conveniencia política del mantenimiento de la esclavitud. El tío de Simón Bolívar, Esteban Palacios, llegaría a manifestar: «En cuanto a que se destierre la esclavitud, lo apruebo como amante de la humanidad; pero como amante del orden político, lo repruebo».

En otro orden, las Cortes reestructuraron la nación española en ambos hemisferios creando dos nuevas instituciones autónomas: las diputaciones provinciales y los ayuntamientos constitucionales. Las diputaciones supondrían la abolición de los virreinatos y la división del mundo hispánico en provincias que trataban directamente con el Gobierno central. Asimismo, los ayuntamientos reemplazarían a las élites hereditarias. El caciquismo, un problema que afecta directamente a las áreas de influencia locales, era conocido en ambas costas atlánticas, pudiéndose rastrear una similitud entre los proyectos de supresión de los trabajos forzados en América y de las obligaciones señoriales en Iberia.

Había descontento entre los criollos, especialmente entre los formados en las universidades. Pero, en primera instancia, los diputados americanos, respaldados por la burguesía criolla, pretendían lograr la autonomía para las provincias ultramarinas dentro de la monarquía española. En este sentido, consiguieron la supresión de trabas, como el tributo indígena, la mita, la encomienda y los mayorazgos, al tiempo que lograron la habilitación de puertos para el comercio y otras medidas encaminadas al progreso hacia la libertad económica. Estas proposiciones se hallaban orientadas a liquidar el entramado colonial y a sentar las bases de un mercado nacional, de modo que la independencia política solo era una alternativa in extremis si la metrópoli no atendía sus peticiones.

Imposible que esta Constitución hubiera sido formulada en los mismos términos sin la presencia del Nuevo Mundo. Si analizamos pormenorizadamente el texto de la Constitución de 1812 en relación a las «Españas», observamos el resultado de las arduas negociaciones plasmadas en el profundo respeto que se tiene por los españoles de América, a los que se equipara, al menos en el marco legislativo (otra cuestión era la práctica en la diatriba criolla-peninsular, ya citada) a los hispanos europeos. En el primer artículo del capítulo I del título primero de la Constitución de 1812 se alude claramente a la soberanía territorial española en el mundo, bajo las siguientes palabras: «La Nación española es la reunión de todos los españoles de ambos hemisferios».

El capítulo II se titula De los españoles, indicándose en el punto primero de su quinto artículo que poseen tal consideración «todos los hombres libres nacidos y avecindados en los dominios de las Españas, y los hijos de estos». Por mucho que lo tengamos asumido, sorprende reiteradamente la alusión documental indirecta a la esclavitud, esa reducción del ser humano a la condición de mercancía, materializada en el punto cuarto del citado artículo, donde se señala que también serán españoles «los libertos desde que adquieran la libertad en las Españas».

El título II define en el artículo décimo de su primer capítulo los territorios pertenecientes a la soberanía española. Leemos el listado con la emoción de la riqueza cultural contemplada en aquel diploma que, sin saberlo, estaba llamado a la inminente caducidad:

> El territorio español comprende en la Península con sus posesiones e islas adyacentes, Aragón, Asturias, Castilla la Vieja, Castilla la Nueva, Cataluña, Córdoba, Extremadura, Galicia, Granada, Jaén, León, Molina, Murcia, Navarra, Provincias Vascongadas, Sevilla y Valencia, las islas Baleares y las Canarias con las demás posesiones de África. En la América septentrional, Nueva España, con la Nueva Galicia [Nuevo Reino de Galicia, ubicado en el México actual] y península del Yucatán, Guatemala, provincias internas de Occidente, isla de Cuba, con las dos Floridas, la parte española de Santo Domingo, y la isla de Puerto Rico, con las demás adyacentes a estas y el Continente en uno y otro mar. En la América meridional, la Nueva Granada [Virreinato del Nuevo Reino de Granada, cuyo núcleo principal es la actual República de Colombia], Venezuela, el Perú, Chile, provincias del Río de la Plata, y todas las islas adyacentes en el mar Pacífico y en el Atlántico. En el Asia, las islas Filipinas y las que dependen de su gobierno.

Asimismo, en el undécimo artículo se pronostica que se haría «una división más conveniente del territorio español por una ley constitucional, luego que las circunstancias políticas de la Nación lo permitan», algo que para la América continental no sería necesario, dada la premura de su escapada mediante las armas.

La Constitución fue jurada en América y su influjo estuvo presente en el ideario de las repúblicas que se independizaron en los años 20 y 30 de la centuria decimonónica. La Pepa tendría tres períodos de vigencia en España: entre marzo de 1812 y marzo de 1814; durante el Trienio Liberal o Constitucional, de enero de 1820 a noviembre de 1823, y entre agosto de 1836 y junio de 1837, ya durante la regencia de María Cristina de Borbón-Dos Sicilias. En consecuencia, la labor que habían realizado los diputados de ultramar quedaría reducida a las postreras colonias que habrían de perderse en el 98.

En ciclos de crisis financiera como los que en los comienzos del tercer milenio hemos vivido, la Historia, que, por senectud y experiencia, es sabia, anima a confiar en el futuro de una nación que ha conseguido renacer de sus cenizas cual ave Fénix.

Mirar hacia atrás, lejos de constituir una rebeldía que entrañe el riesgo de convertirse en estatua de sal, resulta productivo si del pasado se aspira a tomar enseñanza. Sentimiento y razón, las dos variables entre las que oscila el siglo XIX en reflejo del devenir humano. Y, entre esos ejes, lo que hallamos es a un puñado de españoles de las Américas movilizados en defensa de la libertad, antes que nada plantando cara a los ejércitos de Napoleón. Peninsulares y criollos sellando un equipo acuartelado en los dos hemisferios, bloque que, pese a la posterior disgregación, revelaría que el «volver a volver» no es solo una cuestión emocional, sino también demográfica si se echa un vistazo a las raíces históricas de la aldea de la globalización.

4. La Revolución Industrial

Y, junto a la dinámica política, la economía que, en abundancia, infunde calma a los hogares o, por su ausencia, estremece los estómagos. En España no existió una revolución industrial como tal en el siglo XIX, en bastantes lugares ni siquiera a comienzos del XX la hubo, pero sí se experimentó un crecimiento constante y sostenido a pesar de la mortandad provocada por la guerra y la enfermedad. Algo había cambiado en el régimen demográfico si el ochocientos, iniciado con 10 millones de habitantes, fue culminado con 20 millones.

La especialización es buena siempre y cuando converja con la diversidad. El sector primario no puede ser desterrado en beneficio del secundario ni del terciario sencillamente porque el ser humano acabaría enfermando, física y psíquicamente, si tuviera que alimentarse de cereales cultivados sin sol ni lluvia en laboratorios «extensivos» o de carne generada en probetas. Y en el presente, los porcentajes lo atestiguan: más del 75 % de la superficie española es rural, pero solo el 25 % de la población reside en estas áreas. No obstante la revolución industrial clásica, la británica, confirma que la transformación agraria era el requisito previo para el despegue de la mecanización.

La primera etapa de la industrialización, y prácticamente hasta 1830, acontece exclusivamente en Gran Bretaña, país convertido en esos momentos en «taller del mundo». A mediados del XIX, el proceso se había adentrado en el continente europeo, en naciones como Francia, Suiza, Alemania, Bélgica y los Países Bajos, a la par que había cruzado el charco hacia Estados Unidos. En los años siguientes, hasta el transcurso de la Primera Guerra Mundial, la mecanización entraría en áreas situadas fuera del epicentro europeo, como Rusia, la península Escandinava, el norte de Italia y por fin España.

El tímido desarrollo industrial se explica por la presencia de una serie de causas negativas insertas en el entramado social español. La falta de mentalidad capitalista se encuentra asociada al hábito rentista de la nobleza, que no veía en la inversión un instrumento eficaz para promocionar la riqueza y prefería vivir desahogadamente a partir de los privilegios adquiridos. Además, se consideraba poco común en el castellano viejo el dedicarse a los negocios e, incluso, contrario al honor del apellido. Un segundo factor es la inexistencia de un mercado nacional y de infraestructuras apropiadas para que el producto llegara al consumidor. El tercero, la falta de estímulos para la inversión, pues la burguesía prefería, antes que arriesgar, conducir sus excedentes de capital hacia actividades especulativas de obtención de beneficio instantáneo, o hacia bienes desamortizados. De esta manera, el inversor privado no exportaba resultados al conjunto de la sociedad.

Retomando la reflexión inicial, todavía hoy se debate acerca de si España experimentó su revolución industrial. La teoría más aceptada es que sí existió, aunque de manera tardía con respecto a otros países y focalizada en regiones muy concretas, como Cataluña, con el desarrollo de su potente industria textil, y la cornisa cantábrica, con el potencial minero, base de la industria siderometalúrgica.

El ferrocarril fue una correa de transmisión del progreso. Las peticiones de construcción de líneas, elevadas al Gobierno desde 1829, tropezaron con la ausencia de un marco legal que fijara las condiciones de su construcción. Justo en ese año, en Inglaterra estaba a punto de ser inaugurada la famosa línea entre Liverpool y Manchester. En España este vacío legal concluyó con la regularización, en 1844, mediante una real orden que dio pie a la primera línea de la Península Ibérica: Barcelona-Mataró (1848), con orientación industrial, y a la de Madrid-Aranjuez (1851), el tren de la fresa hacia los apacibles jardines de la corte. Sin embargo, en el conjunto de la monarquía hispánica, el pionero de los trazados fue el de Cuba, en 1837.

Desde mediados del XIX se registraría una rápida expansión del «ancho ibérico»: la Compañía de los Ferrocarriles de Madrid a Zaragoza y Alicante (1856), la de los Caminos de Hierro del Norte de España (1858) o la de los Ferrocarriles Andaluces (1877). Empresas captadas por las cámaras en blanco y negro, pues pervivirían hasta 1936.

5. De reyes y regentes con una república: España, 1814-1874

El nuevo mapa europeo, creado tras las guerras napoleónicas, se inaugura con el orden fraguado durante la Restauración europea (la española comenzó en 1875), cuyos inicios vienen marcados por el Congreso de Viena de 1815 en que, frente al liberalismo que había triunfado con la Revolución francesa, se retomaron los principios del absolutismo y se tendió hacia la búsqueda del equilibrio entre las principales potencias.

Las oleadas revolucionarias de 1820, 1830 y 1848 —en tanto que manifestaciones del liberalismo y del nacionalismo—, junto con las unificaciones de Italia y Alemania (1870), coparían la atención en este período en el que también daría sus primeros pasos en Europa, sobre todo en las Islas Británicas, el sufragismo femenino, pues a España no llegaría hasta la Segunda República.

El desarrollo de la historia de España se corresponde en este punto con un Estado que acaba de salir de la Guerra de la Independencia y que, en 60 años, experimenta una monarquía con dos soberanos de la casa de Borbón (Fernando VII e Isabel II) y un rey extranjero (Amadeo de Saboya), dos regencias (María Cristina de Borbón-Dos Sicilias y Espartero), una república y el gobierno presidencialista de Serrano.

5.1. El reinado de Fernando VII (1814-1833)

Acabada la Guerra de la Independencia, asistimos al retorno borbónico en la figura de Fernando VII. Desde su llegada a España, con el discurso inicial denominado «manifiesto de los persas» —pues comenzaba con la frase «era costumbre en los antiguos persas…»—, la imagen de el Deseado que de este soberano poseía el pueblo iría desmoronándose como si de un gigante con los pies de barro se tratara.

Los hechos hablan por sí solos. ¡Vivan las caenas! (cadenas) fue el lema acuñado, en 1814, por los absolutistas cuando, a la vuelta del «destierro» de Fernando VII, se escenificó un recibimiento donde se desengancharon los caballos de su carroza y fueron sustituidos por personas como fuerza de tiro. Daba igual: si el monarca no hubiera instigado este dramático gesto, los liberales pronto se habrían percatado de que la labor de Cádiz era cercenada de raíz, al mismo tiempo que restablecidas las instituciones vetustas, tales como los derechos jurisdiccionales.

Durante el Sexenio Absolutista (1814-1820), esta sería la práctica monárquica, de idéntica forma que el pronunciamiento (término de origen español relativo al intento de golpe contra la legitimidad establecida, aunque la mayor parte de las ocasiones frustrado) sería el proceder de los censurados espíritus liberales. Sorprendente resulta que los liberales, quienes habían luchado por el retorno de Fernando VII, fueran castigados con más saña que los afrancesados que habían prestado juramento de lealtad a José I. El pronunciamiento del general Porlier, en septiembre de 1815, sería una de las primeras protestas tras el restablecimiento del absolutismo, dentro de un largo listado: Espoz y Mina en 1814, Richart en 1816, Lacy en 1817…

La diferencia entre estos intentos de finiquitar el absolutismo y el pronunciamiento de Riego en Cabezas de San Juan (Sevilla) sería que este último triunfó y, así, a partir de 1820, se abriría el Trienio Liberal o Constitucional, restableciéndose el liberalismo, a través de la revitalización de la Constitución de 1812 y de la supresión de todos los elementos retrógrados.

Fernando VII se comprometería a acatar la norma gaditana en marzo de 1820, de modo que el trienio se extendería hasta 1823. En este período el liberalismo se escindiría en dos grandes facciones: la vertiente moderada o doceañista, personificada en Martínez de la Rosa, corriente que era partidaria de la vigencia de La Pepa pero con reformas conservadoras, como la implantación de un Senado aristocrático, el engrosamiento de la autoridad del rey y el sacar adelante medidas partiendo del compromiso entre las élites y la monarquía; por otro lado, se encontraban los liberales exaltados o veinteañistas, promotores, como Romero Alpuente, de un nuevo texto constitucional (habría sido el de 1820) y de hacer avanzar el progresismo, teniendo en cuenta que la base social de este colectivo estaba formada principalmente por la oficialidad del ejército (que había superado el corte estamental, teniendo orígenes diversos) y las clases medias urbanas.

La clave fundamental en el apego a 1812 es algo similar a lo que sucede hoy cuando se habla de la Transición: los doceañistas habían vivido la Guerra de la Independencia en primera fila, eran como los «ponentes» o «padres de la Constitución» de 1978 que, tras la muerte de Franco, se reunieron en el parador de Gredos, y los veinteañistas formaban una nueva hornada. Por eso los segundos (acaso semejantes a la «nueva política» emanada del movimiento 15-M) eran mas radicales, porque no entendían que se hubiera roto con el Antiguo Régimen y anhelaban extremar el programa reformista que ellos estimaban tenue.

Los moderados gobernaron durante casi todo el trienio hasta que un intento de golpe de Estado perpetrado por la Guardia Real el 7 de julio de 1822 propició el cambio. Nuevamente vemos aparecer la sombra de Fernando VII, cuyo entorno y él mismo fomentaron la conjura: ordenó ahorcar al Empecinado en la misma plaza de Roa que, años antes, este había recuperado para su nombre. Según los documentos y no bajo el instinto de la subjetividad, podemos afirmar que Fernando VII fue un ser deleznable, incapaz de saber lo que quería, si bien disfrutaba ensañándose con quienes le habían puesto la corona en bandeja y luego condenaba en tanto que prosélitos de las libertades.

Pero cada quien elige cómo pasar a la Historia. Juan Martín Díez se halla con los héroes. Porque el héroe no es más que la persona que decide llevar adelante una causa que todos los demás dan por perdida. Hasta introdujo Juan Martín una nueva acepción en la lengua española: su apelativo es el apodo con el que, desde antaño, se conocía a los naturales de Castrillo de Duero (Burgos) por el arroyo Botijas, lleno de pecina, que atraviesa el pueblo. Antes empecinado era alguien ennegrecido y sucio. Hogaño, siguiendo el ejemplo de su ilustre vecino, es quien resulta testarudo y pertinaz en una idea. Temperamento que, precisamente, a él le causó la muerte.

La presión internacional sobre el régimen constitucional fue creciendo hasta que los Cien Mil Hijos de San Luis invadieron España en abril de 1823. Otra vez los gabachos se mostraban dispuestos a consolar al «pobre» monarca... Ahora el rasgo distintivo estribaba en que la resistencia resultó muy escasa. ¿Para qué?, si las tropas realistas se habían sumado al invasor. En junio, las Cortes y el Gobierno se desplazaron a Cádiz; Fernando fue incapacitado por las mismas al negarse a viajar. Permanecieron hasta finales de septiembre en «la tacita de plata», momento en que decidieron liberar al soberano.

Y, con el absolutismo en alza, el 13 de noviembre Fernando VII entraba en Madrid tras haber dispuesto ejecutar, seis días antes, en otra plaza, la de la Cebada, a Riego. Comenzaba así con el fluido de la sangre otra nueva etapa involutiva de represión, bautizada por la historiografía liberal como Década Ominosa (1823-1833).

La *Gaceta de Madrid* publicó el 20 de agosto de 1824 la prohibición de congregaciones de masones, comuneros u otras sociedades secretas. No obstante, para congraciarse con los súbditos díscolos que no hubieran llegado a mayores en sus extravíos, Fernando VII ofreció el perdón a aquellos que, «no habiendo tenido orígenes en la perversidad de su corazón, han sido efecto de alucinamiento o de la apariencia engañosa de teorías funestas». Entre 15 000 y 20 000 liberales se exiliaron de España buscando refugio y espacio para conspirar en Reino Unido, la única monarquía constitucional, y después también en Francia, tras la revolución de París de 1830.

Mariana Pineda, así como Torrijos y sus compañeros fenecieron como mártires del liberalismo en la Década Ominosa. La primera, joven viuda, en Granada, en mayo de 1831, por su bandera con los lemas de la revolución: «Libertad, Igualdad, Ley». Los 53 siguientes, en diciembre del mismo año, al desembarcar en la playa de Málaga con la intención de sublevar a los vecinos ante la autocracia.

Junto al desarrollo político, en este primer tercio del siglo XIX asistimos a diversas acciones colectivas dispersas por la geografía española, fundamentalmente en los incipientes núcleos industriales, donde, por ejemplo, fueron destruidas máquinas de hilar y de cardar en 1821 en fábricas de Alcoy, o también se registró el incendio de la manufactura textil El Vapor de Bonaplata y Cia en 1835; manifestaciones que recuerdan al ludismo, esto es, para salvar al hombre, destruir la máquina. Paralelamente a esta querella contra los elementos del progreso tecnológico y de la industrialización, seguirían produciéndose los tradicionales motines de subsistencia ante la falta de trigo en las ciudades, como en Barcelona en 1835, con incendios y saqueos de almacenes de grano de los conventos.

El fallecimiento de Fernando VII el 29 de septiembre de 1833 dejó huérfanas a Isabel y Luisa Fernanda: antes de contraer matrimonio con su sobrina María Cristina de Borbón-Dos Sicilias (luego madre de estas), había desposado a María Antonia de las Dos Sicilias, a Isabel de Braganza y a María Teresa de Sajonia. No tuvo descendencia alguna con las tres primeras esposas, pero acertó cuando, antes de agonizar, promulgó la Pragmática Sanción que abolía la Ley Sálica, de esta manera las mujeres podían llegar por derecho propio a ser reinas titulares. Sin embargo, Carlos María Isidro, hermano del finado, se levantó en armas contra los partidarios de su sobrina Isabel. Los valedores de la pequeña eran denominados «isabelinos» o «cristinos», en tanto que la cuarta mujer del rey asumió la regencia hasta ser sustituida por Espartero en 1841.

La reina gobernadora pronto encontraría consuelo a su viudedad en los brazos de un guardia de corps conquense. Se llamaba Fernando Muñoz y, un 28 de diciembre, en el más solitario de los secretos, contrajo matrimonio morganático con él. Hipótesis: ¿inocentada o flechazo? Su hijastra le concedería el título de I duque de Riánsares (en honor a la patrona de la localidad natal de este, Tarancón), no en vano era el padre de 8 hermanastros suyos, toda una saga, los «muñoces»: «clamaban los liberales que la reina no paría. ¡Y ha parido más muñecones que liberales había!».

Los escándalos hicieron que María Cristina fuera sustituida como regente por el general Espartero, el primer espadón de la época, hasta que también el manchego fue obligado a dejar el cargo en mayo de 1843. Con la finalidad de evitar una nueva regencia, se adelantó la mayoría de edad de Isabel.

Mientras Fernando Muñoz, como promotor del ferrocarril, amasaba una fortuna y las casas-palacio se extendían por Cuenca, Madrid y Asturias, la población sería movilizada en tres guerras carlistas. La primera, en 1833-1840, finalizó con el Abrazo o Convenio de Vergara (1839) entre el general isabelino Espartero y el carlista Maroto, aunque Cabrera, «el tigre del Maestrazgo», proseguiría hasta 1840. Por esas fechas, otro carlista destacado, Zumalacárregui, llevaba ya un lustro en el más allá.

La segunda, en 1846-1849, coincidiendo con las bodas regias de Isabel y su hermana, inmortalizadas por Galdós en su episodio nacional *Bodas reales*. Y, por último, la tercera guerra carlista, desde 1872 hasta 1876, concluida por Alfonso XII siendo ya monarca. Todas tuvieron victoria isabelina o liberal, pero el carlismo alcanzaría una enorme proyección, llegando a ser una de las ramas integrantes de Falange Española Tradicionalista y de las JONS a partir del Decreto de Unificación de 19 de abril de 1937, en plena Guerra Civil.

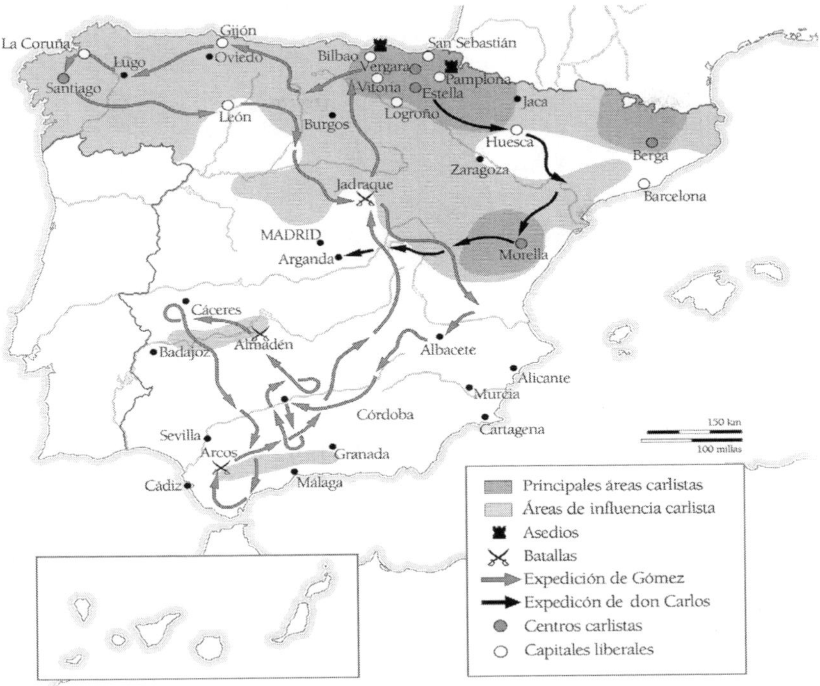

Áreas de influencia y principales operaciones de la Primera Guerra Carlista (1833-1840).

5.2. Isabel II, reina (1843-1868)

En 1843 Isabel II asumiría en primera persona la corona. Se iniciaba un reinado con saltos del moderantismo al progresismo, fruto de la debilidad y desorientación personal, y con una tónica común, el disgusto de la calle. Estas bodas de plata de Isabel con el trono, seguidas de un largo destierro, incluyen la Década Moderada (1844-1854), el Bienio Progresista (1854-1856), el Bienio Moderado (1856-1858), el Gobierno Largo de la Unión Liberal (1858-1863) y el ocaso (1863-1868).

Cuando Isabel se hizo cargo de España, las personas que la rodeaban carecían de conocimientos sobre los asuntos de Estado, de manera que unos se aprovecharon y otros la asesoraron de modo incorrecto en lo relativo a la actuación en el régimen constitucional. María Cristina, dedicada en exclusiva a su nuevo esposo, no puso cuidado en la formación de la niña, jamás le ofreció afecto y, en esta tesitura, ante las manos extrañas, la personalidad de la adolescente se desbocó, siendo presa fácil de las camarillas.

Para más enigma, con 5 años, en agosto de 1836, Isabel presenció en La Granja de San Ildefonso la sublevación de un grupo de sargentos de la guarnición de la Guardia Real que obligó a la regente a poner en vigor la Constitución de 1812. Y, con 11, en octubre de 1841, junto con su hermana estuvo en el punto de mira de una intentona de secuestro por parte de Diego de León, quien fracasó en su plan de llevárselas al País Vasco y fue condenado a muerte por Espartero, incumpliendo la orden de no fusilar a generales.

El preceptor mayor de Isabel fue Agustín Argüelles; el profesor general, José Vicente Ventosa, su maestro de música; Francisco Frontela, y de este «claustro» formaba parte Salustiano Olózaga, pasante de abogado y primer presidente del Consejo de Ministros recién nombrada reina. Isabel recibió en todo caso una educación basada en los asuntos domésticos, en la religión y en el piano, pero despojada de cualquier estudio humanístico y político. Algunos de estos hombres se hallaron en el inicio de las habilidades sexuales de la soberana: Ventosa fue expulsado de palacio por razones graves, a Frontela se lo conocía como amante, y Olózaga fue, presuntamente, quien la «desfloró»; reprobable, dolorosa, sanguinaria en toda centuria o época la pederastia.

Isabel tenía un carácter temperamental y apasionado, si bien, al unísono, su predisposición para apoyar a los sectores reaccionarios propició el distanciamiento con los progresistas y con el pueblo. La falta de objetividad en el quehacer político minó sus adeptos, y el deterioro hizo resquebrajarse la corona.

Pese a la gravedad de los términos despectivos, estos apuntes del natural ofrecidos por el conde de Romanones parecían ser *vox populi*:

> A los diez años, Isabel resultaba atrasada, apenas si sabía leer con rapidez, la forma de su letra era la propia de las mujeres del pueblo, de la aritmética apenas solo sabía sumar siempre que los sumandos fueran sencillos, su ortografía, pésima. Odiaba la lectura, sus únicos entretenimientos eran los juguetes y los perritos. Por haber estado exclusivamente en manos de los camaristas ignoraba las reglas del buen comer, su comportamiento en la mesa era deplorable, y todas esas características, de algún modo, la acompañaron toda su vida.

Cuando las decisiones sociales chirrían con la biología, se confirma que, en determinadas parcelas, la precocidad entraña serias desventajas.

En cuanto Isabel asumió la corona, la complicación inmediata a solventar fue la de las nupcias que había de contraer. ¿Con quién? ¿Cómo la reina de España iba a estar soltera? Ni hablar, aunque tuviera 13 años. El problema de Estado adquirió una dimensión europea y, mientras la «chica» se enrabietaba en Madrid, todos los países sugerían novio en aras de no ver perjudicadas sus alianzas.

La madre propuso al conde de Trapani, quien era hermano de ella misma y, en consecuencia, tío carnal. Francia, al duque de Montpensier, hijo de Luis Felipe. Por aspirar, también levantó el brazo el infante Enrique, vástago segundo de Francisco de Paula y de Luisa Carlota, hermanos respectivamente de Fernando VII y de María Cristina. Sin embargo, esta última fue la primera candidatura que se vino abajo por su colaboración en el alzamiento carlista de Galicia. Para gustos, los colores. Otro sector de opinión refrendaba la idea de casarla con Carlos Luis de Borbón y Braganza, conde de Montemolín, hijo de su rival nato, Carlos María Isidro. Quién sabe si habría sido la solución para la divisoria, pues en ese intervalo, por si se convertía en su suegro, Carlos María Isidro abdicó para facilitar el enlace a la par que esparcir letargo en las guaridas del recuerdo. Pero Isabel se plantó y no quiso. Y por una vez le hicieron caso sus «mentores», hallándose aquí el origen de la segunda guerra carlista.

Finalmente a Isabel le tocó comulgar con ruedas de molino. Como todos los grupos políticos parecían satisfechos ante la elección como consorte del infante Francisco de Asís de Borbón, primogénito de los ya mentados Francisco de Paula y Luisa Carlota, esta causa siguió adelante por dos razones: el personaje parecía inocuo y, además, se fundían en una sola las dos ramas reales. Con desgana y llanto por parte de la contrayente, la boda se celebró en Madrid el 10 de octubre de 1846, cuando Isabel cumplía 16 años. La habían unido con doña Paquita, con Paco Natillas, del que en la noche de bodas constatara que llevaba más puntillas que ella... Fue una ceremonia doble, en tanto en cuanto a Luisa Fernanda la casaron, con 14, con el príncipe Antonio de Orleans, el referido Montpensier. Por las corralas y patios, los atrios de las parroquias y las tabernas, la compasión se extendía con la expresión de «¡Pobres niñas!».

En lo sucesivo, la vida de Isabel II se basó en un continuo desorden: se acostaba a las 5 de la mañana y se levantaba a las 3 de la tarde. El primer amante oficial fue Serrano, a quien calificaba de «general bonito»; el revuelo era mayúsculo porque la reina lo perseguía por los cuarteles de Madrid y, para evitarlo, el ejército lo trasladó de destino. Entre los «caballeros» que frecuentaron su alcoba figuran el cantante José Mirall, el compositor Emiliano Arrieta, el coronel Gándara, el capitán José María Arana, conocido como el pollo Arana, y el valenciano Puigmoltó, general, conde de Torrefiel y vizconde de Miranda, presunto padre de Alfonso XII.

Aparte de esta insatisfacción constante porque «otros» le organizaron la vida y no podía oficializar sus auténticas pulsiones, un tema candente del reinado, con trazo oscuro y alargado, fue el de las desamortizaciones. Inicialmente perseguían la distribución más equitativa de la tierra, creando un pequeño y mediano campesinado, así como la rentabilización de las propiedades de las calificadas «manos muertas». Sin embargo, este propósito no se conseguiría, pues en realidad solo se operó un cambio de titularidad, viéndose las congregaciones y las diócesis desprovistas de heredades acumuladas durante siglos. Propiedades vendidas al mejor postor.

En 1836 ya se había producido una primera desamortización de bienes eclesiásticos, la denominada de Mendizábal, pero en 1855 el ministro Madoz estipularía una desamortización general, que afectaba tanto a posesiones religiosas como de propios (ayuntamientos). Desde Jovellanos y su proyecto de reforma agraria a fines del XVIII, el problema del campo español seguiría sin solución. No en vano, fue uno de los factores clave del descontento que llevaría al enfrentamiento de las «dos Españas» en la Guerra Civil.

Desde 1858 hasta 1863, tuvo lugar el «Gobierno Largo» de la Unión Liberal, con O'Donnell a la cabeza, que constituyó la etapa de mayor estabilidad política (y la más extensa) dentro del reinado de Isabel II. Pero lo más original de este gabinete fue su espíritu de movilización colonial.

El 1 de diciembre de 1858, en la apertura de la legislatura, se hizo mención a las tres aventuras imperiales a seguir: por un lado, la advertencia al sultán de Marruecos para que respetara «al pabellón español»; por otro, México, que sería atacado por un ejército si no sufragaba el pago de la deuda contraída por el Gobierno de Benito Juárez, como así se materializaría con la proclamación del Segundo Imperio Mexicano bajo la órbita de Napoleón III, con Maximiliano de Habsburgo como soberano, luego ejecutado; y, finalmente, la participación española, desde Filipinas, junto al cuerpo expedicionario que Francia iba a enviar a Cochinchina (área meridional del actual Vietnam).

Respecto a la expedición franco-española a Cochinchina, hay que indicar que el detonante vino marcado por «los atentados de que fueron víctimas nuestros misioneros», religiosos católicos asesinados en 1858, entre ellos, el obispo José María Díaz Sanjurjo, de la orden de Predicadores. El despliegue concluyó con la ocupación hispanofrancesa de Saigón y Da Nang, ciudades que sirvieron de base para la posterior conquista de la Indochina francesa. Por el bando español, el coronel Ruiz de Lanzarote regresó a Manila, pero el teniente coronel Carlos Palanca Gutiérrez permanecería en la zona, escribiendo su *Reseña histórica de la expedición de Cochinchina*, una de las fuentes militares más importantes sobre la guerra librada en el reino de Annam.

A esas tres empresas se sumarían otras dos: la intervención militar en Perú en la llamada Guerra del Pacífico (1862-1864) y la reincorporación de Santo Domingo a la corona española en 1861, agregación que expiraría en 1865. Recordemos que, ante las constantes expulsiones de los jesuitas en la contemporaneidad, durante el reinado isabelino se les dio el título de misioneros de ultramar, concretamente, entre 1852 y 1868.

No obstante, a nivel nacional el malestar iría creciendo ante las campañas de prestigio que en nada beneficiaban al súbdito. «El rasgo» fue el título del artículo que le costó a Castelar la cátedra de Historia Crítica y Filosófica de la Universidad Central y lo mandó al exilio en la última semana de febrero de 1865. ¿El motivo? Haber denunciado en *La Democracia* que los terrenos comprendidos entre la fachada trasera de lo que hoy es el Museo del Prado y la valla del Retiro formaban parte del patrimonio nacional y no del patrimonio regio, pues Isabel II había procedido como si fuese pertenencia suya al vender el solar para edificar sobre él:

> Los periódicos reaccionarios de todos los matices nos han atronado los oídos en estos últimos días con la expansión de su ruidoso entusiasmo, de sus himnos pindáricos; verdadero delirium tremens de la adulación cortesana. Según ellos, no la casta Berenguela, ni la animosa María de Molina, ni la generosa Sancha, ni la grande Isabel, ni Reina alguna desde Semíramis hasta María Luisa, han tenido inspiración semejante a la inspiración que registrarán con gloria nuestros anales y escribirán con letras de oro los agradecidos pueblos en bruñidos mármoles.

Protestaron los profesores, se manifestaron los estudiantes, y la Puerta del Sol fue testigo de 14 asesinatos en la furibunda noche de San Daniel.

En la barahúnda palaciega, no se escuchaban mucho los consejos del enjuto padre Claret, confesor atormentado por la desenfrenada sexualidad que discurría a su alrededor, y de sor Patrocinio, la monja de las llagas. El pueblo llano cantaba coplas como «La Isabelona/ tan frescachona/ y don Paquito/ tan mariquito», y los hermanos Bécquer, Gustavo Adolfo y Valeriano, bajo el seudónimo Sem, ridiculizaban los desmanes, mediante un conjunto de acuarelas pornográficas, cuyos protagonistas eran los personajes de esta tan peculiar «corte de los milagros», en términos de Valle-Inclán.

Pero en tal magma de liberalismo aristocrático, pronto se dijo adiós a Narváez y a O'Donnell. Isabel II sería destronada y enviada al exilio en la Revolución Gloriosa o Septembrina, llamada de este modo por haber acaecido en dicho mes de 1868. Fue el primer intento de la historia de España de fraguar un Estado democrático. El 18 la Armada se pronunció en la bahía de Cádiz al grito de «¡Abajo los Borbones! ¡Viva la España con honra!». Isabel, que se encontraba de vacaciones en Guipúzcoa, tenía que partir aprisa, fijando su residencia en París.

El corresponsal de un periódico francés relató los últimos momentos de la familia real en territorio español, marcados por la congoja y el desprecio:

> La reina y el rey van resignados; pero como atontados, sus ojos interrogan a la muda muchedumbre, que la contemplan, como si esperaran de ella algún movimiento para detener a la familia real de España. Algunos rostros se enternecen. De repente, con estupefacción suma se ve a Marfori entrar insolente en el vagón real e instalarse en él. Este último reto a la opinión pública hiela los generosos sentimientos de piedad que se habían manifestado: aquellos que se conmovieron se indignan, y un murmullo de disgusto se deja oír.

Pese a todo, sería injusto dar únicamente un balance tremendista del reinado, ya que, a las consecuciones en el campo de las Bellas Artes, con la fundación de teatros, de la Ópera de Madrid, de la Biblioteca Nacional y de la donación de pinturas al Prado, hay que añadir hitos como el Banco de Isabel II (1844) —que dio lugar al Banco de España tras la fusión con el de San Fernando—, la reforma de la Hacienda Pública (1845) y la Ley de Minas (1849, 1859).

Asimismo, 1868 es considerado como el año fundacional del movimiento obrero en España, de vertiente tanto anarquista como socialista. Se consolidaría a partir de la llegada de los propagandistas de la I Internacional: el marxista Lafargue y el anarquista Fanelli, creándose la Federación de Trabajadores de la Región Española. Y, desde su aprobación el 19 de octubre, la peseta fue la moneda de curso legal en España y sus colonias.

5.3. El Sexenio Democrático (1868-1874)

La Historia de la España decimonónica está caracterizada por los Sexenios. Se había expulsado a Isabel, pero se buscaba a un rey casi por anuncios en la prensa europea. Los progresistas apostaron por Fernando de Coburgo, padre del rey portugués Luis I, mientras los unionistas proponían al duque de Montpensier, que en todas las fiestas se hallaba, pues sería el futuro suegro de Alfonso XII en tanto que padre de la desdichada María de las Mercedes, fallecida a los 18 años.

La candidatura de Fernando fracasó por su matrimonio morganático con una cantante de ópera y Juan Prim, presidente del Consejo y ministro de Guerra, pensó acercar dualmente la corona a Amadeo, duque de Aosta, segundo hijo de Víctor Manuel II (último rey de Cerdeña y primero de Italia), y a Leopoldo de Hohenzollern-Sigmaringen, culto y católico pero no vaticanista, a quien la simpatía cañí bautizó como «Ole, Ole, si me eligen».

Sin embargo, los dos rechazaron la oferta y Prim buscó como depositario al duque de Génova, sobrino del rey de Italia, con 13 años. Contó el niño con el apoyo de Topete, a cambio de prometerle que el soberano sería casado con una de las hijas de Montpensier. La candidatura fue votada en las Cortes, obteniendo 128 votos contra 52. Pero ni por esas llegó el de Génova a ser rey de España. En otra vuelta, Prim caviló hacer monarca a Espartero, duque de la Victoria, a sabiendas de que lo rechazaría y, a partir de ahí, una nueva ronda que, por la rivalidad entre los pretendientes, atizó la guerra franco-prusiana.

Finalmente, Prim volvió a contactar a Amadeo de Saboya, quien puso como condición la conformidad de las principales potencias, no se fuera a montar un nuevo combate por la sucesión española y, conseguido este equilibrio, aceptó. Los revolucionarios de 1868 perfilaron una monarquía democrática con un rey sancionador que llevara a la práctica las mayorías parlamentarias y firmara las deliberaciones gubernamentales, pero con unos límites que diferenciaran su silueta con respecto a las majestades anteriores.

Vencidas las proclamas de «España para los españoles», al gran público le gustaba que procediera de una familia noble, aunque liberal y emprendedora. Además, su esposa, María Victoria dal Pozzo, tenía un perfil burgués de ama de casa moderna, modesta y recatada, en contraste con Isabel II. De entrada, todo en orden. El 26 de noviembre de 1870, Amadeo era elegido por 191 votos y el 27 de diciembre partió hacia Madrid.

No obstante, su llegada estuvo plagada de abatimiento. Durante esa misma tarde el plan se dio un batacazo cuando Prim, el héroe de la batalla de Castillejos, durante la guerra de África —que paradójicamente había desembarcado en 1853 en Constantinopla con el telón de fondo de la guerra de Crimea—, fue víctima de un atentado en la calle del Turco mientras viajaba en su berlina verde. Letales heridas, degeneradas en septicemia, que le costaron la vida el 30 de diciembre de 1870.

España quedó sumida en la conmoción, por el magnicidio y porque el saboyano ahora se quedaba solo, pues el oriundo de Reus había sido su máximo defensor. El sumario del asesinato de Prim rebasó los 18 000 folios y todavía hoy este crimen aparece como uno de los más desconcertantes de la Historia. Ya en nuestro país, una de las primeras decisiones del soberano fue crear el título de duquesa de Prim para la viuda del general, Francisca Agüero y González, rica heredera mexicana con la que se había desposado en París en 1856.

Pero aunque las semblanzas de los consortes parecían representar ejemplaridad, cuando se afincaron en la capital todas las capas sociales los humillaron y trataron con distancia. La frialdad fue tal que él fue apodado Macarroni I y, para dejar en evidencia a la princesa de la Cisterna, las aristócratas sacaron las mantillas reivindicando el casticismo.

No obstante, el 21 de abril de 1872 el grito de guerra llamó nuevamente a la movilización. Era también el día en que se abrían las Cortes del reinado de Amadeo. Al poco, el 2 de mayo, don Carlos cruzaba Vera de Bidasoa. Había estallado la tercera y más cruenta de las luchas carlistas y, mientras el pueblo llano se alineaba con los partidarios del pretendiente, anhelando mejorar su crítico estado, la alta nobleza apoyaba a los liberales, como respuesta a las concesiones agrarias. En medio quedaba Amadeo, cuya opinión, pese a ser el rey, nadie estimaba vinculante o válida. El 18 de julio de 1872 sufrió un atentado en la madrileña calle Arenal a manos de los republicanos federales. Por si no había dificultades, a las insurrecciones federales y a la oposición alfonsina se añadía el traslado de efectivos a un nuevo frente en Cuba desde 1868.

Por lo demás, la vida familiar era intachable, en Madrid, María Victoria dio a luz al menor de los tres hijos y, gracias a su aportación económica, se abrió la primera guardería de España, dedicada a los niños de las lavanderas que trabajaban en la ribera del Manzanares. Hasta el fin de sus días (con 29 años), la reina contribuyó a obras benéficas a través de la escritora Concepción Arenal, que actuó como intermediaria canalizando los donativos anónimos. Y fundó la orden civil de María Victoria, de trayectoria fugaz por ser disuelta durante la Primera República. Entre los condecorados figuran el músico Hilarión Eslava, los pintores Madrazo y los escritores Zorrilla y Valera. También María Bascuas y Colón, profesora de primera enseñanza en Pontevedra y autora de un tratado de aritmética.

Pero, en ocasiones, aunque la virtud campe a través de la liberalidad, la discreción y el compromiso con los necesitados, los personajes no caen en gracia. A lo único a lo que contribuiría la presencia del italiano en España sería a unir a los opositores al régimen, desde los republicanos hasta los carlistas. Desasistido de todos, el rey extranjero arrastraría la púrpura sin ilusión hasta abdicar el 11 de febrero de 1873. El detonante fue la crisis de gobierno originada a causa del conflicto artillero iniciado con el nombramiento de capitán general a Baltasar Hidalgo de Quintana, a quien no podían ver ni de lejos los oficiales de artillería desde la matanza del 22 de junio de 1866.

Amadeo I instó al Gobierno de Ruiz Zorrilla a no tocar el cuerpo y a avisarle de cualquier novedad. Pero el líder radical hizo caso omiso, presentando al Congreso el proyecto de reforma sin consultarle. El 7 de febrero, la disolución del cuerpo de artillería obtuvo 191 votos en las Cortes, los mismos que habían elegido a Amadeo. Enfrentaba así la confianza del rey a la de las Cortes. Por ello, el monarca escribió a su padre: «Zorrilla me había mentido (...) Yo vi que mi ministro, en vez de trabajar para la consolidación de la dinastía, trabajaba, de acuerdo con los republicanos, para su caída». Los jefes de los partidos lo habían abandonado.

Antes del 11 de febrero de 1873, Serrano contemplaba dos posibilidades: formar Gobierno con Amadeo, lo cual habría supuesto la guerra con los radicales y republicanos, o instaurar una dictadura, dejando en suspenso la Constitución de 1869, la primera en la que se reconocía la libertad de culto y el sufragio universal masculino en la configuración de las Cortes. Cercado por la limitada visión de Estado de los partidos y por el vilipendio social del que fue objeto, sin esperar a una ley de abdicación, en la noche del 10 de febrero Amadeo y María Victoria tomaron un tren que los llevó a Portugal.

A partir de ahí comenzaría la Primera República, la cual constituiría una breve experiencia caracterizada por la inestabilidad política. La traba más urgente a resolver fue el restablecimiento del orden, que estaba siendo alterado por los federales. En muchos pueblos de Andalucía la República era tan identificada con el reparto de tierras que los campesinos exigieron a los ayuntamientos la parcelación inmediata de las fincas. Asimismo, como quienes podían pagar se libraban de ir a la guerra, los mozos exigieron la abolición de las odiadas «quintas», promesa que la Revolución de 1868 no había cumplido, como recordaba una copla de Cartagena:

Si la República viene,
no habrá quintas en España,
por eso aquí hasta la Virgen
se vuelve republicana.

Con 11 meses de duración, salpicados de huelgas obreras e insurrecciones cantonales, la Primera República tuvo 4 presidentes: Figueras, Pi y Margall, Salmerón y Castelar. Desde el comienzo estuvo abocada al fracaso: en el interior, alfonsinos y carlistas se mostraban opuestos, el partido constitucional se pasó a la abstención y el radical, a las escasas semanas, abandonó el sistema. Estados Unidos fue la única potencia que reconoció el régimen.

Durante la República, el cantonalismo se desarrolló como movimiento político que pretendía dividir determinadas zonas de España erigiéndolas en Estados soberanos. Ante la lentitud en la implantación de un régimen federal, la sublevación cantonal estalló en julio de 1873 y, aunque fue progresivamente sofocada en las distintas ciudades, se mantuvo en Cartagena hasta enero de 1874.

El golpe de Estado del general Pavía del 3 de enero puso fin a la República Federal que había sido proclamada el 8 de junio de 1873, comenzando la República Unitaria bajo la dictadura del general Serrano. Se trató de un precedente con ciertas similitudes con el 23-F que habría de acontecer en el Congreso de los Diputados en 1981, aunque con divergente resultado.

A pesar de que los planteamientos republicanos fueron cobrando fuerza, también los realistas se iban organizando. La vuelta de Isabel nadie la quería, no así la de su hijo Alfonso. En esta última etapa, el embajador español en París, León y Castillo, tuvo la oportunidad de entablar una sincera amistad con Isabel II y resaltó su chispa, encanto y simpatía. Fue el diplomático quien le facilitó una entrevista a su amigo Galdós. Y la soberana celebró recibir, en 1902, la visita del periodista, un desconocido, en principio, de ideas contrarias, aunque los fuertes lazos del paisanaje provocaran que a los 10 minutos se desenvolviera con total naturalidad en sus confesiones. Tal vez, de dicha conversación, se extrae el balance más lúcido del reinado.

Como el escritor canario testimoniara en un amplio reportaje publicado en *El Liberal* dos años después: «vestía un traje holgado de terciopelo azul; su paso era lento y trabajoso...Su rostro, venerable, su mirada dulce y afectuosa persistieron largo tiempo en mi memoria». Es más, durante la sesión, hasta pudo apreciar Galdós un ápice de socialismo en ella y, sobre todo, quedó enunciado el perdón de la Historia a través de la voz conciencia:

> Fue generosa, olvidó las injurias, hizo todo el bien que pudo en la concesión de mercedes y beneficios materiales...y llevaba en el fondo de su espíritu un germen de compasión impulsiva en cierto modo relacionado con la idea socialista, porque de él procedía su afán de repartir todos los bienes de que podía disponer y de acudir adonde quiera que una necesidad grande o pequeña la llamaba.

Cuando los halagos no proceden de un amigo, en verdad la palabra se torna gloriosa. Como el epitafio que, en recuerdo de la esposa de

Amadeo I, en Turín reza: «en prueba de respetuoso cariño a la memoria de doña María Victoria, las lavanderas de Madrid, Barcelona, Valencia, Alicante, Tarragona, a tan virtuosa Señora». O el obelisco dedicado a La Pepa en una plaza de la ciudad de San Agustín, en Florida, el único monumento a la Constitución liberal levantado en toda América.

Capítulo XI
La Restauración: de Sagunto a Cartagena

Caciquismo. Una ilustración publicada en la revista satírica La Flaca.

Me ha ocurrido que cuando la alabanza inglesa absorbía mi personalidad, alejándome de los vínculos espirituales que me ligan a la patria, he abandonado Londres más que de prisa, para ir a España. ¡No, no!; antes que nada, ¡soy español! .

Ramiro de Maeztu

En el almanaque de 1875 apenas se han desprendido los primeros días de enero cuando la entrada de Alfonso XII en la capital abre de par en par las ventanas de la Restauración. Entre la expectación de los arcos de triunfo, sentados sobre la alfombra de un piso principal, una niña y su hermano van sacando de la vitrina los soldados de plomo. También las bailarinas de porcelana y el joyero con la *Marcha de Infantes* enlatada. En este juego de cisnes, ante los ojos de los pequeños, España es una mansión de solera a remozar. De lejos llega un monarca para poner paz y consenso. Al joven le encanta la hacienda, quiere cuidarla por pertenecer a sus ancestros y, a la par, darle con una mano de pintura un aire nuevo.

Hastiados por los experimentos, los partidos enfrentados ya no pugnan descaradamente por ser jefe de obra; aunque son contrarios, al menos se toleran. Juntos cierran las grietas que resquebrajan las coyunturas de los quicios, el pueblo enlosa de sillares los umbrales y una veleta corona el tejado a dos aguas para que ninguno de los ministros pierda el norte. Las casas siempre han tenido rasgos antropomórficos y, puestos a echar imaginación, nuestra nación no podía ser menos. Los ojos en las Castillas, la boca en Andalucía, las orejas en Galicia y Cataluña, las cejas en la cornisa cantábrica y la piel envolviendo con sus sentidos toda la faz, de Finisterre al mar Menor, de Extremadura a ultramar.

Aunque la Restauración conformaría un ciclo de algo más de medio siglo, hasta 1931, sustancialmente conocería fases muy distintas: desde el realismo hasta los locos años 20. También las casas de muñecas cambian la decoración neoclásica por los aires modernistas y sus diminutos propietarios hasta añaden a los carruajes de caballos algún coche a motor con el que ir a los toros. Pero resulta injusto que, por el camino, los vigilantes de que la voluntad popular se cumpla metan falsas papeletas a las urnas y rompan los pucheros, riéndose de los ciudadanos a los que habían prometido puente en municipios sin río.

Por ello, historiográficamente la Restauración alberga un período de configuración del sistema (1875-1898), que se corresponde con el brío del reinado de Alfonso XII y la regencia de la viuda donde, a pesar de la ausencia, en el interior de la casa las cosas funcionaron. «María Cristina me quiere gobernar» cantaban por las Antillas y, en el fondo, los cubanos le siguieron la corriente, pues allá quedaron como legado los balcones castellanos, pero acá, al desván, se subió la hamaca para que no recordara más que se había perdido el imperio. Y, así, llegó ese espacio de caída libre desde la azotea, ese intervalo de crisis y de desintegración del sistema (1898-1931) que desembocaría en otro exilio para los Borbones, después de que Alfonso XIII estrenara todos los vicios, también el del cine pornográfico mudo en un cuarto sin ventana del que únicamente guardaba la llave él.

No obstante, a pesar de sus dolencias, esta idílica vivienda de la Restauración no fue derribada, sino que subsistió con sus vigas de chopo. Transformada en fisonomía de raíz, y tras el forzoso «vuelva usted mañana», dirigido al hijo póstumo, un terremoto social arrancó las lámparas de araña de los techos de escayola, quedó muda la opereta del piano sonoro y los sirvientes guardaron en los baúles las monedas con la orla de «rey por la gracia de Dios». Detrás del paragüero conservaron las piezas porque eran de plata y, con independencia de la efigie y de la etérea urdimbre del pensamiento político, el metal conserva su valor al peso en todo tiempo.

1. El reinado de Alfonso XII (1875-1885)

El 25 de junio de 1870 Isabel II abdicó en su único varón. Desde que, en 1873, Antonio Cánovas del Castillo se convirtiera en portavoz del partido alfonsino, fue él en primera persona quien se encargó de preparar el terreno para que la nación aceptara no solo el regreso de la fórmula regia, sino también la figura de Alfonso XII. El político malagueño tenía dotes para hacerlo porque, además, era historiador.

A la luz del candil, había dedicado no pocas jornadas a escribir sobre los Habsburgo, no en vano algunas de sus obras se titulan *Bosquejo histórico de la Casa de Austria en España*, *Estudios del reinado de Felipe IV* e *Historia de la decadencia española*. Sin embargo, a pesar de su pesimismo, confiaba en la intervención de la Providencia en la Historia y era consciente de que, después de un período de esplendor, España había iniciado un camino de agotamiento que, en el XIX, había que remediar. Enunciado con sarcasmo, o en serio, desentona con el patriotismo que, en el ideario de Cánovas figure que, a la hora de definir quiénes eran los españoles en la Constitución, sugiriera «pongan que son españoles los que no pueden ser otra cosa».

Pero situándonos a comienzos de los 70, como si de su hijo se tratara, pero con el respeto debido por su estirpe, Cánovas abrigó con puntería la idea de vestir a Alfonso de monarca, orientando su educación en el Theresianum de Viena y en la Academia Militar de Yorkton, en Inglaterra. A fin de fomentar el apoyo del pueblo al príncipe, potenció los dos círculos alfonsinos establecidos en Madrid (conservador y liberal), así como la prensa, de manera que en 1874, con las experiencias frustradas de tantas modificaciones en la forma del Estado en un manojo de años, se llegaron a publicar en Madrid cuatro periódicos adictos a su causa.

Es más: el 1 de diciembre de 1874 Alfonso XII firmó el Manifiesto de Sandhurst, redactado por el propio Cánovas. El expectante soberano garantizaba una monarquía dialogante, constitucional y democrática, y se comprometía a ser rey de todos los españoles, afirmando que ni dejaría de ser buen católico, como todos sus antepasados, ni buen liberal, como hombre del siglo.

Aunque Cánovas descartaba el recurso a la fuerza, un pronunciamiento, el de los generales Jovellar y Martínez Campos, registrado en Sagunto el 29 de diciembre de 1874, sería el hito decisivo para la vuelta al trono. Disgustado por el procedimiento, Cánovas formó un gabinete de regencia en la misma Nochevieja y comunicó al interesado, que se encontraba en París, su proclamación como rey.

En arenas valencianas se abriría una nueva etapa de la historia de España conocida como la Restauración, en tanto que permitió restablecer a los Borbones a través de la figura de Alfonso XII. No es extraño que una ciudad romana devolviera la monarquía a España en un siglo plagado de estampas de pintura histórica, de Pradilla a Gisbert, desde la *Entrada triunfal de Isabel en Granada* a la *Ejecución de los comuneros de Castilla*, del afianzamiento del Estado a través de la corona, al alegato liberal como válvula de escape del desengaño.

De este modo, el 7 de enero de 1875 Alfonso XII embarcó desde Marsella con rumbo a Barcelona, ciudad en la que fue recibido dos días después de manera apoteósica. Después visitó Valencia, y el 14 de enero entró en Madrid.

Caballos blancos, uniformes de gala, trompetas, pañuelos al viento y todos los fastos imaginables para celebrar el regreso de los Borbones. Las instituciones civiles y militares, además de la aristocracia, invirtieron cuantiosas sumas para adecentar el recorrido del cortejo. La entrada, cuyos orígenes se remontaban a los Austrias, fue una de las últimas de estas características vividas por la capital y, aparte de pancartas de recibimiento, banderolas, escudos y ornamentos de flores, se construyeron arcos de madera. Uno de ellos, de estilo romano, fue levantado, junto a la iglesia de las Calatravas, en la confluencia de las calles Alcalá y Peligros. En sus hornacinas se veían heraldos con la flor de lis y trofeos militares. Había sido sufragado por la Asociación para el Socorro de Heridos en el Ejército.

Después de la apoteosis, el rey ratificó su confianza en Cánovas, no podía hacer menos, había diseñado toda la estrategia legal y lo había traído. Y, raudo, desde sus lentes, el estadista malagueño empezaría a trabajar para conseguir tres objetivos: la adaptación del régimen a la realidad política, la preparación de una nueva Constitución y la extinción de las guerras carlista y cubana.

Las noticias no llegaban de inmediato como en el siglo XXI; el correo del zar, el emisario o las palomas mensajeras tenían vida más allá de los cuentos. Por eso, al enterarse Isabel II de que tantos como la vituperaron ahora vitoreaban a su hijo, suspiró desde su retiro del Sena con un palpitar ambiguo, mezcolanza de alegría y de nostalgia muy atrasada.

1.1. Los fundamentos: el sistema canovista

Tras el Sexenio Democrático, las clases dirigentes se congregaron en torno al partido alfonsino, pues consideraban que había que evitar la reiteración de errores, siendo necesario efectuar cambios en las formas del reinado de Isabel II para que el sistema político siguiera garantizando el orden social. Las clases medias también apoyaron el régimen, pues identificaron los años del Sexenio con la crisis económica y una infinita revuelta.

Profundamente convencido de que las raíces históricas eran garante de estabilidad y estímulo de racional cambio, Cánovas creía que toda fórmula política tenía que cumplir dos objetivos: por un lado, asentar la monarquía como forma del Estado, por encima de la Constitución, aunque contradijera ese lema de raigambre navarra «antes leyes que reyes»; por otro, fraguar un entramado que resultara válido tanto para los antiguos moderados como para los unionistas, progresistas y demócratas, con la única condición de que aceptaran la solución regia y la alternancia pacífica en el Gobierno.

De este modo, la monarquía compartiría con las Cortes la soberanía, el ejército volvería a los cuarteles, por lo que los generales abandonarían la vida política, y se garantizaría la oportunidad de entrar con tranquilidad al gobierno mediante el sufragio... No se avisaba entonces que estaría amañado.

Los cuatro pilares en los que se sustentó el edificio político de la Restauración fueron el rey, las Cortes, la Constitución de 1876 y el turnismo. Cinco acontecimientos vertebran esta primera etapa: el encuentro del trono con el ejército mediante el pronunciamiento del 29 de diciembre de 1874; la pacificación política y militar de la nación con el fin de la tercera guerra carlista en 1876; el triunfo del bipartidismo en 1881; la sucesión sosegada mediante el Pacto del Pardo de 1885 y la democratización del régimen con la ley de sufragio universal masculino de 1890.

Curiosamente, estos cinco fundamentos irían cayendo en sentido inverso entre 1905 y 1923. En 1905 con los sucesos catalanistas del *Cu-Cut!* y, al año siguiente, con la aprobación de la Ley de Jurisdicciones, el sistema perdería su enfoque democrático. En 1909, la Semana Trágica manifestaría la ruptura del Pacto del Pardo. En 1913, con la fragmentación de los partidos y la aparición del maurismo, se produciría el ocaso del bipartidismo. La triple crisis de 1917 marcaría el desenlace de la concordia castrense y ejecutiva, mientras que el golpe de Miguel Primo de Rivera, con el consiguiente inicio de la Dictadura en 1923, supondría el fin del alejamiento del ejército de las decisiones políticas.

1.2. Los diez años del rey soldado

Alfonso XII reunía formación militar, habilidad diplomática y capacidad de mando. Y lo demostró pronto, pues, a los 10 días de llegar, visitó el frente del norte, pasó revista a las tropas y ordenó una triple ofensiva. Lo que más complacía a los españoles era que, en el fondo, se trataba de un rey nuevo, no tanto por su juventud (llegó al trono con 17 años) y ser madrileño, como sí porque se hallaba al margen de las intrigas. Fue querido por el pueblo y atrajo la cordialidad de no monárquicos desencantados con el laboratorio del Sexenio.

Como venimos explicando, la Restauración se basaba en el turnismo, es decir, en la alternancia en el poder de dos partidos: el Conservador y el Liberal. El primero, encabezado por Cánovas, agrupaba a los terratenientes, a ciertos sectores de la clase media y a los altos mandos del ejército. Los conservadores trataron de integrar en su partido a parte de los seguidores del carlismo y a los sectores católicos más moderados. El Partido Liberal, al frente del cual se encontraba Práxedes Mateo Sagasta, representaba a la burguesía industrial y comercial. Los liberales intentaron atraerse a los grupos más moderados de los pequeños partidos demócrata y republicano.

Cánovas consideraba que, para evitar la atomización parlamentaria y garantizar las mayorías, lo idóneo era que hubiera dos formaciones, siguiendo el modelo británico que tanto admiraba. Ambas debían cooperar y darse el relevo cuando perdieran la confianza del rey y de las Cortes, respetando la producción legislativa de sus predecesores. Por ello, tras la convulsa trayectoria que había experimentado España en los primeros 75 años del siglo XIX, Cánovas intentó dotar a la nación de una Constitución que, desde sus inicios, contara con la mayor aceptación posible.

En 1875 empezó a gestarse la Constitución al margen de las Cortes, pues una asamblea de exsenadores y exdiputados monárquicos encargó, en mayo, la elaboración de un borrador a una comisión encabezada por Manuel Alonso Martínez, jurista que hoy es recordado en el urbanismo madrileño, a la sazón, suegro y mentor del conde de Romanones.

En diciembre se convocaron elecciones a Cortes Constituyentes por sufragio universal, según establecía la Constitución de 1869. Pero los comicios fueron manipulados desde el Ministerio de la Gobernación por el ministro Romero Robledo, a fin de asegurar una amplia mayoría a los candidatos canovistas.

La Constitución de 1876, aprobada el día 2 de julio, pretendía ser una síntesis de los textos moderado y progresista de 1845 y de 1869. Tenía un contenido ecléctico, con el propósito de permitir gobernar de forma estable a todas las tendencias y alejar los pronunciamientos.

Compuesta por 89 artículos organizados en 13 títulos, en ella se reconocía la soberanía compartida, ya que la potestad de hacer las leyes residía en las Cortes con el rey, así como contenía una prolija declaración de derechos y deberes, a la vez que contemplaba la confesionalidad católica y una ambigua libertad de creencias que toleraba otros cultos. Eso sí, solo si respetaban la moral católica, aunque quedaban prohibidas sus manifestaciones públicas.

El texto constitucional se vio desarrollado por una serie de decretos, leyes y circulares. En diciembre de 1876, el Gobierno conservador reguló la elección de municipios y diputaciones, estableciendo el nombramiento real para alcaldes de ciudades con más de 30 000 habitantes, a la vez que otorgaba a los gobernadores civiles la potestad de aprobar los presupuestos de los ayuntamientos.

Los equipos conservadores tendieron a otorgar la capacidad electiva en función del poder adquisitivo y la hijuela de propiedades. A partir de 1878 tendrían la condición de electores los mayores de 25 años que pagaran 25 pesetas anuales por contribución territorial o 10 duros por subsidio industrial, quedando reducido el censo a 850 000 personas. Tristemente, el dinero era una poderosa arma ante los comicios y, a falta de campañas de sensibilización ante la política, la abstención llegó a ser casi del 50 %. Los paisanos se habían habituado a la adulteración de los resultados mediante el caciquismo y el pucherazo.

Consciente de que la prensa, el cuarto poder, había entrado en descalificaciones personales, mediante la Ley de Imprenta de 1879, Cánovas sometió a los diarios a un estricto control y, ante la generación súbita de partidos en la década precedente, hasta 1881 estuvo vigente la distinción de las agrupaciones entre legales e ilegales. De este modo, el Partido Socialista Obrero Español nació en 1879 con el tipógrafo Pablo Iglesias en la semiclandestinidad, pues solamente los llamados partidos dinásticos, es decir, los que se comprometían a aceptar la monarquía y la Constitución, estaban autorizados. Las asociaciones obreras y los sindicatos operaban en el hermetismo, al haber sido prohibidos en 1874.

Una de las decisiones más drásticas fue la adoptada por Orovio como ministro de Fomento, quien exigió al profesorado universitario que prestara fidelidad al Gobierno y se atuviera a sus normas en el contenido impartido en sus clases. Algunos docentes fueron separados de sus cátedras o desterrados. Estos, junto a otros maestros de inspiración krausista que renunciaron voluntariamente a sus cátedras, acabaron creando en 1876 la Institución Libre de Enseñanza, liderada por Francisco Giner de los Ríos, con enorme peso en la historia de la pedagogía española. El krausismo había sido traído a España por juristas capitaneados por Julián Sanz del Río, que buscaban introducir un elemento espiritual a los fundamentos del liberalismo. Por ello, propugnaban el contacto de los alumnos con la naturaleza mediante las excursiones y las clases experimentales.

Los conservadores se mantuvieron en el poder desde diciembre de 1874 hasta febrero de 1881, cuando los liberales asumieron el gobierno. La prometida alternancia duraría hasta 1903. Algo parecido a lo que, tras la Transición española, hemos vivido con el PSOE y el PP, hasta que en las elecciones de 2015 volvieron a romperse los diques del bipartidismo, con nuevas agrupaciones como Podemos y Ciudadanos. La diferencia es que en la España de la Restauración, como hemos apuntado, antes de que se celebraran los comicios ya se había decidido el resultado.

Si el Partido Conservador destacó en la precisión institucional, el Liberal se volcó en la cuestión social. Al llegar al poder, el Gobierno de Práxedes Mateo Sagasta tomó medidas para acabar con las restricciones de la libertad de expresión: permitió que las asociaciones obreras y republicanas actuaran públicamente, amnistió a los dirigentes republicanos, devolvió sus cátedras a los profesores represaliados y limitó las denuncias por delitos de imprenta.

«Cuando se cierran las puertas de la justicia, se abren las de la revolución», aseveró Sagasta y, para evitar el desorden por deficiencias congénitas del sistema, en diciembre de 1883 creó la Comisión de Reformas Sociales, con el fin de estudiar todas las cuestiones asociadas a la mejora de las condiciones de vida de la clase obrera. A pesar de que sus propuestas no fueron atendidas convenientemente por los sucesivos gabinetes, tanto liberales como conservadores, su constitución supuso un hito en la preocupación gubernamental por el mundo del trabajo, siendo un antecedente del Instituto de Reformas Sociales (1903).

Sin embargo, en este intervalo el Gobierno liberal no se atrevió a restituir el juicio por jurados ni el sufragio universal. La recesión económica de 1882-1884 ocasionó disturbios, como la huelga de tipógrafos madrileños apoyada por el PSOE, los sucesos de la Mano Negra en el campo andaluz y el intento de pronunciamiento republicano de 1883.

El gabinete liberal actuó con dureza reprimiendo las protestas y procesó a los golpistas, pero, finalmente, Alfonso XII encargó formar Gobierno a Cánovas, que se mantendría en el poder hasta la defunción del monarca. Este equipo volvió a ejercer un fuerte control de prensa y se enfrentó a los intentos de sublevación republicana y a la oposición universitaria, ordenando el cierre de la Universidad de Madrid al inicio del curso 1884/1885.

Durante la década, Alfonso XII sufrió dos atentados, ambos perpetrados por anarquistas, y en los dos salió totalmente ileso. El 25 de octubre de 1878, en la calle Mayor, cuando entraba en Madrid procedente del norte de España, Joan Oliva lo tiroteó y pagó el intento con el garrote vil. El 30 de diciembre de 1879, retornando los reyes de pasear en faetón por El Retiro, Francisco Otero le disparó a quemarropa mientras Alfonso llevaba las bridas de los caballos. También fue condenado a muerte.

Con tono amenazante, la revista anarquista *L'Avant Garde* sentenciaba en paralelo:

> Hay hombres que son un verdadero obstáculo para la transformación de las instituciones, y que estas no podrán ser cambiadas prontamente sin desaparecer tales obstáculos... Alfonso XII es además... la clave de la bóveda de este orden burgués. Como no tiene sucesor legítimo, su muerte significaría necesariamente la revolución en España. Ahora bien, se ha dicho con razón que se sabe cómo comienzan las revoluciones, pero no cómo terminan.

1.3. Las guerras carlista y cubana

En mayo de 1872 estalló la tercera guerra carlista, con levantamientos en Vascongadas, Navarra y el interior de Cataluña. Sus ecos llegaron también a Aragón, Valencia y Castilla. El pretendiente, aclamado como Carlos VII, era Carlos María de Borbón y Austria-Este, autotitulado duque de Madrid y conde de la Alcarria. Tras algunas victorias en el área vasco-navarra que los animaron a la conquista de Bilbao, no lograron su objetivo, ya que el general Concha les hizo levantar el bloqueo en mayo de 1874.

En Cuenca entraron al degüello las tropas de doña Blanca, cuñada de aquel por ser esposa de su hermano Alfonso Carlos. El 8 de febrero de 1874 una partida carlista de 200 hombres a caballo y otros tantos a pie, campó a sus anchas por el municipio de Sisante, llevándose a criados de vecinos acomodados que habían huido y varias mulas. Pidieron un rescate de 6500 duros, cifra difícil de reunir, pues quienes no estaban directamente afectados se negaban a contribuir con la causa.

Desde Sisante se dirigieron a Vara de Rey y San Clemente, donde siguieron con la táctica del secuestro, pero al aproximarse a Villarrobledo y contemplar el dispositivo que se había organizado, decidieron regresar. Se les uniría la partida carlista de Santés y, en su camino hacia Chiva, fueron perseguidos desde Madrid y desde Albacete. La prensa del momento, concretamente, las cabeceras de *La Época* y *La Discusión*, dan cuenta de estas escaramuzas.

El 15 de julio de 1874, otro Alfonso, no VIII como el de 1177, sino Alfonso Carlos I, comandante general de Cataluña, se apoderaba de la capital del Huécar. Al ver la belleza de las hoces, doña Blanca se quedó admirada y una ocurrente idea anduvo por su mente: bautizar a su tercer caballo con el nombre de Cuenca. Nació entonces la leyenda negra de la «mujer fiera» en su sentido más despectivo. El deseo de volver a gustar de las mieles del triunfo, después de haber sufrido varias derrotas, sobre todo la de Teruel, hizo de esta campaña un hito en las gestas del carlismo y una página negra en la historia de Cuenca, que llevó a Cánovas del Castillo a solicitar la extradición bajo la acusación de violación, asesinato e incendio provocado.

En 1875 se intensificó el esfuerzo militar en el norte, decisión que permitió primero el derrumbe de la zona carlista catalana y después el estrechamiento del núcleo vasco-navarro, hasta acabar con su rendición en marzo de 1876, con el Manifiesto de Somorrostro. Mientras tanto, en agosto de 1875, Martínez Campos había vencido en La Seu d'Urgell y, en febrero de 1876, Fernando Primo de Rivera había hecho su entrada en Estella. Don Carlos cruzó la frontera el 28 de febrero de 1876.

El 20 de marzo, Madrid volvió a engalanarse para recibir a Alfonso XII. Los cronistas describen cómo el soberano, al frente de las tropas, discurrió por la calle Ferraz entre vítores y balcones rebosantes de guirnaldas. En la plaza de la Villa, el Ayuntamiento había dispuesto un arco con gallardetes, escudos y arabescos, rodeando la inscripción el impertérrito lema: «Valor. Prudencia. Justicia. Patriotismo. Fortaleza. Templanza. Heroísmo».

A pesar de que se había derrotado al carlismo, los problemas relacionados con él no habían quedado resueltos, especialmente los vinculados con los vascos, cuyos fueros habían sido abolidos. También el carlismo siguió vivo, debatiéndose entre los que abogaron por alinearse definitivamente con la corona (es el caso de Ramón Cabrera que, desde su exilio en Inglaterra, reconoció al final de su vida a Alfonso XII como legítimo rey) y los que se mantuvieron en la oposición (en torno al heredero, don Jaime).

El fin de la tercera guerra carlista permitió enviar más tropas a Cuba. La Guerra de los Diez Años se había iniciado en 1868, pero la pacificación no se lograría hasta 1878, mediante la combinación del convenio y de la eficacia castrense, nuevamente bajo el mando de los generales Jovellar y Martínez Campos. El 12 de febrero de 1878 se firmó con los rebeldes cubanos la Paz de Zanjón, la cual incluía una amplia amnistía, la abolición definitiva de la esclavitud (efectiva desde 1880), la concesión de unas condiciones políticas, administrativas y económicas equivalentes a las de Puerto Rico y la promesa de reformas legales cuyo incumplimiento se hallaría en el origen de la guerra de 1895.

2. La regencia de María Cristina (1885-1902)

Alfonso XII trajo un soplo de esperanza a España pero, en la memoria popular, más que por sus actos es recordado por casarse, por voluntad propia y no por razón de Estado, con María de las Mercedes de Orleans y Borbón: «cuando la vi, me di cuenta de que la quería desde antes de haberla conocido. Desde el primer instante, comprendí el porqué de mi existencia». El matrimonio fue debatido en las Cortes, donde a María de las Mercedes la definieron como «ángel», pero se celebró en contra de la voluntad de Isabel II: «no tengo nada contra la infanta, pero con Montpensier no transigiré nunca». La joven era hija de su hermana Luisa Fernanda.

La ceremonia se celebró en la basílica de Atocha el 23 de enero de 1878, y solo 5 meses más tarde, el soberano quedó sumido en la depresión ante la viudedad por culpa del tifus. «¿Dónde vas, Alfonso XII?»... Como un quejido, el dolor de la ausencia quedaba derramado con las canciones infantiles por las calles que, en el anonimato nocturno, recorriera en compañía de su amigo Alcañices, duque de Sesto, considerado uno de los mejores alcaldes de Madrid. El monarca quiso a Pepe como si fuera su padre, y se lo merecía porque este, junto con su esposa, Sofía Troubetzkoy, desarrolló socialmente la Restauración acercando la nobleza a su causa. Y de idas y venidas sabía bastante la princesa rusa, que no daba puntada sin hilo, pues si bien fue la introductora en España del árbol de Navidad, también orquestó la ya descrita rebelión de las mantillas contra María Victoria, la esposa de Amadeo I.

El soberano demoró cuanto pudo el volver a contraer nupcias. Como Mercedes no podía ser enterrada en El Escorial, por no haber tenido hijos, Alfonso XII quiso que se construyera una catedral al lado del Palacio de Oriente para que fuera allí sepultada. Desde 2002 descansa en La Almudena bajo el epitafio: «María de las Mercedes, de Alfonso XII la dulcísima esposa».

Pero Cánovas insistía en que Alfonso XII contrajera matrimonio por segunda vez. «Me casaré si me buscan ustedes novia». La elegida fue María Cristina de Habsburgo-Lorena, sobrina del emperador de Austria, inteligente, pero poco agraciada. La necesidad de contar con un heredero que garantizara la continuidad de la monarquía lo llevó a desposarla el 29 de noviembre de 1879. Fruto de esta relación nacieron las infantas María de las Mercedes y María Teresa, así como Alfonso, rey, no príncipe, desde la cuna, ya que vino al mundo casi seis meses después de la defunción de su padre.

En simultáneo al enlace, Alfonso XII mantuvo el idilio con Elena Sanz, una auténtica diva de quien fue admiradora Isabel II. Cuando se conocieron, ella tenía 28 años y él 15. El encuentro se produjo a instancias de la reina castiza, que, desde París, pidió a Elena que visitara a su hijo en Viena, donde se encontraba estudiando. Por ello, se trataban de «mi nuera ante Dios» y «mi suegra ante Dios».

De su gira por Sudamérica, Elena trajo un vástago, llamado Jorge. Alfonso se casó con su prima hermana y, tras el óbito de esta, sumido en la desesperación, acudió al estreno de *La Favorita*. Al ver levantarse el telón, se avivó nuevamente la pasión y, después de que el monarca le pusiera un piso en la calle Alcalá, la cantante abandonó su actividad artística, dando a luz en París a un niño, Alfonso, dos meses después del enlace con María Cristina, y a otro en Madrid, Fernando, en 1881. Estos dos eran bastardos de Alfonso XII.

María Cristina sufrió mucho ante los deslices de su marido y, para calmar las estancias de palacio, Elena fue enviada a Francia con una renta mensual de 5000 pesetas, aunque el monarca buscó sustitutas, como la también cantante de ópera Adelina Borghi, llamada la Biondina por sus rubios cabellos. Alfonso XII supo captar la evidencia de que su segunda esposa era una buena mujer, con una educación exquisita y acendradas devociones, sin embargo, nunca estuvo enamorado de ella y le faltó al respeto con estos amancebamientos.

Durante los últimos meses de vida, Alfonso XII visitó las áreas de Andalucía asoladas por un fuerte movimiento sísmico en el invierno de 1884. Además, pese a la desautorización de Cánovas, acudió de incógnito a ver a los enfermos de cólera. La guadaña llegó temprano, enfermó de tuberculosis y, el 25 de noviembre de 1885, con 28 años, falleció en El Pardo, iniciándose la regencia de María Cristina.

Solo entonces la de Habsburgo aplicó la venganza cuando Elena Sanz reclamó la pensión y ella se la negó. Pero, como la cantante necesitaba dinero para seguir viviendo con calidad en París, contrató al abogado y expresidente de la República, Nicolás Salmerón, a fin de negociar una indemnización a cambio de las 110 cartas conservadas, donde quedaba atestiguada la paternidad de los dos hijos. Por el trato, Elena percibiría 750 000 pesetas, de las que 500 000 se guardarían en un fondo para la descendencia.

Aunque no es tan fácil congeniar con los súbditos siendo extranjera, los españoles reconocieron la valía y el aguante de María Cristina, apodándola Doña Virtudes. Como peculiar espejo de la abnegada moralidad de la que hizo gala, el retrato que Maura ofreció, en 1890, a propósito del barco *Reina Regente*: «Ese buque solo puede pelear arbolando por insignia el Evangelio, esto es, pidiendo al enemigo que cuando de él reciba daño en un costado, presente el otro, como el buen cristiano la segunda mejilla; porque si no es manso y contesta a la agresión, se acabó el *Reina Regente*».

Inmersos en el estupor y las lágrimas, Cánovas y Sagasta llegaron a un acuerdo que ha pasado a la Historia como el Pacto del Pardo. En buena armonía, se comprometieron a facilitar el relevo en el gobierno y a no echar abajo la legislación que cada uno de ellos aprobara. Del mismo modo, hallaron en María Cristina al árbitro perfecto, pues, durante los casi 17 años de regencia, la austríaca demostró gran prudencia y dejó actuar a los políticos ciñéndose estrictamente a los límites señalados por la Constitución de 1876.

El lienzo de la jura de la Constitución por parte de la regente, con Alfonso XIII todavía como embrión, mientras los dos líderes sostienen la carta magna, fue iniciado por Jover en 1890 y finalizado por Sorolla en 1897. Ubicado en el Salón de los Pasos Perdidos del Senado, refleja con fidelidad el espíritu de alianza, en aras de la óptima gestión de los recursos de todos, que debería constituir la esencia de la política.

La muerte de Alfonso XII precipitó la caída del ya debilitado Gobierno de Cánovas, que pasó el testigo a los liberales de Sagasta. La alternancia política entre 1885 y 1902 fue más dinámica que en la década anterior, produciéndose numerosos relevos entre liberales y conservadores. Se dio la circunstancia de que la regencia de María Cristina se abrió y clausuró con Gobiernos liberales, presididos por Sagasta, ingeniero de Caminos, riojano, que a la soberana debió de caer bien, políticamente hablando.

Entre 1885 y 1890 las propuestas liberales consiguieron reconciliar a la Restauración con las demandas de La Gloriosa. La Ley de Asociaciones (1887) permitió salir a la luz a los sindicatos obreros y regularizó la presencia pública de las órdenes religiosas. La Ley del Jurado (1888) favoreció la libertad de prensa, al negar la competencia de la jurisdicción militar en delitos de difamación. En 1889 se aprobó el Código Civil y, un año después, el sufragio universal masculino para mayores de 25 años.

En la década de los 90, cuando la alternancia parecía marchar de modo automático, la opinión pública se polarizó en torno a tres asuntos de rabiosa actualidad: la cuestión social, la situación de las colonias y el auge de los nacionalismos.

2.1. El desastre del 98

Una nueva sublevación cubana comenzó en 1895, ocasionando el relevo inmediato de los liberales por los conservadores, que se mantuvieron en el poder hasta 1897. Cánovas del Castillo envió a Cuba a Martínez Campos con el fin de conseguir una victoria militar, pero, cuando este fracasó, tuvo que regresar a España, tras negarse a aplicar medidas represivas sobre la población civil.

Entonces mandó a la isla al general Valeriano Weyler, quien recuperó todo el territorio, trasladando a los insurrectos a las montañas. Dividió la zona mediante líneas fortificadas y concentró a la población civil en compartimentos, con la intención de impedir que pudiera apoyar a los guerrilleros. Se inició así una guerra de desgaste en la que los españoles tenían la superioridad militar, pero los cubanos poseían el conocimiento del espacio, a la vez que recibían suministros y armamento de Estados Unidos.

El nuevo Gobierno de Sagasta intentó un proyecto de autonomía más amplio y, en sustitución de Weyler, remitió al general Blanco en 1897. El 25 de noviembre España ofreció un paquete de medidas a los independentistas cubanos, sugerencia que rechazaron.

A la negativa se sumaba otro factor: la organización ideológica de los nativos. En 1892, en Filipinas, José Rizal creó la Liga Filipina y, en 1896, la sociedad secreta Katipunan inició una insurrección contra el gobierno español que pareció quedar apaciguada con el pacto de Biak-na-Bató (1897). Al unísono, José Martí fundó el partido revolucionario cubano. Estados Unidos amenazó con intervenir en el conflicto ante la explosión del acorazado *Maine*, anclado en bahía de La Habana. La deflagración se produjo el 15 de febrero de 1898, con el saldo de 254 muertos, y, sin pruebas, España fue acusada del suceso.

Aunque la regencia pidió una investigación sobre el *Maine* (luego se ha visto que se trató de un accidente), el Gobierno de Washington no dudó en que la absoluta responsabilidad era de España y ofreció, en el mes de marzo, la compra de la isla por 300 millones de dólares. No obstante, ante la previsible negativa, lanzó un ultimátum si en tres días Madrid no renunciaba a la soberanía.

El 19 de abril de 1898 Estados Unidos declaró la guerra. Tras permanecer sitiada en Santiago, la flota del almirante Cervera fue hundida el 3 de julio, y el 17 se rindió la ciudad. A principios de dicho mes las tropas norteamericanas habían desembarcado en Guantánamo y, a finales, llegaron nuevos contingentes a Puerto Rico. Como las caricaturas de la guerra hispano-cubana difundieron en su propaganda, Don Quijote había sido derrotado por el Tío Sam.

A diferencia de las Antillas, presentes en el acervo hispano tanto por el trasiego de gentes como por los puros, la caña y las habaneras, Guam (Guaján desde el siglo XVI) era para los peninsulares una posesión olvidada, con un reducido destacamento de hombres. El último mensaje que las autoridades de Guam recibieron de España fue el 14 de abril de 1898, en él se manifestaba la posibilidad de un acercamiento diplomático que evitara un conflicto con Estados Unidos.

Henry Glass, capitán del crucero *USS Charleston*, se dirigía a Manila cuando recibió órdenes de tomar la isla. Llegó el 20 de junio, disparó tres cañones y, al disiparse el humo, se acercó al *Charleston* una pequeña embarcación con bandera española.

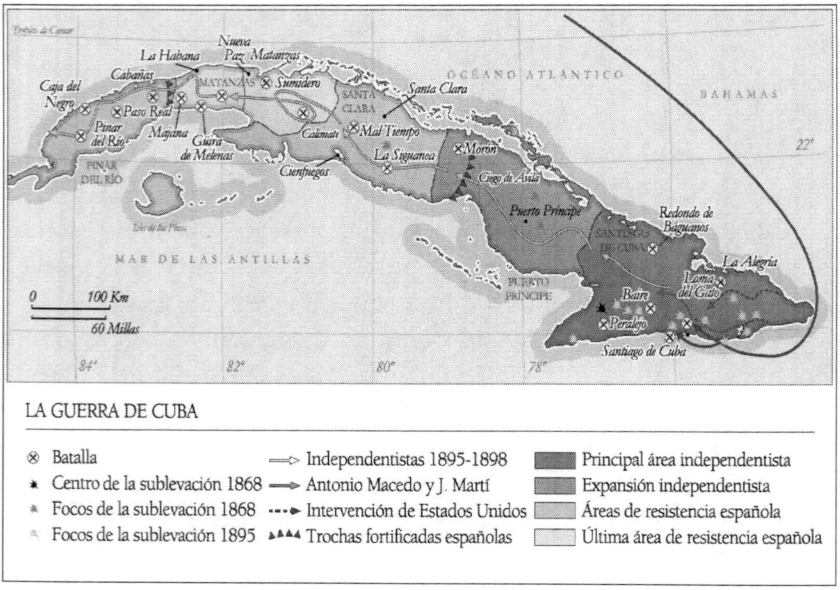

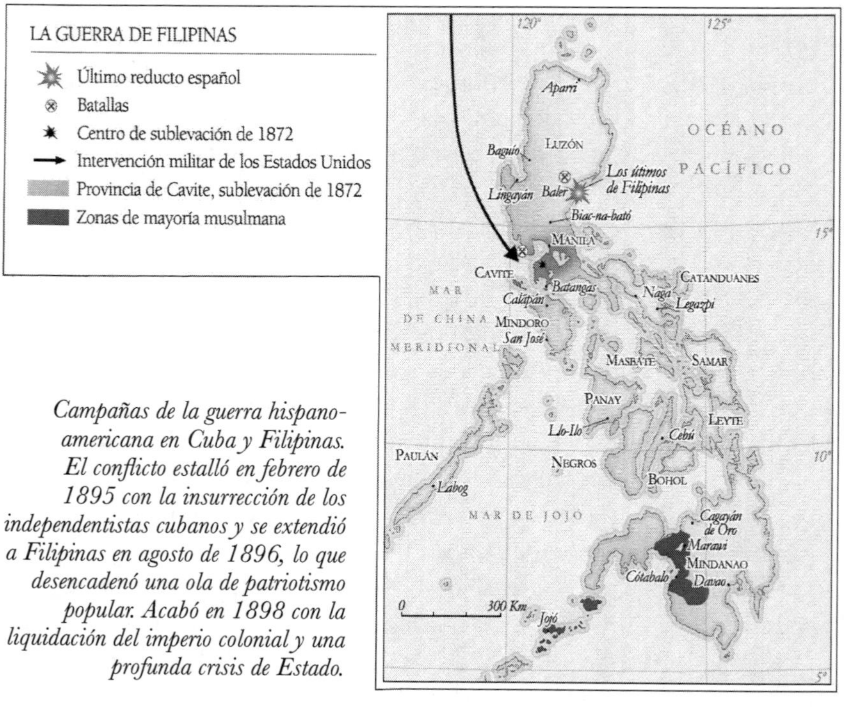

Campañas de la guerra hispano-americana en Cuba y Filipinas. El conflicto estalló en febrero de 1895 con la insurrección de los independentistas cubanos y se extendió a Filipinas en agosto de 1896, lo que desencadenó una ola de patriotismo popular. Acabó en 1898 con la liquidación del imperio colonial y una profunda crisis de Estado.

La delegación solicitó subir a bordo para entrevistarse con el capitán y, ante el asombro de este, lo saludaron efusivamente y se excusaron de no poder devolver las salvas por carecer de pólvora. Glass los informó de que les acababa de declarar la guerra, pues había viajado hasta allí para tomar la ínsula. En inferioridad numérica, el general Juan Marina se vio desguarnecido:

> Sin defensas de ninguna clase, ni elementos que oponer con probabilidad de éxito a los que usted trae, me veo en la triste decisión de rendirme, bien que protestando por el acto de fuerza que conmigo se verifica y la forma en que se ha hecho, pues no tengo noticia de mi gobierno de haberse declarado la guerra entre nuestras dos naciones.

Siendo Guam la isla más extensa de las Marianas, y la más protegida, nada habría costado a Glass tomar las demás, pero en las comunicaciones no se estipulaba al respecto.

En Filipinas, como indicábamos, la sublevación había comenzado el 21 de agosto de 1896. El ejército español, mandado por el general Polavieja, y después por Fernando Primo de Rivera (tío del futuro dictador), logró mantener alto el pabellón. Pero en la primavera de 1898, ante la inminencia de contienda entre España y Estados Unidos, la flota norteamericana radicada en Hong Kong, mandada por Dewey, se dirigió a las islas para apoyar a los insurrectos.

Los americanos se presentaron como los salvadores de los filipinos. El 1 de mayo de 1898 los barcos estadounidenses tomaron Cavite, destrozando la armada española y, el 14 de agosto, Manila fue ocupada sin que apenas hubiera combate, cuando ya se había firmado el armisticio. Llamativo que tanto la conquista por Legazpi como en el desenlace de la capital, fueran dos actos negociados.

En virtud del Tratado de París de 10 de diciembre de 1898, España renunciaba definitivamente a su soberanía sobre Cuba y traspasaba a Estados Unidos, Filipinas, Puerto Rico y la isla de Guam, a cambio de 20 millones de dólares.

Pero Baler, una pequeña localidad de Luzón, marcó la diferencia. Curiosamente, a mediados de 1897, la única autoridad española que había allí eran un cabo de la Guardia Civil. El panorama cambió al volver a estallar la revolución en 1898. Los oficiales, representados por el comandante Irizarri, pidieron refuerzos. Durante 337 días de resistencia, 57 militares defendieron el último bastión español del archipiélago: una pequeña iglesia en la que «los últimos de Filipinas» esperaron un auxilio que no llegó.

Aparte de los fusiles y cañonazos, les tocó afrontar la guerra psicológica de los nativos, que arrojaban piedras al tejado de zinc para impedirles dormir u obligaban a los rehenes a insultar a sus antiguos compañeros. Unos fenecieron de beriberi o de las heridas, sin admitir el fracaso de la metrópoli, creyendo en un imperio en el que no se ponía el sol. Otros, como el teniente Saturnino Martín Cerezo, se enteraron de las negociaciones sobre el baluarte que estaban defendiendo a través de un periódico. «Los españoles, para rendirse, piden un trato honroso y que no sean considerados prisioneros de guerra, cosa que aceptan los filipinos». El 2 de junio de 1899 las tropas españolas abandonaron el templo entre la admiración de sus contrincantes filipinos.

El día 30, Emilio Aguinaldo, el primer presidente de la República de Filipinas, así lo reconoció:

> Habiéndose hecho acreedoras a la admiración del mundo las fuerzas españolas que guarnecían el destacamento de Baler, por el valor, constancia y heroísmo con que aquel puñado de hombres aislados y sin esperanzas de auxilio alguno, ha defendido su bandera por espacio de un año, realizando una epopeya tan gloriosa y tan propia del legendario valor de los hijos del Cid y de Pelayo…

El completo desmantelamiento de los restos del imperio colonial español se produciría en ese mes de junio, cuando el Gobierno cedió a Alemania las Marianas (con la excepción de Guam), las Carolinas y Palaos a cambio de otros 15 millones de dólares.

La pérdida forma parte de un proceso de redistribución colonial acaecido entre 1895 y 1905, fenómeno que perjudicó también a Italia, Francia, Rusia, Japón y a la República Sudafricana de los bóers, beneficiando en cambio a Estados Unidos, Gran Bretaña y Alemania, países elevados a grandes potencias en los años previos a la Primera Guerra Mundial.

La crisis política resultó inevitable en España. Ambos partidos sufrieron un desgaste, pero especialmente el liberal, ya que fue Sagasta quien tuvo que afrontar la derrota. Además, el desastre llevó consigo el desprestigio del estamento militar, pues era evidente que el ejército no había estado preparado materialmente para un conflicto de la categoría del producido.

Las guerras de 1895-1898 causaron 120 000 muertos, de los cuales la mitad fueron soldados españoles. Muchas de las defunciones se debieron a enfermedades infecciosas, que dejaron importantes secuelas en los supervivientes.

La consternación se sintió en Andalucía y, ante todo, en Cádiz. La vuelta de los efectivos desde los lejanos frentes estuvo rodeada de muestras de afecto, siendo recibidos por el gobernador militar de la plaza, el duque de Nájera. A bordo del *Buenos Aires* pisaron tierra 2609 pasajeros, los cuales fueron albergados durante un par de días en el castillo de San Sebastián y en las bóvedas de Santa Elena. Los enfermos, que eran muchos, tanto por las heridas como por los virus tropicales, permanecieron en los hospitales, y los sanos subieron a trenes militares hacia sus domicilios.

Entre las familias pobres, cuyos hijos habían sido enviados a luchar por no haber podido pagar las 2000 pesetas que excluían de las quintas, se fue extendiendo la amargura. Además, la derrota supuso la disminución de los ingresos y el fin de los mercados privilegiados que estas posesiones representaban. En adelante, mercancías como el cacao, el café y el azúcar, tendrían que comprarse a precios internacionales.

Así pues, en el ocaso de la regencia, 1898 puso de manifiesto la debilidad del sistema restauracionista, que ya había empezado a ser horadado por los nacionalismos y por las mutaciones socioeconómicas surgidas a consecuencia del incipiente capitalismo.

La España finisecular se vio inmersa en un profundo proceso de revisionismo histórico, ya que toda una generación de literatos, pensadores y ensayistas, la del 98, realizó un diagnóstico de la situación, a la vez que el regeneracionismo de Joaquín Costa interpretó la derrota colonial como exponente del atraso de la nación y responsabilizó a los gobernantes de los males que esta padecía, pues, a su juicio, la Restauración se identificaba con los términos de «oligarquía y caciquismo».

2.2. El brote de los nacionalismos y regionalismos

Durante la Restauración, el republicanismo federal y el carlismo, corrientes a través de las que se habían canalizado las reivindicaciones foralistas o nacionalistas, languidecieron, circunstancia que no tuvo como sinónimo la conformidad, pues, en la periferia peninsular surgieron movimientos que reclamaban los derechos históricos catalanes, vascos, gallegos, valencianos y andaluces.

No se trató de un fenómeno que se desarrollara de forma aislada en España, sino que, paralelamente, en toda Europa se experimentó el ascenso de los nacionalismos. Así, el catalanismo político se consolidó desde los años 80 del siglo XIX, teniendo un doble cauce de articulación: el tradicionalismo y el federalismo de Valentí Almirall, quien fundó en 1879 el *Diari Català* y fue el primer teórico del catalanismo político.

Los hechos se sucedieron con una velocidad vertiginosa. En 1887 se creó la *Lliga de Catalunya*, en 1891 bajo la dirección de esta se formó la *Unió Catalanista*, en 1892 se dieron las Bases de Manresa, las cuales representaron el arranque del nacionalismo catalán, y en el último año citado Josep Torras i Bages publicó *La tradició catalana*, ensayo en el que sostenía que el catolicismo ejercía de pilar del nacionalismo.

Desde 1898 la burguesía reclamó reformas, dando un giro que provocó la aparición de dos vertientes dentro del catalanismo: por un lado, la moderada y posibilista de Prat de la Riba y, por otro, la línea radical organizada en torno a la *Renaixença*. Ambas convergerían en la *Lliga Regionalista* (1901), partido de carácter conservador apoyado por las clases altas y medias catalanas, cuyo objetivo era alcanzar la autonomía de Cataluña dentro del Estado español.

La *Lliga Regionalista* adquirió tanta importancia que las demás formaciones catalanas debieron definirse en función de esta, no cuajando en ese intervalo ningún partido político catalán de izquierdas. En 1906 las fuerzas catalanistas constituyeron la agrupación *Solidaritat Catalana*, de la que únicamente quedaron al margen los partidos dinásticos y el lerrouxismo.

Simultáneamente, los orígenes del nacionalismo vasco discurren entre los cambios económicos de la región y la abolición de los fueros. El 31 de julio de 1895 Sabino Arana fundó el Partido Nacionalista Vasco, al frente del cual permanecería hasta su muerte, en 1903, y situó como pilares de su ideología el antiespañolismo, la defensa de la raza vasca, el antisocialismo, el rechazo de los inmigrantes y la crítica de la oligarquía. Así surgieron dos corrientes dentro del nacionalismo vasco: la posibilista, de carácter moderado, y la aberriana, propugnadora del antiespañolismo.

A diferencia de los casos catalán y vasco, en los que el nacionalismo apareció teniendo como marco el desarrollo industrial, el galleguismo irrumpió en una tierra con atraso en la inversión productiva. Desde mediados del siglo XIX se puede detectar una fase prerregionalista, con el *rexurdimento* cultural que supuso la producción literaria de Rosalía de Castro, y, por otra parte, el provincialismo expresado en la obra de Murguía, quien lo transformó en un regionalismo historicista centrado en la apología del pasado y de la diferencia lingüística.

La actitud de Murguía, influida por concepciones liberales, compitió con el regionalismo tradicionalista, dirigido por Alfredo Brañas, quien basó su etnicismo en una defensa de la sociedad tradicional. Junto a estos, apareció el galleguismo federalista, que tuvo como ideólogo a Aureliano J. Pereira, que dotó al regionalismo de una vía democratizadora y federalista.

Aunque el referente histórico del regionalismo valenciano fue la abolición foral tras la derrota de Almansa, su precedente inmediato sería el renacimiento cultural valenciano a finales de la década de 1870, con la creación de la sociedad *Lo Rat Penat* por Consantino Llombart. Así pues, en 1904 se creó *València Nova* y en 1908 *Joventut Valencianista*, aunque fracasó el intento de fraguar una Solidaridad Valenciana como la catalana.

El blasquismo, entendiendo por este el movimiento basado en el anticlericalismo y en la defensa de la República que se configuró en torno al escritor Vicente Blasco Ibáñez, no alcanzó importancia más allá de la ciudad de Valencia. Esto mismo le ocurrió a la facción de Rodrigo Soriano, que presentaba una ideología pareja, pues ambos sectores estaban divididos no tanto doctrinalmente, como sí por asuntos personales entre sus postuladores.

El regionalismo andaluz debería ser calificado en sus orígenes más bien como sevillano, pues estuvo centrado en el Ateneo hispalense. En 1913 se fundó la revista *Bética*, y de la orientación cultural se pasó a la exigencia de cuestiones políticas. El hombre clave fue Blas Infante.

3. Las fuerzas políticas excluidas del turno

Las principales agrupaciones que no podían participar en el relevo gubernamental eran el republicanismo y el carlismo, como movimientos políticos radicales de izquierda y derecha, y el anarquismo y el socialismo, asociados desde sus inicios al movimiento obrero. El estar fuera del sistema enfatizó sus ansias de poder y, además de ejercer una oposición paralela, tras extinciones y acuerdos, acabaron englobados en nuevos partidos que se verían las caras en la República.

Debido a sus corolarios extremos y a su tendencia a promover desórdenes públicos, tras los años del Sexenio Revolucionario los republicanos perdieron el apoyo de la clase media. No obstante, en la Restauración, el republicanismo moderado tuvo su continuidad a través del Partido Republicano Histórico que, desde 1876, contó con representación parlamentaria. Tras la aprobación del sufragio universal masculino, reconoció la monarquía como fórmula democrática y sus miembros acabaron integrándose en el Partido Liberal.

Francisco Pi y Margall continuó su tendencia republicana federal a partir de 1876 y, líderes republicanos como Manuel Ruiz Zorrilla, Nicolás Salmerón y Cristino Martos intentaron derrocar sin éxito al régimen monárquico. Acabaron disolviéndose, pero Salmerón conservó un pequeño grupo de adeptos en torno al Partido Fusionista que, a principios del XX, como el Partido Progresista de Ruiz Zorrilla, se entenderían con las nuevas formaciones del Partido Radical de Alejandro Lerroux y del Partido Reformista de Gumersindo Azcárate y Melquíades Álvarez.

Los carlistas, derrotados por las armas en 1876, acentuaron desde entonces su carácter minoritario y regional, acantonándose sobre todo en el País Vasco, en Navarra y en el sur de Cataluña. Juan Vázquez de Mella, que empezó a promover ya durante la regencia de María Cristina la actualización del ideario carlista, se convertiría en el principal teórico del tradicionalismo durante el reinado de Alfonso XIII. Se distinguió por crear opinión mediante la dirección del *Diario de Galicia*, *El Pensamiento Español* y *El Correo Español*, y fue diputado en las Cortes entre 1893 y 1916, habiendo sido elegido como su representante en el Congreso por los distritos de Aoiz, Estella y varias veces por Pamplona. De sus discursos ante el hemiciclo hay que destacar especialmente aquellos en los que se opuso a la Ley de Asociaciones (1887), que permitía el resurgimiento de las organizaciones obreras; además, exigió responsabilidades ante el desastre colonial.

Posteriormente, con motivo de la Primera Guerra Mundial, su condición de germanófilo lo llevó a romper con el pretendiente carlista, don Jaime, aliadófilo, pues este, confinado por los austríacos en su castillo cercano a Viena, publicó un manifiesto en 1918 dirigido a los tradicionalistas españoles desautorizando a aquellos que se hubiesen declarado partidarios de Alemania. Al oponerse Vázquez de Mella al documento, se produjo la escisión que lo llevó a fundar el Partido Tradicionalista, cuyo primer acto público tuvo lugar en el casino de Archanda el 11 de agosto de 1918.

El Partido Socialista Obrero Español (PSOE), que había comenzado su andadura en 1879, no sería legalizado hasta 1881. Además, en 1886 empezó a publicarse *El Socialista* y en 1888 surgió la Unión General de Trabajadores (UGT).

Los anarquistas también fueron excluidos del esquema establecido, al defender la abolición de la propiedad privada y la desaparición del Estado de derecho. Su introductor en España fue el ingeniero italiano Fanelli, discípulo de Bakunin. La difusión del anarquismo aumentó durante la regencia de María Cristina, especialmente entre los obreros catalanes y los campesinos andaluces. La dimensión teórica fue refrenada por Anselmo Lorenzo, Joan Montseny y en publicaciones como *Tierra y Libertad* y *Revista Blanca*.

Pero el anarquismo utópico se fue transformando en acción sindical y, gravemente, terrorista. A los ataques a Alfonso XII hay que sumar que, en 1891, estalló una bomba en el edificio del Fomento de la Producción Nacional, que al año siguiente hubo agresiones en Jerez, y que, en 1893, Martínez Campos sufrió otro atentado y una bomba mató a 16 miembros de la alta burguesía barcelonesa en el Teatro del Liceo. En 1896 los anarquistas atacaron en Barcelona en la procesión del Corpus y, en 1897, cometieron un magnicidio: uno de ellos, Angiolillo, asesinó a Cánovas, durante su estancia estival en el balneario de Santa Águeda (Mondragón, Guipúzcoa). No querían normas y sembraban el pánico…

4. La vida cotidiana en tiempos de Alfonso XII y María Cristina

En el último cuarto del siglo XIX la población española experimentó un lento crecimiento, debido al mantenimiento de las altas tasas de mortalidad por las malas condiciones higiénicas, las crisis de subsistencia, las enfermedades infecciosas y las epidemias. La edad de la inocencia había tocado a su fin y, como reacción al romanticismo, surgió el realismo, corriente que desde Francia se extendió por el resto de Europa, consolidándose en España, primero en consonancia con los cuadros de costumbres, donde convivían lo popular y lo satírico, y luego con el retrato más sórdido, a través del naturalismo.

4.1. Del cólera al banco

A pesar de que la viruela se encontraba bastante controlada, los trastornos del aparato respiratorio, como la tuberculosis y el tifus, seguían estando entre las principales causas de defunción, de modo que ambos padecimientos ocasionarían entre 40 000 y 50 000 muertes anuales de 1900 a 1920. La última gran epidemia de cólera tuvo lugar en 1885 y, aun así, la nación pasó de tener 16 622 175 habitantes, en 1877, a 18 594 405 en 1900.

España era un país básicamente agrario, pues el campo aportaba la mayor parte de la renta nacional. Así, la población activa dedicada al sector primario era del 67 % en 1900. En la década de los 80 del siglo XIX se aceleró el proceso de traslado de población hacia Madrid y las ciudades de Levante y del norte, debido a las expectativas de empleo que generaba el crecimiento industrial y de los servicios. En estos años se inició también la emigración hacia el norte de África, por desplazamientos militares, y a Iberoamérica, en busca de porvenir, tendencia que se acentuaría a comienzos del XX.

El éxodo rural y el crecimiento de la población urbana ocasionaron la falta de viviendas y el hacinamiento en suburbios sin infraestructuras. En barrios formados por barracas y chabolas habitaban, con ingresos muy precarios, familias enteras que se encontraban constantemente amenazadas por el paro y por enfermedades como la tuberculosis. La mendicidad, la delincuencia y el alcoholismo se convirtieron a menudo en alternativas a la falta de trabajo. Los trabajos de la Comisión de Reformas Sociales, creada en 1883, no dieron fruto por la falta de recursos para afrontar los problemas de la clase obrera y porque tales intentos chocaban con los intereses de los industriales.

Tras el Desastre del 98 y la repatriación de capitales, una ley de agosto de 1899 transformó el Banco de España en una institución al servicio de la política monetaria y de la banca privada, en vez de servir «solo» para tapar los agujeros de la Hacienda. La institución pasó a controlar la emisión de billetes y la circulación fiduciaria, consiguiendo limitar la inflación y estabilizar la peseta.

En estos años emergió la banca privada, orientada a captar el pequeño ahorro a través de una extensa red de sucursales para invertirlo en la industria. De este modo, al Banco de Bilbao (1859) se agregaron el Guipuzcoano (1899), el de Vitoria (1900), el de Vizcaya (1901), el Hispanoamericano (1900), el Banco Mercantil de Santander (1899) y el Banco Español de Crédito (1902).

4.2. Costumbrismo literario y arquitectura modernista

En la primera mitad del XIX, junto a los ácidos artículos de Mariano José de Larra, como «Vuelva usted mañana» (relacionado con el estupor de la ventanilla administrativa ante la excesiva burocracia), hay que destacar a dos costumbristas famosos: Estébanez Calderón, autor de *Escenas andaluzas*, y Mesonero Romanos, quien reflejó la vida popular de Madrid dando retazos de la cotidianeidad —como el hambre durante la Guerra de la Independencia, cuando apenas se contemplaba como alimento humano la patata, o la hermosura de Pepa la Naranjera—, combinados con el humor —como al confesar que lo peor que le había pasado era tener un sobrino calavera, quien además de tener apariencia de romántico era poeta—.

La narrativa se convirtió en el género más popular en los últimos 30 años de la centuria y encontró en el periódico un nuevo canal de difusión. Coincidiendo con el auge del realismo, muchos escritores publicaron sus novelas por entregas diarias en la prensa, de manera que algunas obras fueron conocidas por un amplio número de lectores antes de ser editadas como libro. La primera persona que empleó este sistema fue una mujer, Fernán Caballero, seudónimo con el que firmaba Cecilia Böhl de Faber, quien publicó así *La Gaviota*.

Los autores realistas intentaron describir la sociedad española, como el acuarelista que parte de la observación directa. En sus relatos aparece frecuentemente el narrador en tercera persona que conoce todo y logra penetrar en el mundo interior de los personajes. Este narrador omnisciente emplea un lenguaje culto y cuidado, mientras que los seres de ficción, pertenecientes a todas las capas sociales, utilizan para comunicarse el registro del habla que corresponde a su clase.

En la narrativa realista sobresalieron el andaluz Juan Valera, autor de *Pepita Jiménez* o *Juanita la Larga*, y José María de Pereda, quien describió la vida campesina y marinera de su región natal, la montaña santanderina, como se constata en *El sabor de la tierruca*, *Peñas arriba* y *Tipos y paisajes*.

También escribieron novelas de corte realista Pedro Antonio de Alarcón (*El sombrero de tres picos*) y Armando Palacio Valdés (*La aldea perdida*), aunque la figura cumbre fue Benito Pérez Galdós, festejándose entre sus novelas *Fortunata y Jacinta*, *Marianela* y *Misericordia*.

En la década de los 70, también en Francia, surgió, con novelistas como Émile Zola, una nueva corriente literaria: el naturalismo, que planteaba una concepción determinista de la existencia. La novela realista se había dedicado a describir la sociedad contemporánea, pero los escritores naturalistas no se conformaban con retratarla, sino que querían profundizar en las causas de los comportamientos humanos y de las leyes sociales. Recurrieron a la ciencia para explicar las reacciones de los individuos y aplicaron a la novela los principios del positivismo.

En España resulta difícil establecer una distinción rígida entre realistas y naturalistas, pues el naturalismo no resultó mordaz, sino que tuvo un carácter moderado. No obstante, se mecieron entre ambas pendientes Leopoldo Alas, Clarín, quien recreó la sociedad ovetense en *La Regenta*, y Emilia Pardo Bazán, con *Los Pazos de Ulloa* y *La madre naturaleza*. Por cierto, que Pardo Bazán y Galdós fueron amantes.

Por sus planteamientos políticos contra el sistema, Vicente Blasco Ibáñez es el autor que mejor encarna el naturalismo en España, reflejando en novelas como *La barraca*, *Arroz y tartana* y *Entre naranjos* los convencionalismos de la aristocracia y la arriesgada existencia de los jornaleros de su tierra valenciana.

Si hacia mediados del siglo XIX la novela evolucionó con rapidez hacia el realismo, la poesía y el teatro continuaron impregnados de romanticismo. Cuando en Europa se imponían otras corrientes estéticas surgió la segunda generación romántica, que superó en importancia a la primera, integrada por el duque de Rivas, José de Espronceda y Francisco Martínez de la Rosa. Este segundo ciclo tuvo un cariz más intimista, situándose sus cimas en Gustavo Adolfo Bécquer (*Rimas*) y Rosalía de Castro (*Cantares gallegos*, *Follas novas* y *En las orillas del Sar*).

Pese a su dificultad, la poesía realista convivió e incluso precedió a la segunda generación romántica. Fueron «juglares» realistas Ramón de Campoamor (*Doloras*, *Humoradas* y *Pequeños poemas*) y Gaspar Núñez de

Arce (*Gritos del combate*, *La visión de fray Martín*, *El vértigo*, *El idilio* y *La pesca*), quien elaboró estrofas de tono cívico y político.

En la segunda mitad del siglo XIX la novedad que ofrecieron las tablas fue la alta comedia, desarrollada gracias a Manuel Bretón de los Herreros, pues las representaciones tornaron en un espectáculo lleno de solemnidad, de manera que los palcos y los patios de butacas albergaban a los poderosos de las ciudades.

Los principales dramaturgos fueron Manuel Tamayo y Baus, con las tragedias clásicas *Virginia* y *Locura de amor*, sobre Juana la Loca, y José Echegaray, el gran matemático y discutido premio Nobel (1904) que compaginó sus proyectos para las carteras ministeriales de Hacienda y Fomento con la escritura de libretos como *Mancha que limpia*, *El gran Galeoto* y *O locura o santidad*, paradójica mixtura del romanticismo exagerado con el positivismo o el dictamen de la ciencia ante el curso cronológico.

A nivel artístico, en el tránsito del siglo XIX al XX tuvo lugar la aparición del modernismo, estilo que alcanzaría su mayor implantación en Cataluña. En la década de los años 80 confluyeron en Barcelona un grupo de artistas que absorbieron las influencias eclécticas del *art nouveau* europeo y del impresionismo, cuando las llamadas «artes menores», de la decoración, pasaban a convertirse en epicentro.

Teniendo como origen el neogótico, el modernismo revalorizó la cerámica, la vidriería y la orfebrería. El máximo exponente fue Antonio Gaudí, quien proyectó las Casas Milà y Batlló y el Parque Güell. La Sagrada Família, su última y principal obra, preside el imaginario barcelonés y, desde el Capricho de Comillas hasta el rascacielos para Manhattan nunca consumado, cada uno de los muebles, de las columnas o de las rejas nos remiten a la creatividad de una mente privilegiada para el diseño.

Sus convicciones religiosas lo llevaron a analizar y proyectar iconográfica y simbólicamente con minuciosidad todos los detalles del templo. La capacidad imaginativa y el extraordinario sentido innato de la geometría y del volumen le permitieron «revolucionar» la arquitectura, pues proyectaba mentalmente con todo detalle las creaciones antes de dibujarlas e, incluso, rehusaba los planos, prefiriendo la realización de maquetas tridimensionales.

En las obras de Gaudí se funden magistralmente las soluciones estructurales con todas las técnicas ornamentales, empleándose la piedra, el ladrillo y el hierro como materiales constructivos. Pero, junto al virtuosismo en la plasmación material, observamos también la parte espiritual de los diseños gaudinianos, inspirados por sus cuatro grandes pasiones: la arquitectura, la naturaleza, la religión católica y el amor a Cataluña. «La sabiduría de los ángeles consiste en ver directamente las cuestiones del espacio sin pasar por el plano», aseguraba mientras buscaba nuevas soluciones constructivas, surgidas de la observación de la naturaleza y del estudio de la adecuada integración del edificio en su entorno. El resultado sería un «estilo orgánico», simbiosis de tradición e innovación, como se puede apreciar en el palacio episcopal de Astorga.

Frente a la geometría simple o euclidiana en la que se había basado hasta entonces la arquitectura, Gaudí reivindicaba el criterio lógico y funcional desde el que Dios había creado la naturaleza: ahí están las fibras del tallo del árbol o el esqueleto del mamífero, ninguno de ellos fueron dibujados ni calculados milimétricamente con regla y compás. Por ello, en la arquitectura de Gaudí, la geometría simple fue sustituida por la contemplación del medio, donde los pesos se desplazan en sentido vertical, resultando innecesarios los tradicionales arbotantes y contrafuertes, casi por arte de magia.

5. El reinado de Alfonso XIII

La infancia del heredero de Alfonso XII discurrió entre algodones. Fue un niño débil, enfermizo y enmadrado al que malcriaron en palacio, en especial su tía Isabel, la Chata, repitiéndole que había nacido para ser rey. Con Buby I como destinatario (nombre cariñoso utilizado por María Cristina), compuso el padre Coloma el cuento del Ratoncito Pérez en aras de justificar la caída de los dientes de leche.

El 17 de mayo de 1902 Alfonso XIII, que en esa fecha cumplía 16 primaveras, fue proclamado rey de España. Era muy consciente de la gravedad del compromiso que asumía y de los males a sanear:

> En este año me encargaré de las riendas del Estado, acto de suma trascendencia tal como están las cosas, porque de mí depende si ha de quedar en España la monarquía borbónica o la república; porque yo me encuentro el país quebrantado por nuestras pasadas guerras, que anhela por un alguien que lo saque de esta situación. La reforma social a favor de las clases necesitadas, el ejército con una organización atrasada a los

adelantos modernos, la marina sin barcos, la bandera ultrajada, los gobernadores y alcaldes que no cumplen las leyes, etc. En fin, todos los servicios desorganizados y mal atendidos. Yo puedo ser un rey que se llene de gloria regenerando a la patria, cuyo nombre pase a la Historia como recuerdo imperecedero.

En una Europa mayoritariamente monárquica, pero con él como único soberano Borbón, su ascenso coincidió con la aparición en nuestra nación de una nueva generación de políticos, entre los que se encontraban el conservador Antonio Maura y el liberal José Canalejas, de modo que, en un intento de dar respuesta a las nuevas exigencias, los primeros gabinetes promovieron medidas reformistas que parecían ir en consonancia con las demandas sociales. Recorrió todas las provincias españolas y realizó numerosas visitas a Alemania, Reino Unido y Francia.

En 1901 Joaquín Costa afirmaba que, desde la muerte de Cisneros, el gobierno español, salvo ráfagas pasajeras, había estado en perpetua holganza. Y, aunque la sucesión de gabinetes fue la tónica de la Restauración, haciendo oídos sordos al pretérito gobierno del arzobispo y a los consejos vivos del regeneracionismo, constituyó todo un acierto que un crucero acorazado fuera bautizado como *Cardenal Cisneros*.

Este barco, líder de los de su clase, realizó las pruebas de mar en 1902, justo en el año en que Alfonso XIII pasaba a ser monarca titular. Como el crucero *Extremadura* —donado por la colonia española en México—, que trasladó el saludo de España al último zar de Rusia, vino a llenar el hueco dejado en la armada por la guerra norteamericana.

Y, a partir de ese momento, el *Cardenal Cisneros* seguiría de cerca los pasos del soberano, por ejemplo, en junio de 1903 en el periplo a Cartagena, con los cruceros *Princesa de Asturias*, *Carlos V* y *Extremadura*, el destructor *Audaz*, el guardacostas *Numancia* y el acorazado *Pelayo* fondeando en Lisboa en la desembocadura del Tajo en la visita de Alfonso XIII a Portugal.

En 1904 el *Cardenal Cisneros* daría escolta al yate real *Giralda* en su recorrido por numerosos puertos españoles, recalando en Ceuta, en Melilla y en las islas Chafarinas. En enero de 1905 recibió en Cádiz a los duques de Connaught y, en mayo, rindió honores al emperador alemán Guillermo II en su paso por Mahón. Desde Portsmouth a las rías gallegas realizó con éxito su última travesía, pues en octubre de 1905 por una avería hizo aguas frente a Galicia.

Alfonso XIII tuvo muchos defectos, pero nadie podía imaginar que, en lo sucesivo, su intervención como árbitro político se basaría en tener que estar, de continuo, nombrando ministros que apenas se mantenían en el poder. Los equipos no duraban de una estación a otra porque la sociedad estaba escindida y había muchos intereses creados entre esos partidos que, si bien no mejoraban con sus arengas el nivel de vida del pueblo, tampoco eran sinceros con el jornalero o con el intelectual libre cuando tocaba introducir el voto.

Por su visita a Melilla en 1911, Eugenio Montero Ríos, presidente del Senado, le otorgó el sobrenombre del Africano, un título que le vino muy grande, pues no se hacía con el pulso del reino. Precisamente, conoció a Francisco Franco como consecuencia de los éxitos de este en Marruecos. En enero de 1923 le concedió la medalla militar, así como el cargo honorífico de gentilhombre de cámara, por lo que el monarca fue el padrino de boda de Franco con Carmen Polo (representado por el gobernador civil de Oviedo). Franco discutió personalmente con el soberano la posible retirada del territorio, pero, en marzo de 1925, durante una visita a Marruecos, Primo de Rivera entregó a Franco una medalla religiosa de oro con una carta del monarca que terminaba así: «ya sabes lo mucho que te quiere y te aprecia tu afectísimo amigo que te abraza. Alfonso XIII». Es más, por decreto de 1928, el general más joven de Europa fue nombrado director de la Academia General Militar.

Reconocido por su refinado mostacho y sus piernas de alambre, Alfonso XIII fue uno de las primeros españoles que jugó al golf y, en la vida personal, como comentara el torero Juan Belmonte sobre cómo había «ascendido» uno de sus picadores a gobernador civil, «degenerando, degenerando…», el monarca se aficionó al erotismo y encargó al conde de Romanones la producción de películas obscenas como *El confesor*, *El ministro* y *Consultorio de señoras*.

El creciente malestar ante la brecha abierta entre las preocupaciones regias y las necesidades de los sencillos comenzó a propalar que, para frenar el naufragio, se aproximaba un cambio de timón. Los avatares del destino quisieron que en la Cartagena de los Barca dijera adiós para siempre a España. Moriría en Roma, separado de su mujer y en el exilio.

5.1. Los gobiernos breves y el candado

Tras dos gabinetes presididos por Sagasta en 1902, en poco más de cuatro años se formarían 11 gobiernos, de los cuales los 5 primeros fueron conservadores, mientras que los 6 siguientes serían de signo liberal. Y la cosa no había hecho más que empezar, porque, salvo durante la Dictadura de Primo de Rivera, los españoles se levantaban con mandatos relámpago, dimisiones y destituciones, entre huelgas, atentados anarquistas, levas de tropas a África y precarios salarios.

La complejidad fue creciendo ante la división interna en facciones y la lucha por el liderazgo entre los miembros de los partidos. Las rivalidades entre compañeros de formación resultan tan viejas como la política. De todos es conocido el chiste del diputado veterano orientando a un lozano colega que, lleno de entusiasmo, le preguntaba si los de la bancada de enfrente eran enemigos: «no, esos son la oposición; el enemigo son estos».

En el caso del conservador, tras el abandono de la vida pública de Francisco Silvela se disputarían la dirección Raimundo Fernández Villaverde y Antonio Maura, alzándose este último con la jefatura, rango que mantendría hasta 1913, año en que fue sustituido por Eduardo Dato.

Un proceso similar ocurrió en el Partido Liberal, en el que, tras el fallecimiento de Sagasta en 1903, no hubo un vencedor claro en las disputas mantenidas por Segismundo Moret y Eugenio Montero Ríos. La polémica se resolvió en 1910, año en que José Canalejas se convirtió en presidente del Gobierno. No obstante, un día, mientras Canalejas pronunciaba un discurso de corte anticlerical, llamó «maestro» a Segismundo Moret. Este pidió rápidamente la palabra para apostillar: «Le agradezco mucho lo que ha dicho de mí, señor Canalejas, pero que conste que yo a su señoría no le he enseñado ciertas cosas».

En 1902, al llegar al poder los conservadores, se propusieron emprender la «revolución desde arriba», consistente en el saneamiento de la vida política sin que se vieran alteradas las bases del sistema. En esta tarea contaron con el apoyo de grupos católicos y, en algunas ocasiones, de los catalanistas de la *Lliga Regionalista*, pero acabaron fracasando en sus proyectos de modernización, especialmente en lo relacionado con la administración local y el sistema fiscal.

A continuación, gobernando ya los liberales, se produjo una intensificación del problema clerical, debido a sus intentos secularizadores del Estado, mediante la limitación del número de órdenes religiosas y la introducción de medidas laicizadoras de la enseñanza. Al mismo tiempo, su actividad se vio erosionada por la reacción de los militares ante el éxito electoral de los socialistas en Madrid y de los catalanistas en Barcelona. En la última ciudad citada fueron asaltadas las redacciones de los periódicos *Cu-Cut!* y *La Veu de Catalunya*. Además, el Gobierno del liberal Moret aprobó en marzo de 1906 la Ley de Jurisdicciones, en virtud de la cual todo delito contra la patria y contra el ejército quedaba sometido a la jurisdicción militar.

Los altercados sociales fueron en aumento y, de ellos, no se salvaron ni Alfonso XIII ni Victoria Eugenia de Battenberg. Los contrayentes se encontraron, casi por casualidad, durante un viaje a Inglaterra organizado para que el soberano conociera a la chica que la corte le había elegido como esposa: la princesa Patricia, familiarmente llamada Patsy, hija del conde Connaught. Pero con esta muchacha no hubo entendimiento, pues ella no pensaba más que en un conde inglés y, por ello, la fortuna quiso que el amor naciera a espaldas de los diplomáticos, con la prima hermana.

El 9 de marzo de 1906 se anunció el compromiso. Muchos españoles recibieron con desconfianza la noticia por no ser hija de soberano y profesar el anglicanismo, aunque les gustaba que el rey se hubiera quedado prendado. La princesa Victoria Eugenia —conocida como Ena— había salvado la primera traba al convertirse al catolicismo en el oratorio del palacio de Miramar en San Sebastián. Su tío, Eduardo VII, había eliminado el segundo estorbo al darle el tratamiento de alteza real.

De cualquier modo, el parecer del pueblo no resultaba vinculante y la boda se celebró en los Jerónimos, en Madrid, el jueves 31 de mayo de 1906, a las 11:30 de la mañana. Tras la ceremonia, la bomba lanzada en la calle Mayor por Mateo Morral manchó de sangre la comitiva nupcial. Y, aunque entonces nadie ató cabos, la sangre agriaría la relación, por la hemofilia transmitida por la nieta preferida de la reina Victoria (emperatriz de la India) y ahijada de Eugenia de Montijo. Una enfermedad no diagnosticada que ya padecieron dos de sus hermanos. Aun así, el matrimonio tuvo 7 hijos, por este orden: Alfonso, Jaime, Beatriz, Fernando, que nació muerto, María Cristina, Juan y Gonzalo.

Los años de Ena en la corte fueron complicados. A su carácter reservado, propio del flemático estilo británico, se unió la tensa relación con su suegra, que siempre mantuvo su autoridad sobre la familia real y su influencia en Alfonso XIII. Mientras que el pueblo la amaba, la aristocracia más recalcitrante la detestaba por guapa, extranjera y culta. Pese al drama en que tornó su existencia por las infidelidades continuas de su marido, Victoria Eugenia se comportó con profesionalidad como reina y portó con elegancia la diadema de lises sin afearle la conducta en público. Entre las amantes de Alfonso estuvo la actriz Carmen Ruiz Moragas, de convicciones republicanas y de izquierdas, fallecida en 1936, un mes antes del inicio de la guerra, con 40 años. De la unión nacieron dos hijos, Leandro y María Teresa.

Desde el punto de vista político, hay que señalar que el 25 de enero de 1907 se inició una nueva etapa que trajo consigo la afirmación del Partido Conservador, pues, frente a la efímera duración de los gabinetes anteriores, Antonio Maura permaneció como presidente durante casi tres años, en concreto, hasta el 21 de octubre de 1909. Con ahínco emprendió la «revolución desde arriba» a través de la Ley de Administración Local, orientada, según declaró, a «descuajar el caciquismo», pero no logró que fuera aprobada.

El abogado mallorquín era recto e inflexible con lo que consideraba justo, mas también tenía sentido del humor y capacidad para poner sonrisas a situaciones complicadas. Fue el responsable de las elecciones de 1903, consideradas hasta entonces como las más limpias de la historia de España, y demostró humanidad en el cargo, interrumpiendo en ese año su discurso como presidente del Consejo, para preguntar «¿y la niña?», a uno de los diputados que entraba tarde por tener una hija enferma.

Antonio Maura gobernó hasta 1908 con relativa tranquilidad, gracias al apoyo prestado por Francisco Cambó y a la escasa pujanza de la oposición. En dicha fecha se promulgó la Ley de la Escuadra, dedicada a la reconstrucción del poder naval perdido en 1898, y se desarrolló una importante legislación social, favoreciéndose la creación de sindicatos agrarios y el establecimiento del Instituto Nacional de Previsión, de los tribunales industriales y de la inspección del trabajo.

El principal escollo a solventar dimanó de la expansión del terrorismo en Cataluña, que obligó en varias ocasiones al Gobierno a suspender las garantías constitucionales en Barcelona y en Gerona. Pero, como exponíamos, el buen entendimiento entre Maura y el dirigente de la *Lliga*, así como el temor a que la reforma de la administración local, si llegaba a ser efectiva, acabara con el caciquismo —sostén del Partido Liberal—, condujo a la organización de una manifestación en Madrid, en septiembre de 1908, junto a los republicanos y a otras tendencias de izquierda.

En su oposición a Maura, este «bloque de izquierdas» contó con el apoyo del Trust, denominación con la que se conocía a la unión establecida en 1906 entre los periódicos madrileños *El Imparcial*, que era de tendencia liberal, *El Heraldo*, controlado hasta entonces por Canalejas, y *El País*, de carácter republicano. Al acuerdo se sumaron otras cabeceras de provincias. El Trust protestó contra el proyecto de Ley Antiterrorista, que otorgaba al Gobierno la facultad de expulsar a los divulgadores de ideas anarquistas y de suprimir los periódicos o centros de dicha ideología. No obstante, en medio de estas cuitas, el hecho que precipitó el final del gabinete de Antonio Maura fue la Semana Trágica.

El presidente estaba convencido de la necesidad de la presencia española en Marruecos, tanto por razones de prestigio como para el mantenimiento del equilibrio estratégico en el estrecho de Gibraltar. En la segunda semana de julio de 1909, ante el recibimiento de la noticia de la muerte de 4 trabajadores españoles que construían la línea del ferrocarril, debido al ataque de algunas cabilas próximas a Melilla, Maura decidió enviar refuerzos, y el ministro de la Guerra, el general Arsenio Linares, en vez de recurrir a una división creada de forma expresa para intervenir en el norte de África, se sirvió de la tercera brigada, en la que figuraban reservistas catalanes, de modo que el día 11 comenzó el embarque de soldados en Barcelona.

La izquierda lanzó una campaña contra la intervención, la cual cobró fuerza cuando se comprobó que se libraban de ir a Melilla quienes podían pagar la redención en metálico, por lo que las sociedades obreras fijaron una huelga para el 2 de agosto en Madrid, que de facto comenzó el 26 de julio en Barcelona.

A partir de ese día se inició la Semana Trágica. La algarada se extendió a las localidades industriales próximas y se hizo uso de la artillería. El gobernador civil Ossorio y Gallardo dimitió, al verse sometido por el poder militar, quedando la capital de Cataluña tomada por el ejército. Una vez sofocada la insurrección, fueron arrestadas más de 1000 personas, de las que 17 resultaron condenadas a muerte. Finalmente, se cumplieron 5 ejecuciones, siendo uno de los ajusticiados el fundador de la Escuela Moderna, Francisco Ferrer y Guardia.

La derrota en el Barranco del Lobo (27 de julio de 1909) dejó honda repercusión en la memoria colectiva:

En el Barranco del Lobo
hay una fuente que mana
sangre de los españoles
que murieron por la patria.

¡Pobrecitas madres,
cuánto llorarán,
al ver que sus hijos
en la guerra están!

Ni me lavo ni me peino
ni me pongo la mantilla,
hasta que venga mi novio
de la guerra de Melilla.

Melilla ya no es Melilla,
Melilla es un matadero
donde se matan los hombres
como si fueran corderos.

El 21 de octubre de 1909 Alfonso XIII encargó al liberal Segismundo Moret formar un nuevo Gobierno pero, al ser criticado este por los conservadores y por el ejército, por los republicanos y por los socialistas e, incluso, desde su propio grupo por una facción encabezada por Romanones, el monarca enmendó el acta recurriendo a Canalejas, que se convirtió en presidente el 9 de febrero de 1910.

Durante su mandato, se aprobó la famosa Ley del Candado en función de la cual, hasta que no se dictara una nueva normativa regulando el derecho de asociación, los gobernadores civiles denegarían el permiso para la instalación de órdenes y congregaciones religiosas en las provincias si los interesados no habían sido autorizados por el Ministerio de Gracia y Justicia. Una autorización que, por otro lado, no se concedería a aquellas asociaciones en las que más de la tercera parte de sus integrantes fueran extranjeros. Debido a las instrucciones anticongregacionistas del gobierno galo, mediante esta disposición Canalejas trató de frenar la llegada a España de religiosos franceses intuyendo que podía derivar en masificación con la inminente proclamación de la República en Portugal.

La medida adoptada en España suscitó la reacción de la Santa Sede y fue aprobada en las Cortes, aunque con la añadidura de una enmienda que acabó impidiendo su aplicación, pues, en el plazo de dos años, no salió adelante una nueva Ley de Asociaciones y esta era la condición que se establecía como requisito indispensable para que la ley tuviera efecto.

De Canalejas se relata la anécdota de que, dirigiéndose de Madrid a Santander en un viaje de propaganda política, le comunicaron por telegrama que numerosos partidarios suyos lo estaban esperando en un pueblo de Castilla donde el tren tenía que detenerse. José, que se encontraba muy fatigado, se asustó ante la idea de permanecer despierto toda una noche, por lo que se le ocurrió preguntarle a un colaborador con el que guardaba parecido físico: «¿Tiene usted inconveniente en hacer de Canalejas por un rato?». Eran las tres de la mañana cuando el tren hizo la parada y, entre cánticos al presidente, el falso Canalejas, pletórico, abrió la ventanilla y pronunció un discurso. Fue también Canalejas el artífice de la red hotelera del país, pues en 1910, sabedor del gran potencial que tenía España para los viajeros, encargó al marqués de la Vega Inclán una estructura de establecimientos para dar hospedaje a excursionistas.

Pero el 12 de noviembre de 1912 otra vez el anarquismo más agresivo enseñó los dientes: Canalejas fue asesinado por Manuel Pardiñas, quien le disparó mientras contemplaba el escaparate de una librería en la Puerta del Sol de Madrid. Fue sucedido por Romanones, del que por tierras de Guadalajara se comenta que compraba el voto haciendo extrañas equivalencias entre el duro y la peseta.

Y al año, el 27 de octubre de 1913, volvieron al poder los conservadores, que, dirigidos por Eduardo Dato, ya no contaban con el apoyo de los discípulos de Maura. Estos últimos formaron un movimiento político aparte, de carácter monárquico y católico, denominado maurismo, el cual reconocía la autonomía de las entidades históricas integrantes de España y se declaraba partidario de una democracia basada en la legislación liberal del siglo XIX, en la protección de los obreros y en el reforzamiento castrense.

5.2. La Gran Guerra y la gripe española

Como respuesta al nacionalismo, la aprobación de la Ley de Mancomunidades permitió la agrupación de las provincias con fines exclusivamente administrativos, conduciendo a la creación, en 1914, de la Mancomunidad de Cataluña, presidida por Prat de la Riba. Mientras en España se debatía sobre el peso de las regiones en el marco general, el mundo movilizaba a los veteranos y alistaba a los jóvenes, pues, en el verano de ese año, estallaría la Primera Guerra Mundial, ante el asesinato del archiduque Francisco Fernando en Sarajevo. Aunque el Gobierno presidido por Eduardo Dato declaró neutral a España en el conflicto, opinar no cuesta dinero y el debate estaba servido, sobre todo porque los acontecimientos se seguían con la distancia de que nuestros mozos se hallaban a salvo.

En este magma apartado y próximo, en tanto la lava corría al otro lado de los Pirineos, el 9 de diciembre de 1915, Alfonso XIII le encargó formar Gobierno a Romanones. Aunque por fortuna no había que desplazar contingentes, ¿por qué no sacar rédito? Santiago Alba, ministro de Hacienda desde el 30 de abril de 1916, presentó un programa para la modernización del país basado en un presupuesto extraordinario de más de 2000 millones de pesetas a invertir en 10 años en la instrucción, en las comunicaciones y en el regadío. La financiación de esta política intervencionista se llevaría a cabo mediante un impuesto sobre los beneficios comerciales e industriales generados por la guerra. Sin embargo, los sectores más conservadores, los comerciantes y los dueños de fábricas se opusieron al proyecto, y Romanones también se negó a apoyarlo, por lo que a Santiago Alba no le quedó otra posibilidad que presentar su dimisión.

Los escritores que viajaron al frente y los periodistas que ejercieron de corresponsales narraron a los españoles el conflicto en audaces y trepidantes crónicas, si bien la opinión pública se mostraría dividida entre germanófilos y aliadófilos. Sin ir más lejos, la reina madre mostró su claro sentimiento germanófilo, mientras que Victoria Eugenia apoyó a su primo, el rey Jorge V de Gran Bretaña.

Se trataba de un fenómeno sin precedentes, tanto por las cifras humanas como por los suministros técnicos. Hasta 1918 la mitad del género humano estuvo involucrada en la conflagración, de ahí que el periodista jerezano Domínguez Rodino, cronista en el frente alemán por *La Vanguardia*, sostuviera en uno de sus artículos, publicado en febrero de 1915, que se estaba asistiendo a la revalorización de la identidad española:

> En otros tiempos, no muy lejanos por cierto, con un español se metía todo el mundo. Hoy no se mete nadie con un español. Al contrario, se nos mira con respeto y hasta con admiración. (...) La idea de que, en medio de este desconcierto y locuras generales nosotros no hemos perdido la cabeza, nos hace aparecer como seres superiores.

También las experiencias sirvieron de material novelesco, como le ocurrió a Blasco Ibáñez con su éxito mundial *Los cuatro jinetes del Apocalipsis*, pues no pretendía solo contar los movimientos bélicos, sino desentrañar las causas, aportando jugosas reflexiones sin caer en la anécdota e intentando sincerarse ante la Historia: «un día de esta guerra equivale, por sus pérdidas en hombres y dinero, a un mes o un año de las guerras famosas de otros tiempos».

Precisamente, Valle-Inclán relató de forma estremecedora los horrores de la Gran Guerra. Con sus evocaciones es posible casi escuchar los fusiles: «todos los caminos de la retaguardia sienten el peso de los carros de municiones...Cuando pasan cerca de alguna aldea, ladran los perros y alborean los gallos». Visitó el frente en abril de 1916, comisionado por *Prensa Latina*. Durante el recorrido, el escritor gallego apuntaba las dantescas impresiones en un cuaderno de notas y no fue hasta su regreso a España, en su retiro de Cambados, cuando comenzó a poner en orden lo visto y lo vivido. Los relatos aparecían publicados en *Los Lunes de El Imparcial*, bajo el título *La Media Noche*: «las trincheras son zanjas barrosas y angostas... Los ratones corren vivaces por los taludes, las ratas aguaneras por el fondo cenagoso, y ráfagas de viento traen pestilencias de carroña».

No como testigo, sino desde la reflexión, Pío Baroja se declaró germanófilo pero antimilitarista, lo cual implicaba no defender la expansión militar que pretendía la poderosa Alemania, pero sí lo que el nuevo imperio ofrecía como escenario del progreso científico: «si hay algún país que pueda sustituir los mitos de la religión, de la democracia, de la farsa de la caridad cristiana por la ciencia, el orden y por la técnica es Alemania».

A medida que los aliados fueron ganando terreno, el ser germanófilo confeso traía problemas. Así, José María Salaverría, corresponsal en

París por *ABC*, fue «invitado» a marcharse ante la minuciosa descripción de la fascinación que sentía por las máquinas de guerra, siguiendo un poco el tono de los futuristas:

> ¿No es frecuente decir que esta guerra es fea? Digamos que es cruel y espantosa; ¡pero fea!... El oficial que ha lanzado su aeroplano, entre las llamas del combate aéreo, el piloto que ha asestado su proyectil desde el submarino contra el cíclope de acero, esos hombres de audacia, de imaginación y de locura han vivido, seguramente, minutos mucho más grandiosos que todos los que cuentan los libros.

En una España que devoraba los periódicos a la espera de noticias sobre su bando preferido, se presentó la gripe: fiebre, estornudos, dolor de cabeza y debilidad de articulaciones, síntomas que provocaron la defunción de 230 000 personas de un total de 8 millones de pacientes. Fue en 1918 cuando la gripe se convirtió en una auténtica epidemia que acabó con la vida de miles de españoles. El virus vino desde Francia, pero la cepa se había originado en Kansas. Los primeros casos se diagnosticaron en la primavera. Tras extenderse rápidamente, la mortalidad se disparó a partir del verano y alcanzó su punto álgido en diciembre, cuando se produjeron más de 40 000 defunciones. Y, como ni los imperios centrales ni los aliados querían ser alarmistas ni dar al bando contrario la imagen de debilidad, ningún medio hablaba de la existencia de gripe en otro país que no fuera España.

5.3. La quiebra en todos los órdenes

Uno de los ciclos más complejos que nuestra nación ha vivido es el que transcurrió entre 1917 y 1923. Los dirigentes políticos se sintieron urgidos a despejar la mente para afrontar que el castillo de naipes se desvanecía, ante la expansión del movimiento juntista del ejército, la reunión de la asamblea de parlamentarios, la huelga de agosto de 1917, las reivindicaciones autonomistas, la creciente conflictividad social y al Desastre de Annual. Pero, pese a las maniobras, estos acontecimientos rubricaron la sentencia de muerte de la monarquía liberal parlamentaria.

A comienzos de 1917, el descontento era general en el país, debido al hambre provocada por la subida de los precios, a la escasez de algunos productos básicos y al escándalo de las fortunas levantadas con la especulación. Las paradas resultaban frecuentes en las zonas campesinas e industriales, y los diputados de los partidos ajenos al turno criticaban la inoperancia y la corrupción.

Para evitar una interpelación parlamentaria sobre el conflicto de Marruecos, Romanones decretó la suspensión de las Cortes en febrero de 1917. Esta decisión causó la exasperación de los líderes obreros, de la izquierda y de los nacionalistas. En marzo, la UGT desencadenó una serie de huelgas, y el 27 del mismo mes sus representantes y los de la CNT (Confederación Nacional del Trabajo) publicaron un manifiesto en el que se declaraban partidarios de organizar la huelga contra el Consejo de Ministros, pero la autoridad no tardó en actuar encarcelando a los cabecillas del sindicato socialista.

El hundimiento del buque español *San Fulgencio*, por parte de los submarinos alemanes el 9 de abril de 1917, provocó un nuevo descalabro y, tras la dimisión de Romanones, tomó el relevo el también liberal Manuel García Prieto. Durante la primavera se fue agravando la situación y en el mes de junio tres movimientos cobraron ímpetu con el objetivo de derribar al Gobierno: las juntas de defensa, la asamblea de parlamentarios y la huelga de agosto.

Las Juntas Militares de Defensa se crearon inicialmente para defender reivindicaciones puramente profesionales del ejército. Sin embargo, al poco, empezaron a plantear exigencias de tipo político, negándose el Gobierno a reconocerlas. Los insurgentes lograron que sus proclamas se difundieran con celeridad. Si en el otoño de 1916 existía solo una Junta de Defensa de Infantería, en Barcelona, encabezada por el coronel Benito Márquez, más conocido como Benito I, en abril de 1917 el movimiento juntista se había expandido a todas las armas y por todos los acuartelamientos.

Pero tampoco García Prieto logró acabar con las juntas. Después de que el nuevo ministro de la Guerra, el general Francisco Aguilera, tratara de liquidar el problema arrestando al comité de la Junta de Infantería de Barcelona, el 1 de junio de 1917 se desarrolló un movimiento general de solidaridad con los arrestados y los junteros iniciaron una rebelión militar, llegando a presentar al Gobierno un ultimátum conocido como «el manifiesto de las Juntas». La claudicación del general Marina, que había sustituido a Alfau al frente de la Capitanía General de Barcelona, y el apoyo del monarca a las pretensiones de los sublevados llevaron a la dimisión de García Prieto el 11 de junio. El nuevo presidente, otra vez Eduardo Dato, asumió la situación y posibilitó que el reglamento de las juntas fuera aprobado.

Pero no solo andaban revueltos los uniformes, también los escaños. Desde febrero los partidos de la oposición venían reclamando la apertura de las Cortes y el 1 de julio la Lliga decidió convocar a los parlamentarios catalanes para adoptar medidas conjuntas. Cambó trató de que se reunieran todas las tendencias, pero al final los mauristas no quisieron participar. A la asamblea, celebrada en el ayuntamiento de Barcelona el 5 de julio, asistieron catalanistas, socialistas, reformistas y republicanos. Como primer acuerdo decidieron convocar una asamblea nacional de parlamentarios para el 19 de julio, con el fin de promover la transformación de la vida política. Unos 70 diputados y senadores se reunieron en medio del enérgico respaldo popular que brindaban las calles de Barcelona. La Asamblea solicitó un cambio de Gobierno y la convocatoria urgente de Cortes Constituyentes.

En agosto la huelga general revolucionaria se propagó como el fuego por España, teniendo que recurrir el Gobierno al ejército para restablecer el orden. La población no entendía por qué los precios habían subido una media del 37 % desde 1914. El 19 de julio se inició una huelga de ferroviarios en Valencia y, ante la violencia de la represión, toda la ciudad acabó sumándose al paro, llegándose a declarar el estado de sitio. La huelga terminó el 23 de julio, pero la compañía de tren no quiso readmitir a 36 huelguistas y, ante la pasividad del ejecutivo, los sindicatos convocaron una huelga ferroviaria en todo el país para el 10 de agosto.

Este paro se hizo global desde el día 13, y ciudades como Madrid, Bilbao, Gijón y Oviedo quedaron cortadas. Con el paso de los días fue aumentando el número de detenidos, de heridos y de muertos, a pesar de que el manifiesto del comité de huelga había intentado encauzar la protesta por vías pacíficas. Al ver que el asunto se les iba de las manos, el 20 de agosto los sindicatos empezaron a desconvocar a los trabajadores y solo en Asturias se prolongó la situación dos semanas más. Ferroviarios y mineros se mantuvieron laboralmente inactivos hasta mediados de septiembre.

En la huelga murieron 80 personas según datos oficiales (de 100 a 200 de acuerdo a otras fuentes) y más de 2000 sufrieron detención. Largo Caballero y Besteiro, personajes que se harían célebres en la Segunda República, fueron condenados a muerte por ser miembros del comité de huelga. Luego se les conmutó la pena por la de cadena perpetua, aunque, poco después, el Gobierno tuvo que decretar una amnistía y ponerlos en libertad, al ser elegidos diputados. A pesar de la derrota, la huelga de agosto de 1917 demostró a los sindicatos la capacidad de movilización que tenían y, en octubre, las juntas presionaron y lograron la dimisión de Dato, formándose en noviembre un Gobierno de coalición presidido por García Prieto.

Con este telón de fondo, en 1917 Alfonso XIII temía, a nivel político, el impacto de la Revolución rusa y, de modo personal, que su familia, reinante como la de los zares Nicolás II y Alejandra, sufriera un asalto «bolchevique».

El sistema estaba como una madera infectada de carcoma. El pueblo había perdido la confianza en sus dirigentes, pero el «desmadre» traspasaba todas las facetas. Desde junio de 1917 hasta septiembre de 1923, en que tuvo lugar el golpe de Primo de Rivera, se sucedieron 13 gabinetes ministeriales. En estos años, a la crisis política se agregaron tres problemas repletos de brusquedad: la cuestión catalana, la agitación social y el Desastre de Annual. El primero de ellos se planteó en 1918 cuando el Congreso de los Diputados no aceptó el proyecto de Estatuto de Autonomía de Cataluña, que había sido presentado por un grupo de parlamentarios. Este acontecimiento ocasionó la retirada de la minoría catalana de las Cortes.

La conflictividad en la calle se intensificó cuando, al acabar la guerra mundial, numerosas empresas que habían surgido gracias al auge económico de los años de la contienda, paralizaron sus actividades. Se reavivó el enfrentamiento entre los sindicatos, que llevaron a cabo numerosas huelgas, y los empresarios, que respondieron con el cierre de las factorías.

Por si fuera poco, en 1919 se registraron numerosas reyertas en el campo, donde los anarquistas consiguieron agitar en masa a los braceros extremeños y andaluces (áreas donde abundaban los latifundios) para que reclamaran la propiedad de la tierra. En febrero se inició la huelga contra La Canadiense, compañía que abastecía de luz a buena parte de Barcelona, y, debido a la intención de rebajar empleos y salarios, el tema empeoró.

Los anarquistas declararon la huelga general y, tras 44 días con la ciudad paralizada, el Gobierno concedió la subida salarial, la jornada de 8 horas y la readmisión de los despedidos. No obstante, los militares se negaron a poner en libertad a los detenidos y, al estallar de nuevo la huelga, Romanones no supo por qué camino tirar y presentó la dimisión.

Tocaban meses atenazados por grilletes de hierro. El nuevo presidente, Antonio Maura, permitió a los industriales y a los militares endurecer su posición y se desencadenó entonces una lucha entre los huelguistas y los burgueses, que pusieron en práctica en noviembre el *lock-out*, dejando en la calle a 100 000 trabajadores. De inmediato, surgió en Barcelona el Sindicato Libre, una organización de pistoleros financiada por los sectores más severos de la patronal que actuó, con el apoyo de la policía, asesinando a los principales nombres del movimiento obrero barcelonés. Los elementos más radicales del anarquismo respondieron mediante la acción directa y se entró en una ola de violencia que se extendió a las principales urbes. La situación era insostenible: entre 1919 y 1921 hubo más de 300 atentados, en los que murieron 150 personas, la mayoría obreros.

A partir de 1921, siguiendo el guion del gobernador Martínez Anido, las autoridades se sumaron a las represalias aplicando la ley de fugas para ejecutar a los detenidos. La contestación resultó drástica, pues el 8 de marzo de 1921 fue asesinado en Madrid, en la plaza de la Independencia, el entonces presidente, Eduardo Dato. Desde una moto con sidecar los anarquistas Mateu, Casanellas y Nicolau lanzaron hacia el automóvil más de 20 disparos. Sobre el magnicidio, Pablo Iglesias, el fundador del PSOE, expresaba: «la violencia, por sí sola, no resolvió nunca nada: es cosa adjetiva. En España es esencialmente reaccionaria, lo mismo si la ejercen los gobiernos que si la practica el anarquismo. La fórmula salvadora es libertad y justicia. No hay otra».

Más allá de la Península, en África, al terminar el conflicto mundial los franceses reanudaron su avance en el protectorado de Marruecos y España llevó a cabo también una política de despliegue. Bajo las órdenes del general Berenguer, alto comisario, se desarrolló un control lento pero sistemático del territorio mediante un inmenso despliegue de fuerzas integrado por la Legión, los regulares y los soldados de reemplazo.

Una acción mal planificada desde la comandancia de Melilla por el general Fernández Silvestre permitió a Abd-el-Krim atacar la posición de Annual, defendida por tropas poco agrupadas. El guerrillero del Rif, que había hecho su carrera a costa de España, fue profesor en el Instituto de Melilla. Posteriormente, África tornó en una auténtica carnicería para nuestras tropas. El Desastre de Annual (22 de julio de 1921), con su posterior secuela en Nador, llevó consigo el hundimiento de la comandancia y la pérdida de 13 000 vidas. Además de las víctimas ocasionadas,

Annual supuso también la captura de miles de soldados y oficiales, entre los que se encontraba el general Navarro, quien estaba al frente de la posición de Monte Arruit. Navarro permanecería en manos de Abd-el-Krim durante varios meses.

El ejército español fue masacrado y el acontecimiento causó una enorme conmoción. Por el apellido del general que instruyó el suceso afinando responsabilidades, fue conocido como Expediente Picasso. Quedaban involucrados altos cargos de la administración y el dedo acusador apuntaba al monarca por haber nombrado a sus amigos Fernández Silvestre o Berenguer, si bien estas páginas nunca vieron la luz.

Defendiendo la barbacana española, a los 29 años, en Monte Arruit pereció el capitán Arenas, molinés del Señorío de origen puertorriqueño. La verdad padece en guerra, pero, entre la aerostación y los desiertos, no perece su eco... Hoy el Parque y Centro de Mantenimiento de Material de Ingenieros, sito en Guadalajara, y el cuartel del Regimiento de Ingenieros n.° 8 de Melilla, llevan el nombre del capitán Arenas: Félix, muerto con la diferencia de 4 días con respecto a su hermano Francisco, en África, sin saber, entre el viento sahariano, uno el paradero del otro.

5.4. La dictadura de Miguel Primo de Rivera (1923-1930)

El jerezano Miguel Primo de Rivera había entrado joven en el ejército y estuvo destinado en Marruecos, Cuba y Filipinas hasta ascender a general. A sí mismo se veía como el «cirujano de hierro» de Joaquín Costa. Tras encabezar el 13 de septiembre de 1923 un golpe de Estado como capitán general de Cataluña, dejó en suspenso la Constitución de 1876 y Alfonso XIII le entregó el poder.

Unos días antes, Primo de Rivera se había encontrado con el torero Marcial Lalanda, quien lo invitó a la corrida del domingo siguiente. No puedo, repuso aquel, «porque en esa fecha también toreo yo». La conspiración se había ido fraguando desde las elecciones de la primavera y, en junio, un grupo de generales, entre los que se hallaban varios africanistas, había decidido preparar la sublevación e instaurar un «gobierno fuerte». Acordaron a su vez que fuera liderado por Primo de Rivera, popular entre la patronal y la burguesía catalana por su talante duro contra los anarquistas. Los objetivos eran restablecer el orden público y solucionar definitivamente la cuestión de Marruecos.

A través de un manifiesto, el nuevo régimen se presentó al país como un proyecto de regeneración que trataba de corregir los defectos del sistema político y de eliminar el caciquismo. Sin embargo, casi de inmediato se implantó una dictadura en la que el Ejército asumía notable protagonismo.

5.4.1. El Directorio Militar

El 15 de septiembre Alfonso XIII aceptó la propuesta de nombrar ministro único a Miguel Primo de Rivera, a quien asistiría a título consultivo un Directorio Militar. Pronto empezó a preparar una serie de reales decretos que, al promulgarse, configurarían las bases del nuevo régimen. Por ello, una real orden emitida en la jornada enunciada, además de confirmar el estado de guerra y la suspensión de las garantías constitucionales, disponía el cese en sus funciones de los gobernadores civiles de todas las provincias. Estos serían sustituidos por los respectivos gobernadores militares, prolongándose esta última medida hasta el 5 de abril de 1924.

En este claro proceso de militarización de la administración pública, tuvo lugar también la creación de la figura del delegado gubernativo, esto es, un jefe u oficial del ejército que actuaba como representante del gobernador civil en cada cabeza de partido judicial. Su cometido era ofrecer información acerca de las deficiencias funcionales de los ayuntamientos que se encontraban a su cargo, proponiendo soluciones a las mismas. El 21 de octubre de 1923 fueron nombrados 468.

La Dictadura se propuso como meta la limpieza de la vida pública y la demolición de la vieja administración. Sin embargo, las depuraciones de los gobernadores civiles sobre los antiguos ayuntamientos tampoco acabaron con el caciquismo pues, en realidad, estuvieron centradas en personajes de segunda fila. Se trató de una campaña más propagandística que profunda, basada en la imposición de multas y en las destituciones, ya que los escasos encarcelamientos dictados fueron de poca duración. Además, el Directorio Militar tuvo que hacer frente a los tres problemas heredados de los Gobiernos anteriores: Cataluña, la seguridad pública y Marruecos.

Respecto a la cuestión catalana, cabe decir que, cuando todavía no se había cumplido la primera semana de Miguel Primo de Rivera en el poder, se inició una campaña represiva contra las manifestaciones desarrolladas en la región, por lo que en un decreto de 18 de septiembre de 1923 se establecía que los delitos contra la seguridad y la unidad de la patria serían juzgados por tribunales militares.

Así se desmanteló el catalanismo, pues quedó prohibido cantar *Els segadors*, se castigó el izar la bandera catalana y se aprobó un Estatuto Provincial que robustecía las diputaciones frente a la Mancomunidad, dejando en manos de los gobernadores civiles la capacidad de nombrar a los diputados provinciales, una medida que, en realidad, supuso la ruptura definitiva del catalanismo político con el régimen dictatorial.

En cuanto a las alteraciones del orden, especialmente en Barcelona, esta había constituido una de las causas propiciadoras del golpe. Por ello, el estado de guerra se mantuvo hasta el 17 de mayo de 1925. Además, amparándose en una ley de marzo de 1923 que establecía que todas las agrupaciones obreras debían dar publicidad de sus actividades y de las cotizaciones de sus afiliados mediante la presentación de sus libros a los gobiernos civiles, se persiguió a las organizaciones cenetistas, ya que realmente la mayor parte de las sociedades anarquistas incumplió la disposición al decidir pasar a la clandestinidad.

El asesinato del verdugo de Barcelona en mayo de 1924 tuvo como respuesta, por parte de la Dictadura, la detención de más de 200 personas y la suspensión del periódico cenetista *Solidaridad Obrera*, así como el cierre de todos los locales de los sindicatos barceloneses.

Por lo que respecta al problema marroquí, hay que señalar que, a la altura de 1923, constituía una de las mayores heridas de España, ya que, al descontento causado por el todavía reciente Desastre de Annual, había que añadir la movilización de las quintas de los años 1918, 1919 y 1920, incluyendo los soldados de cuota, es decir, aquellos jóvenes que hasta entonces se habían librado de prestar el servicio militar reuniendo el importe del pago.

El movimiento generado en torno a esta cuestión llegó a los propios militares, que se dividieron entre los partidarios de las tesis abandonistas y los defensores de la continuación de las operaciones bélicas. En este contexto, el 8 de septiembre de 1925 tuvo lugar el desembarco de Alhucemas, el primer desembarco aeronaval de la historia mundial, que supuso el traslado de un contingente de 13 000 soldados españoles transportados desde Ceuta y Melilla por la armada combinada hispanofrancesa. También se utilizaron por primera vez en la historia de la guerra carros de combate en un desembarco y, aunque fueron poco útiles, causaron impresión.

La ofensiva tuvo como comandante en jefe a Miguel Primo de Rivera y como jefe ejecutivo al general Sanjurjo. Constituyó todo un éxito, pues, tras varias semanas de duras batallas, la ciudad sagrada de los rifeños, Axdir, fue conquistada. De modo que, a mediados de 1926, Abd-el-Krim acabaría entregándose a las autoridades galas. Años después, el general estadounidense Dwight Eisenhower estudió la táctica para trazar el desembarco de Normandía.

En consecuencia, en noviembre de 1925 habían finalizado las acciones militares y la solución del problema marroquí se convirtió en el mayor triunfo del dictador, que había conseguido salvar el prestigio del ejército y terminar con las dificultades que generaba a la Hacienda pública. Alhucemas fue uno de los escenarios donde se estrenó la Legión.

Creada mediante el real decreto de 28 de enero de 1920 con el nombre de Tercio de Extranjeros, la misión de la Legión era hacer frente a la dureza de los combates en la guerra del Rif, episodios para los que no estaban preparadas las tropas de reemplazo sino que hacían falta militares profesionales. Los 12 espíritus que conforman el credo legionario se encuentran influidos por el bushido, o código moral de los samuráis. Su primer comandante fue el teniente coronel de infantería José Millán Astray, que le daría a la nueva fuerza su peculiar estilo y mística. Francisco Franco fue el jefe de la 1.ª bandera.

Como arengaba su fundador en el reclutamiento, sin tener en cuenta la nacionalidad, el legionario debía estar preparado para defender a España hasta la extenuación: «os habéis levantado de entre los muertos, porque no olvidéis que vosotros ya estabais muertos, que vuestras vidas estaban terminadas. Habéis venido aquí a vivir una nueva vida por la cual tenéis que pagar con la muerte. Habéis venido a morir».

Una estrofa popular, exultante de patriotismo, evoca ese pasado de hace menos de un siglo que constituyó la Guerra de África, esfuerzo heroico con proyección en las leyendas y en las enciclopedias escolares, donde la dinamita y el enemigo campaban a sus anchas.

Abd-el-Krim se fue al Cielo
a pedir perdón a Dios,
y san Pedro le dijo:
«Pídeselo a la Legión».

5.4.2. El Directorio Civil

Aprovechando el buen resultado de su gestión en relación con Marruecos, Miguel Primo de Rivera decidió prolongar e institucionalizar su gobierno dictatorial, confiriéndole unas nuevas estructuras al régimen, y el 2 de diciembre de 1925 propuso por escrito a Alfonso XIII la sustitución de la dictadura militar por otra «civil y económica y de organización más adecuada, pero no menos vigorosa».

Un día después, quedó restablecido el Consejo de Ministros bajo la presidencia de Primo de Rivera. Durante esta segunda etapa de la Dictadura, conocida como Directorio Civil, se pretendió solventar los enfrentamientos sociales a partir de la intervención del Estado, por lo que un decreto de 1926 creó la Organización Corporativa Nacional, apareciendo los comités paritarios, formados en igual número por patronos y obreros.

Hay que consignar la intervención de la Dictadura en la economía, ya que en 1924 aprobó un decreto sobre la Protección de la Industria Nacional, siendo las primeras beneficiadas las compañías ferroviarias, así como también después lo serían las navieras, especialmente, la Transmediterránea, del financiero mallorquín Juan March, y la Trasatlántica, que acabaría incautada por el Estado en 1929.

En esta dinámica empresarial impulsada por el Gobierno, en agosto de 1924 asistimos a la creación de Compañía Telefónica Nacional de España y, en 1927, tanto a la fundación de Iberia como a la aparición del gran proyecto monopolístico de la Dictadura, que estuvo dedicado a la importación, refinado, distribución y venta del petróleo, a través de CAMPSA.

Además, en estos años fueron presentadas diversas medidas encaminadas a la ampliación del riego para obtener mejoras en la productividad agrícola y otras asociadas al favorecimiento de las comunicaciones terrestres, por lo que en febrero de 1926 se formó el Patronato del Circuito Nacional de Firmes Especiales.

La oposición por las libertades coartadas tuvo como portavoz a Miguel de Unamuno, catedrático de la Universidad de Salamanca, quien el 22 de febrero de 1924, día en que se clausuró el Ateneo de Madrid, fue suspendido de empleo y sueldo, a la vez que deportado a Fuerteventura. «El conocimiento de la cultura helénica no da derecho a enredar constantemente», espetó el dictador.

Con motivo de la celebración del aniversario de la proclamación de la Primera República, el 11 de febrero de 1926 se constituyó Alianza Republicana como organismo integrado por los diferentes grupos antidinásticos, que eran Acción Republicana, liderada por Manuel Azaña, los radicales, con Alejandro Lerroux al frente, los republicanos catalanes y los federales.

Y, aunque el 24 de junio de 1926 fracasó el pronunciamiento republicano contra Primo de Rivera conocido como la Sanjuanada, lejos de quedar sofocado el descontento de parte del estamento militar, este volvió a hacerse patente el 29 de enero de 1929, cuando un regimiento de artillería se levantó ocupando los lugares estratégicos de Ciudad Real. Aunque el episodio tampoco triunfó, fue indicativo del incremento de la rebelión ante la Dictadura, reforzado desde marzo con los estudiantes universitarios.

Desilusionado por haber perdido el apoyo del monarca y de sectores castrenses, y aquejado de diabetes, tras seis años y cuatro meses como rostro visible de la Dictadura, Miguel Primo de Rivera presentó su dimisión y se marchó a París, donde fallecería el 16 de marzo. Transcurría el 28 de enero de 1930 y Alfonso XIII le encargó formar Gobierno al general Dámaso Berenguer, que era el jefe de su Casa Militar.

5.5. Delenda est monarchia

En los últimos meses de reinado, cuando España se acostaba monárquica y se levantaba republicana, el régimen derivaría en «dictablanda» (término luego empleado en Chile, México, Uruguay y Colombia), y el soberano en el tripulante de un crucero mediterráneo. El general Berenguer se limitó a gobernar mediante decretos, derogando parte de las medidas aprobadas por Primo de Rivera y apaciguando los efectos del crac de la Bolsa de 1929.

La hostilidad suscitada por la persona de Alfonso XIII siguió creciendo a lo largo de 1930, de manera que el 17 de agosto de dicho año se reunieron las fuerzas antimonárquicas, a fin de coordinarse, surgiendo en el citado evento el Pacto de San Sebastián por tener lugar en la capital donostiarra.

Así pues, se organizó un comité revolucionario, dirigido por el jurista cordobés Niceto Alcalá-Zamora, quien estaba encargado de contactar con los militares republicanos con el objetivo de organizar un levantamiento que habría de contar con apoyo civil. Desde el casino de la calle Garibay, sede local de la Unión Republicana, el comité se trasladó a Fuenterrabía, donde tenía su residencia de verano Miguel Maura (hijo del antiguo presidente). Esto sentó un precedente que continuó en Madrid: los encuentros se celebrarían en el domicilio del político conservador, situado en la calle Príncipe de Vergara. Inmediatamente, trazaron el plan propagandístico y, en octubre, se sumó al pacto la cúpula socialista. También la CNT decidió apoyar la conspiración, aunque sin participar directamente en ella.

El general Mola anotó en sus memorias que los acontecimientos posteriores no sorprendieron a las autoridades, pues «el espíritu revolucionario lo invadía todo, absolutamente todo, desde las más bajas a las más elevadas capas sociales» y «ante un movimiento de tal índole, no cabían disposiciones para impedirlo, sino medidas para dominarlo».

En el artículo «El error Berenguer» (publicado en *El Sol* el 15 de noviembre), con perspicacia Ortega y Gasset había aseverado: «*Delenda est Monarchia*». A partir de ahí, los acontecimientos se precipitaron. El 12 de diciembre de 1930, con cuatro días de antelación, el capitán Fermín Galán proclamó la república en su guarnición de Jaca y se dirigió con una columna hacia Huesca, siendo finalmente condenado a muerte en consejo de guerra y fusilado, junto al también capitán García Hernández.

El general Queipo de Llano y los comandantes Ramón Franco Bahamonde —hermano de Francisco— e Ignacio Hidalgo de Cisneros se apoderaron del aeródromo de Cuatro Vientos en Madrid en la madrugada del día 15 de diciembre de 1930. Sin embargo, al fracasar en su intento, huyeron en avión a Portugal. No obstante, el Gobierno ordenó detener a las principales figuras civiles que habían participado en la conjura, siendo encarcelados Alcalá-Zamora, Largo Caballero y Fernando de los Ríos, mientras que el resto logró esconderse.

El 14 de febrero de 1931 cayó el ejecutivo presidido por Berenguer y, una vez descartado Sánchez Guerra como sucesor de este, el 18 se formó un nuevo gabinete cuyo presidente fue el almirante Juan Bautista Aznar, quien permanecería menos de dos meses en el cargo, ya que a raíz de las elecciones municipales celebradas el 12 de abril, en las que venció la conjunción republicano-socialista en las principales ciudades, se proclamó a los dos días la Segunda República, viéndose obligado Alfonso XIII a abandonar España.

Concretamente, a las 7 de la mañana del 14 de abril la República fue proclamada en Éibar y, en las horas siguientes, la población salió a las vías, para proclamarla en Valencia, Sevilla, Oviedo y Zaragoza. Numerosas fotografías llevan a nuestras retinas los tumultos y el estruendo de gente de todas las edades encaramada en los monumentos y fuentes con la bandera tricolor. En esa mañana Romanones recomendó a Alfonso XIII la salida del país, decisión que aceptó el monarca cuando, desde el Ministerio de la Gobernación, se lo informó de que era imposible controlar la explosión de júbilo.

El director general de la Guardia Civil, el general Sanjurjo, se puso a las órdenes del Comité Republicano y, por la tarde, cuando ya Lluís Companys había proclamado la República en Barcelona, los miembros del comité llegaron a la Puerta del Sol y tomaron posesión del Gobierno en medio del entusiasmo popular.

A las 9 de la noche, Alfonso XIII, el rey enamorado del automovilismo, aunque su pueblo caminara en alpargatas, partía hacia Cartagena. De madrugada embarcaría rumbo a Marsella, por ahí había entrado su padre cuando la Restauración —ahora con la mortaja— era un sistema en pañales. Viajaría solo por razones de seguridad, mientras Victoria Eugenia salía con sus hijos hacia Biarritz.

Las lágrimas de la reina de camino a San Sebastián fueron el signo inequívoco de que habría un antes y un después del 14 de abril. Como relataba Agustín de Foxá, un gitano fue la única víctima mortal que se llevó consigo la proclamación de la república en Madrid; precisamente quien en la Puerta del Sol había gritado «¡Viva el rey!» fue un hombre que la única imagen que podía tener de la monarquía era el seguimiento de los tricornios. No había pasado medio año desde que Ortega y Gasset parafraseara a Catón el Viejo, quien ante el Senado romano concluía sus discursos con la expresión «Cartago debe ser destruida». El sortilegio español resultó certero e inmediato, aunque en los inicios de la Guerra Civil Alfonso XIII, buscando el eterno retorno, se declarara como «falangista de primera hora».

6. La primera sociedad del ocio

El negocio es la negación del descanso; el ocio, el tiempo de asueto. Aunque los antiguos romanos, con su último rey, Tarquinio el Soberbio, ya tuvieron vacaciones (feriae), un día libre, en abril, en el que los esclavos no trabajaban, hay que esperar al tránsito del XIX para ver nacer la necesidad de disfrute aparte de las jornadas de trabajo. Porque uno solo puede permitirse el divertimento cuando las necesidades básicas están cubiertas y, aunque no del todo, en el primer tercio del siglo XX la población española experimentó un crecimiento relativamente lento pero continuo, pues pasó de los 18,6 millones de habitantes que tenía en 1900 a 23,5 millones en 1930. Además, las aguas cantábricas se estrenaron como destino vacacional de María Cristina y la familia real.

6.1. La demografía

Aunque en los años 20 ciertos sectores de la población urbana adoptaron pautas anticonceptivas, el descenso de la natalidad todavía no era evidente, si bien el aminoramiento de la mortalidad resultó considerable, gracias a las mejoras sanitarias y a los logros sociales obtenidos por los trabajadores a partir de sus luchas sindicales y políticas. Las enfermedades infecciosas constituían un serio problema, afecciones del aparato respiratorio, como la tuberculosis y el tifus, seguían operando con virulencia, de modo que ambas ocasionaban entre 40 000 y 50 000 muertes anuales.

En 1900 se consiguió la regulación del trabajo infantil y de los accidentes laborales, así como en 1903 se creó el Instituto de Reformas Sociales y en 1908 el Instituto Nacional de Previsión. Otros logros a los que hoy estamos acostumbrados fueron: el descanso dominical (1905), el contrato de aprendizaje (1911), la jornada de 8 horas (1919) y el retiro obrero (1921).

La emigración fue otra de las causas del escaso incremento de población. Dicho proceso se efectuó de dos formas: a nivel interno, con traslados desde las zonas agrarias del interior hacia las urbanas (éxodo rural), y a nivel externo, con la emigración a otros países en las dos últimas décadas decimonónicas. Se registró la salida de más de un millón cuatrocientos mil españoles entre 1900 y 1914, los cuales se afincaron fundamentalmente en Iberoamérica. La mayor parte de los emigrantes procedía de Galicia, Asturias, Cantabria, País Vasco y Cataluña, y las naciones receptoras fueron principalmente Argentina y Brasil.

Durante los años de la Primera Guerra Mundial, la emigración intercontinental se redujo debido a los riesgos del transporte y, especialmente, a la generación de empleo en España por los negocios surgidos en torno al conflicto. En esos cuatro años de lucha, también los emigrantes españoles encontraron trabajo en Europa, sustituyendo a los obreros enviados al frente, y, tras la contienda, se retomó la emigración a América, aunque ya de forma más atenuada, gracias a la prosperidad de los felices años veinte.

Ciudades como Bilbao, Zaragoza, Murcia, Granada, Sevilla y Valladolid experimentaron un proceso de crecimiento desordenado, situación que ya habían vivido antes Madrid y Barcelona. En 1900 las dos últimas ciudades citadas tenían alrededor de medio millón de habitantes y, en 1930, rondaban el millón.

6.2. Las labores

En 1900 la población activa dedicada al sector primario era del 67%, mientras que en 1930 solo el 45 % realizaba esta actividad, ya que el secundario iba cobrando fuerza. En 1907 se creó Solidaridad Obrera, como unión de todos los sindicatos obreros de Cataluña, y en respuesta a la aprobación de la Ley de Jurisdicciones. Los sindicatos anarquistas fueron perseguidos por los sucesivos Gobiernos, debido a los numerosos atentados que esta ideología perpetró en la última década del siglo XIX. En 1910 se convocó un Congreso en Barcelona del que salió la decisión de crear la Confederación Nacional del Trabajo (CNT), organización fundada en dicha ciudad en 1910. Contaba con 26 000 afiliados de los que casi 12 000 eran catalanes.

Otra vía de asociación obrera eran los sindicatos católicos. Su germen estuvo en los círculos gestados en los años 90 en torno a prohombres como el marqués de Comillas, con el interés de organizar las reivindicaciones obreras al margen del anarquismo y del marxismo. Funcionaron más como cooperativas que como asociaciones reivindicativas y arraigaron sobre todo en Galicia, Castilla, Navarra y La Rioja. Desde 1906 la Ley de Sindicatos Agrícolas les dio un marco legal y, en 1917, se agruparon en la Confederación Nacional Católico-Agraria, constituida por 1500 sociedades y unos 200 000 afiliados.

Paralelamente, las agrupaciones buscaron conexiones con el exterior y, en abril de 1920, las Juventudes Socialistas decidieron pedir su ingreso en la Tercera Internacional o *Komintern*. Meses después, el PSOE envió una comisión a Rusia. El informe de Fernando de los Ríos denunciando la falta de libertades del sistema bolchevique inclinó definitiva-

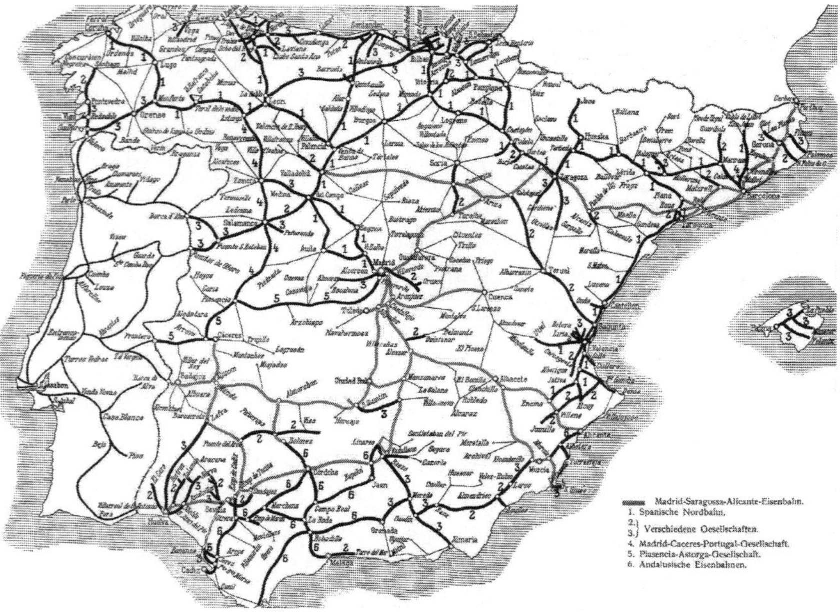

Mapa oficial de la red de ferrocarriles de España y Portugal en 1920.

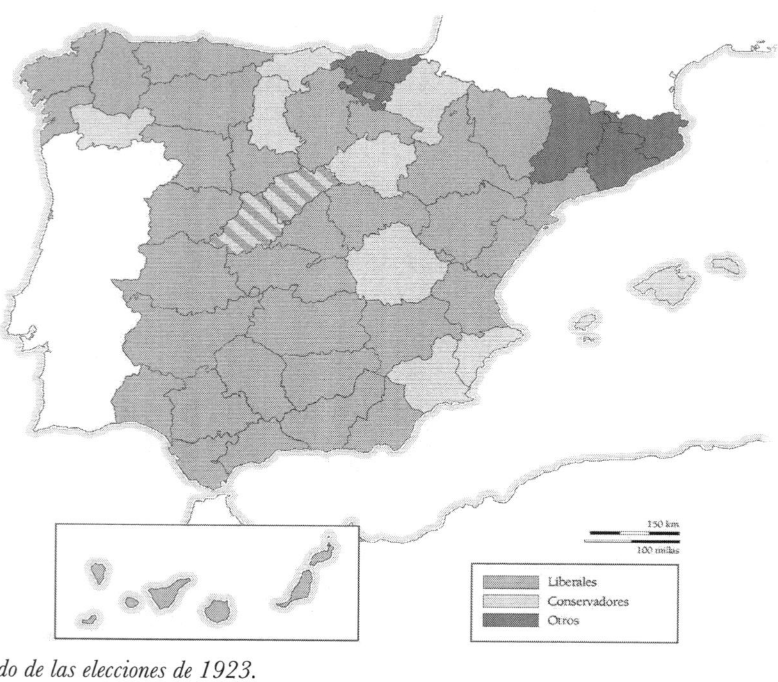

Resultado de las elecciones de 1923.

mente la opinión del partido contra el régimen comunista. Por ello, los que seguían siendo partidarios de la Tercera Internacional abandonaron el PSOE y fundaron en noviembre de 1921 el Partido Comunista de España, sección española de la Internacional Comunista.

Durante la Dictadura de Primo de Rivera el movimiento obrero quedó adormecido. El dictador «toleró» el PSOE y la UGT, pero el anarquismo permaneció debilitado por el enfrentamiento entre quienes, liderados por Ángel Pestaña, proponían la lucha pacífica y los que defendían la insurrección armada. Estos últimos fundaron en 1927 la Federación Anarquista Ibérica (FAI).

6.3. Técnica y transportes

Al comenzar el siglo XX la imagen del desplazamiento público se hallaba presidida por los caballos y las diligencias, si bien empezaron a implantarse los tranvías arrastrados por mulas. De forma paulatina estos serían sustituidos por las cabinas eléctricas y, posteriormente, se inaugurarían las primeras líneas de metro, concretamente en 1919 en Madrid y en 1924 en Barcelona.

Aunque la electrificación del transporte ferroviario fue más lenta, perviviendo las máquinas de vapor, se produjo un aumento considerable, de manera que en 1930 había en circulación más de 3000 vagones de viajeros y 60 000 de mercancías.

La llegada de la luz artifical tuvo importantísimas consecuencias en la vida cotidiana, ya que las calles comenzaron a estar iluminadas por el suministro eléctrico, y la bombilla se convirtió en un elemento habitual en buena parte de las viviendas urbanas al finalizar los años veinte.

En la loca década, muchos hogares de las urbes comenzaron a tener agua corriente, pero todavía pocos contaban con un cuarto de baño. Inventos como la máquina de escribir, las plumas estilográficas y las máquinas de coser (ya frecuentes a finales del siglo XIX) cambiaron la fisonomía de talleres y oficinas, así como el teléfono revolucionó las comunicaciones a distancia, ganando adeptos, pues en 1913 había alrededor de 34 000 mil abonados que, sorprendentemente, hablaban con sus parientes a través de un cable.

El automóvil tuvo una repercusión limitada debido a su elevado precio, pues a principios del siglo XX costaba entre 2000 y 6000 pesetas en función de la gama, pero sí triunfaron de inmediato las compañías de transporte por carretera que empleaban vehículos con más de 20 asientos, es decir, los autocares, denominados «correo» y personalizados con topónimos de las comarcas. No obstante, durante la Gran Guerra se abarató la producción de coches y se multiplicaron los ejemplares, por lo que en 1920 ya había 12 000 vehículos matriculados y en 1930 más de 25 000. Al uso creciente de automóviles respondió la Dictadura de Primo de Rivera con la creación de la red de firmes especiales.

6.4. Las diversiones

Durante la segunda fase de la Restauración un mayor sector de la población comenzó a disfrutar de nuevas actividades surgidas para cubrir el tiempo de ocio, una palabra vetada, sin embargo, para el común de los mortales, lamentablemente condenado a trabajar de sol a sol para intentar quedarse, cual girasol, en el mismo terruño, mientras el astro giraba.

Por supuesto que ociosos han existido siempre a lo largo de la Historia, desde el *Homo antecessor* hasta nuestros días, pudiendo ser clasificados en dos grupos: quienes se lo han podido permitir gracias a su propia condición social o aquellos que han decidido adosarse al portador de una renta. Pero en el ciclo que nos ocupa todavía no podemos hablar del ocio de masas, la diversificación del mismo habría que buscarla en el desarrollismo de los años sesenta e, incluso, en la Transición.

En España el fútbol se introdujo a través de inmigrantes, especialmente británicos, asentados en las minas de Riotinto (Huelva) y en Vigo. Las clases dirigentes preferían las carreras de caballos y el tenis, mientras que los trabajadores, el ciclismo y el boxeo. Para todos, el divertimento por excelencia procedía de las corridas de toros, con estrellas como Rafael Sánchez el Gallo, Joselito, Juan Belmonte, Manuel Granero o Ignacio Sánchez Mejías. La Plaza de Las Ventas sería inaugurada en 1929.

El cine, que había sido creado en 1896, causó una revolución y, a comienzos del siglo XX, ya había salas en las principales ciudades. Desde 1910 se difundió por buena parte de las capitales de provincia. Toda una revolución la aparición del cine sonoro en 1928. Su precio asequible lo convirtió en una de las aficiones predilectas de las clases medias y populares urbanas, que pasaban la tarde del domingo comiendo pipas ante la

Equipo	Año de fundación
Recreativo de Huelva	1889
Athletic Club	1898
Barcelona	1899
Español	1900
Real Madrid	1902
Sabadell	1903
Atlético de Madrid	1903
Sevilla	1905
Sporting de Gijón	1905
Deportivo de La Coruña	1906
Betis	1907
Levante	1909
Real Sociedad	1909

pantalla. Entre las primeras producciones están *Sangre y arena* (1922), con Rodolfo Valentino, *La hermana San Sulpicio* (1927), con Imperio Argentina, y *Un perro andaluz* (1929), de Luis Buñuel.

Otros lugares para la amenidad eran los teatros y los cabarets, donde el cuplé y la revista cosechaban estruendosos aplausos. El género dorado fue la zarzuela, con títulos en consonancia con la historia más reciente, como *La verbena de la Paloma* o *El dúo de la Africana*.

Por otro lado, en 1910, las mujeres obtuvieron el libre acceso a la Universidad. Eso no es ocio, sino un derecho que había sido conculcado secularmente. En 1924, la Dictadura de Primo de Rivera concedió el voto, en las elecciones municipales, a las damas mayores de 23 años que fueran independientes. La moda dejó de ser tradicional al reinventarse formas y prendas con vestidos más cortos y peinados totalmente diferentes. Los años 20 supusieron una progresiva liberalización de las costumbres, las mujeres comenzaron a acudir solas a los bares, a maquillarse y a fumar en sociedad, pero la modernización laboral se haría esperar, pues para ganar el mismo sueldo trabajaban el doble.

7. La Edad de Plata

Desde la Antigüedad la reverencia del discípulo hacia el maestro se ha expresado a través de las generaciones, período biológico que agrupa a las personas que han nacido con una diferencia de entre 10 y 30 años y que, en lo cultural, del mismo modo, viene a enfatizar la energía del alumno en la renovación o en la continuidad de los estudios: Sócrates, Platón, Aristóteles, Alejandro Magno...

En 1898 España, moralmente, había tocado fondo y la reflexión más profunda, entre el Desastre y el exilio de Alfonso XIII, llevó a la gran eclosión en el ámbito de la creación escrita, con las generaciones del 98, del 14 y del 27. Por ello, esta etapa, la segunda más brillante de las letras españolas, es denominada Edad de Plata, reservando el Oro para el tiempo de Cervantes. En versos de Manuel Machado, el de antaño, repleto de cristianos «de serio porte y negra vestidura, donde brilla no más la empuñadura, de su admirable estoque toledano», el de hogaño con voluntades muertas en una noche de luna «en que era muy hermoso no pensar ni querer».

Hasta 1900 no hubo en España Ministerio de Instrucción Pública. La enseñanza primaria y media estaba controlada mayoritariamente por la Iglesia, un buen porcentaje de los niños españoles, sobre todo de zonas rurales, se hallaba sin escolarizar y en 1930 la cifra de estudiantes universitarios no superaba los 38 000. Aunque muchos autores del realismo siguieron escribiendo durante el primer tercio del siglo XX, se observó una firme voluntad de innovar en los temas y en las formas narrativas.

7.1. La literatura

A partir de los acontecimientos internacionales, surgió la primera generación con personalidad propia, la del 98. En todos los autores es constante la preocupación por España, a la que anhelan distinta de cómo es y a la que tratan de llegar a través de tres caminos: la literatura (mediante la recuperación de autores medievales o clásicos olvidados), la historia sencilla e íntima (definida por Unamuno como «intrahistoria») y en sí misma Castilla como alma de la nación española.

También está presente el tema existencial, con visiones que van de la angustia a la inmortalidad. Desde el punto de vista formal, la narrativa de la Generación del 98 se caracterizó por el rechazo a la expresión retoricista y grandilocuente, dando un giro hacia la claridad e interesándose por la precisión léxica y por el gusto por las palabras terruñeras, esto es, por vocablos locales y arcaizantes típicos del habla del hombre cotidiano.

En los años del cambio de siglo, el Café de Madrid, situado en la calle Alcalá, cerca de la Puerta del Sol, fue el punto de encuentro de los integrantes de la Generación del 98. Las pláticas se celebraban a diario en cervecerías, en locales de periódicos, en casas particulares y en los salones de los teatros, a los que acudían literatos, empresarios, músicos y actores. En el Teatro Español, María Guerrero y su marido, Fernando Díaz de Mendoza, organizaban una tertulia que luego se trasladó al Teatro de la Princesa.

Esta generación literaria, cuyo precursor fue Ángel Ganivet con su *Idearium español*, estuvo formada por ilustres escritores como Pío Baroja (*La busca* y *El árbol de la ciencia*), José Martínez Ruiz, más conocido como Azorín (*La voluntad*), Miguel de Unamuno (*Niebla* y *San Manuel Bueno, mártir*), Ramón María del Valle-Inclán (*Luces de Bohemia*), Ramiro de Maeztu (*Defensa de la Hispanidad*) y Antonio Machado (*Campos de Castilla*).

A la del 98 seguiría la Generación del 14, entre cuyos autores cabe citar a Ramón Pérez de Ayala (*Troteras y danzaderas*) y a Gabriel Miró (*Las cerezas del cementerio* y *El obispo leproso*). Estos escritores compartían con los del 98 la inquietud por el problema de España, aunque rechazaban su visión dramática y subjetiva, adoptando una postura más equilibrada e intelectual. Los dos novelistas citados concedieron importancia a la función estética de la literatura, por encima de su papel como testimonio de la realidad.

El modernismo literario es un movimiento de ruptura con la estética vigente que se inició hacia 1880 y se desarrolló fundamentalmente hasta la Primera Guerra Mundial. En España cultivaron esta poética Manuel Machado y Juan Ramón Jiménez. El primero escribió poemas de elegantes estrofas sobre temas andaluces o de evocación histórica, destacando entre ellos *Alma*, *Caprichos* y *La fiesta nacional*. El segundo, célebre autor de *Platero y yo*, es el principal representante de esta corriente, con obras como *Arias tristes*.

En literatura, las vanguardias tuvieron como pionero a Ramón Gómez de la Serna, quien publicó en 1910 un manifiesto futurista y adquirió fama por sus greguerías, creaciones ingeniosas elaboradas a partir de asociaciones de ideas:

¡Qué tragedia! Envejecían sus manos y no envejecían sus sortijas!
El tiempo no es oro, es purpurina.
El poeta se alimenta de galletas de luna.

La Generación del 27 fue eminentemente poética. La Residencia de Estudiantes de Madrid se convirtió en un privilegiado lugar de encuentro para estos autores, así como el Centro de Estudios Históricos. Entre los actos comunes destacaron los organizados, en 1927, para celebrar el tercer centenario de la muerte de Góngora, exponente del culteranismo, mediante el homenaje en el Ateneo de Sevilla, y de ahí la denominación.

Estuvo constituida por Federico García Lorca (en cuya producción sobresalen los poemarios *Romancero gitano* y *Poeta en Nueva York* y las obras dramáticas *Bodas de sangre*, *Yerma* y *La casa de Bernarda Alba*), Rafael Alberti (*Marinero en tierra*), Dámaso Alonso (*Poemas puros, poemillas de la ciudad*), Jorge Guillén (*Cántico*), Luis Cernuda (*Perfil del aire*), Miguel Hernández (*El rayo que no cesa*), Gerardo Diego (*Versos humanos*), Pedro Salinas (*Presagios*) y Vicente Aleixandre (*La destrucción o el amor*).

Los poetas del 27 se caracterizaron por su tendencia hacia la síntesis: entre lo intelectual y lo sentimental, entre una concepción casi mística y una lucidez rigurosa en la elaboración del poema, entre la pureza estética y la autenticidad humana, entre el hermetismo y la claridad, entre lo universal y lo español, y entre la tradición y la renovación.

En el primer tercio del siglo XX, dentro del teatro de evasión destacaron la finura crítica de Jacinto Benavente (premio Nobel de Literatura en 1922 y autor de *Los intereses creados*, *Señora ama* y *La malquerida*, entre otras obras), la gracia popular de Carlos Arniches, con su deformación voluntaria del lenguaje (*Los caciques*, *Es mi hombre* y *Los milagros del jornal*) y el costumbrismo andaluz de los hermanos Álvarez Quintero (con los sainetes *El genio alegre*, *Las de Caín* y *El mundo es un pañuelo*). También dentro del teatro de evasión se encuadran las obras de Pedro Muñoz Seca: *La venganza de don Mendo*, *Anacleto se divorcia* y *Usted es Ortiz*, las cuales se singularizan por su comicidad satírica a través del ripio.

En el teatro poético el dramaturgo más importante fue Eduardo Marquina, que compuso tres piezas teatrales de inspiración histórica tituladas *Las hijas del Cid*, *Doña María la Brava* y *En Flandes se ha puesto el Sol.*

Mención específica merece Ramón María del Valle-Inclán, del que se ha hablado con anterioridad. Su obra dramática comenzó en 1899 y se prolongó hasta 1927, mostrando su evolución una constante voluntad de renovación y una vocación de ruptura con las dramaturgias coetáneas del primer cuarto de siglo. Fue el creador del esperpento, concepto que debe entenderse como una deformación grotesca de la realidad. Entre su producción teatral destacan títulos como *Divinas Palabras* y *Luces de Bohemia.*

Además del solemne desarrollo del ámbito literario, hay que citar en la ciencia histórica a Ramón Menéndez Pidal, a Claudio Sánchez Albornoz y a Ramón Carande, con sus estudios sobre el Medievo, la idea histórica de España y las finanzas de Carlos V, respectivamente, así como en la crítica artística a Eugenio D'Ors, con *La vida de Goya, Picasso* y *Lo barroco.*

Pero aparte de las formas, estaba el fondo, y la intelectualidad se había distanciado de la fórmula regia. De esta manera, en vísperas de la proclamación de la Segunda República, apareció el manifiesto de la Agrupación al Servicio de la República firmado el 11 de febrero de 1931 por Ortega y Gasset, Marañón, Pérez de Ayala y Antonio Machado, entre otros escritores dispuestos a organizar la vida pública española, desde la aldea y el caserío hasta las avenidas urbanas:

> Creemos que la monarquía de Sagunto ha de ser sustituida por una República. Pero es ilusorio imaginar que la Monarquía va a ceder galantemente el paso a un sistema de poder público tan opuesto a sus malos usos, a sus privilegios y egoísmos. Solo se rendirá ante una formidable presión de la opinión pública. Es, pues, urgentísimo organizar esa presión, haciendo que sobre el capricho monárquico pese con suma energía la voluntad republicana de nuestro pueblo.

7.2. El pensamiento

La escuela filosófica tradicional tuvo como representante a Marcelino Menéndez Pelayo. Nacido en Santander en 1856, ciudad en la que fallecería en 1912, fue autor de numerosas obras, entre las que destacan *La ciencia española*, *Historia de los heterodoxos españoles*, *Horacio en España*, *Calderón y su teatro*, *Historia de las ideas estéticas en España*, *Antología de poetas líricos castellanos*, *Antología de poetas hispanoamericanos* y *Estudios de crítica literaria.* El polígrafo trató de reconstruir la historia cultural a partir de su acendrado catolicismo y del amor a la nación: «España, evangelizadora de la mitad del orbe; España, martillo de herejes, luz de Trento, espada de Roma, cuna de San Ignacio, esa es nuestra grandeza y nuestra unidad... no tenemos otra».

Por otro lado, las corrientes filosóficas importadas del exterior se encuadran dentro de la escuela liberal. El krausismo, cuyo iniciador en

España había sido Julián Sanz del Río, desde 1875 fue dejando paso a otras tendencias más en consonancia con las necesidades de la época, centrándose en desarrollar su labor en el plano educativo a través de la Institución Libre de Enseñanza. El positivismo llegó a España cuando su creador Auguste Comte ya había fallecido, pero se unió al neokantismo, destacando en esta línea José del Perojo, Ustáriz y Pompeyo Gener.

En el clima de derrota surgido del Desastre del 98 surgió el regeneracionismo. Su principal adalid, Joaquín Costa, ya citado, trató de buscar solución a los problemas sociales y económicos, pues creía que únicamente si estos quedaban resueltos se podría acometer la modernización de las estructuras.

Costa consideraba que era fundamental lograr la renovación de la cultura española, así como la reconstrucción del país, pero para cumplir este propósito había que desmoronar la oligarquía:

> Con esto, llegamos por la mano a determinar los factores que integran esta forma de gobierno y la posición que cada uno ocupa respecto a los demás. Estos componentes exteriores son tres: 1°) los oligarcas (los llamados primates), prohombres o notables de cada bando, que forman su plana mayor, residentes ordinariamente en el centro; 2°) los caciques, de primero, segundo o ulterior grado, diseminados por el territorio; 3°) el gobernador civil que les sirve de órgano de comunicación y de instrumento. A esto se reduce fundamentalmente todo el orificio bajo cuya pesadumbre gime rendida y postrada la nación.

Entre su abundante producción destacan *Oligarquía y caciquismo como la forma actual de gobierno en España*, *La tierra y la cuestión social*, *La enseñanza de la agricultura*, *Tutela de pueblos en la Historia* y *Maestro, escuela y patria*.

El filósofo español más célebre fue José Ortega y Gasset, quien definió la Restauración como una máquina de fantasmagoría. Nacido en Madrid en 1883, donde fallecería en 1955, se licenció en Filosofía y Letras y se doctoró con una tesis titulada *Los terrores del año mil: Crítica de una leyenda*, completando sus estudios en Alemania en las universidades de Leipzig, Berlín y Marburgo. Fue profesor de la Escuela Superior de Magisterio de Madrid y, en 1910, consiguió la cátedra de Metafísica de la Universidad Central, que había sido anteriormente desempeñada por Nicolás Salmerón. En 1902 Ortega comenzó a escribir para publicaciones como *El Imparcial* y *Revista de Libros*, y dirigió la revista *España*, editando además en 1914 su primer libro, *Meditaciones del Quijote*.

Asimismo, en 1916 publicó el primer volumen de *El Espectador* y, en el transcurso del invierno, realizó su primer viaje a Argentina, ya que fue invitado por la Institución Cultural Española de Buenos Aires para dar unas conferencias.

En 1923 creó la *Revista de Occidente* y, en la Dictadura de Miguel Primo de Rivera, mantuvo una actitud crítica: «Para un Estado idealmente socializado lo privado no existe, todo es público, popular, laico. La moral misma se hace íntegramente moral pública, moral política: la moral privada no sirve para fundar, sostener, engrandecer y perpetuar ciudades; es una moral estéril y escrupulosa, maniática y subjetiva». En 1929 renunció a su cátedra, a la vez que impartió su famoso curso extrauniversitario ¿Qué es filosofía? Fue elegido diputado por León en las Cortes Constituyentes de la República y, al estallar la guerra, abandonó España y residió en París, Holanda, Argentina y Portugal, regresando a Madrid en 1945, donde permaneció durante largas temporadas, aunque conservó su residencia en Lisboa. En 1948 fundó con Julián Marías el Instituto de Humanidades.

La filosofía orteguiana, condensada en la célebre frase «Yo soy yo y mis circunstancias» y denominada perspectivismo, significó la superación del realismo y del idealismo, reconociendo los aciertos parciales de ambos mediante una actitud vitalista en la que seguía presente la preocupación por esa España que, a la vista de las últimas décadas, se hallaba «invertebrada».

7.3. Los plumillas

Durante la Restauración, la nueva prensa comenzó a emplear como reclamo los grandes titulares y a distribuir sus páginas en secciones. Periódicos como *La Vanguardia* (fundado en 1881), *ABC* (que surgió como diario en 1905), *El Progreso* (1906), *El Debate* (1910) y *El Sol* (1917) ejercieron una influencia sustancial en la opinión pública, máxime cuando los artículos más certeros venían firmados por las principales mentes del momento.

Pero, en realidad, fue en estos años cuando el periodismo se desvinculó del ámbito literario, apareciendo una prensa política o de ideas que se convertiría en una empresa de carácter estable. En 1883 el Gobierno de Sagasta había promulgado la Ley de Prensa que dio lugar al florecimiento de este medio, de forma que en 1887 había en España 455 periódicos semanales y 309 diarios, tendencia que se incrementaría al comenzar el siglo XX, si bien es cierto que la Dictadura de Primo de Rivera impondría una rígida censura.

Además, los avances en la imprenta permitieron la introducción de imágenes fotográficas de calidad. Así, revistas ilustradas, como *Mundo Gráfico* y *Blanco y Negro*, aumentaron sus tiradas. En Barcelona se abrió la primera estación de radio española en 1924, pero la radiodifusión tuvo en el país una expansión lenta debido a que las emisiones eran de baja potencia y el sonido de mala calidad. Al final de los años 20 surgieron más cadenas y comenzó a ser habitual la existencia de aparatos de galena en las viviendas urbanas, congregándose en torno al mueble los vecinos para escuchar noticias y programas musicales.

7.4. Musas y vanguardias

Entre 1898 y 1931 fueron numerosos los estilos desarrollados en el amplio abanico de las Bellas Artes, desde aquellas opciones más apegadas a la tradición, hasta otras más transgresoras. En la tendencia arquitectónica regional, destacaron Manuel Smith Ibarra, en Bilbao, y Leonardo Rucabado, en Santander, así como Aníbal González, en Sevilla, este último, con motivo del diseño de la plaza de España por la Exposición Iberoamericana de 1929. En esa misma época, el horizonte de Madrid cambió gracias a notables edificios levantados en torno a la Gran Vía (creada en 1910), entre ellos el de Telefónica. También se erigió el Hotel Palace, junto a muchos palacetes del paseo de la Castellana y del barrio de Salamanca.

En torno a 1925, los planteamientos regionales comenzaron a ser superados y apareció la arquitectura racionalista. Las ideas de Le Corbusier fueron aceptadas progresivamente y se apostó por la luminosidad del espacio interior, el empleo del hormigón armado y el carácter funcional de los edificios. El principal proyecto desarrollado con estas directrices fue la Ciudad Universitaria de Madrid, que corrió a cargo de Modesto López Otero. Con la creación del GATEPAC (Grupo de Artistas y Técnicos Españoles para el Progreso de la Arquitectura Contemporánea), que funcionó entre 1931 y 1937, se consolidaron las nuevas corrientes, otorgándose primacía a la proporción, al espacio, al orden, al equilibrio y a la utilidad.

A la vez que la pintura histórica vivía su epílogo con autores como Antonio Gisbert, se produjo el tránsito hacia la corriente naturalista de Courbet y Millet. Coincidiendo con el Desastre de 1898, cobró auge el naturalismo, plasmado en las pinturas de Ramón Tusquets y Ramón Martí Alsina. El impresionismo tuvo entre sus cultivadores a Darío de Regoyos, quien entró en contacto con las técnicas puntillistas y, sobre todo, al valenciano Joaquín Sorolla, cuyas primeras obras datan de los años 80 y 90 del siglo XIX. Su estudio de la luz y la exhibición de una rica paleta de colores convirtieron su técnica en la más próxima en España al impresionismo y, entre sus máximas creaciones, capaces de situar al espectador en una corrida de toros, en la procesión del patrón, ante la inigualable luz valenciana o frente a la endémica desigualdad social, hay que citar *Aún dicen que el pescado es caro* y *Paseo a la orilla del mar*.

Fueron muchas las escuelas pictóricas que convivieron en España en los años 20 y 30, pues, mientras que en una vertiente tradicional, el regionalismo pictórico contaba con Zuloaga o Julio Romero de Torres, en las escuelas de vanguardia alcanzaron resonancia el cubismo, con Pablo Ruiz Picasso, y el surrealismo con Joan Miró y Salvador Dalí. En realidad, la producción del malagueño Picasso puede dividirse en cuatro épocas: azul, rosa, negra y neoclásica y, desde 1925, puso en práctica todo tipo de tendencias, desembocando en el expresionismo, palpable en las tinieblas del *Guernica* de 1937.

En el cambio de siglo, en escultura se produjo la convivencia de estilos tradicionales con la estética vanguardista, pudiéndose citar como puente entre ambas tendencias a Mariano Benlliure, Victorio Macho y Julio Antonio, nombre artístico de Antonio Rodríguez Hernández. La escultura cubista, que había nacido como rechazo del clasicismo dominante, alcanzó difusión con Picasso, Pablo Gargallo y Julio González.

La renovación musical, basada en la síntesis de las corrientes etnográficas con las innovaciones europeas, tuvo como máximo representante al compositor y teórico Felipe Pedrell. En esta etapa, España dio a la historia de la música compositores de fama universal que rescataron estampas puramente hispanas, como Isaac Albéniz (autor de la suite *Iberia*, de la zarzuela *San Antonio de la Florida* y de numerosas piezas para piano como *Damas de España*), Enrique Granados (*Goyescas*, *Capricho español* y *La noche del muerto*), Joaquín Turina (*La procesión del Rocío*, *Sinfonía sevillana*, *Jardín de Oriente* y *La oración del torero*) y Manuel de Falla (*El amor brujo*, *El sombrero de tres picos*, *El retablo de Maese Pedro* y *La Atlántida*, inconclusa).

La poesía nació acompañada de la armonía, por eso los griegos la llamaron lírica y los romanos recitaban sobre el acuático sonido de la lira. Así, un grupo de jóvenes compositores quedaron alineados en torno a la generación del 27 y, en la madurez, dotarían al pentagrama de personalidad propia. Entre ellos se cuentan Salvador Bacarise y Rodolfo y Ernesto Halffter. El inicio de la Guerra Civil interrumpiría sus lecciones de conservatorio. También para el resto de españoles cayeron en desuso el *bugui bugui* y el *charlestón*, ante el desgarro de las ruedas por *Las barricadas* y el sollozo del *Ay Carmela*.

Se acabó la Restauración, pero con su naturalidad solemne y espontánea, a los paseantes de El Retiro, Alfonso XII sigue saludándolos desde el monumento ecuestre encargado por la viuda al arquitecto José Grases Riera. Y un árbol del parque, cercano al paseo de coches, está grabado a navaja con el macabro anuncio «ejecutado será Alfonso XIII el día de su enlace. Un irredento.» y la firma Dinamita, todo ello dentro de un círculo irregular con una calavera y dos tibias cruzadas.

La crónica de *ABC* del 15 de junio de 1906 no tiene desperdicio, pues un testigo, Vicente García Ruipérez, manifestó que el 20 de mayo, paseando a las 6 de la tarde con uno de sus hijos por la calle de Lauros, observó que dos hombres, vestidos «muy decentemente», uno con gorra japonesa y otro con sombrero flexible, pintaban algo en la corteza. Al acercarse lo increparon, por lo que se alejó, pero, a la siguiente jornada, pudo leer la funesta «profecía», y el 31 de mayo tembló al enterarse de que, al paso de la pareja real, un tal Mateo había lanzado la bomba. Examinó la fotografía del asesino en la prensa y, al primer vistazo, supo que aquella atroz mirada era la que buscaba tinieblas bajo el sombrero flexible y, de inmediato, confirmó sin la menor vacilación «que era Morral el que, en compañía de otro joven», había estado al pie del árbol de El Retiro.

Capítulo XII
Los convulsos años treinta. La Segunda República y la Guerra Civil

Cartel realizado durante la Guerra Civil Española, utilizado como llamada al alistamiento.

Si el lema de «Arriba España», que hoy gritan con emoción muchos, muchos que no son ni serán fascistas, lo hubieran adoptado los del bando de enfrente, el tanto por ciento de sus probabilidades de triunfar hubiera sido, por este simple hecho, infinitamente mayor.

Gregorio Marañón

NUNCA EL DEBATE VERBAL EN TORNO A UN COLOR logró teñir con tal intensidad los acontecimientos políticos de medio siglo. La elección del azul mahón para la camisa de la Falange fue el primer acto de autoridad de José Antonio. Y sucedió al tercer día del inicio del primer Consejo Nacional. La cúpula se hallaba reunida en el salón del piso bajo del palacete de Marqués de Riscal, n.° 16. El almanaque marcaba el 6 de octubre de 1934, el reloj situaba las manillas en las 19:00.

Ultimados los estatutos por los que habría de regirse el partido, esa velada el primogénito de Primo de Rivera fue proclamado jefe nacional y, a continuación, los ponentes pasaron a la discusión sobre el uniforme. Ciertos camaradas defendieron la «camisa negra» italiana, aunque, para evitar mimetismos, se desechó la idea. El aviador Ruiz de Alda, el del *Plus Ultra* (que, en actos de servicio, solía vestir una camisa azul mahón) y el periodista Luis Santa Marina (quien la llevaba en ese momento) apostaron por la «camisa azul mahón». El entonces impulsor vanguardista Ernesto Giménez Caballero optó por la «camisa parda» como recuerdo de la austeridad castellana. Luis Aguilar, técnico industrial, abogó por la «camisa azul horizonte» o «gris desvaído», en tanto que tonalidades de camuflaje por si acaso tocaba trabar batalla.

Del elenco, José Antonio fue sacando conclusiones y, al filo de las 20:00, tomó la palabra para aprobar la camisa azul mahón: «como color neto, entero, serio y proletario, distintivo de una organización rotunda, varonil y firme». A la altura del corazón, en el lado izquierdo, iría bordado en rojo el emblema.

A la mañana siguiente, José Antonio ya la vestía. Había comprado la pieza en Casa Papá Navas y, con este atuendo, entró en el Ministerio de la Gobernación para poner, a disposición del Estado, la Falange como refuerzo ante la insurrección separatista de Cataluña y solicitar, a la par, una manifestación en apoyo de la unidad de España. Las camisas con blasón costaban 9 pesetas, los cordones de jefe, 4, y la hebilla del correaje, 2.

Pasada la guerra, los «camisas viejas» lucieron cara al sol «camisa nueva». Por el puente de los Franceses que, en el otoño del 36 abriera el combate en la Ciudad Universitaria, la esperanza de los republicanos comenzó a desvanecerse como se cae la antorcha del atleta derribado del caballo en la estatua de la facultad de Farmacia. ¿Dónde quedaba el «no pasarán»?

Lejos de la meseta, en Colliure, Machado suspiró evocando «estos días azules, y este sol de la infancia». Porque el poeta es incapaz de contemplar la realidad sin transfigurarla, tampoco entonces dejó de soñar caminos. Como el fantasma Durandarte del *Quijote*, repitiendo su ripio, con ojos vidriados junto a su madre, musitó el verso «no todo se lo ha tragado la tierra».

Y enarbolando el crucifijo para dar la orden, en el foso de Montjuic, Antonio Escobar, general de la Guardia Civil, el 8 de febrero de 1940 acataba mirando al cielo la decisión de la revancha por su lealtad al Gobierno de la República. José Escobar Valtierra, su hijo falangista, había caído en Belchite...

Mientras que los tintoreros republicanos de Zamora empezaban a imprimir el azul mahón en sus batanes, Antonio Escobar, católico y providencialista, descendido a coronel, rechazó la avioneta en la que huir a Portugal ofrecida por el general Yagüe y murió perdonando al pelotón de fusilamiento. Porque, pese al maniqueísmo manido, entre el blanco y el negro existen los colores intermedios y la moral personal excede las siglas y todo imperativo.

1. La Segunda República, del frenesí al asalto

Con la crítica en ascenso, el 14 de abril de 1931 la república llegó, sin violencia, de modo espontáneo. Alfonso XIII se marchó al destierro con los derechos dinásticos debajo del brazo. Dinero no le faltaba, pues en el momento de ser expulsado tenía un patrimonio superior a 32 millones de pesetas, equivalentes hoy a más de 60 millones de euros.

La década de los años 30 constituyó para España una de las más agitadas de su historia contemporánea. Fue la Segunda República un tiempo de contrastes. Una edad de oro de la pedagogía por el tesón contra el analfabetismo y por las campañas de culturización de los humildes, con títeres callejeros o réplicas del Prado, como el príncipe Baltasar Carlos, subiendo en su caballo a un carromato de las Misiones. Pero también un ciclo en el que los partidos políticos se cerraron en banda. De una gran ilusión modernizadora se pasó a un combate fratricida.

Proliferaron las acusaciones de unos dirigentes a otros. El hemiciclo permite la retórica, pero en este lustro salieron al estrado las descalificaciones personales y, de ahí, a las sacas y los paseos no hay más que un paso.

La virulencia fue engrosándose: agresividad contra el dueño de la tierra, ataque a las casas de los jornaleros, revuelta en las minas, discordia en los cuarteles, incendio de templos…

Si el rey era el problema, ahora estaba lejos. ¿Dónde se hallaban los propósitos de regeneración del sistema? Muchos de los intelectuales al servicio de la República acabaron arrepintiéndose de haberse significado. Se dieron cuenta de que la república platónica, donde el legislador era el filósofo —porque había conocido la virtud— parecía conformar una entelequia difícil de materializar fuera de la caverna. La izquierda arremetió contra los curas, frailes y monjas. La derecha luego depuró a los maestros. Unos y otros eran responsables de pensar a su modo, ¿acaso poner a funcionar las neuronas se cifra en delito o pecado? Como si los derechos humanos no tuvieran por salvaguarda el respeto. Se había esfumado el día de la alegría en el que por todas las plazuelas se oía el *Himno de Riego*.

1.1. El Gobierno provisional

Los primeros datos del escrutinio de las elecciones municipales del 12 de abril comenzaron a conocerse el lunes 13. El resultado era rotundo: en 41 capitales de provincia habían vencido las candidaturas republicanas y, en Madrid, salieron elegidos 30 republicanos, frente a 20 monárquicos. El *Heraldo de Madrid* informaba el 13 de que, durante la tarde anterior, el pueblo estaba ansioso por escuchar la voz de las urnas y que circulaban rumores de levantamientos militares. El Gobierno pasó ese lunes reunido, buscando soluciones para la crisis. Durante la mañana del 14, el conde de Romanones, como ministro de Estado, se reunió con el republicano Alcalá-Zamora para intentar que la monarquía sobreviviera. En la entrevista se barajó la abdicación en favor del príncipe de Asturias, Alfonso. Pero el jurista advirtió al aristócrata de que el rey debía salir del país antes de la madrugada para evitar una escalada de violencia.

La primera ciudad que proclamó la república fue Éibar (Guipúzcoa), a las 6 de la mañana, y a las 11 llegó la noticia de que en Zaragoza se había convocado una huelga general. En Salamanca, Unamuno, elegido concejal por la conjunción republicano-socialista, declaró desde el ayuntamiento el inicio de «una nueva era» y el fin de otra «que nos ha empobrecido, envilecido y entontecido».

El 14 de abril fue también un día histórico en Barcelona. La candidatura de Esquerra Republicana se había hecho con el consistorio: de los 50 concejales, 38 eran republicanos y 12, monárquicos. Una manifestación recorrió la Rambla y se dirigió hacia la plaza de Sant Jaume, donde la gente se agolpaba esperando la llegada del nuevo gobierno municipal. Desde el balcón de la *Generalitat*, Francesc Macià proclamó el *Estat Català*. A primera hora de la tarde se izaron las primeras banderas tricolores en Madrid y la gente se echó a la calle, orientándose hacia la Puerta del Sol. Así, la Segunda República no llegó por un alzamiento militar, ni siquiera por una revolución organizada: fue la consecuencia de una movilización popular en el momento en que la monarquía había perdido su base social y parte del apoyo institucional.

Hasta el estallido de la Guerra Civil, se sucedieron, en poco más de 5 años, un Gobierno provisional, el bienio social-azañista, el bienio radical-cedista y el Frente Popular. Niceto Alcalá-Zamora fue el presidente por antonomasia de la República. Salvo durante la aprobación de la Constitución, ejerció la presidencia desde el 14 de abril de 1931 hasta el 7 de abril de 1936.

Nacido en Priego de Córdoba en 1877, era terrateniente, doctor en Leyes y oficial letrado del Consejo de Estado. Había seguido durante un tiempo a Romanones, como miembro del Partido Liberal, pero más tarde se sumó a los demócratas de García Prieto, marqués de Alhucemas, accediendo a los cargos de ministro de Fomento (1917) y de la Guerra (1921). El giro al republicanismo vendría durante la Dictadura de Primo Rivera. Como presidente de la Real Academia de Jurisprudencia y Legislación, en la primavera de 1930 pronunció en la misma el discurso «La Constitución que precisa España».

En la agonía de la monarquía alfonsina Alcalá-Zamora defendió que, en la república que había de proclamarse para salvar a España, la Iglesia tenía pleno derecho para estar representada, y abogó por un Senado con representación eclesiástica. Soñaba con «una república garantizadora de los derechos inalienables de la personalidad humana, respetuosa con el orden, con la religión y con la propiedad privada; imponiendo a todos la Justicia, estimulada desde el Gobierno por... la administración honrada y celosa de los intereses del país».

Al iniciarse la república, Alcalá-Zamora encabezaba Derecha Liberal Republicana junto con Miguel Maura. A mediados de febrero de 1930, al volver del tiro de pichón, Alfonso XIII, mientras se cambiaba de ropa, había recibido a Miguel en sus aposentos. Su hermano Gabriel, primer duque de Maura, sería ministro de Trabajo durante el gobierno del almirante Aznar. «Vengo, señor, a despedirme de Vuestra Majestad». El monarca lo sabía perfectamente, pero le inquirió: «A dónde te marchas?». «Al campo republicano». Alfonso XIII pensó que esta actitud era una locura, que el régimen estaba a salvo, pero fue víctima de sus propias ficciones.

A los pocos días, el 27, le tocó el turno al conservador José Sánchez Guerra, quien, tras varios años de silencio, en un rebosante Teatro de la Zarzuela recitó a Góngora:

¿Quién mató al conde?
Ni se sabe ni se esconde:
sin discurso discurrid.

Otrosí al duque de Rivas:

No más abrasar el alma
el sol que apagarse puede,
ni más servir a señores
que en gusanos se convierten.

Silencio sepulcral en el auditorio.

Luego Alcalá-Zamora y Maura se separarían: el primero sería el líder de los republicanos progresistas y el segundo, de los republicanos conservadores. Algún tiempo después, Miguel Maura reconocería: «Nos regalaron el poder. Suavemente, alegremente, ciudadanamente, había nacido la Segunda República española».

Y, así, el 14 de abril el Comité Revolucionario pasó de la cárcel a los despachos gubernamentales convertido en Gobierno provisional. Este se hallaba integrado por las agrupaciones políticas que habían intervenido en el Pacto de San Sebastián y se fijó como primer objetivo la convocatoria de elecciones para formar unas Cortes Constituyentes que se encargaran de elaborar una Constitución.

La amalgama de tendencias representadas en aquel equipo —con republicanos, socialistas, radicales, nacionalistas catalanes, regionalistas gallegos y católicos moderados— parecía prometer acuerdos. Y, de hecho, desde el comienzo se promovió la aplicación de medidas que venían a resolver problemas sustanciales del Estado reflejados en los últimos años en enérgicas protestas. Uno de los gestos visibles fue el cambio de bandera bicolor por otra tricolor, que sumaba al rojo y al amarillo el morado, color «que la tradición admite por insignia de una región ilustre, Castilla». La bandera rojigualda, según la conocemos hoy, fue adoptada en tiempos de Carlos III.

La cuestión catalana fue el problema inmediato que tuvo que afrontar el Gobierno provisional, encabezado por Alcalá-Zamora. Así, a los tres días, tres ministros (Marcelino Domingo, Lluis Nicolau d'Olwer y Fernando de los Ríos) se entrevistaron en Barcelona con Macià, alcanzando un acuerdo por el que Esquerra Republicana de Catalunya renunciaba a la república catalana a cambio del compromiso del Gobierno de presentar en las futuras Cortes Constituyentes el estatuto de autonomía. Se aseveró entonces que el Gobierno de Cataluña retomaba «el nombre de gloriosa tradición» de Generalidad, tras la abolición por Felipe V en 1714.

De la legislación agraria se encargó Largo Caballero, obligando a los patronos a contratar a los jornaleros del término municipal y a poner en cultivo las tierras aptas para ello. Asimismo, implantó la jornada de 8 horas y salarios mínimos, estableciendo jurados mixtos como órganos de arbitrio en la resolución de conflictos.

Por su parte, Manuel Azaña, en tanto que ministro de la Guerra, promovió la reforma militar, de modo que eliminó los grados de teniente general y capitán general, redujo el número de divisiones, suprimió la Academia General Militar de Zaragoza y el Consejo Supremo de Guerra y Marina, exigió a los miembros del ejército prometer fidelidad a la República y ofreció el retiro manteniendo el sueldo a aquellos mandos que lo desearan.

En cuanto a la educación, el ministro de Instrucción Pública y Bellas Artes, Marcelino Domingo, dictó la Ley de Construcciones Escolares que supondría la edificación de 6570 nuevas escuelas entre 1932 y 1933. Se crearon 7000 plazas de maestros, se elevó el salario de estos y se estableció la voluntariedad de la enseñanza de la religión.

Desde finales de abril de 1931, de forma paralela al enfrentamiento con el nuevo régimen de propietarios y patronos, se produjeron huelgas en Sevilla, San Sebastián, Asturias y Barcelona, y el 4 de julio la CNT inició una huelga en la Compañía Telefónica. Este clima de tensión se agudizó por la política laicista y el abandono de la financiación de la Iglesia por parte del Gobierno. Empezó a manifestarse temprano que la libertad tornaba en libertinaje, pues, aparte de los decretos, se asistía en términos orteguianos a la «rebelión de las masas». Sin posibilidad de concierto, azuzados por los lemas revolucionarios, los elementos radicales emprendían contra lo sagrado, como si destruyendo la imagen se aniquilara la milenaria fe de un pueblo.

El mes de mayo de 1931 fue el de la quema de conventos. El del Sagrado Corazón y la residencia de los jesuitas de la calle Alberto Aguilera, de Madrid, entre otros muchos, quedaron destruidos. La oleada de violencia anticlerical se materializó en el asalto de un centenar de templos entre Sevilla, Málaga, Córdoba, Cádiz, Murcia... A pesar de que el Gobierno declaró el estado de guerra en la tarde del 11 de mayo, las escenas vandálicas se sucedieron y cayeron cientos de inmuebles.

Una vez modificada la ley electoral para hacer limar el caciquismo en los ámbitos rurales, el 28 de junio de 1931 se celebraron elecciones a Cortes Constituyentes. Votaron cuatro millones y medio de personas, esto es, aproximadamente el 70 % del censo. Con la derecha monárquica aún traumatizada y una derecha liberal que apenas se había adaptado al régimen, en las urnas triunfó la conjunción republicano-socialista.

Las Cortes, unicamerales, formadas el 14 de julio, presentaron un escorado predominio de estos sectores, lo cual produjo una diferenciación relevante entre la representación parlamentaria y la propia composición social, menos avanzada. Este contraste se vio resaltado por la altura intelectual del conjunto del hemiciclo, pero, sin embargo, con escasa experiencia política. Fue elegido presidente de las Cortes Julián Besteiro, catedrático de Filosofía madrileño y sustituto de Pablo Iglesias como líder del PSOE y de la UGT. Había apoyado una postura colaboracionista con la Dictadura de Primo de Rivera y, en lo sucesivo, se opondría a la influencia comunista en el Gobierno republicano.

Con el fin de redactar el proyecto constitucional se creó una comisión y el 29 de agosto fue presentado un primer borrador formado por 121 artículos distribuidos en 10 títulos y una disposición transitoria. tres artículos constituyeron el punto de fricción con la opinión católica: el 3, el 24 y el 25, en los que, respectivamente, se establecía la conversión de España en un Estado laico, se presentaba el proyecto de disolución de las órdenes religiosas ,con la consiguiente nacionalización de sus bienes, y se declaraba la libertad de credo y de conciencia.

En 1931 en España había casi 110 000 religiosos, 32 600 del clero secular y 77 000 del regular, pertenecientes a 178 órdenes femeninas y 42 masculinas. La proporción de religiosos por habitantes era la más alta del mundo después de Italia: 1 por 493. La Iglesia declaraba poseer 12 000 fincas y más de 8000 edificios. Desde el Concordato de 1851, el presupuesto del Estado era el sostén de este auténtico ejército de Dios, pero la importancia de la Iglesia iba más allá de sus recursos humanos y económicos, pues gozaba de autoridad moral sobre la población a través de su participación mayoritaria en el sistema educativo, así como mediante las instituciones culturales y benéficas y los medios de comunicación que organizaba.

Los dirigentes republicanos pretendieron hacer valer el laicismo, pero los fieles reaccionaron. El mismo día de su aprobación, por razones de conciencia al ser los dos católicos declarados del consejo, Niceto Alcalá-Zamora, como presidente del Gobierno provisional, y Miguel Maura, ministro de la Gobernación, presentaron su dimisión. La presidencia de la República recayó en Manuel Azaña.

Tras meses de intenso debate, el 9 de diciembre de 1931 fue aprobada por unanimidad la Carta Magna, la cual constaba de 9 títulos y 125 artículos. En la Constitución de 1931 el Estado era definido como república democrática de trabajadores de toda clase y, entre sus disposiciones, se encontraban el establecimiento del divorcio y del matrimonio civil, así como el reconocimiento del sufragio universal para mayores de 23 años, hombres y mujeres.

1.2. El bienio social-azañista

Como tardío gesto de conciliación con las derechas, el 10 de diciembre, esto es, un día después de que se aprobara la Constitución, Manuel Azaña dimitió de su cargo de presidente de la República, en favor de Alcalá-Zamora, quien lo propondría como jefe del nuevo gabinete. Se iniciaba así la etapa más larga de la Segunda República, denominada por la historiografía como bienio social-azañista, período en el que los ministros ahondaron en las reformas iniciadas por el Gobierno provisional.

Manuel Azaña se reservó también la cartera de Guerra y, entre sus prioridades, se encontraban las reformas agraria, militar y autonomista ya emprendidas. En lo relativo a la tierra, el propósito era la creación de un numeroso grupo de pequeños propietarios y arrendatarios, de modo que se pudiera liquidar el latifundismo. El Partido Comunista y la CNT organizaron la presión campesina en Andalucía y en Extremadura, mientras que la derecha se encuadraba en la Agrupación Nacional de Propietarios Agrarios. Finalmente, la Ley de Bases para la Reforma Agraria (9 de septiembre de 1932), que afectaba a Andalucía, Extremadura, la Mancha y Salamanca, declaraba la expropiación de las parcelas arrendadas a menos de 2 kilómetros de los pueblos y de las que estuvieran en renta durante los últimos 12 años si su propietario tenía más de 1000 pesetas de renta catastral, así como de las que estuvieran deficientemente cultivadas.

También se creó el Instituto de Reforma Agraria (IRA), el cual se encargaría de realizar el Registro de la Propiedad Expropiable. Fue dotado con un presupuesto anual de 50 millones de pesetas para indemnizar a los propietarios y las tierras serían destinadas al asentamiento de familias campesinas. La ley suponía toda una revolución en el campo español y fue rechazada por los patrones y por los partidos de derecha. Se tardó casi un año en organizar el IRA y en completar el registro. A finales de 1934 habían sido asentadas 12 000 familias. Mas su aplicación fue un fracaso, debido a la lentitud, a lo que coadyuvó la resistencia de los terratenientes.

En cuanto al ejército, el Gobierno decidió que pasaran a la reserva todos los generales que en el plazo de 6 meses no hubieran recibido ningún nombramiento, suprimiendo los organismos y cargos que consideraba «innecesarios», de modo que desaparecieron el Consejo Supremo de la Guerra y Marina y los capitanes generales. Además, las unidades del ejército se redujeron a menos de la mitad, quedando fijados sus efectivos totales en 107 000 hombres. Sobra decir que estas medidas causaron el descontento de un importante sector del estamento castrense.

A todas las disposiciones habría que añadir las relacionadas con el propósito de Manuel Azaña de someter el ejército al poder civil, encontrándose en esa línea la desaparición de los Tribunales de Honor, la supresión del Consejo de Justicia Militar y la derogación de la Ley de Jurisdicciones de 1906 que, como hemos expuesto, establecía que cualquier delito contra la patria y contra el ejército quedaba sometido a la jurisdicción militar.

Respecto a la cuestión catalana, es preciso recordar que, en virtud del compromiso adquirido entre Macià y el Gobierno provisional en abril de 1931, la elaboración de un proyecto de estatuto fue encomendada a los propios catalanes. El 9 de septiembre de 1932 el proyecto fue aprobado en las Cortes, concediendo a Cataluña un notable marco de autogestión, ya que se le daba la posibilidad de contar con un órgano de gobierno, la *Generalitat*, y con un Parlamento propios. En noviembre se celebraron elecciones en las que venció Esquerra Republicana.

A los 5 meses del comienzo de este capítulo de la historia de España, el 14 de septiembre de 1931, se convino el siguiente punto de conciliación entre los representantes de la República (el presidente, Niceto Alcalá-Zamora, y el ministro de Justicia, Fernando de los Ríos) y de la Iglesia (el nuncio Federico Tedeschini y el cardenal Vidal y Barraquer): «Todas las congregaciones religiosas serán respetadas en su constitución y régimen propios y en sus bienes, al menos los actualmente poseídos, quedando sujetos, por lo demás, a las leyes generales del país».

Tanto el presidente como el ministro de Justicia defenderían personalmente este punto en el Parlamento. Hicieron constar el riesgo de que algunos de los diputados extremistas presentaran una enmienda para excluir a la Compañía de Jesús y que, de llevarse la discusión por esa senda, temían no poder impedir la votación. El único recurso posible, pero no seguro, sería lograr que dicho veto no constara en el texto constitucional.

Sin embargo, tras el debate en las Cortes Constituyentes sobre el estatuto jurídico de la Iglesia y de las órdenes religiosas, acaecido del 8 al 14 de octubre de 1931, la Compañía quedaba explícitamente amenazada por tener voto de obediencia a una autoridad distinta a la legítima del Estado. Un mes después se estrenaba en el Teatro Beatriz la obra *A.M.D.G.*, una adaptación de la novela antijesuítica de Ramón Pérez de Ayala.

El panorama político se enrareció más a partir de la expulsión de los jesuitas. A pesar de las exclusiones sufridas desde el reinado de Carlos III, la disolución de la Compañía en 1932 fue la más dolorosa de todas, pues se los suprimía en el momento de mayor bonanza y apego social. En nuestro país la orden jesuítica sumaba 3646 miembros, repartidos en 5 provincias: 993 en Aragón, 485 en la Bética, 968 en Castilla, 775 en León y 425 en Toledo.

Según consta en el acta de la reunión de provinciales de finales de abril, los jesuitas veían venir la debacle: todos tenían preparados los trajes de paisano y habían recibido instrucciones de los superiores sobre las casas donde podían refugiarse. El 18 de abril el provincial de Toledo había escrito una carta a sus colegas advirtiéndoles de la inseguridad que le transmitían las buenas palabras de Alcalá-Zamora. Sentía ya «que la expulsión vendrá tarde o temprano, si Dios con providencia extraordinaria no lo remedia; y que pueden darse asaltos con cualquier pretexto y cualquier ocasión». El 25 y el 26 de abril se reunieron en Madrid los provinciales de España y acordaron visitar al ministro de la Gobernación, Miguel Maura, antiguo alumno de los jesuitas, para deshacer los rumores de que querían una república vasca en contraposición a la española.

Los acontecimientos se precipitaron. Por decreto de 23 de enero de 1932, la Compañía fue disuelta y sus bienes, incautados:

> Los religiosos y novicios de la Compañía de Jesús cesarán en la vida en común dentro del territorio nacional en el término de diez días... Los miembros de la disuelta Compañía no podrán en lo sucesivo convivir en un mismo domicilio, en forma manifiesta ni encubierta; ni reunirse o asociarse para continuar la extinguida personalidad de aquella.

Este mismo precepto instituía un patronato encargado de realizar inventario de los bienes muebles e inmuebles.

El domingo 24, el papa Pío XI anunció que había tenido «tristísima noticia del decreto» y, compadeciéndose de ellos, calificó a los jesuitas como «no solo confesores, sino mártires del pontífice, mártires del papa, mártires del Vicario de Cristo». A los cinco días, el nuncio Federico Tedeschini presentó en nombre de la Santa Sede una nota de protesta al presidente del Consejo de Ministros, alegando que el decreto era unilateral y que contradecía otros artículos de la Constitución, como el de libertad de conciencia y de profesión de cualquier religión (artículo 27), o el de libertad de asociación para distintos fines de la vida humana (artículo 39). La asociación de padres de familia del colegio Chamartín capitaneó la protesta de la sociedad madrileña y, el 27 de enero, exigió al ministro de Justicia que se les entregara a ellos la dirección del centro.

Como la ley daba un plazo de 10 días para dejar de vivir en comunidad, el domingo 31 se celebró en el colegio de Chamartín una misa de despedida con amplia asistencia de padres y alumnos, y el 2 de febrero le tocó el turno al ICAI. A la par tuvieron que abandonar las escuelas gratuitas del extrarradio. El 6 de febrero de 1932 el periódico *La Traca* introducía a los jesuitas en la lucha de clases:

> Por fin el Gobierno ha cumplido dignamente la más importante parte de su cometido. Los jesuitas, la jauría de Íñigo, el aventurero, salen de España para perderse por las enmarañadas selvas del clericalismo mundial. Se van los jesuitas, pero queda en España su gran fortuna; quedan sus millones; sus grandes empresas comerciales, y sus rotativos amparados por nombres, al parecer, ajenos a la funesta orden (...) Ciudadanos de la República: para que siga su marcha triunfante la gran democracia, debíais todos investigar y conseguir pruebas de las fortunas clericales, para ayudar al gobierno en su gran empresa.

Pero las nuevas manos no parecían tan fecundas. Tras la incautación, los dos colegios de Madrid disminuyeron sus datos de matrícula. El ICAI, que tuvo bachillerato y formación para montadores mecánicos e ingenieros, fue sustituido por un instituto, pero los dos últimos colectivos desaparecieron de sus aulas. El colegio Nuestra Señora del Recuerdo fue reemplazado por otro instituto con 80 alumnos externos y 7 internos. Algunos de los jesuitas se marcharon a los colegios de Toulouse y Salat, también 60 alumnos de ingeniería del ICAI se exiliaron a Bélgica con el padre Pérez del Pulgar, formándose en el instituto Gramme (Lieja). Otros sacerdotes se alojaron en viviendas particulares y celebraron los sacramentos en iglesias públicas.

Desde la proclamación de la República se produjeron continuos conflictos sociales. En enero de 1932 hubo levantamientos de jornaleros y mineros anarquistas en Castilblanco, Arnedo y la comarca del Alto Llobregat, sofocando la revuelta la Guardia Civil y el Ejército con el saldo de decenas de heridos y una docena de muertos. Durante todo el año hubo huelgas, robo de cosechas y destrucción de maquinaria agrícola en Andalucía, Extremadura y la Mancha.

A comienzos de 1932 la derecha se reestructuró en torno a Acción Popular, antigua Acción Nacional, que tuvo que cambiar su nombre por imperativo legal. Dirigida por el abogado salmantino José María Gil Robles, se convirtió en el principal partido de la derecha, en el que predominaban los católicos, pero también había una importante presencia de monárquicos. Y aparecieron las Juntas de Ofensiva Nacional Sindicalista (JONS) de Ramiro Ledesma y Onésimo Redondo.

El general navarro Sanjurjo, elevado a marqués del Rif por Alfonso XIII tras el éxito del desembarco de Alhucemas, que había ocupado puestos durante la Dictadura de Primo de Rivera, en principio se alineó con la República, aunque pronto comenzó a distanciarse de esta y dio un golpe de Estado el 10 de agosto de 1932, conocido como la Sanjurjada. El cometido era formar un Gobierno republicano que diera un giro hacia la derecha, pero, al fracasar y ser capturado junto a otros compañeros cuando intentaba fugarse a Portugal, fue condenado a muerte, pena que después sería conmutada.

El 12 de enero de 1933 se produjo el suceso de Casas Viejas. En medio de una oleada de alzamientos campesinos organizada por la CNT, miembros de la Guardia Civil llevaron a cabo en este pueblo gaditano una masacre frente a un grupo de anarquistas que se habían hecho fuertes en una casa de la localidad. En el incendio de la vivienda murieron 6 personas, y 12 vecinos fueron ejecutados después por los mismos efectivos. El suceso causó un gran escándalo.

El combate contra el analfabetismo fue una de las conquistas del bienio social-azañista. Las Misiones Pedagógicas, presididas por Manuel Bartolomé Cossío, se gestaron con el afán de llevar la cultura a todos los rincones de España. Como exponía el pedagogo antes de la creación del patronato:

> El niño en la ciudad tiene, señores, el periódico, el teatro, la conversación culta de la atmósfera que lo rodea, los museos, una exposición permanente en los escaparates de cada tienda; pero el pobre niño del campo, ¿dónde puede ver jamás una estatua? ¿Quién le dirá que ha habido un Shakespeare o un Velázquez? ¿Quién le hará sentir la belleza de una melodía de Mozart, de una estrofa de Calderón…?

Congregados en la plaza del municipio, niños mayores veían por primera vez el cine o disfrutaban a través de escenificaciones la contemplación de reproducciones de obras de arte y el aprendizaje de la lectura mediante las bibliotecas ambulantes. Así eran descritas sus reacciones en la misión a Valdepeñas de la Sierra (Guadalajara):

> La poesía les produce un extraño respeto, traducido en el silencio más hondo de la sesión; la sienten en totalidad, sin análisis, y la aplauden con calor, raramente la comentan. La música, aun la que para ellos es desconocida, les despierta ecos, la acompañan con movimientos de cabeza, se unen inmediatamente a ella. El cine los divierte y los deslumbra, desata el chorro de los comentarios; todos hablan y todos imponen silencio a los demás.

1.3. El bienio radical-cedista

En el otoño de 1933 el abanico de partidos había variado susceptiblemente. En primer lugar, el electorado tenía la posibilidad de expresar el grado de apoyo que otorgaba al reformismo del bienio. En segundo, la Ley Electoral permitía rentabilizar las papeletas a las coaliciones amplias. Por último, existía la incógnita de los 6 millones de mujeres que votaban por primera vez.

En marzo se había creado, a partir de Acción Popular, la Confederación Española de Derechas Autónomas (CEDA), en la que se integraron todos los sectores católicos bajo la organización de Gil Robles. Otros grupos se situaron más a la derecha, pues los monárquicos se separaron de la CEDA y fundaron Renovación Española.

Asimismo, el 29 de octubre de 1933, José Antonio, hijo del general Miguel Primo de Rivera, fundó Falange Española. El acto tuvo lugar en Madrid, en el Teatro de la Comedia. Tenía el convencimiento de que, hasta ese momento, todas las revoluciones habían sido incompletas, en tanto ninguna había servido para hacer prosperar juntas «la idea nacional de la Patria» y «la idea de la justicia social». Por ello, el objetivo de la Falange era aunar ambos principios como base de una revolución fundamentada en «la tierra como depositaria de valores eternos» y en la patria en tanto que «misión en la historia» y «misión en lo universal».

Sin duda, fue la derecha la que más esfuerzos movilizó y, el 12 de octubre, se fraguó como alianza la Unión de Derechas y Agrarios, que incluía a la CEDA como cabeza, pero también a los alfonsinos, a los tradicionalistas y a los independientes agrarios y católicos. En ese intervalo hasta los comicios, el 5 de noviembre de 1933 fue aprobado el proyecto de estatuto vasco de autonomía por el 84 % del censo electoral.

En las elecciones del 19 de noviembre de 1933, fecha en que se realizó la primera vuelta, venció la Unión de Derechas. Después de la segunda vuelta, el 3 de diciembre, quedaron constituidas unas Cortes muy diferentes a las del bienio social-azañista, ya que la CEDA de Gil Robles, que era la organización política más votada, tenía 115 diputados. La segunda fuerza eran los radicales de Alejandro Lerroux, con 104; los socialistas consiguieron 59. En peor situación quedó la Acción Republicana de Azaña, con 5 escaños. A pesar de las diferencias ideológicas, la actitud paulatinamente más conservadora de Lerroux le permitió lograr el apoyo parlamentario cuando fue propuesto como presidente del Gobierno.

Así, el 16 de diciembre de 1933 Lerroux formó un gabinete y Diego Martínez Barrio pasó a ser vicepresidente, así como ministro de Guerra. La oposición más radical la llevaron a cabo no solo partidos de izquierda (en especial, una parte del PSOE liderada por Largo Caballero), sino también grupos de centro-derecha catalanes y vascos, por lo que, en apenas 2 años, hubo 8 crisis ministeriales.

Cansado de la atomización de partidos, según confiesa en sus escritos, José Antonio quiso devolver a España el optimismo y la fe en sí misma, y lo hizo mediante un discurso radical tendente a la desarticulación del capitalismo rural, del capitalismo bancario y del capitalismo industrial. Propuestas que no son de izquierdas ni de derechas, pues si «la subversión marxista y separatista» centró la preocupación de José Antonio en el bienio social-azañista, desde las elecciones del 19 de noviembre de 1933 (en las que resultó elegido diputado por Cádiz), el triunfo de las derechas fue calificado por el fundador como una «victoria sin alas».

El grupo, al que en 1934 se incorporarían las JONS —Juntas de Ofensiva Nacional Sindicalistas—, daría lugar a Falange Española de las JONS y, hasta el estallido de la Guerra Civil, desarrollaría una lucha a la intemperie por no conllevar las soluciones acomodaticias de los otros partidos de derechas. En la misma fecha surgiría la Sección Femenina, de la que Pilar Primo de Rivera, hermana del abogado madrileño, fue jefe nacional, cargo que nunca abandonaría.

En febrero de 1934 se discutió, para su revisión, sobre los aspectos más radicales de la reforma agraria, decretándose el desalojo de los aparceros que habían ocupado tierras a partir de la Ley de Intensificación de Cultivos. Y, en abril, fue aprobada la Ley de Amnistía, por lo que Sanjurjo fue puesto en libertad, con la condición de permanecer en el exilio. Lerroux quedó al margen y Ricardo Samper pasó a ser presidente del Consejo, prosiguiendo la revisión de la reforma agraria y el conflicto con la *Generalitat*. El socialista Largo Caballero exponía al respecto: «Nosotros fuimos a una revolución y el poder cayó en manos de los republicanos, y hoy hay en el poder un Gobierno republicano y ya destruye lo que hicimos nosotros».

En simultáneo vieron la luz nuevos partidos: en abril de 1934 nació Izquierda Republicana, de Azaña, y en septiembre Martínez Barrio fundó Unión Republicana. El PSOE giró a la izquierda y Santiago Carrillo se convirtió en secretario general de las Juventudes Socialistas, iniciando un acercamiento a las Juventudes Comunistas. El PCE abandonó el enfrentamiento con el PSOE y, tras el verano, se impuso la necesidad de crear un frente antifascista, como dictaba el Komintern. Así, en septiembre, los comunistas entraron en las alianzas obreras socialistas y comenzaron a preparar en conjunto la revolución. Únicamente la CNT se mantuvo al margen, mientras que Esquerra ingresó en la Alianza Obrera catalana.

En este clima de pugna en las Cortes entre el Gobierno y los nacionalistas, de conflictos continuos en el campo y de incidentes en la universidad entre la FUE (Federación Universitaria Escolar) y los falangistas, se produjo la revolución de octubre de 1934. El posible ingreso de la CEDA en el Gobierno era interpretado por la izquierda como el triunfo del fascismo, y el temor se confirmó cuando el 4 de octubre Lerroux volvió a la presidencia e incluyó a tres dirigentes cedistas. Aquellos años representaron el cenit de su carrera política, aunque también marcaron su caída.

En la tarde del 4 de octubre los dirigentes socialistas dieron la orden de huelga y al día siguiente el paro fue general en todas las ciudades del país. En Asturias la movilización pasó a ser una insurrección armada revolucionaria, pues los obreros asturianos se alzaron en armas, controlaron en dos días toda la provincia, destituyeron a las autoridades y tomaron la capital. Sin embargo, el movimiento fracasó en Madrid, ya que el Gobierno reaccionó rápido, y en la noche del 4 de octubre las tropas fueron acuarteladas. De este modo, se detuvo a los principales dirigentes socialistas y comunistas el 8 de octubre.

Como Macià había fallecido en la Navidad de 1933, Lluís Companys accedió a la presidencia y, por unas horas, hizo triunfar la revolución obrera en Cataluña, donde se encontraba estrechamente ligada a la reivindicación nacionalista. El 6 de octubre Companys declaró el Estado Catalán dentro de la República Federal Española, pero pronto el general Batet, tras bombardear la *Generalitat*, consiguió la rendición del Gobierno catalán. En el resto del país el paro fue absoluto en los primeros días, aunque hacia el 12 de octubre la insurrección había sido sofocada en todos los lugares, salvo en Asturias.

Para poner fin a la revolución de Asturias el Gobierno dio plenos poderes militares al general Franco, que mandó traer tropas de la Legión, y puso al general López Ochoa al frente de las operaciones. Los legionarios desembarcaron en Asturias el 10 de octubre y, el 19, se pactó una rendición, encargándose cuatrocientos guardias civiles de la represión en los días siguientes.

El resultado de la revolución de octubre de 1934 fue dramático, pues hubo 1051 muertos y el doble de heridos entre los insurrectos, 284 fallecidos y 900 heridos entre el ejército, miles de enfermos no cuantificados, fusilamientos sin juicio en los primeros momentos de la represión y 30 000 detenidos, entre los que se encontraban Companys, Azaña y los principales dirigentes socialistas.

El elemento esencial sobre el que giró la percepción derechista de la revolución de octubre fue el considerarla como obra de la «Anti-España» y de la «Anti-Patria». Con vistas a los próximos comicios, se fueron perfilando las opciones. El Bloque Nacional, creado en diciembre de 1934, se unió a la derecha antirrepublicana. Estaba encabezado por el jurisconsulto José Calvo Sotelo, quien había justificado su participación como ministro de Hacienda en la Dictadura de Primo de Rivera con las siguientes palabras:

> Mis convicciones políticas son democráticas. Creía y creo en la necesidad del Parlamento; creía y creo en el Sufragio, pero precisamente por eso abominaba el régimen político imperante (la Restauración). Régimen que representaba un escarnio del Parlamento, una prostitución del sufragio… Y cuando el general Primo de Rivera irrumpió en la vida pública española, vi en él un factor providencial de saneamiento.

Junto a esta formación, en la derecha se encontraban la CEDA y la Falange. En la izquierda también se produjo un acercamiento entre las diversas cabeceras, unidas en torno a las campañas proamnistía para los presos de octubre de 1934.

El Gobierno radical-cedista decretó la suspensión del Estatuto de Cataluña, y el 1 de agosto se aprobó la nueva Ley de Reforma Agraria, que limitaba el presupuesto del IRA. En 1935 fueron frecuentes los cambios de ministros. Los nombramientos hechos por José María Gil Robles, en tanto que responsable de la cartera de la Guerra, colocando a Franco como jefe de Estado Mayor, y a Fanjul, Goded y Mola en los principales puestos de mando, provocaron sospechas entre la izquierda, ya que todos ellos eran proclives al golpe.

En septiembre de 1935 fue nombrado presidente Joaquín Chapaprieta y, durante su etapa, estalló el escándalo del estraperlo, término que procede de Strauss y Perlowitz, quienes trataron de introducir en España, en un instante en el que estaba prohibido el juego, una ruleta eléctrica amañada, de tal manera que no podía suponer pérdida alguna para la banca. Detallando los movimientos, en 1934 Strauss se había puesto en contacto con el subsecretario de la Marina Mercante, Pich y Pont, y con el sobrino e hijo adoptivo de Alejandro Lerroux, Aurelio Lerroux. Después de sobornar a algunos jefes radicales, obtuvo permiso para instalar la ruleta en San Sebastián. Tras ser cerrado el local por la policía el 12 de septiembre de 1934, al convertirse en presidente del Gobierno Alejandro Lerroux se abrió una nueva ruleta en Mallorca, clausurada a los pocos días. Se trató de una de las primeras tramas de corrupción destapadas. El bullicio generado supuso el desprestigio para el Partido Radical y condujo a la convocatoria de elecciones a Cortes, las cuales se celebraron el 16 de febrero de 1936. Posteriormente, en la posguerra española esta palabra designaría el mercado negro de productos de necesidad básica en los años del hambre y de la cartilla de racionamiento.

De forma previa a los comicios, el 15 de enero se firmó el pacto del Frente Popular, al que se unieron Izquierda Republicana, Unión Republicana, el PSOE, el PCE, el Partido Obrero de Unificación Marxista (POUM), la UGT, los sindicatos comunistas y otros grupos de izquierda.

La otra coalición fue la integrada por el Bloque Nacional, con veleidades de monarquía autoritaria y, a la par, filofascistas, y la CEDA. Sin embargo, los dirigentes cedistas llegaron a acuerdos parciales con radicales y grupos republicanos en algunas circunscripciones, lo que causó bastante confusión y la concurrencia de dos candidaturas de derechas en varias provincias. La Falange y el PNV se presentaron de forma independiente.

1.4. El Frente Popular

> Me acerco a la lucha sin optimismos ilusos, previendo magnas dificultades, esperando amarguras e injusticias, viendo desatinos mortales y suicidas, por todos lados, por todos casi sin excepción. Me queda la tranquilidad de cumplir con mi deber y de hacer cuanto puedo, que naturalmente no alcanza a curar milagrosamente contra su propia furia epiléptica a un país enfermo crónico secular y gravísimo del mal horrendo de la guerra civil.

Estas palabras las escribió Alcalá-Zamora en la víspera de las elecciones del Frente Popular. Por cierto, plasmó dicho testimonio en sus memorias robadas y recuperadas a comienzos del siglo XXI. Faltaban cinco meses para la contienda, pero había hechos predecibles, como el «golpe de estado parlamentario», urdido por Manuel Azaña e Indalecio Prieto para empujar la dimisión de aquel. La derecha también buscaba su caída. Gil Robles y la CEDA no perdonaban al presidente que no les hubiera permitido gobernar a pesar de ser la fuerza más votada.

Las elecciones del 16 de febrero han sido presentadas como la última oportunidad para la República y como la plasmación de la división política española en dos bloques irreconciliables. Sin embargo, a comienzos de 1936 nadie contemplaba la cita como el preámbulo de la guerra, sino como una nueva redefinición del régimen.

La III Internacional, con sede en Moscú, había aconsejado a los partidos comunistas que colaboraran con los socialistas para frenar el fascismo en los Estados burgueses. Y la novedad de la campaña electoral de 1936 vino con la constitución de la mayor coalición electoral que lograra reunirse en todo el período republicano: el Frente Popular.

El índice de participación fue muy elevado, concretamente, del 72 %, y el Frente Popular obtuvo 263 escaños, mientras que la coalición de centro-derecha consiguió 210. Sin esperar a la segunda vuelta ni a la proclamación de resultados, los grupos de izquierda abrieron las cárceles y empezaron a salir los detenidos desde octubre de 1934. Manuel Portela Valladares, que era el presidente del Gobierno, se negó a continuar, y el 19 de febrero Manuel Azaña formó gabinete, con miembros de su partido y de Unión Republicana. Para no dar la impresión de un cambio demasiado brusco, se pactó la marginación de los socialistas y se decretó una amplia amnistía, colocando en sus puestos a los funcionarios expulsados tras la revolución de octubre de 1934.

Se restableció el estatuto catalán y Azaña envió a los generales más sospechosos de conspiración a lugares alejados de Madrid y distantes entre sí: Mola a Pamplona, Goded a Baleares y Franco a Canarias. El 20 de marzo un decreto autorizó al IRA a expropiar cualquier finca y a proceder a su explotación inmediata, de manera que el dueño solo retendría la tierra hasta que se resolviera la indemnización. Tres meses después sería restablecida la Ley de Bases para la Reforma Agraria de 1932.

El 7 de abril Alcalá-Zamora fue relevado por Diego Martínez Barrio, presidente interino hasta el 10 de mayo, pues a partir de entonces tomaría el relevo Manuel Azaña. El pretexto fue que se había extralimitado el cordobés al disolver las Cortes, excusa falsa, pues, además, gracias a esa disolución —reclamada por buena parte de los españoles— se había constituido una nueva mayoría.

A partir de la victoria electoral del Frente Popular, el Ejército, que venía organizando conspiraciones desde tiempo atrás, radicalizó sus posturas, dando el primer paso el 8 de marzo de 1936, cuando se reunieron Franco, Mola y Varela, tomando la decisión de que el alzamiento no sería ni por la república ni por la monarquía, sino por España, a fin de que el orden quedara restablecido. En principio, tuvieron que desistir en su propósito inicial de sublevarse el 20 de abril, pues, entre otras razones, el Gobierno estaba lo suficientemente informado de sus planes.

Durante las semanas previas al 18 de julio, Franco estuvo a punto de presentarse a las elecciones para ser diputado por la provincia de Cuenca. Fue la primera vez que el general quiso entrar en política. La situación data de mayo de 1936, cuando en las provincias de Cuenca y Granada se repitieron los comicios de febrero por declararse nulos. Las derechas renunciaron a presentarse en la circunscripción andaluza, no así en la castellana. Cuenca se convirtió en el centro político de una España ya muy agitada. Los puestos a elegir no solo tenían un carácter simbólico, sino que podían garantizar la presencia en Madrid de políticos que necesitaban tal condición para los futuros acontecimientos. Y es que un acta de diputado garantizaba la inmunidad parlamentaria y, por tanto, la excarcelación.

La candidatura derechista unitaria optó por presentar por Cuenca a cuneros como primeros espadas. Así, las gestiones de líderes como Serrano Súñer, Gil Robles y el general Fanjul (asiduo a la provincia, que cedió su puesto) propiciaron que el dirigente falangista también tuviera avales. El 26 de abril, la Junta Provincial del Censo proclamó la candidatura donde estaba integrado Franco, mas el general debía de haberlo pensado mejor, y ese mismo día renunció. Las derechas mantuvieron a José Antonio, aunque no obtuvo su acta, pues se dio la orden gubernativa de no contar sus votos, lo que generó la polémica en la sede parlamentaria.

Anarquistas, radicales, socialistas y adeptos de la extrema derecha, no por las consignas de sus formaciones sino a iniciativa particular, generaron una dinámica de violencia difícil de controlar. De febrero a julio en España hubo 300 muertos y 1300 heridos, sumándose al balance las ocupaciones ilegales de tierras y los ataques a instituciones religiosas, sucesos que contribuyeron a inclinar a la derecha moderada hacia soluciones anticonstitucionales.

El 23 de junio, el presidente del Gobierno, Santiago Casares Quiroga, del partido de Azaña, recibió una carta del general Franco. Confesión de un gallego a otro para advertirle del peligro de que se desencadenara una rebelión militar ante la situación existente en la nación. Precisamente, cinco días después se celebró un referéndum favorable al estatuto de Galicia.

Emilio Mola fijó la fecha del alzamiento para mediados de julio de 1936. Su plan consistía en el levantamiento coordinado de todas las guarniciones comprometidas, las cuales implantarían el estado de guerra en sus demarcaciones, comenzando por el Ejército de África. Como se preveía que en Madrid era complicado que el golpe triunfara por sí solo (allí estaría Fanjul), se pensó que, desde el norte, una columna dirigida por Mola se dirigiera a la capital para apoyar al levantamiento. Y, por si todo esto fallaba, se contempló que Franco, después de sublevar las islas Canarias, marchara al protectorado de Marruecos a bordo del avión *Dragon Rapide*, fletado en Londres gracias al dinero aportado por el financiero Juan March, instalado en Biarritz.

José Calvo Sotelo se había hecho impopular por pedir que el Gobierno del Frente Popular restableciera el orden o, de lo contrario, que tal tarea fuera asumida por el Ejército. En la madrugada del lunes 13, fue detenido irregularmente en su casa por un grupo que incluía a miembros de las fuerzas de seguridad y, durante el traslado, lo asesinaron con un tiro en la cabeza, como respuesta a la muerte del teniente Castillo, acaecida en la jornada anterior. Entre las uvas de la ira, los últimos indecisos, entre los que se encontraban Franco y los carlistas navarros, se sumaron al golpe.

2. La guerra de los mil días

La abuela de nuestro presente es la Guerra Civil. Se ha hecho octogenaria y, como anciana, es fuente de sabiduría. Todo conflicto es terrorífico, pero más aún si se trata de embates entre hermanos, con la delación, la sospecha y la traición entre vecinos como ingredientes añadidos.

El enfrentamiento creciente entre las izquierdas y las derechas, patente desde el inicio del lustro republicano, mas especialmente agravado en la primavera trágica del 36, tendría el doloroso epílogo en la Guerra Civil. Conflicto que es cifrado como el laboratorio de ensayo de tácticas de la Segunda Guerra Mundial, ya que representó la colisión entre los dos modelos políticos totalitarios que hacían tambalearse a la democracia en el período de entreguerras (fascismo y comunismo).

La insurrección del 17 de julio en Melilla se propaga con celeridad y, junto a la República, como poder legítimamente constituido, emerge un nuevo régimen que imperaría en todo el país durante casi cuatro décadas. De este modo, la Guerra Civil puede estructurarse en cuatro etapas: del paso del estrecho a la batalla de Madrid (julio de 1936-primavera de 1937), de la batalla del norte a la batalla de Teruel (primavera de 1937-primavera de 1938), la batalla del Ebro (abril-diciembre de 1938), y la batalla de Cataluña y el fin de la guerra (diciembre de 1938-marzo de 1939).

2.1. Del paso del estrecho a la batalla de Madrid

El 12 de julio de 1936 el *Dragon Rapide* se encontraba en Casablanca, en espera de que se concretara el pronunciamiento. El 14 llegó a Gran Canaria, adonde debería trasladarse Franco, desde su residencia de Tenerife, sin levantar sospechas. En la mañana del 18 de julio Franco embarcó a su mujer y a su hija en un trasatlántico con destino a Francia y, a las 2 de la tarde, subió al *Dragon Rapide* que lo llevaría a Marruecos. Al tomar tierra fue recibido por Yagüe y se despidió del piloto: «algún día sabrá usted lo que ha hecho. Hoy no tengo palabras para expresarle mi gratitud».

En cuanto el Gobierno republicano de Casares Quiroga recibió las primeras noticias de la sublevación en el protectorado de Marruecos, en la tarde del 17 de julio, ordenó a la aviación y a la marina de guerra que bombardearan las posiciones de los rebeldes en el norte de África. Asimismo, el ministro de Marina, José Giral, pidió que los barcos de guerra se dirigieran al estrecho de Gibraltar para que bloquearan el paso a la Península de las tropas coloniales. Como las dotaciones de esos buques desobedecieron a sus oficiales, comprometidos en el golpe, los sublevados no pudieron disponer inicialmente del Ejército de África, compuesto por la Legión y los regulares.

Para realizar las acciones aéreas, la República reconvirtió aviones comerciales que despegaron del aeródromo de Tablada (Sevilla), desarrollando una serie de incursiones sobre Melilla, Ceuta, Larache y Tetuán. En esta última localidad, capital del protectorado, se lanzaron 8 bombas que alcanzaron el edificio del Alto Comisariado y la mezquita. El ataque enfureció a los marroquíes y los aglutinó en torno a los sublevados. Por su parte, la marina de guerra de la República también hostigó esas posiciones, siendo contestada por los aviones Breguet 19, que habían quedado en manos de los sublevados.

El 18 de julio, a las 2 de la tarde, buena parte de la guarnición de Sevilla se levantó contra el Gobierno. Solo quedaron leales la Guardia de Asalto y la base aérea de Tablada. El golpe triunfó en Córdoba, Huelva y Cádiz, aunque fracasó en Málaga. En un corto período de tiempo las tropas rebeldes se hicieron con el control de la mitad del país.

El Ejército de África pasó a la Península gracias a la ayuda de Alemania y de Italia. La toma de Badajoz, entre el 14 y el 15 de agosto, por el general Yagüe, se llevó a cabo de modo aciago, con el fusilamiento de 1200 personas. Durante 9 meses, de septiembre a mayo, los republicanos asediaron el santuario de Nuestra Señora de la Cabeza, en Jaén, donde se habían refugiado unos 200 guardias y 1000 civiles.

En los primeros meses del conflicto, el general Mola consiguió afianzarse en el norte y en el noroeste, con la excepción de Vizcaya, Asturias y Santander, mientras que Queipo de Llano hizo lo mismo en el suroeste. Desde la defensa de Numancia, pocos asedios perduran tan desafiantes como el del alcázar de Toledo. Tras el alzamiento, fueron muchas las ciudades en las que se generalizaron los combates callejeros. Una de ellas fue Toledo. El comandante militar y coronel director de la Escuela Central de Gimnasia, José Moscardó, se hallaba preparando la marcha de algunos atletas, y la suya propia, a los juegos olímpicos de Berlín, una cita en la que, a pesar del idolatrado espíritu deportivo, la discriminación racial estaba presente.

El asedio del alcázar era en sí mismo un guion cargado de épica. En particular, Moscardó había tenido varios desencuentros con el Gobierno de Azaña y, al enterarse del golpe, se sumó a los sublevados, no dando en principio parte a la República para reunir más hombres. De este modo, pudo juntar 1300 personas, pobremente armadas, pero tan concienciadas de su defensa de la nación como para no desfallecer ante el ataque de un ejército gubernamental integrado por 5000 soldados. Se dio prisa el coronel para llevar hasta el alcázar los 700 000 cartuchos alojados en la fábrica de armas y, el 21 de julio, se leyó en la plaza de Zocodover la declaración del estado de guerra.

Por su parte, Largo Caballero (el primer obrero que llegó a ser presidente del Gobierno) se cegó en tomar el baluarte con unos recursos ilimitados; milicianos, artillería y carros de combate, pues estaba convencido de que la conquista supondría una fácil propaganda para el Frente Popular. Las tropas republicanas estaban dirigidas por el general José Riquelme, quien trató de lograr la rendición de Moscardó apelando a su racionalidad. Pero el coronel argumentó que la República estaba en poder del marxismo y que consideraba deshonrosa la orden de entregar «a las milicias rojas» el armamento de los caballeros cadetes.

El 23 de julio, en un intento de empujar a los defensores a abandonar la fortaleza, el jefe de milicias de Toledo, Cándido Cabello, contactó por teléfono con Moscardó para decirle que tenía preso a su hijo Luis y que, si no rendía el baluarte en 10 días, el chico sería fusilado. Luis cogió el teléfono para demostrar el secuestro, las últimas palabras de su padre fueron: «Si es cierto (que te van a fusilar) encomienda tu alma a Dios, da un viva a Cristo Rey y a España y serás un héroe que muere por ella. ¡Adiós, hijo mío, un beso muy fuerte!». Y el funesto pronóstico se cumplió.

El Alcázar era el panfleto que a diario se imprimía para dar las instrucciones básicas a los ocupantes, luego se convertiría en periódico y perduraría hasta los años 80. Nacieron dos niños y Moscardó pidió a los oficiales republicanos que mandaran un cura para bautizarlos y absolver a todos de sus pecados. El padre Camarasa fue el elegido.

No podemos saber qué habría pasado si los nacionales hubieran marchado directamente en dirección Madrid en esos meses iniciales, en vez de desviarse en Maqueda hacia Toledo. Quizás la guerra habría finalizado al inicio del otoño, pues, como las defensas carecían de orden, la capital estaba a tiro.

Pero las tropas del gallego Francisco Franco decidieron dar forma definitiva a la liberación: una escueta orden lo encumbraría a líder de los sublevados. Con 33 años, había llegado a ser el general más joven de Europa. Durante 70 jornadas, la guarnición de guardias civiles y militares, junto a los estudiantes de la academia, las mujeres y los niños, habían aguantado el cerco. Al anochecer del 27 de septiembre, Franco pudo anunciar en Cáceres la liberación del alcázar, un comunicado que le otorgó tantos de popularidad. Al día siguiente, tuvo lugar la reunión de la Junta de Defensa en un aeródromo próximo a Salamanca. El objetivo era designar al jefe del mando único, militar y civil, sin limitación de tiempo. Franco resultó elegido jefe del Gobierno y del Estado. Desde entonces, hasta su muerte, el 1 de octubre fue en España el Día del Caudillo.

Y es que, tras el asalto de la artillería, los efectivos de Varela habían llegado el 28 de septiembre a las inmediaciones del Tajo para felicidad de los defensores. El ejército republicano se retiró evitando ser atrapado entre dos fuegos. Fenecieron 90 por parte del bando nacional y una cifra incalculable entre la fuerza gubernamental. Sin agua, sin comida y casi sin municiones, durante dos meses los sitiados habían realizado una proeza inimaginable que el nuevo régimen convertiría en mito bélico.

Uno de los interlocutores fue Vicente Rojo (católico, apostólico y romano, pero leal a la República). En marzo de 1937 ascendió a coronel. Fue el jefe del Estado Mayor del ejército republicano. Su libro *Así fue la defensa de Madrid* (1967) está dedicado «a la anónima mujer española, abnegada, heroica, ejemplar entre todos los horrores, la angustia y la desesperanza». El tomo es una pieza clave para entender la planificación de los movimientos y las impresiones inmediatas a los hechos.

A pesar de los avances, el bando nacional fracasó en su intento de tomar Madrid a partir de una serie de acciones de cerco que fueron la batalla de la carretera de La Coruña (noviembre de 1936-enero de 1937), la del Jarama (febrero de 1937) y la de Guadalajara (marzo de 1937).

Dentro de las maniobras nacionales en la carretera de La Coruña, es posible diferenciar tres movimientos: el primero, la ofensiva de Pozuelo, que trató de bloquear a las tropas republicanas de la sierra madrileña; el segundo fue conocido como «batalla de la niebla» y tuvo lugar en Villanueva de la Cañada y Boadilla del Monte, y, el tercero, intentó aislar Madrid por el norte. Los sublevados organizaron la División Reforzada de Madrid, que contaba con tanques italianos, baterías antitanque para contrarrestar los T-26 soviéticos y artillería pesada. Frente a ellos, los republicanos desplegaron 5 divisiones. El Ejército del Centro ascendía a 45 000 hombres y los sublevados a 20 000. El fracaso no hizo a los franquistas desistir en su avance.

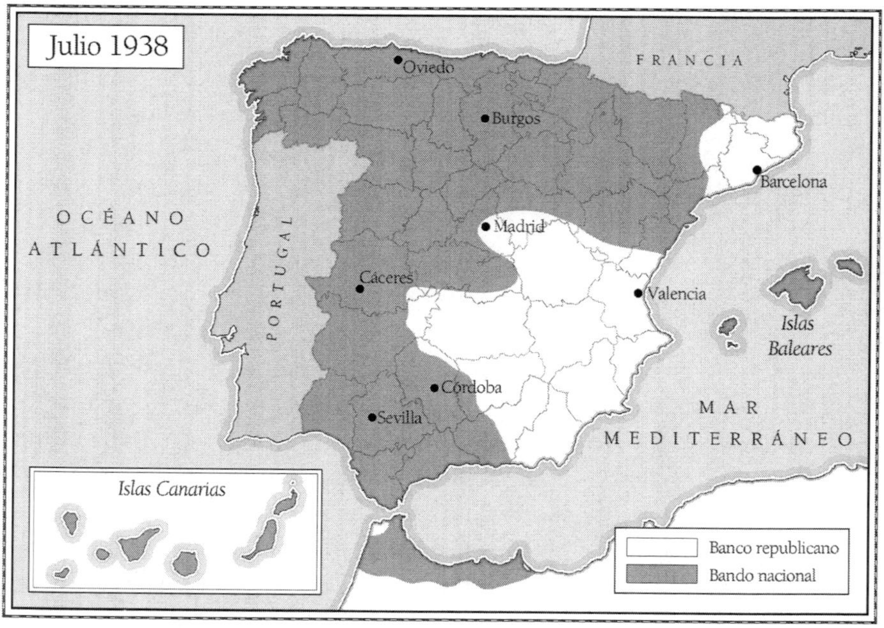

Distintas fases de la evolución de la Guerra Civil española.

Octubre 1937
FRANCIA
Oviedo
Burgos
Belchite
Barcelona
OCÉANO
ATLÁNTICO
PORTUGAL
Madrid
Brunete
Teruel
Cáceres
Valencia
Islas
Baleares
Córdoba
Sevilla
MAR
MEDITERRÁNEO
Islas Canarias
Banco republicano
Bando nacional

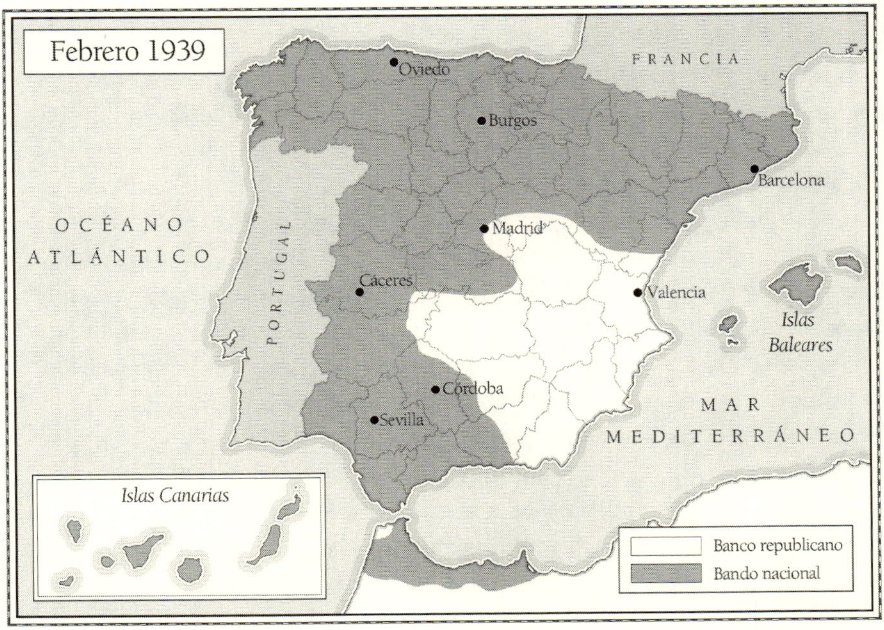
Febrero 1939
FRANCIA
Oviedo
Burgos
Barcelona
OCÉANO
ATLÁNTICO
PORTUGAL
Madrid
Cáceres
Valencia
Islas
Baleares
Córdoba
Sevilla
MAR
MEDITERRÁNEO
Islas Canarias
Banco republicano
Bando nacional

La del Jarama, entre el 6 y el 27 de febrero de 1937, es considerada una de las batallas más cruentas de la Guerra Civil, pues, una vez cruzado el río, la División Reforzada de Madrid, al mando de Luis Orgaz —quien formaba parte del alto mando de toda la operación junto con los también generales José Enrique Varela y Ricardo Rada Peral—, se encontró con el despliegue de cuatro divisiones al mando del general Miaja, las cuales combatieron, con el apoyo de las Brigadas Internacionales, entre Arganda y Morata de Tajuña.

La fuerza nacional del Jarama fue una amalgama de unidades con pluralidad de procedencia regional: cincuenta y cinco carros *panzer* I de la Legión Condor alemana, además de artillería (obuses de 155 mm), infantería, regulares, unidades antitanque y zapadores, debiendo sumar a estos una bandera de la Legión integrada por voluntarios irlandeses dirigidos por Eoin O´Duffy, los cuales lucharon sin éxito en la línea entre Titulcia y Ciempozuelos. Los bombarderos *Junkers*-52/3m y los cazas Fiat CR.32 *Chirri* pilotados por italianos y españoles constituían la flota aérea, donde sí tuvieron el dominio los rebeldes.

Entretanto, en febrero de 1937 y con ayuda italiana, los nacionales tomaron Málaga. Desde el 8 al 23 de marzo el epicentro de la Guerra Civil se situó en la Alcarria. La contienda adquirió sus auténtica dimensión militar e internacional en la batalla de Guadalajara, con la participación de las tropas italianas (*Corpo Truppe Volontarie*, CTV) y de la Legión Cóndor, por el lado nacional y con la organización del Ejército Popular de la República, la llegada de asesores soviéticos y la intervención de las Brigadas Internacionales en el bando republicano.

La meteorología fue adversa, pero no hubo pueblo de las inmediaciones de Brihuega donde los obuses y la metralla no dejaran su sello. Durante décadas, en Muduex, cuando las lluvias eran torrenciales, la tierra vomitaba cadáveres. Los subordinados del general Roatta quisieron dar una lección a sus aliados desarrollando la «*guerra celere*» pero, desde Nueva York a Moscú se supo que Guadalajara no era Abisinia. Y es que el mundo siguió de cerca los bombardeos por la comarca de Torija.

La batalla de Guadalajara supuso la primera derrota internacional del fascismo y también la primera vez que los italianos libraban, por sorpresa, una guerra civil fuera de la bota, al combatir cara a cara entre los setos del palacio de Ibarra los legionarios del CTV y los garibaldianos, alineados con la izquierda. A partir de ese momento, Franco puso mucho énfasis en que ninguna unidad extranjera actuara por su cuenta, como había ocurrido en el afán de superioridad de las escuadras adriáticas ante la División Soria del ya general Moscardó. El fracaso de los nacionales en sus intentos de ocupar la capital de España evidenció que la contienda se había transformado en una guerra larga, de modo que el teatro de operaciones se desplazó hacia el Cantábrico.

2.2. De la batalla del norte, al frente de Teruel

En esta segunda etapa, que abarca desde la primavera de 1937 hasta la primavera de 1938, tuvo lugar el bombardeo de Guernica, capital del vasquismo. El lanzamiento fue ejecutado desde los aviones de la Legión Cóndor y la Aviación Legionaria italiana. El estupor provocado por la masacre del 26 de abril de 1937 hizo que el mundo entero clamara por la paz. Perecieron 126 personas. Al día siguiente, el *lehendakari* del Gobierno vasco, José Antonio Aguirre (abogado y antiguo jugador del Athletic Club) hizo pública una nota en la que denunciaba que la histórica villa había sido arrasada por los aviadores alemanes.

La propaganda nacional atribuyó la destrucción de Guernica a la izquierda: «La España de Franco no incendia. La tea incendiaria es monopolio de los incendiarios de Irán, de los que han incendiado Éibar, de los que trataron de quemar vivos a los defensores del alcázar de Toledo». La adjudicación del ataque a los republicanos fue refutada de inmediato por un testigo imparcial, el periodista británico George Steer, cuyas crónicas fueron publicadas en *The Times*. Luego el teniente coronel Wolfram von Richthofen (primo del Barón Rojo), en su diario personal, admitió que, en Guernica, se había portado «muy maleducadamente». El suceso inspiró a Pablo Picasso su más famoso cuadro, mostrado en la Exposición Internacional de París de 1937.

Posteriormente, los nacionales conquistaron Bilbao el 19 de junio y Santander en agosto. El 20 de octubre, ante el derrumbamiento de la resistencia del ejército republicano, el general Aranda había ordenado el avance de las unidades nacionales. Al día siguiente, las huestes navarras entraron victoriosas en Gijón y Avilés, las principales ciudades de la Asturias republicana.

Desde su exilio romano, el destronado Alfonso XIII seguía, en un mapa clavado en la pared, el avance del ejército nacional en el frente norte. El 4 de noviembre de 1937 escribió a su tía, la infanta Paz, una desconocida carta en la que le decía: «Como verás nuestra Cruzada continúa metódica y victoriosa, aunque lenta. No es de extrañar, dadas las enormes dificultades al encontrar todos los puentes volados y tenerse que hacer todo el abastecimiento por camiones automóviles y ser la región entre Santander y Asturias tremendamente montañosa». Otra de sus tías, Eulalia, revelaría que el rey había entregado un millón de libras para la causa de Franco. Debía de pensar que los nacionales estaban luchando para que él retornara al trono.

Por su parte, los republicanos trataron de disminuir la presión septentrional a partir de acciones en otros frentes, por lo que entre julio y septiembre de 1937 se desarrollaron las batallas de Brunete (Madrid) y Belchite (Zaragoza). El Gobierno de la República, que el 6 de noviembre de 1936 se había trasladado a Valencia, se marchó a Barcelona el 31 de octubre de 1937 y, aunque en diciembre de ese mismo año el bando fiel a la legitimidad republicana tomó Teruel, fue recuperado por las tropas franquistas en febrero de 1938.

2.3. La batalla del Ebro

El 15 de abril de 1938, los nacionales consiguieron cortar en dos la zona republicana al alcanzar el Mediterráneo a la altura de Vinaroz (Castellón). En julio, la República lanzó su última gran ofensiva en el frente del Ebro. En el cauce bajo del valle del río, entre el oeste de la provincia de Tarragona (Tierra Alta) y el este de la provincia de Zaragoza (Mequinenza), se libraría el intervalo más sangriento de todo el conflicto. Los soldados republicanos intervinieron desde la Agrupación Autónoma del Ebro, con 100 000 hombres al mando del teniente coronel Juan Guilloto.

Por parte de los nacionales, la unidad destinada a la defensa era el Cuerpo de Ejército Marroquí, formado por las divisiones 40, 50 y 105. Excepto la 50, de reciente creación e integrada por soldados de reemplazo, las demás divisiones estaban compuestas por tropas muy aguerridas: legionarios, regulares, mercenarios africanos de Ifni y del Sahara, y voluntarios de las milicias falangistas o del requeté carlista. Seguían las órdenes de Juan Yagüe y se desplegaron desde el río Segre hasta el Mediterráneo. Ante la dureza de las operaciones se sumaron el Cuerpo de Ejército del Maestrazgo y el Tercio de Montserrat.

Tras importantes consecuciones, el 30 de octubre los nacionales iniciaron la contraofensiva. Después del amanecer, durante 3 horas, las posiciones republicanas fueron sometidas al bombardeo de 175 baterías nacionales y más de 100 aviones. La respuesta vino de un centenar de cazas republicanos que, sobre el aire, contrarrestaron aquella acción, registrándose la mayor batalla aérea de todas las habidas durante la guerra.

Los marroquíes de Yagüe, junto a los navarros al mando de Mohammed ben Mizzian, conquistaron las posiciones republicanas abandonadas durante el bombardeo. En las cumbres de Cavalls se asestó un duro embate a la República y, en la noche de los Santos, del 1 al 2 de noviembre, fueron asaltadas las alturas de Pandols, la única cota de terreno en manos del ejército gubernamental. El campo de batalla que, en agosto, el calor había transformado en intolerable, ahora recibía las primeras nevadas. A mediados de noviembre de 1938, los republicanos completaron la evacuación de las posiciones aragonesas. Fallecieron 20 000 soldados y las bajas totales se aproximaron a los 60 000 hombres por cada bando.

2.4. Cataluña y el fin de la guerra

El 10 de diciembre de 1938, las tropas franquistas emprendieron la ofensiva de Cataluña, empezando así la cuarta y última fase de la guerra. El 26 de enero de 1939, Barcelona cayó en manos de los nacionales y, el 7 de febrero, Manuel Azaña, que era el presidente de la República, se exilió en Francia junto a la mayoría del Gobierno y miembros de instituciones republicanas.

La ofensiva final de los nacionales tuvo por objeto quebrantar las áreas republicanas del centro peninsular. A principios de marzo de 1939, se hizo con el poder un sector no comunista de la Junta de Defensa, bajo el mando del coronel Segismundo Casado. El día 5 se formó un Consejo Nacional de Defensa, presidido por José Miaja. Su propósito era negociar la paz con Franco, frente a la intención de Juan Negrín y de los comunistas, que querían continuar con la lucha. Pero el Consejo destituyó a Negrín y procuró alcanzar una paz honrosa con el Gobierno franquista de Burgos.

Sin embargo, no prosperaron las gestiones. Franco no aceptó la propuesta y exigió la rendición incondicional. Los nacionales entraron en Madrid el 28 de marzo, ocupando todos los edificios públicos. Julián Besteiro, que había decidido compartir la suerte de los civiles madrileños, en vez de fugarse como el resto de miembros del Consejo Nacional de Defensa, fue arrestado.

El 1 de abril de 1939 Franco firmó el último parte de guerra. Poco antes del mensaje radiofónico, la noticia de la caída de la última resistencia republicana, en la provincia de Alicante, había llegado hasta el palacio de los Muguiro, en Burgos, sede del Gobierno de los nacionales desde 1937. Aquella jornada el general se encontraba en la cama aquejado por la gripe. Se levantó, escribió el.primer borrador y se lo dio a su ayudante, el soldado Muñoz Navarro, para que lo mecanografiara.

Poco después de las 10:30, la voz de Fernando Fernández de Córdoba, actor de profesión, sonó en Radio Nacional con el habitual énfasis, pero especialmente emocionada. Fue entonces cuando en todo el país se escucharon las famosas palabras:

> Parte oficial de guerra, del cuartel general del Generalísimo, correspondiente al día de hoy, primero de abril de 1939, tercer año triunfal. En el día de hoy, cautivo y desarmado el Ejército Rojo, han alcanzado las tropas nacionales sus últimos objetivos militares. La guerra ha terminado.

3. Las dos zonas y su evolución política

Jugó a profeta Antonio Machado y, dramáticamente, acertó al advertir: «españolito que vienes al mundo, te guarde Dios, una de las dos Españas ha de helarte el corazón». Y es que, uno de los fenómenos de la Historia Universal que más se ha prestado al maniqueísmo, tanto en lo relativo a los sucesos como a su revisión historiográfica, ha sido la Guerra Civil, una dicotomía palpable en la propaganda, en la prensa y en los libros escolares, además de en el ensañamiento contra el rival.

Como el golpe no triunfó ni en la capital ni en la totalidad de las provincias, derivó en guerra civil. Desde el primer momento el territorio quedó dividido en dos zonas. Salvo casos aislados, los militares triunfaron en aquellas provincias donde habían sido más votadas las candidaturas de derechas. Los «rebeldes» se postulaban defensores de la nación, de ahí que sean conocidos como «nacionales»; las izquierdas, en tanto que ostentaban el Gobierno, quedaron englobadas bajo el telón de la República. La escisión del Estado el 18 de julio y la división del terreno bajo tintes de reconquista condujo inexorablemente a la catalogación moral, desenterrando recelos y acuñando una nueva versión del odio, basada en retóricas grandilocuentes.

3.1. La España republicana

Una de las causas de debilidad del poder republicano fue la competitividad por el mando entre las tendencias políticas y la falta de resoluciones unánimes. En los primeros meses, en la práctica, se impuso la voluntad de los comités integrados por los sindicatos y por los partidos del Frente Popular. Largo Caballero formó un Gobierno de concentración con todas las fuerzas de izquierda en septiembre de 1936 y, a fin de recuperar el control sobre la economía, se crearon comités directivos en los bancos, se restringió el movimiento financiero y se intentó encauzar el proceso de colectivización de la tierra. Este Gobierno gestionó también los primeros envíos de material de la URSS y promovió la creación de las Brigadas Mixtas como unidad base del ejército popular.

El 1 de octubre de 1936 se suspendieron las sesiones parlamentarias. Una parte de las Cortes se marchó a Valencia, iniciando la itinerancia (Barcelona, San Cugat del Vallés, Sabadell y Figueras) que culminó, ya en marzo de 1939, con la celebración de las últimas reuniones de la Diputación Permanente. Este órgano trató de asumir sus funciones constitucionales y deliberó sobre la dimisión de Azaña como presidente de la República, su sustitución por Diego Martínez Barrio, el golpe del coronel Casado y la comparecencia de Negrín, último presidente del Consejo de Ministros, en la sesión celebrada los días 31 de marzo y 1 de abril de 1939.

A principios de noviembre se incorporaron cuatro dirigentes anarquistas al Gobierno republicano. Entre ellos estaba Federica Montseny, la primera mujer ministra de la historia de España. Se encargó de la cartera de Sanidad y Asistencia Social durante el Gobierno de Largo Caballero, votando en contra, en el Consejo de Ministros del 19 de noviembre de 1936, de la conmutación de la pena de muerte de José Antonio Primo de Rivera. Ante el traslado del Gobierno a Valencia, se creó una Junta de Defensa que asumió el protagonismo de la resistencia en la capital.

En el lado republicano coexistían dos modelos revolucionarios, los dos contrarios al derecho liberal de la propiedad privada. El primero estaba encabezado por los anarquistas y por el POUM, que defendían la inmediata colectivización de tierras y talleres y la constitución de comunas como células de producción.

El segundo defendía también la expropiación de tierras y empresas, pero con la canalización de su producción hacia una economía de guerra, lo que excluía los comités de autogestión y el control descentralizado que funcionaba en muchas factorías. Esta postura era la del PCE.

La tensión entre ambos planteamientos estalló en forma de insurrección y de combates callejeros en Barcelona en mayo de 1937. Murieron más de 200 personas y el PCE exigió la disolución del POUM, acusándolo de trabajar para el fascismo. El 13 de mayo los comunistas abandonaron el gabinete y provocaron la dimisión de Largo Caballero. Juan Negrín formó Gobierno unos días después.

El 15 de junio el POUM fue declarado ilegal, y a su dirigente, Andrés Nin, agentes de la policía política rusa, que actuaban en España bajo la dirección de Alexander Orlov, lo sacaron de la cárcel, lo interrogaron y asesinaron.

El Gobierno del socialista Negrín se prolongó hasta el final de la guerra. Intentó garantizar el abastecimiento mínimo a las ciudades a través de las fincas colectivizadas y se establecieron medidas de control de las cadenas de unas 500 fábricas, continuando la política de compra de armamento y de búsqueda de apoyo internacional.

Juan Negrín, respaldado por el Partido Comunista, decidió seguir con la lucha tras la batalla de Cataluña, mientras los soldados republicanos y miles de civiles marchaban hacia Francia. Sin embargo, el resto de fuerzas republicanas consideraban que era inútil prolongar el enfrentamiento y, en marzo de 1939, Segismundo Casado se puso al frente de la Junta de Defensa que entabló conversaciones con el Gobierno de Franco.

3.2. La España nacional

En Burgos se formó el 24 de julio de 1936 una Junta de Defensa Nacional, cuyo presidente fue Miguel Cabanellas, debido a que era el general de mayor graduación. El poder político estuvo compartido en esos primeros meses de la lucha por los tres jefes militares, que eran Mola, como máxima autoridad en el norte, Queipo de Llano, que era su homólogo en el sur, y Franco, como jefe del Ejército de África.

Franco no esperaba llevar el timón de la guerra, pero los accidentes de aviación cambiaron el rumbo de España. El 20 de julio de 1936 Sanjurjo se despedía de su esposa y sus amigos antes de subir a la *Puss Moth* pilotada por Juan Antonio Ansaldo, en el campo de fortuna de Boca do Inferno, en Estoril. El destino urgente del León del Rif era el aeródromo burgalés de Gamonal. De estirpe carlista, el común de las derechas cifraba a Sanjurjo un ídolo, aunque se intuía que su objetivo era, una vez conseguidas las pretensiones del golpe, consolidar una Restauración en la figura de Alfonso XIII.

En cambio, los ideales de Mola, Cabanellas y Queipo de Llano eran afines a la continuidad del sistema republicano, si bien depurado y con un cariz diferente. El exceso de equipaje, el fallo del motor y las malas condiciones del aeródromo provocaron un aterrizaje de emergencia, pero el vehículo chocó con una valla de piedra y el general feneció en el exilio lusitano.

Sin embargo, tampoco Mola, el Director del alzamiento, llegó al primer aniversario del conflicto. El 3 de junio de 1937 la avioneta en la que viajaban el general y otros cuatro tripulantes se estrelló en el alto de un cerro del paraje burgalés conocido como La Brújula. Ninguno sobrevivió. Así, Franco quedó en el primer puesto al frente del bando nacional.

Fue el socialista Indalecio Prieto, en un mitin en Cuenca, quien avisó de las «aptitudes» de Franco como líder de un golpe militar:

> El general Franco, por su juventud, por sus dotes, por la red de sus amistades en el ejército, es hombre que, en un momento dado, puede acaudillar con un máximo de posibilidades todas las que se derivan de su prestigio personal, un movimiento de este género.

En septiembre, se decidió encargar a Francisco Franco —el «semáforo de la política militar» en expresión de Pemán— la dirección bélica y política de la España nacional, de modo que se le concedía la plenitud de poderes. Había nacido en El Ferrol en 1892 en una familia de marinos. Ascendió rápidamente en el escalafón por méritos de guerra. De principios conservadores, valoraba el orden y la autoridad, desconfiando del parlamentarismo y de la democracia, a los que creía causantes de la decadencia de España. Su postura era representativa del grupo de militares africanistas que veían en el Ejército la quintaesencia del patriotismo y la garantía de la unidad nacional. El nombramiento como generalísimo tuvo lugar el 21 de septiembre de 1936 en el aeródromo de San Fernando (Salamanca), durante una reunión de altos mandos militares, y fue hecho público por la Junta de Defensa Nacional el 30. Asimismo, fue designado jefe del Gobierno el 28 de dicho mes.

En ese mismo otoño, el 20 de noviembre fue fusilado en la cárcel de Alicante José Antonio Primo de Rivera. La República lo juzgó bajo el fuero castrense por delito de rebelión militar. El núcleo ideológico de los nacionales, Falange Española de las JONS, quedó huérfano, pero no extinto. En los 26 puntos de Falange (inicialmente eran 27, pero el franquismo eliminó el último) había definido España «como una unidad de destino en lo universal».

Soltero y con su vida consagrada a la defensa de España, José Antonio no pudo ver el alcance que adquiriría la Falange, pues el Movimiento impregnaría todas las esferas de la sociedad desde 1939 hasta 1975. Su retrato estuvo presente en todos los espacios oficiales; en esa generación hueca creció también el número de neonatos así llamados.

Franco pasó a ejercer la jefatura de Falange Española Tradicionalista y de las JONS a raíz del decreto de unificación de 19 de abril de 1937, por el que fusionó la agrupación de José Antonio con los carlistas. «Llegada la guerra a un punto muy avanzado y próxima la hora victoriosa, urge acometer ya la gran tarea de la paz, cristalizando en el estado nuevo el pensamiento y el estilo de nuestra Revolución Nacional». La decisión fue publicada al día siguiente, el 20 de abril, en el Boletín Oficial del Estado emitido desde Burgos. En virtud del decreto, Franco declaraba integrados bajo su jefatura Falange Española y Requetés. Ambas cabeceras forjarían una Milicia Nacional, como auxiliar del Ejército. Esta milicia actuaría en calidad de organización intermedia entre la sociedad y el Estado, con la misión «de comunicar al Estado el aliento del pueblo y de llevar a este el pensamiento de aquel, a través de las virtudes político-morales, de servicio, jerarquía y hermandad». Los demás partidos quedaron disueltos.

De forma previa, el 3 de octubre de 1936 se había constituido la Junta Técnica del Estado, que se mantuvo hasta el 31 de enero de 1938, fecha en que el general Franco formó su primer Gobierno, el cual traspasaría el umbral de la guerra, pues estaría en vigor hasta el 9 de agosto de 1939. La guardia mora, unidad militar de élite de origen marroquí, ejerció las funciones de escolta personal de Franco durante la Guerra Civil, convirtiéndose el desplazamiento de estos efectivos a caballo en torno al coche en uno de los símbolos del franquismo.

Con gran incertidumbre los republicanos católicos recibieron la pastoral colectiva del episcopado, firmada el 1 de julio de 1937. Una carta, redactada por el cardenal de Toledo, Isidro Gomá, con la que Franco pretendía ganarse a la opinión católica mundial. De hecho, consiguió finalmente su meta, pues, como escribía un colaborador de la Oficina Nacional de Propaganda franquista, «la carta de los obispos españoles es más importante para Franco en el extranjero que la toma de Bilbao o Santander». Fue suscrita por 43 obispos y 5 vicarios capitulares.

Impresa también en francés, italiano e inglés, la epístola declaraba que, siendo la Iglesia española «víctima inocente, pacífica, indefensa», apoyaba la causa del bando que venía a garantizar «los principios fundamentales de la sociedad» antes de «perecer totalmente en manos del comunismo». Yanguas Messía, embajador de la España nacional ante el Vaticano, afirmaba:

> Nosotros no pretendemos que la zona roja sea el infierno y la nuestra el cielo, porque el cielo no está en la tierra. Mas sí podemos afirmar que la zona roja es el infierno, con todos sus refinamientos satánicos, y la nuestra es la tierra, con sus virtudes y sus flaquezas, que nadie es perfecto en este mundo. Y una tierra, eso sí, donde se bendice a Dios y en su nombre se lucha y por Él se muere.

La postura de la jerarquía eclesiástica española resultaría decisiva para el beneplácito de Roma, pues, aunque el Vaticano condenó la violencia anticlerical, hasta agosto de 1937 el papa Pío XI no reconoció de facto el nuevo mandato.

3.3. La ayuda internacional en el conflicto

El primer Estado que decidió intervenir, ayudando a su homólogo político, el Frente Popular español, fue Francia. Ésa fue la decisión inicial adoptada por el Gobierno del socialista Léon Blum. Sin embargo, el 25 de julio tuvo que prohibir que continuara la venta de armas, ante las divisiones internas del gabinete y de la opinión pública, así como por las presiones británicas en favor de la neutralidad.

El 15 de agosto de 1936 se elaboró un documento franco-británico que prohibía la exportación, reexportación y tránsito a España de cualquier material, avión o barco. El Comité de No Intervención estuvo integrado por 27 naciones europeas y su primera sesión de trabajo se realizó el 9 de septiembre de 1936. El balance de su actuación puede ser calificado de fracaso y, desde octubre de 1938, su inoperancia fue patente.

No obstante, las agrupaciones de izquierda y, especialmente el Partido Comunista francés, promovieron los movimientos de ayuda a los republicanos. Entre marzo y junio de 1938 el Gobierno galo abrió su frontera con España, permitiendo el paso de suministros. Esta nueva ayuda quedó paralizada por el cambio de gabinete en Francia, aunque se toleró a los dirigentes republicanos permanecer en París y pasar la frontera a miles de españoles.

La ayuda directa de los republicanos vino de la URSS, colaboración que se tuvo que pagar empleando los recursos del Banco de España (algo más de 500 millones de dólares). El presidente de México, Lázaro Cárdenas, proporcionó desde el primer momento armas, alimentos y apoyo diplomático.

El 12 de octubre de 1936 llegaron al puerto de Alicante los primeros 500 voluntarios de las Brigadas Internacionales y se desplazaron a la base general situada en Albacete. Habían sido creadas por la Unión Soviética y por algunos líderes comunistas como el francés Maurice Thorez.

En noviembre de 1936 intervinieron por primera vez en la pendencia, fue en la defensa de Madrid, y el 21 de septiembre de 1938 el Gobierno anunció en la Sociedad de Naciones su decisión de retirarlos. En total llegaron a España unos 60 000 voluntarios de más de 60 nacionalidades, que militaban la mayor parte de ellos en organizaciones comunistas.

Por otro lado, es preciso señalar que el bando nacional recibió la ayuda de Alemania. Hitler decidió colaborar para contrarrestar el avance del comunismo, autorizando el envío de refuerzos a finales de julio de 1936, y la participación de la Legión Cóndor sembrando el horror causó una enorme tristeza en el planeta.

Sobre una hipotética invasión de España barajada por los generales nazis, el *führer* declaraba: «Ni hablar. Los españoles son el único pueblo mediterráneo verdaderamente valiente e inmediatamente organizarían guerrillas en nuestra retaguardia. No se puede entrar en España sin permiso de los españoles». Durante la Guerra Civil, Imperio

Argentina rodó en Berlín una versión de la *Carmen* de Merimée, titulada *Carmen, la de Triana*. En dicha estancia, el encanto de la actriz cautivó al tirano Adolf, que en 1938, solicitó conocerla personalmente y le tendió una jugosa oferta para protagonizar una superproducción, en español y alemán, sobre la vida de Lola Montes. Pero, al comprender que si aceptaba se vería obligada a hacer propaganda del nazismo, la Petite Imperio —a la que Benavente animara de chiquilla a suprimir el diminutivo— se negó a intervenir en tal proyecto. Había escuchado el estruendo de la noche de los cristales rotos, cuando los escaparates judíos fueron destruidos; en dicho ataque feneció su sombrerera. Contemplando frente a frente los primeros hervores del horror, la artista lo tuvo claro: cortó de raíz la conversación con el sanguinario totalitarismo.

El ejército nacional obtuvo también el auxilio italiano, pues participaron directamente más de 50 000 hombres de dicho país agrupados en el ya citado *Corpo Truppe Volontarie*. Además, Mussolini puso, a disposición de los nacionales, barcos y una ayuda económica de 7500 millones de liras. En medio de la nada, entre Burgos y Cantabria, justo en la zona más alta del Puerto del Escudo, se encuentra una de las edificaciones más raras, un monumento con forma piramidal donde estuvieron enterrados un centenar de Camisas Negras que participaron en la toma de Santander en 1937.

Portugal proporcionó al bando de Franco asistencia logística, diplomática y económica, y organizó un grupo de voluntarios que luchó contra la República. Salazar prestó toda su ayuda al franquismo desde el principio: en octubre de 1936 se constituyó oficiosamente en Lisboa una Junta de Representación del Estado Español, dirigida por Mariano Amoedo, que solo sería disuelta cuando el Gobierno de Burgos fue reconocido en 1938 como representativo de toda España.

Indirectamente, los nacionales recibieron apoyo de Gran Bretaña, Estados Unidos y el Vaticano. Gran Bretaña mostró una actitud de neutralidad apoyando la no intervención, pero firmó con Italia un acuerdo por el que admitía la permanencia de tropas italianas en territorio español. La sociedad estadounidense quedó dividida. Representantes del mundo de la literatura, del cine y del arte apoyaron al Gobierno republicano y más de 2800 estadounidenses se integraron en las Brigadas Internacionales, mientras que empresas como Texaco, Ford y General Motors proporcionaron al bando nacional abastecimientos básicos para el desarrollo de la guerra.

Tanto las democracias europeas occidentales como Washington temieron la revolución comunista y juzgaron el envío de refuerzos al conflicto español como la posibilidad de ponerle freno. El pontificado contribuyó a la legitimación religiosa del conflicto como cruzada.

Una guerra civil no es solo una guerra. Antoine de Saint-Exupéry, el padre de *El Principito*, la definió como «una enfermedad». Es preciso destacar la ayuda humanitaria prestada por la Cruz Roja en ambos bandos. Su representante, el doctor Junod, se encontró con la existencia de una Cruz Roja nacional y de una Cruz Roja republicana, con las que tuvo que negociar las acciones a aplicar. En 1938, los representantes de las dos delegaciones tuvieron que juntarse durante la Conferencia Internacional de la Cruz Roja celebrada en Londres.

3.4. Un millón de muertos

Desde el punto de vista ideológico se puede interpretar la Guerra Civil como una confrontación entre un movimiento católico y otro laicista. Este proceso no se inició con la contienda, sino que esta sería el punto culminante del mismo. En la persecución religiosa fueron asesinados 13 obispos, 4184 sacerdotes seculares (cifra equivalente a 1 de cada 7 sacerdotes), 2365 frailes (1 de cada 5 frailes) y 283 monjas. El 24 de julio los milicianos segaron la vida de las carmelitas de Guadalajara Teresa, María Ángeles y María Pilar, ahora beatas. Aparte de las proclamas anticlericales del Gobierno y de los partidos de izquierda, la entrega de armas careció de control y las delaciones sembraron por todas las ciudades chivos expiatorios.

La profanación de lo sagrado tuvo lugar con saña, quienes asaltaban los templos se ponían sin pudor los ropajes litúrgicos y se burlaban de los santos. El 1 de agosto de 1936 el líder del POUM, Andrés Nin, proclamó que, a diferencia de la ineficaz legislación republicana burguesa, la cuestión religiosa había sido «arreglada» mediante la acción revolucionaria: «La clase obrera ha resuelto el problema de la Iglesia, sencillamente no ha dejado en pie ni una siquiera (iglesia), hemos suprimido sus sacerdotes, las iglesias y el culto».

La prensa del Frente Popular publicó en portada y en primera página las instantáneas del fusilamiento del Sagrado Corazón del Cerro de los Ángeles, en Getafe, perpetrado el primer viernes de mes posterior al alzamiento. Con motivo del Gran Jubileo del año 2000, el catálogo de los mártires solicitado por Juan Pablo II amplió la estimación con 3000 seglares, en su mayoría de Acción Católica, estimándose, por tanto, en torno a 10 000 el número de víctimas pertenecientes a organizaciones eclesiásticas. En 2007 fueron beatificados 498 mártires del siglo XX en España, apóstoles de la que fue apodada la Cruzada española, y los estudios de los siervos de Dios y ceremonias de elevación a los altares se suceden.

Aunque los números no fueron tan altos como los que se arrojaron al finalizar el conflicto —Serrano Súñer habló de 1 millón de muertos sobre un censo de 26 millones—, la caída demográfica fue grande: la lucha provocó más de 300 000 víctimas, de las que alrededor de 140 000 habían perecido en el frente y el resto en la retaguardia de las dos Españas. Tanto por las circunstancias de masificación en que se produjo, como por la incidencia que la Guerra Mundial provocó sobre los exiliados, la expatriación de otros 300 000 españoles resultó penosa. Los desterrados se amontonaron en las colas de las fronteras y, en adelante, en los campos de refugiados de la costa francesa, si no pudieron huir hacia México, Argentina u Orán (Argelia).

Las pérdidas materiales resultaron enormes, desde la cabaña ganadera al parque automovilístico, ya que quedaron dañados o destruidos el 8 % de las viviendas y más del 40 % del material ferroviario. La producción industrial descendió entre 1935 y 1939 en un 31 %, la agraria en más de un 21 %, y la riqueza nacional en más de un 25,7 %, la marina mercante perdió 225 000 toneladas y la renta per cápita cayó en un 28,3 %, y no recuperó el nivel previo a la contienda hasta 1952.

Al ingente endeudamiento ocasionado por la guerra, que se ha estimado en 300 000 millones de pesetas, hay que añadir la «desaparición» del oro del Banco de España. Así pues, el nuevo régimen debería emprender la ardua tarea de la reconstrucción no solo política, sino también material de España. Como consecuencia de todo ello se produjo el hundimiento de la renta nacional y el hambre protagonizó la inmediata posguerra.

Además, la contienda tuvo unas consecuencias morales de relevancia, pues los tres años de lucha marcaron a varias generaciones que vivieron el conflicto. A las víctimas directas habría que sumar las causadas por la represión hacia los vencidos, quedando sentadas las bases de este proceso en la Ley de Responsabilidades Políticas de 9 de febrero de 1939.

4. La cultura entre redobles de contienda

Tanto los republicanos como los nacionales hicieron prolijo uso de la propaganda, adquiriendo un gran desarrollo la cartelería y la prensa, por ejemplo, hubo dos cabeceras del periódico *ABC*, una en cada bando, y en 1938 se convocaron dos sorteos de Lotería de Navidad, el republicano en Barcelona y el nacional en Burgos. Las emisoras alcanzaron una enorme importancia, ya que permitían dirigirse no solo a los partidarios, sino también a los adversarios lanzando provocaciones o desmoralizándolos si las sintonizaban, por lo que ambos explotaron todas sus posibilidades.

La educación se convirtió en arma ideológica en las dos Españas. El adoctrinamiento en el frente y en la retaguardia contribuía a inculcar los valores por los que se luchaba y a perpetuar el sistema. De ahí que los lemas y las consignas aparecieran no solo en la propaganda, sino también en los libros de texto impresos tanto para el público infantil como para los adultos.

4.1. Con el puño levantado: la República y la campaña contra el analfabetismo

Entre las medidas adoptadas durante la República, hay que citar las acometidas en el plano educativo, entre ellas, el incremento del número de maestros, la supresión de la obligatoriedad de la enseñanza religiosa, la duplicación de las 32 680 escuelas existentes y el establecimiento del bilingüismo en las escuelas catalanas, así como la creación de las Misiones Pedagógicas y del teatro universitario La Barraca, dirigido por Federico García Lorca. Este grupo, en funcionamiento hasta 1937, estuvo integrado por estudiantes voluntarios de la Federación Universitaria Escolar (FUE) y su primera gira tuvo lugar en julio de 1931.

En una guerra con avances y retrocesos, con noticias de victorias, pero, especialmente a medida que se acercaba el fin, de derrotas para los republicanos, en un bando legítimo que englobaba a partidos y sindicatos con opiniones muy diferentes en aspectos trascendentales, como por ejemplo el de proseguir con la lucha o pactar la rendición, las consignas lanzadas desde las cartillas con las que los milicianos o los campesinos aprendían a leer, a escribir y las cuatro reglas aritméticas básicas, eran un eficaz recurso para inculcar en estos muchachos una noción elemental del significado de la lucha, aunque lógicamente instrumentalizada. También para crear un sentido de grupo, algo básico en el conflicto, máxime cuando gran parte de la juventud movilizada, por razón de la convocatoria de su quinta, carecía de motivación política alguna.

Y, pese a las alteraciones lógicas de un país escindido, el Gobierno republicano trató de proseguir con la política de creación de escuelas públicas desarrollada desde 1931. Convencido de que toda transformación cultural debía partir de la escuela primaria, el ministro Jesús Hernández emprendió la reforma escolar con el objetivo de subdividir los estudios primarios en dos escuelas: infantil (niños de 3 a 6 años) y primaria (de 6 a 14). Las 28 horas semanales de clase eran distribuidas en 5 horas diarias: 3 por la mañana y 2 por la tarde.

Entre las innovaciones introducidas en el plan de 1937, encaminado a formar alumnos activos, destacan especialmente dos aspectos: la importancia otorgada a la igualdad de oportunidades y el protagonismo que adquiere el concepto de pueblo, como actor de los principales acontecimientos históricos. Por ello, se recomendaba orientar en este sentido el estudio de la Historia y basar la formación moral en el conocimiento de los valores humanos. En lo que a la literatura escolar se refiere, se aconsejaba enfocarla tomando como directriz el antifascismo, especialmente la contraposición proletariado-burguesía. De las obras de la literatura universal se seleccionaban, por su contenido social, títulos como *El Lazarillo de Tormes*, que reflejaba la «opresión capitalista», y *Fuente Ovejuna*, a la que se calificaba como «típicamente antifascista».

La universidad volvió a la normalidad académica en octubre de 1937, tras haber sido, sin pretenderlo, escenario bélico. Su principal contribución a la guerra fue la formación de técnicos en las materias necesarias para el frente: ingenieros, arquitectos, químicos, peritos, expertos en medicina de campaña, etc.

Junto con las reformas emprendidas en las enseñanzas regladas, hay que mencionar las iniciativas contra el analfabetismo. Por decreto de 30 de enero de 1937, el Gobierno creó las Milicias de la Cultura, un cuerpo de maestros e instructores escolares encargados de impartir enseñanza de tipo elemental a los combatientes, en la medida que lo permitieran los avatares bélicos, aprovechando los momentos de descanso de la lucha. Este servicio fue organizado por el Ministerio de Instrucción Pública y los maestros e instructores nombrados para tal fin quedaron afectos inmediatamente a unidades del ejército regular de la República.

El cometido era organizar en las mismas líneas de combate, o en lugares próximos a ellas, escuelas al aire libre, en los refugios de las trincheras o en los sitios que se estimara más oportuno, de manera que se combatiera eficazmente el analfabetismo de los soldados. Hay que tener en cuenta que la mayor parte de los muchachos movilizados eran campesinos y, de ellos, el 80 % eran analfabetos.

El argumento ofrecido para justificar la creación de las Milicias era doble: en primer lugar, se enfatizaba la dimensión de la guerra que entonces se vivía como lucha por la cultura del pueblo; a su vez, se afirmaba que, si tal cota de analfabetismo había llegado a ser posible, era porque los Gobiernos anteriores a la República no se habían preocupado por la democratización del saber. En palabras del general Miaja, en la presentación de *Armas y letras*, órgano de expresión de las Milicias de la Cultura, el 1 de agosto de 1937: «La cultura en el Ejército Popular no solo es necesaria, sino imprescindible».

En las Milicias de la Cultura no solo participaron hombres, sino que también intervinieron mujeres, cuyo campo de acción estuvo centrado especialmente en el ámbito sanitario, dando clases a analfabetos en hospitales y al personal de servicio femenino. La experiencia debió de ser positiva, pues en noviembre se constituyeron las brigadas volantes de la lucha contra el analfabetismo en la retaguardia para fomentar la alfabetización en las zonas culturalmente más deprimidas. Para ser instructor bastaba con tener 16 años de edad y los conocimientos elementales. Las clases de alfabetización estaban dirigidas a personas mayores de 14 años de ambos sexos que ignoraran por completo la escritura y la lectura.

Además, se crearon escuelas en los diferentes frentes de guerra. Ejemplo de ello son la Escuela número 1, taller 45 de Madrid, donde se establecieron cuatro secciones: de cultura general, cultura media, dibujo lineal o artístico y francés, y la Escuela número 6, del destacamento de Tarancón (Cuenca), en la que se organizaron dos secciones y se daban semanalmente conferencias de tecnología.

Complemento de esta labor alfabetizadora fue la creación, por parte de la organización Cultura Popular, de pequeñas bibliotecas destinadas tanto a los batallones que luchaban en el frente como a los Hogares del Soldado y a los Hospitales de Sangre. La escuela y la biblioteca eran los lugares más concurridos por los soldados en las trincheras. Asimismo, dentro del Consejo Central de Archivos, Bibliotecas y Tesoro Artístico, se puso al frente de la subsección de bibliotecas escolares a María Moliner, que había trabajado en las Misiones Pedagógicas y muchos años después editaría su célebre diccionario.

En el transcurso de la Guerra Civil, el libro escolar se hizo beligerante. En la zona republicana cobró un protagonismo especial la *Cartilla escolar antifascista*, publicada en abril de 1937 por el Ministerio de Instrucción Pública. Las expresiones y ejemplos que aparecían en el libro se correspondían con el ambiente que vivía a diario cada combatiente y, por ende, el miliciano de la cultura responsable de su formación. Esta doble identidad, en primer lugar, entre los hábitos del docente y del discípulo y, en segundo, entre la teoría expuesta en el libro y la práctica diaria, contribuía al despertar de la conciencia crítica del sujeto que estaba siendo alfabetizado, tomando como referencia su propio entorno existencial.

Como frases que iniciaban el ejercicio, «a tono con la lucha heroica que está sosteniendo el pueblo español contra los traidores de España, aliados a los invasores extranjeros», figuraban:

—República democrática
—Obediencia al Gobierno legítimo
—Mando único
—Guerra de independencia nacional
—Todos los esfuerzos para vencer

En correspondencia, en la *Cartilla Aritmética Antifascista*, se enseñaba a realizar las operaciones de cálculo con frases y dibujos alusivos al frente:

—Sumando cartucho a cartucho formamos una caja de cartuchos
—Sumemos nuestros esfuerzos contra el fascismo y seremos invencibles
—Cada disparo de la ametralladora resta un cartucho al peine
—Restemos fuerzas al enemigo y aumentemos las nuestras

Cuando se inició la contienda, la mayor parte de los intelectuales españoles se unieron a la causa republicana, pues algunos se encontraban comprometidos con el Frente Popular y, en general, reaccionaron a favor de la legalidad constitucional y en contra del bando rebelde identificado con el fascismo.

Del lado de la República destacaron Antonio Machado, Rafael Alberti, José Bergamín, Max Aub, Luis Cernuda, María Zambrano,

Emilio Prados, León Felipe y Ramón J. Sender. Asimismo, Juan Negrín (el médico canario que había sido profesor del Nobel Severo Ochoa y que intentaría convencer a su otro alumno, Arrupe, de que no colgara la bata blanca para coger la sotana de jesuita) en 1946 sería expulsado del PSOE, controlado por Indalecio Prieto, acusándolo de subordinación al Partido Comunista de España y a la Unión Soviética.

El poeta de mayor influencia de la literatura española del siglo xx, Federico García Lorca, fue asesinado el 18 de agosto de 1936 en el camino de Víznar a Alfacar. Nunca se afilió a ningún partido ni se distanció de sus amigos por cuestión política. Conocía al fundador de la Falange, muy aficionado a la poesía, y se sentía «español integral», pero «antes que esto hombre del mundo y hermano de todos». Lo enterraron en una fosa común junto a los cadáveres de un maestro nacional y de dos banderilleros anarquistas.

Y no podemos dejar de mentar al poeta autodidacta de Orihuela, Miguel Hernández, cuya trayectoria vital —desde la infancia como cabrero a la muerte en la enfermería de la prisión alicantina— está jalonada por las «abarcas desiertas», vacías en la noche de Reyes, las aspiraciones juveniles de «perito en lunas», las «nanas de la cebolla», entonadas ante las noticias de su esposa sobre el desnutrido semblante del hijo, y la elegía por la muerte del amigo Ramón Sijé, siempre reconociendo el trabajo como el orgullo de su gente:

Vientos del pueblo me llevan,
vientos del pueblo me arrastran,
me esparcen el corazón
y me aventan la garganta.

Aunque no existieran medios tecnológicos como en la actualidad, la música estaba omnipresente en los años 30, se cantaba realizando las tareas domésticas, en el arado o vendimiando, también al conducir un carruaje o al trabajar con las herramientas en el taller. En el bando republicano fueron diversas las tonadas que aglutinaron esfuerzos. El espíritu humano sabe sacar lo mejor de sí, como distracción o como evasión, aun en situaciones dantescas. Hubo adaptación de coplillas, algunas con distintas letras, que circularon entre los dos bandos, como la titulada indistintamente *Si me quieres escribir*, *Ya sabes mi paradero* o *El frente de Gandesa*, fundamentada en una sintonía de la guerra de Marruecos. Otras adquirieron un solo color para las corcheas, rojo o azul. Netamente republicano fue *El café de Chinitas*, reconvertido *En la plaza de mi pueblo*:

En la plaza de mi pueblo
dijo el jornalero al amo:
nuestros hijos nacerán
con el puño levantado.

Del mismo modo, el Quinto Regimiento tomó la melodía de *El Vito* y el estribillo de *Los contrabandistas de Lorca*, tema recopilado por Federico García Lorca, cuyo asesinato en su Granada natal en agosto de 1936 dio la vuelta al mundo. Creado a iniciativa del Partido Comunista con 500 hombres, el Quinto Regimiento fue una de las unidades militares más conocidas de la República. Se disolvió en enero de 1937, con 139 000 miembros, al crearse el Ejército Popular republicano.

Con el Quinto, Quinto, Quinto
con el Quinto Regimiento.
Madre, yo me voy p'al frente
para las líneas de fuego.

Ensalzando la intervención de la Brigada Lincoln en la *Spanish Civil War*, los brigadistas entonaban en inglés una canción, *Jarama Valley*, compuesta sobre la base de la melodía folklórica americana *El valle del Río Rojo*, pero empleada ahora a propósito de la batalla librada entre la Casa de la Radio y el Olivar de Nevares. Después vendría el 8 de marzo, en la actualidad Día Internacional de la Mujer, pero también fecha de inicio de otra memorable batalla, aquella en la que los legionarios del CTV descubrieron que Guadalajara no era Abisinia, versión española del himno *Facceta nera* (cara negra) entonada a partes iguales en las trincheras de la División Soria y de la República ante el ego de los adriáticos… Por esas tierras, conocidas como Etiopía, anduvo en el Siglo de Oro el jesuita alcarreño Pedro Páez Jaramillo, el primer europeo en beber café y documentarlo, y el pionero de los occidentales en llegar en 1613 a las fuentes del Nilo Azul. Luego las veredas de la Alcarria rugieron al transitar los camiones sobre las calaveras de los italianos.

La España republicana pregonó que el aprendizaje constituía el genuino instrumento de liberación y facilitó la difusión de libros y de prensa alineada con los corolarios de la izquierda. Además, en el Ejército Popular hubo tertulias a cargo de escritores y artistas, eventos promovidos por el Comisariado de Guerra.

En los primeros instantes de la contienda se celebraron muchas funciones benéficas. A las Guerrillas del Teatro, dirigidas a nivel estatal por María Teresa León, se añadieron iniciativas locales con la intencionalidad de recaudar fondos para el Hospital de Sangre, el Socorro Rojo, etc. En esos momentos, las obras representadas se alejaban de las pautas ideológicas que aparecerían poco después. Por ejemplo, en Cuenca, que se mantuvo casi la totalidad de la guerra como «zona roja», desde julio de 1936 el Teatro Cervantes se convirtió en el escenario de las veladas. Como anunció el *Heraldo de Cuenca*, el grupo local Florecimiento y el Cuadro Artístico de Cantinas y Colonias escolares fueron los encargados de subirse a las tablas, con el melodrama *Los semidioses* y los entremeses *Mañana de sol* (*Heraldo de Cuenca* 6-10-1936).

Luego se prepararon libretos de temática política, como *España en pie*, *Beso mortal*, *Mi puesto está en las trincheras*, *Consejo de Guerra* y *A la orden de la República*. Pero el teatro ideológico no vendía. El origen de la respuesta negativa del público no solo procedía del carácter, sino de la mala calidad de las obras —escritas en un margen muy estrecho de tiempo—, y del reducido tiempo de ensayo por parte de los actores.

El cine tuvo más seguidores. De hecho, 1936 habrá sido posiblemente uno de los años con mayor producción cinematográfica española. Al estallar la guerra había 15 películas en curso. En Madrid estuvieron abiertas más de 150 salas durante el conflicto. Solo un pequeño número de ellas tuvieron que cerrar sus puertas al haber sido blanco de los bombardeos.

En la capital, el público habitualmente se componía de gente de tropa que aprovechaba cualquier rato para divertirse, sin que las alarmas ni los cañonazos los disuadieran. Se proyectaban títulos comerciales realizados durante la República, como: *Invasión* (1933), de Fernando Mignoni; *El negro que tenía el alma blanca* (1934), y *Es mi hombre* y *La verbena de la Paloma* (1935), de Benito Perojo; *María de la O* (1936), de Francisco Elías, y *El novio de mamá* (1933), *La hermana San Sulpicio* (1934), *Nobleza baturra* (1935) y *Morena Clara* (1936), de Florián Rey. La suspensión de la sesión provocaba grandes alborotos, pues la afición se empeñaba en que la historia siguiera. Cintas mercantiles como *Nuestra Natacha* (1936), de Perojo, fueron destruidas por los franquistas y, por supuesto, no saltaron a la zona nacional producciones anarquistas como *Aurora de esperanza* (Antonio Sau, 1937) y *Barrios bajos* (Pedro Puche, 1937).

Un dato bastante ignoto es el de las Milicias Taurinas. Cuando se levantó el Ejército Popular Republicano fueron integradas en la 22 Brigada Mixta del comandante Francisco Galán, un guardia civil que hizo de cabeza de cartel de varios «maestros» en los combates de la sierra de Madrid. Para Litri II y otros diestros, afiliarse al PCE era imprescindible si querían aspirar a los ascensos y, juntos, participaron en el frente de Teruel. A finales de marzo de 1939 destruyeron la documentación y salieron rumbo a Cartagena para embarcar en Argelia. Se dieron prisa, pero no la suficiente para entrar al callejón. Acabaron en el campo de concentración de Toro, en Castellón. En el proceso sumarísimo, Litri II se defendió alegando que había promovido el alistamiento de toreros como un acto de «autodefensa exento de convicción política» para que no se los tachara de derechistas, como parecía consustancial a la profesión, pero no salió de prisión hasta 1943.

También los futbolistas sufrieron la guerra. Muertos hubo en ambos bandos. El presidente del Barcelona, Sunyol, fue fusilado en la sierra de Madrid por los falangistas, y Monchín Triana y Antonio Mazarrasa, jugadores del Atlético de Madrid, asesinados en Paracuellos por los milicianos. Otros jugadores del Atlético, como Alfonso Olaso o Vicente Palacios, murieron en el frente de batalla: el primero en la batalla de Teruel y el segundo, en la capital de España. No hay muchos datos sobre Manuel García de la Mata durante la contienda, había sido el portero del Atlético de Madrid cuando se inauguró el Metropolitano en mayo de 1923 y, durante varias temporadas, jugó como titular compaginando el deporte con la profesión de ingeniero. Angel Arocha fue futbolista del Barça y luego fichó por el Atlético de Madrid. Murió en el frente de Balaguer, encuadrado probablemente en la 53.ª o 54.ª división del ejército nacional.

Con más de 40 años Santiago Bernabéu se alistó con los nacionales y, según él mismo relató, cierto día sus mismos camaradas de otra unidad quisieron fusilarlo al tomarlo por espía. José Antonio Primo de Rivera fue socio del Atlético de Madrid.

Las autoridades de la República pusieron en marcha una operación de salvamento de las obras de arte, de manera que las Juntas de Protección del Tesoro Artístico consiguieron evitar la destrucción en Madrid de más de 20 000 pinturas, 12 000 esculturas, 2000 tapices, 40 archivos y un millón de libros y manuscritos. Las obras del Museo del Prado fueron trasladadas a Valencia, después a Cataluña y, en febrero de 1939, conducidas en 71 camiones a la sede de la Sociedad de Naciones en Ginebra. Volvieron a su lugar de origen cinco meses después de que finalizara la guerra en España.

4.2. Si te dicen que caí: los nacionales y la cultura patriótica

El bando franquista impuso una concepción cultural basada en la defensa de la noción de patria, de la tradición, de la religión católica y de la historia imperial de España. Todas las leyes educativas de la República fueron eliminadas en la España nacional y se organizaron cursillos para inculcar a los nuevos docentes el bagaje ideológico afín al régimen. Los maestros que habían tenido alguna colaboración con sindicatos o partidos republicanos sufrieron la dureza de la depuración: unos no volvieron a reengancharse a su puesto de trabajo; otros, recogiendo avales de su moral íntegra y de su fe católica (atestiguada, por ejemplo, con recordatorios cristianos de óbitos de sus parientes) lograron retornar al aula. La represión intelectual se inició antes de la llegada de Franco a la jefatura nacional, pero desde septiembre de 1936 se realizó de forma más sistemática.

Miguel de Unamuno, rector de la Universidad de Salamanca que se había desencantado de la República, inicialmente se mostró partidario del golpe desde posiciones antimarxistas. Cuando el 19 de julio la práctica totalidad del consistorio fue sustituida por personas adeptas, Unamuno aceptó el acta de concejal que le ofreció el nuevo alcalde, el comandante Del Valle. En el verano del 36 hizo un llamamiento a los intelectuales europeos para que apoyaran a los sublevados, declarando que representaban la defensa de la civilización occidental y de la tradición cristiana. Azaña lo destituyó, pero el Gobierno de Burgos lo repuso. Entretanto, confesaba «Yo soy vasco y, por eso, doblemente español». Pero, pronto, el entusiasmo tornó en decepción ante el cariz que la represión adoptó en Salamanca. En sus bolsillos se amontonaban las cartas de familiares de amigos, conocidos y desconocidos pidiéndole que intercediera por aquellos que habían sido encarcelados o torturados.

El desenlace llegó el 12 de octubre, Fiesta de la Raza. En el paraninfo, la apertura del curso académico se preparó como un acto «religioso, patriótico y una demostración solemne de la España nacional». Después de que José María Pemán terminara su discurso intentando enardecer a los oyentes: «Muchachos de España, hagamos cada uno en cada pecho un Alcázar de Toledo», Millán Astray gritó: «¡España!», a lo que los asistentes respondieron «¡Una!» y, correlativamente, «¡España!», «¡Grande!», «¡España!», «¡Libre!». Un grupo de falangistas, ataviados con la camisa azul, hicieron el saludo ante el retrato de Franco. Cuando tomó la palabra, Unamuno expuso: «se ha hablado aquí de guerra internacional en defensa de la civilización cristiana; yo mismo lo hice otras veces. Pero no, la nuestra es solo una guerra incivil. Vencer no es convencer, y hay que convencer, sobre todo, y no puede convencer el odio que no deja lugar para la compasión».

En este punto, el fundador de la Legión interrogó en voz alta: «¿Puedo hablar? ¿Puedo hablar?». Su escolta presentó armas y alguien del público exclamó: «¡Viva la muerte!». El filósofo y el militar se enzarzaron verbalmente. El primero detalló: «El general Millán Astray es un inválido... Es un inválido de guerra... Desea crear una España nueva, creación negativa sin duda, según su propia imagen. Y por eso quisiera una España mutilada». El segundo repuso: «¡Muera la inteligencia! ¡Viva la muerte!». Para calmar los ánimos Pemán aclaró: «¡No! ¡Viva la inteligencia! ¡Mueran los malos intelectuales!». Por distintos caminos los dos debatían sobre la agonía, mas todo el público se mostró encolerizado, los congregados insultaron a Unamuno, que se libró de las pistolas porque Carmen Polo, la esposa de Franco, agarrándose a su brazo lo acompañó hasta su casa.

Destituido como concejal y rector, Unamuno, que en *Abel Sánchez* (1917) había invertido el mito de los hijos de Adán y Eva para presentar la anatomía de la envidia, fue arrestado en su domicilio y falleció, el 31 de diciembre, víctima de la desolación, declarándose ni fascista ni bolchevique, sino como «un solitario». A un bando lo comparaba con «los hunos», a los rivales de Atila con «los hotros», colocando la h. Y, como expresó en una entrevista mantenida con el periodista francés Jérôme Tharaud, si «las inauditas salvajadas de las hordas marxistas, rojas, exceden toda descripción», no siendo achacables tanto a las corrientes, como sí a «bandas de malhechores degenerados, excriminales natos sin ideología alguna», la natural reacción estaba adoptando caracteres frenopáticos: «es el régimen del terror. España está espantada de sí misma. Y si no se contiene a tiempo llegará al borde del suicidio moral».

El soldado necesitaba comunicarse con su familia. Para hacer frente a la soledad en el frente —paradojas lingüísticas exultantes de nostalgia, desesperación y melancolía— los mandos estimaban óptimo que, si no tenía novia, se carteara con una madrina de guerra, una chica que se ofrecía voluntaria para «hablar» epistolarmente con un combatiente, incluso hubo anuncios en ambas direcciones en la prensa. Al principio se trataban de usted, el soldado impresionaba a la joven con sus «batallitas» que, en ese caso, eran bélicas y hasta reales. Pero luego se pasaba al tú y el «no va más» era el envío de una foto, surgiendo en numerosas ocasiones el enamoramiento.

Entre los personajes del ámbito de la cultura que apoyaron al bando nacional es preciso señalar a José María Pemán, Agustín de Foxá, Eugenio D'Ors, Ernesto Giménez Caballero y Pedro Sáinz Rodríguez. También se cuenta en las filas el diplomático y escritor Ramiro de Maeztu, asesinado en noviembre de 1936, quien orgulloso de su patria expresaba: «no hay en la Historia universal obra comparable a la realizada por España, porque hemos incorporado a la civilización cristiana todas las razas que estuvieron bajo nuestra influencia». Como órgano de expresión dirigido a la adolescencia, la zona nacional desarrolló *Flechas y Pelayos*.

El ejército rebelde prohibió en septiembre de 1936 la circulación de cualquier tipo de material audiovisual sin autorización. En diciembre de ese mismo año se creó la Junta de Censura Cinematográfica. Con sede en Sevilla y A Coruña, decidió las películas que se debían proyectar en la zona nacional. En el preámbulo de la Ley de Prensa de 22 de abril de 1938 se definió la misión de los medios de comunicación como instrumento del Estado, centralizándose a partir del otoño la censura cinematográfica en el Ministerio del Interior.

Como todos los estudios cinematográficos españoles se encontraban en territorio republicano, los nacionales se vieron obligados a realizar sus producciones fuera del país, en Alemania y en Italia. Perojo y Florián filmaron en Berlín con la hispanoalemana Hispano-Film-Produktion. En la mayor parte, estas producciones se basaron en episodios militares. El primer largometraje, *El barbero de Sevilla*, de Benito Perojo, data de abril de 1938, así como *Mariquilla terremoto* y *Suspiros de España*, las tres protagonizadas por Estrellita Castro. Por su parte, Florián Rey realizó en Alemania otras dos películas, *Carmen de Triana* y *La canción de Aixa*, con Imperio Argentina.

Como anunciábamos, fue un trienio en el que los toreros hacían el paseíllo con el puño o con la mano alzada, aunque en términos generales, los «diestros» eran de derechas y la cuadrilla, de izquierdas. Manolete sirvió en la artillería franquista, con la que bombardeó zonas de Extremadura y Córdoba. Y Juan Belmonte, alineado con el alzamiento, tuvo que pagar una multa cuando Queipo de Llano le encontró en su finca de Sevilla un libro de poesías del periodista republicano Luis de Tapia. Manolo Bienvenida fue el primero en aparecer en el ruedo con el «saludo» romano, haciendo ostentación joseantoniana en la corrida en beneficio de Auxilio Social celebrada en Salamanca en mayo de 1937.

En las zonas «liberadas», Bilbao por ejemplo, la última corrida de la República fue el 2 de mayo, recordando la victoria liberal sobre el ejército carlista, pero, desde la entrada nacional el 19 de junio de 1937, hubo festejos con exaltación política añadida a la lidia.

El 16 de agosto de 1936 había desembarcado en Mallorca el teniente coronel Alberto Bayo con 6000 milicianos. Días después cercaron Manacor. En ayuda de esta población no solo fueron la Falange y un cuerpo de expedicionarios italianos, al mando del conde Rossi; allí estaban los toreros Juan Belmonte y José Ignacio Sánchez Mejías (hijo de Ignacio), dando capote y espada en el ruedo de la plaza de Palma. Tras la batalla de Brihuega (como denominó Hemingway la lucha en Guadalajara en marzo del 37), el Ejército Popular de la República capturó material de guerra que incluía banderillas y fotos de toreros portadas a modo de talismán por los italianos.

Ataques por sorpresa como el de los gallegos vestidos de «moros» por orden de Franco para desmoralizar a los republicanos en Brunete, en julio de 1937. Paisanos a quienes el también gallego Enrique Líster descubrió tras el disfraz, a sabiendas del miedo que las tropas moras sembraban en las batallas.

Resulta sorprendente la capacidad de resistencia del ser humano, también mental. Prueba de ello son los himnos musicales creados o popularizados durante la contienda en aras de levantar la moral de la tropa. Por su carga simbólica en el plano histórico-patriótico destacamos *El novio de la muerte*, una canción escrita como cuplé y estrenada por Lola Montes en julio de 1921 en Málaga. Allí, la duquesa de la Victoria, sobrina del general Espartero, le pidió que la escenificara en Melilla. Y la petición se concretó cinco días después del desembarco de la Legión para defender la ciudad tras el Desastre de Annual. Millán Astray mandó que se adaptara la partitura al ritmo de marcha. Popularmente, es considerada como la canción identitaria de la Legión y con aquella con la que los caballeros legionarios portan al Cristo de la Buena Muerte, el de Mena, en Semana Santa.

Cuando escuchamos una balada, el sentido de empatía nos lleva a ponernos en el lugar. Pues bien, una de las diferencias de contenido entre los cánticos nacionales y republicanos es el sentido de trascendencia que, por los principios católicos de la nueva España, hacía aparecer a Dios o la aspiración a la vida eterna en las estrofas. El *Cara al sol*, con letra de Agustín de Foxá y música de Juan Tellería, fue el himno de Falange Española de las JONS, y un decreto de 27 de febrero de 1937 lo convirtió, junto al *Oriamendi* («Por Dios, por la Patria y el Rey...», carlista) y al himno de la Legión en canto nacional. La España franquista adoptó en idéntico año como himno la *Marcha Real* del siglo XVIII con letra de Pemán:

Viva España!,
Alzad los brazos hijos
del pueblo español
que vuelve a resurgir.
Gloria a la Patria
que supo seguir,
sobre el azul del mar,
el caminar del sol.

4.3. Milicianas y «margaritas»

La mujer suele ser la gran olvidada de la guerra. Para entender el paso adelante que muchas de ellas dieron en 1936 hay que tener presente la concienciación política emprendida en el primer tercio del siglo XX. No existió en España un movimiento tan extendido como el de las sufragistas británicas, pero el debate fue acalorado en 1931. El 12 de abril las mujeres no habían podido votar, pero sí podían ser elegidas. Clara Campoamor había conseguido su acta de diputada por Madrid al proclamarse la República, dentro del Partido Radical de Lerroux, después de no conseguir encabezar ninguna de las listas de Acción Republicana. Victoria Kent lo logró por Jaén, dentro del Partido Republicano Radical Socialista.

El 1 de octubre de 1931 el enfrentamiento dialéctico fue arduo, ya que, mientras Clara se posicionó a favor de otorgar el derecho, Victoria expuso razones para posponer el acuerdo, pues consideraba que solo estaban concienciadas para votar las obreras y las universitarias. Tras combatir contra misóginos comentarios de la cámara, como que si se les concedía el derecho votarían a instancias del marido o del confesor, el resultado fue de 161 votos a favor y 121 en contra. 188 diputados se ausentaron en el momento de dar el sí o el no. Dos años después, el 19 de noviembre de 1933, las mujeres por primera vez manifestaron su voluntad en las urnas. Esa fecha no fue favorable ni para Campoamor ni para Kent, que perdieron sus escaños.

El mayor acceso a la educación está avalado con cifras que indican que, en 1900, era analfabeta el 71 % de la población femenina y, en 1930, el 47,5 %. Algunas llegaban ya a la universidad en los años 20, aunque prácticamente ninguna ejercía su carrera después de licenciarse, pues, si podían vivir desahogadamente, la sociedad no veía con buenos ojos que trabajaran. Ni se pensaba en la conciliación, estaban confinadas a la atención del hogar y de la familia.

Siempre que no fueran bombardeados o tuvieran las trincheras cerca, en los pueblos la vida cotidiana fue más asequible que en las ciudades. En resumidas cuentas, se pasó menos hambre por estar los núcleos rurales acostumbrados a la autarquía y gozar de medios de producción alejados de las expropiaciones, como las hectáreas de cultivo, las aceñas, las prensas de aceite y las granjas. Desde las regiones devastadas fueron trasladadas familias enteras a otras provincias buscando albergue. Pero, aparte del cuidado silencioso de la casa y de jugarse el tipo por la protección de los «topos» que se guarecían en las alacenas, en el verano de 1936 la mujer se sintió urgida a colaborar en el combate.

Las milicianas querían participar por igual en las acciones con los hombres. Enfundadas en monos azules como representación del sentir obrero, posan junto a los camiones, la bandera tricolor o el fusil. Aunque la mayoría de ellas coincidieron, con las nacionales, en enfocar su energía al esfuerzo bélico en la retaguardia (cocina, lavandería, santidad, correo, etc.), otras se enrolaron en la milicia, participando en los frentes de Guadalajara, de Aragón, del País Vasco y de la sierra madrileña.

Entre las mujeres republicanas que captaron la atención internacional están Dolores Ibárruri, la Pasionaria, comandante honorario del

5.ºregimiento; Margarita Nelken, socialista que se convirtió al comunismo, y la anarquista Lucía Sánchez Saornil.

Federica Montseny, hija de los anarquistas que editaban *La Revista Blanca*, publicó casi 50 novelas cortas con trasfondo romántico-social dirigidas a las mujeres de la clase proletaria. Protagonizó varios contrastes en su existencia, como el nacer en una familia acomodada y encabezar un sindicato obrero, y despreciar el feminismo, pero defender los derechos de la mujer.

Designada directora general de prisiones en mayo de 1931, Victoria Kent intentó humanizar el sistema penitenciario, siguiendo la labor emprendida en la centuria decimonónica por Concepción Arenal. Durante la Dictadura de Primo de Rivera, había sido la primera mujer del mundo que ejerció como abogada ante un tribunal militar. Luego, consiguió la creación de un cuerpo de funcionarias de prisiones, la mejora de la alimentación de los reclusos, la retirada de grilletes, y mandó construir la cárcel de Ventas, en Madrid, sin celdas de castigo, y el Instituto de Estudios Penales, dirigido por Jiménez de Asúa, antiguo profesor suyo en la facultad de Derecho. Adquirió tal popularidad que su nombre aparece en un conocido chotis, *El Pichi*, parte de la revista de *Las Leandras*: «se lo pués decir a Victoria Kent, que lo que es a mí no ha nacido quién…».

En el conjunto de víctimas, hay que citar a Las Trece Rosas: la mayor parte de ellas, modistas; la mitad, activistas de las Juventudes Socialistas; un ramillete, voluntarias en casas-cuna que atendían a huérfanos de milicianos, y, una de ellas, madre, católica y votante de derechas, a quien llevaron allí por relacionarse con un músico del PCE. Las 13 chicas (de 18 a 29 años) fueron torturadas, confinadas en la cárcel de Ventas y ejecutadas el 5 de agosto de 1939 junto a la tapia del cementerio de la Almudena. Julia Conesa Conesa, denunciada por un compañero de su novio, pidió antes de morir: «Que mi nombre no se borre en la historia». Aquí está. La prensa exterior se mostró compungida, y una hija de *madame* Curie promovió la campaña de protesta en París.

La Agrupación de Mujeres Antifascistas (AMA), de orientación comunista, tuvo más de 50 000 afiliadas. Su objetivo era integrar a las mujeres en la causa antifascista promoviendo la unión de todas como garantía de la igualdad de derechos. Aunque su secretaria general, Encarnación Fuyola, lo negaba categóricamente, en realidad buscaba formar un Frente Popular femenino.

La intensa rivalidad impidió que se generara un movimiento conjunto de mujeres, pues, a pesar de pertenecer al mismo bando y al mismo sexo, las formaciones pugnaban por el liderazgo. No existía una unidad del feminismo con respecto a las cuestiones sociales y de género y, enfrente de AMA, se situó el Secretariado Femenino del POUM, creado en septiembre de 1936 y dirigido por María Teresa Andrade, con el fin de ofrecer programas de educación política para favorecer la emancipación femenina.

A determinados carteles con una miliciana con camisa azul, falda negra y corbata, sobre un cielo rojo con la hoz y el martillo, animando al ingreso en la Juventud Socialista Unificada se contraponía la propaganda nacional «por la madre y el hijo por una España mejor», con una señora vestida de blanco elevando a un retoño con el pijama del Auxilio Social.

Consumado el alzamiento, en Valencia hubo una cárcel republicana para mujeres con apellidos ilustres. Fue en 1937 cuando la República decidió recluir en La Purísima (un edificio propiedad hoy de los jesuitas) a quienes la prensa francesa bautizó como «las damas de España». Entre los muros de aquella finca estuvieron Carmen (hermana de José Antonio), su cuñada Margot Larios, Pilar Millán Astray (hermana del fundador de la Legión), Pilar Jaraiz (sobrina de Franco), Casilda Trénor (marquesa de Laconi), Rosario Queipo de Llano (hermana del teniente general), etc. Esta última describía así el complejo:

> El edificio era hermoso y estaba rodeado de un frondoso parque en el que había naranjos, palmeras, eucaliptos y un pequeño pinar por donde nos permitían pasear un rato los domingos y sábados por la tarde. A lo largo de los amplios corredores estaban las celdas grandes y ventiladas. Desde las ventanas se divisaba, más allá del parque, la espléndida vega valenciana.

Todavía no está claro si las encerraron para utilizarlas como moneda de cambio o para protegerlas de los republicanos más radicales que querían fusilarlas. La prisión de Alaquàs cerró sus puertas en julio de 1938. Las jóvenes que quedaban fueron trasladadas a la cárcel de Cehegín, en Murcia. Muchas fueron intercambiadas por rehenes republicanos. A Rosario Queipo de Llano y a Carmen Primo de Rivera las embarcaron hacia Gibraltar, a la sobrina de Franco, en un barco inglés a Marsella. Ninguna murió en el cautiverio.

La asociación de Falange Española de las JONS con el naciente régimen posibilitó que la mujer, como colectivo social, fuera incluida en el nacionalsindicalismo a través de su Sección Femenina. Dicha organización, fundada por José Antonio Primo de Rivera para dar asistencia a los presos del partido o a las familias de los caídos en las luchas callejeras, encontró tras la guerra una verdadera razón de ser. La Sección Femenina tuvo una organización jerárquica y, desde el 18 de julio, se encargó de organizar la beneficencia, la enfermería y la atención a los huérfanos. A partir del I Congreso Nacional, celebrado el 6 de enero de 1937, contó con las siguientes delegaciones: Prensa y Propaganda, Administración, Enfermeras y Aguinaldo de Soldado, Auxilio de Invierno y Flechas.

Si antes de la guerra la Sección Femenina contaba con 2500 afiliadas, con la movilización implícita a la lucha, tras la unificación de la Falange de las JONS con los tradicionalistas, decretada por Franco en abril de 1937, pasó a reunir 250 000. El 30 de dicho mes fue confirmada en su cargo Pilar Primo de Rivera. La circular número 1 dio normas generales y recomendó a los departamentos que se ocuparan de resolver la situación angustiosa de muchas familias y huérfanos. Con el delantal blanco y el emblema del yugo y las flechas bordado al lado izquierdo, trabajaron 1140 mujeres en 76 lavaderos, siendo destinadas 20 000 a los talleres que abastecían de ropa a los combatientes. Además, se instruyeron cursos de urgencia para enfermeras, llegando a movilizar a 8000.

Hasta 1940 no se integraría en FET y de las JONS el Auxilio Social, institución encabezada por Mercedes Sanz Bachiller, viuda de Onésimo Redondo, quien tras el advenimiento de la Segunda República había fundado las Juntas Castellanas de Acción Hispánica. Unidas al grupo de La Conquista del Estado, de Ramiro Ledesma Ramos, las JCAH darían lugar a las JONS, cuya ideología, el nacionalsindicalismo, se ha llegado a considerar como una primigenia expresión de «fascismo a la española». Impregnado de influencia germánica, el Auxilio de Invierno había sido gestado en Valladolid en octubre de 1936 y creció enormemente, encargándose del reparto callejero de comida, de abrir centros para niños y casas de la madre, comedores para embarazadas y centros de maternología.

Las «margaritas», ataviadas con la boina roja, cosían ropas de abrigo en la organización carlista de Frentes y Hospitales. Sorprendente que tanto en la cuestación como en las cunas o en la hilera de máquinas de coser estén las chicas sonrientes. Parecen escenas de película, como en *Lo que el viento se llevó* (1939) cuando, en la retaguardia, las amigas de Escarlata O'Hara sumaban esfuerzos por la causa en la que estaban enrolados sus maridos, hijos o pretendientes, en aquella guerra civil norteamericana que dividió la sociedad estadounidense en confederados y yanquis.

5. La guerra que vieron los niños

«Sabe Dios cuándo habrá otro verano» suspira don Luis, el padre que protagoniza *Las bicicletas son para el verano* de Fernando Fernán Gómez (1978), consciente de que cuando callaran las bayonetas no habría llegado la paz, sino la victoria. Durante la Guerra Civil española se estima que más de 200 000 niños fueron desplazados de sus hogares a refugios y colonias infantiles. Países como Francia, Reino Unido, la Unión Soviética y México acogieron cifras nada desdeñables.

Una maleta guardó en París los dibujos de los niños de la guerra recopilados por el matrimonio Brauner, formado por el pedagogo Alfred y la médica Françoise, en los comedores de Levante. Se trata de una selección de láminas realizadas por niños de entre 5 y 15 años durante los diversos conflictos que tuvieron lugar en el siglo XX. Mientras estuvieron en España, colaborando con las Brigadas Internacionales, en los Centros de Acogida comenzaron a interesarse por esta terapia para sacar de la mente la barbarie de toda guerra.

Los niños a los que se encargó realizar estos dibujos con su visión del presente respondieron obedientemente plasmando:

— Cómo era España antes del conflicto: por ejemplo, una pastelería de la que salía con compra una clienta con abrigo de visón, mientras que una pequeña con un raído vestido miraba las tartas del escaparate.

— Cómo era España durante la guerra: el bombardeo del alcázar, una escuela incendiada, corriendo a refugiarse al metro, haciendo entrenamiento en el cuartel de las Brigadas Internacionales en Albacete, una mujer enarbolando a su hijo muerto contrita de rodillas…

— Cómo sería España después: la cola en el exilio, amigos jugando al balón o saltando a la comba…

They Still Draw Pictures (*Todavía dibujan*), publicado en 1938 en Nueva York, es una cuidada selección de 60 dibujos realizados por infantes españoles de entre 5 y 15 años, desplazados de sus hogares en el interior y norte de España a la zona del levante mediterráneo y al sur de Francia. El director de una compañía de seguros y marchante de arte, J.A. Weissberger, fue el encargado de esta iniciativa, cuya finalidad era presentar la publicación en una exposición para sufragar parte de los costes de mantenimiento de las colonias infantiles de Valencia y de los refugios de niños españoles en el sur de Francia. Aldous Huxley, el autor de *Un mundo feliz*, la pesimista narración sobre el futuro tecnológico, inmediatamente aceptó colaborar en esta publicación, ofreciendo una introducción de cinco páginas.

La historia oral se nutre de relatos persistentes en el corazón, mas fugaces en la memoria colectiva si no se ponen por escrito. Nombres desconocidos que se desdibujan en la identidad de la moviola narrativa. Como aquel niño que aspiraba a ser cura y a quien en el Madrid republicano, por pasear con la sotana del seminario, lo llamaban «cucaracha». Luego el lema «Dios, patria y rey» lo cautivó y se hizo requeté en Sevilla. Su bautismo de fuego fue en la conquista de Ronda, donde conoció al general Varela y descubrió que no tenía madera de mártir, porque tiraba a matar, consciente de que el rival hacía lo mismo.

La hija del capitán de la base de hidroaviones del Atalayón había llegado a Melilla el 1 de julio. Tenía 4 años. Vivían en una draga. En la mañana del 17 de julio, su padre les había estado enseñando a nadar a su hermana y a ella. Por la tarde, porque su madre quería, pues era periodista, visitarían un cementerio moro. De repente, saltaron las alarmas: sus diminutos pies no cesaban de correr. El primer tabor de infantería, del Grupo de Regulares de Alhucemas, sobrevolaba la base. Los aviadores se resistieron. Comenzó el tiroteo, Leret se atrincheró en el casino de oficiales. Finalmente, tuvo que deponer las armas, fue fusilado, y su esposa, Carlota O'Neill, encarcelada en la prisión de Victoria Grande y condenada en consejo de guerra a 6 años por haber escrito unas cuartillas e «insultar» al ejército. Durante mes y medio, la chica, también llamada Carlota, lloró mirando hacia una esquina de la calle por donde le dijeron que su madre regresaría.

La descarga de 1500 kilos de bombas sobre Cartagena provocó el terror durante 4 horas. El 25 de noviembre de 1936 no cesaron de sonar las sirenas. Ahora ante los 32 aviones de la Legión Cóndor alemana. Adolescentes que pasaron de canturrear *La internacional* a temblar cuando vieron sacar de su hogar a su padre por ser concejal socialista. Como un trauma resuenan en sus oídos los gritos de los torturados. Cabezas rapadas y vestidos de luto.

A un chaval de la quinta del biberón (eran los nacidos en 1920-1921) lo enrolaron primero en las Juventudes Socialistas Unificadas, convivió con los rusos, se puso un uniforme de nacional en aras de escabullirse en los desplazamientos y, a la postre, se echó al monte en Cataluña, como guerrillero. «Cosas de madre», suspiró cuando su progenitora lo localizó entre los arbustos para entregarle una cazadora de lana. Al final, le tocaron los trabajos forzados en África; vigilado día y noche por senegaleses descalzos, pensó que la política para él se había terminado de modo fulminante en el 39, pues, en la «esclavitud», ningún partido estaba junto a él allí, cavando y penando.

En la otra frontera, en Burgos, las sacristías intuyeron que algo iba a pasar porque había mucho movimiento de militares que se iban a confesar. Más debajo de Castilla había pequeños que lloraban sospechando represalias por tener un hermano monaguillo. ¡Cuántas imágenes quemadas! ¡Cuántos recuerdos! Bombardeo de hospitales con los enfermos dentro. La población tenía que vivir sin sacramentos, porque los curas, para salir ilesos, estaban escondidos en las cámaras y, de vez en cuando, los trasladaban en el interior de baúles para no ser vistos por ningún vecino. En Cuenca, pocas iglesias se salvaron de la destrucción del patrimonio perpetrado por las columnas anarquistas o la quintaesencia del comunismo.

Los escolares, sin colegio, de brazos cruzados con la pizarra vacía y la cesta de los hilos en el brasero. Padres y tíos fusilados por llevar una medalla al cuello. Pronto España trocó en un semillero de santos. El municipio madrileño de Paracuellos añadió a su denominación el apellido «de los Mártires» por las altas cifras de personas de derechas o católicas que allí fueron fusiladas por afianzarse en sus creencias (más de 2000). Los hechos se registraron en el arroyo de San José, en Paracuellos de Jarama, y en el soto de Aldovea, en el término municipal de Torrejón de Ardoz.

En Aravaca fue ejecutado el 29 de octubre de 1936 el ensayista Ramiro de Maeztu, impulsor del concepto de «Hispanidad»; sus últimas palabras fueron: «Vosotros no sabéis por qué me matáis, pero yo sí sé por lo que muero. ¡Para que vuestros hijos sean mejores que vosotros!».

En Paracuellos fue fusilado el 28 de noviembre de 1936 el dramaturgo Pedro Muñoz Seca, la prensa conservadora recoge la anécdota macabra del supuesto diálogo que mantuvo con su pelotón: «Podéis quitarme la hacienda, mis tierras, mi riqueza, incluso podéis quitarme, como vais a hacer, la vida, pero hay una cosa que no me podéis quitar... y es el miedo que tengo».

En Asturias, los vástagos de los indianos masacrados se fijaron en que los capotes de los nacionales cuando liberaron Gijón eran «preciosos». Con la casa devastada, aplausos y abrazos en el túnel por el que conseguían algo de harina, patatas y leche, porque en los últimos días el suministro era «una botella de lejía y una escoba».

También interpela la historia del nacional que, al quedarse desguarnecida su unidad, para no ir descalzo, le quitó las botas a un cadáver de las Brigadas Internacionales. Realmente, los uniformes de ambos bandos conocieron una variedad inusitada, por lo que el elemento unificador venía a ser la manta que, puesta a modo de abrigo, protegía del frío y de la ingente lluvia que cayó en batallas como la de Guadalajara, donde las prendas se convertían en esponjas.

Pero una de las reglas que más fue conculcada fue la de hablar con el enemigo. Los franquistas tenían tabaco traído de Canarias, los rojos papel de fumar, pues lo fabricaban en Alcoy. El responsable de operar el intercambio entre las trincheras lo pasaba fatal, apuntado por 100 fusiles, pero luego disfrutaba, en medio de la soledad, fumándose un cigarro.

La Guerra Civil finalizaría el sábado 1 de abril, víspera del Domingo de Ramos. A lomos de cierta borriquilla escuálida daba inicio a la Semana Santa de 1939. Sin embargo, en un país arrasado por el fuego «amigo», el ayuno no culminaría el 7 de abril —Viernes Santo del 39—, pues, más allá de las alianzas y de los bandos, en el fondo, esa es la dramática realidad de toda lucha fratricida.

Capítulo XIII
El franquismo:
de la autarquía al desarrollo

Castillo de Belmonte en los años 60. Rodaje de El Cid.

España es un país formidable, con una historia maravillosa de creación, de innovación, de continuidad de proyecto… Es el país más inteligible de Europa, pero lo que pasa es que la gente se empeña en no entenderlo.

Julián Marías

LLEGAMOS A UNA DE LAS ETAPAS MÁS DISCUTIDAS de la historia de España. También porque se presta a opinar en función de cómo a cada cual le fue, debido a que gran parte de la población que hoy conforma la pirámide vivió o nació en ella. No se trata de nuestro caso, aunque, sin lugar a dudas, el influjo de cuatro décadas se traslada hasta el presente...

Para unos, el régimen de Franco se define por el aislamiento internacional, el exilio, la ausencia de partidos y la represión de la dictadura. Para otros, por el fortalecimiento del orgullo de ser español, el NO-DO, el sindicato vertical y el despegue de las clases medias. A los que dicen que «corrieron delante de los grises» se yuxtaponen quienes afirman que «con Franco, se vivía mejor».

De la autarquía nos habla la expresión de Carrero Blanco «orden, unidad y aguantar», así como aquella radio que no paraba de parlar en las cocinas, y las películas, que se veían en el cine de barrio con una bolsa de pipas. Como en la inmediata posguerra escaseaban tanto los víveres, numerosas coplas «divinizaron» el rito de la comida. El cocido madrileño repicaba entre fantasías gastronómicas en la buhardilla cuando el racionamiento obligaba a preparar tortilla sin huevo y sin patata, con piel blanca de naranja y un calculado engrudo de bicarbonato y harina.

Años de mucho sacrificio hasta que en 1952 se dijo adiós a la cartilla, aunque también se sumaría luego la emigración a Alemania o a Venezuela. Mientras el amigo americano enviaba queso de bola roja a los escolares, el español, que por naturaleza es agradecido, esperaba dar la mano a Mr. Marshall. De la onza de chocolate por los Reyes Magos a la muñeca traída de Melilla; de la corrala de vecinos a la televisión en blanco y negro que retransmitió la boda de Fabiola.

Y en los 60, un coche fabricado en España, el Seiscientos, trasladaba a familias completas, bien al campo en la mañana del domingo, o en el verano a la playa. Por una red de carreteras con 6 nacionales, el Capitán Trueno pisaba el acelerador a 70. Lo que resulta indudable, en el plano más emocional, es que entre 1939 y 1975 la faja fue sustituida por la minifalda, el pasodoble con carabina por la discoteca, la misa en latín por la del Concilio, la aportación voluntaria de los hijos al abuelo por la pensión de jubilación, la Casa de Socorro por la Seguridad Social, el bachillerato por la EGB, y hubo novios que, echando cuentas, hasta pudieron comprarse un piso con el salario de unos cuantos años.

«La guerra de papá» (jugando con la adaptación de la novela de Delibes), entre rascacielos, bocas de metro y polos de desarrollo, se empezaba a intuir lejana a principios de los 70; y al travieso Quico, de bucles rizados y pantalones cortos de rayas, lo que lo preocupaba era «llenar» de gasolina su triciclo y que su hermana Cris, del todo, no lo destronara.

1. La nueva España

Por cuestiones diversas, el mandato de Franco suele ser noticia: la retirada de estatuas, el cambio de denominación de calles y plazas, etc. Es frecuente también en los últimos años oír polemizar acerca de la Ley de Recuperación de la Memoria Histórica y de las famosas «fosas» y también, en relación al Valle de los Caídos, su origen, su presente y su futuro. Pero, ¿qué fue en realidad el franquismo?

Políticamente, se trató de un régimen establecido por el tradicional procedimiento de conquista, donde el bando victorioso impone sus normas al vencido y establece su organización. Y, en el plano inmediato, fue palpable que, sobre las ruinas de un país arrasado, con la firma del último parte de guerra se construyó un nuevo Estado caracterizado por la centralización del poder en la figura de Francisco Franco. El régimen de cuatro décadas gestado en la contienda pasó por diversas etapas, pues, a la autarquía y el aislamiento, siguieron el reconocimiento internacional en los 50 y la expansión económica de los 60, aumentando en el período final de la dictadura la oposición al sistema.

«Franquismo» y «régimen de Franco» son los términos más objetivos que designan esta etapa de la historia de España, igual que en Argentina se habla de «peronismo» o en Portugal de «salazarismo». Se trata de conceptos bastante más asépticos, o libres de connotaciones de cualquier índole, pero también debemos meditar sobre el concepto de «dictadura».

Según el *Diccionario de la Real Academia Española de la Lengua*, «dictadura», en sus acepciones tercera y cuarta es: «Gobierno que, bajo condiciones excepcionales, prescinde de una parte, mayor o menor, del ordenamiento jurídico para ejercer la autoridad en un país» y «Gobierno que en un país impone su autoridad violando la legislación anteriormente vigente».

En el mundo romano, la dictadura era una institución que concedía poderes extraordinarios a una determinada persona en un momento transitorio de conflicto o especial dificultad. En este orden de cosas, el mandato de Franco es considerado dictadura en tanto que no emanó de la voluntad popular expresada a través del procedimiento democrático de elección a través de las urnas, sino que se impuso a través del alzamiento y la balanza de la guerra.

Pero han proliferado las categorizaciones del régimen y algunas siguen haciendo saltar chispas en el presente. Juan José Linz, profesor de la Universidad de Yale, lo incluyó en su taxonomía de «régimen autoritario». El filósofo López Aranguren habló de «nacional-catolicismo» y, más tarde, el sociólogo Salvador Giner equiparó la España de Franco con el Portugal de Salazar y la Grecia de los coroneles, considerando que las tres fórmulas se asociaban con el «despotismo contemporáneo». Por su parte, el medievalista Luis Suárez, testigo de los acontecimientos como director general de Universidades e Investigación desde 1972, en la extensa biografía de Franco publicada en 1984, dijo que «no fue nunca ni presidente ni dictador..., ejerció sin título de rey las funciones propias de un monarca».

Los fundamentos ideológicos en los que se apoyaba el régimen no surgieron ex novo con el último parte firmado en Burgos, pues se fueron gestando en el marco de la contienda y aplicando en aquellos territorios incorporados al bando autodenominado nacional. En 1939 el *Catecismo patriótico español* exponía que los enemigos de España eran siete: «el liberalismo, la democracia, el judaísmo, la masonería, el capitalismo, el marxismo y el separatismo». En contraste, la nueva España se caracterizaba por el antiliberalismo, el anticomunismo, el nacionalismo españolista (uniformista y centralizado), el catolicismo y el conservadurismo social, exaltándose los valores de la Reconquista, así como las figuras de Isabel y Fernando, de cuyo escudo se tomaron el yugo y las flechas. Por ello, se entregó al clero el control de las costumbres civiles y de la vida intelectual del país, y fue lamentablemente factible que, si una persona quería perjudicar a su vecino, lo denunciara porque no había ido a misa y lo había visto trabajar en domingo.

Como hemos comentado, Franco pasó a ser el Caudillo, término de resonancia romana aplicado a las huestes del Medievo para aludir al jefe. Frente a los tiempos fluctuantes o de debilidad, una nueva interpretación de la historia de España, que exaltaba los episodios gloriosos, se convertiría en oficial y se difundiría a través de la literatura, el cine, los discursos propagandísticos, los libros escolares, etc., al tiempo que la estructura castrense impregnaría numerosas manifestaciones de la vida cotidiana. Entretanto, la democracia y el liberalismo serían considerados antiespañoles.

1.1. Las Leyes Fundamentales

Aunque el régimen se había afianzado a través de la victoria militar, pronto trató de vertebrar una organización institucional a través de leyes orgánicas, las cuales constituirían la base jurídica de la vida civil y del funcionamiento político en un sistema de partido único.

Entre 1938 y 1946 se aprobaron cinco: el Fuero del Trabajo, la Ley Constitutiva de las Cortes, el Fuero de los Españoles, la Ley de Referéndum Nacional y la Ley de Sucesión a la Jefatura del Estado. Posteriormente, otras dos leyes orgánicas completarían las siete Leyes Fundamentales del franquismo, a saber: la Ley de Principios del Movimiento Nacional (1958) y la Ley Orgánica del Estado (referéndum de 1966, que entró en vigor en 1967).

Además de estos documentos legislativos, Franco contó con dos órganos consultivos para apoyar su labor de Gobierno: el Consejo Nacional del Movimiento (1937), que venía a ser una segunda cámara, o cámara alta, integrada por los máximos dirigentes (se reunía en el Senado); y el Consejo del Reino (1947), formado por 15 personas (altos funcionarios, militares, obispos…) y destinado a actuar primero proponiendo una terna de la que se elegiría al presidente del Gobierno y, luego, como regencia si Franco enfermaba gravemente o moría.

Aunque se hablaba de las Cortes, como «órgano superior de participación del pueblo español en las tareas del Estado» y «ámbito para el contraste de pareceres dentro de la unidad del régimen», no tenían ninguna capacidad legislativa, solo consultiva. La representación era corporativa y, a partir de 1967, un tercio de sus procuradores serían elegidos por los padres de familia y mujeres casadas.

A falta de un Parlamento o de órganos de prensa libre, la habitual reunión de los viernes del Consejo de Ministros constituía el foro de encuentro y debate. Luis Carrero Blanco, militar de la Armada, permanecería como hombre de confianza de Franco durante más de tres décadas, hasta ser asesinado por la organización terrorista ETA el 20 de diciembre de 1973.

1.2. Las familias políticas del franquismo

Al acabar la Guerra Civil, todas las organizaciones que habían apoyado a la República quedaron prohibidas y sus dirigentes partieron al exilio, o fueron detenidos, encarcelados o ejecutados. Los partidos de derecha tampoco estaban permitidos, por lo que solamente Falange Española Tradicionalista y de las JONS y sus organizaciones (Sección Femenina, Milicias, Frente de Juventudes y Organización Sindical) tenían posibilidad de actuación. Por su aspiración a impregnar todas las esferas de la sociedad, en vez de partido fue denominado como Movimiento.

Durante el primer franquismo, cuando Serrano Súñer era el lugarteniente de Franco, además de su cuñado, la Falange ocupaba un tercio de los altos cargos, direcciones generales y ministerios, pero la derrota del fascismo en la Segunda Guerra Mundial provocaría la disminución de sus efectivos en los sucesivos Gobiernos.

Sin embargo, Franco no se sirvió únicamente de Falange, sino que buscó colaboradores en el Ejército y entre los profesionales vinculados a agrupaciones como la Asociación Católica Nacional de Propagandistas. La presencia de militares sería alta (del 40 %) en el Consejo de Ministros, en subsecretarías, en direcciones generales, en gobiernos civiles y en la administración local, pero también en empresas públicas y privadas. En las primeras décadas del franquismo, falangistas y militares se repartieron las carteras ministeriales, hasta el ascenso de la tecnocracia.

A este funcionamiento hay que añadir el cambio de orientación que representó el Gobierno desde 1957, con la incorporación de la tecnocracia. Como su nombre indica, los tecnócratas eran técnicos, pero también defensores de la ortodoxia. Muchos de ellos eran miembros del Opus Dei y bastantes procedían del Movimiento, aunque ideológicamente se hallaran al margen de las familias políticas iniciales. Reunían los requisitos necesarios que precisaba el régimen en el cambio de aspecto que deseaba completar en el ocaso de los 50: modernización del sistema económico manteniendo la concepción autoritaria del poder.

Pero también había rivalidad entre familias, incluso la competencia podía surgir dentro de cada una de ellas, como reflejan las reticencias que los falangistas mostraban hacia los carlistas (quienes habían entrado en su partido a partir del Decreto de Unificación de abril de 1937), o el conflicto ideológico entre los «camisas viejas» (falangistas primigenios, con mayor antigüedad en el partido) y los falangistas de nueva afiliación (entre los que existían algunos de implicación republicana, si bien afiliados para «limpiar» el pasado).

1.3. Las organizaciones del Movimiento

Dentro de Falange Española Tradicionalista y de las JONS, podemos diferenciar distintas instituciones. En primer lugar, el partido único, cuyos principios adoptó la dictadura como programa ideológico.

En segundo lugar, el sindicato vertical. En abril de 1937 se unificaron las organizaciones patronales y obreras de filiación falangista, tradicionalista y católica en la Central Nacional Sindicalista (CNS). El nuevo sindicato se desarrolló a través del Ministerio de Organización y Acción Sindical desde enero de 1938 y, en 1940, culminó la configuración de la Organización Sindical Española (OSE), que se componía básicamente de tres piezas: estructura territorial, estructura sectorial y obras sindicales.

La estructura territorial estaba formada por las delegaciones provinciales, comarcales y locales de la CNS, que debían agrupar «en hermandad cristiana y falangista» a empresarios, técnicos y trabajadores, colectivos englobados en el término «productores», aunque también esta denominación se atribuía en ocasiones exclusivamente a los trabajadores. El eje de la «línea de mando» lo constituían los jefes de las delegaciones de la CNS, cuyo origen solía estar en la militancia falangista.

La estructura sectorial estaba formada por los sindicatos nacionales de las diferentes ramas productivas, dirigidos por funcionarios falangistas, aunque también por patronos y obreros, si bien en la práctica los últimos carecían de capacidad de intervención.

Por último, las obras sindicales eran de carácter asistencial, y estaban encaminadas hacia tres objetivos: la asistencia sanitaria, a través de la Obra 18 de Julio; la promoción de viviendas para los trabajadores por medio de la Obra Sindical de Hogar y Arquitectura, y el fomento de actividades de ocio y tiempo libre mediante la Obra Educación y Descanso.

Creado en 1940 a partir de la Organización Juvenil de Falange, como una sección de FET-JONS, el Frente de Juventudes tenía por misión «la formación y el encuadramiento de las fuerzas juveniles de España», tanto en los centros educativos de primera y segunda enseñanza como en los ámbitos laborales. Franco lo reconoció como la «obra predilecta del régimen», en tanto que velaba por la formación física y moral de los adolescentes. Su patrón era san Fernando.

En aras de contribuir a su sana socialización, el Frente de Juventudes puso en marcha la asignatura de Formación Política, desarrollándose diferentes actividades culturales y deportivas, como las excursiones, los campamentos y las escuelas de montaña, con órganos de comunicación como la Cadena Azul de Radiodifusión y la editorial Doncel, que publicó tebeos como *Balalín* y *Trinca*. Los afiliados estaban organizados en tres «legiones»: Flechas (de 10 a 13 años), Cadetes (de 14 a 16) y Guías (de 17 a 20). También dependía del Frente el Sindicato Español Universitario (SEU), el cual se encargaba de encuadrar a los estudiantes de enseñanza superior.

Tras la reorganización de la Secretaría Nacional del Movimiento llevada a cabo en 1960, la mayoría de sus actividades pasaron a la Organización Juvenil Española. El emblema de la OJE era una cruz potenzada roja con un león rampante en oro mirando a su derecha y el lema «Vale quien sirve».

Como hemos visto, en 1934 surgió la Sección Femenina como la rama de mujeres de la Falange. Se encargaba de adoctrinar a las mujeres en el ideario del partido y, al igual que en el fascismo italiano, se le atribuían exclusivamente los roles de buena esposa y madre.

La Sección Femenina estuvo siempre dirigida por Pilar Primo de Rivera, hermana de José Antonio, desde sus orígenes hasta su disolución en 1977. La sumisión de las militantes a los mandos del partido y al Estado evitó cualquier tipo de conflicto. Las afiliadas falangistas se dedicaban a labores asistenciales, muchas de ellas en centros educativos donde impartían asignaturas relacionadas con la formación del espíritu nacional.

El Servicio Social fue la prestación que obligatoriamente debían realizar todas las jóvenes que desearan acceder a la educación universitaria o ejercer su título, desempeñar puestos en la administración pública u obtener el pasaporte. Lo organizaba la Sección Femenina. Entre 1937 y 1977, 3 millones de mujeres, de entre 17 y 35 años, hicieron esta suerte de mili que suministraba mano de obra gratuita a los hospitales, comedores y otros entes sociosanitarios. Franco le concedió a la Sección Femenina el uso del castillo de La Mota, ubicado en Medina del Campo (Valladolid), un lugar emblemático, pues en dicha ciudad falleció la reina Isabel.

2. Los años del hambre: autarquía y aislamiento

El concepto que define la política económica de la dictadura hasta 1959 es el de autarquía, una voluntad de autoabastecimiento que suponía intentar no depender del exterior y producir todo lo que necesitara el país. España, una nación eminentemente agrícola, vivió en la década de los 40 tiempos de racionamiento, a la vez que se fue generalizando el mercado negro de casi todos los artículos de consumo, fenómeno fraudulento conocido como estraperlo.

La intervención del Estado en la economía, siguiendo el modelo fascista italiano, pronto se convertiría en forzosa, debido al aislamiento internacional. La Ley de Protección de la Industria Nacional vino seguida de la creación del Instituto Nacional de Industria (INI) en 1941, a semejanza del Istituto per la Ricostruzione Industriale (IRI), con el fin de reconstruir la economía dañada por el conflicto.

Pero no fue fácil, pues, aunque el INI privilegió a los sectores relacionados con las prioridades del franquismo, el arrasamiento del tejido productivo, la lentitud burocrática y el peso de la deuda de guerra mantendrían hundido el mercado interior. Recordemos que la renta nacional, la renta per cápita y los índices de producción nacional estuvieron por debajo de los niveles de 1935 hasta los años 50.

2.1. La cartilla

Aunque uno de los principales lemas del franquismo era «por la Patria, el pan y la justicia», el hambre se convirtió en uno más de la familia y, pese a que los niños trabajaban, inmolando su instrucción libresca, los jornales no eran suficientes para cubrir la función básica de la nutrición.

La música potencia los deseos. Si se está en una fase de desamor, se suspira por el afecto codiciado. Si se vive en guerra, se dirigen las notas a las noches de paz. Si se tiene hambre, en el mesón de los caminos se escuchan pasodobles que hacen del cocido la pócima y de la madre y de la hermana las hadas, pues, con un puñado de garbanzos y media patata, logran que en la olla haga su aparición estelar la carne.

Como refrendo de la política intervencionista, la publicidad animaba al consumo nacional: «Comprad productos españoles. Comprando productos españoles daréis vida a nuestras fábricas y trabajo a nuestros obreros». Para producir bienes de primera necesidad, se procedió a la reconversión de fábricas, se fijaron precios, se obligó a pedir licencia para cualquier inversión, se canalizó todo permiso de importación y exportación a través del Estado y se prescribió entregar los excedentes de la cosecha al Servicio Nacional del Trigo, quedando la geografía salpicada de silos o almacenes oficiales.

Pero, al poco, hasta la adquisición de bienes españoles resultó una entelequia. Entre los meses de enero y mayo de 1944, los aliados sometieron el régimen de Franco a una fuerte presión económica mediante el embargo de petróleo, para que España dejara de exportar wolframio a Alemania. Finalmente, en mayo de 1944, se llegó a un acuerdo por el que nuestra nación podría percibir petróleo a cambio de cortar su envío.

España atravesaba severas dificultades económicas: a la deteriorada situación material generada por la guerra, que había diezmado grandes zonas, debemos añadir la muerte de muchos jóvenes, con la consiguiente escasez de mano de obra. Si a todo ello unimos la casi nula ayuda internacional en la inmediata posguerra, debido a la simpatía de Franco hacia Hitler y Mussolini, nos encontramos con la dantesca situación de un Estado abocado al pauperismo y a la desolación. Tras la condena del régimen por las Naciones Unidas en diciembre de 1946, solo Argentina ofrecería su colaboración económica a España, firmándose el 9 de abril de 1947 el Protocolo Franco-Perón.

Usualmente, la población entendía por cartilla el libro con el que los párvulos aprendían a leer, pero pronto se extendió otra acepción del término, pues, para garantizar un reparto equitativo, por orden ministerial de 14 de mayo de 1939, siendo ministro de Industria y Comercio Juan Antonio Suanzes, se creó el mecanismo de control para los productos básicos alimenticios, estableciéndose dos cartillas de racionamiento: una para la carne y otra para el resto de comestibles.

Este sistema fue levemente modificado en abril de 1943, cuando las cartillas pasaron a ser individuales. Los comercios abastecerían de alimentos al titular, en función de los máximos establecidos en la cartilla. Todos los productos considerados artículos de lujo, o que excedieran el límite establecido por la cartilla, solo podían ser adquiridos clandestinamente a un elevado precio, libremente fijado por el estraperlista. Según cifras oficiales de 1943, hasta un 30 % de la cosecha fue a parar al mercado negro.

La concesión de licencias de importación/exportación, de construcción y de fabricación de determinados artículos como monopolio, así como del suministro de otros productos, en ocasiones se correspondía con tratos de favor por parte de las entidades a través de redes clientelares, generándose una nueva bolsa de nuevos ricos que raramente encauzaban los beneficios hacia inversiones productivas.

Aunque parezca drástico, la verdad es que, en los años 40, en España se moría de hambre. Entre 1940 y 1946 perecieron de inanición 40 000 personas. La miseria de la posguerra se reflejaría en la precaria alimentación (situada muy por debajo de los niveles de calorías necesarias), con las consecuencias para la salud que ello conlleva. Una población debilitada era el caldo de cultivo idóneo para enfermedades como la tisis o el piojo verde, en un momento en el que las medicinas resultaban inalcanzables para buena parte de la sociedad y, en el caso de la penicilina, su consecución implicaba labores de espionaje.

Pero la desigualdad social hizo que las niñas de familias pudientes tuvieran una Mariquita Pérez. Valía alrededor de 100 pesetas, cuando el salario diario no llegaba a los 2 duros y, a diferencia del común de los mortales que llevaban el mismo traje y el calzado raído todo el año, la muñeca tenía un ropero lleno de vestidos de película. Mientras tanto, la mayor parte de los pequeños soñaba con bandejas de milhojas y pasteles.

El «plato único» sería mencionado por la retórica franquista no como una afligida realidad, sino en tanto que «sacrificio patriótico». Y se mantuvo hasta 1952, año en que llegó la libertad al colmado de «coloniales» o ultramarinos. Se experimentó un leve desahogo. Las mujeres se empezaron a casar de blanco y, entonces, la venta de todo tipo de alimento dejó de tener restricciones. También al cliente le supuso motivo de fiesta el poder gastar el contenido del monedero sin limitaciones.

2.2. Posicionamiento ante la Segunda Guerra Mundial

Los nazis llevaban tiempo pensando en España, no tanto por la colaboración geoestratégica como por las pesquisas de la *Ahnenerbe*, sección ocultista de las SS, en torno al Arca de la Alianza y el Cáliz de Cristo, «armas» que harían invencible al Tercer Reich. En Montserrat, Heinrich Himmler, exigió ver todos los documentos del monasterio relacionados con la copa. Ante la negativa del padre Ripol, el líder de la secta paracientífica gritó: «Todo el mundo en Alemania sabe que el Grial está en Montserrat».

Del Nuevo Testamento al Antiguo, ya que la tradición aseguraba que únicamente mediante la cabalística se podría conocer el nombre de Dios y abrir el Arca. La *Ahnenerbe* buscó un cabalista judío por Toledo y lo encontraría en Auschwitz. Terrible que se obligara a cooperar a la víctima para el holocausto de su pueblo, o que se buscara la fortuna en los objetos sagrados del oprimido de Sión. El hebreo, que lógicamente no quería volver al campo de exterminio, se calló que, según los ancianos, tras la muerte de Jesús en la cruz y el posterior desgarro del velo del Templo, el Arca perdió su poder. Por ventura, los nazis no encontraron ni la vara de Aarón ni el jarrón dorado con maná que codiciaban como fuente de suerte. Menos mal que los hitlerianos perdieron al final la batalla. Pero, en el intervalo, las trompetas de Jericó lloraron amargamente por los judíos ante la cámara de gas.

Recién acabada la Guerra Civil, por la evolución de las potencias beligerantes se pueden diferenciar dos fases en relación con la Segunda Guerra Mundial. La primera se corresponde con 1939-1942, es decir, con el período de hegemonía del Eje, y la segunda con 1943-1945, años en que los aliados recuperaron terreno. Dos etapas y, en lo tocante a España, tres significaciones.

El 4 de septiembre de 1939, tres días después de que los alemanes invadieran Polonia, España se declaró neutral, pero esta ecuanimidad duró poco, pues dos acontecimientos precipitaron que el 12 de junio de 1940 pasara a la no beligerancia: la derrota de Francia por los alemanes, que ocuparon el norte y el oeste del país mientras que el régimen colaboracionista de Vichy se instalaba en la franja del sureste, y la entrada de Italia en el conflicto.

En ese momento la hegemonía alemana era clara y, en el segundo semestre de 1940, España estuvo tentada a intervenir tanto por Hitler como por Mussolini, pero especialmente por este último, que tenía en sus planes imperialistas convertir a Italia en la potencia hegemónica del Mediterráneo. El ministro de Asuntos Exteriores, Ramón Serrano Súñer, se sintió atraído por la idea y se dirigió hacia Roma y Berlín.

Y el 23 de octubre de 1940 Franco se entrevistó con Hitler para intentar resolver los desacuerdos sobre las condiciones españolas para su incorporación del lado de las potencias del Eje. La cita era para las 15:30.

El lugar, la estación francesa de Hendaya. El alemán venía desde el otro lado de Europa en su tren personal: *Erika*. Franco decidió acudir también por ferrocarril en lo mejor que había en España: un vagón especial SS-3 que había sido el tren real de Alfonso XIII, con literas, espejos, alfombras y cojines de terciopelo. El tren de Franco llegó 8 minutos tarde, no por descortesía, sino por el desastroso estado de la vía. Finalmente, no se llegó al consenso y se decidió la no intervención, ya que al parecer Franco impuso a Hitler unas condiciones muy altas que suponían ayuda económica y militar, junto con posesiones coloniales francesas en el norte de África. Con idéntico resultado también el 12 de febrero de 1941 se vería con Mussolini en Bordighera.

El 22 de junio de 1941, mediante la Operación Barbarroja, Alemania se lanzó a la invasión de la Unión Soviética, a pesar de que antes de empezar la conflagración Hitler y Stalin habían firmado un pacto de no agresión germano-soviético, a fin de que el nazismo y el comunismo no se atacaran directamente. Al llevar Hitler las maniobras al este de Europa y luchar contra el comunismo, sin cambiar el estatus, España dio un paso adelante y decidió enviar a Rusia una unidad especial: la División Azul.

Respecto a la segunda fase (1943-1945), cabe decir que el 10 de julio del primer año citado se produjo el desembarco de Sicilia y, posteriormente, la liberación del sur de Italia. Mussolini había sido el referente de Serrano Súñer y la caída del *duce* supuso un cambio en la postura española ante el conflicto. Aunque Gómez Jordana era ministro de Asuntos Exteriores desde el 3 de septiembre de 1942, España no se declaró nuevamente neutral hasta el 3 de octubre de 1943, esto es, después de la debacle adriática.

Con este viraje España pretendía reforzar la colaboración con Portugal, con quien había formado el Bloque Ibérico en diciembre de 1942. Anhelaba entonces que este enfoque contribuyera a mejorar la imagen del país en relación a los británicos, aliados históricos de los lusitanos, y en extensión, con los estadounidenses.

2.2.1. La teoría de las «tres guerras»

Pero más allá de las etapas cronológicas de neutralidad, no beligerancia y neutralidad, Franco y la diplomacia española trataron de convencer a los embajadores de la existencia de tres contiendas geográficas: la guerra del

Pacífico, en la que España apoyaba a los aliados en lucha contra Japón en el Extremo Oriente; la guerra en Europa, en la que se consideraba neutral, y la guerra en el este de Europa, en la que era beligerante contra el comunismo.

Antes de concluir el conflicto, se celebraron las conferencias de Yalta (febrero de 1945) y Potsdam (entre el 17 de julio y el 2 de agosto de 1945), donde los representantes de Reino Unido, la URSS y Estados Unidos trataron de establecer un orden internacional basado en regímenes democráticos, de tal forma que aquel que no adoptara esa condición se quedaría solo.

Como aguijón y llamamiento a la enmienda, desde la caída de Berlín el mundo quedó dividido por el telón de acero y, para España, comenzaría el férreo aislamiento.

2.2.2. Leslie Howard, el espía

Si mencionamos el nombre de Ashley, buena parte de los lectores pensarán en *Lo que el viento se llevó* y, en concreto, en el personaje del que estaba enamorada, sin ser correspondida, Escarlata O'Hara. Leslie Howard Steiner había nacido en Londres en 1893, en una familia acomodada, pues su padre procedía de ricos judíos húngaros.

Comenzó su vida laboral lejos de las cámaras, como banquero en la City londinense, pero, al estallar la Primera Guerra Mundial, se alistó en la caballería de *Northamptonshire Yeomanry*, con el ejército británico. Sufrió estrés postraumático en 1916 y abandonó su puesto, recibiendo de los facultativos el consejo de que probara a canalizar la ansiedad mediante el teatro. De este modo, inició su brillante trayectoria.

Durante la Segunda Guerra Mundial, mientras grababa otras películas, empezó a colaborar con el SOE, la Ejecutiva de Operaciones Especiales creada por Churchill para realizar tareas de sabotaje del enemigo. Al principio, la Inteligencia británica le encomendó dar mítines para movilizar a la población en contra de Hitler, pero en 1943 fue enviado a España a dirigir una operación que le resultaría demasiado cara. Los jefes del espionaje sabían que, a principios de los años 30, Leslie había tenido un romance con la actriz donostiarra Conchita Montenegro. Ahora Conchita era novia de un alto cargo del franquismo, Ricardo Giménez-Arnau, jefe de Falange Exterior.

Como el embajador británico en Madrid, *sir* Samuel Hoare, no era muy bien recibido en El Pardo por ser conspirador y partidario de la monarquía encabezada por don Juan de Borbón, el hijo de Alfonso XIII, el mismo Churchill encargó a Howard que convenciera a Franco de no entrar en la conflagración mundial. Para camuflar la misión, el actor impartiría una conferencia sobre Hamlet en el Instituto Británico de Madrid y, ya puestos, se presentaría ante Franco para ofrecerle una gran producción sobre Cristóbal Colón, en la que él realizaría el papel del almirante. Los servicios secretos habían indagado previamente la afición de Franco por la escena, pues sabían que en 1926 había interpretado a un militar en *La Malcasada* y que, en 1941, había estado detrás de la cinta *Raza*.

Parece que la reunión tuvo lugar en un ambiente de cordialidad y que el jefe del Estado tomó nota del consejo. Pero una de esas noches, en una velada organizada en el Instituto Británico en honor de esta estrella de Hollywood, mientras el alcohol corría sin cesar, una vieja gitana confesó haber visto la muerte adosada a la cara de Leslie. Ajeno a aquel pensamiento, la jornada del embarque la superstición se apoderó del actor, al constatar que la tripulación estaba integrada por 13 personas. Y el agente del celuloide murió cuando el *Ibis* inglés que despegó de Lisboa fue derribado por una escuadrilla de *Junkers* alemanes sobrevolando Galicia. A unos kilómetros de San Andrés de Teixido, entre las historias de la Santa Compaña, una placa recuerda la historia del aventurero que murió con 50 años. Tal fue el golpe anímico que sufrió Conchita Montenegro, que no volvió a ponerse delante de una cámara.

2.2.3. La División Azul

A instancias del ministro de Asuntos Exteriores, Serrano Súñer, el franquismo impulsó un cuerpo militar que se sumaría al ejército alemán al inicio de la Operación Barbarroja. Hitler aprobó la actuación de los españoles el 24 de junio de 1941. El reclutamiento se detuvo al alcanzarse los miembros suficientes para formar una división (18 000 hombres), cuyos jefes serían oficiales procedentes del ejército regular, mientras que la tropa estaría integrada por voluntarios reclutados en las jefaturas provinciales de toda España. Había un 50 % de militares de carrera, muchos de ellos falangistas veteranos de la Guerra Civil y universitarios. La edad oscilaba entre los 20 y los 28 años, aunque también se aceptó a menores con autorización paterna. El general Agustín Muñoz Grandes fue el designado para conducirlos durante su primer año, siendo sustituido por el general Emilio Esteban Infantes.

Ese día de San Juan, los estudiantes del SEU convocaron una manifestación en la plaza de Callao. La marcha ascendió por la Gran Vía hasta llegar a la sede del partido, en la calle Alcalá, donde Serrano Súñer arengó desde un balcón:

> Camaradas: no es hora de discursos. Pero sí de que la Falange dicte en estos momentos su sentencia condenatoria: ¡Rusia es culpable! Culpable de la muerte de José Antonio, nuestro fundador. Y de la muerte de tantos camaradas y tantos soldados caídos en aquella guerra por la agresión del comunismo ruso. El exterminio de Rusia es exigencia de la Historia y del porvenir de Europa.

Se ofrecieron ventajas a los voluntarios, como que sus familias percibirían un subsidio de 7,30 pesetas y doble cartilla de racionamiento. Además, mantendrían a la vuelta sus derechos laborales. Entre 1941 y 1943, intervinieron en la 250.ª división de infantería cerca de 50 000 soldados, en diversas batallas relacionadas con el sitio de Leningrado, la actual San Petersburgo. Fueron dos años de frío y penurias en los que los soldados lucharon como si no hubiera un mañana por una causa que estimaban justa: el freno del comunismo.

Pero en muchos de sus desplazamientos los expedicionarios españoles no comprendieron lo que estaba ocurriendo, y eso que lo que veían aún distaba de ser la cara más sangrienta de la política de exterminio racial del III Reich. En el verano de 1941 los divisionarios llegaron a ciudades donde la población judía todavía no había sido recluida en guetos. Meses después de que la División Azul abandonara Polonia oriental y Bielorrusia, en enero de 1942, comenzaron las deportaciones masivas hacia los campos de exterminio.

La población civil rusa parece que distinguía por su carácter las diferentes nacionalidades. Mientras que, de los alemanes, decían que eran crueles y de los estonios y letones, sádicos e indiferentes, a los españoles los pintaban como alegres y ruidosos, previniéndose de ellos solo porque les quitaban los gatos (para la comida, ante la miseria más absoluta) y los pañuelos y edredones colgados de los tendederos, con miras a cobijarse.

Testimonios conmovedores bajo la nieve, como el del joven de Cuenca que, unos días antes de partir, se probó el uniforme caqui para mostrarlo en una fiesta familiar donde nadie lloraba, sino que todos reían, por el orgullo de tener un hijo tan valiente. Nunca regresaría de la tierra de las *matrioskas*.

O el relato del divisionario extremeño al que le tocaba en 1942 estar con el regimiento Castilla y, por ganar un poco más de dinero con el que sus padres se compraran una casa, se fue a Rusia. En medio del hielo se quedó asombrado ante el palacio de la reina Cristina, creyó a pies juntillas que tenía 365 ventanas como le dijeron, pues no había tiempo de estar contándolas, pero sí dispuso de horas y horas para echarse una novia de allí, que parloteaba algo de español (porque su padre había sido brigadista) y que lloró cuando él retornó a la dehesa.

También hay que recordar la carta que el capellán castrense Conrad remitió a la División Española de Voluntarios, con recado para los parientes de un cabo madrileño muerto «durante los duros combates defensivos que se desarrollaron al sur del lago Ladoga». En enero de 1943, en el hospital de sangre, mostrándole el crucifijo por hallarse en estado comatoso, le había dado la extremaunción. Lo enterraron en el cementerio de héroes, en Michailowskij.

Dicen que a las personas se las conoce en las pequeñas cosas. El diario de Lidia Osipova, una rusa anticomunista en el cerco de Leningrado, recoge matices del trato cotidiano con los divisionarios, por ejemplo, que «la población civil valoró de inmediato el benevolente talante de los españoles y rápidamente se establecieron lazos de afecto, no solo con los jóvenes, sino especialmente con los niños». Cuando los alemanes se movían con sus carros jamás consentían que nadie se subiera a bordo. En cambio, cuando lo hacían los españoles los vehículos se inundaban de críos. «Los Josés y los Manueles andaban por las calles rodeados de niños colgados de brazos y espaldas». El 1 de octubre de 1942 esta señora, encargada de la lavandería de Pavlovsk, registraba: «una mujer que trabajaba en el baño y la desinfección con los españoles fue muerta por la metralla de una granada. El féretro lo llevaron a hombros los españoles, que la enterraron con todos los honores y con gran duelo».

La División Azul fue disuelta en 1943. Al bajar del tren en la Estación del Norte de Madrid, el general Esteban Infantes no se encontró con ningún recibimiento solemne. El esperado gentío que, dos años y medio antes, les aplaudió enfervorizado, no apareció. Parte de los soldados españoles ingresaron en unidades alemanas, fundamentalmente en las *Waffen-SS*, mientras que otros atravesaron furtivamente por Lourdes (Francia) la frontera. Las nuevas tropas herederas de la División Azul serían llamadas colectivamente Legión Azul. El saldo entre los españoles fue de casi 5000 muertos, 8700 heridos y 372 prisioneros. Unos pocos se casaron en la Europa del Este y ahí se afincaron.

Además de los efectivos ideológicamente convencidos de la lucha contra el bolchevique, en las filas figuraron quienes, como el cineasta Luis García Berlanga y el actor Luis Ciges, se alistaron para borrar antecedentes republicanos en sus parientes. Pero lo que oficialmente fue una aventura de guerra romántica acabó desuniendo del régimen al escritor Dionisio Ridruejo:

> Lo cierto es que la División en bloque —sin que en ello participe conscientemente la mayor parte de la oficialidad, que es lo más grave— siente una especie de conciencia mesiánica: somos casi todos falangistas desilusionados, disconformes de cómo van las cosas en la España reaccionaria y quietista que se nos ha organizado (...) Fríamente considerados —desde un criterio de Ministerio de Estado— somos el precio de la neutralidad.

Quien había sido el director general de Propaganda de los nacionales durante la Guerra Civil volvió «deshipotecado» del lejanísimo frente del Este, en sus mismas palabras: «libre para disponer de mí mismo según mi conciencia». No había comulgado con la República, pero el cambio que anhelaba era diferente. Atrás quedaba su pasado de poeta fascista, en el futuro inmediato —por desmarcarse— oteaba la cárcel y el destierro, y, en el quicio, en el tránsito hacia la crítica, yacía su libro *Cuadernos de Rusia*, con la elegía al divisionario Enrique Sotomayor, como homenaje colectivo al compañerismo de aquellos avezados muchachos:

> *Pero tú avanzarás en nuestra sangre*
> *y en nosotros serás lo que regresa,*
> *porque has muerto, has nacido, nos precedes,*
> *con gloria de soldado.*

2.2.4. *La condena internacional*

A propósito de la rivalidad enunciada entre las familias políticas, el 16 de agosto de 1942 se produjo el incidente de Begoña, un enfrentamiento entre carlistas y falangistas que tuvo lugar en el transcurso de una celebración religioso-patriótica y que se saldó con la salida del Gobierno de Ramón Serrano Súñer y de José Enrique Varela Iglesias, ministros de Asuntos Exteriores y de la Gobernación, respectivamente.

La actividad de Serrano Súñer había provocado descontento en diversos sectores y en el propio Franco. El abogado cartagenero, seis veces ministro, había sido el máximo representante de los germanófilos y la cabeza visible del falangismo español hasta 1942. Aparte de sus iniciativas políticas, fundó la organización no gubernamental ONCE (1938) y los medios de comunicación Agencia Efe (1939) y Radio Intercontinental (1950).

Posiblemente, si Serrano Súñer hubiera continuado como ministro de Asuntos Exteriores, España habría entrado de lleno en el conflicto en el otoño de 1942, pero por esas fechas un general, Francisco Gómez Jordana, lo había sustituido. Su caída dio una oportunidad a los grupos promonárquicos, coincidiendo este proceso con el cambio de tendencia en la Segunda Guerra Mundial que hemos explicado. La separación del cargo de Serrano Súñer fue en firme. Convenía sepultar la esvástica. Así pues, tras la defunción de Gómez Jordana, en agosto de 1944, se convirtió en ministro de Asuntos Exteriores José Félix de Lequerica, quien había sido embajador de España en Francia durante el mandato del mariscal Pétain, y, a los 11 meses, en julio de 1945, Alberto Martín Artajo, miembro de la asociación internacional de católicos *Pax Romana*, asumió el relevo, manteniéndose en el cargo hasta febrero de 1957.

Tras la victoria aliada en la Segunda Guerra Mundial, España fue sometida a un fuerte aislamiento. El 19 de mayo de 1945 fue aprobada por aclamación una resolución de la Conferencia de las Naciones Unidas excluyendo la entrada de España en la ONU y, el 4 de marzo de 1946, tuvo lugar la declaración conjunta de Estados Unidos, Francia y Reino Unido, conocida también como Nota Tripartita, en la que las tres naciones exigían la formación de un Gobierno representativo en España. Si bien se comprometían a no actuar militarmente en nuestro país, agregaban que tampoco recibiría beneficios si no hacía una transición política. La decepción embargó a los exiliados republicanos, que deseaban que se produjera tal intervención y que, ante la falta de suministros, veían su tierra aprisionada.

A mediados de 1946, el Consejo de Seguridad de la ONU calificaba el régimen de Franco de amenaza potencial a la paz del mundo. Como respuesta, el 9 de diciembre se produjo una multitudinaria concentración de apoyo a Franco en la plaza de Oriente de Madrid, iniciándose así una costumbre que se prolongaría hasta 1975, como medio de expresión del apoyo, en calidad de refrendo popular, al jefe del Estado. Al día siguiente, el diario falangista *Arriba* daba cuenta del acontecimiento, publicando en portada el titular «En el mismo escenario de 1808, Madrid levanta el viejo grito de la independencia nacional». En portada también, a la derecha de la cabecera (donde junto al nombre del periódico siempre aparecía como emblema el yugo y las flechas), era publicado el fallo de un concurso realizado en base a las pancartas exhibidas en la concentración de la plaza de Oriente. El texto es el siguiente:

> Los de Móstoles. En el espontáneo concurso organizado ayer en la capital de la nación para españoles a pie, votamos por una pequeña pancarta de cartón que decía así: «En 1808, Móstoles dio el primer grito de independencia. ¡Aquí estamos los de Móstoles!». Si no fuese pecado añadirle una sola palabra más, nosotros diríamos modestamente: «pues de Móstoles, camaradas, somos todos».

Sin embargo, la condena internacional hacia España parecía resultar imparable. Tres días después, el 12 de diciembre de 1946, la Asamblea General de las Naciones Unidas aprobó otra extensa resolución que supuso la exclusión del Estado de todos los organismos internacionales, pues se recomendaba la retirada de los embajadores y ministros plenipotenciarios de los países miembros de la ONU acreditados en Madrid. Únicamente permanecieron los embajadores de Argentina, el Vaticano y Portugal.

El franquismo quedaba en una posición muy crítica y, como decíamos, solo Argentina parecía dispuesta a ayudar económicamente. La única esperanza estribaba en que el 30 de octubre de 1946 ya había firmado con España un Convenio Comercial de Pagos, concediendo un importante crédito para comprar alimentos y materias primas en el Estado de Perón, a cambio de la venta de manufacturas. Así pues, Argentina abastecería al pueblo español, fundamentalmente de carne y trigo, bienes de primera necesidad muy apreciados en el contexto de la infrahumana carestía.

2.2.5. *«Orden, unidad y aguantar»*

La posición del franquismo en el panorama mundial se hizo muy difícil a la altura de 1945. La reducción del número de falangistas en el Gobierno y el nombramiento de Martín Artajo como ministro de Asuntos Exteriores no fueron signos suficientes para evitar que los aliados, reunidos en la Conferencia de Potsdam, se negaran a aceptar la entrada de España en la recién creada ONU.

Pero la diplomacia franquista estaba anticipando la idea de Guerra Fría, máxime a partir de los informes redactados por Carrero Blanco. En 1941 el jefe del Estado lo nombró subsecretario de la Presidencia del Gobierno (responsabilidad que conservaría hasta junio de 1973), en 1967 vicepresidente del ejecutivo (en sustitución de Muñoz Grandes) y el 8 de junio de 1973, presidente del Gobierno, dándose la circunstancia de que era la primera vez en todo el franquismo en que se separaba la presidencia del Gobierno de la jefatura del Estado, hasta entonces ambas desempeñadas por Francisco Franco.

Durante más de tres décadas Carrero movió los hilos del régimen de Franco. Después de alcanzar el grado de capitán de navío, ya enrolado en la política, recibió los ascensos de contraalmirante y vicealmirante, así como en 1966 el de almirante. Posteriormente, recibiría el nombramiento a título póstumo de capitán general de la Armada.

Retomando el tema de los informes, es preciso señalar que, tras la declaración de Potsdam, Carrero Blanco redactó un escrito titulado *Notas sobre la situación política*, con fecha de 29 de agosto de 1945, en el que manifestaba que «la alusión a España en la declaración conjunta de Potsdam es (…) una injusticia y una insigne impertinencia que en el sector rojo español produjo entusiasmo, en el verdaderamente español, indignación».

Advirtiendo al Generalísimo de que la presión era muy alta y de que incluso podía ser mayor, Carrero sentenciaba: «la única forma para nosotros no puede ser otra que: orden, unidad y aguantar». Y, en resumidas cuentas, esta expresión condensa la actitud que el primer franquismo adoptaría ante el aislamiento.

Unos meses después, con la declaración conjunta de Estados Unidos, Francia y Reino Unido de 4 de marzo de 1946 ya explicada, donde las tres naciones exigían la formación de un Gobierno representativo en España, y con la resolución de la ONU de 12 de diciembre, que suponía la exclusión del Estado de todos los organismos, la exhortación que había dado Carrero de «orden, unidad y aguantar» parecía la única solución.

En vez de retroceder y dar un giro a la orientación política, el franquismo se afianzó en sus corolarios afirmando que los equivocados eran el resto, y que España ya tenía democracia, para más señas: una «democracia orgánica». Reiterando la existencia de una conspiración internacional contra la nación y explicando cuáles eran los principales elementos de la esencia de la españolidad (estoicismo, catolicismo, abnegación, capacidad de superación, etc.), Luis Carrero Blanco y otros cargos vinculados al sistema manifestarían la «impasibilidad del ademán» en los planteamientos doctrinales.

2.3. La visita de Eva Perón a España

La primera dama argentina visitaría España en 1947, en el marco de una gira europea con la finalidad de conocer los programas de ayuda social y comprobar el estado de protección de las víctimas de la Segunda Guerra Mundial. En el séquito que acompañó a Evita se encontraba el padre jesuita Hernán Benítez, por quien la antaño actriz se dejaba asesorar, influyendo, a su vuelta a Argentina, en la creación de la Fundación Eva Perón.

La prensa del momento bautizó el viaje a partir de las palabras de Evita en uno de sus mensajes, desmintiendo la versión sobre una supuesta intención de establecer un eje belicista entre Buenos Aires y Madrid. La denominación escogida fue Gira del Arco Iris:

> Mujeres de España, no he venido a formar ejes sino a tender un arco iris de paz con todos los pueblos, como corresponde al espíritu de la mujer.

Realmente traía consigo ese halo resplandeciente de color a países que habían sufrido la tormenta de la guerra. El viaje se extendió durante 79 días y, en España, primera escala del periplo, residiría durante 18.

Nuestro país vivía una dura posguerra, civil y mundial, el hambre campaba a sus anchas y la cartilla de racionamiento era el único recurso que ofrecía el Estado para intentar calmar los estómagos furiosos. Paradojas, pues en esa misma coyuntura, la nación del río de la Plata vivió su mayor esplendor económico sirviendo también de granero y granja de una España autárquica y aislada en los organismos internacionales.

Más de una década después, en diciembre de 1959, estando ya en marcha el Plan de Estabilización, visitaría España el presidente estadounidense Eisenhower, «el amigo americano», pero la primera «amiga americana» en visitar nuestra nación había sido ella: Eva Perón.

2.3.1. Eva ante Franco

El régimen se volcó con el recibimiento, no en vano era la única personalidad que se atrevía a hacer pública su amistad con Franco. Algo que luego le saldría caro a España, pues, al finalizar 1948, Argentina solicitaba a nuestro país el pago en oro o en dólares por el grano prometido, situación que estallaría un año después con la decisión del Gobierno bonaerense de suspender los acuerdos y proceder al embargo parcial de las exportaciones si no recibían el cobro en la moneda estadounidense.

Eva Duarte era esposa del presidente Juan Domingo Perón desde 1945, a quien había conocido siendo coronel un año antes. De orígenes humildes, la joven quiso visitar Europa y ser recibida con honores de Estado, como una reina, lo cual solo lograría en España y en el Vaticano.

Su carisma personal era tan alto que se convertiría en una celebridad en vida, pues, aparte de los vestidos y *flashes* de la fama, estaba seriamente preocupada por la defensa de los «descamisados», de las mujeres y de los niños. Algo digno de mención, pues presidentas consortes ha habido y sigue habiendo muchas a lo largo de la historia de todos los países, y su función, a menudo, es simbólica o ausente.

«Franco, Perón, un solo corazón» gritaban las multitudes mientras la Guardia Civil trataba de mantener el orden entre el gentío. «Los obreros de Franco saludan descamisados a Perón», aparece junto al lema anterior, estampado como letrero en trozos de tela y en pancartas donde también podía leerse CNS (Central Nacional Sindicalista, el sindicato vertical de Falange, para así indicar que España también tenía sindicato de trabajadores, como la CGT, Confederación General del Trabajo argentina). El concepto del proletariado, no obstante, era diferente en los regímenes franquista y peronista; el primero anticomunista, el segundo más filosocialista, aun cuando Eva consideraba que el marxismo dejó la tarea a medias, y que el peronismo había venido a culminarla.

2.3.2. Cuaderno de a bordo

El sábado 7 de junio, a las 23:13, el DC-4 de Iberia en el que viajaba la mujer más importante del Cono Sur hizo escala en el aeropuerto de Villa Cisneros, en el Sahara español. Allí acudieron a recibirla el ministro de Asuntos Exteriores, Alberto Martín Artajo, y el secretario y primo del jefe del Estado, Francisco Franco Salgado-Araujo, acompañados de sus esposas; también el jefe de la zona aérea de Canarias y el consejero de la embajada argentina en Madrid. Evita asistió a una recepción en el casino de Villa Cisneros, adonde llegó escoltada por los soldados moros del ejército español, entre las aclamaciones de numerosos saharauis.

Al día siguiente voló a Las Palmas de Gran Canaria y aterrizó a las 10:00. En la isla asistiría a misa en la catedral y sería homenajeada con un almuerzo en el albergue de Gando, para despegar a continuación rumbo a Madrid. En el aeropuerto de Barajas la esperaban Franco, su mujer, su hija y el Gobierno en pleno. El público congregado en la terminal aplaudió y ovacionó a la consorte de Juan Domingo, caluroso refrendo que estaría presente durante toda la visita. Multitudes llegadas en filas interminables de autobuses, muchachas de la Sección Femenina con trajes regionales, Carmen Polo con una gran pamela con plumas; una estampa variopinta, desde luego. A media tarde ya se contaban trescientas mil personas. Madrid se había quedado desierto... El coche oficial trasladó a Eva hasta el palacio de El Pardo, residencia del jefe del Estado, donde se alojaría, pero antes dio su primer discurso retransmitido por radio a todo el país.

Eva le contaría meses después a su peluquero Julio Alcaraz:

> Cuando Franco se me vino a los pies, yo pensé que era idéntico a Caturla, el que vendía pollos en Junín. Era petiso, barrigón, con pinta de almacenero, y llevaba una banda que se le apoyaba en la panza. Hasta la mujer y la hija se parecían a la mujer y la hija de Caturla ¡Y con todo lo que Perón me había hablado de él…!

El lunes 9 de junio, a las 12:00, en el palacio de Oriente, Franco le impuso la Gran Cruz de Isabel la Católica. Aunque, al parecer, no todo le gustó a Eva Perón, pues mostró su descontento por el modo en que se trataba a los obreros en España, así como mantuvo una tirante conversación con Carmen Polo, cuando esta le anunció su propósito de enseñarle el Madrid histórico de los Austrias, en vez de los hospitales públicos y los barrios más humildes. Eva le recriminó a Carmen que llamara «rojos» a los trabajadores y le espetó que, a diferencia de Perón, líder del Partido Justicialista, su marido no estaba al frente de España por haber sido elegido en las urnas, sino por victoria en la guerra.

Comenzaba un largo viaje con escalas en ciudades españolas como Ávila, Medina del Campo (con entrada al castillo de la Mota), Segovia y La Granja de San Ildefonso, todo ello el día 11. El 13 de junio visitaría Toledo, acompañada de Carmen Polo. El programa que el régimen preparó para agasajar a la esposa de Perón era maratoniano. Estuvo en el alcázar, siendo su anfitrión el general Moscardó.

Después pasearon por Zocodover, con carteles de mazapán de las confiterías de fondo, entre una muchedumbre enfervorizada (pensemos que Televisión Española no existía y que los toledanos estaban viendo a una estrella en persona, pues esta era la única forma de conocer a las personalidades, exceptuando el NO-DO proyectado en los cines). En la catedral se entrevistó con el primado de España, el cardenal Plá y Deniel. En las inmediaciones del templo se bailaron jotas en su honor. Era viernes, el día anterior se había celebrado en Toledo el Corpus Christi, fiesta que contemplaría el domingo 15 en Granada, horas previas a que su hermano, Juan Duarte, la liara en una fiesta gitana del Sacromonte.

En la tarde del día de san Antonio le aguardaban más actos en Madrid: fiesta en El Retiro organizada por el Ayuntamiento y visita a un hogar de Auxilio Social en Ciudad Lineal. Al día siguiente, ruta por la Ciudad Universitaria, al Museo del Prado y un largo suma y sigue. Fue a todos los sitios con Carmen Polo, quien durante la estancia de la porteña de 28 años cumpliría 47. Sin embargo, no sintonizaron. Se sabe que Eva llamaba a Carmen, la Gorda. El diálogo intergeneracional es posible y fructífero, pero, en este caso, era imposible por el choque de culturas, de concepciones de la vida. Carmen, de origen burgués, defensora de las clases sociales. Indagando en su semblanza, vemos que Evita fue fruto de la relación extramatrimonial de Juan Duarte con Juana Ibarguren, unión de la que nacerían 5 hijos, en la que ella era la menor. A la edad de 15 años se trasladó desde Los Toldos hasta Buenos Aires, donde empezó a ejercer como actriz y locutora de radionovelas.

En Toledo, por mencionar un ejemplo, la esposa de Franco observaba cómo el clamor vitoreaba a la «diosa rubia», mientras que ella simplemente la acompañaba. Ambas, la asturiana, «gallega» en el Cono Sur americano, y «la cholita» eran rivales en zapatos, sombreros, vestidos, joyas... Eva lanzaba propuestas como dedicar El Escorial a colonias infantiles al ver tanta pobreza. Entretanto, Carmen fruncía el ceño cada vez que su marido se excedía en miradas o en atenciones a la visitante. De las pocas instantáneas políticas que se tienen de Franco con gesto risueño, la mayoría de ellas forman parte de esta estancia de Eva Perón, pues al Caudillo sí le cayó simpática.

A María Eva le gustaba ser madrina de bautismo de niños (no aceptaba niñas), no entendemos por qué, y lo fue en Madrid de una hembra, aunque le hicieron creer que era un varón. Se dice que Eva comentó: «Qué lindo, parece una nena».

Como referíamos, desde Castilla viajó a Andalucía (Granada, Sevilla y Huelva), Galicia (Santiago de Compostela y Vigo), Zaragoza, Barcelona, etc., y, de modo acelerado, pudo imbuirse de las tradiciones españolas, tales como asistir a festejos taurinos y presenciar actuaciones de bailes regionales, como una muñeira en Bayona, y muestras del fervor religioso (la Macarena, la Virgen del Pilar, Montserrat…).

Consiguió que Franco conmutara la pena de muerte por cadena perpetua a una comunista, Juana Doña, acusada de tirar un petardo junto a la embajada de Argentina en Madrid, algo que ella negó. Sus compañeros, salvo un menor, fueron fusilados. Sería puesta en libertad en 1961, se presentaría como candidata al Senado por el PCE en la Transición y viviría hasta 2003 en Barcelona; su intercesora había fallecido en 1952. Juana se enteró de la muerte de la salvadora de su existencia leyendo *Redención*, un boletín informativo que se distribuía en las cárceles.

Precisamente desde la Ciudad Condal, el 26 de junio, Evita se despidió con una alocución emitida por Radio Nacional de España y el Estado la homenajeó con una salva de 21 cañonazos. Estuvo a punto de no hablar entonces, porque la diplomacia no entendió bien la orden de Franco. Él había pedido: «Evita, que hable», pero el periodista pensó que había que prohibir que le pasaran el micrófono. Finalmente habló Evita mientras que, en la bodega, el avión llevaba ya las maletas y los baúles con la Gran Cruz de Isabel la Católica, un sinfín de mantones de manila y un tapiz de Sigüenza.

Eva proseguiría su «caminito», visitando otros países como Italia, el Vaticano (donde se reunió con Pío XII, su propósito era ser nombrada marquesa pontificia y él la estimaba reencarnación de Eugenia de Montijo), Suiza, Francia y Portugal. Quiso también ser recibida en Gran Bretaña, pero la familia real, con Jorge VI a la cabeza, no la admitió. El éxito de la Gira del Arco Iris fue total, casi tres meses por Europa contribuyeron a incentivar y consolidar la fama de la primera dama argentina, siendo portada en *Time* en dos ocasiones en su vida: la primera, en julio de 1947, y la segunda, con Juan Domingo al fondo, en mayo de 1951.

2.4. Los manifiestos de don Juan

Como tercer hijo varón de Alfonso XIII, Juan de Borbón no estaba destinado a heredar la corona, pero las circunstancias particulares de sus hermanos lo convirtieron en heredero legítimo del trono. El primogénito, Alfonso, renunció para poder casarse con una mujer que no pertenecía a la realeza en 1933, mientras que el segundo hijo de Victoria Eugenia, Jaime, fue obligado a renunciar por ser sordomudo, si bien es cierto que posteriormente se arrepentiría, queriendo recobrar sus derechos. A continuación se encontraban Beatriz y María Cristina, sobre las que Juan tuvo preferencia en la línea sucesoria por primarse la descendencia masculina.

Don Juan contrajo matrimonio con María de las Mercedes de Borbón-Dos Sicilias y Orleans durante el exilio de la familia real española a causa de la Segunda República. Fue el 12 de octubre de 1935 en la basílica de Santa María de los Ángeles y los Mártires, en Roma. Al iniciarse la guerra, con el apoyo paterno desde Italia, Juan pretendió unirse al bando nacional. El 1 de agosto de 1936 cruzó la frontera española escoltado por un grupo de navarros monárquicos, empleando como identidad falsa el nombre Juan López y haciéndose pasar por trabajador del hotel La Perla, de Pamplona.

Llegó a tal establecimiento por la mañana, donde se puso un distintivo con el símbolo de la Falange y una boina roja, pero al asomarse a una de las ventanas, fue reconocido por unos carlistas que se encontraban en el cercano Círculo Tradicionalista. Estos le recriminaron el uso de su símbolo y lo denunciaron, por lo que Juan de Borbón partió inmediatamente hacia Burgos, a fin de evitar que se le impidiera la incorporación. Mientras cenaba en el parador de Aranda de Duero (Burgos), recibió la llamada telefónica del general Fidel Dávila, que le transmitía las órdenes de Mola disponiendo su regreso, de modo que pasaría de nuevo la frontera, pero en sentido inverso, el 2 de agosto. Había quedado finiquitada la participación de don Juan en la Guerra Civil.

Al presentar Alfonso XIII su abdicación el 15 de diciembre de 1941, don Juan heredó los derechos dinásticos. Al día siguiente, firmó su aceptación, con la emisión de un documento en el que elogiaba la labor desarrollada en España por su padre, afirmando que en el reinado de aquel se habían experimentado notables mejoras, como la renovación de la cultura superior, la expansión de la educación, el nacimiento de la gran industria, el impulso de la marina y la consolidación de la presencia en África. Desde ese instante, don Juan encabezó la defensa de la causa monárquica contra el franquismo, vinculando el proyecto de regreso institucional de la monarquía a España con una concepción política de corte liberal y democrático, en colaboración con parte de los exiliados.

2.4.1. El manifiesto de Lausana

El 19 de marzo de 1945, don Juan lanzó desde Suiza el manifiesto de Lausana. El documento fue redactado por Eugenio Vegas Latapié, jurista incorporado a la Secretaría Política del pretendiente al trono, y el diplomático Julio López Oliván. El conde de Barcelona presentaba como alternativa moderada una monarquía constitucional, prometiendo la aprobación de una constitución, la garantía de libertades políticas, el reconocimiento de los derechos humanos, la convocatoria de una asamblea legislativa democrática y la amnistía a los presos políticos.

De manera previa a la nota tripartita y a la condena de la ONU, ambas de 1946, don Juan ya preveía en este manifiesto el aislamiento internacional de España. Esta carta se publicó en los periódicos de todo el mundo y la noticia se retransmitió en las emisoras de radio internacionales, salvo en España, donde Franco prohibió cualquier alusión, incluso en el diario monárquico *ABC*.

2.4.2. El manifiesto de Estoril

En 1946, don Juan se instaló con su familia en Estoril (Portugal) y desde allí, asesorado por el Consejo Privado, desplegó una extraordinaria labor diplomática en favor de su propia causa. Luis Carrero Blanco fue la persona elegida por Franco para viajar a Estoril con la misión de presentar a don Juan el proyecto de Ley de Sucesión, acontecimiento que Carrero explicó con todo lujo de detalles en un documento confidencial dirigido al Caudillo y titulado *Entrevistas con S.A.R. el Serenísimo Señor don Juan de Borbón los días 31 de marzo y 2 de abril de 1947.*

Como contundente rechazo a este borrador, el conde de Barcelona emitió el manifiesto de Estoril el 7 de abril de 1947, afirmando que los principios que rigen la sucesión de la corona no pueden ser modificados sin la actuación conjunta del rey y de la nación legítimamente representada en las Cortes. Don Juan sentenciaba que el proyecto de Ley de Sucesión carecía de ambos concursos esenciales, pues ni el titular del cetro intervenía ni podía decirse que las Cortes del franquismo encarnaran la voluntad de la nación. En suma, consideraba que se trataba de una mera creación gubernativa que llevaba implícita la nulidad. Sin embargo, la oposición monárquica no impediría la celebración del referéndum el 6 de julio de 1947 y su posterior promulgación como Ley de Sucesión en la Jefatura del Estado.

2.5. El maquis y el Valle de Arán

En agosto de 1945 se celebró en México una sesión especial de las Cortes republicanas en la que se nombró un Gobierno presidido por el cubano (nacido en 1879) José Giral, del que quedaron excluidos los negrinistas y los comunistas. Pero el Gobierno republicano no fue reconocido por ninguna de las potencias vencedoras ni por la ONU, por lo que Giral presentaría su dimisión en febrero de 1947. Hasta su muerte en 1962, el cargo de presidente de la República en el exilio lo desempeñó el sevillano Diego Martínez Barrio.

Respecto a la oposición al régimen en los años 40, cabe decir que los republicanos vieron en el fin de la Segunda Guerra Mundial una oportunidad para derrocar a Franco y abrir un período constituyente. Para ello pusieron en marcha tres tipos de actuaciones: las huelgas en los núcleos industriales de Cataluña y el País Vasco, situándose su etapa de máxima actividad con los años 1946 y 1947; los partidos políticos antifranquistas, que actuaron en el exterior, y el maquis, movimiento guerrillero republicano que continuó en España la lucha armada una vez finalizada la Guerra Civil, sobre todo en la cordillera Cantábrica, en los Pirineos, en Andalucía y en Levante.

La invasión del Valle de Arán, denominada en clave Reconquista de España, fue un intento de la Unión Nacional Española (UNE) de establecer en dicho territorio un Gobierno provisional de la República, presidido por Juan Negrín. Según los planes, esto se conseguiría en 1944 mediante el ataque de un grupo de guerrilleros españoles que colaboraban con la resistencia francesa.

Pero el Gobierno franquista había encargado a Rafael García Valiño, jefe del Estado Mayor del Ejército, la defensa de la frontera franco-española con unos 50 000 hombres dirigidos por los generales José Moscardó y Juan Yagüe, previendo la entrada aliada desde Francia. El intento de invasión del Valle de Arán fue planificado bajo dirección comunista. El artífice de la operación fue Jesús Monzón, hombre fuerte del PCE, que coordinaba el colectivo republicano en la Francia ocupada por los nazis. Unos 13 000 veteranos de la Guerra Civil y de la resistencia francesa comenzaron a prepararse, desplazándose hacia el sur entre 4000 y 7000 voluntarios (dependiendo de las fuentes) a los puntos de reclutamiento en Foix y Toulouse para formar parte de la operación.

¿Cuáles fueron las consecuencias del fracaso de la Reconquista de España? Los datos oficiales señalan 588 bajas entre los guerrilleros. Junto a las víctimas de la lucha, hubo importantes efectos dentro del PCE: por un lado, Monzón vio quebrada su carrera, siendo capturado en Barcelona y encarcelado hasta su indulto en 1959, exiliándose en ese momento en México; en ausencia de aquel, sin embargo, Santiago Carrillo potenció su influencia.

Las correrías del maquis comunista continuaron en diferentes lugares del territorio español, creándose la II Agrupación Guerrillera de La Coruña o la Agrupación Guerrillera de Asturias. Resultó particularmente activa la Agrupación Guerrillera de Levante y Aragón (AGLA). La Guardia Civil fue comisionada para desmantelar el maquis y los montes españoles trocaron en escenario de *western*, pues unos y otros se camuflaban, por lo que a menudo la población civil no sabía quién era de los maquis y quién el guardia.

Paralelamente, el 30 de agosto de 1948, el PSOE y la Confederación de Fuerzas Monárquicas llegaron al Pacto de San Juan de Luz y, en octubre, por recomendación de Stalin, el PCE decidió suspender la actividad guerrillera para trabajar desde dentro de los organismos sindicales legales mediante el «entrismo», con el fin de desmantelar el régimen.

En marzo de 1956, Santiago Carrillo anunció en un editorial de la revista *España* la idea de superar la línea divisoria de la Guerra Civil y el anhelo de una perspectiva política sin venganzas ni segundas vueltas. Esta táctica facilitaría la entrada en el partido de generaciones cuyos padres y abuelos habían combatido contra la República. Tres años después, entre el 28 y el 30 de diciembre de 1959, en el VI Congreso del PCE, Carrillo fue elegido secretario general y Dolores Ibárruri, presidenta, optando el comunismo por la política de reconciliación nacional.

3. La represión

Toda guerra tiene vencedores y vencidos, pero, en el caso español, huelga decir que uno de los aspectos más tristes del franquismo fue la violencia ejercida contra los disidentes. La falta de libertad conformó la tónica dominante. La agresividad adquiriría distintos perfiles desde 1939 a 1975, aunque los enemigos fueran agrupados como «rojos»: republicanos, comunistas, sindicalistas, estudiantes movilizados, etc. La historiografía estima que 23 000 personas fueron ejecutadas en la posguerra y que más de 360 000 resultaron apresadas y llevadas a campos de concentración. La acusación movida por la revancha se convirtió en el detonante de la «purga», englobada bajo el concepto de consejo de guerra.

El Ejército asumió las funciones de control social, pues la legislación otorgó a la jurisdicción castrense la máxima responsabilidad en el castigo de opositores. En esta línea, los capitanes generales de las regiones militares eran los encargados de confirmar las penas impuestas por los tribunales y, por otra parte, las fuerzas de orden público se encontraban militarizadas, al estar dirigidas por oficiales del Ejército.

El organismo gestor de los campos era el Patronato para la Redención de Penas por el Trabajo, fundado en octubre de 1938. Al llegar el recluso a los barracones, un médico y un oficial decidían si era apto para la labor e, inmediatamente, recibía ropa usada por los soldados italianos en España, quedando obligado a remover miles de toneladas de tierra. Las 2 pesetas diarias de salario (lo habitual en un obrero del momento era un jornal de 10) se las quedaba el Estado para su manutención y, al principio, la supervivencia dependía de las familias asentadas junto a los campos para alimentarlos, aunque a menudo los presos compartían estos víveres con los vigilantes para que fueran más condescendientes. Luego, el régimen se percató de que convenía alimentarlos bien para que no fenecieran ante el ingente esfuerzo.

El 9 de febrero de 1939 fue promulgada la Ley de Responsabilidades Políticas, que sancionaba comportamientos con efecto retroactivo hasta octubre de 1934 (revolución de Asturias), estableciendo en su primer artículo:

> La responsabilidad política de las personas, tanto jurídicas como físicas, que desde el primero de octubre de mil novecientos treinta y cuatro y antes del 18 de julio de mil novecientos treinta y seis contribuyeron a crear o agravar la subversión de todo orden de que se hizo víctima España y de aquellas otras que a partir de la segunda de las fechas se hayan opuesto o se opongan al Movimiento Nacional con actos concretos o con pasividad grave.

La depuración de las responsabilidades políticas se realizaría a partir de un Tribunal Nacional creado por la misma ley, integrado por dos militares, dos consejeros nacionales de FET-JONS y dos magistrados. Todos los individuos sospechosos de antiespañolismo fueron juzgados. Incluso en los primeros años 40 se integraba en este conjunto a los judíos, al mencionar en los discursos «el contubernio judeo-masónico y comunista», pero, tras la Segunda Guerra Mundial y la condena internacional del antisemitismo alemán —generador del horrible holocausto—, se eliminaría de la retórica franquista la alusión semita. No obstante, en este punto debemos reconocer también la importante labor desarrollada a través de los consulados españoles en la Europa afectada por la lucha entre los totalitarismos, donde se acogió y dio asilo a muchos judíos, protección que les permitió salvar la vida.

Decenas de miles de expedientes se zanjaron con sanciones económicas, inhabilitaciones profesionales y destierros. Esta ley fue reformada en 1942 y estuvo en vigor hasta 1945, cuando se declaró caduca en cuanto a la incoación de nuevos procedimientos, si bien es cierto que hasta 1966 no fue aprobado un decreto que daba por extintas las responsabilidades políticas.

La Ley de Represión de la Masonería y el Comunismo, promulgada en marzo de 1940, castigó con penas de prisión de entre 12 y 30 años, a quienes pertenecieran a logias, órganos de izquierda o sociedades clandestinas, así como sancionaba a quienes hicieran propaganda de cualquier otra ideología que fuera contra la religión y la patria.

La Ley de Rebelión Militar, de marzo de 1943, vigente hasta 1960, consideraba reos a quienes propagaran noticias falsas o tendenciosas con el fin de causar trastornos del orden público o de desprestigiar el Estado. Y, como decíamos, las víctimas de la represión fueron mudando a medida que las circunstancias socioeconómicas variaban. Cuando las secuelas de la Guerra Civil parecían quedar atrás, se vigiló de cerca el compromiso político. En la Dirección General de Seguridad, situada en la Casa de Correos de la Puerta del Sol, se cometieron torturas propias del salvajismo, las víctimas nunca pudieron olvidar las palizas, y no detallaremos los tormentos porque el género humano debe huir de recrearse en el sufrimiento, pero en efecto, os métodos superaron en dolor a los inquisitoriales.

En el crepúsculo del franquismo, en 1963, se creó el Tribunal de Orden Público (TOP), tras el fusilamiento de Julián Grimau. Fue una instancia judicial con la función de ejercer la represión de las conductas consideradas por el régimen como delitos políticos, entendiéndose por tales «aquellos que van contra el jefe del Estado, las Cortes, el Consejo de Ministros y forma de Gobierno; con ocasión del ejercicio de los derechos de las personas reconocidos por las leyes; la rebelión y la sedición; los desórdenes públicos; la propaganda ilegal; las detenciones ilegales siempre que obedecieran a un móvil político o social; la sustracción de menores; el allanamiento de morada; las amenazas y coacciones; y el descubrimiento y revelación de secretos».

La moral religiosa «inspiraría» de algún modo la denominación del ordenamiento jurídico del franquismo, identificándose el delito legal con el concepto religioso de pecado. Así, la Ley de Peligrosidad y Rehabilitación Social (1970) actualizaba la de Vagos y Maleantes (1933) —la «Gandula» de la República—, permitiendo encarcelar a individuos que no habían cometido tipo delictivo alguno, por ejemplo, por ser homosexuales, que quedaban internados, con absoluta separación del resto de la población, en penales o manicomios. Hasta 1977, cuando se creara la Audiencia Nacional, el TOP asumiría las funciones de la justicia militar, encausando y condenando a miles de ciudadanos. Entre los expedientes figura el Proceso 1001 contra dirigentes de Comisiones Obreras.

4. Los años 50: la ONU, el Vaticano, Ike...

«El estómago es el barómetro del orden». Lo decía Camilo José Cela en su *Viaje a la Alcarria* (1946). En el volumen puede comprobarse cómo, ante el cambio súbito o crisis, por la relación estrecha con la naturaleza frente al artificio de la ciudad, los pueblos están capacitados para salir con precocidad de la depresión. Síntoma del cese de la autarquía es la clausura, en 1952, de la cartilla de racionamiento, pero, junto a ese todavía tímido avance económico —que alcanzaría su punto álgido a consecuencia del Plan de Estabilización—, en una España que era, como su comarca de la Alcarria, «un país al que la gente no le da la gana ir», fue detectable la progresión en la actitud internacional.

En plena Guerra Fría, con el planeta escindido en dos bloques, desde 1948 existían claros síntomas de que las potencias aliadas preferían incorporar a nuestro país a su red estratégica, obviando su situación política. La ubicación geográfica resultaba decisiva: una península situada en el Mediterráneo occidental, en contacto con el Atlántico y a medio camino entre Estados Unidos y la URSS, los países que capitaneaban esa política de bloques. También la diplomacia española explotó con éxito el perfil anticomunista de Franco, de modo que entre los círculos políticos, económicos y militares estadounidenses brotó la presión para finalizar el «encierro» consular.

El 7 de agosto de 1950, la República Dominicana, con el apoyo de Perú y El Salvador, solicitó que la revisión del caso español fuera incluida en el orden del día de la siguiente Asamblea General de la ONU. En Nueva York, el 4 de noviembre de dicho año se sometió a votación la revocación de las condenas de 1946, la posibilidad de enviar nuevamente embajadores a Madrid y la aceptación de España en los organismos internacionales, siendo el resultado favorable para nuestro país. Los primeros embajadores en regresar serían los de Estados Unidos y Gran Bretaña.

Ante la exigencia de transformación de bastantes puntos del régimen para acercarse a lo políticamente correcto, en septiembre de 1945 fue derogado el «saludo nacional», que se realizaba alzando el brazo derecho con la mano extendida. Se trataba así de alejar el correlato con la simbología nazi, aunque, en los años previos, la retórica franquista había asociado ese gesto con la *salutatio* ibérica.

Desde 1951, España iría ingresando en los entes supranacionales. En tal fecha entraría en la FAO (Organización de las Naciones Unidas para la Agricultura y la Alimentación) y en 1953 en la UNESCO (Organización de las Naciones Unidas para la Educación, la Ciencia y la Cultura), siendo la admisión en la Organización de las Naciones Unidas un acontecimiento trascendental para la historia de España, debido a las repercusiones en múltiples vertientes políticas, económicas, sociales o culturales.

España ingresó en la ONU el 14 de diciembre de 1955, pasando las Naciones Unidas de 60 a 76 miembros, un aumento considerable, pues se mantenía cerrada desde hacía un lustro. En 1956, nuestro país se reincorporaría a la OIT (Organización Internacional del Trabajo), a la que había pertenecido desde su fundación en 1919. En los años siguientes, España proseguiría su proceso de adhesión: en 1957, en la OIEA (Organización Internacional de Energía Atómica) y, en 1958, en la OECE-OCDE (Organización Europea de Cooperación Económica), en el FMI (Fondo Monetario Internacional) y en el BIRF o BIRD (Banco Internacional de Reconstrucción y Fomento o Banco Internacional de Reconstrucción y Desarrollo). Posteriormente, en 1960, sería admitida en el GATT (Acuerdo General sobre Aranceles Aduaneros y Comercio).

Y de Nueva York, a Roma. El origen del Concordato de 1953 se remonta a una carta que Franco escribió a Pío XII, dos años antes, solicitando un acuerdo con el que rememorar el primer centenario del concordato firmado en tiempos de Isabel II, en 1851. Poco después de la resolución de la ONU, comenzaría las negociaciones Joaquín Ruiz Giménez, quien desde 1948 era el embajador de España cerca de la Santa Sede. En principio, el Vaticano se mostró reacio, pero el 27 de agosto de 1953, Alberto Martín Artajo, como ministro de Asuntos Exteriores, en nombre de Francisco Franco, y Domenico Tardini, en representación de Pío XII, suscribirían el anhelado Concordato. El 30 de octubre, cuando el jefe del Estado español presentó el texto en las Cortes, excusaría la demora del documento alegando que se había debido a la voluntad pontificia de no querer comprometer a la Iglesia ante «la torpe conjura internacional contra nuestra patria».

En virtud del Concordato, se restauraron completamente los privilegios del clero, los cuales se habían visto mermados con las políticas laicistas. Además, fijaba las competencias en cuanto a la regulación de la vida civil, garantizando la validez única del matrimonio canónico, frente al civil creado por la Segunda República. Se trató de un movimiento circular, pues, además de facilitarle a España la aproximación de los sectores demócrata-cristianos europeos, el Concordato fomentaría en el Pentágono el interés por dejar suscrito el acuerdo con España.

Los Estados Unidos querían estar preparados en caso de que estallara una guerra con el bloque soviético. Pero, para poder contar con la colaboración militar y estratégica europea, necesitaban que el Viejo Continente estuviera recuperado económicamente, de ahí que surgiera el Plan Marshall. En aquellos países que lo aceptaron, como Francia e Italia, se observó la consolidación de la economía de mercado, en detrimento de sus partidos comunistas. El proyecto tenía como finalidad subliminal poner freno al comunismo, a cambio de los 12 000 millones de dólares destinados a la reconstrucción de Europa. Aunque España no pudo beneficiarse del Plan Marshall, por no haber sido beligerante en la Segunda Guerra Mundial, el estallido de la lucha en Corea el 26 de junio de 1950 incrementaría el interés norteamericano en pactar con España.

En este orden de cosas, seis meses después, en diciembre de 1950, se reanudaron las relaciones diplomáticas con Estados Unidos y, al año siguiente, el Congreso norteamericano acordó la concesión de una ayuda a España de 125 millones de dólares, los cuales no llegarían a transferirse en ese momento, debido a la persistencia de las recomendaciones de la ONU, contrarias al establecimiento de relaciones económicas con una nación aislada.

No obstante, como vamos exponiendo, a los americanos les interesaba pactar con España y los trámites fueron ágiles. El almirante Sherman había llegado a Madrid en julio de 1951 con la intención de entrevistarse con Franco, para estrechar lazos con el Gobierno español. En un año, la administración estadounidense accedía a que el Import-Export Bank concediera un crédito para ayudar a superar las malas cosechas vendiendo trigo a plazo y evitando de este modo tener que regresar al sistema de racionamiento del pan.

La mayor parte del sector demócrata, con el presidente Truman a la cabeza, recelaba de la política franquista, sobre todo en materia religiosa, pero la victoria republicana, con Eisenhower como líder, en las elecciones de 1952, y su llegada a la Casa Blanca en 1953, precipitaría el trato. También conocidos como Pacto de Madrid, los acuerdos hispano-estadounidenses de 1953 en realidad eran tres convenios de ayuda económica, de carácter defensivo y de ayuda para la mutua defensa. Fueron firmados en el palacio de Santa Cruz de Madrid el 26 de septiembre de 1953 por James Clement Dunn, embajador de los Estados Unidos en España, y el ya mentado Alberto Martín Artajo, ministro de Asuntos Exteriores. De esta forma, ambos países se comprometían a la defensa de la seguridad internacional frente al «peligro comunista». Así, se establecieron bases militares de uso conjunto en Zaragoza, Torrejón de Ardoz (Madrid), Morón de la Frontera (Sevilla) y Rota (Cádiz).

Como una imagen vale más que mil palabras, la salida definitiva de España del aislamiento se selló con la visita de Eisenhower a España, en diciembre de 1959. Tras aterrizar el presidente estadounidense en la base madrileña el 21 de diciembre, Franco diría en su discurso de bienvenida: «Esta base de Torrejón, construida con el formidable apoyo de los Estados Unidos y albergando en estrecha camaradería las alas españolas y norteamericanas, es un símbolo de nuestra amistad y está erigida bajo un lema que os es, sin duda, muy querido: Paz es nuestra profesión».

En Madrid, alrededor de un millón y medio de personas ovacionaron a ambos dirigentes, afluencia a la que se sumaría un gran despliegue mediático: más de 500 periodistas españoles y extranjeros, 15 cabinas de alocución, 110 aparatos telefónicos, 7 líneas para fototelegrafiar y decenas de cámaras de cine y televisión. La instantánea fue resaltada en las cabeceras del *New York Times* catalogándola de «la mayor recepción desde la que le otorgaron a Eisenhower en la India». Por doquier, mediante la voz y la cartelería, se aclamaba a Ike.

5. El Plan de Estabilización de 1959

En el último trienio, los informes del Banco de España exponían con aspereza la situación de la economía. Pero el diseño del cambio y su aprobación conformaban una ardua tarea, ya que Franco no estaba por la labor de liberalizar la economía y existían muchas reticencias también en el aparato del Estado. De hecho, a fines de 1957, Carrero distribuyó por los despachos de las finanzas un «plan coordinado de aumento de la producción nacional»: «rechazamos de plano —decía en el documento— por injusto y por egoísta el acomodaticio argumento de algunos de que España es un país pobre», el propósito debía ser «no tener que importar más elementos de producción». La autarquía, por tanto, no había sido simplemente el efecto de las exiguas migajas de la década pasada, sino el fruto de una política económica autosuficiente de carácter nacionalista.

Al Plan del 59 se llegó tras el convencimiento de que los derroteros por los que se estaba transitando solo conducían a la bancarrota. La estrategia autárquica, sustitutiva de las importaciones, estaba completamente agotada, al igual que el balón de oxígeno suministrado desde 1953 por la ayuda americana.

Fue difícil convencer al jefe del Estado de la necesidad de una inminente liberalización. La ocasión se presentó con la llegada al Gobierno de savia nueva, a través de la avanzadilla de los tecnócratas del Opus Dei. La entrada de los ministros económicos, Mariano Navarro Rubio (Hacienda) y Alberto Ullastres (Comercio), significó para muchos funcionarios del Estado un ambiente menos dogmático donde postular planteamientos de innovación resultaba factible.

En ese mismo año, con la firma del Tratado de Roma, Europa había dado un salto de gigante caminando velozmente, mediante el Acuerdo Monetario Europeo (1958), hacia ulteriores niveles de apertura comercial. Y, entre febrero y junio de 1959, se intensificaron en España los trámites con la visita de una serie de autoridades del Fondo Monetario Internacional que se prestaron a aconsejar acerca de la política económica.

Cuando iba a partir de España, Gabriel Ferrás, director para Europa del FMI, instó a acometer con urgencia medidas liberalizadoras. Navarro Rubio habló con Franco, quien expresó nuevamente que «podíamos muy bien salvar la situación por nuestros propios medios». El ministro le hizo ver que si Ferrás se marchaba, el país se hundiría, perdiéndose todo lo ganado hasta entonces.

Ante la pasividad del general, el argumento decisivo para conseguir su autorización fue el comentario que Navarro le hizo en relación a «¿qué pasaría si, después de volver a la cartilla de racionamiento, se helaba la naranja?», en alusión a los propósitos de autosuficiencia económica sin dependencia exterior. Tras unos minutos, Franco se levantó del sillón y ordenó: «dígale a Ferrás que encargue el estudio».

Las medidas eran realmente duras y se desconocía la cota de recesión que podrían causar, pues el reajuste afectaba directamente al bolsillo de los consumidores: subida de impuestos sobre la gasolina, teléfono, tabaco…, limitación del gasto público total, imposición de límites al crédito, incremento de los tipos de interés de casi un punto y medio, etc. Pero el responsable de Hacienda presentó el pliego ante el Consejo de Ministros el 1 de junio de 1959.

Durante las siguientes semanas hubo presión en los círculos aledaños a El Pardo: los grupos del Movimiento se revolvieron, ya que estimaban que la devaluación de la peseta constituía una «operación de descrédito» y que era un error el «querer estabilizar la miseria». En cada consejo, los titulares de Hacienda y Comercio defendían el programa frente al resto de correligionarios. En una de las sesiones, el catedrático Ullastres informó de la alarmante situación del Instituto Español de Moneda Extranjera: «no disponemos de un solo dólar para pagar las importaciones más imprescindibles y perentorias». La reacción de Franco resultó tan ingenua como extraña: «¡Esto no lo sabía yo!». Sin querer conocer más datos, el jefe del Estado dio su «sí» rotundo a un programa de reformas del que ignoraba los detalles técnicos. Y no erró, pues aseguró el crecimiento económico y social durante 15 años.

El domingo 21 de junio llegó a Madrid, procedente de Washington-Nueva York, el director-gerente del FMI, Per Jacobson, un hombre afable, cercano a los 60 años y curtido en las conversaciones con multitud de perfiles en los países miembros. En la capital permaneció 4 días, detallando los pormenores del ya conocido como Plan de Estabilización, así como la ayuda que los organismos internacionales prestarían a España. Durante la estancia coincidió con otra misión del Fondo dirigida por Ferrás y con un grupo de alto nivel de la OECE (antecedente de la OCDE).

A pesar de la parquedad de noticias en la prensa diaria sobre el veredicto bursátil, la concurrencia de personalidades vinculadas a la contabilidad hacía presagiar un cambio. El 25 de junio, el director del FMI acudió al palacio de El Pardo para mantener una entrevista con Franco. En lo relativo a la devaluación, el Ministerio de Comercio ya había decidido fijar la cifra mágica de 60 pesetas por dólar (frente a las 42 de la tasa oficial) y, con inusual largueza, Franco ofreció el tipo de 62 o 63 pesetas para no quedarse cortos, a lo que sus interlocutores respondieron que no era preciso, que el canon de 60 pesetas conformaba la tasa correcta. El encuentro se desarrolló en un clima de cordialidad y, por la tarde, Jacobson paseó por el centro de Madrid, visitando el palacio de Oriente y El Prado.

Todas estas gestiones se materializaron en el decreto-ley de 21 de julio de Nueva Ordenación Económica. Para conseguir el equilibrio interno, en el sector público se promovió la limitación de emisión de deuda, se suprimieron los subsidios a empresas públicas (creadas para fomentar la producción interior), se procedió a la contención del gasto en organismos autónomos y se fijo un techo en el gasto público total. En el ámbito del sector privado, se produjo el alza de los tipos de interés y se limitaron las operaciones activas y los nuevos fondos, que ahora debían ser como máximo de 11 000 millones de pesetas, de modo que el crédito que podían dar los bancos debía ajustarse a ese parámetro.

En cuanto a las finanzas exteriores, los objetivos se concretaban en dos palabras nuevas: liberalización y convertibilidad. Las pautas adoptadas fueron: contención de la demanda de importaciones; modificación del tipo de cambio de paridad, pasando el dólar de tener un valor de 42 a 60 pesetas; depósito previo a la importación y amnistía a aquellos capitales que hubieran sido trasladados fuera, de manera que podrían repatriarse.

La década de 1960 se caracterizaría por el crecimiento económico una vez superados los «arreglos» inherentes al Plan de Estabilización. Pero, en las vísperas, ante los indicadores de que era preciso apretarse el cinturón, se desató la movilización obrera. La Ley de Convenios Colectivos había sido aprobada en 1958, si bien en 1962 la negociación alcanzaría un nivel significativo. La agitación comenzó en abril con las protestas de los mineros asturianos y se amplió hacia los sectores metalúrgicos de Vizcaya y Guipúzcoa. El Gobierno decretó el estado de excepción en Asturias y en el País Vasco. En Cataluña hubo recurrentes huelgas.

A corto plazo, el Plan de Estabilización tuvo efectos negativos. La caída de la demanda y la restricción del crédito provocaron el cierre de empresas, aumentando el desempleo y la emigración al extranjero por lo que, después de lidiar con «la pertinaz sequía», entre el eco de los polémicos consejos de ministros, el inicio de la década de los 60 para todos los españoles, y Franco inclusive, se precipitaba envuelto por el más ciego de los enigmas.

6. Los 60 y los XXV años de paz

Todas las victorias en la vida suelen ir precedidas de un inmenso esfuerzo. La recesión no comenzaría a remitir hasta 1961, pero, gracias al Plan de Estabilización, se produciría el «milagro» español. El éxito de la política financiera se convertiría en una de las banderas enarboladas por el régimen, a fin de justificar su programa como portador de orden social y prosperidad. A la altura de 1964 se reiteraba que el éxito se había logrado mediante el mantenimiento de la fe y de la unidad. Y, aparentemente, hubo adelantos tecnológicos y despegó la clase media. Pero la crisis internacional del petróleo, iniciada en 1973, amenazaría este período de bonanza.

6.1. La boda de Fabiola

El régimen franquista, que presumía de ser «centinela de Occidente» y «martillo de herejes», se sentía satisfecho de que, ahora, esa España que estaba saliendo del veto tuviera como embajadora privilegiada a una aristócrata madrileña y muy devota, convertida en reina de los belgas.

El cardenal Suenens, confesor de Balduino, le recomendó al soberano encomendar el «problema» de su soltería a la Virgen de Lourdes, y junto a la monja irlandesa Verónica O'Brien, una de las impulsoras de la Legión de María, el prelado actuó como celestino. En la primavera de 1960, mientras *Paris Match* anunciaba que Balduino iba a ingresar en una abadía trapense, la intrépida religiosa llegó a Madrid y se presentó al nuncio apostólico para que le ayudara en su misión. El objetivo: llevar a cabo una selección entre las señoritas egresadas de los colegios. La elegida resultó Fabiola de Mora y Aragón. El primer encuentro con la monja, organizado en el convento de las Carmelitas del Cerro de los Ángeles, sonó a broma a la joven, quien se despidió solicitando que, si era verdad, se pusiera en contacto con ella el nuncio. Y la llamó.

Tras estos movimientos iniciales, un ficticio congreso religioso sirvió de excusa para que Fabiola se trasladara a Bruselas a fin de que el rey la conociera. A partir de entonces, Ávila sería el seudónimo que Balduino pondría a Fabiola, por ser compatriota de santa Teresa, en tanto que española. Después vendría la estancia en Lourdes en junio de 1960, donde Fabiola daría informalmente el «sí quiero» al rey de los belgas.

Fabiola tenía 32 años y Balduino, 30. La diplomacia franquista vivió con entusiasmo el enlace. Fue celebrado el 15 de diciembre de 1960 en la catedral de san Miguel y santa Gúdula de Bruselas. A menos de un mes de la unión, concretamente, el 22 de noviembre, Fabiola recibió la Gran Cruz de la Real Orden de Isabel la Católica. También fue gratificada por el Estado español con una tiara ducal, perteneciente a la casa de Medinaceli, con diadema de brillantes rematada por siete florones, con centros de rubíes o esmeraldas para ser intercambiados. La esposa de Franco y su hija, acompañadas por la mujer del ministro de Asuntos Exteriores, acudieron al palacio de Zurbano, residencia de la familia y hoy perteneciente al Ministerio de Fomento, para hacerle entrega del obsequio.

El mismo día de las nupcias iniciaron la luna de miel en Hornachuelos (Córdoba), en la finca san Calixto, propiedad de los marqueses de Salinas. Fueron muchos los veranos que Balduino y Fabiola pasaron en Villa Astrida, en Motril (Granada).

El enlace de Fabiola con Balduino constituyó el estreno de Eurovisión. Fue la primera vez que los españoles vieron una boda en la pantalla y, para ello, muchas familias adquirieron su primer receptor. Para poder ofrecer la cobertura, TVE tuvo que ingresar definitivamente en la UER (Unión de Radiodifusión Europea), red de televisiones públicas encargada de distribuir, comprar, vender y compartir programas, conocida por el gran público por su archifamoso festival: el de Eurovisión, seguido por 150 millones de personas en todo el mundo.

Las cámaras del NO-DO registraron a multitudes agolpadas en bares, cineclubs y otros establecimientos para ver lucir a Fabiola el traje nupcial de Balenciaga con el que dio el «sí quiero» al prudente Balduino. Fue solo el principio de una larga lista de bodas reales que en las décadas siguientes sumarían audiencias millonarias: Carlos de Inglaterra y Diana de Gales, Felipe y Letizia, Guillermo y Kate Middleton... Pero la primera gran boda del siglo fue y será para siempre la de Fabiola.

6.2. Entre la libertad de prensa y las consignas del Movimiento

Uno de los proyectos reformistas de los años 60 fue el emprendido por Manuel Fraga Iribarne, ministro de Información y Turismo. Doctor en Derecho y licenciado en Ciencias Políticas y Económicas, diplomático y profesor. Fue el responsable de dirigir, desde finales de 1963, la operación de propaganda denominada «Veinticinco años de paz».

En términos generales, el discurso central de la campaña de los XXV Años de Paz no se centró en rememorar la cruzada contra el comunismo, sino en detallar con datos la evolución económica y social de España desde el final de la contienda. Adyacentes a las palabras, numerosas exposiciones y documentos gráficos mostraban la confianza en la tendencia ascendente de la nación.

Fraga trató de fomentar el «aperturismo» de la prensa y la gestión de infraestructuras orientadas a alojar a los visitantes extranjeros, sobre todo del centro y norte de Europa. Desde su condición de ministro, dirigió diversas campañas informativas, destacando entre ellas la emprendida para contrarrestar el descrédito internacional de España tras la ejecución del dirigente comunista Julián Grimau en abril de 1963.

De este modo, el 1 de abril de 1964 fue emitida una alocución de Luis Carrero Blanco por Televisión Española en la que, tras realizar un repaso a la historia desde 1939, manifestaba:

> Este período de crecimiento, sin precedente en nuestra Historia, es la consecuencia de la paz social lograda por el Movimiento Nacional, que se ha mantenido inconmovible pese a la contumacia de un enemigo exterior que no cesa en sus ataques, gracias a las virtudes de un pueblo que se ha encontrado a sí mismo al sentirse bien dirigido y a una Organización Sindical que, asociando a los tres elementos de la producción, empresarios, técnicos y obreros, resuelve en su seno, al menos en primera instancia, los conflictos laborales, sustituyendo la violencia por el diálogo.

La etapa de Fraga fue bastante bien vista de puertas afuera, con el fin de ofrecer una imagen de renovación. Por ello, en un intento de calmar a la opinión pública, tras el accidente sufrido en 1966 por un bombardero estadounidense —a consecuencia del cual se produjo una fuga radioactiva y la caída de varias bombas de hidrógeno—, el ministro se bañó con el embajador norteamericano en la playa de Palomares (Almería).

Pero el proyecto más importante en el que se embarcó sería la aprobación, en 1966, de la Ley de Prensa, que eliminaba la censura previa propiciando «la cultura liberal con la aparición de revistas y publicaciones que no pertenecían a la prensa del Movimiento, como *Triunfo*, *Cuadernos para el diálogo* o el diario *Madrid*». Sin embargo, la disparidad de orientaciones entre los sectores más aperturistas del régimen, como la representada por Manuel Fraga, y los grupos inmovilistas, liderados por Carrero, sería fuente de tensiones en el seno del Gobierno, al tiempo que causante de la salida del gabinete del gallego en 1969.

También José Solís representaba otra opción reformista en pugna con los planteamientos de Carrero. Solís era el ministro secretario general del Movimiento y delegado nacional de Sindicatos, por lo que concentraba un importante poder que colisionaba con los proyectos de Carrero Blanco y los tecnócratas. Solís impulsó un proyecto de institucionalización del Movimiento para que a la pregunta «después de Franco, ¿qué?», se pudiera responder «después de Franco, las instituciones».

Solís pensaba que, una vez puesto en marcha el desarrollo económico, era necesario impulsar el arraigo político, que pasaba por potenciar la representación de la familia, del municipio y del sindicato en el organigrama existente. En 1967 se celebrarían las primeras elecciones de procuradores familiares a Cortes. En esa línea, en diciembre de 1968, el Consejo Nacional del Movimiento aprobó un estatuto que permitía la puesta en marcha de asociaciones que contribuyeran a la formación de la opinión pública. En julio de 1969 fue aprobado un Estatuto de Asociaciones, conocido como Estatuto Solís, pero su alcance fue limitado, pues las asociaciones serían controladas por el Consejo Nacional del Movimiento y no podrían denominarse «políticas».

6.3. El «milagro español»

Con esta denominación se conoce el auge económico experimentado en los años 60, a raíz del Plan de Estabilización de 1959. Tras largas décadas de angustia como uno de los países a la cola de la riqueza de Europa y con una renta per cápita equiparable a la de las repúblicas latinoamericanas más desfavorecidas, España logró crecer en los 60 a un ritmo anual del 7 %, solo superado por Japón.

La mecanización del campo incitaría al éxodo rural, cuestión que permitiría el incremento de la concentración de mano de obra en las ciudades donde se estaba emprendiendo la industrialización. Pero, como el efecto inmediato del plan fue una caída —que resultó breve pero impredecible—, quedó prohibido el pluriempleo, y las personas que a lo largo del día trabajaban en varios sitios pasaron a verse al límite de la supervivencia. Dado que Europa necesitaba mano de obra para sus fábricas, dos millones de emigrantes salieron de España en los 60, la mitad de ellos sin contrato de trabajo y el 80 % analfabetos. Nadie sabía dónde estaba en el mapa ese lugar al que se dirigían. En Hendaya se desnudaron por primera vez en público, para un examen médico, en el que se sintieron reses de ganado, pues les miraban hasta los dientes.

Los emigrantes españoles se afincarían en países fuertemente industrializados tras la Segunda Guerra Mundial, como Francia, Alemania o los Países Bajos, también en Iberoamérica. Soportaron humillaciones y el tremendo esfuerzo físico que conllevaba la monotonía del trabajo en cadena. Pero los que aprovecharon el viaje para formarse, pudieron disfrutar de unas mejores condiciones a comienzos de los 70. Los sueldos enviados a sus hogares fueron decisivos para la financiación de la maquinaria y de las infraestructuras que transformarían las actividades económicas y la fisonomía del país.

Y, después de tocar fondo, llegó el crecimiento económico plasmado en el tráfico con el exterior, en la inversión pública y en el perfeccionamiento de infraestructuras. La devaluación de la peseta, acaecida el 10 de septiembre de 1967, cambió la paridad de 60 a 70 pesetas por dólar. La primera tasa de paro que estimó la Encuesta de Población Activa (EPA) corresponde a 1964: el desempleo afectaba al 2,1 %, mientras que, en el tercer milenio, desgraciadamente ha superado el 20 %.

España adolecía de una red de establecimientos turísticos. El proyecto del marqués de la Vega Inclán, encargado por Canalejas, no experimentaría hasta bien avanzado el reinado de Alfonso XIII (concretamente en 1926) la inauguración del primer emplazamiento, sito en la sierra de Gredos, entre Madrid y Ávila. Se trató de una construcción a semejanza de los clásicos pabellones de caza. Pero, en la posguerra, durante el *Viaje a la Alcarria*, Cela constataría que las posadas a menudo carecían de denominación, eran buenas, si bien faltaba el *marketing*: «¿Cómo se llama este parador?», pregunta en Torija el viajero. «No tiene nombre. Mi madre se llama Marcelina García». «¡Buen castillo tienen ustedes ahí!», añade el cronista. «Sí, es muy antiguo. Según dicen está ahí desde los moros», alega la interlocutora.

La punta de lanza estriba en que, durante el franquismo, el turismo se convirtió en una de las principales fuentes de ingresos, actuando de acicate en la remodelación urbanística de las poblaciones costeras y, de modo indirecto, en el maquillaje de las mentalidades a partir de las modas foráneas, como se percibe en las películas de José Luis López Vázquez y Paco Martínez Soria, con los hoteles en rascacielos y el mito de «las suecas» (nacionalidad bajo la que, comúnmente, se agrupaba a las extranjeras): nuevas formas de vestir, de organizar el tiempo libre, en definitiva, color para una vida pretérita en blanco y negro... Paralelamente a esta logística de lo profano, el régimen protegió los monumentos, poniendo en valor conjuntos que eran vigías de la historia de España: de ser tenidos por chozos de pastores pasaron a quedar situados en el mapa y, a la larga, se dio pie a la investigación.

Con la pala en ristre, mediante la expropiación, el traslado de aldeas y la creación de pueblos nuevos que recordaban los fueros en la atracción de moradores, se construyeron 515 embalses y la producción de electricidad, indicador económico por excelencia, pasó de 3,61 millones de kilovatios-hora en 1940 a 90,82 en 1976. También el petróleo se impuso como fuente de energía ante el carbón.

Las fábricas se expandieron de manera notable en las antiguas áreas: la siderometalurgia en el País Vasco, la industria textil en los alrededores de Barcelona y los astilleros en la costa norte de Ferrol, emergiendo Madrid como epicentro de polígonos y comercios.

La producción de automóviles sería otro de los principales artífices del milagro español y ejercería de revulsivo en la sociedad, pues si bien en 1946 había 72 000 vehículos privados en España, en 1966 la cifra era de un millón. Popularizados como Seiscientos, más de 794 000 Seat 600 fueron fabricados entre 1957 y 1973, convirtiéndose en el primer coche de las familias y en el emblema sobre cuatro ruedas del desarrollo. Y, como expresa la viuda de *Cinco horas con Mario*, de Miguel Delibes (1966), en su monólogo, los coches, antes reservados a la élite, ahora resultaban asequibles para la clase media, constituyendo motivo del que presumir o al que aspirar por no ser menos que el que vivía al lado:

> En teniendo con qué alimentarnos y con qué cubrirnos, estemos con eso contentos. Los que quieren enriquecerse caen en tentaciones, en lazos y en muchas codicias locas y perniciosas que hunden a los hombres en la perdición y en la ruina, porque la raíz de todos los males es la avaricia, y por eso mismo me será muy difícil perdonarte… el que me quitases el capricho de un coche. Comprendo que a poco de casarnos eso era un lujo, pero hoy un Seiscientos lo tiene todo el mundo, Mario, hasta las porteras si me apuras, que a la vista está. Nunca lo entenderás, pero a una mujer, no sé cómo decirte, le humilla que todas sus amigas vayan en coche y ella a patita…

6.4. Los Planes de Desarrollo

En la estela del éxito del Plan de Estabilización, entre 1964 y 1975 se emprendieron los Planes de Desarrollo Económico y Social. Estas directrices se encontraban en el marco de la planificación indicativa, una forma de programación económica surgida en Francia a raíz de la Segunda Guerra Mundial de la mano de Jean Monnet. La idea de «proyectar» sobre la economía no era nueva en el siglo XX europeo, pues, en el período de entreguerras, se habían orquestado distintas propuestas para paliar la crisis de 1929 y evitar, contener o contrarrestar los desajustes del libre mercado.

Resulta indudable que los Planes de Desarrollo constituyeron una novedad técnica y administrativa para nuestro país, ya que previamente nunca se había realizado una formalización explícita de fines, medios y procedimientos para el crecimiento económico a través de un método diseñado por el Estado, involucrando al sector privado en tasas predeterminadas de expansión sectorial.

Para velar por la adecuada aplicación de las medidas fue creado el Ministerio de Planificación y Desarrollo que, desde 1967 a 1973, ocupó Laureano López Rodó. El Primer Plan de Desarrollo se extendió entre 1964 y 1967, el segundo desde 1968 hasta 1971, y el tercero de 1972 a 1975.

Dentro de estos proyectos de planificación económica, se tendió a fomentar el desarrollo de zonas concretas con el cometido de que estimularan la actividad económica del entorno. Por ello, estos espacios priorizados fueron llamados «polos de desarrollo», en tanto que eran áreas de preferente instalación de empresas industriales.

El Gobierno seleccionó una serie de núcleos urbanos en algunas de las regiones menos favorecidas desde el punto de vista industrial: Andalucía, Galicia, Meseta Norte, Asturias, La Rioja y Valle del Ebro. Como hemos expuesto, se pretendía atraer a los empresarios para que ubicaran sus talleres mediante la concesión de beneficios similares a los reconocidos para las industrias de interés preferente: reducciones fiscales, ventajas para la obtención de crédito oficial, subvenciones, etc.

Estos planes generaron un destacado crecimiento económico, con una tasa media acumulativa del 7,2 % anual en el aumento del PIB. Su alcance fue tan importante que vinieron a poner la guinda en la era del «desarrollismo».

No obstante, su aplicación se topó con serias dificultades a partir de la crisis de 1973, cuando la OPEP elevó el precio del petróleo. El resto de los países de la OCDE reaccionaron con políticas que trataron de reducir el consumo de energía por habitante, pero en España, con la descomposición de su sistema político, ante la enfermedad de Franco y el asesinato de Carrero, se prefirió no trasladar el coste a los consumidores, haciéndose aún mayores las dificultades globales para la nación.

7. La sucesión de Franco: Juan Carlos de Borbón

Franco siempre consideró su régimen como vitalicio. En uno de sus momentos más bajos, declaró enfáticamente a un destacado general en conversación privada: «Yo no haré la tontería de Primo de Rivera. Yo no dimito, de aquí al cementerio». Estaba convencido de que su victoria absoluta en la guerra le daba derecho de conquista para aspirar a un mandato histórico, incluso «providencial» y, en tanto en cuanto, «divino».

El poder provenía de su designación como «generalísimo de las fuerzas nacionales de tierra, mar y aire» y como «jefe del Gobierno del Estado español» por parte de los generales que habían encabezado la sublevación contra la República. Pero, enseguida, demostró su intención de superar esa categoría de dictador militar para personificar al «caudillo» de esa España «una, grande y libre». En las monedas, el anverso portaba la efigie del general con la inscripción «Francisco Franco. Caudillo de España por la Gracia de Dios», y el reverso, el escudo del águila.

El accidente de caza sufrido en los bosques de El Pardo el 24 de diciembre de 1961, que le causó heridas en la mano izquierda debido a la explosión accidental del cañón de una escopeta, puso en primera línea de preocupación el dilema en torno a la sucesión. El deseo del general de ser relevado por Juan Carlos de Borbón se remonta a la década de los años 40 del siglo XX.

No sabemos si en su infancia soñó don Juan Carlos con ser rey. Su abuelo, Alfonso XIII, fue destronado por el advenimiento de la Segunda República. Sus tíos, Alfonso y Jaime, tuvieron que ceder el paso a su tercer hermano, de algún modo fueron príncipes destronados a causa del matrimonio plebeyo o de la enfermedad.

Mientras que Alfonso XIII se reservaba el título de duque de Toledo, su hijo, don Juan, quedó posicionado como heredero al trono en una tesitura compleja, de proyectos en papel mojado, proclamas con sordina y maniobras con manos apresadas. En el epílogo del mandato de Franco don Juan hubo de concienciarse de que, si la monarquía regresaba a España como forma de Estado, la corona le pasaría por alto. Don Juan y doña María, dos nombres clásicos españoles singularizados por un cetro ausente y una espléndida paciencia.

Mucho antes, en ese sopor en el que las ideas brillantes resultan más que posibles, en un apartamento del número 122 del viale dei Parioli de Roma nacía el primogénito de Juan de Borbón y Battenberg y de María de las Mercedes de Borbón y Orleans. El 26 de enero de 1938 fue bautizado en la capilla de la orden de Malta de Roma por el cardenal secretario de Estado de la Santa Sede, monseñor Eugenio Pacelli, futuro papa Pío XII. Su abuela paterna, la reina Victoria Eugenia, fue la madrina, y su abuelo materno, Carlos, príncipe de las Dos Sicilias e infante de España, el padrino. A los 4 años se trasladó junto con el resto de su familia a Lausana, en Suiza, y con 8 a Estoril, en Portugal.

En una entrevista celebrada entre Franco y el conde de Barcelona en el golfo de Vizcaya, a bordo del *Azor*, el 25 de agosto de 1948, se decidió que el príncipe se trasladaría a España. Pisó por primera vez el territorio sobre el que, en menos de tres décadas, comenzaría a reinar, el 8 de noviembre. Fue solo un año, pues en el verano siguiente, la tensión entre don Juan y Franco se agudizó y hubo que esperar un nuevo curso para que el hijo mayor de «los Barcelona» regresara a España. Corría ya el otoño de 1950. En su retorno, Juan Carlos tampoco vino solo, lo hizo con su hermano, el desdichado Alfonso. Como únicamente se llevaban 3 años, compartían entretenimientos. Fueron matriculados en el colegio instalado en el palacio de Miramar, antigua residencia estival de la familia real en San Sebastián. Cada mañana eran despertados con toque de campana, tras lo cual debían dirigirse inmediatamente a los jardines para asistir al izado de bandera.

En 1954, Juan Carlos terminó el bachillerato en el Instituto san Isidro de Madrid, formándose a continuación en las academias y escuelas militares de los tres ejércitos, donde adquirió el grado de oficial. En Villa Giralda vivían sus padres con las infantas Pilar y Margarita. Alfonso continuaba con el bachillerato y tenía previsto iniciar su formación en la rama marítima en 1957. Soñaba ingresar como cadete en la Escuela Naval Militar de Marín, en Pontevedra. Pero el Jueves Santo, mientras jugaba con su hermano Juan Carlos, tuvo lugar un luctuoso acontecimiento. Aquel 29 de marzo, después de la misa vespertina, en el desván se disparó un revólver. El accidente cercenó la vida de Villa Giralda.

Tras la instrucción en la Academia General Militar de Zaragoza (1955-1957), la preparación de Juan Carlos prosiguió en la Escuela Naval Militar de Marín (1957-1958) y, finalmente, en la Academia General del Aire de San Javier, en Murcia (1958-1959). Además, en esta etapa realizó el viaje de prácticas como guardiamarina en el buque escuela *Juan Sebastián Elcano* y consiguió el título de piloto militar, completando su formación en los años 1960 y 1961 en la Universidad Complutense de Madrid, con estudios de Derecho Político e Internacional, Economía y Hacienda Pública.

La influencia de Francisco Franco era tan grande en la vida de Juan Carlos, que incluso tuvo que recibir su aprobación para poder contraer matrimonio con la princesa Sofía de Grecia en 1962. Aunque la figura de su primo hermano, Alfonso de Borbón Dampièrre, generó ciertas dudas en torno a la sucesión, habida cuenta también de su noviazgo con Carmen Martínez Bordiú, nieta de Franco (con la que contrajo matrimonio en 1972), fue desbancado, igual que el pretendiente carlista, Carlos Hugo de Borbón-Parma.

En julio de 1969 las Cortes habían proclamado a Juan Carlos como príncipe de España (título inexistente antes) y sucesor de Franco. Reunía los requisitos expuestos en la referida Ley de Sucesión para ejercer como rey o regente: «ser varón y español, haber cumplido la edad de treinta años, profesar la religión católica, poseer las cualidades necesarias para el desempeño de su alta misión y jurar las Leyes fundamentales, así como lealtad a los principios que informan el Movimiento Nacional». Por ello, el 23 de julio de 1969, Juan Carlos juró ante las Cortes fidelidad a Franco, a los Principios del Movimiento Nacional y a las Leyes Fundamentales. Estaba llamado a perpetuar el franquismo, pero no lo hizo, sino que a partir del entramado institucional promovió la Ley para la Reforma Política, cuyo referéndum (favorable en el 94 %) inició la transición hacia la monarquía parlamentaria.

El 25 de abril de 1974 un levantamiento militar, conocido como la Revolución de los claveles, provocó en Portugal la caída del *Estado Novo* (surgido en 1933), dando lugar a una república presidencialista de corte democrático. En aquel momento, las dictaduras de Portugal y España eran las más longevas de Europa. El primero de mayo de 1974, más de un millón de personas marchó por las calles de Lisboa. Días después, Franco y el príncipe Juan Carlos examinaron con minuciosidad las instantáneas del proceso que sellaba el avance de la izquierda al otro lado de «la Raya».

El 19 de julio de 1974, gravemente enfermo, Franco firmó la aplicación del artículo 11 de la Ley Orgánica del Estado para que Juan Carlos fuera jefe del Estado y monarca tras su muerte. Por la deteriorada salud del dictador, el príncipe de España asumió interinamente el cargo de jefe del Estado en dos períodos: desde el 19 de julio hasta el 2 de septiembre de 1974 y entre el 30 de octubre y el 20 de noviembre de 1975. Dos días después del fallecimiento de Franco, las Cortes proclamaron rey a Juan Carlos.

El conde de Barcelona, jefe de la Casa Real Española, renunció a todos sus derechos dinásticos el 14 de mayo de 1977, a favor de su hijo. De este modo, su majestad don Juan Carlos I de Borbón y Borbón, rey de España, también heredaría los títulos de rey de Castilla, de León, de Aragón, de las Dos Sicilias, de Jerusalén, de Navarra, de Granada, de Toledo, de Valencia, de Galicia, de Cerdeña, de Córdoba, de Córcega, de Murcia, de Jaén, de los Algarves, de Algeciras, de Gibraltar, de las Islas Canarias, de las Indias Orientales y Occidentales, de las Islas y Tierra Firme del Mar Océano. Además de ser archiduque de Austria, duque de Borgoña, Brabante, Milán, Atenas y Neopatria, conde de Habsburgo, Flandes, el Tirol y el Rosellón, y señor de Vizcaya y de Molina, entre otras dignidades.

8. Del estado de excepción a los 70

A comienzos de 1969 el descontento universitario se recrudeció en España. Estudiantes de la Universidad de Barcelona se enfrentaron al rector, tiraron por la ventana un busto de Franco y quemaron una bandera española, protesta que tendría su réplica al día siguiente en Madrid, donde un grupo de jóvenes sitió el coche de un vicealmirante al que insultaron con gritos subversivos.

En este contexto, se hizo pública la noticia de que, el 20 de enero de 1969, el estudiante Enrique Ruano se «había suicidado» precipitándose desde un séptimo piso cuando se encontraba con la policía. En Madrid se organizó una de las manifestaciones escolares más multitudinarias.

Numerosas personalidades denunciaron los malos tratos dispensados por la policía a los detenidos, sobre todo, por causas políticas. El 24 de enero el Gobierno decretó el estado de excepción en toda España por tres meses, lo cual significaba la suspensión de los artículos 12, 14, 15, 16 y 18 del Fuero de los Españoles.

Manuel Fraga, como ministro de Información y Turismo, presentó el edicto a la prensa, manifestando que «acciones minoritarias, pero sistemáticamente dirigidas a turbar la paz de España y su orden público, han venido produciéndose en los últimos meses, claramente en relación con una estrategia internacional, que ha llegado a numerosos países». Se intensificaron las detenciones y condenas. Los datos reservados del Ministerio de Información y Turismo reflejan que, a 18 de marzo de 1969, estaban en el calabozo o en arresto domiciliario 729 personas, de las cuales 301 eran estudiantes y 428 desempeñaban distintas profesiones.

La censura previa para las publicaciones y los servicios informativos de agencias quedó restablecida durante el estado de excepción, filtrando los comunicados a la opinión pública. El Gobierno controló exhaustivamente los medios. Para evitar que se manchara la imagen del régimen, hubo manifestaciones de apoyo y celebraciones conmemorando victorias nacionales, como la entrada de las tropas franquistas en Barcelona el 26 de enero 30 años atrás. Asimismo, en la plaza de la Universidad, tuvo lugar un «homenaje a la bandera» al que fueron convocados los soldados que estaban realizando el servicio militar. Se oyeron lemas como «viva el ejército liberador» y «comunismo no, universidad sí», junto con el recordatorio de los «treinta años de paz».

El 7 de febrero de 1969 Carrero Blanco pronunciaría un discurso ante las Cortes exponiendo que, para salvaguardar el orden y la paz —condiciones, como hemos visto, calificadas de indispensables para conseguir el desarrollo económico y social—, se habían adoptado disposiciones extraordinarias. No obstante, el estado de excepción fue levantado unas semanas antes de lo previsto, debido a la atención que había suscitado en el panorama internacional.

Desde su puesto de vicepresidente, Carrero presionaba a Franco para que formara un nuevo equipo. Fraga y Solís se encontraban en su punto de mira. En mayo de 1969 enviaría un nuevo memorándum al jefe del Estado recomendando la renovación de gabinete.

El ministro de Información y Turismo era considerado demasiado aperturista, tanto por la promulgación de la nueva Ley de Prensa, como por haber permitido la afluencia de noticias relacionadas con el caso MATESA, el cual es considerado como el escándalo político-económico más importante del franquismo.

José Solís era cuestionado por la discusión de la Ley Sindical, un tema que, al parecer de Carrero, era el que entrañaba «mayores riesgos para el futuro del régimen».

Tras la crisis de Gobierno de otoño de 1969, el Consejo de Ministros quedó marcado por el carácter autoritario-tecnocrático, en función de las sustituciones aconsejadas por Carrero. La cartera de Información y Turismo fue encomendada a Alfredo Sánchez Bella, miembro de Acción Católica, vinculado en sus orígenes al CSIC y al Instituto de Cultura Hispánica. Torcuato Fernández Miranda, antiguo profesor del príncipe Juan Carlos y catedrático de Derecho Político, fue nombrado secretario general del Movimiento. La cartera de Asuntos Exteriores fue entregada a Gregorio López Bravo, miembro del Opus Dei, anterior ministro de Industria, donde lo sustituyó José María López de Letona. Camilo Alonso Vega fue sustituido en Gobernación por Tomás Garicano Goñi, abogado, general del Cuerpo Jurídico del Ejército del Aire y gobernador de provincias difíciles como Barcelona y Guipúzcoa.

En el ámbito económico, Laureano López Rodó permaneció al frente de la Comisaría del Plan de Desarrollo. El ministro de Vivienda sería Vicente Mortes Alfonso, siendo situado en Hacienda Alberto Monreal Luque y, en Comercio, Enrique Fontana Codina. Por su parte, Licinio de la Fuente ocuparía la cartera de Trabajo. Los ministerios militares serían desempeñados por Juan Castañón de Mena (Ministerio del Ejército), Julio Salvador Díaz Benjumea (Aire) y Adolfo Baturone Colombo (Marina). Asimismo, resultaron confirmados en sus cargos los siguientes ministros que venían del gabinete de abril de 1968: José Luis Villar Palasí, Antonio María de Oriol y Urquijo y Federico Silva Muñoz, al frente de Educación, Justicia y Obras Públicas, respectivamente.

8.1. El Proceso de Burgos

El primero de los años 70 se cierra con un episodio dramático, que causó una gran conmoción internacional, denominado Proceso de Burgos.

Tras el asesinato de Melitón Manzanas, jefe de la Brigada de Investigación Social de San Sebastián, perpetrado por ETA el 2 de agosto de 1968, fue aprobado un decreto-ley relativo a los delitos de bandidaje y terrorismo, sometiendo estos actos a la jurisdicción castrense, al considerarlos actos de rebelión militar.

En diciembre de 1970 tuvo lugar en Burgos un consejo de guerra contra 16 miembros de la organización terrorista ETA, acusados del asesinato de 3 personas. Se pretendía con este drástico proceso desarticular la banda, pero el Gobierno se sorprendería de la repercusión que tendría su decisión. El obispo de San Sebastián y otros clérigos publicaron una carta pastoral en la que solicitaban la transferencia del proceso a la jurisdicción civil, para una defensa más justa de los acusados. La petición fue rechazada, por lo que la defensa se centró en denunciar las irregularidades procesales y el empleo de la tortura.

Surgió un gran movimiento de protesta en la sociedad civil, incluyendo manifestaciones, huelgas y demás prácticas de agitación. Intelectuales, obreros y estudiantes de España y del extranjero se movilizaron por la causa. También generaría una fuerte conmoción internacional el secuestro del cónsul alemán en San Sebastián, Eugen Beihl, perpetrado por ETA dos días antes del inicio del juicio, bajo amenaza de quitarle la vida si había penas capitales.

El juicio sumarísimo comenzó en Burgos el 3 de diciembre de 1970. El Gobierno reprimió los altercados e intentó mostrar fortaleza al mundo a partir de la adhesión de las masas mediante una campaña de reafirmación del régimen.

El día de Navidad, ETA liberó al cónsul. La sentencia llegó el 28 de diciembre de 1970, con la confirmación de las 6 penas de muerte iniciales y 3 más. El conocimiento del veredicto intensificó la atención sobre Burgos, creando una opinión pública favorable al indulto de los encausados. Finalmente, Franco se reunió el 29 de diciembre con el Consejo del Reino y, un día, después con el Consejo de Ministros en El Pardo. Decidió ejercer el derecho de gracia en beneficio de todos los procesados y, se acordó por unanimidad, conmutar las penas de muerte por sus inmediatas inferiores.

8.2. El gabinete de 1973

Los incidentes del 1 de mayo de 1973 en Madrid, en los que resultó muerto un policía, provocaron la dimisión de Garicano Goñi como ministro de la Gobernación. La novedad del Gobierno formado el 8 de junio de 1973 fue el nombramiento, por primera vez en la historia del franquismo, de un presidente del Gobierno distinto del «caudillo», un hombre que, como hemos visto, llevaba más de tres décadas ostentando la jefatura del Estado y la presidencia del Gobierno. La terna presentada por el Consejo del Reino a Franco estaba integrada por Raimundo Fernández Cuesta, Manuel Fraga Iribarne y Luis Carrero Blanco, quien ya había sido elegido previamente por el general.

En el Gobierno de 1973 se trató de compensar a los excluidos en el gabinete de 1969, intentando así superar divisiones, y se redujo la presencia de ministros vinculados al Opus Dei. El vicepresidente sería Torcuato Fernández Miranda, que conservaría la Secretaría General del Movimiento. Destacados falangistas y miembros de la burocracia del Movimiento se sumaron al gabinete, como José Utrera Molina al frente del Ministerio de la Vivienda, Fernando de Liñán y Zofío como ministro de Información y Turismo, y Cruz Martínez de Esteruelas, que se convirtió en titular del Plan de Desarrollo. La cartera de Gobernación se entregaría a Carlos Arias Navarro.

En su discurso ante las Cortes el 20 de julio de 1973, Carrero justificó la novedad de su cargo: «en razón de la prudencia política y de su voluntad de ir avanzando paso a paso en el proceso institucional. Se ha considerado ahora conveniente y oportuno —dijo—, para dejarlo todo atado y bien atado, establecer ya desde ahora el supuesto obligado tras las previsiones sucesorias: la distinción de las esferas institucionales de la jefatura del Estado y de la presidencia del Gobierno».

8.3. El atentado a Luis Carrero Blanco

La agudeza de criterio y la capacidad de influencia en Franco habían convertido a Carrero en un personaje clave. En las Navidades de 1973 había llegado a la Dirección General de la Guardia Civil un mensaje en clave bajo la denominación de «Turrón negro», pues ETA estaba trabajando en la hipótesis de secuestrar a una importante personalidad del franquismo, pudiendo tratarse del vicepresidente del Gobierno o de la esposa de un alto cargo, ya que el texto mencionaba a la mujer de Luis Carrero Blanco, a la de Alejandro Rodríguez de Valcárcel, presidente de las Cortes y del Consejo del Reino, y a la del general Carlos Iniesta Cano, director general de la Guardia Civil. Como respuesta, se puso un coche de escolta a Carmen Pichot, la esposa del almirante.

En la mañana del 20 de diciembre de 1973, al día siguiente de haberse entrevistado con Henry A. Kissinger, secretario de Estado norteamericano, que estaba de visita en España, el coche en el que viajaba Carrero Blanco, un Dodge Dart negro, modelo 3700 y con matrícula PMM-16416, voló por los aires a su paso por la calle Claudio Coello de Madrid, tras circular por encima de tres cargas explosivas que los terroristas habían colocado en un túnel de casi siete metros de largo que terminaba en otra galería transversal. Esa misma mañana comenzaba el Proceso 1001 contra líderes de Comisiones Obreras, un juicio en el que Joaquín Ruiz Jiménez, el antiguo ministro de Educación, actuaría como abogado defensor de Marcelino Camacho.

La investigación policial luego supo que, el 11 de noviembre, los terroristas habían alquilado un bajo en el número 104 de la calle Claudio Coello y que el 7 de diciembre comenzaron a excavar un túnel en forma de T desde el sótano hasta el centro de la calle. Una semana después, un miembro del comando fue a las proximidades de Burgos a buscar el explosivo, 80 kilos de goma-dos extraídos, junto con otros 2900, del polvorín de Hernani.

La explosión se produjo a las 9 horas, 28 minutos y 40 segundos de la mañana del 20 de diciembre, pues esa era la hora que marcaba el reloj del coche del presidente, quien tenía la puntualidad como una de sus virtudes. Los terroristas habían estudiado todos sus movimientos: Carrero acababa de salir de misa de la iglesia de los jesuitas, como acostumbraba todas las mañanas antes de ir a su trabajo.

El vehículo de Carrero se había visto obligado a pasar a la altura del número 104 de la calle Claudio Coello justamente por encima del lugar en el que estaban situados los explosivos, ya que con ese objetivo los asesinos habían estacionado en doble fila un Austin Morris 1300 con matrícula M-893 948. El automóvil del presidente fue levantado por el efecto de la onda expansiva, chocó con la cornisa del edificio de la Compañía y cayó a un patio interior del mismo.

El almirante parecía muerto, pues tenía los ojos cerrados y sangraba por la nariz y por los oídos, pero todavía estaba vivo, aunque fallecería en su traslado al hospital en ambulancia. Respecto a los otros dos ocupantes del vehículo, el conductor, José Luis Pérez Mogena, murió en la clínica Francisco Franco a la una de la tarde, mientras que el policía de escolta, Juan Antonio Bueno Fernández, perdió la vida en el acto.

El asesinato de Carrero causó una enorme conmoción. A las 6 de la tarde llegaron a la sede de la presidencia, el palacio de Villamejor, los restos mortales, acompañados por su viuda y sus hijos, y se instaló allí la capilla ardiente. A título póstumo, el mismo día del óbito fue promovido al empleo de capitán general de la Armada y, el 21 de diciembre, se le concedió, también mediante un decreto, la merced nobiliaria de duque de Carrero Blanco para sí y sus descendientes. Se declararon tres días de luto oficial. Fue enterrado en el cementerio de El Pardo el 21 de diciembre, y el sábado 22 se celebró su funeral en la basílica de San Francisco el Grande.

9. La agonía del franquismo

A finales de 1974, Franco mostraba graves síntomas de senilidad. Tenía además, enfermedad de Parkinson, que se hizo muy evidente. Tras haber ocupado diversos cargos en el aparato del partido y del Estado, como jefe provincial del Movimiento en Navarra, director general de Seguridad, alcalde de Madrid y procurador en Cortes, Carlos Arias Navarro era el ministro de la Gobernación en el momento en que se produjo el atentado que le costó la vida a Luis Carrero Blanco. A pesar de que su cargo lo hacía responsable de garantizar la seguridad en el interior del país —meta que no se había cumplido, al no haberse percatado los servicios del ministerio del inminente atentado— la proximidad de Arias Navarro a la esposa de Franco y a su yerno, Cristóbal Martínez Bordiú, hizo que la balanza se inclinara a su favor, y que fuera nombrado presidente del Gobierno.

Su mandato se extendió, durante dos gobiernos, hasta 1976, en unas fechas clave, pues dichos gabinetes constituyeron la bisagra del mandato de Franco al reinado de Juan Carlos I. Durante el epílogo del franquismo, Carlos Arias Navarro pretendió solucionar los problemas con más contención y cambios limitados que fraguaran «una democracia a la española». Aunque en su primer discurso (sobre el asociacionismo político) había dado tímidas muestras de apertura del régimen (el llamado «espíritu del 12 de febrero»), el 28 de enero de 1976, dirigiéndose a los procuradores de las Cortes, les pediría: «Os corresponde la tarea de actualizar nuestras leyes e instituciones como Franco hubiera deseado».

El 24 de febrero de 1974, el obispo de Bilbao, Antonio Añoveros, publicó una carta pastoral en la que reivindicaba que se reconociera la identidad cultural y lingüística del pueblo vasco. Esto sucedía dos meses después de que ETA matara a Carrero, de manera que su sucesor en el cargo redujo al prelado y a su vicario general a arresto domiciliario. Se intentó expulsar a Añoveros de España, pero el obispo manifestó que no saldría del país si no recibía una orden directa de Pablo VI. Finalmente, Arias se vio obligado a retirar la amenaza, para no violar el Concordato.

La Iglesia había hecho su transición antes de que se materializara el viraje político hacia la democracia, pero el «búnker», el sector más inmovilista, no ponía las cosas fáciles. Estaba encabezado por monseñor Guerra Campos, obispo de Cuenca desde 1973 y procurador en las Cortes españolas por designación del jefe del Estado (1967-1976).

Sin embargo, en las antípodas, iba cobrando fuerza la corriente de Tarancón, presidente de la Conferencia Episcopal y arzobispo de Madrid, quien en sus *Confesiones* (publicadas de forma póstuma en 1996) afirmó que había intentado desligar a la Iglesia de la dictadura porque creía que había pagado un precio moral por apoyar al régimen. Además de ser etiquetado de «rojo» y de «compadre de los nacionalistas vascos», su temperamento conciliador en lo social fue respondido por la extrema derecha mediante las pintadas e increpaciones de «Tarancón al paredón»... La primera vez que esta frase fue recogida aconteció durante el funeral de Carrero.

Al caso Añoveros debemos añadir el escándalo ocasionado pocos días después, el 2 de marzo de 1974, por la ejecución a garrote vil del joven anarquista Salvador Puig Antich. Partidos políticos, plataformas de defensa de los derechos humanos y mandatarios internacionales, como el canciller alemán Willy Brandt o la Santa Sede, solicitaron su indulto, sin éxito.

Pero el asesinato de Carrero marcaría el inicio del fin del régimen de Franco. No se puede especular con el futuro, aunque, posiblemente, si hubiera sobrevivido, la Transición habría tenido un cariz diferente, pues el cántabro ni habría aceptado el tener dos Cámaras ni las Comunidades Autónomas.

Las concentraciones en la plaza de Oriente de Madrid continuaron siendo el principal mecanismo para mostrar al mundo la adhesión del pueblo. La oposición a la dictadura fue creciendo en todos los frentes: sindicalismo, clero, estudiantes, nacionalistas, etc. En esta coyuntura, Franco dio un giro hacia posiciones inmovilistas.

Las últimas ejecuciones del franquismo se produjeron el 27 de septiembre de 1975 en Madrid, Barcelona y Burgos. Fueron fusiladas cinco personas: tres miembros del Frente Revolucionario Antifascista y Patriota (FRAP) y dos de ETA político-militar. La noticia volvió a aislar internacionalmente, como al principio, a un régimen ahora en decadencia biológica de su titular. Hubo ataques a las embajadas de España, y 15 Estados del Viejo Continente retiraron a sus diplomáticos. Fueron las últimas penas de muerte decretadas en España. La pena capital sería abolida por el artículo 15 de la Constitución de 1978, con la excepción de «lo que puedan disponer las leyes penales militares para tiempos de guerra»; la Ley Orgánica 11/95 también eliminaría la pena de muerte en el Código Penal Militar.

Pocos días después, el 1 de octubre de 1975, en un último intento de transmitir una errónea imagen de normalidad, Franco apareció en el balcón de la plaza de Oriente y denunció nuevamente el «complot» contra España. El 17 de octubre presidió el Consejo de Ministros, pero el 22 sufrió su tercer ataque cardíaco y el 24 padeció otro. Todos los intentos de prolongarle la vida fueron inútiles. El 25 de octubre recibió la extremaunción y el 20 de noviembre fue certificada su muerte. Había dejado «todo atado y bien atado». No obstante, pronto se notaría que ese régimen, que seguía en pie, se transmutaba en cadáver político. España estaba a punto de quitarse el luto para adentrarse en la democracia con la «camisa blanca».

10. La descolonización de África

Una de las consecuencias de la Segunda Guerra Mundial fue la emancipación de los reductos de colonialismo. Mientras que el Gobierno tomaba como injusticia que Gibraltar no fuera gestionado por España, las acciones se concretaron en Sidi Ifni, Guinea ecuatorial y el Sahara. Territorios que se mantuvieron muy apegados a la metrópoli y que destacaron por el patriotismo desplegado en ellos, tanto por la organización del hábitat con reductos fortificados, como por la cultura española que quedó adherida a su historia.

Marruecos se independizó en 1956 y Mohamed V animaría a la recuperación de los territorios ocupados por los españoles. En la sombra actuaría el príncipe Muley Hassan, convertido cuatro años más tarde en Hassan II. Ya en abril de 1957 se habían producido manifestaciones y disturbios contra el dominio extranjero, por lo que Franco envió en junio dos banderas de la Legión a El Aaiún. Las tropas marroquíes se agruparon en las inmediaciones de Ifni y, el 23 de octubre, 1500 de sus soldados ocuparon dos pueblos en los alrededores de Sidi Ifni: Goulimine y Bou Izarguen. Dos banderas más de la Legión llegaron a apoyar a los dispositivos españoles antes del comienzo de la pendencia, así como también se desplazaron a Ifni una bandera paracaidista y un regimiento de infantería.

Sidi Ifni es una ciudad situada en la costa atlántica del sudoeste de Marruecos. Etimológicamente significa Señor de la Laguna y fue la capital del antiguo territorio español de Ifni, zona cuya ocupación se remonta a 1476, cuando la corona de Castilla, por medio de Diego García de Herrera, señor de Lanzarote, fundó un establecimiento denominado Santa Cruz de la Mar Pequeña. Permanecería bajo soberanía española hasta 1527, cuando fue abandonado por el peligro que entrañaban los ataques de los beréberes y acabó destruido por el sultán El Wartassi.

La Guerra de Ifni enfrentó a fuerzas españolas con marroquíes. Los bandos en conflicto estaban dirigidos por el teniente general López Valencia, en el caso español, y por Ben Hamú, a nivel marroquí, un antiguo mercenario de la Legión Extranjera francesa. Se estima que los españoles en combate eran inferiores a 2000, frente a los 4000 marroquíes.

Pero si la presencia española era reducida a nivel humano, la penuria de medios resultaba abismal. Por ejemplo, la bandera paracaidista tenía como únicos vehículos dos *Jeep*, dos camiones Ford y una ambulancia. Los aviones eran viejos *Junker* y *Heinkel* (de los que Alemania había enviado al comienzo de la Guerra Civil), en los que la tripulación corría alto riesgo. Las armas también eran reducidas y arcaicas: antiguos mosquetones Mauser. Las limitaciones alcanzaban incluso al propio entrenamiento, pues para los pocos ejercicios de tiro que realizaban, solo recibían diez balas y debían entregar los casquillos o devolver los proyectiles sobrantes cuando acababan. Los instrumentos eran tan precarios que los legionarios tiraban en alpargatas.

El inicio oficial de la Guerra de Ifni puede situarse en el 23 de noviembre de 1957. La contienda, de la que pocas noticias llegaban a la

Península, se saldó con varios centenares de muertos, más de 500 heridos y 80 desaparecidos entre los soldados españoles, así como un número indeterminado de bajas entre los partisanos marroquíes. Para infundir ánimos a las tropas, en la Navidad de 1957 viajaron a Sidi Ifni la actriz Carmen Sevilla y el humorista Gila.

Apaciguada la situación, la gestión política española respetó las costumbres culturales, etnográficas y religiosas de la población baamarani. El Estado aportó medios para la educación en las escuelas y para la asistencia sanitaria en los hospitales y es que, en realidad, la provincia 51 funcionaba como una ciudad española más, regida por un gobernador general. Finalmente, acatando el mandato ONU, España cedería a Marruecos el territorio que conservaba de Ifni el 30 de junio de 1969.

Por otra parte, la independencia de Guinea Ecuatorial fue proclamada el 12 de octubre de 1968, dentro del proceso de descolonización de África marcado por las Naciones Unidas, pues, aunque el Gobierno de nuestro país no contaba con desprenderse de la antigua Guinea Española, le concedió cierta autonomía en 1963.

Pero, ¿cuál era el origen de la presencia española en Guinea? Pues bien, la primera llegada de europeos a la zona se remonta a 1471, cuando el portugués Fernando Poo, que buscaba una nueva ruta para ir a la India, situó en el mapa conocido la isla de Bioko, que bautizó como Formosa (hermosa) y posteriormente acabaría recibiendo su nombre. Los portugueses seguirían explorando la zona y hacia 1493 su rey, Juan II, añadiría a sus títulos el de «señor de Guinea».

La Guinea Española permanecería fiel a la Segunda República hasta septiembre de 1936, cuando en los primeros meses de la Guerra Civil se unió al alzamiento. En 1959 los territorios españoles del golfo de Guinea adquirieron el estatus de provincia española ultramarina, adoptando oficialmente la denominación de Región Ecuatorial Española, configurada por Fernando Poo y Río Muni. La región tenía un gobernador general investido de plenos poderes civiles y militares.

Pocos años después, el 15 de diciembre de 1963, el Gobierno español sometió a referéndum un proyecto de Bases sobre Autonomía, aprobado por amplia mayoría entre la población de estas dos provincias. El resultado del referéndum permitía que estos territorios gozaran de organismos propios. El primer y único presidente de la Asamblea General de Guinea Ecuatorial fue Bonifacio Ondó Edu. En 1968, la separación entre ambos Estados discurrió de manera pacífica, aunque Guinea entraría en una dictadura, liderada por Francisco Macías entre 1968 y 1979.

La dominación hispana en la zona del Sahara viene también de 1476, con la fundación de Santa Cruz de la Mar Pequeña por Diego García de Herrera. Más tarde, en 1860, la guerra hispano-marroquí, que se saldó con la victoria española en la batalla de Tetuán, permitió a España apoderarse de la ciudad del mismo nombre e incluir también en el artículo n.° 8 del tratado de paz el ulterior control del Sahara. Sin embargo, aunque España reclamaría el territorio en 1885, no se realizaría la ocupación efectiva hasta 1934.

Igual que hemos visto en el caso de Ifni, Marruecos intentaría ocupar los territorios que consideraba propios del Gran Marruecos, cuestión que afectababa también al Sahara Occidental, conocido en esos momentos como Sahara español. En el intervalo, el 1 de enero de 1958 fue declarado por España provincia 52, con El Aaiún como capital.

En paralelo a la gestación de la agitación nacionalista saharaui, en 1967 la ONU recomendó la descolonización y, un año después, fue creada la Organización Avanzada para la Liberación de Saguia el Hamra y Río de Oro —más conocida como Movimiento Nacional de Liberación Saharaui—, liderada por Sidi Brahim Bassiri. Las sublevaciones nacionalistas se sucedieron y, el 10 de mayo de 1973, se creó el Frente Polisario, que inició la lucha armada contra España.

La Marcha Verde fue el detonante que puso fin al control español sobre el Sahara Occidental. En las últimas semanas de vida de Franco, los reductos de la presencia hispana en África se desmoronaban. Casi metafóricamente, la vida del general africanista que había ostentado la jefatura del Estado durante cuatro décadas, se agotaba al tiempo que cobraba fuerza el descontento norteafricano por la presencia colonial. El 2 de noviembre de 1975, pocos días antes de comenzar la marcha, el príncipe Juan Carlos visitó El Aaiún en calidad de jefe de Estado interino, como símbolo para transmitir a España, a Marruecos y al mundo que, aunque Franco se moría, no existía un vacío de poder y que se iba a defender la integridad de las posesiones.

Pero, aprovechando la angustia vital del régimen, el 16 de octubre de 1975, el rey Hassan II anunció la organización de una movilización de civiles que irían a pie a ocupar «pacíficamente» el Sahara. La marcha, de gran repercusión mediática, comenzó el 26 de octubre de 1975 dentro de

Marruecos, encaminándose hacia la frontera sudoccidental del Sahara y sobrepasando sus límites el 6 de noviembre.

Marruecos envió a 25 000 soldados y a unos 350 000 ciudadanos con el objetivo de invadir el espacio. Hassan II autorizó la marcha por la parte septentrional del Sahara Occidental como medida de presión sobre España, desplegando también acciones militares por el sur. Las conversaciones diplomáticas llevaron a la firma de los Acuerdos de Madrid el 14 de noviembre de 1975. Se estableció una administración temporal tripartita constituida por España, Marruecos y Mauritania.

España cedía la administración del tercio saharaui meridional a Mauritania y los dos tercios septentrionales a Marruecos, abandonando nuestro país finalmente el territorio el 26 de febrero de 1976. El Frente Polisario, apoyado por Argelia, proclamaría la República Árabe Saharaui Democrática (RASD) y emprendería una guerra de liberación contra estos dos países en un interminable conflicto, pues todavía la vía independentista no ha hallado solución para dotar a la población de unas condiciones de vida óptimas.

11. La sociedad de los electrodomésticos

El mandato de Franco tuvo sus páginas negras en la represión y en la censura, pero en ese prolongado período en que Europa se organizaba en Comunidad también hubo pruebas de desarrollo social. El crecimiento demográfico fue continuo en España: en 1940 tenía 26 014 278 habitantes, que pasaron a 28 117 873 en 1950, a 30 528 539 en 1960 y a 33 956 047 en 1970. La mortalidad descendió y aumentó la esperanza de vida, incrementándose la natalidad (*baby boom*). La tasa que más bajó fue la de mortalidad infantil: del 175 por mil que había a principios de siglo, al 50 por mil entre 1955 y 1959.

El trasvase demográfico de las áreas rurales a las urbanas, proceso iniciado ya a comienzos del siglo XX, se potenció desde el final de la guerra y supuso una profunda transformación del modo de vida, no solo por el cambio en la actividad profesional, sino porque conformaba una nueva inserción del individuo en el marco cultural de referencia.

Los principales focos de atracción de población fueron las áreas industriales de Madrid, Cataluña, Levante, Baleares, Navarra, País Vasco, Valladolid, Zaragoza, Sevilla y Málaga. Buena parte de los nuevos habitantes de las ciudades se vieron obligados a vivir realquilados ante la falta de viviendas y algunos levantaron edificaciones en el extrarradio, propiciando el chabolismo. Así ocurrió a partir de 1950 con los barrios de Orcasitas y El Pozo del Tío Raimundo, en Madrid.

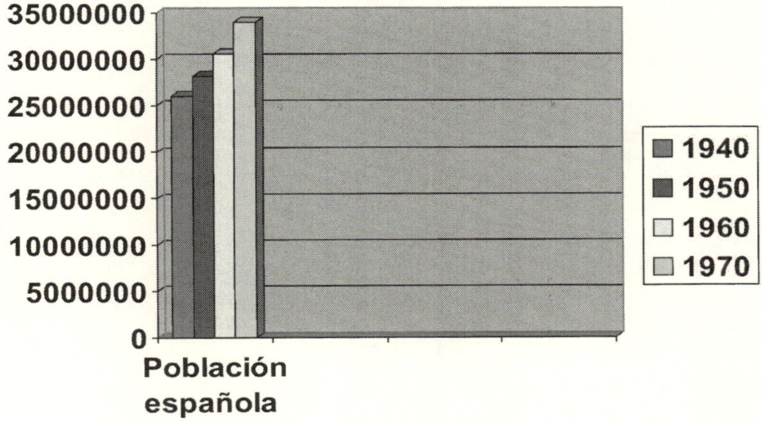

El desarraigo que, ante el hacinamiento, el ser humano sintió hacia la urbe inhóspita es perceptible en la novela *Tiempo de silencio* (1962), donde un científico mediocre necesita ratones para sus estudios y, con el afán de conseguirlos, entra en contacto con un poblado chabolista en el que, de entrada, una chica muere desangrada por un aborto mal practicado: «Podremos llegar a comprender que un hombre es la imagen de una ciudad y una ciudad las vísceras puestas al revés de un hombre, que un hombre encuentra en su cuidad no solo su determinación como persona y su razón de ser, sino también los impedimentos múltiples y los obstáculos invencibles que le impiden llegar a ser».

El Estado promovió «viviendas sociales» y, muy temprano, el 19 de abril de 1939, apareció el Instituto Nacional de la Vivienda, edificándose casas «protegidas», «bonificables» y «de renta limitada». En los años 40, el 50 % de la población activa se dedicaba al sector primario y, progresivamente, fueron cobrando fuerza el secundario y el terciario, de manera que en 1970 solo el 29 % de la población activa se dedicaba a las funciones agropecuarias.

El paisaje había cambiado considerablemente: España era la segunda potencia en el sector servicios y la novena nación industrial del mundo. En 1970, España firmó un tratado de asociación con el Mercado Común Europeo que suponía un nuevo reto: entrar en competencia con los países más desarrollados, minimizando el intervencionismo estatal. No obstante, para poder competir en el exterior había obstáculos a superar: el primero, las reducidas dimensiones de las explotaciones; el segundo, el atraso tecnológico como lastre del proteccionismo.

El régimen comenzó a regular las condiciones laborales antes de culminar el conflicto, con el Fuero del Trabajo, de 9 de marzo de 1938, en el que, por otra parte, quedaban prohibidos el derecho a la libre sindicación y la huelga. Su principal redactor había sido Serrano Súñer. De hecho, el punto 9 del programa de Falange rezaba:

> Concebimos a España en lo económico como un gigantesco sindicato de productores. Organizaremos corporativamente a la sociedad española mediante un sistema de sindicatos verticales por ramas de la producción, al servicio de la integridad económica nacional.

Entre esas primeras disposiciones laborales de 1938 figuran la creación de la Magistratura del Trabajo, la obligación de las empresas a habilitar comedores para sus obreros y el fomento de economatos y cooperativas. El Fuero del Trabajo declaraba que «el Estado valora y exalta el trabajo y lo protegerá con la fuerza de la ley, otorgándole las máximas consideraciones y constituyéndolo en uno de los más nobles títulos de jerarquía y honor».

En 1940 se aprobó la Ley de Descanso dominical y días festivos. En 1954, el Gobierno creó un seguro contra el paro, transformado en 1961 en seguro nacional de desempleo y, en 1963, apareció el salario mínimo interprofesional. También se fijó la paga extra de Navidad, la de verano (por el 18 de julio), y el período de vacaciones, con 30 días retribuidos por año trabajado. Quizás el rasgo más significativo en esta parcela es que se apostaba por crear, en vez de contratos, empleos duraderos.

Además, los sueldos estaban exentos de retenciones y se ofrecía un incremento mensual en la nómina por cada hijo del trabajador. Todos los bienes privados resultaban inembargables y se ejercitaba la persecución contra cualquier tipo de usura, de manera que los niveles de corrupción en las instituciones eran despreciables. Asimismo, estaba prohibido suprimir por impago el suministro de agua, electricidad y carbón en los hogares.

La apertura de pequeños comercios apenas precisaba de requisitos legales más allá de la seguridad y la higiene. Una única ley y normativa nacional agilizaba la economía productiva internacional y, en ausencia de las actuales comunidades autónomas, las diputaciones provinciales coordinaban la relación política entre el Estado y los municipios.

La crisis de los años 70 hizo tambalerse a numerosas empresas, muchas de las cuales cerraron y se mostraron incapaces de saldar obligaciones legales y de indemnizar a sus trabajadores. Para remediar estas situaciones de insolvencia se creó en 1976 el Fondo de Garantía Empresarial.

11.1. Los contubernios

En septiembre de 1961, se anunció oficialmente el compromiso de Juan Carlos y Sofía, la primogénita de los reyes Pablo I y Federica de Grecia. También tuvo Sofía que vivir en el exilio cinco años (1941-1946), durante la invasión alemana, y, aunque en el momento de los esponsales la monarquía imperaba en Grecia, en diciembre de 1967 su hermano, Constantino II, fue obligado a abandonar el país. Asimismo, en 1973, un plebiscito convocado por la junta militar proclamó su abolición.

Juan Carlos y Sofía se habían conocido en un crucero por el Egeo organizado en 1954 para miembros de la realeza europea, aunque el idilio comenzó a fraguarse en la boda de los duques de Kent en 1961, cuando el príncipe español fue designado como acompañante de la joven.

Las nupcias se celebraron en Atenas el 14 de mayo de 1962 por los ritos ortodoxo y católico. Franco había manifestado su interés en que vivieran en Madrid y, aunque el conde de Barcelona se había negado, en 1963 se trasladaron al palacio de La Zarzuela.

Un mes después de la boda, en junio de 1962 tuvo lugar el hecho más sonado de protesta organizado desde el exilio durante la década del desarrollismo: la Reunión de Múnich, que Franco calificó de contubernio. En ella se juntaron por primera vez políticos procedentes de la CEDA (como Gil Robles), con republicanos de izquierda (Salvador de Madariaga) y socialistas (Rodolfo Llopis), bajo un espíritu de superación de la hostilidad que había supuesto la Guerra Civil.

Pero la protesta social se manifestaría en tres frentes: estudiantil, laboral y urbano. La revuelta universitaria tuvo su primera muestra pública en febrero de 1956, cuando en la ceremonia anual del Día del estudiante caído colisionaron falangistas y universitarios que reclamaban las elecciones libres del SEU. Eran hijos de los vencedores y de los vencidos, algunos en disonancia con las actuaciones paternas. Fue la primera crisis interna de envergadura a la que el régimen tuvo que enfrentarse desde 1942, y Franco la resolvió destituyendo a los dos ministros «responsables» de los hechos: Raimundo Fernández Cuesta (secretario general del Movimiento y responsable del SEU) y Joaquín Ruiz Jiménez (ministro de Educación).

No obstante, la reacción estudiantil tendría un carácter minoritario hasta 1965, cuando los estudiantes consiguieron liquidar el SEU, tras una violenta protesta que se extendió desde Madrid a otras universidades españolas. Aparecería así el Sindicato Democrático de Estudiantes Universitarios, que impulsaría las asambleas, las huelgas y las manifestaciones reprimidas por los agentes de la policía —«los grises»— en los diferentes campus.

La revuelta de 1965 culminó con la manifestación encabezada por Enrique Tierno Galván, José Luis Aranguren, Agustín García Calvo y Santiago Montero Díaz, los cuales fueron sancionados con la expulsión de sus cátedras universitarias; en el caso de los tres primeros con carácter definitivo, mientras que al filósofo Montero Díaz se le aplicó una inhabilitación de dos años. Antonio Tovar, que acababa de ganar la cátedra de Latín de Madrid, dimitió en solidaridad con sus compañeros represaliados y regresó a Estados Unidos, donde permanecería hasta ser llamado en 1967 para ocupar la cátedra de Lingüística comparada en la Universidad de Tubinga (Alemania Federal).

La agitación laboral existió a lo largo de todo el franquismo. Por ejemplo, en 1951 la huelga de tranvías de Barcelona tuvo como origen las penosas condiciones laborales y el incremento de los precios. No obstante, la protesta se intensificaría con los inicios del desarrollismo, surgiendo un nuevo movimiento obrero integrado por jóvenes que, a pesar de que en sus casas les decían que no se metieran en política, estaban dispuestos a ir a la huelga con todas sus consecuencias.

En el seno del sindicato vertical se fraguó el sindicato de orientación comunista Comisiones Obreras posteriormente autoescindido. A la organización de células del Partido Comunista Español (PCE) en el interior del país se agregó la aparición de nuevos partidos políticos, como el Frente de Liberación Popular (más conocido como «Felipe»), y la expansión del asociacionismo obrero a través de otros sindicatos, como la antigua Unión General de Trabajadores. Según la Organización Internacional del Trabajo, pese a que estuvieran prohibidas, el número de huelgas en España desde 1963 hasta 1974 fue de 6655, siendo 1964 el año de menor incidencias (126) y 1974 el de mayor convocatoria (1926).

En el tardofranquismo, el movimiento urbano de carácter vecinal surgiría como una nueva forma de reivindicación, vinculado habitualmente a barrios de nueva creación de las grandes ciudades. Esta plataforma estaría integrada por las asociaciones de vecinos, que posteriormente darían lugar a las federaciones de ciudades y provincias.

La oposición antifranquista formó dos organismos unitarios: la Junta Democrática, fundada junto al PCE en julio de 1974 por el abogado y político Antonio García-Trevijano; y la Plataforma de Convergencia Democrática, surgida en junio de 1975 y constituida por el PSOE, democristianos, socialdemócratas y grupos moderados. El 26 de marzo de 1976 la fusión de ambas cabeceras dio lugar a la Coordinación Democrática, conocida popularmente como Platajunta.

11.2. La clase media

Los nacionales contaron desde sus inicios con el apoyo de la aristocracia financiera, de la burguesía industrial, de los terratenientes, de la élite administrativa y de los eclesiásticos, grupos que recuperaron el poder social y económico que habían visto limitado durante la Segunda República. También lograrían la adhesión del pequeño y mediano campesinado, que en muchos lugares de España había apoyado el alzamiento del 18 de julio y que se mantendría conforme con la política intervencionista del régimen. Asimismo, el franquismo ampliaría las bases iniciales atrayendo a la población urbana, para lo cual contó con la ayuda de la Acción Católica, de la Asociación Católica Nacional de Propagandistas, del Opus Dei, de la Falange y del Ejército.

Una de las novedades del franquismo fue la gestación de la clase media, que sobrepasaría en poco a la clase obrera en 1975. Estaba compuesta por funcionarios (había 700 000), profesionales liberales y trabajadores por cuenta ajena. La clase media llegó a constituir el 56 % de la población.

La clase trabajadora incluía colectivos tan heterogéneos como los obreros de las fábricas, los empleados en los servicios y los jornaleros del campo. El primero de los grupos citados fue el que más creció, llegando a representar casi el 40 % de la población activa de 1975.

El proletariado industrial procedía, en un principio, fundamentalmente del campo y carecía de cualificación técnica, pero la experiencia lograda permitiría a un grupo abundante tender hacia la especialización a mediados de los años 60, aumentando su remuneración salarial. Así surgirían los denominados «obreros de cuello blanco», en referencia a conserjes, ordenanzas y personal auxiliar de la administración pública, que habían sustituido el mono por el uniforme de trabajo. Como es de esperar, ante la mecanización, para una misma tarea eran precisos menos brazos, por lo que el número de jornaleros sería decreciente: en 1960 los jornaleros representaban el 23 % de la población activa y en 1975 solo el 6,3 %.

11.3. Las pensiones

Al comienzo del franquismo los abuelos no contaban con jubilación remunerada por el Estado, nunca había existido dicho sistema en España, sino que dependían, en el mejor de los casos, de la cuota que hubieran pagado al Monte Pío (una minoría) o de la asignación que sus hijos les dieran para afrontar el mes. Para paliar esta situación, se adoptaron distintas medidas encaminadas a dotar a la población de un grado de bienestar. En virtud de una ley de 14 de diciembre de 1942 se crearía el Seguro Obligatorio de Enfermedad (SOE), para atender las necesidades sanitarias de la población más débil desde el punto de vista económico, cuyas rentas de trabajo no excedieran los límites fijados.

En 1943, con José Antonio Girón de Velasco al frente del Ministerio de Trabajo, se habilitó el citado Seguro Obligatorio de Enfermedad, auténtico referente de la Seguridad Social. Sus prestaciones eran de tipo sanitario (asistencia médica, recetas subvencionadas y hospitalización) y económico (baja médica y subsidio en caso de fallecimiento). El SOE quedaría bajo el control del Instituto Nacional de Previsión, en tanto que entidad aseguradora única, constituyendo la columna de la moderna Seguridad Social. En 1945 el Fuero de los Españoles daba un cuadro bastante completo de los seguros sociales: «el Estado español garantiza a los trabajadores la seguridad del amparo en el infortunio y les reconoce el derecho a la asistencia en los casos de vejez, muerte, enfermedad, maternidad, accidentes del trabajo, invalidez, paro forzoso y demás riesgos que pueden ser objeto de seguro social».

Respecto a la jubilación, para reemplazar al «retiro obrero» surgió en 1939 el «subsidio de vejez e invalidez», transformado en 1947 en «seguro obligatorio de vejez e invalidez«. Y, finalmente, el 28 de diciembre de 1963, se aprobó la Ley de Bases de la Seguridad Social, con el fin de implantar un modelo unitario e integrado de protección social, con coberturas tanto hospitalarias como de gestión de las cotizaciones del trabajador para su posterior tranquilidad económica cumplidos los 65 años.

11.4. El consumo

La mejora del poder adquisitivo de las familias crecería y dejaría atrás el hambre de los difíciles años 40. España casi dobló el valor real de su renta nacional en la década de 1960, pasando de 613 a 2178 millones de pesetas corrientes.

Parte del presupuesto familiar se destinaba a la mejora de la calidad de vida en el interior de la vivienda, con la incorporación de electrodomésticos que facilitaban las tareas domésticas. La fregona, patentada por el ingeniero del Ejército del Aire Manuel Jalón Corominas en 1964, fue muy bien acogida pues un artilugio tan simple permitía limpiar el suelo sin necesidad de arrodillarse. «Es el lavasuelos de éxito mundial, que ahora se vende ya en España. Con RODEX fregará como si jugara», decía uno de los anuncios en prensa.

Justo en ese mismo año, 1964, la obra de teatro *El Tragaluz*, de Antonio Buero Vallejo, hace referencia a aumentos de salario y a productos comprados por los personajes, lo que permite hacerse una idea sobre lo que duraba un sueldo.

Al terminar los 60 la luz eléctrica llegaba ya a casi todo el país. Una gran parte de los hogares tenían teléfono, frigorífico y, más tarde, lavadora. En 1959 había en España 30 000 receptores de televisión, que pasaron a ser medio millón en 1965. Asimismo, a principios de los 70 el veraneo en las zonas de playa comenzó a ser también un fenómeno masivo entre los españoles. Cambió el horizonte de la costa por los hoteles y los rascacielos.

Categoría profesional	Sueldo mensual (en pesetas)
Electricista (oficial de 1.ª)	1300-1500
Maestro industrial	1750-1875
Perito industrial	1730-4320
Viajante	2300-2884
Mecanógrafa	788-1150
Ingeniero	5769
Administrativo	1000-1884
Jefe de contabilidad	1923-2884

* Datos de mediados de la década de los 60.

Los nuevos hábitos modificarían la cotidianidad, influyendo decisivamente el cine estadounidense en esta transformación del marco urbano y en la decoración de las casas, pues las imágenes transmitidas a través de las películas de la época dorada de Hollywood ponían de manifiesto un extraordinario nivel de vida, por otra parte deseado por cualquier espectador español, que quedaba gratamente sorprendido ante la cantidad de adelantos en el hogar y asombrosas formas de ocio.

Productos	Precio (en pesetas)
Viaje a Nueva York (15 días)	25 970
Automovil (SEAT 1500)	134 000
Tocadiscos portatil	1990
Equipo de fotografía	1660
Piso	105 000
Frigorífico	4999
Radio para coche	5500
Cocina	5500
Blusa	265
Gafas de sol	130-240
Reloj de pulsera	2590
Toalla	26

* Datos de mediados de la década de los 60.

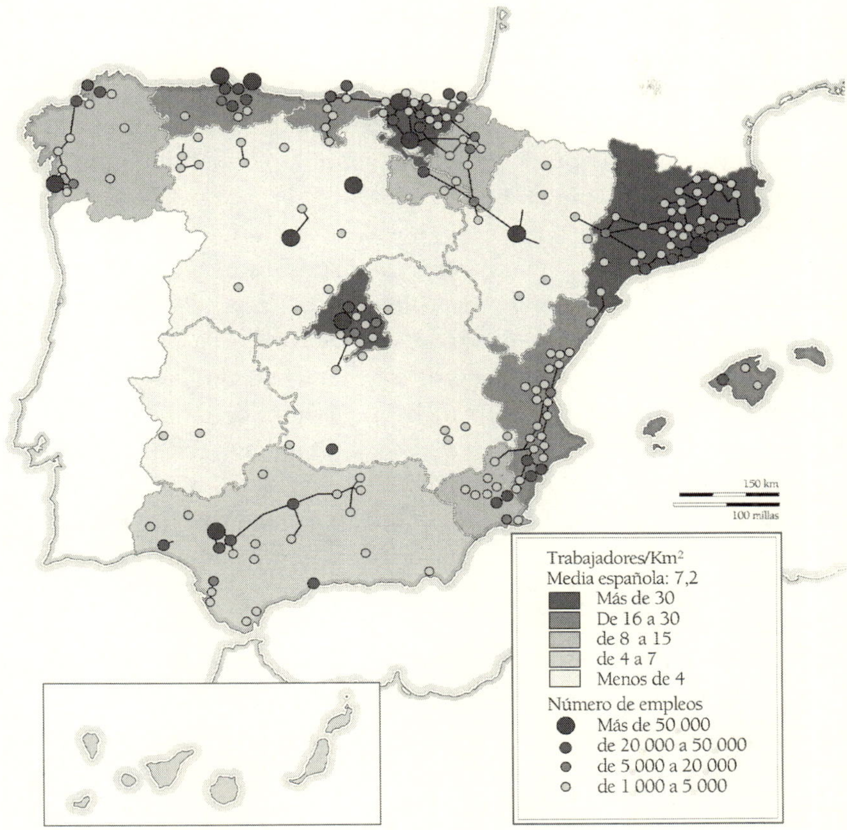

Densidad industrial en España en 1975.

Turistas europeos o americanos, atraídos por el eslogan *Spain is different*, por el sol y por las suculentas ventajas de la conversión de su moneda a pesetas, descubrirían en nuestro país su destino favorito, con todas las repercusiones positivas que ello generaría en la reactivación del tejido económico.

12. La cultura después de una guerra

Bajo la máxima de «españoles y católicos» se puede resumir el concepto del nacionalcatolicismo en tanto que, en la España de 1939, la patria y el credo serían consustanciales. De este modo, la «identidad española» a custodiar nacía de esa compenetración y de la inseparable vinculación de ambas adscripciones, una fusión que permitía a la jerarquía eclesiástica aceptar que Franco entrara a los templos bajo el palio reservado al Santísimo.

Así pues, la historia de España y, en concreto, la remembranza de aquellos episodios inmortales, se convirtieron en lugares comunes de la retórica del nuevo régimen, el cual trataba de legitimar su discurso rescatando del desván de la memoria el pasado de la nación. Buscando el refrendo de los siglos, se exponía que, desde la conversión de Recaredo y la celebración del III Concilio de Toledo (589) hasta 1939 —bautizado como Año de la Victoria—, la estrecha relación entre católico y nacional habría ido dando sus frutos. Valores ostentados por los caballeros y damas del Medievo y perceptibles en el papel crucial desempeñado por los Reyes Católicos, en cuya época se estableció la religión única, se instituyó el Santo Oficio y se descubrió América.

Por tanto, el franquismo supo que, para mantener esa identidad española, resultaba prioritario emprender una «reconquista de la cultura», a fin de depurar la producción de la República. En ese sentido, cabe destacar la obligatoriedad de la enseñanza católica en todos los centros escolares, tanto públicos como privados, y la afirmación de la familia cristiana frente a la ley republicana del divorcio.

Esa peculiaridad española quedó muy bien reflejada en la pastoral del cardenal Gomá, con fecha de 8 de agosto de 1939, en la que bajo el título de *Lecciones de la guerra y deberes de la paz*, manifestaba que España era el nuevo «pueblo de Dios» (y todavía no había llegado el Concilio Vaticano II para acuñar este concepto):

> Cada nación tiene su manera de ser y vivir, como cada individuo tiene su temperamento y su historia. España, profundamente trabajada por los principales cristianos, ha logrado con los siglos y con la gracia de Dios un temperamento que refleja la virtud del evangelio que la informó en todos los órdenes. Más que un pueblo alguno de la tierra ha sido España creada, como Israel en otros tiempos, por la mano amorosa de Dios, que quiso hacer de ella un pueblo para sí, para que publicara sus alabanzas.

Por ser «anticatólicos», eran considerados «antiespañoles» todos los hijos de la modernidad comprendidos desde Lutero y Calvino hasta Marx y la Revolución rusa. Si el «milagro español» había sido plausible, la respuesta estaba en el encuentro entre el capital, el trabajo y el catolicismo.

12.1. El plumier

El sistema de enseñanza en el franquismo no aceptaba la coeducación, de modo que niños y niñas estudiaban en aulas separadas desde los inicios de su educación hasta salir de los colegios o institutos para acceder a la universidad. Desde los 6 años, los escolares aprendían a leer en el parvulario para luego sumarse a la instrucción básica. Todos los días rezaban un padrenuestro al entrar y un avemaría al salir del colegio. Y, cuando hacían la Primera Comunión, se decía que les había llegado «el uso de razón». La clase estaba presidida por el crucifijo y el retrato de Franco, y en un solo volumen, la *Enciclopedia*, se encontraba escrito todo cuando deberían aprender en esos tiernos años, desde Geología a Historia Sagrada. A falta de innovaciones metodológicas, en la pedagogía se iba al grano: a tener buena caligrafía y a manejar con solvencia las cuatro reglas del cálculo.

En el primer franquismo se impuso un sistema educativo sustentado sobre tres leyes: la de Bachillerato de 1938, la de Ordenación Universitaria de 1943 y la de Enseñanza Primaria de 1945. La entrada de Joaquín Ruiz Giménez al Ministerio de Educación (1951) supondría el inicio de una tímida liberalización. Tras la depuración de los cuerpos docentes y el exilio de buena parte de los intelectuales, la universidad quedaría bajo el control de la Falange y de los grupos católicos, como la Asociación Católica Nacional de Propagandistas y, más tarde, el Opus Dei.

Acerca de las instituciones en que se impartía la instrucción primaria y el bachillerato, es preciso señalar que, en los primeros lustros de la dictadura, las órdenes religiosas fueron fundamentalmente las encargadas de impartir la enseñanza primaria y secundaria, aunque también había centros públicos, en las áreas rurales eran los únicos. Esta implicación de las congregaciones exoneraba a las arcas estatales, carentes de recursos, de realizar un importante desembolso. La Sección Femenina también participó en las tareas educativas, impartiendo asignaturas relacionadas con la educación física, la formación del espíritu nacional y la economía doméstica.

Ibáñez Martín promovió la Ley de Ordenación Universitaria de 1943 y, en marzo de 1944, se incluyó en todos los planes de estudios universitarios la formación política, organizada en tres asignaturas anuales. En 1949 una ley daba carta de naturaleza al bachillerato profesional que se impartiría en los Institutos Laborales. También proliferaron las Universidades Laborales.

Ministros de Educación	Fechas
Pedro Sainz Rodríguez	31 de enero de 1938 a 27 de abril de 1939
José Ibáñez Martín	9 de agosto de 1939 a 19 de julio de 1951
Joaquín Ruiz Giménez	19 de julio de 1951 a 15 de febrero de 1956
Jesús Rubio García-Mina	15 de febrero de 1956 a 10 de julio de 1962
Manuel Lora-Tamayo	10 de julio de 1962 a 16 de abril de 1968
José Luis Villar Palasí	16 de abril de 1968 a 11 de junio de 1973
Julio Rodríguez Martínez	11 de junio de 1973 a 3 de enero de 1974
Cruz Martínez Esteruelas	3 de enero de 1974 a 11 de diciembre de 1975

La directriz más importante de la etapa de Joaquín Ruiz Giménez como ministro de Educación Nacional fue la ya citada Ley de Enseñanza Media de 26 de febrero de 1953, que establecía un nuevo plan de bachillerato, dividido en dos grados (elemental y superior), en vigor hasta 1970.

El problema del analfabetismo y de los niños sin escolarizar no había sido superado en 1960, fecha en la que había 3 millones de personas que no sabían leer ni escribir, aunque los porcentajes revelan que los cursos gratuitos, habilitados en horario nocturno para enseñar a adultos, darían su resultado. Eran tiempos en los que los pequeños tenían que trabajar para sacar adelante sus casas. ¡Cuántos niños habrían cambiado el pastorear a las ovejas o andar en la vendimia por sentarse en el pupitre! La tasa de analfabetismo era del 44,4 % en 1930, del 11,2 % en 1960, y del 5,7 % en 1975, y hubo un destacado contingente de mozos que interiorizaron las destrezas escolares estando en la mili. Por otra parte, para mejorar la cualificación del profesorado, Manuel Lora-Tamayo modificó la legislación para entrar en las Escuelas de Magisterio, de modo que a partir de entonces los aspirantes no eran, como hasta ese momento chavales de 14 años, sino que debían tener aprobado el bachillerato superior.

Durante los 60 y 70 se produjo un aumento de los alumnos matriculados en los diferentes ciclos, acrecentándose el número de colegios, institutos y universidades y mejorando la calidad de la enseñanza y de la investigación. José Luis Villar Palasí promovió la elaboración de un libro blanco para detectar los problemas del sistema educativo vigente y el resultado fue la Ley General de Educación de 20 de agosto de 1970.

La Educación General Básica (EGB) se impartiría desde los 6 hasta los 14 años. De forma previa a la EGB existiría una educación preescolar y, entre los 14 y los 17 años, habría un Bachillerato Unificado Polivalente (BUP), que fundía los planes de los bachilleratos de letras y de ciencias. La formación profesional se organizó en tres grados y la preparación al mundo universitario se haría en el Curso de Orientación Universitaria (COU). A nivel universitario se establecieron tres ciclos: diplomatura (de 3 años), licenciatura (de 5) y doctorado.

Asimismo, para atender con adaptaciones curriculares la discapacidad, siendo ministro de Educación y Ciencia Cruz Martínez Esteruelas, apareció en enero de 1975 el Instituto Nacional de Educación Especial y, en mayo, se regularía la incorporación de las lenguas nativas a los programas de los centros de Educación Preescolar y General Básica.

12.2. De la «buena esposa» a la chica ye-ye

Los consejos de la Sección Femenina a las jóvenes chirrían con la defensa de la igualdad, pues todas las indicaciones se orientaban al sometimiento al varón. Su grado de influencia era alto, pues este organismo se encargaba de instruir en los institutos a las alumnas en Economía Doméstica, con cursos de cocina, corte y confección, canto, costura, etc. Para ejercitar la gimnasia, las falangistas inventaron unos pololos oscuros, convencidas de que la educación física «despierta en (la mujer) el sentido de la disciplina y esclarece su inteligencia. Y la hace más apta para su misión maternal». Pero, como aseguraba la revista *Medina*, se podía hacer ejercicio a todas horas: «limpiar los cristales proporciona un busto bonito; barrer es un ejercicio para los brazos; tanto planchar como encerar un tablero hace que adquiera gran belleza el talle».

También preparaba la Sección Femenina a las jóvenes que iban a casarse para que fueran abnegadas consortes y felices madres, aunque, como decimos, se les daban ciertas recomendaciones insostenibles. Hoy, cuando se trabaja por la igualdad plena de los sexos, es preciso denunciar que, en aquel tiempo, se velaba en exclusiva por el bienestar masculino.

Un panfleto falangista rezaba que «la primera idea de Dios, fue el hombre». Y, desgraciadamente, Pilar Primo de Rivera afirmaba que «a las mujeres les falta desde luego el talento creador, reservado por Dios para inteligencias varoniles; nosotras no podemos hacer nada más que interpretar mejor o peor lo que los hombres han hecho». En la cartilla para la hembra en edad núbil se lee: «ten preparada una comida deliciosa para cuando tu marido regrese del trabajo. Especialmente, su plato favorito». Ofrécete a quitarle los zapatos. Habla en tono bajo, relajado, placentero». «Retoca tu maquillaje, coloca una cinta en tu cabello, hazte un poco más interesante para él». «Minimiza cualquier ruido. En el momento de su llegada, elimina zumbidos de lavadora o aspirador». «Recuerda siempre que es el amo de la casa».

En los años 40, la antítesis del manual de la Sección Femenina era la chica topolino, de la que se estimaba que tenía la cabeza llena de pájaros. Lo de «topolino» venía del coche italiano al uso. Tampoco estas jóvenes eran vistas por las salas del Auxilio Social, ni actuaban como enfermeras voluntarias en hospitales de sangre. Aunque, como decía Aristóteles, la virtud se halla en el término medio, y ellas fueron las primeras y «tiernas» contestatarias al régimen.

La Codorniz (revista satírica fundada en 1941, bajo la dirección del dramaturgo Miguel Mihura) sacó una portada donde la chica topolino aparecía con todos los artilugios de ir a misa (velo, misal y rosario), pero con falda por la rodilla y zapatos de cuña («de coja»), arrodillada ante un galán (tal vez con oposiciones aprobadas) con el que anhelaba casarse.

El modelo cambió exactamente en 1947, año en que los comunistas tenían organizada la huelga nacional que acabaría con el franquismo, y que sencillamente no se produjo. En esa fecha, la topolino se convirtió en Gilda, se dejó el pelo en cascada, abandonando el «Arriba España» de peluquería (un moño con frontal alto), se puso escotes de barco y se compró zapatos de aguja. Sin leer a los clásicos, la chica topolino había comprendido que lo que importaba era navegar..., aunque fuera subida en el «haiga», el coche del nuevo rico.

Por la alta cantidad de muertos en la Guerra Civil, la población masculina se hallaba en inferioridad cuantitativa. En 1951, en el último censo de Madrid, el número de hembras superaba al de varones en 200 000. En la mentalidad misógina imperante, cuando un hombre se quedaba soltero era porque quería, pero si le pasaba a una mujer era porque no había podido casarse. Si al final la chica se quedaba soltera, podría trabajar fuera de su casa, pero si era desposada, aunque hubiera estudiado una carrera, generalmente la abandonaba porque la misión «más alta» que tenía en la vida era el matrimonio.

En los noviazgos, la iniciativa de «quedar» la tenía que llevar el chico, pero la última palabra la tenía la chica. Lo común era que pasearan por las plazas mayores, como la churrigueresca de Salamanca o Zocodover en Toledo, y a base de vueltas, se fijaran y se «echaran» el ojo. Cuando ella daba el consentimiento al romance y la cosa iba en serio, él debía hablar con los padres, entonces podría entrar a la casa y, hasta que se casaran, no irían nunca solos, sino con una persona que los vigilaría en todo momento, la llamada «carabina». Por la calle los novios caminarían del brazo y ninguno de los dos podría bailar con otro. Aun así, había parejas que se casaban por el «sindicato de las prisas», con la muchacha embarazada.

La educación sexual era nula. A menudo, las madres engañaban a las inexpertas diciéndoles que un beso podría ser causante de un embarazo inesperado. El noviazgo era para bastantes doncellas una especie de novela rosa que, en la práctica, adolecía de idealismo al aterrizar en el matrimonio. En paralelo, para los varones suponía una etapa de conquista a culminar con el empleo de «estrategias».

Los jóvenes de los guateques estaban más apartados de la ideología política, pues no habían participado en la guerra. A partir de los años 60 se introduciría la música moderna, o juvenil, con temas como el de *La chica ye-ye* interpretado por Concha Velasco. La mujer había trabajado siempre, se había encargado de la casa y de la familia, pero su incorporación al mundo laboral empezó a poner en tela de juicio los privilegios patriarcales: ¿por qué una chica soltera debía de estar, como una eterna menor de edad, bajo la tutela permanente del padre o hermano?, ¿por qué una señora casada, con su propio sueldo, no podía abrirse una cuenta bancaria sin la firma del marido? Estas contradicciones cotidianas ejercieron de estímulo en la concienciación social y, así, sin arrinconar el piropo, la mujer pudo ir a la universidad, cortarse el pelo, llevar pantalón, bailar suelto, ponerse bikini, conducir y fumar. Y todo ello sin dejar de ser decente, pero pensando un poco, no solo en la sonrisa del varón, sino en la dignidad de ambos.

A pesar de que se iba erosionando el machismo, se tardó mucho —demasiado—, en percibirse como intolerable la sumisión de un sexo al otro. Parecían normales esas letras que con la copla decían: «crucé los brazos para no matarla», o difundían el tópico de «la falsa moneda» o de la «bien pagada». Lamentablemente, en la práctica, hasta los años

90 del siglo xx no hubo un clamor popular para denunciar en España la violencia de género.

Pero, entre las generaciones más jóvenes, a mediados del franquismo, lo de la «pata quebrada» iba quedando atrás. A las 5 de la tarde, las chicas, que por la mañana trabajaban de costureras, de dependientas o de secretarias, se ponían «la minifalda» para dar un paseo o ir a los toros, espectáculo que constituía la forma de ocio más extendida en el franquismo, con diestros punteros como Luis Miguel Dominguín o Antonio Ordóñez. Y, como vislumbrara Manolo Escobar, los celos se infiltraban en los tendidos al percatarse el chico de «que los niñatos, qué pesados, no dejan de contemplarte»; el caso es que la compañera no había hecho más que recuperar como suyas las rodillas y, por ende, decidir como suyos los centímetros decrecientes del vestido.

Otro punto de «desencuentro» en las parejas fue el fútbol. Ahora hombres y mujeres ven los partidos enardecidos, pero entonces el balompié era más una diversión masculina. De cerca, la afición seguía el deporte rey, con el transistor pegado a la oreja, o en el mismo campo viendo correr a Di Stéfano, Kubala o Gento. Paralelamente, en el banquillo, la Cruz Roja estaba atenta por si había que socorrer a algún herido y, de ese modo, los voluntarios o reclutas de la mili se ganaban la entrada al estadio mientras sus novias, o sus mujeres, se quejaban —como cantara Rita Pavone— de quedarse solas y abandonadas el domingo.

12.3. La música y las artes

El Valle de los Caídos sería la obra oficial más importante del franquismo. Inaugurado el 1 de abril de 1959, día en que se conmemoraba el vigésimo aniversario del fin de la guerra, fue creado como mausoleo en honor de los «héroes y mártires de la cruzada», a fin de que perpetuara la huella del conflicto.

Su emplazamiento fue la sierra madrileña, en concreto Cuelgamuros. El diseño fue realizado por Pedro Muguruza, sucedido en el cargo de director-arquitecto por Diego Méndez. Los elementos más característicos son la basílica de grandes dimensiones, decorada con austeridad, y la inmensa cruz que corona el conjunto. En la cripta están enterrados 70 000 combatientes de la Guerra Civil, presididos por José Antonio Primo de Rivera y Francisco Franco. La Piedad, los evangelistas y las cuatro virtudes cardinales de la base de la cruz son obra de Juan de Ávalos, quien realizó hasta un total de 74 esculturas entre bocetos, dibujos y modelos. Para su construcción se empleó como mano de obra a presos políticos a los que se les ofrecía la redención de la condena, a cambio de durísimas y peligrosas jornadas de trabajo en medio del granito.

Giménez Caballero había identificado El Escorial con el «compendio de todas las virtudes del arte español» y, precisamente, se impuso una arquitectura imperial y tradicionalista, de estilo neoherreriano, como acreditan los edificios del Ministerio del Aire de Madrid (Luis Gutiérrez Soto, 1943) y la Universidad Laboral de Gijón (Luis Moya Blanco, 1946-1956).

En la década de los 50 surgieron nuevas corrientes estéticas. Sobresale en pintura el grupo Dau al Set en Barcelona y, más tarde, el grupo de Cuenca, encabezado por Fernando Zóbel, que introdujo el arte abstracto en la ciudad de las hoces. También las obras de Antoni Tapies y de Antonio Saura se hallan en clara ruptura con el arte académico.

En escultura destacó Eduardo Chillida y, en arquitectura, hay que mencionar, ya en los 60, a Francisco Javier Sáenz de Oiza, con sus Torres Blancas de Madrid, de las que solo se llegó a construir una, lo que consiguió disolver el espacio unificado de los rascacielos.

La música culta contó con compositores como Joaquín Rodrigo (*Concierto de Aranjuez*, 1940) y Cristóbal Halffter (cuya cantata, *Yes, speak out*, fue comisionada por la ONU para la conmemoración del XX aniversario de la Declaración Universal de los Derechos Humanos), directores de la talla de Ataúlfo Argenta y cantantes de ópera como Victoria de los Ángeles, Alfredo Kraus y Montserrat Caballé. La danza se codificó con Vicente Escudero (*Decálogo del buen bailarín*, 1951) y se desarrolló con Carmen Amaya y Antonio el Bailarín. La música popular estuvo presidida por la canción española, en la que intérpretes como Estrellita Castro, Paquita Rico y Lola Flores ponían voz a las letras de Quintero, León y Quiroga. También sobresalieron en este género, con títulos expresivos del contexto político, Antonio Molina (*Soy minero*), Juanito Valderrama (*El emigrante*) y Manolo Escobar (*Viva España*).

Buena parte de los espectadores más pequeños soñaron ser como Joselito y Marisol, no sabían lo que ser niño prodigio representaba en cuanto a sacrificio. Y, mientras se gestionaba el concierto en Madrid de Los Beatles (1965) —en Las Ventas y escoltados por los grises—, la música melódica seguiría unida al cine con una adolescente Rocío Dúrcal y una atractiva Sara Montiel.

España debutó en el certamen de Eurovisión en Cannes, en marzo de 1961, con Conchita Bautista, quien interpretó el inolvidable *Estando contigo*. España solo ha ganado dos veces el festival y lo hizo consecutivamente: en 1968, con Massiel (en un concurso envuelto en la polémica puesto que se le impidió cantar a Joan Manuel Serrat en catalán) y al año siguiente con Salomé. Entretanto, el folklore regional fue recuperado por la Sección Femenina, a través de la agrupación Coros y Danzas. Y, en contraste, la canción protesta fue desarrollada por cantautores como Cecilia, Luis Eduardo Aute y Rosa León.

12.4. La literatura y el cine: de nada al NO-DO

En el primer tercio del siglo XX la ciencia y la cultura españolas, por primera vez en su historia desde el Siglo de Oro, se habían equiparado a la creación e investigación europeas. Y, en buena parte, sucedió gracias a la Junta para Ampliación de Estudios e Investigaciones Científicas (JAE), fundada en 1907 bajo la presidencia de Santiago Ramón y Cajal. El éxito de la JAE, surgida para pensionar a investigadores y profesionales de las diferentes disciplinas con el objetivo de que enriquecieran su carrera en el extranjero, fue inmenso, pero su actividad quedaría suspendida con la Guerra Civil. Parte de sus funciones serían retomadas en 1939 por el Consejo Superior de Investigaciones Científicas.

En adelante, se creó una cultura oficial con finalidad propagandística, tanto en el cine como en la literatura. En los primeros años de la posguerra, en consonancia con las ideas del régimen, desarrollaron su labor intelectual José María Pemán, Agustín de Foxá, Eugenio D'Ors, Pedro Laín Entralgo, Antonio Tovar y Dionisio Ridruejo. Estos tres últimos acabarían pasando años después a la oposición política. Además, tras regresar a España, continuaron su actividad como escritores Azorín, Pío Baroja y Ortega y Gasset, aunque desde posiciones alejadas de la identificación ideológica con el sistema.

En 1945 se creó el Premio Nadal, el cual fue concedido en su primera edición a *Nada* de Carmen Laforet, novela de corte existencialista, escrita por una autora de 23 años, que incidió en la polémica del «tremendismo» y contribuyó a renovar la narrativa española.

A través de la historia de Andrea, una chica que se traslada a Barcelona a la casa de su abuela para matricularse en la universidad, Laforet reflejaba el estancamiento de la España de posguerra, de la ilusión de encontrarse con nuevas sensaciones a la tensión con sus tíos y la dramática constatación del abismo de la «nada»:

> Por dificultades en el último momento para adquirir billetes, llegué a Barcelona a medianoche, en un tren distinto del que había anunciado, y no me esperaba nadie... Empecé a seguir —una gota entre la corriente— el rumbo de la masa humana que, cargada de maletas, se volcaba en la salida. Mi equipaje era un maletón muy pesado —porque estaba casi lleno de libros— y lo llevaba yo misma con toda la fuerza de mi juventud y de mi ansiosa expectación.

En esta década comenzó a destacar ya también Camilo José Cela, con *La familia de Pascual Duarte* (1942) y *La colmena*, editada esta última en Buenos Aires en 1951, pues no pudo ser publicada en España hasta 1963 debido a la censura, aunque se da la paradoja de que el escritor gallego fue también censor.

Carmen de Icaza, baronesa de Claret, se hizo popular por sus 10 novelas publicadas entre 1935 y 1960. Implicada en el Auxilio Social y en la Sección Femenina de Falange, desempeñó el cargo de secretaria nacional del primer organismo y tuvo un papel destacado en la dirección de Propaganda durante la dictadura franquista. Debutó como novelista con *La boda del duque Kurt*, obra escrita bajo el seudónimo de Valeria de León. Su producción se diversifica en los artículos en prensa (*El Sol*, *Ya*, *Blanco y Negro...*) y en el género de novela rosa. Fue traducida a todas las lenguas de la Europa Occidental y se hicieron adaptaciones al teatro y al cine. En 1942, su quinta novela, *Vestida de tul*, vendió 10 000 ejemplares en una semana.

Desde finales de los 40, y ya en los 50, la cultura adquirió mayor dinamismo y espíritu crítico, no obstante velado para conseguir pasar el trámite, como puede comprobarse en los siguientes autores y títulos: Miguel Delibes (*La sombra del ciprés es alargada*, premio Nadal 1947), Ana María Matute (*Los Abel*, 1948), Rafael Sánchez Ferlosio (*El Jarama*, premio Nadal 1955), Ignacio Aldecoa (*Con el viento solano*, 1956), Carmen Martín

Gaite (*Entre visillos*, premio Nadal 1957) y Gonzalo Torrente Ballester (*Los gozos y las sombras*, 1957-1962).

En el teatro, alejándose del humor tradicional y buscando la sátira intelectual, descollaron Enrique Jardiel Poncela (*Eloísa está debajo de un almendro*, 1940; *Madre (el drama padre)*, 1941; *Es peligroso asomarse al exterior*, 1945; *Tú y yo somos tres*, 1945) y Miguel Mihura (*Tres sombreros de copa*, obra escrita en 1932 pero no publicada hasta 1947; *Ni pobre ni rico, sino todo lo contrario*, 1943, y *Maribel y la extraña familia*, 1959).

En el campo de la Filosofía sobresalieron Zubiri, Julián Marías, María Zambrano, José Ferrater Mora y López Aranguren. En la disciplina histórica ocupó un relevante papel Jaume Vicens Vives, en tanto que introdujo la investigación en Historia económica y social.

En 1947 se estrenó la película *Gilda*, acontecimiento que en España causó un auténtico escándalo. Ante los provocativos ademanes y trajes de Rita Hayworth, se organizaron rezos públicos en las entradas de los cines. La caprichosa censura cometió a través del doblaje cambios de guion clamorosos sin que se enterara el oído de los españoles: en *Casablanca* (1942), cuando Humphrey Bogart contaba en inglés que participó en la Guerra Civil con las Brigadas Internacionales, en nuestro idioma lo que se escucha es que combatió contra la anexión de Austria por los nazis; en *La dama de Sanghai* (1947), el personaje que interpreta Orson Welles comenta que mató a un espía en Trípoli, en vez de a un franquista en Murcia, como aparecía en la versión original; o en *Mogambo* (1953), donde el matrimonio, formado por Grace Kelly y Donald Sinden, que llega al safari para grabar gorilas, se convierte en una pareja de hermanos, pues, una vez allí, ella comete adulterio con el cazador (Clark Gable).

Entre las producciones españolas de los 50 donde la crítica social está presente destacan: *Bienvenido Mr. Marshall* (1952), dirigida por Luis García Berlanga; *Muerte de un ciclista* (1955) y *Calle Mayor* (1956), estas dos últimas dirigidas por Juan Antonio Bardem, y *El pisito* (1958), de Marco Ferreri. Pero abundaron las películas donde se presentaba la sociedad española como próspera, feliz y unida, negando todo conflicto de clase o territorial: *Esa voz es una mina* (Luis Lucia, 1956), *Las chicas de la Cruz Roja* (Rafael J. Salvia, 1958) y *La gran familia* (Fernando Palacios, 1962).

En la España de los años 40 se realizaron películas exaltando el sentimiento patriótico. Destacan *Raza*, de José Luis Sáenz de Heredia, con guion del propio Francisco Franco bajo el seudónimo de Jaime de Andrade, que fue estrenada en 1941, y *Los últimos de Filipinas* (1945). También gozaron de alto predicamento las producciones bélicas que recreaban escenas épicas de la Guerra Civil y, aunque a lo largo de una década, desde *Sin novedad en el Alcázar* (1940) hasta *¡El santuario no se rinde!* (1949), se mantuvo el patriotismo a ultranza, tras la caída del fascismo parecía intuirse alguna variación en el lenguaje respecto al cine de cruzada, como revela el protagonista de esta última, Alfredo Mayo. El que antes fue imagen del brío falangista es aquí un notario que pertenece al bando republicano y que acaba renegando de dicha causa, mostrando el lado humano de alguien que pone su vida en peligro para salvar a una condesa. Un acercamiento sui generis a la facción enemiga, pues se presenta a un «rojo» capaz de tener «sentimientos» y de ayudar a los sublevados.

El régimen controlaba los medios de comunicación y poseía sus propias cadenas de prensa y de radio, las cuales se hallaban ligadas al Movimiento como órgano de propaganda. En 1939 se creó la SER (Sociedad Española de Radiodifusión) y, desde 1942, el NO-DO ejerció el monopolio sobre los noticiarios y documentales cinematográficos. Su proyección fue obligatoria en pase previo a la película hasta enero de 1976, pero sobrevivió hasta 1981, aunque ya con carácter voluntario.

Televisión Española tuvo su primera emisión en 1948 y ofreció programación regular desde el 28 de octubre de 1956, aunque no se convirtió en medio de comunicación de masas hasta los años 60, cuando la adquisición del televisor pudo extenderse. Antes, sobre todo en el ámbito rural, la población veía «la tele» en el bar con motivo de los partidos de fútbol o las corridas de toros.

Desde 1966 Televisión Española emitió por dos canales y, ya en los primeros momentos, sobresalieron por su calidad programas como *Estudio 1* (1965, adaptaciones teatrales), *Un, dos, tres* (Ibáñez Serrador, 1972) e *Informe Semanal* (1973), y series como *Crónicas de un pueblo* (Antonio Mercero, 1971, con asesoramiento de guion del mismo Carrero Blanco). La parrilla infantil contó con *Los Chiripitifláuticos* (1966) y *Un globo, dos globos, tres globos* (1974).

Si en los inicios del mandato de Franco los principios ideológicos se habían articulado en torno a la España imperial, durante los últimos años la cultura estaría definida por una permanente búsqueda de ritmos y por una velocidad vertiginosa. En 1969, Luis Buñuel adaptó al cine

Tristana de Benito Pérez Galdós y, justo al inicio de la década, en 1961, *Viridiana*, que el mismo cineasta turolense había dirigido, fue prohibida en España, aunque obtuvo éxitos internacionales como la Palma de Oro del festival de Cannes.

Las imágenes no cambian. La mirada de quien mira y su significado, sí. La película *Canciones para después de una guerra*, dirigida por Basilio Martín Patino, se realizó de forma clandestina en 1971, pero no pudo ser estrenada hasta 1976, pues la censura no le concedió el pase. Condensaba un buen puñado de fotogramas históricos que empezaban a ser considerados como parte trasnochada del pasado. Pero la superposición de música a las instantáneas despertaba asociaciones y, sin saber por qué, esos fragmentos en blanco y negro, en apariencia inconexos con la melodía, a cualquier espectador —hubiera vivido la lucha o no— le evocaban pasajes veraces de la existencia.

Recuerdos de la carestía para sentirse todavía más felices de haber logrado seguir vivos... Emociones de una mocedad que se marchó. Letras con las que superar, en el discurrir de los años, el inexorable vacío.

Capítulo XIV
La Transición y la democracia: hacia el siglo XXI

Daoiz o Velarde. Congreso de los Diputados, Madrid.

Aquí se verá si los argentinos son en realidad descendientes de los españoles. En ese caso, la batalla será ardua y difícil para los nuestros. Si en cambio lo son de italianos, la batalla se decidirá en cuestión de horas.

General británico durante la Guerra de las Malvinas (1982)

La política constituye el arte de lo posible. Avanzando el índice de nuestro Breviario, abordamos la última etapa de la historia de España. Comenzamos redactando esta crónica en la máquina de escribir, para teclear luego en el computador que imprime sobre hojas agujereadas en los márgenes, en el ordenador que guarda en discos de 31/2, en el portátil que graba en *pendrive* y en la tableta, a modo de pizarra virtual, que «casi» todo lo sabe.

A la altura de 1978, España dejó de ser un patio de colegio donde, por defensa propia, estaba vetado hablar a quienes amenazaban al que sacaba buenas notas con que «a la salida te espero». Hubo un esfuerzo entre los grupos políticos por olvidar las rencillas. Siempre el pasar página conlleva un precio. Y la Constitución no solo se convirtió en insignia de la reconciliación nacional, también en árbitro de los acontecimientos. Precisamente, para evitar que la división rasgara la democracia, frente a cartas magnas, como la británica (no escrita sino consuetudinaria), o la estadounidense (repleta de enmiendas), desde el arca de cristal, el texto español espera aún la incorporación de criterios relativos al Senado, la articulación territorial o a la plena igualdad de sexos en la línea de sucesión al trono.

La Transición, como su propio nombre indica, actuó de puente entre dos épocas: el franquismo y la democracia. Después vendría «la era de Felipe González», en tanto que el PSOE se mantuvo bajo su liderazgo en La Moncloa durante casi 14 años, desde la victoria electoral del otoño de 1982 hasta el invierno de 1996. Un período extenso, el del puño y la rosa, donde se sucederían numerosos gabinetes, reconversiones industriales, ingreso en organizaciones internacionales..., éxitos y fracasos, salpicados en la última etapa de escándalos. Entretanto, 1992 sería un año de luz, pues la Exposición Universal de Sevilla (coincidiendo con el V centenario del «descubrimiento» de América) y los Juegos Olímpicos de Barcelona harían que España y el mundo fueran «amigos para siempre».

El cambio de siglo —junto a los temores de milenarismo, antaño con la peste y ahora, en el tercer milenio, con la amenaza informática del «efecto 2000»— estaría caracterizado por 8 años de mandato del Partido Popular: del «váyase, señor González», repetido por Aznar, a la recuperación económica. Pero, cuando ETA parecía que iba siendo aplastada, en 2004 el terrorismo islámico esparció la desolación y el tren de trabajadores y estudiantes del 11-M tornó en un convoy de cadáveres en la estación de Atocha.

Se inició entonces el Gobierno de Zapatero: dos legislaturas marcadas por la Alianza de Civilizaciones y el cambio social, también por considerar caduca la aministía y reabrir las fosas del franquismo. Pero la crisis asaltó las economías mundiales y domésticas y, como el partido de la gaviota se identifica con el neoliberalismo, en las elecciones del 20 de noviembre de 2011 tocó el relevo político. El equipo del Partido Popular, encabezado por Rajoy, estableció como medidas ante la recesión la contención del gasto y la subida de impuestos. Sanear las finanzas —como curar una herida— implica un prurito inmediato. Se habló mucho de «la herencia recibida», se tocó la remuneración anual de los funcionarios, hubo desahucios y las pensiones de jubilación tuvieron que acoger a hijos y nietos.

El descontento social giró hacia la extrema izquierda y, del movimiento 15-M, con los indignados de la Puerta del Sol, salió un partido, Podemos, mientras que la horquilla del centro experimentaba el nacimiento de otra formación, Ciudadanos, que adquirió una plataforma nacional a partir de la defensa en Cataluña dentro de la unidad española.

A base de corrupción, cundió la desconfianza y se erosionó el bipartidismo. Como castigo, muchos ciudadanos decidieron en 2015 no votar al partido con el que simpatizaban. En el hemiciclo empezaron a faltar los valores que habían animado la Transición. El ciudadano de a pie se sentía defraudado ante un sistema hueco, donde la casta política se había profesionalizado, donde las comunidades autónomas parecían los reinos de taifas, donde el nacionalismo catalán manifestaba querer irse de España, pero jugar en su liga de fútbol, y donde ni siquiera existía una unánime fuerza democrática para la defensa colectiva ante el horror del yihadismo.

La ciencia se sintió urgida a desentrañar la política y lo único positivo fue que, en la España plural, más allá de las siglas, el votante, con independencia del signo por el que se decantara, venía a coincidir en su aspiración de que todo político ofreciera a la ciudadanía sinceridad y sentido lógico. Dos requisitos cuya mención, desde la democracia de Pericles, a estas alturas habría de resultar redundante, aunque es amargo constatar que si Joaquín Costa levantara la cabeza se toparía con diferentes tramas que muestran la descarada persistencia de la oligarquía y del caciquismo.

En 2015 cuatro partidos entraron en el ruedo electoral y, por primera vez en la historia de España, hubo que repetir los comicios, en esta ocasión no por fraude, sino por falta de consenso. Tras múltiples apariciones televisivas de los candidatos de los cuatro partidos principales mostrando su lado más humano, ninguno de los dos domingos, ni el del 20 de noviembre ni el del 26 de junio (de 2016) cosecharon mayorías absolutas y, como los dirigentes tardaron en llegar a un acuerdo, España estuvo casi un año sin Gobierno, con ministros en funciones hasta nuevo aviso.

1. La Transición (1975-1982)

El período transcurrido entre la muerte de Franco y la consagración definitiva del país como un Estado democrático es conocido como la Transición. Existe mayor anuencia acerca del momento de inicio que sobre su fin. Se suele situar el comienzo en la proclamación de Juan Carlos I como rey de España, acontecida a los dos días de la defunción.

Como hipotéticas fechas de cierre, se barajan la entrada en vigor de la Constitución, el 29 de diciembre de 1978, la salida de la UCD del Gobierno a raíz del triunfo del PSOE del 28 de octubre de 1982 e, incluso, hay autores que hablan de 1986, con decisiones de amplia resonancia, como el ingreso de España en la Comunidad Económica Europea (futura Unión Europea) o la aprobación del referéndum sobre la permanencia de España en la OTAN. También hay analistas que prolongan en exceso su duración hasta las elecciones del año 1996, en las que ganó el Partido Popular, clausurando una etapa de cuatro legislaturas socialistas.

La Transición no fue un período fácil: existían temores ante el recuerdo de la Guerra Civil, así como por la presumible debilidad de los partidos y la inexperiencia política de la sociedad española. Además, hay que situar este proceso en un contexto de mucho dolor provocado por el terrorismo (sobre todo de ETA) y una crisis económica repleta de conflictos laborales. No obstante, pese a los escollos, la Transición se convirtió en un modelo a imitar en el proceso de cambio pacífico.

1.1. La proclamación de Juan Carlos I

La muerte de Franco inició una serie de decisiones en cadena. La legislación asentada desde 1939, así como la elección de Juan Carlos como sucesor a título de rey, garantizó la celeridad del relevo. El Consejo de Regencia asumió, de forma transitoria, las funciones de la Jefatura del Estado hasta el 22 de noviembre de 1975, fecha en que Juan Carlos de Borbón fue proclamado.

La ceremonia se celebró en el palacio de las Cortes, y comenzó a las doce y media de la mañana con la llegada de don Juan Carlos y doña Sofía. Tras escuchar el himno nacional y pasar revista a una compañía de honores del batallón de infantería del Ministerio del Ejército, la comitiva entró en el Congreso. En el estrado se situaron los sillones para los monarcas, para los miembros del Consejo de Regencia: Alejandro Rodríguez de Valcárcel, monseñor Cantero Cuadrado y el general Salas Larrazábal, y para los hijos de los soberanos: Elena, Cristina y Felipe. También se colocaron allí los miembros del Gobierno, de la mesa de las Cortes y de la casa del príncipe. A la derecha de don Juan Carlos, la corona y el cetro, atributos de la realeza.

Como hemos anunciado, la Iglesia española se había desmarcado del nacionalcatolicismo en los últimos años de Franco. Que Juan Carlos I podía contar con ella se hizo evidente en la homilía pronunciada por el cardenal Tarancón en la ceremonia religiosa, con presencia de la familia real, celebrada el 27 de noviembre en la madrileña iglesia de los Jerónimos. En su discurso, Tarancón no mencionó la Guerra Civil, hizo una única referencia a «la figura excepcional, ya histórica» del general Franco y exhortó al monarca a serlo de «todos los españoles», sin realizar distinciones entre vencedores y vencidos. El 29 de noviembre, por el procedimiento de indulto real, fueron excarcelados 5655 presos, entre ellos Marcelino Camacho y los condenados por el Proceso 1001.

El 1 de diciembre se reunió el Consejo del Reino para elaborar la terna de nombres entre los que el monarca debía escoger al nuevo presidente de las Cortes. La reunión duró unas 4 horas y, el día 3, el gijonés Torcuato Fernández-Miranda juró el cargo en el palacio de La Zarzuela:

> Somos lo que Dios y nuestros padres han puesto en nosotros. Somos lo que la propia psicología, biología y personalidad nos aporta. Pero somos, sobre todo, lo que hacemos. Me siento absolutamente responsable de todo mi pasado. Soy fiel a él. Pero no me ata, porque el servicio a la patria y al rey es una empresa de futuro. La clave de mi comportamiento será servir a España en la persona del rey. Tiempo habrá para las palabras, las ideas y las acciones.

Tras el asesinato de Carrero Blanco, Fernández-Miranda había asumido durante 11 días la presidencia interina, pero desde el 2 de diciembre de 1975 presidiría las Cortes, posición que llevaba aparejada la presidencia del Consejo del Reino. Desde allí orientaría al monarca acerca del funcionamiento del sistema posfranquista con la intención de ir, paulatinamente, desmontándolo. En palabras de Fernández-Miranda, se trataba de ir «de la ley a la ley a través de la ley», pues las Leyes Fundamentales del Reino no eran modificables, sino derogables mediante sus propias disposiciones. De este modo, se podía llegar a la democracia evitando vacíos legales.

Como para allanar el advenimiento de Alfonso XII, Cánovas apostara por la vía pacífica, Fernández-Miranda es considerado el estratega de la Transición, pues su objetivo era establecer un sistema con dos partidos, uno conservador y otro más liberal, encaminando a Juan Carlos I hacia un cambio sereno de acuerdo a estas claves:

—No un pequeño caudillo, sino un gran rey.

—No romper, ir de una situación a otra desde la ley.

—No ruptura, reforma desde la Ley de Sucesión, 2/3 y referéndum.

—Integrar a la izquierda.

1.2. La llegada de Adolfo Suárez

El abogado Adolfo Suárez desempeñó diferentes cargos dentro de las estructuras del franquismo, siendo introducido en dichas esferas por Fernando Herrero Tejedor, falangista vinculado al Opus Dei a quien conoció cuando Herrero era gobernador civil de Ávila, su provincia natal.

En 1958, Adolfo Suárez comenzó a formar parte de la Secretaría General del Movimiento, organismo en el que iría ascendiendo, pasando a ser jefe del Gabinete Técnico del Vicesecretario General (1961), procurador en Cortes por Ávila (1967) y gobernador civil de Segovia (1968). En 1969, por 4 años, sería designado director general de Radio Televisión Española y, desde abril de 1975, se convertiría en Vicesecretario General del Movimiento. El 11 de diciembre entró en el primer gabinete formado tras la muerte de Franco, encargándose de la cartera ministerial de secretario general del Movimiento, por recomendación de Torcuato Fernández-Miranda.

Unas semanas antes de convertirse en presidente, el 9 de junio de 1976, en un discurso sobre la Ley de Asociaciones Políticas ante las Cortes, aseguró que no había que derribar lo construido ni levantar un edificio paralelo, el objetivo era «elevar a la categoría política de normal lo que a nivel de calle es simplemente normal». Y, como colofón, citó unos versos de Antonio Machado:

Está el hoy abierto
al mañana. Mañana, al infinito.
Hombres de España,
ni el pasado ha muerto,
ni está el mañana en el ayer escrito.

Adolfo Suárez se convirtió en la persona elegida por el rey para relevar a Arias Navarro, perspectiva desde la que realizaría un magnífico papel como impulsor de la Transición. Con espíritu conciliador, Suárez se encargaría de entablar conversaciones con los líderes de los diferentes partidos y fuerzas sociales —legales y clandestinas—, para dar voz a cada una de ellas, pues el objetivo era instaurar un régimen democrático.

Cuando el 3 de julio de 1976 Suárez fue designado presidente del Gobierno, el nombramiento causó desconcierto, pues quienes no conocían su auténtica personalidad política no comprendían que el inmovilista Arias fuera sustituido por el secretario general del Movimiento. Con no pocas trabas, a sus 43 años, fue capaz de aglutinar a un grupo de políticos de su generación que, por diferentes caminos, habían llegado las convicciones democráticas. La composición del gabinete también generó rechazo, ya que fue calificado de «Gobierno de penenes», en alusión a los profesores universitarios no numerarios.

Manuel Fraga y José María de Areilza, los dos principales ministros reformistas del Gobierno de Arias, no estaban presentes en el nuevo organigrama, ya que ambos manifestaron su negativa a participar. Estas ausencias permitieron la renovación política, así como generacional, pues 10 de los 20 ministros se estrenaban en la función y la edad media no alcanzaba los 45 años.

1.3. El desmantelamiento del régimen de Franco

Al volver a su casa el 3 de julio de 1976, un corresponsal extranjero abordó a Suárez y le preguntó si se sentía presidente legítimo, a lo que él repuso: «Soy presidente del Gobierno conforme a la legalidad vigente, pero sé que la legitimidad solamente la aportan las urnas».

Para anular la resistencia de los continuistas y atraer hacia su proyecto a buena parte de la oposición antifranquista, Suárez debía ganarse la confianza del pueblo. Por ello, a los pocos días, desde su domicilio realizó una declaración ante las cámaras de televisión manifestando:

> El Gobierno que voy a presidir no representa opciones de partido, sino que se constituirá en gestor legítimo para establecer un juego político abierto a todos. La meta última es muy concreta: que los Gobiernos del futuro sean el resultado de la libre voluntad de la mayoría de los españoles, y para ello solicito la colaboración de todas las fuerzas sociales del país.

Gradualmente, Suárez iría asumiendo como propias muchas de las propuestas de la oposición al régimen anterior. Su deseo era hacer, de la democratización del país una realidad. De manera inmediata a la llegada de Suárez al Gobierno, Coordinación Democrática organizó movilizaciones en todo el país reivindicando la amnistía. Como respuesta, el 30 de julio sería decretada una tregua «aplicable a delitos y faltas de motivación política o de opinión tipificados en el Código Penal», no a delitos de sangre.

Desde el verano de 1976, Suárez entablaría contactos con la oposición que permanecía aún oculta. En palabras de Santiago Carrillo, fue una «ruptura pactada». En paralelo, se fue elaborando una nueva Ley Fundamental, la octava, a añadir a las 7 de la dictadura que todavía permanecían vigentes. Y es que sus instituciones habrían de ser las primeras en facilitar el esperado cambio.

1.4. La Ley para la Reforma Política

A principios de junio de 1976, Juan Carlos I visitó Estados Unidos y, en su discurso ante el Congreso, ratificó su compromiso para dotar a España de una democracia plena: «La Monarquía hará que, bajo los principios de la democracia, se mantengan en España la paz social y la estabilidad política, a la vez que se asegure el acceso ordenado al poder de las distintas alternativas de Gobierno, según los deseos del pueblo español libremente expresados».

Promovida por Suárez, la Ley para la Reforma Política fue sometida a referéndum el 15 de diciembre de 1976. Las resistencias fueron altas y desde diversos frentes, no solo en los mítines, sino también a través de la actitud callada, ya que sociológicamente la población se había acostumbrado al sistema de gobierno instaurado en 1939, período en el que muchos habían conseguido trabajo y estabilidad, por lo que sentían apego a esa forma de vida y recelos hacia lo desconocido.

El referéndum contó con una participación del 77% del censo y un 80 % de votos a favor, a pesar de que el PCE y los partidos situados a su izquierda habían aconsejado la abstención bajo el eslogan: «porque si votas sí, se quedan, y si votas no, no se van».

La norma, promulgada el 4 de enero de 1977, contenía una convocatoria de elecciones democráticas, así como establecía el concepto de soberanía popular como derecho político igual para todas las personas que se encontraran en la mayoría de edad legal, que en esos momentos se hallaba fijada en los 21 años.

Asimismo, la Ley para la Reforma Política proponía la creación de un sistema bicameral de Cortes, integradas por el Congreso de los Diputados y el Senado, cuyos miembros serían elegidos por sufragio universal libre, directo y secreto, a excepción de una quinta parte de los senadores, que eran de designación real. El mandato duraría 4 años. Para curarse en salud, no se indicaba textualmente que las Cortes Generales resultantes fueran a derogar el conjunto de Leyes Fundamentales de la dictadura, pues se trataba de evitar la oposición del búnker, aferrado a la frase de Franco: «Todo queda atado y bien atado».

«Dicen los viejos que no se nos dé rienda suelta, que todos aquí llevamos la violencia a flor de piel» cantaban los jóvenes en *Libertad sin ira*, uno de los himnos de la época, mientras que otra tonada, *Habla, pueblo, habla*, fue escogida como propaganda del referéndum para la Reforma Política. De este modo, UCD adquirió los derechos de la letra y música de un tema que nunca se llegó a comercializar, pero que todo el mundo entonaba: «habla, pueblo, habla, tuyo es el mañana, habla y no permitas que roben tu palabra».

La música saltó a la política y la ley se hizo permeable a los pentagramas. En el elenco de canciones de la Transición figuran, *Al alba*, de Aute; *Hoy puede ser un gran día*, de Serrat; *España camisa blanca de mi esperanza*, de Ana Belén y Víctor Manuel; *Rosas en el mar*, con Massiel, o *Canto a la libertad*, de José Antonio Labordeta. En Valencia se relanzaría *Al vent*, grabada antes, en 1963, por Raimon, quien personificó la salida del franquismo a propósito de la celebración del quinto centenario de la muerte de Ausiàs March, adalid de la poesía en valenciano.

1.5. La legalización del PCE

La última semana de enero de 1977 ha sido conocida como «la semana trágica» de la Transición. Esos «siete días de enero» están marcados por el estado de pánico. En la noche del 24 de enero de 1977 pistoleros de extrema derecha irrumpieron en un despacho de abogados laboralistas de Comisiones Obreras y del PCE, situado en el número 55 de la calle Atocha. Cinco personas del bufete fueron asesinadas y cuatro quedaron heridas. La matanza de Atocha causó una tremenda conmoción.

Sin embargo, lejos de paralizar la reivindicación de libertad, el asesinato de los abogados de Atocha levantó en el pueblo español una oleada de solidaridad con el Partido Comunista. Una multitud ordenada y silenciosa se congregó en la calle para asistir al funeral. Aquella tarde del entierro, quedaba atrás el estereotipo del comunista como un extranjero, enemigo o excluido; la imagen del dolor acercó el PCE al ciudadano sin militancia política.

Sin embargo, el mismo día de la matanza de Atocha actuaron los GRAPO (Grupos de Resistencia Antifascista Primero de Octubre). Secuestraron al general Emilio Villaescusa Quilis (presidente del Consejo Supremo de Justicia Militar), mientras todavía permanecía raptado Antonio María de Oriol (presidente del Consejo de Estado), y asesinaron a tres policías. Tampoco cayeron en la provocación ni el Gobierno de Suárez ni el Ejército. El 11 de febrero fueron liberados Villaescusa y Oriol.

La crisis de los siete días produjo el efecto contrario al que se buscaba, pues, en vez de desestabilizar el sistema, aceleró el proceso de negociación entre el equipo de Suárez y la oposición. Así, entre enero y abril de 1977 fueron legalizados los distintos partidos políticos que habrían de participar en el juego democrático. Se suprimió el Tribunal de Orden Público, instituyéndose en su lugar la Audiencia Nacional, y, en el abanico de formaciones destacaron la Unión de Centro Democrático, como fuerza de centro-derecha formalizada en 1977 con Adolfo Suárez, y Alianza Popular, a cuya cabeza se encontraba Manuel Fraga.

En febrero de 1977 desaparecieron los requisitos más restrictivos para la legalización de los partidos, consiguiendo la aceptación burocrática prácticamente todos los postulantes, entre los que se encontraba el PSOE, pero no el PCE. En ese mismo mes, el día 27, Adolfo Suárez se reunió secretamente con Santiago Carrillo. Conversaron durante 6 horas, en un largo encuentro en el que, según Carrillo, nadie puso condiciones a nadie sobre nada.

Finalmente, el Partido Comunista de España recibiría la luz verde en abril, el día 9, que curiosamente era Sábado Santo, pues, a sabiendas de la polémica que podría desatar la autorización de la izquierda, se buscó una jornada en que la capacidad de reacción de la clase política y periodística estaba reducida. Dos días después sería legalizado el PSUC (*Partit Socialista Unificat de Catalunya*), causando el descontento de buena parte del Ejército y la dimisión instantánea del almirante Gabriel Pita da Veiga como ministro de la Marina. También en 1977 serían legalizadas las organizaciones sindicales. Y ocho días antes del Sábado Santo Rojo, en otra fecha simbólica, el 1 de abril, se suprimió el Movimiento Nacional.

1.6. El terrorismo tardofranquista

El asesinato de los abogados de Atocha constituyó el atentado más grave de los perpetrados en el marco del llamado terrorismo tardofranquista. Con este nombre se designa la violencia política registrada entre los años previos a la muerte de Franco y comienzos de los 80. Desde la derecha operaron bajo diversas nomenclaturas, como Batallón Vasco Español (BVE), Guerrilleros de Cristo Rey, Alianza Apostólica Anticomunista o Triple A, y otras de menor resonancia, como los Comandos Antimarxistas.

También hubo acciones sangrientas instigadas por la ideología de la izquierda radical. El FRAP fue un grupo armado antifascista creado en 1973 por el Partido Comunista de España. En 1975 asesinó a dos miembros de las Fuerzas de Seguridad e hirió gravemente a otro. Como hemos visto, varios de sus militantes iban en la lista de los últimos fusilados por la dictadura el 27 de septiembre de 1975. El FRAP se disolvió por orden del PCE en 1978.

Terra Lliure (Tierra Libre) era una organización terrorista de ideología independentista catalana y de extrema izquierda, fundada en 1978 y autodisuelta en 1991. Cometió más de 200 atentados, cuyo balance asciende a 5 víctimas mortales (4 de ellas miembros de la organización) y varias decenas de heridos.

El Movimiento por la Autodeterminación e Independencia del Archipiélago Canario (MPAIAC) fue una organización fundada por Antonio Cubillo, cuyo fin era la secesión de las islas Canarias. Durante la década de 1970 operó a través de dos grupos: las Fuerzas Armadas Guanches (FAG) y los Destacamentos Armados Canarios (DAC).

1.7. El Gobierno de 1977

Las primeras elecciones generales de la España democrática se celebraron el 15 de junio de 1977. Desde la victoria de Frente Popular, en febrero de 1936, no se habían convocado. Un mes antes, el 14 de mayo de 1977, don Juan renunció a sus derechos históricos en favor de su hijo don Juan Carlos en una sencilla ceremonia en el palacio de La Zarzuela.

Con su talante dialogante, Suárez adquirió una enorme popularidad. Los españoles apostaron por la moderación al premiar a los partidos de centroderecha y centroizquierda. La Unión de Centro Democrático, con 166 escaños, se quedó a poco de la mayoría absoluta. De este modo, Adolfo Suárez fue confirmado como presidente del Gobierno, desde donde promovería la aprobación de la Constitución del 78. El principal partido de la oposición fue el PSOE, liderado por el abogado sevillano Felipe González, con 118 escaños.

Las siguientes fuerzas más votadas fueron: el Partido Comunista de España, que, sumado al *Partit Socialista Unificat de Catalunya*, obtuvo 19 escaños; Alianza Popular (AP) —que incluía Unión Nacional Española, Asociación Democrática Española, Convivencia Catalana en Cataluña y Falange en Guipúzcoa— tuvo 16 escaños, y el Partido Socialista Popular-Unidad Socialista (PSP-US), de Enrique Tierno Galván, 6 escaños.

Aglutinando el espíritu de los 40 años de mandato de Franco, Fuerza Nueva se presentó bajo el nombre de Alianza Nacional del 18 de julio, en coalición con la Confederación Nacional de Combatientes, los Círculos Doctrinales José Antonio y la Agrupación de Juventudes Tradicionalistas.

Dolores Ibárruri la Pasionaria regresaría a España en 1977, siendo elegida diputada en las Cortes Constituyentes. Adolfo Suárez fue confirmado como presidente y el teniente general Gutiérrez Mellado, vicepresidente primero del Gobierno desde 1976, continuaría en el cargo pero, al mismo tiempo, asumiría el Ministerio de Defensa, desapareciendo los ministros de las tres armas.

Nacido en una familia de la burguesía madrileña, Gutiérrez Mellado era sobrino del editor Saturnino Calleja. Cuando Franco murió, era comandante general y delegado del Gobierno de Ceuta. Tuvo el acierto de convertir el ejército del bando vencedor en la Guerra Civil en las Fuerzas Armadas de la España democrática. Situó al aparato militar a las órdenes del ejecutivo.

En el nuevo equipo, el economista Enrique Fuentes Quintana fue designado vicepresidente segundo responsable de Asuntos Económicos. Varias carteras fueron ocupadas por demócrata-cristianos: Asuntos Exteriores por Marcelino Oreja, Justicia por Landelino Lavilla y Educación por Íñigo Cavero. Hacienda fue entregada al social-demócrata Francisco Fernández Ordóñez. Los liberales Joaquín Garrigues Walker e Ignacio Camuñas se ocuparían de Obras Públicas y Urbanismo, y Relaciones con las Cortes, respectivamente.

También estaban presentes los «azules», denominación concedida a quienes procedían del Movimiento Nacional, situación en la que se encontraban el propio Adolfo Suárez y Rodolfo Martín Villa, ministro de Interior.

El nuevo Gobierno solicitó la apertura de las negociaciones para la integración de España en la Comunidad Económica Europea, efectuada el 28 de julio de 1977, siendo aceptada el 20 de septiembre. El 26 de noviembre nuestro país sería admitido en el Consejo de Europa. Pero el cometido prioritario de este equipo era proseguir la reforma política y, para ello, resultaba perentorio redactar una Constitución.

1.8. La Constitución de 1978

La primera intención del Gobierno fue encargar la elaboración de un proyecto constitucional a un grupo de expertos, cuestión que fracasó. Por ello, se decidió que la Comisión de Asuntos Constitucionales del Congreso escribiera el texto, a partir de una ponencia de 7 miembros, en representación de las diferentes tendencias de la cámara: Miguel Herrero y Rodríguez de Miñón, José Pedro Pérez Llorca y Gabriel Cisneros por la UCD; Gregorio Peces Barba por el PSOE; Jordi Solé Tura por el PCE-PSUC; Manuel Fraga por AP y Miquel Roca Junyent en representación de los nacionalistas catalanes y vascos, si bien es cierto que estos últimos rechazarían su derecho. Estos ponentes son conocidos también como «los padres de la Constitución».

De este modo, se iniciaría la «política de consenso» que impregnaría la Constitución de 1978. El proyecto sería finalmente aprobado el 31 de octubre en las Cortes: en el Congreso de los Diputados obtendría 325 votos a favor, 6 en contra y 14 abstenciones, mientras que en el Senado logró 226 votos a favor, 5 en contra y 8 abstenciones.

El 6 de diciembre de 1978 fue sometido a referéndum el proyecto constitucional; participó el 67 % del censo electoral, arrojando el resultado de un 87 % de votos afirmativos y un 7 % de negativos. La Constitución sería sancionada por el rey Juan Carlos I el 27 de diciembre y publicada en el Boletín Oficial del Estado dos días después.

La Constitución española de 1978, por la que nos regimos en la actualidad, es la carta magna más duradera de cuantas ha habido, entre pronunciamientos y rebrotes de absolutismo, en la España Contemporánea. Se compone de un preámbulo, 11 títulos (un título preliminar y 10 numerados), 4 disposiciones adicionales, 9 transitorias, 1 derogatoria y 1 final. Respecto a su estructura, podemos afirmar que está organizada en una parte dogmática, con los principios constitucionales y los derechos fundamentales, y otra orgánica, con la división de poderes y la organización territorial.

En su título preliminar, la Constitución proclama que España es un «Estado social y democrático de Derecho que propugna como valores superiores del ordenamiento jurídico la libertad, la justicia, la igualdad y el pluralismo político». Establece la monarquía parlamentaria como forma de Estado, donde el monarca ostenta la Jefatura del Estado, es decir, reina pero no gobierna, y ejerce de árbitro respetando la máxima de que la soberanía nacional reside en el pueblo. A su vez, fija el sufragio universal para mayores de 18 años.

La Constitución establece una organización territorial basada en la existencia de municipios, provincias y comunidades autónomas, rigiendo entre ellos el principio de solidaridad. La división de poderes es el eje del sistema político. El poder legislativo reside en dos cámaras: el Congreso de los Diputados (cámara baja) y el Senado (alta). El ejecutivo, en el Gobierno, cuyo presidente designa a los ministros. El poder judicial, en los jueces, siendo el Consejo General del Poder Judicial su máximo órgano, mientras que el Tribunal Constitucional controla que las leyes y las actuaciones de la administración pública se ajusten a la Constitución.

1.9. Los prolegómenos del Estado de las Autonomías

Los orígenes inmediatos del actual Estado de las Autonomías se remontan a los resultados de las elecciones del 15 de junio de 1977. Los electores catalanes y vascos mostraron su voluntad autonomista, instando a Adolfo Suárez a emprender las reformas territoriales.

Los diputados electos catalanes constituyeron una Asamblea de Parlamentarios que reclamó la vigencia del Estatuto de Autonomía aprobado durante la Segunda República. El presidente del Gobierno invitó a Madrid a Josep Tarradellas, presidente de la Generalitat en el exilio, y aunque no hubo acuerdos inmediatos las negociaciones quedaron abiertas. El 11 de septiembre de 1977 fue celebrada la Diada con miles de manifestantes en las calles de Barcelona, hecho que impulsó al Gobierno a restablecer provisionalmente la *Generalitat* de Cataluña, aunque sin restaurar el estatuto de 1932. Días después Tarradellas fue nombrado presidente y regresó a Barcelona a finales de octubre.

Suárez intentó realizar en el País Vasco algo similar a la operación catalana. Sin embargo, el presidente vasco en el exilio, Jesús María de Leizaola, cedió el protagonismo a la Asamblea de Parlamentarios. De signo mucho menos izquierdista que la catalana, pronto afloraría en la Asamblea la cuestión navarra, pues los parlamentarios forales de UCD, formación política más votada, rechazaron sumarse a la citada Asamblea. Tras largas negociaciones, en diciembre de 1977 se creó el Consejo General Vasco, presidido por Ramón Rubial.

Los órganos provisionales de autogobierno establecidos en Cataluña y en el País Vasco sirvieron de estímulo para las reivindicaciones autonomistas de otras regiones. Socialistas y comunistas, así como grupos autonomistas surgidos al final del franquismo y ciertas divisiones de la UCD se mostraron proclives a la estructuración federal del Estado.

Durante 1978, de forma paralela al proceso de redacción de la Constitución, aparecieron instituciones preautonómicas, bajo la denominación de Juntas o Consejos Generales, a pesar de que todavía no existía una formulación oficial de la configuración territorial del Estado. Galicia, Aragón, Andalucía, Extremadura, País Valenciano, Canarias, Castilla y León y Castilla-La Mancha serían las regiones donde se instalarían estos órganos.

La redacción del artículo segundo de la Constitución suscitó debate, ya que existían dos planteamientos contrapuestos: España nación única, o España como Estado plurinacional. Se adoptaría una postura híbrida combinando «la indisoluble unidad de la nación española, patria común e indivisible de todos los españoles», y el reconocimiento «del derecho a la autonomía de las nacionalidades y regiones que la integran y la solidaridad entre ellas».

Sin explicarlo claramente, el título octavo regulaba la descentralización del Estado. No obstante, el límite entre las denominadas «nacionalidades históricas» contempladas en la Constitución y las regiones no era claro, pues, junto a los casos típicos de Cataluña y País Vasco, existían otros espacios con reivindicaciones autonomistas, como Andalucía y el País Valenciano.

La ambigüedad en estas cuestiones es evidente en la Constitución, pues, para que saliera adelante, debió imperar el consenso y hubo que aplazar asuntos discutibles que podían frenar el proyecto. Lo que resulta innegable es que la carta magna dejó la puerta abierta a la creación de comunidades autónomas, fijando el procedimiento para elaborar estatutos y definiendo las instituciones de autogobierno y sus competencias.

En virtud de una disposición transitoria, se agilizaría el proceso en los «territorios que en el pasado hubiesen plebiscitado afirmativamente proyectos del Estatuto de Autonomía», esto es, en Cataluña, el País Vasco y Galicia. Como explicaremos más adelante, se estipulaban dos vías para acceder a la autonomía: una contemplaba las instituciones de mayor rango (Asamblea Legislativa, Consejo de Gobierno y Tribunal Superior de Justicia) y las máximas competencias para la región, mientras que otra permitía crear instituciones de menores competencias durante un período inicial de 5 años.

1.10. Los Pactos de la Moncloa

De forma paralela al proceso constituyente, durante la segunda mitad de 1977 y a lo largo del año 1978 fue necesario adoptar medidas para hacer frente a la crisis económica, junto a otros problemas acuciantes, como las tensiones sociales y el recrudecimiento del terrorismo etarra, que no aceptaba la legitimidad de las instituciones democráticas.

Dada la gravedad, Adolfo Suárez intentó conseguir el consenso de todas las fuerzas políticas, contando a su favor con el apoyo de los grandes partidos e incluso del PCE. El 25 de octubre de 1977 fueron firmados los Pactos de La Moncloa por las principales formaciones parlamentarias.

El primero de los dos acuerdos adoptados era un programa de saneamiento de la economía como respuesta de emergencia a la crisis económica, iniciada en 1973 por la subida internacional del precio del petróleo. Una recesión patente en 1975, cuando el cierre de empresas generó el aumento del desempleo. En este sentido, conviene indicar que el paro pasó de ser casi inexistente en 1973 a situarse, en 1977, en el 5,6 % de la población activa. Además, ante la inflación del 30 %, la peseta se devaluó un 20 % respecto al dólar.

Se arbitraron medidas compensatorias para paliar la pérdida de poder adquisitivo, como la revalorización de las pensiones, el incremento de la financiación pública de la Seguridad Social y la extensión del seguro de desempleo, ya que en 1978 el paro estaba por encima del 7,1 %.

El acuerdo económico incluía también otras reformas estructurales y actuaciones coyunturales en relación al sistema financiero, al urbanismo y a la vivienda, a la política agraria y a la política educativa, donde se preveía la creación en 1978 de 200 000 plazas de Preescolar, 400 000 de EGB y 100 000 de BUP, aunque esta, junto a otras medidas, solo sería aplicada parcialmente.

El segundo pacto establecía una serie de compromisos relacionados con la regulación de los medios de comunicación de titularidad estatal, el respeto de la libertad de expresión, el ejercicio de los derechos de reunión y asociación, la definición de una nueva política de orden público basada en el disfrute de las libertades públicas y en el respeto de los derechos humanos, la reorganización de los cuerpos y fuerzas de orden público, y las reformas urgentes del Código de Justicia militar, de la Ley de Enjuiciamiento Criminal y del Código Penal, en aspectos tales como la despenalización del adulterio y de la expedición de anticonceptivos.

La agudización de la decadencia económica desde 1979, junto con la presión de potentes sectores empresariales, supuso la paralización de medidas político-sociales a las que se había comprometido el Gobierno, provocando el descontento popular y el incremento de la tensión en organizaciones políticas y sindicales como el PCE-PSUC, que se sentían desencantados al no haber dado los Pactos de La Moncloa los resultados esperados.

1.11. Las elecciones de 1979

Tras la aprobación de la Constitución, el 1 de marzo de 1979 se celebraron las elecciones generales. A grandes rasgos, los resultados confirmaron el mapa parlamentario de 1977, con algunas leves modificaciones. La UCD perdió 20 000 votos, aunque mejoró su porcentaje, aumentando el número de escaños hasta los 168. El PSOE incrementó sus votos en algo más de 100 000, obteniendo un porcentaje del 30 % y consiguiendo 3 escaños más que en las anteriores elecciones, un total de 121, aunque los cuadros socialistas interpretaron el resultado como un fiasco. El PCE-PSUC tuvo un mayor crecimiento, aumentando su refrendo en 220 000 votos y 23 escaños, a pesar de que todavía continuaba a una larga distancia del PSOE.

La Coalición Democrática estaba capitaneada por Alianza Popular. Pero sumaba efectivos de los partidos conservadores dirigidos por José María de Areilza (embajador de España, cargo del que dimitió por discrepancias con el régimen para asumir en 1964 el de secretario del Consejo Privado del conde de Barcelona) y por Alfonso Osorio (coronel jurídico, abogado del Estado y presidente de RENFE en 1968). Sin embargo, Coalición Democrática sufrió una debacle, perdiendo 400 000 votos. Obtuvo 9 diputados.

La extrema derecha se configuró con el nombre de Fuerza Nueva, presentándose bajo la denominación de Unión Nacional. Logró el 2 % de los votos y 1 escaño, ocupado por el notario toledano Blas Piñar. Como parlamentario votó «no» a todos los estatutos de autonomía. En la investidura de Adolfo Suárez el 30 de marzo declaró: »el centro no es una ideología ni una doctrina; el centro es, sencillamente, una postura, una postura, además, que en este caso precisa, para ser de centro, de una izquierda y de una derecha, y la verdad es que hoy esa derecha nominalmente no existe en esta Cámara».

En la formación de Gobierno, Adolfo Suárez prescindió de antiguos líderes de grupos que habían posibilitado la existencia de la UCD. La vicepresidencia primera continuó desempeñándola Manuel Gutiérrez

Mellado, así como la segunda, Fernando Abril Martorell. El Gobierno estuvo marcado por la debilidad, con cambios constantes y discrepancias en las carteras ministeriales. Durante el Gobierno de Suárez, el Congreso aprobó el proyecto de Ley del Estatuto de los Trabajadores.

El 3 de abril de 1979 tuvieron lugar las elecciones municipales. Se inició una etapa de reconfiguración de la administración local. En Madrid pasó a ser alcalde el socialista Enrique Tierno Galván, en coalición con el PCE. Cuentan que cuando quisieron quitar el crucifijo de su despacho, él, que era agnóstico, manifestó: «La contemplación de un hombre justo que murió por los demás, no molesta a nadie. Déjenlo donde está».

El gran drama llegó nuevamente con ETA. España vivió con temor durante 1980, pues, a lo largo de los 12 meses, la banda terrorista mató alrededor de 100 personas, una cada 60 horas. La muerte no llevaba nombres conocidos, pero tenía el mismo precio de siempre. Por el silencio con que se vivían los hechos en un país donde todavía no había tertulias políticas en los medios ni estaba formada la opinión pública, ni siquiera hay consenso en torno a la cifra. Como protesta solo pueden citarse las movilizaciones de 30 000 personas en Pamplona y 15 000 en San Sebastián.

Fue 1980 el año más cruel de ETA. Guardias civiles, policías, soldados, comerciantes, taxistas... De esta elegía también forman parte los gitanos, tres de ellos fueron destrozados por una bomba del Batallón Vasco-Español, uno de los cuerpos era de una mujer, embarazada de 8 meses, y el feto apareció fotografiado, era un cadáver ya sin haber nacido...

1.12. Los estatutos de autonomía

La cuestión autonómica alcanzó entre 1979 y 1982 un gran protagonismo en la vida política española. Tras la aprobación de la Constitución, fueron presentados en las Cortes los proyectos de estatutos de autonomía de Cataluña y del País Vasco. Ambos fueron aprobados por referéndum: con el 90 % de los votos a favor en el País Vasco, y el 88 % en Cataluña. En marzo de 1980 se celebrarían las primeras elecciones a los Parlamentos de ambas comunidades autónomas.

La confección del Estatuto de Autonomía de Galicia fue menos conflictiva, pues la UCD era la opción mayoritaria. Sería aprobado el

21 de diciembre de 1980, pero con una elevada abstención que alcanzó el 71 %. El 21 de octubre de 1981 hubo elecciones al Parlamento de Galicia, en las que venció Alianza Popular y UCD experimentó un importante descalabro.

A las vistas de estos tres casos, se optó por la generalización de las comunidades autónomas en el territorio español mediante la «vía lenta» siguiendo el artículo 143. Esta decisión provocó un grave conflicto en Andalucía, donde sus dirigentes habían promovido el acceso a la autonomía por la «vía rápida» del artículo 151 de la Constitución. De acuerdo a las previsiones constitucionales, debía celebrarse un referéndum, el cual tuvo lugar el 28 de febrero de 1980, con un resultado del 86 % a favor.

Durante 1982 fueron aprobados los estatutos de autonomía de La Rioja, Murcia, Comunidad Valenciana, Aragón, Castilla-La Mancha, Canarias, Asturias y Cantabria. También se aprobó la Ley de Reintegración y Amejoramiento del Régimen Foral de Navarra. Un año después pasaron a la oficialidad los estatutos de Extremadura, Baleares, Castilla y León y Madrid, siendo los últimos los de las ciudades autónomas de Ceuta y Melilla.

1.13. El 23-F

Desde comienzos de 1980 la UCD estaba atravesando una grave crisis interna. En mayo, el PSOE presentó una moción de censura en el Congreso de los Diputados, de la cual saldría reforzado Felipe González. El liderazgo de Adolfo Suárez fue discutido por los barones del partido. En septiembre habría otro cambio de Gobierno, pero las fricciones continuarían, llegándose a crear un sector crítico dirigido por Miguel Herrero y Rodríguez de Miñón, de tendencia demócrata-cristiana.

El 29 de enero de 1981, el mismo día en que estaba previsto que en Mallorca comenzara el segundo Congreso de UCD, el cual había sido suspendido por una huelga de controladores aéreos, Suárez hizo pública por televisión su decisión de dimitir tanto como presidente del Gobierno como del partido.

El 23 de febrero tocaba la votación de investidura como presidente del Gobierno de Leopoldo Calvo Sotelo, sobrino de José, el ministro de Hacienda durante la Dictadura de Primo de Rivera, fundador del Bloque Nacional y «protomártir» de la Guerra Civil. Leopoldo era ingeniero de Caminos, Canales y Puertos, y fue presidente de RENFE en 1967, además de procurador en Cortes en 1974 como representante de los empresarios de industrias químicas.

Y, mientras se procedía a la sesión, un golpe de Estado trató de resucitar el franquismo. Encabezados por el teniente coronel Antonio Tejero, un grupo de guardias civiles irrumpió con armas en el Congreso de los Diputados, quedando los parlamentarios retenidos en la carrera de San Jerónimo, al tiempo que inactivos los poderes legislativo y ejecutivo.

El golpe venía a culminar una serie de intentos gestados por sectores ultraconservadores del Ejército, los cuales estaban animados por grupos civiles de extrema derecha con quienes compartían su absoluto rechazo del sistema democrático y el sentimiento de considerarse traicionados al haber sido desmontada la dictadura. La actitud del Gobierno (considerada como débil) ante la violencia terrorista, la legalización del PCE y la «ruptura» de España mediante el Estado de las Autonomías eran cuestiones inadmisibles para esta vertiente continuista del franquismo.

En 1978 tuvo lugar la abortada operación Galaxia, que tomó su nombre de la cafetería en la que determinados oficiales se reunieron con la intención de planificar cómo detener los procesos de reforma política que estaban teniendo lugar en España. Se había diseñado un dispositivo táctico que requería la presencia de efectivos de la Guardia Civil equivalentes a dos compañías, quienes tomarían como base la sede de la Dirección General, en la madrileña calle de Guzmán el Bueno.

Desde noviembre de 1980 fue publicada en el diario *El Alcázar* una serie de artículos muy críticos bajo el seudónimo de Almendros, porque sus autores estaban convencidos de que algo tenía que ocurrir en España cuando florecieran los almendros. Sin embargo, la dimisión de Suárez precipitaría el golpe.

El 18 de febrero, Calvo Sotelo presentó su Gobierno, si bien, como en la votación del día 20 no obtuvo la mayoría necesaria para la investidura, se programó una nueva votación el día 23. Este último día fue el elegido por los descontentos para su tentativa, en la que confluirían las voluntades de un golpe duro, promovido por el capitán general Jaime Milans del Bosch, y otro blando, de acuerdo a los planteamientos del general Alfonso Armada, en aquel momento hombre de confianza del rey.

La acción de Tejero en Madrid fue acompañada por la declaración del estado de guerra por parte del capitán general de Valencia Milans del Bosch, al grito de: «¡Viva el Rey y viva siempre España!». Asimismo, en la capital española operaba Armada con su peculiar propuesta de reconducción de la situación, al tiempo que otros defensores del golpe de Estado intentaban sacar a la calle a la división acorazada Brunete.

Pero, ¿cómo fue el asalto al Congreso? A las 18:00 comenzó la votación nominal para la investidura de Calvo Sotelo como presidente del Gobierno. A las 18:23 horas, cuando iba a emitir su voto el diputado socialista Manuel Núñez Encabo, fue iniciada la operación Duque de Ahumada, en referencia al fundador de la Guardia Civil. Un conjunto de agentes, subfusil en mano, irrumpió en el hemiciclo del Congreso encabezados por el teniente coronel Antonio Tejero. Este, desde la tribuna, gritó «¡Quieto todo el mundo!», dando orden de que todos se tirasen al suelo.

El único miembro del hemiciclo que quiso hacer valer su autoridad frente a Tejero fue el teniente general Gutiérrez Mellado. Como militar de más alta graduación en el hemiciclo y como vicepresidente del Gobierno, se levantó y, dirigiéndose a Tejero, increpó a los asaltantes, requiriendo explicaciones y ordenándoles que depusieran las armas. Tras un breve forcejeo, Tejero efectuó un disparo, al que siguieron unas ráfagas de los acompañantes. La escena de un hombre de casi 70 años plantando cara al golpe permanece en la retina de muchos españoles.

Mientras, la mayor parte de los diputados había obedecido las órdenes de Tejero, escondiéndose en los escaños. Santiago Carrillo, que estaba presente en calidad de diputado, y Adolfo Suárez, como presidente en funciones, se mantuvieron sentados en sus escaños. Incluso Suárez hizo un gesto para ayudar a Gutiérrez Mellado, que aguantó el sonido de las armas sin inmutarse, con los brazos en jarras.

Más de media hora del inicio del asalto al Congreso fue grabada por Pedro Francisco Martín, operador de Televisión Española, que creó así un documento histórico de incalculable valor. Luego, cinco de los diputados fueron separados del resto: el aún presidente, Adolfo Suárez; el ministro de Defensa y presidente de UCD, Agustín Rodríguez Sahagún; el líder de la oposición, Felipe González; el segundo en la lista del PSOE, Alfonso Guerra, y el líder del Partido Comunista de España, Santiago Carrillo.

A la medianoche, Alfonso Armada llegó al palacio del Congreso con la intención de convencer al teniente coronel Tejero de que depusiera su actitud, a fin de asumir él el rol de jefe del Gobierno a las órdenes del rey. Pero Tejero se sintió sorprendido, porque Armada no le proponía una junta militar presidida por Milans del Bosch o un Gobierno en el que este asumiera la cartera de Defensa. Lejos de ello, Armada le planteaba una lista de políticos de todos los partidos que formarían un Gobierno de concentración presidido por él mismo, donde estarían incluidos Santiago Carrillo y Felipe González. Tejero exclamaba airado: «¡Yo no he asaltado el Congreso para esto!», iniciándose una discusión tras la que el teniente coronel despachó al general sin permitirle que se dirigiera a los diputados.

Cuando el rey tuvo noticias de los sucesos, ordenó a todos los capitanes generales que permanecieran en sus puestos y que no sacaran las tropas a la calle. Tras horas de incertidumbre, la intervención de Juan Carlos I, transmitiendo calma a los españoles por medio de TVE, zanjaría el golpe y devolvería la calma a los ciudadanos. En concreto, aparecería en televisión a la 01:14 del día 24 de febrero, vestido con uniforme de capitán general del Ejército. En su mensaje defendería la Constitución y rechazaría los planteamientos de los golpistas.

A partir de ese momento el golpe se dio por fracasado. Milans del Bosch canceló sus planes a las 05:00 y fue arrestado, mientras que Tejero resistió hasta el mediodía del 24, aunque ya a lo largo de la primera parte de ese día fueron liberados los diputados. Todavía hay episodios oscuros en relación al golpe. Entre ellos, cabe citar que sigue sin desvelarse la identidad del conocido como Elefante Blanco, el militar promotor del golpe al que Tejero esperaba en el Congreso para hacerse cargo del Gobierno. Las personas afiliadas a sindicatos o posicionadas a la izquierda se sintieron en tesitura de riesgo. Fue la noche de los transistores, porque los españoles pasaron la madrugada pegados a la radio esperando recibir información.

La noticia de que el Congreso había sido tomado y de que se hallaban dentro diputados y periodistas causó impacto en la sociedad española y tuvo una gran repercusión en la opinión pública internacional. El golpe fue condenado por los países de la Comunidad Económica con quienes España estaba negociando su adhesión, especialmente por Reino Unido, cuya primera ministra, Margaret Thatcher, calificó la sublevación como «un acto terrorista».

Sin embargo, la reacción estadounidense fue distinta, pues el secretario de Estado norteamericano, Alexander Haig, declaró que los hechos constituían un asunto interno español sobre el que su Gobierno no iba a pronunciarse. Una vez malogrado el golpe, Estados Unidos cambió el tono, manifestando: «Tenemos que congratularnos de que en España haya triunfado la democracia». Lo más disparatado fue que, en Suecia, un periodista aseguró que «un torero, pistola en mano, asalta el Parlamento español».

A raíz del 23-F fueron juzgados 32 militares y 1 civil, concretamente, Juan García Carrés, antiguo dirigente de la Organización Sindical Española. En el denominado Juicio de Campamento fueron procesados por el Consejo Supremo de Justicia Militar, recibiendo las mayores condenas Tejero, Milans del Bosch y Armada, a quienes se les impusieron penas de 30 años de prisión.

1.14. La recta final de la UCD

La nueva votación de investidura tuvo lugar el 25 de febrero de 1981 y el candidato obtuvo la mayoría absoluta. El nuevo gabinete sería más reducido que los anteriores, eliminándose las vicepresidencias. Muchos ministros fueron confirmados en sus carteras, como Fernández Ordóñez en Justicia, Juan Antonio García Díez en Economía, García Añoveros en Hacienda, Martín Villa en Administración Territorial, Rosón en Interior, Pérez Llorca en Asuntos Exteriores y Pío Cabanillas en Presidencia. Gutiérrez Mellado saldría del Gobierno, y la cartera de Defensa, compleja en esos momentos inmediatos al golpe, sería encomendada a Alberto Oliart. El 27 de febrero hubo multitudinarias manifestaciones en apoyo de la democracia en las principales ciudades españolas.

Las tensiones internas de la Unión de Centro Democrático provocarían su desintegración, siendo estas las causantes de los cambios de Gobierno, como el acaecido en septiembre de 1981. El sector democristiano terminaría integrándose con Alianza Popular, pasando así a ocupar la franja de centro-derecha, mientras que los miembros más cercanos a la socialdemocracia se unirían a las filas del Partido Socialista Obrero Español (PSOE).

Una de las principales medidas del ejecutivo de Calvo Sotelo fue la incorporación de España a la Alianza Atlántica. El 30 de mayo de 1982 entró en la OTAN como miembro número 16.

En el ámbito social, se habló mucho a partir de 1981 de la colza, por la intoxicación masiva provocada por el desvío para el consumo humano de una partida de aceite de colza de uso industrial. Se vieron afectadas unas 20 000 personas y hubo víctimas mortales.

La operación Algeciras fue un frustrado plan militar argentino que se intentó llevar a cabo de manera encubierta y extraoficial, en territorio español, en 1982, durante la Guerra de las Malvinas. El objetivo táctico no consumado implicaba sabotear a la Marina Real Británica, tratando de hundir con minas submarinas un navío de guerra en la base británica de Gibraltar. De este modo, se impediría su marcha hacia las islas Malvinas. Finalmente, el Ministerio del Interior interceptó la información y arrestó al equipo que coordinaba el comando, aunque fue una detención risueña a sabiendas de la sempiterna rivalidad con los ingleses a causa del Peñón. «Los españoles nos trataron muy bien», afirmaron los guerrilleros antes de ser embarcados hacia Buenos Aires.

En julio de 1982, poco antes de la convocatoria de elecciones generales, llegó por primera vez desde la Segunda República una mujer al gabinete, Soledad Becerril, como ministra de Cultura.

Desde 1931 hubo muchos matrimonios fracasados, pero tuvieron que seguir conviviendo porque no era lícito el divorcio. A partir de 1976 hubo manifestaciones feministas solicitando que fueran despenalizados el adulterio y el amancebamiento, todavía recogidos como delito en el Código Penal. La repercusión en la opinión pública sería doble: por un lado, el sentimiento de alegría en la ciudadanía que llevaba mucho tiempo deseando conferir un nuevo rumbo a su vida o, al menos, sentirse libre para decidir si quería o no continuar habitando con su pareja; por otro lado, la oposición y la dura crítica de los sectores más conservadores, incluidos algunos miembros de la UCD, y la animadversión de la Iglesia.

El Gobierno negoció la norma con las feministas y fue una de las leyes más progresistas de Europa. La jerarquía católica mostró un rechazo descomunal hacia la medida y, fundamentándose en la ley natural, alegó que, de aprobarse, «quedaría seriamente comprometido el futuro de la familia en España».

Se llegó a pedir la dimisión de Francisco Fernández Ordóñez, titular de Justicia, por haber capitaneado la elaboración. «No podemos impedir que los matrimonios se rompan, pero sí podemos impedir el sufrimiento de los matrimonios rotos». Palabras con las que el ministro defendía la ley. A su vez, Soledad Becerril manifestaba en diciembre de 1981 que este y otros hechos «evidencian que estamos ante una sociedad madura que no se deja impresionar fácilmente». La ley se aprobó el 7 de julio de 1981, entró en vigor el 9 de agosto y, en septiembre, llegó a los juzgados un aluvión de demandas.

2. Los Gobiernos de Felipe González (1982-1996)

Con un programa donde se proponía la realización de numerosas reformas, el PSOE compareció ante las urnas como un partido con vocación de Gobierno que anhelaba conseguir votos tanto de su derecha como de su izquierda, aspectos de los que se beneficiaría debido a la imagen poco cohesionada que transmitían la UCD y el PCE.

Desde 1979, el PSOE había abandonado la exclusiva denominación de partido marxista para abrirse hacia posiciones progresistas. Se presentaba ante el electorado con una imagen nueva: frente a su pasado como formación eminentemente obrera y campesina, transmitía el aspecto de ser un partido moderno, abierto a las clases medias.

Con la victoria del PSOE puede darse por finalizada la Transición, en tanto que el acceso de un partido de izquierdas al Gobierno significaba la normalización de la alternancia política en el poder. El jueves 28 de octubre de 1982 el Partido Socialista Obrero Español obtuvo la primera mayoría absoluta en unos comicios generales. Con los 10 millones de votos cosechados, ocupó 202 de los 350 escaños del Congreso. Fue este el triunfo electoral más rotundo de la democracia.

2.1. La primera legistura: la reconversión industrial

El 3 de diciembre de 1982 fue configurado el primer Gobierno netamente socialista de la historia de España, presidido por Felipe González, quien decidió afrontar con moderación y pragmatismo los problemas que el país padecía.

En el terreno económico, resultaba necesario acometer medidas, ya que el paro crecía estrepitosamente, la inflación era del 14 %, los precios se encontraban disparados y había un fuerte déficit exterior y del sector público. El ministro de Economía y Hacienda, Miguel Boyer, creó un «plan de ajuste», eufemismo de «plan de estabilización». El Gobierno optó por la liberalización de la economía, sustentándose la política de ajuste en la devaluación de la peseta y en la elevación del tipo de interés. Se consideró prioritario rebajar la inflación y recuperar los excedentes de explotación, postergándose la promesa electoral de creación de 800 000 puestos de trabajo.

La reconversión industrial, que había sido iniciada por los Gobiernos de la UCD, sería intensificada por el PSOE, de modo que al término de los 4 años se habían visto afectados 83 000 trabajadores y alrededor de 800 empresas.

Con la intención de reducir la repercusión en la sociedad de los efectos provocados por los drásticos arbitrajes, se incrementaron los servicios públicos y las prestaciones, que contribuyeron a una notable mejora del Estado del bienestar. También se verían impulsadas las obras públicas, pues, a nivel financiero, se inyectaría dinero público.

El 23 de febrero de 1983 el Gobierno expropió el *holding* de empresas Rumasa, propiedad de José María Ruiz-Mateos, iniciándose un proceso en el que la rivalidad con Boyer alcanzaría altas cotas, pasando el empresario de los disfraces de Superman en el juzgado a la amenaza física.

Desde el Ministerio de Defensa encabezado por Narcís Serra (siguiendo de algún modo la reforma militar emprendida por Azaña durante la Segunda República), se instauró la reducción progresiva de un 20 % del número de generales, jefes, oficiales y suboficiales, y se creó la objeción de conciencia para que prestaran servicios públicos los jóvenes que no querían hacer la «mili».

En el ámbito civil, fue impulsada la legislación sobre derechos y libertades, estableciéndose la asistencia legal o el habeas corpus, cuestiones relativas a extranjería y regulándose el derecho de reunión y de libertad sindical. El 2 de febrero de 1983 el Gobierno despenalizó el aborto, que sería admitido bajo 3 supuestos: cuando se hubiera producido una violación, cuando la vida de la madre corriera peligro y por grave deformación del feto.

Asimismo, fueron aprobadas la Ley de Reforma Universitaria (1983) y la Ley Orgánica del Derecho a la Educación (LODE, 1985). Esta última reconocía dos redes de enseñanza, pública y privada, financiadas por el Estado, haciendo posibles los centros concertados.

2.2. La segunda legislatura: la Comunidad Económica Europea y la Guerra del Golfo

El balance del primer mandato socialista fue positivo en lo relativo a economía y reformas sociales. También la presencia de España en la Comunidad Económica Europea había conseguido ser una realidad a partir del Tratado de Adhesión firmado el 12 de junio de 1985. Desde el 1 de enero de 1986 nuestro país fue miembro de la Europa de los Doce.

Pero, tras el ingreso en la CEE, llegó el momento de convocar el referéndum sobre la permanencia de España en la OTAN. Aunque durante el Gobierno de la UCD los socialistas se habían mostrado reticentes a la Alianza Atlántica, Felipe González y su Gobierno anunciaron que iban a defender que España siguiera en la OTAN con tres condiciones atenuantes: no sumarse a la estructura militar integrada, prohibición de introducir armas nucleares y reducción de las bases norteamericanas. De hecho, González aseguró que dimitiría si en el referéndum ganaba el «no». Ante el cambio de actitud del PSOE, la bandera del rechazo a la OTAN la asumió el Partido Comunista, ahora dirigido por el asturiano Gerardo Iglesias. La consulta se celebró el 12 de marzo de 1986, imponiéndose el «sí», pero con estrecho margen.

No obstante, quedaban promesas incumplidas del programa de 1982, como la bajada del paro y el control del terrorismo. El 22 de junio de 1986 se celebraron elecciones generales y el PSOE obtuvo 184 diputados, de manera que perdió 18 escaños con respecto a 1982, pero revalidó la mayoría absoluta. La Coalición Popular, que presentó como candidato a Manuel Fraga, se consolidaba como la segunda fuerza política tras la desaparición de UCD, con 105 escaños. El Centro Democrático y Social de Adolfo Suárez sacó 19 y el PCE, que había visto dimitir en 1982 a Santiago Carrillo como secretario general, se presentó en coalición con otras formaciones, como Izquierda Unida, y sacó 7 diputados.

El terrorismo continuó siendo el principal problema a afrontar por el Estado, ya que ETA mantuvo su estrategia de chantaje, secuestros y atentados, a la vez que tenía representación política en las urnas a través de Herri Batasuna, partido que contaba con el apoyo de entre el 5 y el 10 % del electorado vasco. La banda terrorista comenzó a atentar indiscriminadamente contra objetivos civiles, además de seguir haciéndolo contra fuerzas del orden y militares. El 19 de junio de 1987 se produjo un atentado de ETA contra un centro comercial Hipercor en Barcelona, en el que perdieron la vida 21 personas y 35 resultaron heridas.

En la economía, las circunstancias restrictivas concluyeron en torno a 1986. La segunda parte de la década de los 80 fue un momento de expansión en el que la inversión extranjera alcanzaría los 60 billones de dólares entre 1986 y 1991, de manera que se realizarían numerosas obras públicas y se incrementaría tanto la producción industrial como el turismo, creándose 1 700 000 puestos de trabajo.

A nivel internacional, en 1986 España reconoció al Estado de Israel y se elevó a la categoría de embajada a la representación de la Organización para la Liberación de Palestina (OLP), liderada por Yasser Arafat. Y, también en Oriente Próximo, en el golfo Pérsico, el 26 de agosto de 1990 España inició su participación en la gran coalición contra Irak. El tirano Sadam Husein llamó a esta guerra «la madre de todas las batallas». El nombre que dieron los estadounidenses a la respuesta militar fue operación Tormenta del Desierto.

Se trató de la primera guerra mediática, en el sentido de que todos los ciudadanos presenciamos a través de televisión los bombardeos y los terribles resultados de los conflictos. De manera anecdótica, recordamos que la cantante Marta Sánchez fue enviada por el Ministerio de Defensa al golfo Pérsico, en las Navidades de 1990, para ofrecer un concierto en la fragata *Numancia*, interpretando entre otras canciones *Soldados del amor*.

2.3. La tercera legislatura: 1992, España centro del mundo

España presidiría por primera vez la Comunidad Europea entre enero y junio de 1989. El 29 de octubre Felipe González se quedaría a un diputado de revalidar por tercera vez su mayoría absoluta. Sin embargo, podría gobernar prácticamente como tal, puesto que los representantes de Herri Batasuna se ausentaron durante toda la legislatura, con lo que el grupo socialista abarcaba más de la mitad de los escaños de la cámara.

El Partido Popular (PP) se presentaba a los comicios tras su refundación de ese mismo año, adquiriendo esta nomenclatura frente a las pretéritas cabeceras de Alianza o Coalición Popular. Su candidato era el madrileño José María Aznar, funcionario de Hacienda como inspector de Finanzas del Estado, presidente de la Junta de Castilla y León desde 1987 hasta 1989 y antiguo militante del FES (Frente de Estudiantes Sindicalistas).

La fase de prosperidad económica, con el PIB creciendo a un ritmo de casi el 4,5 % anual, permitiría la ampliación del Estado del bienestar, con el consiguiente avance en la calidad de vida de los ciudadanos. Así pues, se universalizó la cobertura sanitario-farmacéutica y, tras aprobarse en 1990 la Ley de Pensiones no Contributivas, se llegó a casi 8 millones de pensionistas. El seguro de desempleo se extendería al 60 % de los parados.

Se acometieron grandes inversiones educativas y se amplió la enseñanza obligatoria hasta los 16 años con la Ley de Ordenación General del Sistema Educativo, de 1990. La LOGSE ha sido muy criticada y en numerosas ocasiones se la ha acusado del fracaso escolar de las últimas décadas, situación que no es el resultado de una disposición educativa, sino más bien del contexto social y/o familiar, de la relativización de los valores del esfuerzo y del trabajo en la sociedad del consumo y, sobre todo, de la voluntad del alumno, pues, de otra forma, no entenderíamos por qué en la misma etapa y dentro del mismo colegio y en la misma aula es posible constatar la excelencia académica de algunos estudiantes mientras que otros no logran aprobar.

A nivel universitario, cabe decir que a partir de la década de los 80 se «pluralizó» la enseñanza superior, llegando a la misma ciudadanos de todas las clases sociales, al tiempo que se fue consolidando una amplia clase media. La época de los contrastes sociales había dado paso a esta nueva situación más homogénea, pudiendo así acceder a la educación (que es un derecho universal contemplado en la Constitución española) toda persona que tuviera voluntad de aprender, con independencia de su procedencia social o nivel económico.

Pero, junto a estos indicadores de compromiso social, desde 1990 comenzaron a trascender a la opinión pública escándalos de corrupción en los que se hallaban directamente involucrados miembros del Gobierno, relacionados con tráfico de influencias, enriquecimiento irregular y financiación ilegal del PSOE.

A partir de 1991 afloraron los síntomas de la recesión económica, aunque la euforia se mantendría alimentada por las celebraciones del año siguiente. 1992, año en que se conmemoraba el V centenario del primer viaje de Colón, sería un momento de gran protagonismo en el mundo para nuestro país, debido a la Exposición Universal de Sevilla y a los Juegos Olímpicos de Barcelona. Asimismo, en 1992 Madrid ostentó la condición de capital europea de la cultura.

La Exposición Universal tuvo lugar en 250 hectáreas de terreno agrícola, en la zona donde se ubicaba el histórico monasterio de la Cartuja, edificio donde Colón preparó el viaje a las Indias y en el que sus restos mortales descansaron varios años. La transformación de la isla de la Cartuja fue la mayor obra pública de la década en Europa. En tal importante evento, entre el 20 de abril y el 12 de octubre, se dieron cita delegaciones de 112 Estados y también participaron 23 organismos internacionales, 6 empresas y las 17 comunidades autónomas españolas.

En los pabellones autonómicos, se exhibieron los principales tesoros histórico-artísticos del patrimonio español, junto con la etnografía y otras cuestiones. Ejemplo de ello es la Custodia de Arfe, monumento a la Eucaristía de grandes dimensiones, perteneciente a la catedral de Toledo y elaborado en plata dorada durante ocho fecundos años del Renacimiento español. Como muestra de su magnitud, comentar que se emplearon más de 152 kilos de plata, para configurar un conjunto único en el mundo, de 309,5 cm de altura y un peso de 17 arrobas y una libra, con 260 estatuillas, 5600 piezas y 7500 tornillos. La Santa Sede y el pabellón de Castilla-La Mancha compartieron esta obra maestra de la orfebrería y, en general, durante los 176 días en que el recinto permaneció abierto al público, se contabilizaron un total de 42 millones de visitas.

En los Juegos de la XXV Olimpiada, celebrados en Barcelona, participaron 9356 atletas (6652 hombres y 2704 mujeres) de 169 países, compitiendo en 28 deportes y 257 especialidades. Barcelona había sido candidata en 1924, 1936 y 1940, pero nunca lo había conseguido. En 1992, a las 22:20 del día de Santiago, quedaron inaugurados los juegos en una ceremonia en la que actuaron la soprano Montserrat Caballé, los tenores José Carreras, Plácido Domingo y Alfredo Kraus, así como el grupo de teatro *La Fura dels Baus*. Hasta el 9 de agosto se batieron un total de 32 récords mundiales y 73 olímpicos. La mascota oficial de Barcelona se llamó Cobi, y la de la Expo' 92, Curro.

Sin embargo, al clausurarse los festejos de 1992 se dejó ver la crisis económica, de modo que a finales de 1993 la tasa de paro era del 24 %, el déficit público tocaba el 7 % del PIB y la inflación rozaba el 5 %. Los índices de producción industrial experimentaron una caída, más de 1000 empresas suspendieron pagos, unas 5000 se declararon en quiebra y entre septiembre de 1992 y mayo de 1993 se devaluó tres veces la peseta. Además, se produjo el alza de los impuestos.

España vivió el año 1992 mirando casi únicamente hacia sí misma. El centenario trajo consigo la celebración de la II Cumbre Iberoamericana en la capital, pero los telediarios también estuvieron plagados de imágenes desagradables, pues, una década después de la muerte del dictador Tito, Yugoslavia empezaba a desintegrarse. Fue a finales de agosto de 1992 cuando el presidente del Gobierno, Felipe González, solicitó autorización para que un contingente de las Fuerzas Armadas fuera desplegado en Bosnia-Herzegovina como cascos azules de la ONU. El apoyo del Parlamento a la misión fue unánime. En noviembre de 1992 llegaron los primeros componentes, mayoritariamente de la Legión. Durante tres años, los militares españoles se encontraron en medio de una guerra que no era la suya, manteniendo el honor de la patria y esquivando de forma habitual los disparos de los francotiradores o la fusilería de ambos bandos.

A ello se sumaba el incumplimiento de los requisitos acordados en el Tratado de Maastricht para poder participar en la futura integración monetaria europea. El Plan de Convergencia con Europa diseñado por el ejecutivo español resultaría ineficaz. Los problemas económicos aumentaban en España y la situación política se deterioraba, viéndose necesario el adelanto de los comicios. No obstante, durante las dos legislaturas centrales del PSOE, se habían producido avances como la aprobación del modelo de financiación de las comunidades autónomas y la firma de los Pactos de Madrid y Ajuria Enea, como respuesta de las fuerzas democráticas ante el terrorismo.

2.4. La cuarta legislatura: el pánico a ETA

Los resultados electorales del 6 de junio de 1993 pusieron de manifiesto que el PSOE no tendría tampoco mayoría absoluta, pero continuó siendo la formación más votada, obteniendo 159 escaños, seguida por el Partido Popular con 141 diputados y ocupando un lugar minoritario Izquierda Unida, los nacionalistas catalanes de CiU y el Partido Nacionalista Vasco.

De este modo, Felipe González fue investido presidente del Gobierno por cuarta y última vez consecutiva, contando con los votos de su partido, CiU, PNV y Coalición Canaria. La alianza con CiU llevaría consigo el pacto de una política de ajuste y rigor presupuestario, que sería formalizada con la cesión del 15 % del IRPF a las comunidades autónomas, pero es posible afirmar que, aunque el Gobierno pudo constituirse, la fragilidad fue una de sus señas de identidad.

Los principales objetivos del nuevo gabinete eran paliar la crisis económica y conseguir la entrada de España en el euro. Se fomentó la liberalización del mercado de trabajo, con el consiguiente aumento del paro, a lo que los sindicatos respondieron con una huelga general el 24 de enero de 1994. Los intentos de llegar a acuerdos con las organizaciones empresariales y sindicales resultarían infructuosos.

Durante esta etapa, el Gobierno estrechó la colaboración con Francia en materia antiterrorista. ETA seguía ensañándose y el 17 de enero de 1996 secuestró al funcionario de prisiones José Antonio Ortega Lara, como medida de presión al Gobierno para que reagrupara a los presos etarras. Amargamente, Ortega Lara permaneció en un zulo en una húmeda nave industrial en las afueras de Mondragón (Guipúzcoa) durante 532 días.

El 6 de febrero del mismo año la banda terrorista asesinó al dirigente socialista vasco Fernando Múgica y, ocho días después, el 14 de febrero, perpetró otro crimen, acabando con la vida del presidente del Tribunal Constitucional, Francisco Tomás y Valiente. El nombre de estas dos víctimas llevó una vez más a denunciar el horror que ETA esparció durante casi medio siglo en España, causando destrucción material y, lo que es más importante, cercenando familias.

La vida política se fue crispando, pues, a los problemas reales, había que añadir los asuntos de corrupción en los que se encontraban implicados directa o indirectamente dirigentes socialistas, como las historias siniestras de los GAL, Filesa o Ibercop, la huida de Roldán (primer director general de la Guardia Civil que no procedía del cuerpo), las investigaciones a Juan Guerra, Vera y Barrionuevo, o las escuchas ilegales del CESID, corriendo de boca en boca de todos los ciudadanos. El Partido Popular e Izquierda Unida realizaron una dura crítica. Los presupuestos de 1996 fueron prorrogados y Felipe González se vio en la obligación de convocar elecciones anticipadas.

2.5. La definitiva configuración del Estado autonómico

Durante los últimos años de Gobierno de Felipe González se prosiguió el desarrollo orgánico de la Constitución. España se vertebra en 16 comunidades autónomas, una comunidad foral (Navarra) y dos ciudades autónomas, que son Ceuta y Melilla. Las 17 autonomías son: Andalucía, Aragón, Islas Baleares, Canarias, Cantabria, Castilla-La Mancha, Castilla y León, Cataluña, Comunidad de Madrid, Comunidad Foral de Navarra, Comunidad Valenciana, Extremadura, Galicia, País Vasco, Principado de Asturias, Región de Murcia y La Rioja.

A su vez, cada comunidad autónoma está formada por una o varias provincias, sumando 50 en el territorio, que proceden de la división de 1833. En el interior de cada provincia existe un número variable de municipios, que son las entidades básicas en la organización territorial de España y suman un total de 8116.

Desde el punto de vista electoral, en la mayoría de las comunidades se produciría una cierta estabilidad política entre 1982 y 1996, con especificidades regionales: predominio de la derecha en Castilla y León, Galicia y Baleares, y auge socialista en Andalucía, Extremadura y Castilla-La Mancha. En Cataluña y en el País Vasco el timón lo llevaron los nacionalistas. En el resto de comunidades hubo resultados variables, tendiendo al ascenso de la derecha al final de los 80.

3. Los Gobiernos del Partido Popular (1996-2004)

El 3 de marzo de 1996 se celebraron las primeras elecciones de la democracia en España en las que venció un partido de centro-derecha. Tuvieron una participación bastante alta, del 77%, y el Partido Popular venció con 156 escaños, aunque con una ventaja menor a la esperada sobre el PSOE, que consiguió 141. Izquierda Unida aumentó su número de diputados hasta conseguir su máximo histórico: 21 escaños.

El 4 de mayo de 1996, José María Aznar fue investido como presidente del Gobierno. Este giro hacia la derecha se vería corroborado con el triunfo del PP en las siguientes elecciones autonómicas y municipales, poniéndose de manifiesto el fin del ciclo socialista de Felipe González.

3.1. La primera legislatura del PP: el espíritu de Ermua

Los miembros más destacados del primer Gobierno de Aznar podemos agruparlos en dos líneas ideológicas de origen: entre los procedentes de la derecha, Francisco Álvarez Cascos, como vicepresidente primero y ministro de la Presidencia, Rodrigo Rato, como vicepresidente segundo y al frente del Ministerio de Economía y Hacienda, y Mariano Rajoy, como ministro de Administraciones Públicas; por otro lado, encontramos a los ministros procedentes del centro (UCD y CDS), Jaime Mayor Oreja, en Interior, y Javier Arenas, en Trabajo y Asuntos Sociales.

El gabinete se mantuvo estable, con ligeros cambios encaminados a ofrecer una imagen más centrista. La recuperación económica iniciada en 1995 se consolidaría durante los años de Gobierno del Partido Popular. Aznar centró sus esfuerzos en poner en práctica una política económica que redujera el déficit público y reactivara la actividad económica privada. El propósito último era cumplir los denominados «criterios de convergencia», relativos a inflación, deuda y déficit establecidos en el Tratado de Maastricht de 1992. Estos requisitos permitirían a España unirse a la nueva divisa europea: el euro.

Se emprendió una política de rigor presupuestario y antiinflacionista, dirigida por Rodrigo Rato. Estas instrucciones, junto con la buena coyuntura económica internacional, permitieron un crecimiento superior al 3 % y cumplir los requisitos de convergencia, ya que la inflación se situó en el 2 %, el déficit público en el 2,9 %, los tipos de interés en el 6,9 % y la deuda pública en el 68,1 % del PIB. De esta forma, al final de la legislatura el paro había descendido al 15 % y, merced a todos estos requisitos, España pudo incorporarse al grupo de países fundadores del euro.

Se aceleró el proceso de privatización de las empresas públicas, como Repsol, Endesa y Telefónica, al tiempo que se incrementó la liberalización de los mercados de la electricidad, del gas y del petróleo, adoptándose medidas encaminadas a agrandar la estabilidad en el empleo y a flexibilizar el mercado laboral.

Nuevamente, el terrorismo de ETA fue el asunto más espinoso al que tuvo que hacer frente Aznar. En el verano de 1997 llegaría a su expresión más sangrienta con el secuestro y posterior asesinato de Miguel Ángel Blanco, concejal del PP en el ayuntamiento de Ermua (Vizcaya).

Miguel Ángel era un joven de 29 años, hijo de inmigrantes gallegos en el País Vasco. Se licenció en Ciencias Económicas por la Universidad del País Vasco y, durante un tiempo, trabajó como albañil con su padre, hasta que encontró otro empleo más acorde con sus estudios como economista en la consultoría Eman Consulting, en la localidad de Éibar, municipio al que se trasladaba diariamente en ferrocarril.

Los terroristas copiaron su rutina y lo raptaron a las 4 de la tarde del jueves 10 de julio de 1997. El mismo día del secuestro, una llamada realizada desde el diario *Egin* en nombre de ETA exigió al Gobierno de José María Aznar el acercamiento de los presos al País Vasco como condición indispensable para su liberación, dando 48 horas como ultimátum. España vivió dos días inmersa en la desesperación. Hubo manifestaciones para solicitar la liberación de Miguel Ángel.

Sin embargo, lamentablemente, el sábado 12 de julio, a las 16:50, cincuenta minutos después de que concluyera el ultimátum, Miguel Ángel recibió dos disparos en la cabeza en las cercanías de la localidad de Lasarte-Oria, que lo dejaron herido de muerte. El arma utilizada fue una pistola marca Beretta del calibre 22 con silenciador. El joven fue trasladado todavía con vida, pero en estado crítico, a un hospital. Falleció horas después, en la madrugada del 13 de julio.

El secuestro de Miguel Ángel Blanco marcó un antes y un después. Tras su muerte se acuñó el la expresión espíritu de Ermua: reacción popular (apoyada por las fuerzas democráticas) que se había gestado en las numerosas movilizaciones pacíficas organizadas para solicitar su liberación. El 30 de junio de 2006 se juzgó y condenó a 50 años de prisión a los responsables de la muerte de Miguel Ángel Blanco: Francisco Javier García Gaztelu (alias Txapote) y su compañera sentimental, Irantzu Gallastegui (alias Amaia).

El Gobierno de Aznar, con el apoyo socialista, lanzó una política de dureza hacia ETA. Sobre el terreno, se llegó al Pacto de Estella, un acuerdo de todas las fuerzas nacionalistas, sellado el 12 de septiembre de 1998 en la localidad navarra de Estella (Lizarra en euskera) y firmado por todos los partidos políticos vascos, así como por Ezker Batua-Berdeak, el Partido Carlista de Euskalerria, sindicatos y asociaciones. El objetivo era buscar un «proceso de diálogo y negociación» que lograra el cese del terrorismo.

ETA anunció una tregua en septiembre de 1998, que declaró finalizada en noviembre de 1999. Sin embargo, el 21 de enero del 2000 volvió a atentar, asesinando al teniente coronel Pedro Antonio Blanco. Las principales fuerzas del Pacto condenaron el homicidio, pero no hubo expresión de repulsa por parte de Herri Batasuna.

En diciembre de 1997 moría asesinada por el que fuera su marido Ana Orantes, mujer maltratada que había denunciado unos días antes en un programa de televisión la tragedia vivida. La historia de Ana, matada y quemada, tiñó de luto la sociedad. A partir de ese momento, las instituciones impulsaron la reforma del Código Penal en materia de violencia machista. El pacto para atajar la violencia de género llevó en 2017 a crear el número de teléfono 016, donde un equipo de profesionales atiende a las víctimas sin que quede rastro en su factura.

La política exterior de los populares prosiguió con la dinámica anterior de integración de España en las intervenciones militares internacionales, de modo que mantuvo la presencia española en Bosnia-Herzegovina. En 1997 España se incorporó a la estructura militar de la OTAN y 2 años después participó en las operaciones de bombardeo de la Alianza Atlántica contra el territorio yugoslavo en la guerra de Kosovo.

En Iberoamérica, se consolidaron las relaciones con España, y José María Aznar reconsideraría la política de firmeza que aplicó con Cuba durante el inicio de su etapa. Por otro lado, el Gobierno mantuvo una posición ambigua respecto a los procesos penales realizados en la Audiencia Nacional por Baltasar Garzón contra el dictador Augusto Pinochet, en el caso de Chile, y hacia varios responsables de la dictadura militar argentina. La detención de Pinochet tendría lugar en Londres en octubre de 1998, unos meses después de renunciar a su cargo de comandante en jefe del Ejército y asumir las funciones de senador vitalicio, a raíz de una orden de extradición bajo la acusación de «genocidio, terrorismo y torturas». Asimismo, Aznar optó por un claro alineamiento de España con Estados Unidos, en contraste con la independencia de los Gobiernos precedentes de UCD y PSOE.

3.2. La revalidación del PP en el poder: del carisma de Aznar, a las tragedias

El PP encontró escollos para ensanchar su base electoral, fundamentalmente debido a su imagen vinculada a la derecha. Por ello, desde 1998 inició un giro hacia el centro y esperó que la coyuntura económica favorable ampliara el apoyo electoral, recordando las tramas de corrupción de la última etapa socialista.

Por otro lado, en el PSOE, Felipe González había renunciado a dirigir la organización, siendo sustituido por Joaquín Almunia en la secretaría general. Previamente a los comicios, había sido disputado el liderazgo en el PSOE entre Almunia, que era el candidato oficial apoyado por Felipe González, y Josep Borrell, quien aglutinaba el descontento de parte de la militancia. Almunia quiso confirmar su cargo de secretario general tras el XXXIV Congreso, que consideraba que se había cerrado en falso. Por ello, convocó elecciones primarias a celebrar el 24 de abril de 1998.

Contra todo pronóstico, Almunia perdió las primarias del PSOE con el 44,58 % de los votos, frente al 55 % obtenido por Borrell, que daría un giro hacia la izquierda. Almunia quiso dimitir de su cargo, pero su decisión fue rechazada para llegar finalmente a un trato con el otro candidato, en virtud del cual este se quedaría con el liderazgo parlamentario y sería portavoz y coordinador de las tareas de oposición, mientras que Almunia proseguiría como secretario general del PSOE y presidente del grupo socialista.

La bicefalia en el PSOE debilitó la imagen de fortaleza que el partido había tenido desde el exilio, con el Congreso de Suresnes, lo cual benefició al Partido Popular. Esta dualidad finalizaría el 14 de mayo de 1999, cuando Borrell dimitió como candidato a la presidencia del Gobierno, siendo sustituido por Almunia en solitario. Las elecciones generales se celebraron el 12 de marzo de 2000. El PP obtuvo la mayoría absoluta, con 183 diputados, y Joaquín Almunia presentó su dimisión en el PSOE.

Si analizamos la sociología electoral y la dinámica de los comicios inmediatos a la convocatoria del 2000, observamos que en las elecciones locales y autonómicas de junio de 1999 el Partido Popular fue la formación más votada, seguida muy de cerca por el PSOE.

En los comicios generales del 12 de marzo de 2000 el Partido Popular consiguió 10 millones de votos, que equivalían al 44,54 % del electorado y significaban la obtención de 183 escaños. El triunfo popular fue máximo, pues ganó en todas las comunidades autónomas, salvo en Andalucía y Cataluña, donde la fuerza más votada fue el PSOE, y en el País Vasco, pues allí venció el Partido Nacionalista Vasco.

El PSOE consiguió 125 escaños, lo cual supuso la pérdida de casi 2 millones y medio de votos con respecto a los comicios de 1996. Izquierda Unida, con Francisco Frutos, en sustitución de Julio Anguita, sufrió un descalabro, logrando solo 8 diputados. La Chunta Aragonesista conseguiría por primera vez un escaño, que ocuparía el profesor y cantautor José Antonio Labordeta.

En suma, las primeras elecciones del siglo xxi en España marcaron el momento de apogeo de Aznar y, aunque este manifestó su compromiso de no volver a presentarse a las elecciones de 2004, la centuria se inició con una mayoría absoluta del PP en las Cortes.

La novedad de este gabinete radicaba en la creación de dos nuevas carteras: el Ministerio de Hacienda, que se separaba de Economía, y el Ministerio de Ciencia y Tecnología, en sustitución del Ministerio de Industria, Turismo y Comercio. Ambas carteras solo existirían en la citada legislatura, volviendo en 2004 al formato anterior.

Durante las legislaturas del Partido Popular se recuperaron las arcas estatales y se redujo de manera considerable el desempleo, registrándose en 2004 una tasa de paro del 10,97 %, de ahí que en las cancillerías europeas se hablara de un nuevo milagro de la economía española. No obstante, si bien la adopción del euro evitaba tener que cambiar divisa en los viajes por el continente, el ciudadano de a pie experimentó el alza de los precios cuando, el 1 de enero de 2002, la peseta fue desbancada por la nueva moneda, pues, aunque equivalía a 166,386 pesetas, los sueldos no se situaron a nivel europeo.

El 3 de septiembre de 2003, Mariano Rajoy fue designado como sucesor de José María Aznar, una decisión adoptada por el entonces presidente del Gobierno y líder del Partido Popular, al no existir sistema de primarias. Nacido en Santiago de Compostela, con 24 años se convirtió en el registrador más joven de España; en 1981, fue elegido diputado en las primeras elecciones autonómicas gallegas y, en 1989, diputado en las Cortes Generales por Pontevedra y Madrid. Su abuelo había sido uno de los redactores del estatuto de autonomía en 1932 y su padre fue presidente de la Audiencia Provincial de Pontevedra, ciudad en la que vivió desde los 15 años. Desde 1996 fue ministro de Administraciones Públicas, de Educación y Cultura, de Interior, de la Presidencia y vicepresidente primero del Gobierno.

En política interior, durante la VII legislatura, el Gobierno culminó la profesionalización de las Fuerzas Armadas, con 150 000 efectivos, dando cabida también a ciudadanos de origen hispanoamericano, y, desde 2001, el servicio militar obligatorio se suspendió. A partir de entonces ya no habría ni chavales movilizados con macutos hacia el campamento, ni objetores, ni se podría ser juzgado por insumiso. Pero pervivirían las historias de la mili, contadas una y mil veces, y la frase de que «a este chico le haría falta la mili», pues, pese a las críticas, el servicio militar no solo enseñó «mundo» a los jóvenes, sino que les inculcó un oficio, disciplina, socialización y también, a muchos, la posibilidad de instruirse.

En materia sanitaria, el principal problema fue la crisis de las «vacas locas», denominación coloquial de la encefalopatía espongiforme bovina. El problema llegaría a España en el año 2000, cuando se detectó la primera vaca infectada, confirmándose el primer caso en Carballedo (Lugo) el 22 de noviembre. En esos momentos era ministra de Sanidad la malagueña Celia Villalobos, de quien todavía se recuerdan sus consejos profilácticos a las amas de casa para preparar el caldo. La crisis llegó a su apogeo en el año 2001, cuando se desató la alerta sanitaria, y se estabilizaría a partir de 2002, con la puesta en marcha del control europeo de la epidemia.

Otro suceso que revolvió a la opinión pública fue el hundimiento del *Prestige*, un buque petrolero monocasco de Liberia que operaba bajo la bandera de las Bahamas. El 13 de noviembre de 2002 el barco se encontraba transitando, con 77 000 Tm de fueloil, a 28 millas de Finisterre, cuando se vio inmerso en un temporal. A los 6 días, al intentar alejarlo de la costa, se partió en dos, hundiéndose a una profundidad de 3850 metros. Las manchas negras provocaron uno de los mayores desastres ecológicos de la historia del país. La sociedad civil se movilizó y, junto al dispositivo oficial, donde estaba presente el Ejército, muchos ciudadanos se trasladaron voluntariamente recorriendo cientos de kilómetros desde sus lugares de origen para colaborar en la recogida del «chapapote».

Tras el desastre, los petroleros similares al *Prestige* fueron apartados de las costas francesas y españolas, y Loyola de Palacio, en calidad de comisaria europea de transporte, consiguió la prohibición en toda la Unión Europea de los petroleros monocasco.

Otro dramático acontecimiento fue el accidente aéreo del Yak-42, acaecido el 26 de mayo de 2003. El vuelo UKM 4230 de UM Air se estrelló en Turquía cerca del aeropuerto de Trebisonda con 75 personas a bordo. El pasaje estaba formado por 62 militares españoles, que regresaban a España tras 4 meses y medio de misión en Afganistán y Kirguistán, 12 tripulantes ucranianos y 1 ciudadano de origen bielorruso. Fallecieron todos y este funesto hecho fue la mayor tragedia sufrida por el Ejército español en tiempo de paz. Dos días después del siniestro, fue oficiado el funeral de Estado en Torrejón de Ardoz, al cual asistieron los reyes, Juan Carlos y Sofía, y el príncipe de Asturias. Fue retransmitido en directo por las cadenas de televisión de ámbito nacional.

Federico Trillo era el ministro de Defensa. Tras el accidente, se abrió un amplio proceso judicial de petición de responsabilidades: civil por responsabilidad en el accidente del avión y penal por imprudencia en la contratación del avión y falsedad en la identificación de las víctimas. Esto último, debido a que algunos familiares habían comprobado que en el féretro que se les había entregado no se hallaban los restos de su consanguíneo, sino de otra víctima del siniestro, lo cual incrementó la consternación.

Meses después del inicio de la ocupación estadounidense de Afganistán, con el fin de erradicar tras el atentado de las Torres Gemelas de Nueva York (11 de septiembre de 2001) el régimen talibán del perverso Bin Laden, el presidente de Estados Unidos, George W. Bush, situó a Irak dentro de lo que denominó como «eje del mal». Su padre había sido también presidente republicano en 1988-1992.

Estados Unidos capitaneó una coalición que materializó la invasión de Irak entre el 20 de marzo y el 1 de mayo de 2003. Posteriormente, se involucrarían otros países. Según Bush, los motivos que justificaban la invasión eran «desarmar a Irak de armas de destrucción masiva, frenar el apoyo de Sadam Husein al terrorismo y lograr la libertad del pueblo iraquí». Los detractores de la guerra consideraban estos argumentos como meras excusas para realizar la entrada por intereses económicos y políticos.

La guerra de Irak provocó la división política entre las grandes potencias: Francia, Bélgica, Alemania, Rusia y China se oponían, mientras que otras naciones respaldaron públicamente a Estados Unidos, como fue el caso de Gran Bretaña, España, Polonia, Portugal y el resto de naciones que integraron la coalición. La invasión también propiciaría la primera manifestación ciudadana global de la Historia en contra de un conflicto, con recogida de firmas, organización de protestas multitudinarias e, incluso, el envío de escudos humanos voluntarios.

La participación española había sido hecha pública en la Cumbre de las Azores, reunión celebrada en dicho archipiélago de soberanía lusitana el 15 de marzo de 2003 entre George W. Bush, Tony Blair, José Manuel Durao Barroso y José María Aznar, en calidad de presidentes de Estados Unidos, Reino Unido, Portugal y España, respectivamente. En este encuentro se lanzó un ultimátum al Gobierno iraquí para que efectuara el desarme.

Cinco días después, el 20 de marzo, sin que existiera declaración expresa de guerra por alguna de las partes, comenzó el ataque a Irak de la alianza liderada por Estados Unidos. La coalición perdió 173 soldados y en torno a 542 efectivos resultaron heridos durante las primeras maniobras. Aunque se desconoce el número exacto de bajas entre las fuerzas armadas iraquíes, se estima que sufrieron entre 4000 y 6000 muertos. Después de que la coalición tomara Bagdad, el 1 de mayo de 2003 el presidente Bush proclamó el fin de las principales operaciones militares, pronunciando la frase de «misión cumplida».

Tras el derrocamiento de Sadam Husein, el Gobierno estadounidense quiso instaurar un nuevo Gobierno de transición en Irak. La resistencia iraquí era fuerte, por lo que se puede afirmar que el ejército estadounidense logró la ocupación del país, pero no que los iraquíes se doblegaran a su autoridad, por lo que, en la práctica, la guerra no había terminado.

Sadam Husein fue arrestado el 13 de diciembre de 2003 en una actuación conjunta entre efectivos kurdos iraquíes y el ejército estadounidense, mientras se encontraba escondido en un sótano en los alrededores de su localidad natal, Tikrit. Finalmente, fue ejecutado el 30 de diciembre de 2006, mediante el procedimiento de la horca, por el cargo de crímenes contra la humanidad.

Buena parte de la ciudadanía española manifestó su repulsa a la participación en la guerra de Irak. José Luis Rodríguez Zapatero, desde la oposición, lanzó duras críticas a la misma y, el 12 de octubre de 2003, en el desfile de las Fuerzas Armadas en Madrid para conmemorar la Fiesta Nacional, permaneció sentado ante el paso de la bandera estadounidense, un gesto que sembró la frialdad con ese país durante años.

La legislatura se halló estigmatizada por una pena negra similar a aquella con que Federico García Lorca llorara en el *Romancero Gitano*. Nadie podía intuir que, en vísperas de las elecciones, y a dos meses del feliz acontecimiento de la boda real del heredero, Felipe de Borbón, con Letizia Ortiz, España sufriría la hecatombe a instancias del yihadismo. El jueves 11 de marzo de 2004 España se despertó con la terrible noticia de un atroz atentado que se había producido al explotar artefactos en los trenes de cercanías que se dirigían a Madrid. La desolación se apoderó de las mentes. En los primeros momentos se pensó que había sido ETA, dejando paso esta hipótesis a la autoría islámica. Pronto la versión confirmada apuntó a que se trató de un ataque terrorista en cadena llevado a cabo por yihadistas en 4 trenes de la red de Cercanías de Madrid. Diez explosiones casi simultáneas en plena hora punta de la mañana (entre las 07:37 y las 07:39) causaron la muerte de 191 personas y 1858 heridos.

Posteriormente, en un intento de parar la masacre, la policía detonaría, de forma controlada, dos artefactos que no habían llegado a estallar, desactivando un tercero cuyo contenido permitiría iniciar las pesquisas que conducirían a la identificación de los autores del atentado. Los artefactos que explotaron habían sido colocados en 10 mochilas bomba en el interior de los trenes. Las investigaciones efectuadas a partir de la mochila que no estalló, y los restos hallados en el vehículo utilizado por los asesinos, determinaron que el explosivo utilizado era goma-2 ECO.

En la estación de Atocha (tren n.° 21431) explotaron 3 bombas. En la de El Pozo del Tío Raimundo (tren n.° 21435) otras 2. En Santa Eugenia, una bomba en el tren 21713, y 4 más en el 17305, junto a la calle de Téllez. Las fuerzas de seguridad hallaron dentro de los mismos trenes otros 2 artefactos que habían fallado. Hubo un despliegue de solidaridad, con donaciones de sangre, traslado de los lesionados y acompañamiento psicológico a las familias.

El viernes 12 de marzo fueron convocadas concentraciones contra el terrorismo a las 12:00. La mayor parte de los comercios cerraron a las 18:30 y colgaron enseñas nacionales con un crespón negro, así como carteles para manifestar su solidaridad con las víctimas.

Se decretaron 3 días de luto oficial en todo el país y las banderas ondearon a media asta. Algunos edificios institucionales, como la Biblioteca Nacional, permanecieron cerrados, y fueron extremadas las precauciones y la vigilancia. El servicio de cercanías fue suspendido en el tramo de los sucesos.

El día 12, por la tarde, 2,3 millones de personas se manifestaron en un Madrid lluvioso que sollozaba por los muertos y heridos, bajo el lema «Con las víctimas, con la Constitución, por la derrota del terrorismo». En el transcurso de la misma, se lanzaron proclamas como «Todos íbamos en ese tren», «No estamos todos: faltan 200», «España unida jamás será vencida», «¡ETA no!», «¡Al-Qaeda no!» o «Asesinos, asesinos».

Nueve millones de personas se concentrarían en otras ciudades españolas, sumando 11,4 millones en todo el país, y el Parlamento Europeo declaró el día 11 de marzo Día de las víctimas del terrorismo.

Aunque han pasado varios años, no siempre el tiempo lo cura todo. Vaya desde estas páginas nuestro humilde y sentido recuerdo hacia las víctimas y sus familias.

Menos de un mes después, el 3 de abril de 2004, la policía localizó en Leganés a varios miembros del comando terrorista y, al verse rodeados, se suicidaron haciendo estallar el piso en el que se habían atrincherado, cuando los GEO iniciaban el asalto. De este modo, se produjo el primer atentado suicida de Europa y, tratando de desarticular la trama, pereció un agente del grupo policial.

4. Los dos Gobiernos de Zapatero

Los atentados del 11-M acontecieron tres días antes de las elecciones generales, convocadas para el domingo 14 de marzo de 2004. Fueron jornadas llenas de desconcierto, pues a la visión horrenda se unía la falta de información, y la opinión pública llegó a pensar que se estaban ocultando datos. Treinta meses antes se había producido el atentado islamista contra las Torres Gemelas de Nueva York, y la coincidencia de día del calendario parecía sospechar la vinculación de origen. Asimismo, Aznar había ofrecido su apoyo a Bush en la guerra de Irak, por lo que el suceso se empezó a interpretar como una posible venganza en vísperas del proceso electoral español, en tanto que el sádico Bin Laden había amenazado a España en una grabación emitida por el canal qatarí Al Jazeera el 18 de octubre de 2003.

En un primer momento, todos los partidos políticos y medios de comunicación españoles atribuyeron la autoría de los atentados a ETA, con la excepción de HB, que, como brazo político de la banda terrorista, a las 12:00, a través de un comunicado de su dirigente Arnaldo Otegi, negó la participación. El Gobierno, los partidos políticos y los medios de comunicación no dieron crédito a ese informe.

En torno a las 10:30 del 11 de marzo, la policía había sido alertada del abandono de una furgoneta a las 07:00 en las inmediaciones de la estación de ferrocarril de Alcalá de Henares (Madrid), por unos individuos que habían accedido con macutos a las vías. Se realizó una inspección ocular del vehículo y un rastreo de explosivos con perros. Tras su precinto hacia las 14:15, la furgoneta fue llevada hasta el complejo policial de Canillas, donde se procedió a un nuevo examen, en cuyo transcurso se detectaría una cinta de audio con caracteres árabes en su carátula, 7 detonadores y el extremo de un cartucho de dinamita plástica. Aproximadamente a las 17:00, los expertos determinaron que los detonadores de cobre eran diferentes a los empleados habitualmente por ETA. La cinta, grabada en árabe, contenía versículos del Corán.

Entretanto, esa misma tarde, la ministra de Exteriores, Ana Palacio, remitió una nota a los embajadores en la que se señalaba: «El ministro del Interior ha confirmado la autoría de ETA». El sábado 13, jornada de reflexión, existían indicios transmitidos a través de los medios de comunicación que apuntaban cada vez con más fuerza a la autoría islámica, aunque las instancias gubernativas insistían en no sacar a ETA de la investigación.

La jornada electoral del 14 de marzo transcurrió bajo ese sentimiento de perturbación y pesimismo. En esas terribles circunstancias, cabe preguntarnos si no habría sido preferible retrasar los comicios, pues la ciudadanía estaba tan afectada que no había tiempo ni lugar para la meditación objetiva. Pese al estupor, la gente salió a la calle en abultado número a votar y el escrutinio otorgó el triunfo al PSOE (164 escaños), frente al PP (148). José Luis Rodríguez Zapatero se convertía así en el segundo presidente del Gobierno socialista de la historia de España.

4.1. La primera legislatura (2004-2008): el proceso de paz y los minipisos

José Luis Rodríguez Zapatero había nacido en Valladolid, aunque su familia es natural de León. Su abuelo paterno, Juan Rodríguez Lozano, capitán del ejército bajo el mando de la Segunda República, fue ejecutado por los nacionales el 18 de agosto de 1936. Antes de la legalización de los partidos, el 15 de agosto de 1976, asistió a un mitin de Felipe González en Gijón en el que se despertó su vocación política. Tres años después se afilió a las Juventudes Socialistas y, en 1982, obtuvo la licenciatura en Derecho, con una tesina sobre el Estatuto de Autonomía de Castilla y León. El 2 de abril de 2004 comenzó la VIII legislatura de España y, como presidente del Gobierno, la primera decisión de Zapatero fue la repatriación de las tropas españolas destacadas en Irak.

El gabinete contaría por primera vez con una mujer como vicepresidenta del Gobierno: María Teresa Fernández de la Vega. Se sustituyó a todos los cargos públicos de designación directa procedentes de la etapa del PP, Cándido Conde-Pumpido recibió el nombramiento de Fiscal General del Estado y se mantuvo la política económica del Gobierno saliente, aunque con incremento del gasto público. Por otra parte, Zapatero fomentó las medidas progresistas, como la regularización de emigrantes y la denominada Alianza de Civilizaciones.

En 2005 Zapatero modernizó la ley del divorcio. Tras la reforma del Código Civil operada en julio, los cónyuges podrían optar por la separación o por el divorcio, sin que fuera preciso acceder a la primera para solicitar seguidamente el segundo, como venía sucediendo desde 1981. De este modo, resultaría posible disolver el matrimonio directamente, siempre que se acreditara que habían transcurridos 3 meses desde la celebración del mismo, pero sin tener que alegar ninguna causa justificando la petición.

En la era de las nuevas tecnologías, Internet empezó a cooperar en el «divorcio exprés», término acuñado por algunos medios de comunicación a raíz de la modificación de 2005, ya que podía gestionarse desde el propio domicilio, «ahorrando» así tiempo y dinero, siempre que los miembros de la pareja hubieran decidido previamente su situación económica y familiar después de la sentencia. Otra de las medidas sociales adoptadas por el ejecutivo de Zapatero fue la aprobación, en 2005, del matrimonio entre personas del mismo sexo, también conocido como matrimonio gay o «matrimonio igualitario», equiparado jurídicamente al vínculo existente entre una pareja heterosexual.

El 30 de diciembre de 2006, ETA perpetró un atentado en el aeropuerto de Madrid-Barajas, en la recién inaugurada terminal 4, mediante la explosión a las 09:01 de una furgoneta bomba en su aparcamiento. El atentado se produjo en el contexto de un proceso de paz entre el Gobierno español y la banda terrorista, la cual había declarado un alto el fuego permanente. La explosión causó la muerte de 2 personas, hirió a una veintena y provocó grandes destrozos en las infraestructuras, así como suspensiones y retrasos en los vuelos. Finalmente, los 4 implicados en el atentado serían detenidos durante la misma legislatura.

La economía española creció a un ritmo superior al de sus vecinos europeos y la burbuja inmobiliaria siguió engordando hasta estallar en el segundo Gobierno de Zapatero. Parte de la población empezó a vivir por encima de sus posibilidades. Recordaba la situación aquella expresión que en el xvii dijera el arbitrista González de Cellorigo: «hombres encantados que vivían fuera del orden natural». Los bancos concedían con agilidad préstamos, el pago a plazo de las vacaciones se hizo usual, con un alquiler se pagaba la hipoteca de una segunda vivienda y, así, el valor del dinero, que es fiduciario y efímero, iría causando espejismos lejos de ser reflejo de una riqueza real.

Una promesa electoral del PSOE fue aumentar el presupuesto para I+D en un 25 % cada año, durante los 4 años de la legislatura. Otra estribaba en la subida del salario mínimo interprofesional de 460 euros en el 2004 —uno de los más exiguos de toda la Unión Europea—, a 600 euros en 2008. En 2005 se realizó la primera subida, hasta los 513 euros.

La estabilidad política y económica del período 2004-2007 permitió el desarrollo de un programa progresista con acciones sociales como la Ley de la Promoción de la Autonomía Personal y atención a la personas en situación de dependencia, la Ley para la igualdad efectiva entre mujeres y hombres y la creación de los juzgados de violencia sobre la mujer.

A su vez, para atajar la burbuja inmobiliaria en España, fue creado el Ministerio de la Vivienda, cuya titular era María Antonia Trujillo. Durante su primer año, no logró contener el alza de precios, que se situó en valores de más de un 17 % de incremento entre el tercer trimestre de 2003 y el mismo período de 2004, frente al 10-15 % en la anterior legislatura. Su propuesta de minipisos, de 30 metros cuadrados, como «solución habitacional», en comparación con los derechos y prebendas de los ministros, levantó sensatos enfados en los vecinos.

4.2. La segunda legislatura: el azote de la crisis

Las elecciones se celebraron el 9 de marzo de 2008. Venció en ellas el PSOE: 169 escaños frente a los 154 del PP de Mariano Rajoy. Por su parte, Rosa Díez, exparlamentaria europea por el PSOE, consiguió en estos comicios su primer escaño con su partido: Unión, Progreso y Democracia (UPyD).

De este modo, la IX legislatura comenzó el 1 de abril de 2008. Fue nombrado presidente del Congreso el socialista José Bono, que en la primera fase de Zapatero había abandonado la presidencia de la Junta de Comunidades de Castilla-La Mancha para asumir el Ministerio de Defensa.

El 9 de abril, el Congreso rechazó la investidura de José Luis Rodríguez Zapatero como presidente del Gobierno al no lograr mayoría absoluta (176 escaños) en la primera vuelta, pues se quedó con 168. El candidato socialista se sometió a una nueva votación el 11 de abril, en la que finalmente fue investido presidente por mayoría simple.

Este Gobierno fue el primero de la historia de España en que el Consejo de Ministros estaba formado por una mayoría de mujeres: 9 ministras y 8 ministros. También fue la primera vez en que una mujer asumió la cartera de Defensa: Carme Chacón.

Un año después de comenzar su segunda legislatura, Zapatero remodeló el gabinete por la necesidad de un «cambio de ritmo», incorporándose José Blanco como ministro de Fomento y el presidente de Andalucía, Manuel Chaves, como tercer vicepresidente, encargado de coordinar la política territorial.

En el ámbito económico, la IX legislatura ha quedado marcada por el impacto de la crisis. Iniciada en Estados Unidos, la recesión afectó gravemente a todo el primer mundo, dando la cara en nuestro país como crisis inmobiliaria. En la campaña electoral de 2008, el PP empezó a hablar de crisis económica, pues ya se conocían algunos indicios, pero Zapatero y sus ministros tomaron ese diagnóstico como acusación catastrofista, mientras que países europeos como Francia y Alemania ya adoptaban planes drásticos para salir de la misma. El final del período estival estuvo marcado por el estallido de la crisis financiera internacional a través de alarmantes síntomas: hundimiento del mercado inmobiliario y del sector del automóvil, repunte de la inflación y descenso del crecimiento del PIB.

El paro aumentó en 1 280 300 personas durante 2008, situándose la tasa en el 13,9 %, la mayor en 9 años. Desde 1988 no se superaban los 3 millones de parados en España y el desempleo siguió creciendo hasta colocarse, en el tercer trimestre de 2011, en el 21,52 %.

Desde el 1 de enero de 2010 hasta el 30 de junio de ese mismo año, España presidió por cuarta vez en su historia la Unión Europea. No obstante, en esos meses Zapatero no sería el presidente del Consejo Europeo, sino Herman Van Rompuy, exprimer ministro belga, debido a la entrada en vigor del Tratado de Lisboa que establecía la creación de una presidencia estable, de 2 años y medio de duración, prolongable durante otro mandato.

Desde el punto de vista social, la legislación de 1985 sobre el aborto se completó con la Ley Orgánica 2/2010, de salud sexual y reproductiva y de la interrupción voluntaria del embarazo. Esta norma, aprobada el 3 de marzo de 2010, despenalizaba la práctica del aborto inducido durante las primeras 14 semanas del embarazo, período en el que la mujer podría tomar una decisión libre sobre la interrupción de la gestación, sin que intervinieran terceros.

A su vez, en su artículo 15, ampliaba el plazo de posibilidad de interrupción voluntaria del embarazo hasta la semana 22 en caso de «graves riesgos para la vida o la salud de la madre o el feto», pudiéndose abortar a partir de ese momento únicamente bajo dos supuestos: «que se detecten anomalías en el feto incompatibles con la vida» o «que se perciba en el feto una enfermedad extremadamente grave e incurable confirmada por un comité clínico». La Iglesia y las federaciones de familias argumentaron, desde la moralidad, su oposición a la medida.

La huelga de los controladores aéreos hizo que el 4 de diciembre de 2010 se declarara, por primera vez en la democracia española, el estado de alarma en la nación durante 15 días. Y, de la inactividad a la concentración, ya que la fecha de 15 de mayo de 2011 aglutina todo un movimiento ciudadano que, en vísperas de las elecciones municipales y autonómicas del 22 de mayo, comenzó a manifestar su oposición al sistema institucional y político español, empleando el lema «Democracia real ya».

El 15-M se inició en la Puerta del Sol de Madrid, kilómetro cero de la geografía española, y a partir de ahí, surgieron células y grupos en las diferentes capitales de provincia y en las principales localidades españolas en aras de condenar la corrupción protagonizada por algunos políticos y la pasividad de las instituciones ante situaciones límite, como el fuerte paro y los efectos de la crisis económica. También consideraron los «indignados» del 15-M que el sistema político e institucional español no representaba a los ciudadanos, por lo que solicitaban una reforma integral.

En lo que hubo consenso entre PSOE y PP fue en la aprobación, en el pleno del Congreso de los Diputados, de la reforma del artículo 135 de la Constitución para incluir el principio de estabilidad presupuestaria, sumándose a este instrumento contra la crisis los dos representantes de Unión del Pueblo Navarro. Sucedió en septiembre de 2011 y, en octubre, la organización terrorista ETA anunció su cese definitivo como banda armada, una noticia que la población española había ansiado durante décadas.

En vísperas del comunicado se había celebrado en San Sebastián la conferencia sobre el fin del terrorismo, que reunió a personalidades políticas de renombre internacional, como el exprimer ministro irlandés Bertie Ahern, el líder del Sinn Fein Gerry Adams o el exsecretario general de la ONU, Kofi Annan, aunque no contó con la participación de los Gobiernos español y vasco. La citada conferencia concluyó con un mensaje solemne dirigido a ETA y a los gobiernos español y francés, a través de la voz de Bertie Ahern: «Pedimos a ETA que haga una declaración pública de un cese definitivo de las acciones armadas», «y pedimos a los gobiernos de España y Francia que negocien exclusivamente las consecuencias del conflicto».

Esa noche del 20 de octubre de 2011, en los hogares de España se pudo respirar con tranquilidad, aunque también fue tiempo para honrar en la memoria a los 829 muertos y a los millares de heridos y familias dañadas por la banda terrorista durante más de 50 años de violencia. Nuestra solidaridad desde estas páginas hacia todas las víctimas de ETA.

Respecto a la política exterior, durante la segunda fase gubernamental de Zapatero, la crisis económica resultaba tan severa, que monopolizó la atención del ejecutivo, de los medios de comunicación y, sobre todo, de los millones de hogares que la padecían en su cotidianidad. Pero hubo otros acontecimientos notables, como que, tras asistir a la reunión del Consejo Europeo, Zapatero anunció el viernes 24 de junio de 2011 el plan de retirada de Afganistán, contemplando que el repliegue de tropas comenzara en 2012 y que se completara en 2014.

Asimismo, en 2011, se aprobó el Reglamento de Reservistas de las Fuerzas Armadas. La reserva voluntaria se creó como respuesta a una necesidad de defensa que ya se había cubierto en otros países de nuestro entorno. Consiste en el compromiso de los españoles a contribuir, desde su profesión y especialidad, en el reforzamiento de las capacidades del Ejército. Así pues, dentro de la Reserva Voluntaria se reconocen los tres grados militares: oficial, suboficial, y tropa y marinería, de acuerdo a la formación del aspirante en el momento de su ingreso.

Aunque correspondía celebrar los comicios en marzo de 2012, ante la crisis económica, el ejecutivo decidió adelantarlos para el 20 de noviembre de 2011. Debido al día fijado, surgió polémica en los comunicadores y la clase política, pues, como ya hemos visto, en esa fecha, en 1975, murió Francisco Franco, y en 1936, fue fusilado José Antonio Primo de Rivera.

Ciertos sectores interpretaron la convocatoria como un intento de remover dramas del pasado tras el consenso de la Constitución de 1978. Quizás la cita electoral fuera una fecha casual, aunque, en los últimos ocho años, se habían promovido medidas en esa dirección, tales como la Ley de Recuperación de la Memoria Histórica, la apertura de fosas comunes del franquismo, la retirada de las vías públicas de las estatuas de Franco y los proyectos de transformación en torno al Valle de los Caídos. Salvaguardando las reivindicaciones humanitarias, a la vista de los hechos, podría reflexionarse sobre si, de algún modo, la Memoria Histórica, en efecto contradictorio con su propósito, al lanzar campañas, ¿no ha puesto de actualidad a Franco reabriendo el debate?

Los candidatos por el Partido Popular y por el PSOE fueron Mariano Rajoy y Alfredo Pérez Rubalcaba. La jornada electoral transcurrió sin incidentes. Obtuvo el triunfo el Partido Popular, lo que convirtió a Rajoy en presidente del Gobierno, con una mayoría absoluta materializada en 186 escaños. Fue una victoria histórica, pues el PP ganó en todas las comunidades autónomas, salvo en Cataluña y el País Vasco, superando incluso la mayoría absoluta de José María Aznar.

Por otro lado, el PSOE sufrió una fuerte debacle, con los peores resultados obtenidos en la democracia, pues consiguió 8 escaños menos que en su momento anterior más bajo, registrado en las primeras elecciones democráticas de 1977. Partidos que tradicionalmente obtenían una escasa representación, experimentaron avances significativos, como UPyD que pasó de 1 a 5 escaños, e Izquierda Unida, que logró tener grupo propio, al pasar de 2 a 11 escaños. CiU ganó por primera vez unas elecciones generales en Cataluña, y la controvertida coalición abertzale Amaiur irrumpió en el Congreso con 7 diputados (2 más que el PNV), aunque fracasó en su intento de liderar el nacionalismo vasco, al ser el partido clásico el más votado en el País Vasco.

5. La España reciente: sociedad y cultura en la era digital

Desde la Transición, se ha constituido en nuestra nación un modelo de sociedad posindustrial y se ha avanzado en la defensa de los derechos de la mujer. España ha pasado de ser un país de emigración a otro de inmigración, convirtiéndose en muy poco tiempo en un entorno multicultural.

Dos elementos podemos destacar de la cultura de la España reciente. En primer lugar, el intento de marcar las señas de identidad a través de la recuperación de voces silenciadas, y la creación de un nuevo modelo enraizado en el pasado común.

El logro de las libertades individuales y colectivas que llevó aparejada la consolidación de la democracia provocó una auténtica explosión cultural que abarcó todos los ámbitos (música, cine, pintura, cómic...). Para comprender el incremento del consumo de productos culturales (libros, cine, exposiciones...) hay que tener en cuenta el aumento del nivel de vida de la población española y el significativo papel que han tenido todo tipo de administraciones, tanto la central (en 1977 se creó el Ministerio de Cultura), como las autonómicas y locales. De esta manera, se han ampliado las infraestructuras para albergar los espectáculos (auditorios, museos, bibliotecas) y son constantes las campañas de lectura, circuitos teatrales o alfabetización tecnológica.

5.1. La pirámide de la democracia

En 1976 la población española era de 35 824 000 habitantes, de los que unos 100 000 eran inmigrantes. Pero la estructura demográfica iría caminando hacia el estancamiento ante el descenso progresivo de la natalidad, si bien se produjo la reducción de las tasas de mortalidad (gracias al desarrollo científico), con la consiguiente tendencia hacia una pirámide invertida, proclive al envejecimiento.

En 1981 el indicador coyuntural de fecundidad se situaría ya por debajo del umbral de reemplazo generacional, situado en 2,1 por mujer, pues estaría en 2,03. Este indicador tocaría fondo en 1998, situándose en 1,153 hijos por mujer. A partir de esa fecha remontaría, gracias a las pautas diferenciales de fecundidad experimentadas por la población inmigrante, alcanzando un máximo en 2008 de 1,45 hijos.

Asimismo, el cambio de las coyunturas socioeconómicas con respecto a otras épocas, como las características de España hasta hace un siglo, produce variaciones en el comportamiento demográfico. Nos referimos a que, en momentos en que la agricultura y la ganadería eran las principales actividades económicas en nuestro país, la garantía de la subsistencia de la familia en buena medida venía determinada por tener muchos hijos que pudieran colaborar en las labores y asegurar el mantenimiento de los padres cuando fueran ancianos, en un contexto carente de pensiones de jubilación. Ahora, la población urbana ha subido al 80 % (año 2016), decreciendo el sector primario para dedicarse al terciario y, de acuerdo a ese planteamiento «utilitarista», los hijos ya no son tenidos para coadyuvar a la economía familiar como en el régimen demográfico antiguo, sino por cuestiones de afecto.

Afortunadamente, mientras que en 1976 la esperanza de vida era de 70,4 años para los hombres y 76,2 para las mujeres, en 2005 para los hombres era de 77 años y para las mujeres de 83, y en 2014, de 80,4 para los hombres y de 86,20 para las mujeres. Según datos de 2017, en España es posible vivir 10 años más por encima de la media mundial.

El modelo demográfico español se halla fuertemente influenciado por los procesos migratorios, en su doble acepción, de salida y de llegada de personas. La emigración española parecía cosa del pasado desde 1973, hasta que en el siglo XXI llegó la crisis. Fundamentalmente a partir de los años 90, se experimentó un incremento demográfico de carácter pronunciado a consecuencia de la inmigración extranjera en España, acrecentándose en 4 millones entre 2000 y 2011, con el *boom* poblacional de los años del ladrillo. Las regiones de origen han sido Iberoamérica, el norte de África, el ámbito subsahariano, la Europa del Este y China. Con la crisis, durante 2011 y 2012, las inscripciones netas de habitantes foráneos ya fueron negativas y, en 2013, se registró el mayor descenso.

Las consecuencias sociales y económicas de esta inmigración extranjera poseen gran relevancia, pues está protagonizada por personas procedentes de diferentes ámbitos culturales, étnicos y lingüísticos, conllevando por ello ajustes de integración social, junto a la riqueza de la interculturalidad. En 2016 España contaba con 46,5 millones de habitantes, de ellos 41,9 tenían nacionalidad española y 4,6 extranjera. En 2016, por primera vez en 5 años, la población española se vio incrementada (en concreto un 0,19 %), gracias al saldo positivo de la inmigración.

Cuando el derecho a la educación estaba garantizado y ampliado hasta los 16 años como enseñanza obligatoria, la crisis ha sembrado el pesimismo en los jóvenes españoles, que estudian y acumulan títulos de grado y máster, de acuerdo a la ordenación universitaria del espacio europeo, pero no consiguen empleo. Entre 2008 y 2011, 300 000 jóvenes formados salieron de España, desalentados por el desempleo. En 2014, 6 de cada 10 universitarios españoles reconocían estar dispuestos a marcharse a otro país, convencidos de que, en el nuestro, en el futuro, no podrían aspirar al nivel de vida de sus padres. Trágico que la pensión de jubilación de los abuelos haya tenido que ejercer en el tercer milenio de paraguas de hijos y nietos.

El patrón familiar ha cambiado sustancialmente, pues al modelo nuclear hay que agregar el monoparental, las uniones de hecho, el acceso de las parejas homosexuales a la paternidad y el retorno a la familia extensa.

El principal logro social desde la Transición a nuestros días ha sido la incorporación de la mujer al mundo laboral. Desde el comienzo de los tiempos, la mujer ha estado trabajando, pero no se le reconocía su contribución fuera del ámbito privado. Y en esta meta se debe seguir cooperando para conseguir plena igualdad en derechos, oportunidades y remuneración por un mismo cometido, así como los Gobiernos deben implicarse en la regulación de la efectiva conciliación laboral con la vida familiar.

5.2. La literatura y los medios

A partir de 1975, fundamentalmente desde los años 80, se observa en la literatura española el retorno a fórmulas tradicionales y el interés por las cuestiones humanas. En novela cabe citar a Antonio Gala, Miguel Delibes, José Luis Sampedro, Eduardo Mendoza, Javier Marías y Arturo Pérez Reverte, entre otros autores, siendo constatable el gran interés que despierta en el público lector la novela histórica.

Desde la Transición hasta nuestros días, dos españoles han recibido el Premio Nobel de Literatura: Vicente Aleixandre en 1977 y Camilo José Cela en 1989, sumándose así a la nómina de escritores galardonados con tal distinción: José Echegaray en 1901, Jacinto Benavente en 1922 y Juan Ramón Jiménez en 1956.

Asimismo, a partir de la instauración de la democracia en España, se conceden los Premios Cervantes, que constituyen los galardones literarios más importantes de la lengua española. Se entregan en la Universidad de Alcalá de Henares en reconocimiento a la labor global de un escritor el Día del Libro, esto es, el 23 de abril (fecha en que se conmemora la sepultura de Cervantes), estando presidido el acto por el rey. Algunos de los galardonados han sido Jorge Luis Borges, en 1979; Antonio Buero Vallejo, en 1986; Francisco Umbral, en el año 2000; Rafael Sánchez Ferlosio, en 2004 y Ana María Matute, en 2010.

En nuestros días, en los quioscos de prensa se puede encontrar casi de todo, además de revistas y periódicos: películas, libros, colecciones de juguetes de miniatura... Además, la revolución que ha generado Internet, posibilitando también la versión digital de los diarios, ha producido el descenso de las ventas, de modo que los responsables de comercialización de la prensa escrita han ideado sistemas alternativos para atraer clientes, «regalando» por un módico importe relojes, pañuelos, gafas..., o incluso ofreciendo cartillas para completar y conseguir, a menor precio, una impresora.

Mucho se han transformado las ondas desde que Radio Ibérica en 1924 fuera la primera emisora en ofrecer un programa regular. Ahora hay estaciones de ámbito nacional, regional y local, siendo las cadenas con mayor audiencia estatal Radio Nacional de España (RNE), la pública por antonomasia, y las privadas SER (Sociedad Española de Radiodifusión), Onda Cero y COPE (Cadena de Ondas Populares Españolas). La radio también se ha adaptado a Internet, siendo posible escucharla *on line*.

Desde que Televisión Española grabara en el madrileño Paseo de La Habana, hasta la Televisión Digital Terrestre (TDT) en 2010, se ha realizado un largo camino. Hasta mediados de los 80, la televisión pública, que era la única existente, no emitía ininterrumpidamente, por lo que era habitual encontrarse con la «carta de ajuste» al encender el televisor, y en blanco y negro, pues los televisores en color llegaron a los domicilios a mediados de los 80.

En los años 90, a TVE-1 y TVE-2 se añadirían las cadenas privadas Antena 3 y Telecinco, así como las autonómicas. En el nuevo siglo proliferarían otras muchas privadas, hasta llegar a unas 40 en la actualidad, más las regionales, provinciales y locales.

5.3. La «movida»

La «movida madrileña» fue un movimiento contracultural surgido durante los primeros años de la Transición, que se generalizaría pronto, convirtiéndose en la «movida española». El concierto-homenaje a Canito es considerado el acto inaugural: un evento musical que tuvo lugar en el salón de actos de la Escuela de Caminos de la Universidad Politécnica de Madrid el 9 de febrero de 1980, en recuerdo del cantante y compositor José Enrique Cano Leal (Canito), quien había fallecido en accidente de tráfico.

El director de la Escuela, José Antonio Torroja —padre de Ana Torroja, quien poco después despuntaría como cantante de Mecano—, no puso ningún obstáculo, siendo uno de los promotores del encuentro Enrique Urquijo, líder del grupo Tos, embrión de Los Secretos. Otro de los apoyos institucionales de la movida vino de la mano de Enrique Tierno Galván, sociólogo de prestigio y catedrático de universidad, que había estudiado la cultura marginal juvenil.

La primera «quedada» multitudinaria de la movida vendría un año después, en 1981, con el Concierto de Primavera de la Escuela de Arquitectura. En el evento se dieron cita más de 15 000 personas, adoptando la forma de un festival de más de 8 horas de duración en el que participaron en orden y por sorteo Farenheit 451, Alaska y los Pegamoides, Flash Strato, Los Modelos, Tótem, Rubi y los Casinos, Mamá, Los Secretos y Nacha Pop.

Los programas musicales de Radio España, Radio Popular, Radio Juventud y Radio Centro sirvieron para gestar y difundir *La Movida* y otras publicaciones financiadas por los ayuntamientos de Madrid y de Vigo, donde fue conocida como «movida viguesa». También existió la «movida valenciana», siendo la banda Seguridad Social uno de los principales representantes de la misma, con canciones como *Chiquilla* (1991). Algunos programas de televisión, como Popgrama y La Bola de Cristal, sirvieron de catalizadores y divulgadores entre el gran público de las crestas, las cadenas y las «chupas» de cuero.

Si en los años finales del régimen de Franco la juventud reclamaba la libertad, el principal enemigo de la juventud de los 80 sería la droga, un auténtico drama, con madres forzadas a dar dinero a sus hijos a sabiendas de que se estaban suicidando. Las jeringuillas destruyeron muchas familias y, sin aviso informativo de asociaciones que trabajaran en la prevención —porque simplemente no las había—, llegó el SIDA.

El ejemplo más significativo del cura obrero lo tenemos en el padre Llanos, el jesuita que quiso alistarse en la División Azul, que predicó ejercicios espirituales a Franco en la inmediata posguerra, que se afilió al PCE, que descubrió su misión en El Pozo del Tío Raimundo y que, con la democracia, siguió en su sitio: calentando el frío de los yonquis a base de termos de leche, sin dejar de decir misa, aunque no aparecieran los feligreses…, menos embebido en los tratados teóricos y más cerca de las aceras.

5.4. Cine y musical

La evolución de la filmografía española ha sido diferente a la del resto de Europa, hallándose condicionada por las circunstancias políticas. Tras la censura impuesta en el franquismo, se inició el «destape», potenciando el desnudo como tránsito hacia el polo opuesto en la libertad de expresión.

La sátira carpetovetónica queda reflejada en la trilogía de Luis García Berlanga: *La escopeta nacional* (1978), *Patrimonio Nacional* (1981) y *Nacional III* (1982), protagonizada por el marqués de Leguineche (el actor Luis Escobar, a la sazón marqués de las Marismas del Guadalquivir en la vida real). El argumento gira en torno a los «negocios» de las cacerías de estilo franquista, la regularización de Hacienda y la llegada de los socialistas al Gobierno. Fenómenos vividos por un clan de la rancia aristocracia venido a menos y reacio a la adaptación a los imperativos igualadores de la democracia.

Con la democracia, la cinematografía se normalizaría poniéndose a la altura del resto de Occidente. Directores como Pilar Miró, José Luis Garci y Mario Camus comenzaron a ser conocidos en el extranjero. Cinco películas han sido galardonadas en los premios Oscar, que concede la Academia de las Artes y las Ciencias Cinematográficas de Hollywood: *Volver a empezar*, de José Luis Garci en 1982, como mejor film de habla no inglesa; *Belle Époque*, dirigida por Fernando Trueba, en la misma categoría que la anterior en 1992; *Todo sobre mi madre*, de Pedro Almodóvar en 1999, también en la modalidad de mejor película de habla no inglesa; *Hable con ella*, en 2002, dirigida por Pedro Almodóvar, como mejor guion original, y *Mar adentro*, de Alejandro Amenábar, en 2004, en la categoría de mejor película de habla no inglesa.

Desde 1987, la Academia de las Artes y las Ciencias Cinematográficas de España concede los premios Goya a los mejores profesionales de las distintas categorías del cine español de ese año, así como el Goya de honor a un actor o actriz por toda su carrera.

Desde 1953 el Festival Internacional de Cine de San Sebastián se celebra en dicha ciudad vasca y, a partir de 1986, se concede, junto a los galardones de reparto, el Premio Donostia a los directores y actores que han contribuido al desarrollo de la historia del cine.

En las artes escénicas, destacan la Compañía Nacional de Teatro Clásico, dependiente del Ministerio de Cultura, y las compañías catalanas *Els Joglars*, *La Fura dels Baus* y *Tricicle.* En los últimos años, los musicales han adquirido gran fama en la cartelera teatral, pudiendo subrayarse *El fantasma de la ópera*, *Mamma mía*, *Cabaret*, *My fair lady*, *El hombre de la mancha* y *El rey león*.

5.5. Las artes plásticas

En pintura, uno de los principales acontecimientos fue el regreso a España del *Guernica* de Pablo Picasso. Trastornado por el homicidio en masa, Picasso realizó en un mes, en su estudio parisino, esta obra presentada en la Exposición Internacional de París de 1937. En el destierro, con la maleta de cartón, el cuadro giraría por Europa y Estados Unidos. El pintor malagueño había puesto la cláusula de que la estampa únicamente llegaría a España si había democracia. Desde el MoMA de Nueva York, el 10 de septiembre de 1981 el *Guernica* aterrizó en Madrid a bordo de un avión de Iberia que lucía el nombre *Lope de Vega.* Unos policías con gabardina se hicieron cargo de la misión especial vigilando de cerca la bodega y, cual hoja mecida por el viento, el avión se posó en Barajas cuando el ministro de Cultura, Íñigo Cavero, manifestaba a la prensa «hoy regresa el último exiliado».

Bajo el abrigo de millares de *flashes*, el *Guernica*, entonces con 44 años, llegó al Casón del Buen Retiro. Entre los bastidores del pánico y la angustia, el lienzo sostiene escenas terribles: cadáveres y madres gritando, además de otras siluetas, como el toro y el caballo herido, con las que capta la esencia hispana. Desde 1992, en la misma sala del Museo Reina Sofía, cada 12 meses, la ráfaga en blanco y negro de fotogramas de guerra es contemplada por 2 millones de visitantes.

Otro genio de la pintura española del siglo XX es Salvador Dalí, figura representativa del surrealismo. Fue un personaje excéntrico, cuya creación es resultado de la combinación de genialidad artística y depurada técnica. Su producción es numerosa, pero una buena síntesis de su creatividad puede observarse en *La persistencia de la memoria*, donde, a partir de la representación de «relojes blandos» en el marco de un sencillo paisaje, el pintor consigue transmitir toda la complejidad y, al mismo tiempo, el carácter efímero, de esta función cognitiva.

Catalán como Dalí, Joan Miró se unió al surrealismo en París en los años 20. Junto a sus cuadros, como *Interior holandés*, realizó grandes murales para el edificio de la UNESCO en París y el mural del Palacio de Congresos y Exposiciones de Madrid.

El pop artístico está encabezado por el Equipo Crónica y, dentro del realismo mágico, sobresale la figura de Antonio López. Las nuevas tecnologías y el diseño están representadas por Javier Mariscal. En la estatuaria española de finales del siglo XX destacan Eduardo Chillida, con *La casa del padre* efectuada en el recinto histórico de la Casa de Juntas de Guernica, y Jorge Oteiza, con *Construcción vacía*, en San Sebastián, ambos escultores abstractos.

Si ya en las últimas décadas del franquismo, la arquitectura española se vio influenciada por las nuevas tendencias de Europa y de Estados Unidos, en el tránsito del XX al XXI, obtuvieron reconocimiento internacional Rafael Moneo, por el Museo de Arte Romano de Mérida, Santiago Calatrava, por el Museo de las Artes y las Ciencias de Valencia, y Ricardo Bofill, por el Teatro Nacional de Cataluña.

El 18 de noviembre de 2008 fue inaugurada la cúpula de la Sala XX del Palacio de las Naciones en Ginebra, restaurada por el pintor mallorquín Miquel Barceló. El coste de la nueva decoración de este círculo de 1400 metros cuadrados superó los 20 millones de euros. Este proyecto constituye uno de los emblemas del Gobierno de José Luis Rodríguez Zapatero.

5.6. Deporte, música y tauromaquia

Actualmente, el fútbol es el deporte más seguido en España. Existen dos grandes competiciones nacionales, el Campeonato de Liga y la Copa del Rey, cuyos ganadores, junto a los mejores clasificados de la Liga, se disputan la Copa de Europa (*Champions League*) y la Copa de la UEFA. La prensa deportiva está liderada por *Marca* y *As*, que dan cumplida cuenta de los partidos de fútbol y del estado de los equipos españoles.

En 1982 se celebró en España el Mundial de Fútbol y Naranjito fue su emblema. Constituyó un gran acontecimiento para nuestro país, pues era una oportunidad única de exhibir al mundo la transformación democrática. En ese mismo año, el hoy san Juan Pablo II realizó su primera visita oficial a España.

Otros deportes que cuentan con afición en España son el baloncesto, el ciclismo, el tenis y todos los de motor. Los partidos de la Liga ACB (Asociación de Clubes de Baloncesto) tienen cada vez con mayor número de seguidores, y algunos de sus jugadores, como Pau Gasol, han sido seleccionados por los célebres equipos de baloncesto estadounidenses.

El ciclismo tiene adeptos en España desde que en 1935 se celebrara la primera Vuelta Ciclista, pero sería a partir de los años 90 cuando alcanzaría un mayor protagonismo en la opinión pública, gracias a las victorias de Miguel Indurain, que ganó 5 veces consecutivas el *Tour* de Francia. El interés por el tenis se ha visto fomentado por las victorias internacionales de tenistas españoles, como Arancha Sánchez-Vicario, Conchita Martínez, Juan Carlos Ferrero, Carlos Moyá y Rafa Nadal. Los deportes de motor concitan el entusiasmo de la audiencia, con nombres como Fernando Alonso en Fórmula 1 y, en motociclismo, Dani Pedrosa, Carlos Checa, Jorge Lorenzo y Marc Márquez.

En el ámbito de la copla, han destacado cantantes como Carlos Cano y Rocío Jurado, ya fallecidos. Por su personalidad y proyección internacional, en la música melódica, que amalgama diferentes estilos, están Julio Iglesias, José Luis Perales, Joaquín Sabina, Raphael, María Dolores Pradera y Juan Pardo.

En España los toros son considerados la fiesta nacional, no en vano este espectáculo fue exportado a algunos países hispanoamericanos, Portugal y el sur de Francia. La temporada se inicia en el mes de marzo, con las Fallas de Valencia, y finaliza en octubre, con las fiestas de El Pilar en Zaragoza.

No obstante, en 2010 surgió la polémica al prohibirse la celebración de corridas de toros en la plaza de Barcelona. Los detractores de la fiesta muestran que resulta salvaje recrearse matando a un animal a la vista del público. La afición argumenta que, sin las corridas, el toro no tendría razón de ser como animal y que se produciría el desempleo de muchas personas si se vetan este tipo de espectáculos.

Con independencia de la filia o fobia a los toros, lo que resulta intolerable es que, en sucesos en los que la población debería mostrarse unánime —apoyando a la familia—, como tras la muerte de profesionales de la tauromaquia, haya individuos que lancen comentarios irracionales e improperios hacia la víctima.

Entre los toreros sobresalen Enrique Ponce, Manuel Díaz el Cordobés, El Juli, Juan José Padilla, Morante de la Puebla y José Tomás. En el rejoneo cabe citar a Pablo Hermoso de Mendoza, Diego Ventura y Andy Cartagena. Lamentablemente, en el siglo XXI ya han fallecido dos toreros en el ruedo. El primero de ellos fue Víctor Barrio, en la plaza de Teruel, el 9 julio de 2016; el segundo, Iván Fandiño, en la localidad francesa de Aire-sur-l'Adour, el 17 de junio de 2017.

6. El fin de la España bipartidista

El 20 de diciembre de 2011 Mariano Rajoy fue investido presidente del Gobierno. Nada más constituirse el gabinete, con Soraya Sáenz de Santamaría como vicepresidenta y portavoz, se acordó una fuerte reducción del gasto público para controlar el déficit presupuestario, que superaba el 8 % del PIB, por encima del límite pactado por Rodríguez Zapatero con la Comisión Europea. La más importante de las reformas estructurales fue la laboral, diseñada por la ministra de Empleo Fátima Báñez, aprobada en febrero de 2012 y contestada por los sindicatos, que convocaron una huelga general para el 29 de marzo, seguida 7 meses después por la huelga general europea de 2012.

6.1. La prima de riesgo

A pesar de las duras políticas de ajuste, no fue posible detener la escalada de la prima de riesgo, que, en julio de 2012, superó los 600 puntos básicos respecto al bono alemán, un nivel que hacía prácticamente imposible la financiación de la deuda española en los mercados, por lo que parecía inevitable que el Gobierno pidiera el «rescate europeo» como ya habían hecho Grecia, Irlanda y Portugal.

El 11 de dicho mes, el presidente Rajoy expuso en el Congreso:

> Los españoles hemos llegado a un punto en que no podemos elegir entre quedarnos como estamos o hacer sacrificios. No tenemos esa libertad. Las circunstancias no son tan generosas. La única opción que la realidad nos permite es aceptar los sacrificios y renunciar a algo; o rechazar los sacrificios y renunciar a todo.

Estas palabras fueron pronunciadas un día después de que el Eurogrupo acordara las condiciones para el rescate del sistema bancario español y de que el Ecofin aprobara flexibilizar los objetivos de déficit para 2012, exigiendo a cambio al Gobierno español que realizara de forma inmediata más ajustes para alcanzar el objetivo. Por ello, Rajoy presentó en el Congreso de los Diputados el mayor ajuste de la historia de la democracia: 65 000 millones de euros en 2 años. Para conseguir este propósito se anunció la subida del IVA, la reducción en un 10 % del subsidio de desempleo a partir del sexto mes, la eliminación de la desgravación por vivienda en el IRPF y la supresión de la paga extra de Navidad a los funcionarios.

6.2. De Juan Carlos I a Felipe VI

Juan Carlos I ha presidido el cuarto reinado más largo de la historia de España, después del de Felipe V (45 años en dos períodos), Alfonso XIII (44 años y 11 meses, incluyendo los 16 años de regencia de su madre) y Felipe IV (44 años y 5 meses). En estos albores del tercer milenio, también por fortuna en Europa las abdicaciones parecen pacíficas, a diferencia de la costumbre histórica, en que la dimisión se formulaba por presión. Ahí tenemos a Carlos IV abdicando por el motín de Aranjuez, a Fernando VII, por Napoleón, o a Isabel II, por directrices de Cánovas del Castillo. La ultima abdicación en nuestro país fue precisamente la de don Juan; conformó ya un hito en 1977 este traspaso de la legitimidad dinástica: «todo por España».

La etapa final de Juan Carlos I se vio ensombrecida en la opinión pública por su accidente durante la caza de elefantes en Botswana, viaje por el que pidió perdón. Asimismo, la justicia comenzó a investigar el caso Noos, por la presunta implicación de su hija Cristina y su yerno, Iñaki Urdangarin. No obstante, la neutralidad y el carácter dialogante de don Juan Carlos caracterizaron la corriente denominada «juancarlismo», de ahí que durante su reinado proliferaran españoles que no se declaraban monárquicos, sino juancarlistas. Y, después de que su hijo se convirtiera en soberano, el monarca emérito mantiene su compromiso con España asistiendo, entre otros actos, a competiciones deportivas y a la toma de posesión de presidentes iberoamericanos.

En un siglo, el xxi, en el que, por ventura, la esperanza de vida se alarga, cobra carta de naturaleza presentar la renuncia (ya sea la del papa o la de los soberanos temporales, como han hecho Beatriz de Holanda o Alberto II de Bélgica). El 2 de junio de 2014, Juan Carlos I hizo pública su abdicación en la figura de su hijo, Felipe de Borbón, quien reina en el ordinal consecutivamente unido al primer Borbón, que llegó a España a comienzos del XVIII a la muerte del último Habsburgo.

Y, en el discurso del 2 de junio, don Juan Carlos quiso enfatizar la conservación del legado: «guardo y guardaré siempre a España en lo más hondo de mi corazón», solo entonces estuvo a punto de quebrarse. En el despacho desde el que se emitió la alocución, junto a las banderas de la Unión Europea y de España, sobre la mesa, reposaba la Constitución de 1978 y, al fondo, dos fotografías: la suya con don Juan en un marco y, en otro, el relevo generacional con Felipe VI y su nieta Leonor.

Don Juan Carlos sancionó la preceptiva Ley Orgánica el 18 de junio de 2014 y, al día siguiente, el 19 de junio, Felipe VI fue proclamado rey ante las Cortes Generales. Nacido en Madrid el 30 de enero de 1968, es el tercer hijo de Juan Carlos de Borbón y Sofía de Grecia. Aunque, todavía, la norma española indica que prevalece el varón en la línea sucesoria. Sus padrinos de bautismo fueron su abuelo paterno, don Juan de Borbón, conde de Barcelona, y su bisabuela, la reina doña Victoria Eugenia. En 1981 recibió el collar de la insigne orden del Toisón de Oro y, a los 18 años, el 30 de enero de 1986, juró ante las Cortes Generales fidelidad al rey.

El 1 de noviembre de 2003 anunció su compromiso con la periodista doña Letizia Ortiz Rocasolano, que en esas fechas era la presentadora del Telediario de la noche en TVE-1. Contrajeron matrimonio el 22 de mayo de 2004 en la catedral de Santa María la Real de la Almudena, de Madrid. Tienen dos hijas, Leonor, princesa de Asturias, nacida el 31 de octubre de 2005, y Sofía, infanta de España, el 29 de abril de 2007, ambas en Madrid.

Es el monarca mejor preparado de la historia de España: además de su formación en idiomas, estudió Derecho en la Universidad Autónoma de Madrid y un máster de dos años en Relaciones Internacionales en Georgetown (Estados Unidos). Recibió su instrucción militar sucesivamente en la Academia General Militar de Zaragoza, en la Escuela Naval Militar de Marín y en la Academia General del Aire de San Javier.

Tiene el empleo militar de capitán general del Ejército de Tierra, de la Armada y del Ejército del Aire, máximo rango militar que le corresponde, en exclusiva, como mando supremo de las Fuerzas Armadas. Se reúne una vez al año con los tres ejércitos en la fiesta de la Pascua Militar y ejerce el Alto Patronazgo de las Reales Academias

En su discurso inaugural, Felipe VI anunció «una monarquía renovada para un tiempo nuevo», en un mundo cambiante y con una sociedad en plena transformación. De inmediato, su primogénita, Leonor, recibió el título de princesa de Asturias, previéndose que, en 2023, preste juramento a la Constitución, tal como hizo Felipe en 1986. Además de rey de España, Felipe VI es el heredero histórico de 28 reinos, 6 principados, 23 ducados, 8 marquesados, 29 condados y 17 señoríos.

El sábado 21 de agosto de 2014, Felipe VI estrenaba el despacho heredado de su padre en el palacio de La Zarzuela, donde recibió al jefe del ejecutivo, Mariano Rajoy. Ese mismo día presidía su primer acto con la reina Letizia mostrando su apoyo a las víctimas del terrorismo y, a los 5 días de la proclamación, los soberanos recibían en El Pardo a más de 350 representantes de distintas asociaciones: personas con discapacidad, Cruz Roja, Cáritas, Secretariado Gitano y Comité Olímpico...

De inmediato inició Felipe VI su agenda internacional: el 30 de junio acudió a la Ciudad del Vaticano para entrevistarse con el papa Francisco entre el 22 y el 24 de septiembre, a Nueva York, a la reunión con el presidente Barack Obama, participando en la Cumbre sobre el Clima 2014 y visitando la Asamblea General de Naciones Unidas; y el 15 de octubre viajó a La Haya para encontrarse con el rey Guillermo Alejandro de los Países Bajos. También Letizia tiene agenda propia, que se estrenó con la inauguración de la exposición sobre el Greco en el año de su IV centenario.

Al subir al trono Felipe VI, la Casa del Rey implantó un código de conducta entre sus trabajadores y reguló la recepción de regalos. Los miembros de la familia real no podrán viajar gratis en vuelos comerciales ni aceptar obsequios personales «que puedan comprometer la dignidad de sus funciones institucionales», ni beneficiarse de favores o servicios ofrecidos en condiciones ventajosas por su mera condición.

La llegada del nuevo soberano se ha caracterizado por un cambio de protocolo. El tratamiento de «majestad» ha quedado reservado para los actos más institucionales y las reverencias han pasado casi a ser una excepción. En las visitas de honor en el Palacio Real, Felipe VI desciende las escaleras para recibir a pie de calle a los invitados —como hizo con

Obama el 10 de julio de 2016—. Para respetar la libertad de religión, se permite que el juramento o promesa del cargo en La Zarzuela se realice, ante la Biblia y el crucifijo o sin alusión a los símbolos católicos.

6.3. La España plural

Para hallar el origen de la España actual debemos remontarnos a 2011, cuando emergieron movimientos —ignotos hasta ese momento— de participación social. Con el colapso de la UCD en la Transición, se consolidó en nuestro país el espíritu bipartidista, como si de la vuelta de la restauración decimonónica se tratara, aunque ahora ya libre de corrupción electoral, en una democracia que iba creciendo junto a sus votantes.

El movimiento de los indignados del 15-M cogió fuerza y, con sus asambleístas sentados en el suelo de las plazas de las ciudades y de los pueblos, reflexionando acerca de la casta y de la gente, fue adquiriendo la estructura de un partido político llamado Podemos, con Pablo Iglesias a la cabeza, acompañado por Íñigo Errejón y Juan Carlos Monedero. La formación concurrió a las elecciones europeas de 25 de mayo de 2014 y obtuvo 1 253 837 votos, equivalentes a 5 eurodiputados.

En los comicios autonómicos y municipales celebrados el 24 de mayo de 2015, Podemos, en sus diferentes coaliciones y nomenclaturas, obtuvo unos resultados sin precedentes para una agrupación nueva, haciéndose la Marea Atlántica con el consistorio de A Coruña o Ahora Madrid con el de la capital española, regida a partir de ese instante por Manuela Carmena. También la activista antidesahucios Ada Colau consiguió la alcaldía de la ciudad condal con *Barcelona en Comú*, la plataforma ciudadana integrada por Iniciativa, *Esquerra Unida*, *Podem*, *Procés Constituent* y Equo.

Entre los partidos emergentes que, en poco tiempo, se han abierto hueco en el hemiciclo figura Ciudadanos, de Albert Rivera, en este caso como grupo liberal en lo económico y socialdemócrata en el plano social. Esta formación se ha hecho con el voto de muchos españoles desencantados con el PP.

Tras las elecciones generales de 2015, acuñamos el concepto historiográfico «la España plural», con el que definimos la situación creada a raíz de los comicios del 20 de diciembre, cuando la ciudadanía mostró su refrendo a diferentes tendencias políticas que exceden los límites consuetudinarios del bipartidismo. Pese a la incomodidad que ocasiona la dificultad para obtener la mayoría simple (mucho más la absoluta), se ha puesto de manifiesto la madurez del espíritu democrático: todos los españoles pueden estar presentes en el Congreso y en el Senado, si bien sus representantes deben llegar a un acuerdo de Gobierno y mostrar que, realmente, representan al ciudadano y sus necesidades.

Cuatro largos meses de negociaciones infructuosas y de reuniones de los líderes políticos con el jefe del Estado demostraron la imposibilidad de llegar a un acuerdo. Ciudadanos y PSOE firmaron un pacto, aunque no alcanzaron los mínimos en las dos sesiones de investidura de Pedro Sánchez como presidente. El PP seguía insistiendo en que ellos habían ganado las elecciones y Podemos se afianzaba en el derecho de autodeterminación de los pueblos a propósito de Cataluña, condición *sine qua non* para entenderse con el Partido Socialista.

Las Cortes se formaron, pero fueron más mediáticas y breves que nunca. Los leones Daoíz y Velarde —fabricados con los cañones incautados en la guerra de África de 1859— que, desde 1866, orlan las escaleras del Congreso, miraron en 2016 más estupefactos que nunca, y eso que se han acostumbrado al cambio de moda, tras siglo y medio sin rugir apenas: de la chistera a la coleta. Vigías profesionales y voluntarios, que no cautivos, como Hipómenes y Atalanta, los leones de la Cibeles, castigados a tirar eternamente de su carro por haber sido sorprendidos en unión impía.

Hasta Miguel de Cervantes hizo su aparición estelar en el Congreso de los Diputados en el mes de abril, con motivo de la conmemoración del 400 aniversario de su muerte. Con sarcasmo, «propuso» una votación para elegir un *hashtag* y, así, hablar sobre su homenaje parlamentario en *Twitter*, resultando elegido el lema: «Quijote presidente».

Una vez agotados todos los plazos constitucionales para la formación de Gobierno, el 3 de mayo de 2016 se vio la necesidad de convocar elecciones. Habían transcurrido 208 años de la escena del lienzo goyesco que encarna una de las primeras instantáneas de la Guerra de la Independencia... Entonces, solo los caballos miraban al espectador como exponente de humanidad en el fragor de la contienda. Pero lo que nadie podía imaginar era que, a raíz de los nuevos comicios, las deliberaciones se extenderían tanto, y que España pasaría el verano, por un lado, como siempre —entre la playa y la montaña, el turismo en el extranjero y las vacaciones en el pueblo—, pero por otro, sin Gobierno.

	AP / PP	CDS	Ciudadanos	PCE / I
1977	España, lo unico importante			Votar comú votar democ
1979	La solución de centroderecha			Pon tu vot trabajar
1982	Es hora de soluciones	Asegura el progreso		Para que n pare
1986	Para salir adelante	El centro avanza		Hace falt
1989	¡Palabra!	Capaces de hacerlo		Somos la alternati
1993	Ahora			La alternat necesari
1996	Con la nueva mayoría			IU decid
2000	Vamos a más			Somos neces
2004	Juntos vamos a más			Con tu vot posible. Pal
2008	Con cabeza y corazón		¡Coge aire!	Llamazar e izquierd
2011	Súmate al cambio			Rebélate
2015	España en serio		Vota con ilusión	Por un nuevo
2016	A favor		Tiempo de acuerdo, tiempo de cambio	La sonrisa d país

Evolución de los lemas de campaña electoral en los comicios generales (1977-2016).

demos	PSOE	UCD	Fuerza Nueva	UP y D
	La libertad en tu mano	Votar centro es votar Suárez		
	Un gobierno firme para una sociedad justa	Dicho y hecho. UCD, cumple	España en tus manos	
	Por el cambio	El centro		
	Por buen camino			
	España en progreso			
	Por el progreso de la mayoría			
	España en positivo			
	Lo Próximo			
	Merecemos una España mejor			
	Vota con todas tus fuerzas			Lo que nos une
	Pelea por lo que quieres			Cada voto vale
país con-tigo	Un futuro para la mayoría			Más España
onrisa de n país	Un sí por el cambio			Nuestro pacto es contigo

En las elecciones del 26 de junio de 2016, la fuerza más votada fue el PP de Mariano Rajoy, con 137 escaños de los 350 del hemiciclo. Después, el PSOE, con 85; aunque a su secretario general, Pedro Sánchez, «el no es no» de la votación de investidura le pasó factura en su propio partido. Unidos Podemos consiguió 71 actas y Ciudadanos 32.

Rajoy fue el primer presidente que necesitó hasta cuatro votaciones para ser investido, a la vez que, por los pactos previos al estar tan lejos de la mayoría absoluta, fue el que, paradójicamente, contó con menos votos en contra (111). El 31 de octubre de 2016 Rajoy juró ante el rey en La Zarzuela el cargo de presidente, cerrándose el mayor período de Gobierno en funciones de la historia de España, 314 días después de la celebración de las elecciones generales de 2015.

Quizás la solución de la política española la tenga Cervantes, sagaz y llano, que ya en el entremés *La elección de los alcaldes de Daganzo* proponía que los regidores de los concejos superaran una prueba: «Pues que se hace examen de barberos, de herradores, de sastres, y se hace de cirujanos y otras zarandajas, también se examinasen para alcaldes».

O traiga la receta, allá por 1898, la zarzuela *Gigantes y cabezudos*, en un pliego escondido con la guerra de Cuba y El Pilar por medio: «si las mujeres mandaran en vez de mandar los hombres, serían balsas de aceite los pueblos y las naciones».

6.4. Cataluña y la Hispanidad

Los primeros años del siglo XXI han estado marcados por el desafío soberanista de Cataluña, situación que se hizo insostenible en el mes de octubre de 2017, cuando fue proclamada unilateralmente la República en dicha comunidad autónoma.

Las circunstancias fueron ya complicadas en 2010. La sentencia del Tribunal Constitucional, sobre el Estatuto de Autonomía de Cataluña de 2006, desencadenó una manifestación de rechazo en Barcelona el 9 de julio de 2010, bajo la cabecera *Som una nació, nosaltres decidim*. El crecimiento nacionalista fue palpable en la manifestación convocada en Barcelona el 11 de septiembre de 2012, por la Diada.

La vía catalana por la emancipación ha emprendido consultas separatistas, aumentando el descontento de los españoles ante las medidas rupturistas de los sucesivos presidentes de la *Generalitat*, Artur Mas y Carles Puigdemont. También se han producido fenómenos totalmente contrarios a la integridad nacional, mediante las pitadas al himno español en los campos de fútbol y la exhibición de la bandera independentista, conocida como estelada.

La gota que colmó el vaso fue la votación ilegal de la independencia que tuvo lugar en el *Parlament* el 27 de octubre de 2017 (sufragio del que se ausentaron, en defensa de la unidad de España, los diputados del PSC, PP y Ciudadanos). En el Palau de Sant Jorge se cantó el himno de *Els Segadors* y los alcaldes separatistas levantaron su bastón de mando. Tras jornadas de espera para que Puigdemont definiera sus posiciones en medio de la algarada secesionista y de la fuga de empresas desde Cataluña al resto de España, el presidente Rajoy decidió, en Consejo de Ministros, la aplicación del artículo 155 de la Constitución. De esta manera, quedó suspendida la *Generalitat* y los ministros de cada ramo asumieron las competencias hasta la convocatoria de elecciones fijada para el 21 de diciembre. Las principales cabezas del independentismo fueron enviadas a prisión, aunque el 30 de octubre de 2017 Puigdemont huyó hacia Bélgica, vía Marsella. No fue detenido hasta el Domingo de Ramos, para ser más exactos, el 25 de marzo de 2018, en Alemania.

La sociedad española, en general, y catalana, en particular, respondió con patriotismo colocando enseñas nacionales en los balcones y asistiendo masivamente a las concentraciones en defensa de la unidad.

Si seguimos pensando en clave histórica, desde el resentimiento no parece muy halagüeño el legado moral a transmitir a las generaciones venideras, de ahí que resulte extraño que, a pesar de todo, sea más fácil llegar a un diálogo en úlceras recientes como la Guerra Civil —y ya es espinoso— que en lo referente a sucesos de la Edad Moderna como aquella pionera Diada de 1714.

Más de 300 años después, cuando España sueña con tener un asiento permanente en el Consejo de Seguridad de Naciones Unidas, los independentistas aspiran a que Cataluña forme parte de la agenda de asuntos exteriores del Gobierno de Madrid. Y además, con la incoherencia de sentirse miembro de la Unión Europea, en la que entró en 1986 como comunidad autónoma integrada en España. Cabría recordar al *Govern* que en la UE hay unas leyes únicas, se acuña una moneda única y se avanza hacia una fiscalidad única, con respeto a las peculiaridades de cada Estado, pero, con el inglés, mayoritariamente, como lengua vehicular de los acuerdos.

Así es la vida, no hay mayor ciego que el que no quiere ver. En política suele ocurrir como en las relaciones personales. Echando la vista atrás, el artífice del divorcio puede percatarse de la necedad del desliz y de las ventajas cooperativas que implicó aquel encuentro con la Madre España, que no madrastra.

La historia de Cataluña y de España está cimentada en la idea del encuentro. Al principio, ni una ni otra existían. Podríamos hablar de la Marca Hispánica, en el sentido de territorio que señalaba el límite de aquella tierra de contención en los Pirineos entre al-Ándalus y el reino carolingio. Y lo mismo podría decirse de Castilla; tampoco existía Castilla hasta que, como condado, desde el siglo XI, empezó a vertebrar la futura corona española, aunque recordemos que, al principio de la Reconquista, allá por el 711, la resistencia la inició Asturias. Sin embargo, los catalanes han estado muy presentes en la historia de España. Efectivamente, el jefe militar del segundo viaje de Colón fue el ampurdanés Pedro de Margarit, posicionado al frente de doscientos soldados catalanes. Bernardo Boil, benedictino de Montserrat, llegó a ser el primer vicario apostólico en las nuevas tierras. Y Juan Orpí fundó Nueva Barcelona en Venezuela.

Es más, hasta su muerte en la Navidad de 1911, el poeta Joan Maragall intercambió cordiales cartas con Miguel de Unamuno, meditando sobre el parentesco entre Cataluña y Castilla, misivas donde se percibe un deseo firme de enfatizar lazos construyendo afectos a través del reconocimiento de la verdad y utilizando como lenguaje la simpatía: «ay, amigo mío, deje que le llame así» (señalaba Maragall al inicio de una de las cartas en 1900); «así tenía que ser, y lo que tiene que ser al fin es» (replicaba el filósofo).

Puestos a pactar cláusulas y viajando atrás en el reloj, tal vez dé también la pista el misterioso Fernando de Rojas, quien, a la par que maquinaba los enredos de Celestina —pidiéndole a Melibea la oración de santa Apolonia para el dolor de muelas de Calisto—, reflexionaba ante su escritorio toledano argumentando que «jamás el esfuerzo desayuda a la fortuna».

Un buen consejo, humanista y globalizado, a rescatar tanto en la individualidad como a nivel social para nunca confiarse y, en vez de dormir en los laureles, sacar estímulo y provecho de las imborrables gestas del tiempo.

* * *

HEMOS LLEGADO A LA CULMINACIÓN DEL BREVIARIO. La vida es demasiado breve en lo individual pero, para España, la Historia, en tanto que maratón ibérico, continúa con nuevas caras, con paisajes cambiantes, con costumbres ancestrales y con gentes siempre recientes.

La existencia lleva en sí inserta la suerte de la paradoja. En aras de encontrarse consigo mismo, el español, en vez de acudir al oráculo de Delfos, a menudo se siente llamado a peregrinar a Santiago, a escalar el monte Perdido, a fundirse con el infinito entre las columnas arbóreas de la mezquita de Córdoba, a buscar la pista del laberinto de las judaicas callejas o a alejarse de las farolas en una noche de agosto para contemplar, por San Lorenzo, las perseidas.

Porque estamos hechos de carbono, elemento químico que brotó hace millones de años de una explosión cósmica, nuestra materia prima es el serrín de estrella queramos jugar o no a ser principitos y meninas en el Sahara español, o en el pintoresco alcázar de los Austrias.

Cronología

1104 a.C.: Fundación de Gadir, actual Cádiz.

900 a.C.: Desarrollo de la cultura tartésica en la actual Andalucía.

814 a.C.: Fundación de Cartago por población fenicia procedente de Tiro.

800 a.C.: Asentamientos fenicios en Cádiz.

600 a.C.: Fundación de Emporion (Ampurias) por población focense (griegos).

600-450 a.C.: Desarrollo de la cultura ibérica.

233-219 a.C.: Los cartagineses ocupan el sur y el centro de la Península.

219 a.C.: Aníbal toma Sagunto.

218-202 a.C.: Segunda guerra púnica entre Roma y Cartago.

218 a.C.: Desembarco del ejército romano en Emporion. La Península se convierte en campo de batalla entre romanos y cartaginenses.

210-206 a.C.: Publio Cornelio Escipión el Africano, se apodera de las posesiones cartaginesas de la Península.

206-205 a.C.: Indíbil y Mandonio se levantan contra la ocupación romana.

133 a.C.: Los habitantes de Numancia prefieren morir quemados por las llamas de la ciudad a rendirse ante Escipión Emiliano.

49 a.C.: Sometimiento definitivo de los celtíberos por Roma.

25 a.C.: Hispania es sometida en su totalidad a Roma tras la conquista cántabra por parte de Augusto.

62 d.C.: Anuncio del viaje del apóstol Pablo a Hispania, iniciándose así la difusión del cristianismo en la Península.

98: Comienzo del Gobierno de Trajano.

264: Invasión de España por francos y suevos.

410: La entrada de los visigodos como aliados de Roma contra los suevos se convierte en una conquista encubierta.

568: El rey visigodo Leovigildo expulsa a los funcionarios romanos.

587: Recaredo, heredero de Leovigildo, se convierte al catolicismo. Establecerá esta religión como oficial dos años más tarde.

630: Finalización del dominio del Imperio bizantino en la Península.

711: Las tropas musulmanas cruzan el estrecho de Gibraltar y derrotan al rey visigodo don Rodrigo en la batalla de Guadalete.

716: El reino visigodo es conquistado sin apenas resistencia, por lo que España se convierte en al-Ándalus y pasa a ser un emirato del Califato de Damasco.

722: Se inicia la resistencia en Covadonga y Poitiers.

756: Abderramán I rompe con Damasco, dándo lugar al emirato de Córdoba.

785: Se inicia la construcción de la mezquita de Córdoba.

929: Abderramán III crea el califato de Córdoba, y con él al-Ándalus llegará al máximo esplendor de la ocupación árabe.

1031: Desaparición del califato de Córdoba, dando lugar a los reinos de Taifas

1212: Los cristianos logran una importante victoria ante los almohades en la batalla de las Navas de Tolosa.

1236: La mezquita se convierte en templo cristiano con la entrada en Córdoba de Fernando III.

1239: La mezquita de Córdoba pasa a ser catedral con el nombre de Santa María.

1252: Alfonso X convierte Toledo en referente de la cultura medieval.

1337: Inicio de la Guerra de los Cien Años.

1366: Inicio de la guerra civil entre Pedro I el Cruel y Enrique de Trastámara.

1462: Guerra civil catalana (1462-1472). Partidarios de Juan II luchan contra la burguesía.

1474: Inicio de la guerra civil entre Isabel la Católica y su sobrina, Juana la Beltraneja.

1492: Los Reyes Católicos completan la Reconquista con la toma de Granada. Expulsión de los judíos. Descubrimiento de América. Primera Gramática en lengua castellana (Nebrija).

1512: Fernando el Católico anexiona Navarra al reino de Castilla.

1519: Carlos I es coronado emperador del Sacro Imperio.

1571: Combate naval de Lepanto.

1588: Desastre de la Armada Invencible contra Inglaterra. El declive de España se hace más patente.

1605: Publicación por Cervantes de la primera parte de *El ingenioso hidalgo don Quijote de la Mancha.*

1615: Publicación de la segunda parte de *El Ingenioso hidalgo don Quijote de la Mancha.*

1616: Muerte de Cervantes.

1648: La Paz de Westfalia pone fin a la Guerra de los Treinta Años.

1700: Con la muerte de Carlos II, termina la dinastía de los Habsburgo y estalla la Guerra de Sucesión española, en la que se ven envueltas Francia, Inglaterra y Austria.

1724: Luis I, el reinado más breve, solo estuvo 9 meses en el trono.

1746: Fernando VI (1746-59).

1765: Se prohíbe la representación de los autos sacramentales y de las comedias de santos o magia.

1766: Motín de Esquilache.

1767: Expulsión de los jesuitas de España.

1773: Disolución de la Compañía por el papado.

1805: Se enfrentan en el cabo de Trafalgar (Cádiz), la flota inglesa al mando del almirante Nelson, y la franco-española, dirigida por el almirante Villeneuve.

1808: Motín de Aranjuez. 1808: Inicio de la Guerra de la Independencia.

1814: Regreso de Fernando VII.

1820: Pronunciamiento liberal de Riego.

1823: Invasión de los Cien Mil Hijos de San Luis para restaurar la monarquía de Fernando VII.

1830: Fernando VII abole la Ley Sálica.

1833: Muere Fernando VII.

1835: Decretos de desamortización de los bienes de la Iglesia por Mendizábal.

1843: Declarada la mayoría de edad de Isabel II.

1844: Se organiza la Guardia Civil.

1848: Primer ferrocarril Barcelona-Mataró.

1855: Desamortización de Mendizábal.

1868: Revolución contra Isabel II.

1870: Elección de Amadeo I (de Saboya) como rey.

1873: Dimisión de Amadeo I. Proclamación de la Primera República.

1874: Restauración de la monarquía borbónica con Alfonso XII.

1885: Regencia de María Cristina.

1888: Fundación de la Unión General de Trabajadores (UGT) y del Partido Socialista Obrero Español (PSOE).

1898: Guerra con Estados Unidos. Pérdida de Cuba, Puerto Rico y Filipinas.

1902: Mayoría de edad de Alfonso XIII.

1917: Huelga general revolucionaria en España.

1921: Las tropas que luchan en Marruecos sufren el desastre de Annual.

1923: Golpe de Estado de Miguel Primo de Rivera.

1927: Generación del 27, a partir del tricentenario de la muerte de Góngora.

1931: Proclamación de la Segunda República.

1932: Se disuelve la Compañía de Jesús.

1934: La CEDA (Confederación Española de Derechas Autónomas) forma Gobierno.

1936: El Frente Popular gana las elecciones (16 de febrero). Inicio de la Guerra Civil (18 de julio).

1937: Bombardeo de Guernica.

1938: Batalla del Ebro.

1939: Fin de la Guerra Civil (1 de abril). Inicio de la dictadura de Franco.

1941: Creación de la RENFE (Red Nacional de Ferrocarriles Españoles).

1953: Acuerdos económicos y militares con Estados Unidos.

1955: Ingreso de España en la ONU.

1962: España solicita la entrada en el Mercado Común.

1973: Asesinato por ETA del presidente del Gobierno, Luis Carrero Blanco.

1975: Muerte de Francisco Franco. Inicio de la Transición.

1977: Legalización de partidos políticos, incluyendo el PCE.

1978: Promulgación de la Constitución.

1981: Adolfo Suárez dimite y Leopoldo Calvo Sotelo lo sucede como presidente del Gobierno. Intento de golpe de Estado por parte del teniente coronel Antonio Tejero. Se aprueba la Ley del Divorcio.

1982: El PSOE gana las elecciones generales, con Felipe González como presidente del Gobierno.

1985: Aprobación de la Ley de Despenalización del Aborto.

1986: España aprueba su entrada en la OTAN.

1992: España es el país anfitrión de los Juegos Olímpicos (Barcelona) y de la Exposición Universal (Sevilla). Además, cuenta con la Capital Cultural de Europa (Madrid). Todo ello en el marco de celebraciones del V centenario del descubrimiento de América.

1996: El Partido Popular gana las elecciones generales y José María Aznar es el nuevo presidente de Gobierno.

2002: Entra en vigor el euro como moneda única europea. Adiós a la peseta.

2004: Atentado terrorista de carácter yihadista perpetrado en Madrid (11-M). El PSOE gana las elecciones generales, y su secretario general, José Luis Rodríguez Zapatero, pasa a la presidencia.

2010: Huelga de los controladores aéreos. Se proclama por primera vez en la democracia el estado de alarma.

2011: Movimiento de los indignados, conocido como 15-M. Mariano Rajoy se convierte en presidente del Gobierno.

2014: Juan Carlos I abdica y es proclamado rey Felipe VI.

2015: De las elecciones del 20 de diciembre no sale Gobierno.

2016: Nuevos comicios generales el 26 de junio. El 31 de octubre, Rajoy jura en La Zarzuela el cargo de presidente. Se cierra el mayor período de Gobierno en funciones de la historia de España.

2017: Octubre queda marcado por la declaración unilateral e ilegal de independencia de Cataluña, liderada por el president Puigdemont. La reacción de la sociedad española llena de enseñas nacionales las calles.

Glosario

Alcabala: impuesto indirecto que gravaba las transacciones comerciales internas, antecedente del IVA. De origen árabe, en Castilla fue establecido por Alfonso XI en el siglo XIV para financiar la toma de Algeciras, convirtiéndose posteriormente en perpetuo. Durante el Antiguo Régimen fue la principal fuente de ingresos ordinarios de la corona, siendo suprimida por las Cortes de Cádiz, aunque luego Fernando VII la restableció. Desapareció definitivamente en 1845.

Al-Ándalus: espacio, de fronteras móviles en función los avances y retrocesos de la contienda, controlado por los musulmanes en la Península Ibérica entre los siglos VIII y XV. Su época de máximo esplendor coincidió con el Califato de Córdoba (siglos X-XI), siendo el Estado europeo más próspero, con califas como Abderramán I y III. El último reducto andalusí fue el reino nazarí de Granada, hasta su conquista por los Reyes Católicos (1492). De al-Ándalus surgió el término Andalucía.

Almojarifazgo: impuesto aduanero que se pagaba por el traslado de mercaderías que ingresaban o salían del reino de España o que transitaban entre los diversos puertos (peninsulares o americanos). Equivale al arancel.

Arrianismo: doctrina religiosa que niega la divinidad de Jesucristo, al afirmar que solo era hijo adoptivo de Dios. Fue condenado como una herejía por la Iglesia católica en el Concilio de Nicea en el año 325.

Atapuerca: yacimiento situado en la provincia de Burgos declarado Patrimonio de la Humanidad por la UNESCO. En la Gran Dolina se han encontrado los restos humanos más antiguos de Europa (*Antecessor*), datados en unos 800 000 años de antigüedad. En la Sima de los Huesos se ha hallado el llamado cráneo 5, uno de los más completos que existen. Actualmente continúan las investigaciones dirigidas por arqueólogos y paleontólogos como Eudald Carbonell, Juan Luis Arsuaga y Bermúdez de Castro.

Autarquía: política económica mediante la que se trata de conseguir la autosuficiencia de un país, al margen de los contactos con el exterior. En España fue característica de la primera etapa del régimen de Franco.

Antiguo Régimen: término acuñado por los revolucionarios franceses para aludir al orden que querían desterrar y sustituir por los principios de libertad, igualdad y fraternidad. Desde el punto de vista político, en el Antiguo Régimen operaba el absolutismo; a nivel económico se regía por el modo de producción feudal y por el mercantilismo y, socialmente estaba organizado en base a tres estamentos, de los cuales dos eran privilegiados (nobleza y clero), mientras que el Tercer Estado carecía de todo tipo de prebendas.

Araucano: pueblo que habitaba Chile. Se llamaban a sí mismos mapuches.

Arqueología: disciplina que estudia científicamente los restos de las culturas de épocas pasadas.

Astrolabio: instrumento que servía para observar la posición de las estrellas en el cielo. Permitía calcular la latitud y la hora.

Ayllu: célula social básica de la cultura incaica, integrada por los miembros de una misma familia.

Baby boom: expresión anglosajona que puede traducirse al español como «explosión de natalidad». En su origen, el concepto se aplicó al aumento de la natalidad tras la Segunda Guerra Mundial, concretamente entre 1946 y 1964. Se hizo extensivo a España para describir el proceso análogo desarrollado tras la Guerra Civil española, iniciado a partir de los años 40, intensificado en los 50 y prolongado durante todo el franquismo hasta 1975, momento en el que la natalidad comenzó su acentuado declive.

Brigadas Internacionales: cuerpo de voluntarios extranjeros que participó en la Guerra Civil española apoyando al bando republicano. Fueron convocados por el *Komintern* a propuesta del Partido Comunista francés, partiendo de un antecedente similar que había existido durante la Revolución rusa. Su lema era «luchar contra el fascismo», fueran estos voluntarios comunistas o no. Una vez en España, se los concentró en Albacete, donde recibieron uniformes y una pequeña instrucción militar.

Búnker: concepto que define a los partidarios de la continuación de la ortodoxia franquista al final del régimen. Se trataba de los sectores más inmovilistas, que se resistieron a las transformaciones que el franquismo debía operar en su seno en sus últimos años de existencia, así como proyectarían su descontento y sus ansias de volver a los tiempos de Franco durante la transición a la democracia. José Antonio Girón y Raimundo Fernández Cuesta serían dos de los principales representantes del búnker y, entre las organizaciones que lo integraban, están los Guerrilleros de Cristo Rey y la Confederación Nacional de Excombatientes.

Cabila: en árabe, tribu. Grupos de beduinos o bereberes que pusieron en peligro al ejército español durante su presencia en el norte de África, y cuyos ataques fueron el detonante de conflictos internos como, por ejemplo, la Semana Trágica de 1909.

Caciquismo: forma de manipulación del Gobierno local y de la creación de redes clientelares en aras de la consecución del control político, económico y social, muy extendida durante la Restauración, cuando quienes ostentaban el poder económico ejercían una influencia total y decisiva sobre sus sometidos, que permitía la articulación política desde el ámbito municipal hasta provincial y nacional, en un complejo entramado de intereses y temores.

Calpulli: grupo de individuos unidos por lazos de parentesco que poseían y explotaban comunalmente sus tierras en la civilización azteca.

Camino de Santiago: itinerario de peregrinación que atraviesa el norte de España y tiene como meta Santiago de Compostela, en cuya catedral está la tumba del apóstol. Por la ruta se introdujeron en España elementos culturales europeos, entre ellos el arte románico y el gótico, construyéndose puentes, hospitales, hospederías, iglesias y monasterios y desarrollándose la vida urbana a través de ferias y mercados.

Cantonalismo: corriente de carácter independentista que puede incluirse dentro del anarquismo, puesta en práctica en varias ciudades españolas como Alcoy, Cartagena y Málaga, durante la Primera República española. Pretendían establecer una confederación de ciudades (cantones) independientes, que se unirían libremente.

Capitulaciones de Santa Fe: pacto firmado en Santa Fe (Granada), por los Reyes Católicos y Colón, el 17 de abril de 1492, por el cual el marino se comprometía a viajar hacia las tierras de las especias por la ruta de poniente, recibiendo los títulos de almirante, virrey y gobernador general. Del mismo modo, Colón debía asumir la octava parte de los gastos, así como recibir la misma proporción sobre los beneficios. Tanto uno como otros pleitearon varias veces por la divergente visión que tuvieron de las cláusulas.

Carabela: embarcación ligera por la amplitud del velamen sobre tres mástiles empleada en las travesías atlánticas.

Caudillo: dirigente político y militar. El término se aplicó en el siglo XIX a los gobernantes posteriores a la independencia. En España fue uno de los apelativos con que se designó a Franco durante todo su mandato.

CEE: Comunidad Económica Europea o Mercado Común. Fue creada en 1957 por 6 países europeos: Francia, República Federal Alemana, Bélgica, Holanda, Luxemburgo e Italia. El objetivo era establecer un solo mercado con libre circulación de mercancías, personas y servicios, mediante una política común. En 1986 entró España. Un año después fue firmada el Acta Única y, en 1992, el Tratado de Maastricht de la Unión Europea, a fin de culminar la integración política y económica.

Censura: instrumento utilizado por el régimen franquista para controlar toda la información transmitida a través de los medios de comunicación, así como la creación cultural (escrita, cinematográfica, teatral, musical, etc.), a fin de mantener a la sociedad española bajo sus propios planteamientos.

Coalición Popular: formación política, creada para concurrir a las elecciones de 1986, integrada por Alianza Popular, el Partido Demócrata Popular y la Unión Liberal. También se sumaron a la alianza los partidos regionalistas Unión Valenciana, Unión del Pueblo Navarro, Partido Aragonés Regionalista y Centristas de Galicia. Presentó como candidato a la presidencia del Gobierno a Manuel Fraga Iribarne y obtuvo el 25,97 % del apoyo electoral (5 247 677 de votos) y 105 diputados. Tras esas elecciones, el Partido Demócrata Popular abandonó la coalición para concurrir en solitario en las elecciones locales de 1987. Posteriormente, se denominaría Democracia Cristiana y, finalmente, bajo el liderazgo de Javier Rupérez, se integró en 1989 en el Partido Popular, al igual que Alianza Popular, Partido Liberal y Centristas de Galicia.

Colonialismo: sistema desarrollado por las principales potencias europeas, Estados Unidos y Japón para materializar sus ansias expansionistas. El plan era la dominación y explotación de amplios territorios, fundamentalmente en África y en Asia, pero también en América y en Oceanía, así como de sus habitantes. El final de la Segunda Guerra Mundial y sus conferencias de paz marcarían el principio de la descolonización.

Colonizaciones: proceso llevado a cabo en la Edad Antigua por los fenicios, los griegos y los cartagineses, que comerciaron con los pueblos situados en las costas del Mediterráneo. En el caso de la Península, el fenómeno tuvo lugar a partir del año 900 a.C y afectó a las zonas del levante y el sur.

Compañía de Jesús: congregación religiosa fundada por san Ignacio de Loyola en 1540, en el marco de la Europa de la Contrarreforma. Su organización se corresponde con una estructura militar, y está dirigida por el general. Esta orden ha realizado a lo largo de la Historia una importante labor en la enseñanza y en la evangelización a través de las misiones y, durante determinados períodos históricos, ha sido considerada una orden temida por su influencia, produciéndose la expulsión de sus miembros en diversos Estados desde el siglo XVIII. En España, sería expulsada en el reinado de Carlos III y en la Segunda República.

Concordato: tratado de derecho público internacional entre la Santa Sede y un Estado. En España han existido tres: 1851, 1953 y 1979.

Concheros: montículos integrados por la acumulación de los restos de moluscos consumidos durante el Mesolítico. Es denominada cultura de los concheros porque estos grupos se dedicaban a la recogida de moluscos de roca, y sus conchas se han hallado a la entrada de las cuevas. Se documenta en muchos lugares del litoral europeo y de la zona cantábrica española.

Conferencia de Algeciras: reunión internacional celebrada en 1906 con el objetivo de organizar el reparto de áreas de influencia en el norte de Marruecos.

España y Francia obtendrían una posición de privilegio, gracias al apoyo de Inglaterra, que aspiraba a reducir la presencia alemana en la zona.

Conflictos laborales: término empleado por el régimen franquista para denominar las reivindicaciones laborales, protestas, huelgas, etc.

Consejo: órgano consultivo de reyes y gobiernos. Los Reyes Católicos reformaron los antiguos consejos e implantaron un sistema polisinodial (1480), los más relevantes fueron los consejos de Castilla y Aragón, a los que se añadió el de la Inquisición. Carlos I configuró los de Guerra, Estado, Indias, Italia y Hacienda. Felipe II unió a los anteriores los de Flandes y Portugal, instituidos para atender los temas vinculados a esos territorios.

Consejo del Reino: máximo órgano consultivo del Estado español creado por la Ley de Sucesión en la Jefatura del Estado de 1947. Su función era la de aconsejar al jefe del Estado en los asuntos trascendentales de su exclusiva competencia, así como también, en virtud de la Ley Orgánica del Estado aprobada en referéndum en 1966, el Consejo propondría a este una terna para la designación del presidente del Gobierno. La Ley de Reforma Política de 15 de diciembre de 1976 mantuvo sus prerrogativas, pero modificó el sistema de elección de los diez consejeros, desapareciendo este organismo al entrar en vigor la Constitución de 1978.

Consenso: palabra clave en la política de la Transición, donde para evitar reabrir heridas del pasado se optó por la moderación y el acuerdo pacífico, a fin de sentar las bases de la España democrática. El espíritu de consenso imperaría también en la redacción de la Constitución de 1978.

Cortes: asamblea de representantes de hombres libres en los reinos cristianos ibéricos. Alfonso IX de León (el monarca que reconquistó Cáceres) convocó una *curia regia* (consejo real) en la que participaron por primera vez representantes de los burgos y villas, junto con el clero y la nobleza (tres estamentos). Por ello, las primeras Cortes hispanas fueron las de León (1188). Esta institución se extendió a los demás reinos peninsulares mientras que en Europa adoptaba distintos nombres: Parlamento en Inglaterra, Dieta en Alemania y Estados Generales en Francia. En principio, sus funciones eran múltiples: jurar al nuevo rey, votar impuestos, aprobar leyes, tomar decisiones jurídicas, etc. A finales de la Edad Media las Cortes de Castilla tenían una misión enteramente económica, mientras que en Aragón era política. En la Edad Moderna, la monarquía procuró reducir sus prerrogativas. Durante la Guerra de la Independencia, con las nuevas ideas liberales, las Cortes adquirieron protagonismo y realizaron la primera Constitución española, la de 1812.

Crisis: período de cambio. El término «crisis» no es sinónimo de hundimiento, también puede haber crisis de crecimiento. En realidad, es un período de transformación y han sido múltiples las registradas en la Historia: la crisis del siglo III, la de la peste negra, la del XVII, etc. En 2008 comenzaría a manifestarse con toda su crudeza: cierre de empresas, fuerte incremento del desempleo, pérdida del poder adquisitivo de las familias, etc.

Crisis del petróleo: fenómeno acaecido en las economías capitalistas en 1973, a raíz de la subida del precio del petróleo establecida por la Organización de los Países Exportadores de Petróleo (OPEP). Esta crisis hizo visible la dependencia existente en Occidente con respecto a esta fuente de energía, produciéndose a consecuencia de la misma una elevada tasa de paro y un estancamiento del crecimiento económico. En España, la adopción de medidas para poner remedio a la crisis se retrasó, debido al complejo proceso de transición política.

Cron: categoría cronológica empleada ampliamente en el estudio de la Prehistoria y del origen de la Tierra que se corresponde con un millón de años.

Cumbre de las Azores: reunión celebrada el 15 de marzo de 2003 entre los presidentes de Estados Unidos (George W. Bush), Reino Unido (Tony Blair) y España (José María Aznar), en el contexto de los preámbulos de la Guerra de Irak. A raíz del encuentro, los presidentes reunidos lanzaron un ultimátum al Gobierno iraquí para que procediera al desarme, argumentando la existencia de armas químicas en el territorio gobernado por aquel entonces por Sadam Husein, algo que después fue desmentido. El anfitrión fue el primer ministro portugués, José Manuel Durão Barroso.

Democracia orgánica: sistema político del régimen franquista basado en la participación política de los ciudadanos a través de la familia, el sindicato vertical, el municipio y otras corporaciones.

Demócrata-cristianos: partidos políticos surgidos en la Europa occidental tras la Segunda Guerra Mundial. Unían al liberalismo los principios del catolicismo y cierto reformismo social y político.

Desamortización: proceso histórico-económico iniciado en Europa occidental a finales del siglo XVIII, consistente en la venta mediante subasta pública de las propiedades y tierras, consideradas no productivas, que se encontraban en poder de las llamadas «manos muertas». En la mayoría de los casos este fenómeno privó a la Iglesia católica y a las órdenes religiosas de los bienes adquiridos durante centurias. El objetivo era incrementar la riqueza nacional y permitir el crecimiento de la burguesía y de la clase media de labradores propietarios, finalidad esta última que en España no se lograría ni en la desamortización de Mendizábal (1836) ni en la de Madoz (1855).

Descentralización: traspaso de responsabilidades desde un gran poder central a otros grupos más pequeños. La democracia española ha operado un proceso de descentralización hacia las comunidades autónomas, disminuyendo el poder central del Estado al ceder competencias a estas.

Descolonización: proceso de emancipación de territorios sometidos al poder de la metrópoli que constituyó una de las consecuencias de la Segunda Guerra Mundial e hizo valer los derechos de autogobierno de pueblos africanos y asiáticos.

Despotismo ilustrado: sistema político específico del siglo XVIII cuyo lema era «todo para el pueblo, pero sin el pueblo», esto es, que el gobernante debía procurar el bienestar de sus súbditos, pero sin consultarles. El paradigma del despotismo ilustrado en España fue Carlos III.

División Azul: Denominación por la que es conocida la 250 *Einheit spanischer Freiwilliger* de la *Wehrmacht*, llamada en alemán *Blaue Division*. Se trató de una unidad de voluntarios españoles que sirvió en el ejército alemán durante la Segunda Guerra Mundial, principalmente en el Frente Oriental, contra el comunismo, entre 1941 y 1943.

Duques, marqueses y condes: títulos nobiliarios otorgados por un monarca a uno de sus vasallos a cambio de unas prestaciones (consejo y ayuda militar). El rango superior es el del duque, seguido del marqués y del conde, aunque en la práctica la mayor jerarquía dependía de la riqueza concreta de cada linaje.

Edad de Plata: período de la historia de España comprendido entre 1898 y 1931, en que se produjo un extraordinario desarrollo cultural y científico, convirtiéndose nuestro país en un referente en Europa, únicamente comparable al Siglo de Oro experimentado en la Edad Moderna. La Edad de Plata se articula en base a tres generaciones: 98, 14 y 27.

Encomienda: institución de raigambre medieval que se hizo característica de la colonización española de América y Filipinas. Fue establecida como un derecho otorgado por el rey en favor de un súbdito español (encomendero) con el objeto de que este percibiera los tributos que los nativos debían pagar a la Corona (en trabajo o en especie y, posteriormente, en dinero). A cambio, el encomendero debía cuidar del bienestar de los indígenas en lo terrenal y en lo espiritual.

Entrismo: estrategia de infiltración comunista en el Sindicato Vertical, consistente en la introducción de militantes o personas afines al PCE en la representación sindical de la empresa. El objetivo explícito era defender las reivindicaciones de los trabajadores, mientras que el interés implícito pretendía provocar la caída del régimen de Franco, a partir de la horadación del mismo desde el interior de sus estructuras.

Euro: moneda única europea en vigor desde el 1 de enero de 2002, en doce países, entre los que se encuentra España. Un euro equivale a 166,386 pesetas.

Espíritu de Ermua: sentimiento social de rechazo hacia ETA en la ciudadanía española, generado a partir del secuestro y asesinato en julio de 1997 del edil del Partido Popular en Ermua, Miguel Ángel Blanco.

Estado confesional: dícese de aquel que reconoce en su Constitución una o varias religiones como propias. España durante el franquismo fue un Estado confesional, con el catolicismo como religión oficial, tanto en la legislación, como en los usos y prácticas.

Estamento: división social característica del Antiguo Régimen. De carácter cerrado, la pertenencia al mismo venía marcada por el nacimiento, siendo prácticamente nula la movilidad de un cuerpo a otro.

Estraperlo: término que etimológicamente procede de Strauss y Perlowitz, quienes trataron de introducir en España durante el Bienio radical-cedista de la Segunda República, en un momento en el que estaba prohibido el juego, una ruleta eléctrica amañada, de tal manera que no podía suponer pérdida alguna para la banca. Posteriormente, en la posguerra española, esta palabra designaría al mercado negro de productos, en los difíciles años del hambre, de la autarquía y de la cartilla de racionamiento. Los estraperlistas vendían a un elevado precio productos a los que no se podía acceder por medio de la cartilla de racionamiento, bien porque se hubiera superado la tasa permitida o debido a su categoría de lujo.

Estrecho de Bering: puente de tierra que, en la última glaciación, permitió durante 19 000 años el paso de los pobladores de Asia a América. Recibe el nombre del navegante danés que, en el siglo XVIII, exploró estas aguas con ayuda de los zares de Rusia. Llegó a tener en una longitud de 75 km y una anchura máxima de 1500 km.

Feudalismo: sistema político y social imperante en la Europa medieval. Suponía la organización de la sociedad en tres estamentos: *bellatores*, *oratores* y *laboratores*, unidos a través de una red de relaciones de fidelidad y vasallaje.

Feudo: unidad económica y de relaciones sociales de producción, entre el señor y sus siervos, basada en la protección a cambio de trabajo y sumisión.

Fósiles: restos de plantas o animales del pasado geológico conservados por mineralización. Su estudio ayuda al arqueólogo a conocer la evolución de las diferentes especies.

Generalitat de Catalunya: institución surgida en Cataluña como delegación de las Cortes, con el objetivo de vigilar el cumplimiento de las constituciones y privilegios del principado, así como con el doble propósito de hacerse cargo de la recaudación de los impuestos y de representar al territorio en sus tratos con el rey de Aragón. En 1716 fue suprimida por los Decretos de Nueva Planta, pero, en 1931, sería restablecida. Tras la aprobación del

Estatuto de Cataluña en 1932, pasaría a designar al Gobierno autónomo, que incluía al presidente, al Consejo Ejecutivo y al Parlamento. Durante el régimen de Franco volvió a desaparecer y resurgió en 1977, siendo reconocida por la Constitución de 1978.

Genaralitat Valencià: institución de autogobierno de la Comunidad Valenciana que se halla integrada por las Cortes (*Corts Valencianes*) y por el Gobierno (*Govern Valencià* o *Consell*), de acuerdo a lo establecido en el Estatuto de Autonomía de la Comunidad Valenciana, aprobado el 1 de julio de 1982.

Gremio: corporación integrada por los trabajadores de un mismo oficio. Originario de los burgos medievales, permitía a sus miembros homogeneizar criterios y apoyarse mutuamente en circunstancias trágicas, como eran la enfermedad, la viudedad y la muerte. Cada gremio solía estar ubicado en un barrio o calle de la ciudad, dándole así su nombre. En la época contemporánea, los gremios acabarían derivando en las asociaciones profesionales y en los sindicatos.

Guerra Fría: período de la Historia universal surgido tras la Segunda Guerra Mundial y caracterizado por la polarización del mundo en dos bloques: el capitalista, liderado por Estados Unidos, y el comunista, capitaneado por la URSS. Se denominó Guerra Fría porque nunca se llegó a producir un enfrentamiento bélico directo entre ambas potencias, aunque una de las manifestaciones más importantes del período sería la carrera armamentística, sobre todo con armas nucleares, que sirvieron de elemento disuasorio. La Guerra Fría se prolongaría hasta los años 60, aunque en sentido más amplio podríamos situar su definitivo final en 1989, con la caída del muro de Berlín o, incluso, en 1991 con la desaparición de la URSS.

Holoceno: última y actual época geológica del período Cuaternario. Comprende los últimos 11 784 años, desde el fin de la última glaciación. La única especie humana que ha vivido en esta etapa es el *Homo sapiens*.

Hominización: proceso desarrollado durante millones de años por el que se produjo el nacimiento de la especie humana mediante la evolución a partir de los primates.

Ilustración: movimiento filosófico, con origen en Francia, desarrollado en el siglo XVIII, cuya principal consigna era la defensa de la razón. Las ideas ilustradas sirvieron de impulso ideológico a la independencia de las trece colonias inglesas de Norteamérica y a la Revolución francesa. La gran obra de la Ilustración fue la *Enciclopedia*, concebida como un monumento intelectual al saber de su tiempo. Entre los principales pensadores cabe citar a Voltaire, Montesquieu y Diderot.

Imperialismo: movimiento originado en la segunda mitad del siglo XIX que perseguía la formación de un nuevo reparto del territorio mundial entre los países que se consideraban más avanzados, tales como Francia, Inglaterra, Alemania, Bélgica, Italia, etc.

Inquisición: tribunal religioso de la Iglesia católica cuya misión consistía en luchar contra la herejía, la brujería y los delitos de fe. Creado por el papa Gregorio IX (1233) para la lucha contra la herejía cátara, fue reinstaurado en la Península Ibérica por los Reyes Católicos en 1478.

Legión: cuerpo de voluntarios extranjeros fundado por el coronel Millán Astray en 1920, bajo la denominación de «Tercio de extranjeros», con el objetivo de luchar en la guerra de Marruecos. Posteriormente se permitió la entrada de soldados del ejército regular. La Legión participaría en la represión de la revolución de Asturias de 1934, así como en la Guerra Civil formando parte del bando nacional.

Ley Orgánica: disposición que deriva de la Constitución de un país y que contribuye a su ejecución y observancia. Para su aprobación, modificación y derogación es necesaria la mayoría absoluta del Congreso en votación final, aunque para la aprobación de cada artículo basta con obtener la mayoría simple.

Leyes de Indias: legislación promulgada por los monarcas españoles para regular la vida social, política y económica entre los pobladores de la parte americana de la monarquía hispánica.

Leyes Fundamentales del Régimen: conjunto de disposiciones escritas que regulaban las instituciones en España durante el régimen de Franco. En concreto, eran las siete que se enuncian a continuación: el Fuero del Trabajo de 9 de marzo de 1938, la Ley Constitutiva de las Cortes de 17 de julio de 1942, el Fuero de los Españoles de 17 de julio de 1945, la Ley de Referéndum de 22 de octubre de 1945, la Ley de Sucesión (aprobada en referéndum el 6 de julio de 1947), la Ley de Principios del Movimiento Nacional de 17 de mayo de 1958 y la Ley Orgánica del Estado aprobada en referéndum el 14 de diciembre de 1966, que entró en vigor en 1967.

Marcha Verde: suceso registrado en octubre-noviembre de 1975, que puso fin al control español sobre el Sahara occidental. Aprovechando la crisis vital del franquismo, el 16 de octubre de 1975 el rey Hassan II anunció la organización de una expedición de civiles que irían a pie a ocupar pacíficamente el Sahara. La marcha se inició el 26 de octubre. El 14 de noviembre de 1975 los acuerdos tripartitos de Madrid establecerían una administración temporal tripartita constituida por España, Marruecos y Mauritania. España cedió la administración del tercio sur del territorio saharaui a Mauritania y los dos tercios septentrionales a Marruecos, abandonando finalmente el territorio el 26 de febrero de 1976.

Mangi: nombre que daban los mongoles a la China meridional gobernada por la dinastía Song, derivada de la palabra china Manzi («bárbaros del sur»), mientras que la China septentrional era denominada Catay.

Maquis: grupos de resistencia armada que, utilizando todo tipo de tácticas, trataron de hostigar a sus enemigos, pudiéndose diferenciar dos acepciones del término: maquis de la resistencia francesa contra la ocupación nazi y maquis españoles opuestos al bando nacional durante la posguerra. Estas partidas se escondían en las montañas, en el «maquis» —nombre que recibe el bosque mediterráneo en Francia— y, por extensión, el término se generalizaría en España. En 1943 se creó de manera clandestina el Consejo Nacional de la Resistencia (*Conseil National de la Résistance*). Un año después, los grupos de «maquis» fueron formalmente unificados en las Fuerzas Francesas del Interior (*Forces Françaises de l'Intérieur*, FFI), las cuales llevarían a cabo importantes operaciones militares apoyando a los aliados y tomarían parte en la insurrección popular de París, que precedió a la liberación de la ciudad. En el maquis francés también participarían republicanos españoles exiliados al otro lado de los Pirineos, siendo numerosa su presencia entre las tropas del general Lecrec, que fueron las primeras en entrar en París.

MATESA: denominación social de la empresa Maquinaria Textil del Norte de España, S.A. Fabricaba un nuevo tipo de telar y recibió ventajas como desgravaciones fiscales, fuertes ayudas económicas a la exportación concedidas por la banca oficial y 100 millones de pesetas para estimular la investigación. El caso MATESA supuso gran escándalo financiero en el tardofranquismo, pues, para conseguir créditos a la exportación, infló los pedidos a partir de empresas subsidiarias. El *affaire* estalló en agosto de 1969, cuando la prensa publicó que la mayoría de las exportaciones eran ficticias, ya que solo estaban escritas en los libros de contabilidad, y aireó los contactos entre la empresa y dirigentes franquistas pertenecientes a la tecnocracia, tales como los ministros de Hacienda y Comercio. Los principales responsables gubernamentales fueron procesados por el Tribunal Supremo y recibieron indulto de Franco, quien acabaría nombrando un nuevo Gobierno de carácter tecnocrático.

Megalitismo: construcciones prehistóricas erigidas con grandes bloques de piedra sin tallar. La mayoría de los monumentos conservados tenían una función funeraria (dolmen, crómlech, naveta, etc.), otros quizás fueran torres defensivas (talayots), elementos sustentantes de construcciones de mayor tamaño (taulas) o mojones indicadores (menhires). El megalitismo surgió en el Neolítico y se prolongó hasta la Edad del Bronce por la Europa atlántica y mediterránea. Su procedencia parece ser del mediterráneo oriental: pueblos buscadores de metales que traerían consigo nuevas prácticas religiosas. En el caso de España destacan como dólmenes significativos las tumbas-corredor de Málaga (El Romeral) y los dólmenes extremeños (Valencia de Alcántara).

Mercantilismo: doctrina económica intervencionista previa a la Revolución Industrial, imperante entre los siglos xvi y xviii, cuya principal máxima era que la riqueza de un país se medía en base a la cantidad de oro y plata que este poseyera. En consecuencia, la prohibición de exportar metales preciosos, el fomento de la explotación de los recursos agrarios y del desarrollo de las actividades manufactureras de la propia nación constituían las prácticas habituales de dicha política económica.

Métodos de datación de fósiles: procedimientos empleados por los arqueólogos para localizar en el tiempo la aparición de la humanidad, así como su desarrollo anatómico y cultural. Se emplean dos tipos de técnicas de datación: relativas y absolutas. Entre estos sistemas destacan el carbono 14, el potasio-argón, la datación de huellas de fisión, la termoluminiscencia, la datación geomagnética o arqueomagnética, la dendrocronología, la hidratación de la obsidiana y la palinología.

Milicianos: voluntarios, procedentes con frecuencia de sindicatos y partidos políticos, que se armaron espontáneamente en apoyo de la República durante la Guerra Civil. El Gobierno intentó integrarlos como unidades regulares del ejército en septiembre de 1936, surgiendo diferente respuesta por parte de los comunistas y de los anarcosindicalistas, pues, mientras los primeros aceptaron dicha regularización, los segundos prefirieron seguir actuando de acuerdo a sus propias unidades.

Mita: sistema de organización del trabajo desarrollado en el área incaica, por el que se movilizaba a multitudes de indígenas para prestar servicios durante 3 meses al año en labores de construcción de caminos, puentes, fortalezas, templos, acueductos, etc., o en la explotación de minas.

Modo de producción: concepto procedente de la teoría marxista, relativo a la forma de generar los bienes necesarios para la subsistencia de la población. Marx y Engels clasificaron las sociedades en base a las fuerzas productivas y al tipo de relaciones de producción establecidas, siendo la clasificación más difundida la que mantiene una secuencia sucesiva de los siguientes modos de producción: primitivo, asiático, antiguo, feudal y capitalista.

Movida madrileña: movimiento contracultural surgido y desarrollado durante los años 80, que se extendería pronto por otras ciudades españolas y que sería la principal seña de identidad de la juventud de toda una época, recién salida del franquismo y deseosa de la libertad que comenzaba a garantizar la democracia en nuestro país.

Mozárabes: cristianos que, viviendo en los territorios conquistados y dominados por los musulmanes, conservaban sus tradiciones, costumbres y religión.

El Corán daba la norma de respetar a cristianos y judíos, por ello los mozárabes conservaron propiedades y no sufrieron esclavitud y, a cambio, pagaron impuestos anuales. En momentos de persecución huyeron al norte, llevando consigo el arte y los libros miniados. Durante el califato protagonizan distintos motines y revueltas a causa de los impuestos con que se los gravó.

Mudéjares: con este término se designa a los musulmanes en tierras cristianas. Su labor como agricultores fue muy destacada en Aragón y Levante. Otras actividades en las que destacaron fueron la construcción y la fabricación de tapices y objetos de seda. Por influencia suya se edificó en muchas zonas de la Península siguiendo el estilo mudéjar (con ladrillo, adobe, artesonado, azulejos...).

Nacionalcatolicismo: doctrina político-religiosa imperante en España durante el franquismo que identificaba los conceptos español y católico como principios consustanciales al ser hispano. Permanecería en vigor durante las décadas del régimen, impregnando la vida cultural y educativa, fundamentalmente hasta la celebración del Concilio Vaticano II, cuando comenzaría a erosionarse el principio, teniendo también en cuenta el marco de la evolución social.

Neolítico: etapa de la Prehistoria desarrollada a partir de los 10 000, en la que los grupos humanos se sedentarizaron e inventaron la agricultura y la ganadería.

Noche Triste: derrota sufrida por las huestes españolas de Hernán Cortés a manos de los aztecas el 30 de junio de 1520 a las afueras de Tenochtitlán.

11-M: denominación referida al terrible atentado yihadista sufrido el 11 de marzo de 2004 en Madrid, del que fueron víctimas centenares de ciudadanos y en el que fallecieron 191 personas, tras explosionar artefactos colocados en trenes de cercanías. Lamentablemente, constituye el atentado terrorista más grande de la historia de España.

ONU: Organización de las Naciones Unidas. Fue creada por los países vencedores en la Segunda Guerra Mundial en 1945, con el objetivo de mantener la paz y la seguridad a nivel internacional. Sustituiría a la Sociedad de Naciones, al haber fracasado en su principal función, pues no pudo evitar el estallido de la Segunda Guerra Mundial.

Opus Dei: institución católica fundada en Madrid en 1928 por san Josemaría Escrivá de Balaguer, que en la actualidad se halla extendida por todo el mundo. Promueve una intensa vida cristiana en los ámbitos familiar, laboral y social. Desde el Gobierno de 1957, fue frecuente la presencia de miembros del Opus Dei en los gabinetes franquistas, vinculados a la tecnocracia.

Orchilla: liquen especialmente valorado por los antiguos romanos y por los comerciantes y fabricantes de paños genoveses y venecianos en el siglo XV. Fue uno de los principales productos históricos de exportación de Canarias, donde se da la *Roccella canariensis*, concretamente en acantilados orientados a los vientos alisios.

Organización Juvenil Española (OJE): formación política española creada por decreto de 18 de de julio de 1960, con el fin de contribuir a la formación moral y política, así como a la preparación física de los jóvenes con edades comprendidas entre los diez y los veintiún años. Desapareció al ser suprimida como Ministerio la Secretaría General del Movimiento, el 1 de abril de 1977, pasando sus bienes al Ministerio de Cultura.

Organización Sindical Española (OSE): ordenación del sindicalismo español durante el régimen de Franco. Teniendo como antecedente la Central Obrera Nacional Sindicalista (CONS), el Fuero del Trabajo de 1938 sentó las bases del sindicalismo corporativo y vertical. Las Leyes de Unidad Sindical y de Bases de 1940 establecieron la Organización Sindical como corporación de empresarios y trabajadores integrada en un sistema de sindicatos verticales por ramas profesionales. Dependió de la Secretaría General del Movimiento hasta que en 1969 se creara el Ministerio de Organización Sindical y fue suprimida en 1977.

OTAN: Organización del Tratado Atlántico Norte, frecuentemente abreviada OTAN (en inglés: *North Atlantic Treaty Organization*, NATO; en francés: *Organisation du Traité de l'Atlantique Nord*, OTAN). Fue fundada como resultado de las negociaciones de los países firmantes del Tratado de Bruselas de 1948 (Bélgica, Francia, Luxemburgo, Países Bajos y el Reino Unido), Estados Unidos y Canadá, así como otros 5 países de Europa Occidental invitados a participar (Dinamarca, Italia, Islandia, Noruega y Portugal). El objetivo era organizar Europa ante la amenaza de la Unión Soviética, en plena Guerra Fría, después de la Segunda Guerra Mundial, de manera que constituyó una organización paralela al Pacto de Varsovia. La sede de la OTAN se encuentra en Bruselas y la de su comando militar en Mons, Bélgica. La OTAN cohesiona a los países aliados en materia política, económica y militar. España pertenece a la OTAN desde el 30 de mayo de 1982. El 12 de marzo de 1986 se celebró en España un controvertido referéndum sobre la permanencia en dicha organización, con un resultado afirmativo del 52,5 %.

Otumba, batalla de: enfrentamiento entre los españoles y las fuerzas aztecas encabezadas por Cuitláhuac, que se desarrolló el 7 de julio de 1520 en los Llanos de Otompan en Otumba (México). Tras esta victoria que inicialmente parecía imposible, los españoles pudieron retirarse a la ciudad aliada de Tlaxcala sin ser perseguidos más. Días después el emperador

Cuitláhuac envió emisarios a los tlaxcaltecas proponiéndoles la paz a cambio de la entrega de Cortés y sus hombres, pero estos rechazaron su idea y, en su lugar, acordaron una nueva alianza con los españoles para reconquistar Tenochtitlán.

Pacto de Estella: acuerdo establecido el 12 de septiembre de 1998 en la localidad navarra de Estella (Lizarra en euskera). El pacto fue firmado por todos los partidos políticos vascos de carácter nacionalista, así como por Ezker Batua-Berdeak, el Partido Carlista de Euskalerria y sindicatos y asociaciones, con la intención de buscar un proceso de diálogo y negociación que lograra el cese del terrorismo de ETA.

Pacto del Pardo: acuerdo establecido por Cánovas y Sagasta el 24 de noviembre de 1885, en vísperas de la defunción de Alfonso XII, en virtud del cual se comprometieron a apoyar la regencia de María Cristina de Habsburgo-Lorena, facilitando el relevo en el poder cuando uno de los partidos que lideraban perdiera prestigio, así como a respetar la legislación aprobada por ambos en sus etapas gubernamentales. El Pacto del Pardo funcionaría de manera bastante aceptable desde su establecimiento hasta la Semana Trágica de 1909.

Pactos de la Moncloa: acuerdos firmados el 25 de octubre de 1977 estableciendo medidas económicas que comprometieran a todas las fuerzas sociales, incluidos patronal y sindicatos, y que facilitarían el control de la inflación y la recuperación, aunque durante varios años el paro siguió creciendo. Los pactos también incluyeron medidas sociales y políticas, como la reforma fiscal, el control de la Seguridad Social, la devolución a las centrales del patrimonio sindical y un programa de inversiones públicas.

Paleolítico: etapa de la Prehistoria desarrollada hasta hace 10 000 años, en la que los grupos humanos se dedicaban a la caza y a la recolección y practicaban el nomadismo.

Panacas: linajes de descendientes directos de un Inca reinante. Conservaban la momia del soberano fallecido, sus memorias, quipus, cantares y pinturas de generación en generación.

Partido Socialista Obrero Español (PSOE): formación política española fundada por Pablo Iglesias en 1879 con el propósito de lograr reformas sociales. Tras el Desastre del 98, amplió su área de influencia, especialmente en Madrid, Bilbao, zonas mineras y centros industriales de Cataluña. Intervino en la revolución de octubre de 1934 y, tras la Guerra Civil, con la mayoría de sus dirigentes y militantes en el exilio, actuó en pequeños grupos clandestinos en el interior. Desde 1948 se planteó la pugna entre los militantes del interior y la dirección del partido en el exterior hasta que en el XIII Congreso del PSOE, celebrado en Suresnes en octubre de 1974, se impusieron las tesis de los renovadores. Fue elegido secretario general Felipe González y, dos años después, sería reelegido, encabezando la lista del PSOE que ganó en las elecciones de 1982, 1986, 1989 y 1993. En 2004, los socialistas, con José Luis Rodríguez Zapatero al frente, volvieron a formar Gobierno.

Peste negra: epidemia de peste, en sus distintas variedades, bubónica o pulmonar, que llegó desde Asia en barcos genoveses y asoló Europa desde 1348. En España afectó más a Cataluña y a Andalucía que al resto del territorio y se convirtió en una enfermedad endémica con brotes periódicos, prolongando la crisis demográfica del ocaso de la Edad Media.

Plan de Estabilización: programa de reforma económica basado en el Decreto-Ley de nueva Ordenación Económica aprobado en julio de 1959. Diseñado de acuerdo a las indicaciones del FMI y del Banco Mundial, tenía como objetivo liberalizar la economía española, creando las bases para un relanzamiento económico que permitiera ritmos de fuerte crecimiento económico, la industrialización de nuestro país y el buen posicionamiento de la economía española en el ámbito internacional.

Plan Marshall: programa de ayuda económica a Europa facilitada por Estados Unidos, que fue diseñado por el general George C. Marshall, en calidad de secretario de Estado, en 1947. El objetivo era contribuir a la reconstrucción económica del Viejo Continente, tras la Segunda Guerra Mundial, incluida la URSS, pero Stalin y sus países satélites renunciaron a la ayuda. El Plan tendría una vigencia de cuatro años fiscales, a partir de julio de 1947, finalizando el programa el 31 de diciembre de 1951. Durante ese período, los Estados europeos que ingresaron en la Organización Europea para la Cooperación Económica (OECE) recibieron un total de 13 000 millones de dólares de la época, además de asistencia técnica. El Plan Marshall tendría gran trascendencia política, social y económica, contribuyendo también a la organización de la Comunidad Europea de Defensa. En aquellos Estados que lo aceptaron, como Francia e Italia, se observó la consolidación de la economía de mercado, en detrimento de sus partidos comunistas. España intentó beneficiarse del Plan Marshall, pero se le denegó la ayuda al no haber participado en la Segunda Guerra Mundial en calidad de beligerante.

Pleistoceno: época geológica, posterior al Plioceno, que comienza hace 2,59 millones de años y finaliza 12 000 años antes del presente. Se corresponde con el Paleolítico arqueológico.

Plusvalía: concepto clave de la terminología marxista que alude al beneficio que percibe el empresario o dueño de los medios de producción por la venta del trabajo realizado por sus empleados.

Polos de desarrollo: instrumentos de la política económica de la tecnocracia franquista. Su objetivo era fomentar el equilibrio entre las zonas, eliminando las desigualdades territoriales, por lo que se proponía la creación de industrias en determinadas zonas e incentivar la inversión privada, a través de ventajas fiscales y subvenciones.

Portulano: carta marítima que detallaba las costas y los puertos.

Prehistoria: etapa previa a la aparición de la escritura.

Procurador: nombre que recibían los representantes en las Cortes del franquismo. Los procuradores eran una especie de diputados que integraban esta cámara elegida por sufragio indirecto por las corporaciones y por el propio Franco, pudiéndose distinguir entre procuradores natos y electivos.

Pronunciamiento: alzamiento típico del siglo XIX español, con presencia militar, que intenta la consecución de un cambio de sistema, o la adopción de una tendencia de signo diferente.

Protohistoria: época de transición entre la Prehistoria y la Historia, en la que las sociedades ágrafas se hallan representadas en alguna cultura gráfica.

Quipu: palabra inca que significa nudo. Se trataba de un recurso memorístico que servía como sistema numérico. Consistía en una cuerda principal con varias más pequeñas y de colores. Los nudos representaban los números.

Reducción: pueblo de indígenas convertidos al cristianismo.

Renta per cápita: índice fundamental para valorar la riqueza de un país, consistente en la cantidad que resulta de dividir el dinero que posee un país entre su número de habitantes.

Requerimiento: texto creado en las Leyes de Burgos (1512) que autorizaba, por mandato divino, la conquista de las tierras y el sometimiento de los pueblos indígenas que se negaran a ser evangelizados.

Requetés: cuerpos paramilitares carlistas creados en 1911. Este término se popularizaría durante la Guerra Civil, designando a los voluntarios carlistas, que acabarían integrándose en su mayoría en las Brigadas Navarras, dentro del bando nacional.

Restauración (en Europa): proceso iniciado en el Viejo Continente, tras ser desmantelado el Imperio napoleónico, como reacción a los ideales puestos en marcha a partir de la Revolución francesa. El verdadero teórico de la Restauración fue Joseph de Maistre, cuyo lema de unión entre altar y trono resume el eje central de la Restauración. Durante este período se establecería un nuevo equilibrio en el marco de las relaciones internacionales, a fin de lograr una paz más duradera y restaurar los principios de la sociedad europea. Se buscaba regresar al absolutismo monárquico del Antiguo Régimen. El Congreso de Viena de 1815 marcaría su inicio.

Restauración (en España): período comprendido entre el 29 de diciembre de 1874 y el 14 de abril de 1931, en el que se produjo el retorno de la monarquía borbónica en España. Ambos jalones marcan el pronunciamiento de Jovellar y Martínez Campos en Sagunto (Valencia), que permitió la entronización de Alfonso XII, y la fecha de la proclamación de la Segunda República, que mandó al exilio a Alfonso XIII. La Restauración puede estructurarse en dos etapas, teniendo el año 1902 como nexo al iniciarse el reinado personal de Alfonso XIII, tras la regencia de María Cristina de Habsburgo-Lorena.

Romanización: proceso por el cual las sociedades indígenas prerromanas de la Península adquirieron los rasgos que caracterizaron a la civilización romana, como la lengua latina, la organización territorial basada en la ciudad, la administración y las instituciones, el Derecho y la estructuración social (ciudadano libre, liberto, esclavo).

Romanticismo: movimiento cultural y filosófico originado en Alemania a finales del siglo XVIII y extendido por gran parte de Europa y de América, como reacción al orden neoclásico y al racionalismo. A diferencia de la Ilustración, para los románticos el sentimiento ocupa la centralidad, desempeñando así un lugar protagonista las pasiones humanas, el individualismo, el subjetivismo y todo aquello que escapa de los límites de la razón. En filosofía destacan Rousseau y Schopenhauer; en literatura Goethe, *lord* Byron, Zorrilla, Espronceda y Larra; en música Schubert, Mendelssohn y Chopin, así como en pintura Géricault, Delacroix, Federico de Madrazo, Casado del Alisal y Gisbert.

Sanjuanada: conspiración militar del cuerpo de artillería acaecida en la noche de San Juan de 1926, de ahí su nombre. Surgió por el descontento que causó en el Ejército la medida impuesta por Miguel Primo de Rivera, según la cual la promoción se realizaría por méritos y no solo por antigüedad. Alfonso XIII trató de mediar en el conflicto, pero cesó en su intento ante la amenaza de dimisión por parte de Primo de Rivera. A partir de este acontecimiento, fueron frecuentes las tendencias republicanas en el Ejército, cuestión que estaría presente también durante la Segunda República y la Guerra Civil española.

Sociedad de Naciones: organismo internacional con sede en Ginebra (Suiza), fundado en virtud del Tratado de Versalles el 10 de enero de 1920. La misión de la Sociedad de Naciones era evitar una nueva confrontación bélica mundial, de modo que asumiría el arbitraje internacional en los conflictos y velaría por la seguridad colectiva. En 1946 se disolvería, al haber fracasado en su finalidad básica, pues no había podido evitar el estallido de la Segunda Guerra Mundial, y sería sustituida por la Organización de las Naciones Unidas (ONU).

Somatén: organización catalana de origen medieval, que resurgiría en el siglo XIX, compuesta por civiles armados encargados de defender el orden y la propiedad. Durante la dictadura, Primo de Rivera intentaría extender esta organización a toda España.

Sufragio censitario: sistema electoral que diferencia entre ciudadanía activa y pasiva, por lo que solo los miembros de la primera tienen derecho a participar en las elecciones. Los requisitos que marcan dicha ciudadanía activa son fundamentalmente de carácter económico (posesión de un determinado nivel de renta), aunque en algunas ocasiones también venía determinado por el nivel de instrucción (competencias de lectura y escritura). El sufragio censitario excluía a las mujeres.

Tahuantinsuyo: imperio incaico.

Tercios: unidades de combate españolas creadas por Carlos I en el año 1534 y formadas con soldados de infantería. Su nombre venía de las tres armas que usaban: arcabuz (más tarde cambiado por el mosquetón), pica y espada. Un oficial mandaba las doce compañías que cada tercio poseía y cada una de ellas tenía entre 200 y 300 integrantes. Durante más de un siglo, los tercios fueron temidos en Europa porque en ese tiempo estuvieron invictos. Hasta 1643 duró su fase expansiva, al ser vencidos en Rocroi por los franceses. Con los Borbones desaparecieron como unidad militar y fueron sustituidos por regimientos.

Tratado de Maastricht: también llamado Tratado de la Unión Europea, fue firmado en Maastricht el 7 de febrero de 1992 en la localidad holandesa homónima, con el objetivo de modificar los tratados fundacionales de las comunidades europeas (Tratado de París de 1951, Tratados de Roma de 1957 y Acta Única Europea de 1986). Desempeñó un lugar destacado en el proceso de integración europeo, pues se superaba el objetivo económico inicial de las comunidades, otorgándoles vocación política. El Tratado de Maastricht supuso la fundación de la Unión Europea, englobando en sí las tres comunidades europeas anteriores, aunque con modificaciones sustanciales sobre todo de la Comunidad Económica Europea, que pasó a denominarse Comunidad Europea. Se adoptaron 2 sistemas de cooperación intergubernamental: la política exterior y de seguridad común (PESC) y la actuación en asuntos de Interior y de Justicia (CAJI). Este tratado permitió también anunciar la introducción del euro. Las negociaciones en torno al Tratado de Maastricht finalizaron en diciembre de 1991, entrando en vigor el 1 de noviembre de 1993.

Tratado de París: acuerdo de paz entre España y Estados Unidos firmado el 10 de diciembre de 1898, que puso fin a la guerra hispano-estadounidense y marcó la liquidación del imperio colonial español en Ultramar. Estados Unidos pagó a España 20 millones de dólares y Puerto Rico, Filipinas y Guam quedaron bajo control estadounidense. El Gobierno español renunció también a sus demandas sobre Cuba y puso su independencia en manos de Estados Unidos.

Tratado de Zaragoza: acuerdo firmado entre Carlos V y Juan III el 22 de abril de 1529, que fijaba el antemeridiano. A raíz de este pliego, Castilla cedía todos los derechos sobre las Molucas a Portugal, a cambio de 300 000 ducados.

Turnismo: sistema de ordenación política basado en la alternancia en el poder de partidos políticos. El bipartidismo fue típico de la Restauración, cuando conservadores y liberales, liderados en su primera fase por Cánovas y Sagasta, se turnaban, habiendo pactado el resultado antes de las elecciones.

Unión de Armas: proyecto del valido de Felipe IV, el conde-duque de Olivares, para crear un ejército de unos 150 000 hombres y enfrentarse con garantía a las potencias rivales de España en Europa (Guerra de los Treinta Años). Esta empresa militar sería sufragada y reclutada por todos los reinos de España, a diferencia de lo hecho hasta entonces, pues era Castilla quien costeaba y aportaba hombres a los conflictos de la corona. Este propósito no fue posible por la caída en desgracia del conde-duque y su relevo del poder.

Vasallaje: relación jurídico-política entre el señor y el vasallo, consistente en el intercambio de apoyos y fidelidades mutuos.

Fuentes y bibliografía

Archivos:

—Archivo Diocesano de Cuenca
—Archivo General de Indias
—Archivo General de Simancas
—Archivo Histórico Nacional
—Biblioteca Nacional de España
—Museo Arqueológico Nacional

ACOSTA, J. de: *Historia Natural y Moral de las Indias*. Historia 16. Madrid, 1987.

ADHÉMAR, J.: *Les Caprices de Goya*. Fernand Hazan. París, 1948.

AIZPURU, M. y RIVERA, A: *Manual de historia social del trabajo*. Siglo XXI. Madrid, 1998.

ALCÁZAR, J. del, TABANERA, N., SANTACREU, J. y MARIMON, A: *Historia Contemporánea de América*. Universidad de Valencia. Valencia, 2003.

ALCINA FRANCH, J.: *Las culturas precolombinas de América*. Alianza. Madrid, 2000.

ALCINA FRANCH, J. y PALOP MARTÍNEZ, J: *Los incas, el reino del Sol*. Anaya. Madrid, 1988.

ÁLVAREZ BOLADO, A.: *Teología política desde España. Del nacionalcatolicismo y otros ensayos*. Editorial Desclée de Brouwer. Bilbao, 1999.

ÁLVAREZ PALENZUELA, V. A. : *Historia de España de la Edad Media*. Ariel. Barcelona, 2011.

—*La España musulmana y los inicios de los reinos cristianos (711-1157)*. Gredos. Madrid, 1991.

ANDRÉS-GALLEGO, J.: *¿Fascismo o Estado católico? Ideología, religión y censura en la España de Franco. 1939-1941*. Ediciones Encuentro. Madrid, 1997.

ANDRÉS-GALLEGO, J., PAZOS, A. M. y DE LLERA, L.: *Los españoles entre la religión y la política. El franquismo y la democracia*. Unión Editorial. Madrid, 1996.

ANSÓN NAVARRO, A.: *Los Caprichos*. Caixavigo. Vigo, 1998.

ASTON, T. (ed.): *Crisis en Europa 1560-1660*. Alianza. Madrid, 1965.

AUBET, M. E.: *Tiro y las colonias fenicias de Occidente*. Bellaterra. Barcelona, 2009.

AYALA BENÍTEZ, L. E.: *La iglesia y la independencia política de Centroamérica*. Gregorian University Press. Roma, 2007.

BARANDIARÁN, J. M.: *Brujería y brujas: testimonios recogidos en el País Vasco*. Txertoa. San Sebastián, 1984.

BATLLORI, M.: *Del descubrimiento a la Independencia. Estudios sobre Iberoamérica y Filipinas*. Universidad Católica Andrés Bello. Caracas, 1979.

BAYONA FERNÁNDEZ, G.: «Orden y conflicto en el franquismo de los años sesenta», en *Pasado y memoria: Revista de Historia Contemporánea*, 1 (2002), pp. 131-166.

BELLOCH, S.: *Interior. Los hechos clave de la seguridad del Estado en el último cuarto de siglo*. Ediciones B. Barcelona, 1998.

BENITO DEL POZO, C.: *La clase obrera asturiana durante el franquismo*. Siglo XXI. Madrid, 1993.

BIESCAS, J. A.: «El fracaso de la vía nacionalista del capitalismo español: la inviabilidad de los intentos autárquicos», en BIESCAS, J. A. y TUÑÓN DE LARA, M.: *España bajo la dictadura franquista (1939-1975)*, 2.ª edición, pp. 21-54. Labor. Barcelona, 1982.

BIESCAS, J. A. y TUÑÓN DE LARA, M.: *España bajo la dictadura franquista (1939-1975)*, 2.ª edición. Labor. Barcelona, 1982.

BIHALJI MERIN, O.: *Goya: los Caprichos: su verdad escondida*. Encuentro. Madrid, 1983.

BLANCO FREIJEIRO, A. y ABAD CASAL, L.: *Iberos*. Historia 16. Madrid, 1989.

BLÁZQUEZ, J. M.: *Religiones, ritos y creencias funerarias de la Hispania Prerromana*. Biblioteca Nueva. Madrid, 2001.

BLÁZQUEZ, J.M., ALVAR, J. y WAGNER, C. G.: *Fenicios y cartagineses en el Mediterráneo*. Cátedra. Madrid, 1999.

BONNASSIE, P., GUICHARD, P. y GERBET, M. C: *Las Españas medievales*. Crítica. Barcelona, 2001.

BROSETA, S., CORONA, C. y CHUST, M. et al. (eds.): *Las ciudades y la guerra, 1750-1898*. Universitat Jaume I. Castellón, 2002.

CALVO POYATO, J.: *La vida y la época de Carlos II el Hechizado*. Planeta. Barcelona, 1996.

CAMOGLI, P.: *Batallas por la libertad*. Aguilar. Buenos Aires, 2005.

CANTOS CASENAVE, M., DURÁN LÓPEZ, F., y ROMERO FERRER, A. (eds.): *La guerra de pluma. Estudios sobre la prensa de Cádiz en el tiempo de las Cortes (1810-1814)*, tomo III. Universidad de Cádiz. Cádiz, 2008.

CAPEL MARTÍNEZ, R. M. y CEPEDA GÓMEZ, J: *El Siglo de las Luces. Política y sociedad*. Síntesis. Madrid, 2006.

CARMAGNI, M., HERNÁNDEZ CHÁVEZ, A. y RUGGIERO, R. (coords.): *Para una Historia de América*, 3 volúmenes. Fondo de Cultura Económica. México, 1999.

CARO BAROJA, J.: *Vidas mágicas e Inquisición*. Ediciones Istmo. Madrid, 1992.

CARPINTERO CAPEL, H.: *Una voz de la tercera España: Julián Marías, 1939*. Biblioteca Nueva. Madrid, 2007.

CARR, R. y FUSI, J. P.: *España de la dictadura a la democracia*. Planeta. Barcelona, 1979.

CARRERAS, J. J. y RUIZ CARNICER, M. A. (eds.): *La Universidad bajo el régimen de Franco (1939-1975)*. Institución Fernando el Católico. Zaragoza, 1989.

CARRILLO, S.: *Memorias*. Planeta. Barcelona, 1993.

CASTELLS, M.: *Crisis urbana y cambio social*. Siglo XXI. Madrid, 1981.

CATALÁN, J.: *La economía española y la Segunda Guerra Mundial*. Ariel. Barcelona, 1995.

CERVANTES, M. de: *El ingenioso hidalgo don Quijote de la Mancha*. Cátedra. Madrid, 2004.

CÉSPEDES, G.: *América hispánica*. Labor. Barcelona, 1983.

CHAUNU, P.: *Conquista y explotación de los nuevos mundos*. Labor. Barcelona, 1969.

CHAVES NOGALES, M.: *A sangre y fuego: héroes, bestias y mártires de España*. Espuela de Plata. Sevilla, 2013.

CIUDAD, A., LUCENA, M. y MALAMUD, C.: *Manual de Historia Universal, tomo X: Historia de América*. Historia 16. Madrid, 1992.

COLOMER, J. M.: *La transición a la democracia: el modelo español*. Anagrama. Barcelona, 1998.

COMELLAS, J. L.: *La primera vuelta al mundo*. Rialp. Madrid, 2012.

COTARELO, R.: *La conspiración. El golpe de estado difuso*. Ediciones B. Barcelona, 1995.

DEHESA, G. de la: *La primera gran crisis financiera del siglo XXI: orígenes, detonantes, efectos, respuestas y remedios*. Alianza. Madrid, 2009.

DOMÍNGUEZ ORTIZ, A. et al.: *La crisis del siglo XVII: la población, la economía, la sociedad*. Espasa-Calpe. Madrid, 1989.

DÍAZ PLAJA, F.: *La vida cotidiana en la España del Siglo de Oro*. EDAF. Madrid, 1994.

DURÁN MUÑOZ, R.: *Acciones colectivas y transiciones a la democracia. España y Portugal, 1974-1977*. Centro de Estudios Avanzados en Ciencias Sociales. Madrid, 1997.

ELCANO, J. S. y PIGAFETTA, A.: *La primera vuelta al mundo*. Miraguano. Madrid, 2003.

ELORZA, A. (coord.): *La Historia de ETA*. Temas de Hoy. Madrid, 2000.

ELLIOTT, J. H.: *El viejo mundo y el nuevo*. Alianza. Madrid, 1970.

ESPADAS, M.: *Franquismo y política exterior*. Rialp. Madrid, 1987.

FERNÁN GÓMEZ, F.: *Las bicicletas son para el verano*. Cátedra. Madrid, 2010.

FERNÁNDEZ ÁLVAREZ, M.: *Isabel la Católica*. Espasa-Forum. Madrid, 2004.

FERNÁNDEZ LÓPEZ, J.: *El rey y los militares. Los militares en el cambio de régimen político en España (1969-1982)*. Trotta. Madrid, 1999.

FERRARY, A.: *El franquismo: minorías políticas y conflictos ideológicos 1936-1956*. EUNSA. Pamplona, 1993.

FISHMAN, R. M.: *Organización obrera y retorno a la democracia en España*. CIS. Madrid, 1996.

FITZPATRICK, S. M. y CALLAGHAN, R. T.: «Magellan's Crossing of the Pacific: Using Computer Simulations to Examine Oceanographic Effects on One of the World's Greatest Voyages», *Journal of Pacific History* 43/2 (2008), pp. 14-165.

FONTANA, J.: *España durante el franquismo*. Crítica. Barcelona, 1986.

FORD, R.: *Manual para viajeros por España y lectores en casa. Andalucía*. Turner. Madrid, 2008.

FÜHRER, I. M.: *Los sindicatos en España. De la lucha de clases a estrategias de cooperación*. CES. Madrid, 1996.

FUSI, J. P.: *Franco. Autoritarismo y poder personal*. Ediciones *El País*. Madrid, 1985.

GARCÍA BECEDAS, G.: *Reconversiones industriales y ordenamiento laboral*. Tecnos. Madrid, 1989.

GARCÍA CASTAÑEDA, S.: *La cultura española en el postfranquismo. Diez años de cine, cultura y literatura (1975-1985)*. Playor. Madrid, 1988.

GARCÍA DE CORTÁZAR, F.: *El franquismo: 1939-1975*. Anaya. Madrid, 2009.

GARCÍA DELGADO, J. L. (ed.): *El primer franquismo. España durante la Segunda Guerra Mundial*, Madrid, 1989.

—*Franquismo, el juicio de la Historia*. Temas de hoy. Madrid, 2000.

GARCÍA MÁRQUEZ, G.: *La soledad de América Latina*. Discurso de aceptación del Premio Nobel 1982.

GARAVAGLIA, J. C. y MARCHENA, J.: *América Latina de los orígenes a la independencia*. Crítica. Barcelona, 2005.

GONZÁLEZ DE CELLORIGO, M.: *Memorial de la política necesaria y útil restauración de España y estados de ella, y desempeño universal de estos reinos (1600)*. Instituto de Cooperación Iberoamericana, Edición de José L. Pérez de Ayala. Madrid.

GONZÁLEZ TEMPRANO, A.: *La política de gasto social (1984-1996)*. CES. Madrid, 1998.

GONZÁLEZ, J. J. y REQUENA, M. (eds.): *Tres décadas de cambio social en España*. Alianza. Madrid, 2005.

GRACIA GARCÍA, J. y RUIZ CARNICER, M. A.: *La España de Franco (1939-1975). Cultura y vida cotidiana*. Síntesis. Madrid, 2001.

HALPERIN DONGHI, T.: *Historia Contemporánea de América Latina*, 13.ª edición. Alianza. Madrid, 1990.

HAMILTON, E. J.: *El florecimiento del capitalismo y otros ensayos de Historia económica. Revista de Occidente*. Madrid, 1948.

HAZARD, P.: *La crisis de la conciencia europea 1680-1715*, 3.ª edición. Ediciones Pegaso. Madrid, 1975.

HERNÁNDEZ SÁNCHEZ-BARBA, M.: *Simón Bolívar*. Ariel. Barcelona, 2004.

IRADIEL, P. et al.: *Historia medieval de la España cristiana*. Cátedra. Madrid, 1989.

IXTILIXÓCHITL, F. A.: *Obras Históricas*. UNAM, Edición de Edmundo O' Gorman. México, 1985.

JULIÁ, S.: *Víctimas de la guerra civil*. Temas de Hoy. Madrid, 2004.

LABIO BERNAL, A.: *Cádiz, Gibraltar y su Campo: memoria colectiva a través de la prensa*. Diputación de Cádiz. Cádiz, 2004.

LARA MARTÍNEZ, L.: *España actual*. Ediciones CEF. Madrid, 2012.

—*Historia Social y Política Contemporáneas*, 2.ª edición. Ediciones CEF. Madrid, 2014.

—*Guerra en la Alcarria. 1937: El frente de Guadalajara*. Alderabán. Cuenca, 2017.

LARA MARTÍNEZ, M.: *Brujas, magos e incrédulos en la España del Siglo de Oro*, 3.ª edición. Alderabán. Cuenca, 2016.

—*Pasaporte de bruja. Volando en escoba, de España a América, en el tiempo de Cervantes*. Alderabán. Cuenca, 2016.

—*El Cardenal Cisneros (1517-2017). Regente de las Españas y Capitán General de África*. Instituto de Historia y Cultura Militar. Madrid, 2017.

LEÓN PINELO, A. de: *El Paraíso en el Nuevo Mundo: comentario apologetico: historia natural, y peregrina de las Indias Occidentales, islas, y Tierra-Firme del Mar Océano*. Madrid, 1656.

LÓPEZ PARDO, F.: *El empeño de Heracles. La exploración del Atlántico en la Antigüedad*. Arco Libros. Madrid, 2000.

LÓPEZ RODÓ, L.: *Memorias, volumen III, El principio del fin*, 1.ª edición. Plaza & Janés / Cambio 16. Barcelona, 1992.

LOSADA MALVÁREZ, J. C.: *Ideología del Ejército franquista (1939-1959)*. Istmo. Madrid, 1990.

LUJÁN, N.: *La vida cotidiana en el Siglo de Oro español*. Planeta. Barcelona, 1989.

LYNCH, J.: *San Martín. Soldado argentino, héroe americano*. Crítica. Barcelona, 2009.

LLORENTE, J. A.: *Discursos sobre el orden de procesar en los tribunales de Inquisición*. Edición crítica y estudio preliminar por Enrique de la Lama. Ediciones Eunate. Pamplona, 1995.

MARAVALL, J. M.: *Dictadura y disentimiento político. Obreros y estudiantes bajo el franquismo*. Alfaguara. Madrid, 1979.

MARÍAS, J.: *España inteligible. Razón histórica de las Españas*. Alianza. Madrid, 1985.

—*La Guerra Civil. ¿Cómo pudo ocurrir?* Editorial Fórcola. Madrid, 2012.

MARÍN, J. M., MOLINERO, C. e YSÁS, P.: *Historia política 1939-2000*. Ediciones Istmo. Madrid, 2001.

MARQUINA BARRIO, A.: *La diplomacia vaticana y la España de Franco (1936-1945)*. CSIC. Madrid, 1983.

MARRERO ROCHA, I. C.: *La participación de las fuerzas armadas españolas en misiones de paz*. Plaza y Valdés editores, 2007.

MARTÍN, J. L.: *La Península en la Edad Media*. Teide. Barcelona, 1976.

—*Manual de Historia de España, volumen 2. La España Medieval*. Historia 16. Madrid, 1993.

MARTÍN DE SANTA OLALLA SALUDES, P.: «La ley del divorcio de junio de 1981 en perspectiva histórica», *Espacio, Tiempo y Forma*, Serie v, Historia Contemporánea, 14 (2001), pp. 519-551.

MARTÍNEZ REVERTE, J.: *La batalla de Madrid*. Booket. Barcelona, 2007.

MARTÍNEZ MARTÍN, J. A. y ARÓSTEGUI, J. (coord): *Historia de España siglo XX*. Cátedra. Madrid, 1999.

MATEOS, A.: *El PSOE contra Franco. Continuidad y renovación del socialismo español (1953-1974)*. Ed. Pablo Iglesias. Madrid, 1990.

MATEOS, A. y SOTO, A.: *El final del franquismo, 1959-1975*. Temas de Hoy. Madrid, 1997.

MATTHEWS, J.: *Soldados a la fuerza. Reclutamiento obligatorio durante la Guerra Civil. 1936-1939*. Alianza. Madrid, 2013.

MAURA GAMAZO, G.: *Supersticiones de los siglos XVI y XVII y hechizos de Carlos II*. Saturnino Calleja. Madrid, 1943.

MENÉNDEZ PELAYO, M.: *Historia de los heterodoxos españoles*. Vol. II. BAC. Madrid, 1956.

MILLARES CARLO, A. y HANKE, L. (eds.): *Historia de las Indias*. Vol. III. Fondo de Cultura Económica. México-Buenos Aires, 1951.

MITRE FERNÁNDEZ, E.: *La España medieval: sociedades, estados, culturas*. Istmo. Madrid, 1999.

MOLINERO, C. e YSÁS, P.: *Productores disciplinados y minorías subversivas. Clase obrera y conflictividad laboral en la España franquista*. Siglo XXI. Madrid 1998.

—*La anatomía del franquismo: de la supervivencia a la agonía, 1945-1977*. Crítica. Barcelona, 2008.

MONSALVO ANTÓN, J. M.: *Atlas histórico de la España Medieval*. Síntesis. Madrid, 2010.

MORÁN, G.: *Miseria y grandeza del Partido Comunista de España. 1939-1985*. Planeta. Barcelona, 1986.

MORENO JUSTE, A.: *Franquismo y construcción europea*. Tecnos. Madrid, 1998.

MORGADO GARCÍA, A.: *Demonios, magos y brujas en la España Moderna*. Servicio de Publicaciones de la Universidad de Cádiz. Cádiz, 1999.

MOURE, A., SANTOS, J. y ROLDÁN, J. M: *Manual de Historia de España*. Vol. I. Historia 16. Madrid, 1991.

NADAL, J., CARRERAS, A. y SUDRIÁ, C. (comps.): *La economía española en el siglo XX. Una perspectiva histórica*. Ariel. Barcelona, 1987.

NIELFA CRISTÓBAL, G. (coord.): *Mujeres y hombres en la España franquista: sociedad, economía, política, cultura*. Universidad Complutense. Madrid, 2003.

NÚÑEZ CABEZA DE VACA, A.: *Naufragios*. Edición de Trinidad Barrera. Alianza. Madrid, 2001.

OCAÑA TORRES, M. L.: *El corso marítimo español en el estrecho de Gibraltar (1700-1802)*. Instituto de Estudios Campogibraltareños. Algeciras, 1993.

—*El estrecho de Gibraltar en las guerras napoleónicas (1796-1814)*. M. L. Ocaña. Algeciras, 2009.

ORLANDIS, J.: *Historia de España, volumen 4. Época visigoda (409-711)*. Gredos. Madrid, 1987.

PALOMARES, A. S.: *Felipe González, el hombre y el político*, Ediciones B. Barcelona, 2006.

PAYNE, S. G.: *El régimen de Franco*. Alianza. Madrid, 1987.

PECES BARBA, G.: *La elaboración de la Constitución de 1978*. Centro de Investigaciones Sociológicas. Madrid, 1988.

PHELAN, J. L.: *The People and the King: The Comunero Revolution in Colombia, 1781*. University of Wisconsin Press. Madison, 1978.

PONCE ALBERCA, J.: *Gibraltar y la Guerra Civil española: una neutralidad singular*. Universidad de Sevilla. Sevilla, 2009.

PORTERO, F.: *Franco aislado. La cuestión española (1945-1950)*. Aguilar. Madrid, 1989.

POWELL, C. T.: *El piloto del cambio. El rey, la Monarquía y la transición a la democracia*. Planeta. Barcelona, 1991.

—*España en democracia, 1975-2000*, Plaza & Janés. Barcelona, 2001.

PREGO, V.: *Felipe González: el presidente del cambio (1982-1996)*. Unidad Editorial. Madrid, 2002.

PRESTON, P.: *El triunfo de la democracia en España, 1969-1982*. Plaza & Janés. Barcelona, 1986.

—*Franco. Caudillo de España*. Grijalbo. Barcelona, 1994.

PRIETO, J. y BARBERÍA, J. L.: *El enigma del Elefante. La conspiración del 23-F*. El País-Aguilar. Madrid, 1991.

PRIMO DE RIVERA, J. A.: *El mensaje de José Antonio*. Ediciones del Movimiento. Madrid, 1974.

REDERO SAN ROMÁN, M.: *La transición a la democracia en España*. Ayer. Madrid, 1994.

REIG TAPIA, A.: *Franco caudillo: mito y realidad*. Editorial Tecnos. Madrid, 1995.

RIBOT, L.: *El arte de gobernar. Estudios sobre la España de los Austrias*. Alianza. Madrid, 2006.

RICHARDSON, J. S.: *Hispania y los romanos*. Crítica. Barcelona, 1998.

RODRÍGUEZ AZOGUE, A. y FERNÁNDEZ FLORES, A.: *Tartessos desvelado. La colonización fenicia del suroeste peninsular y el origen y ocaso de Tartessos*. Almuzara. Córdoba, 2007.

ROLDÁN, J. M., y F. WULFF: *Citerior y Ulterior. Las provincias romanas de Hispania en la era republicana*. Istmo. Madrid, 2001.

ROS HOMBRAVELLA, J. : *Capitalismo español: de la autarquía a la estabilización*. Edicusa. Madrid, 1978.

RUHL, K. J.: *Franco, Falange y Tercer Reich. España en la Segunda Guerra Mundial*. Akal. Madrid, 1986.

RUIZ, D. (dir.): *Historia de Comisiones Obreras*. Siglo XXI. Madrid, 1993.

RUPÉREZ, J. y MORO, C.: *El decenio González*. Encuentro. Madrid, 1992.

SABÍN RODRÍGUEZ, J. M.: *Prisión y muerte en la España de la postguerra*. Anaya & Mario Muchnik. Madrid, 1990.

—*La dictadura franquista (1936-1975). Textos y documentos*. Akal. Madrid, 1997.

SÁEZ RODRÍGUEZ, A. J.: *La campaña de Gibraltar, 1779-1783*. Almena. Madrid, 2008.

SAHAGÚN, B. de: *Historia General de las cosas de Nueva España*. Dastin Historia. Madrid, 2001.

SÁNCHEZ, A.: *Quién es quién en la democracia española*. Flor del Viento Ediciones. Barcelona, 1995.

SÁNCHEZ JIMÉNEZ, J.: *La España Contemporánea, vol. III: De 1931 a nuestros días*. Istmo. Madrid, 1995.

SCHULTEN, A.: *Tartessos. Contribución a la historia más antigua de Occidente.* Almuzara. Córdoba, 2006.

SECO SERRANO, C.: *Al correr de los días. Crónicas de la transición. 1975-1993.* Editorial Complutense. Madrid, 1994.

SENDER, R. J.: *El rey y la reina.* Destino. Barcelona, 1970.

SEVILLANO CALERO, S. y MORENO FONSERET, R. (eds.): *El franquismo: visiones y balances.* Universidad de Alicante. Alicante, 1999.

SOTO, A. : *Historia de la transición y consolidación democrática en España (1975-1986).* Vol. II. UNED/UAM. Madrid, 1995.

SUÁREZ, L.: *Historia de España antigua y media.* Vol. I. Rialp. Madrid, 1976.

TERÁN, M. y SERRANO ORTEGA, J. A (eds.): *Las guerras de independencia en la América española,* Colegio de Michoacán, Instituto Nacional de Antropología e Historia y Universidad Michoacana de Nicolás de Hidalgo-Instituto de Investigaciones Históricas. Michoacán, 2002.

THOMAS, H.: *El imperio español: de Colón a Magallanes.* Planeta. Barcelona, 2006.

TODOROV, T.: *La conquista de América. El problema del otro.* Siglo XXI. México, 2007.

TORRE VILLAR, E. de la (comp.): *La expansión hispanoamericana en Asia. Siglos XVI y XVII.* Fondo de Cultura Económica. México, 1980.

TREVOR-ROPER, H.: *La crisis del siglo XVII: religión, reforma y cambio social.* Katz. Madrid, 2009.

TUERO BERTRAND, F.: *Carlos II y el proceso de los hechizos.* Fundación Alvargonzález. Gijón, 1998.

TUÑÓN DE LARA, M.: *Historia de España.* Varios volúmenes. Labor. Barcelona, 1987.

TURBERVILLE, A. S.: *La Inquisición española.* Fondo de Cultura Económica. México, 2004.

TUSELL, J.: *Carrero. La eminencia gris del régimen de Franco.* Temas de Hoy. Madrid, 1993.

—*Franco, España y la II Guerra Mundial.* Temas de Hoy. Madrid, 1995.

—*El Gobierno de Aznar. Balance de una gestión. 1996-2000*. Crítica. Barcelona, 2000.

—*Dictadura franquista y democracia*. Crítica. Barcelona, 2005.

—*El aznarato. El Gobierno del Partido Popular. 1996-2003*. Punto de Lectura. Barcelona, 2005.

—*Historia de España en el siglo XX. La dictadura de Franco*. Taurus. Madrid, 2007.

TUSELL, J., ALTED, A. y MATEOS, A. (coords.): *La oposición al régimen de Franco*. UNED. Madrid, 1990.

VALDEÓN BARUQUE, J.: *Las Españas Medievales*. Universidad de Valladolid. Valladolid, 1999.

VIDAL-BENEYTO, J.: *Memoria democrática*. Akal. Madrid, 2007.

VIÑAS, A.: *Guerra, dinero, dictadura, ayuda fascista y autarquía en la España de Franco*. Barcelona, 1984.

VV. AA.: *Visión de los vencidos: relaciones indígenas de la conquista*. Universidad Nacional Autónoma de México. México, 2007.

WEBER, M.: *La ética protestante y el espíritu del capitalismo*. Fondo de Cultura Económica. Introducción y edición crítica de Francisco Gil Villegas. México, 2003.

Acabose de escribir este libro en la madrugada del 8 de diciembre de 2017, día de la Inmaculada Concepción, patrona de España. Reviviendo cómo a través de la tabla con la estampa de la Virgen, descubierta en esa vigilia en Empel allá por 1585, los tercios de Flandes se encontraron con «Dios español» como amigo en el país del hielo.